検証会社法

検証会社法

――浜田道代先生還暦記念――

淺木愼一　小林　量
中東正文　今井克典　編

信山社

謹んで還暦をお祝いし
浜田道代先生に捧げます

執筆者一同

執筆者一覧（掲載順©2007）

淺木愼一	（あさぎ　しんいち）	金沢大学法学部教授
広瀬裕樹	（ひろせ　ゆうき）	愛知大学法学部准教授
前田雅弘	（まえだ　まさひろ）	京都大学大学院法学研究科教授
山田尚武	（やまだ　ひさたけ）	弁護士
今井克典	（いまい　かつのり）	名古屋大学大学院法学研究科教授
芝　園子	（しば　そのこ）	埼玉大学大学院経済科学研究科准教授
山田泰弘	（やまだ　よしひろ）	立命館大学法学部教授
戸川成弘	（とがわ　せいこう）	金沢大学大学院法務研究科教授
家田　崇	（いえだ　たかし）	甲南大学会計大学院准教授
森まどか	（もり　まどか）	神戸学院大学法学部准教授
コーエンズ久美子	（こーえんず　くみこ）	山形大学人文学部准教授
小林　量	（こばやし　りょう）	名古屋大学大学院法学研究科教授
弥永真生	（やなが　まさお）	筑波大学大学院ビジネス科学研究科教授
黒沼悦郎	（くろぬま　えつろう）	早稲田大学大学院法務研究科教授
中東正文	（なかひがし　まさふみ）	名古屋大学大学院法学研究科教授
上田純子	（うえだ　じゅんこ）	静岡大学大学院法務研究科教授

はしがき

私たちが敬愛してやまない浜田道代先生は、平成一九年一一月二五日に、めでたく還暦をお迎えになられます。その祝賀のために、謹んで浜田先生に本書を捧げます。浜田先生は、昭和二二年に岐阜県でお生まれになり、名古屋大学法学部を卒業後、同大学院法学研究科に進学なさり、研究生活を始められました。文部教官助手として任官されて以来、今日まで長きにわたって、名古屋大学において、ご研究と後進の指導に専心されてきました。本書は浜田先生の還暦祝賀として企画されたものであり、名古屋大学の内外を問わず、浜田先生の学問に親しく接する機会のあった先生方に、執筆をお願いいたしましたところ、趣旨に賛同いただいた多くの先生方から、玉稿をお寄せいただきました。心から感謝を申し上げます。

浜田先生は、大きな歴史観を一貫してお持ちになり、会社法制を研究なさってきました。初期の代表的なご業績である『アメリカ閉鎖会社法』(昭和四九年)では、米国法の歴史的研究も踏まえて、わが国の会社立法への提言をなさっており、早くから将来の研究の基本的な姿勢を明らかにしておられました。その後、大規模公開会社法、証券取引法、有価証券法理にも関心を拡げられ、多くの業績を積み重ねてこられています。また、法制審議会の委員などを歴任されて、会社立法にも貢献され、また、実務の面でも、活躍されています。

先生の学恩に少しでも報いるべく、本書の主題を、会社法制の歴史的展開を踏まえた「会社法の検証」という形で企画しました。ご執筆をお願いした先生方には、その持ち味を存分に発揮していただける分野について、独自の切り口をも加えて、会社法の現代化を検証していただきました。

また、学術図書の刊行が困難な折に、快く出版をお引き受けいただき、上梓に至るまで数々の貴重なご助言とご尽力をいただきました信山社の袖山貴さんと今井守さんに、厚くお礼を申し上げます。

最後になりましたが、浜田道代先生が今後ともご健康で、ご研究の面でも、また、その成果を実務に活かされる場面でも、益々ご活躍なさいますことを心からお祈り申し上げます。

平成一九年九月

編集代表

浅木　慎一
小林　量
中東　正文
今井　克典

検証会社法　目次

検証会社法

会社法制定の検証のための視座

浅木愼一

浅木愼一・小林量
中東正文・今井克典 編
浜田道代先生還暦記念
『検証会社法』
2007年11月 信山社 1

一　はじめに
二　歴史の中の平成一七年会社法
三　本論文集における検証姿勢

一 はじめに

本論文集は、新しい会社法（平成一七年法律第八六号）の下で、主要な検証主題を選定し、各主題ごとに、執筆者の皆様に自由な形式で論じていただくという方針で編まれたものである。しかしながら、はしがきにもあるように、検証をなすにあたっての共通視座として、これまでの会社法の改正の歴史、会社法学の歴史的な展開をふまえていただくという点を、各執筆者にお願いした。

「賢者は歴史に学ぶ」という格言があるが、浜田商法学・浜田会社法学の特徴は、その行間に先生の大局的な歴史観を垣間見ることができるという点にあるといえよう。本論文集の執筆陣の少なからぬ方々が、かつて「日本会社立法の歴史的展開」[1]と題する、浜田先生が牽引された共同研究に直接・間接に関与されている。本論文集は、この共同研究の成果をふまえ、これを承継する企画として、面目を一新した現代の会社法の各論的検証を試みるものであると位置づけられるのである。

（1） この共同研究の成果は、浜田道代編『日本会社立法の歴史的展開』（北澤正啓先生古稀祝賀論文集）（商事法務研究会、一九九九年）として結実した。

二　歴史の中の平成一七年会社法

1　時系列に即した概観

明治三二年（一八九九年）の現行商法典制定以来、会社法（かつての商法会社編）は度重なる改正を受けてきたが、現時点では、平成一七年（二〇〇五年）の会社法の制定は、昭和一三年（一九三八年）、同二五年（一九五〇年）、同五六年（一九八一年）の各大改正と並ぶ四大改正のひとつと位置づけることができよう。ただ、今時の会社法の制定だけを単体として評価すれば、体系・用語など形式面での変更があまりに大きいので、これが実質的解釈に影響を与えるか否かという問題があるにせよ、実質的な改正部分を冷静に見れば、平成一三年（二〇〇一年）、同一四年（二〇〇二年）の改正に比して、質量ともそれほど驚くほどの変更がなされたわけではないとの指摘がある(2)。本節では、さしあたって、この見方を前提に、制定以前の経緯を概観することとする。

二〇世紀末から二一世紀初頭の、わが会社法改正の歴史的意義については、後世の商法史家の評価に委ねる他ないが、企業社会を巡る情勢が急激に変化したこの時期のあわただしい一連の改正は、過去の改正と異なり、単体として考察するよりも、数次の改正を一括りにして考察するのが適当であると思われる。

周知のように、戦後高度経済成長期が終焉して以降のわが国の会社法改正作業は、昭和五〇年（一九七五年）六月一二日に法務省民事局参事官室から公表された「会社法改正に関する問題点」に掲げられた検討事項におおむね則する形でなされてきた（いわゆる会社法根本改正計画）。根本改正計画に基づく作業は、平成一二年（二〇〇〇年）改正法（同年法律第九〇号）によって、会社分割法制が創設されたことにより、一段落をみたといえよう。

次いで、平成一二年九月六日、法制審議会商法部会は、時代の要請に対応した新たな四つの見直しの柱（①企業統治の実効性の確保、②高度情報化社会への対応、③資金調達手段の改善、④企業活動の国際化への対応）を打ち立て、以降の会社法改正のための検討事項を決定した。会社法改正作業は新たな段階に入ったのである（いわゆる会社法制の大幅見直し計画）。この計画は、平成一三年（二〇〇一年）四月一八日、法制審議会商法部会を衣替えした同会社法部会によって整序され、「商法等の一部を改正する法律案要綱中間試案」として公表された。

右の「中間試案」に沿って行われたのが、平成一三年改正（同年法律第一二八号）および平成一四年改正（同年法律第四四号）である。[3]きわめて乱暴に述べれば、この二つの改正は、中間試案に基づくものと、先の根本改正計画の積み残し課題に基づくものとが混在したものになっている[4]（根本改正計画作定時と視点の変化のないもの、変化したものもまた混在している）。中間試案に沿った改正作業は、右の平成一四年法律第四四号の制定をもっておおむね終了したが、さらに、平成一三年（二〇〇一年）、同一五年（二〇〇三年）に、議員立法による改正（平成一三年法律第七九号、同第一四九号、平成一五年法律第一三二号）が相次いで加わり、改正の流れが言わば複線化したことが、この時期の改正史の様相を複雑にしている。時系列上は、この後に、電子公告制度の導入および株式等の決済合理化のための平成一六年（二〇〇四年）の改正（同年法律第八七号、同第八八号）が続いたのである。商法会社編の改正は以上で幕を閉じる。

会社法制の現代化の作業は、形式的には平成一四年（二〇〇二年）二月一三日、先の大幅見直し計画に基づく商法改正要綱案が法制審議会から法務大臣へ答申されたまさに当日、答申と交換するように、法務大臣から法制審議会に対し、「会社法等の現代化を図る上で留意すべき事項につき、御意見を承りたい」という諮問（諮問第五六号）がなされた時点から始まる。したがって、これ以降の作業は、時系列上も、大幅見直し計画の後半部分と並行して進展したわけである。当然そこでは、形式のみならず実質上の整合性を求めて作業が行われたことであろう。[5]

平成一五年（二〇〇三年）一〇月二二日、法制審議会会社法（現代化関係）部会は、「会社法の現代化に関する要綱試案」をとりまとめ、これを公表した。同年一一月五日に法務省から公表された補足説明とあわせ、その総論的要諦を振り返っておくと、要諦の第一は、平成九年（一九九七年）頃から相次いだ改正の結果、法制上の整合性を再考して調整を図る必要が生じたのでその是正を行うという点である（試案第一部2参照）。要諦の第二は、平成一五年（二〇〇三年）までの一連の改正後の、なお内外の実務界その他から改正の要望が強く出されている事項についての改正を提案するという点である（同じく試案第一部2参照）。要諦の第一は、きわめて技術的側面が強いものである。一方、要諦の第二でいうところの改正項目も、平成一三年ないし同一五年改正の内容と比較すると、これらの諸改正が考え方の大きな転換を含む大改正であったことと比べ、ルールの横断的な調整を図るなどの点で、どちらかといえば、大きな考え方の変更をともなうというよりは、ルールの横断化を目指すなどによって現行ルール（当時）の調整を図ろうとしている点で、より技術的な改正提案となっていると評価されたのである。[6]

平成一六年（二〇〇四年）一二月八日、会社法（現代化関係）部会は、「会社法制の現代化に関する要綱案」を決定したが、その基本方針は要綱試案と同様であり、総論上の変更はなかった。

2　総論として小括しておくべき点は何か

以上の概観によれば、平成一七年（二〇〇五年）の会社法の制定の意義を歴史の中で検証するには、さしあたって、平成一三年（二〇〇一年）以降の一連の改正を一体として捉えるべきであるということになろう。事実、会社法の制定は、平成一三年以降の改正の集大成を目指すものであるとの主旨の見解が、要綱試案の公表の段階から示されており、(7) 一般的にも、昭和五〇年（一九七五年）から平成一二年（二〇〇〇年）まで連綿と続けられてきた改正作業と、平成一三年以降の改正作業とは一線を画するものである、あるいは、系統がちがうとの認識が示されているのである。(8) すなわち、平成一三年に会社法の改正に対する「考え方の大きな転換」(9) がなされたと指摘されているわけである。

形式的にも、すでに概観したように、平成一三年以降の改正は、先の「根本改正計画」が一段落した後に続くものであり、「大幅見直し計画」とこれを整序した「中間試案」の具現化を中心とするものであった。現代化のための「要綱試案」も、当時の評価を前提とすれば、一三年以降の、転換された考え方の延長線上にあったわけであるから、新会社法が「一三年以降の改正の集大成である」というまとめは、一応は穏当なものであると推察されよう。

したがって、新会社法の意義を考察するためには、平成一三年以降の改正にどのような考え方の転換があったのか、それはどのような事情を背景とするものなのか、を小括しておく必要があるということになる。

3　会社法の機能的変化とこれをもたらした要因――先進資本主義諸国に共通の事象から見えてくるもの――

過去の会社法改正史を世界史的な視点で振り返れば、以前にも、先進資本主義諸国がほぼ同じ時期に一斉に会社法を改正した時代が存在する。それは、第一次大戦後の一時期（一九二〇年代以降）のことであり、この時期、欧州諸国に会社法改正の大きなうねりが生じたのである。このうねりが昭和初期になってわが国にも伝播し、これが昭和一三年（一九三八年）改正へと繋がって行ったわけである。(10) 当時の世界的な会社法改正のうねりを一言で示せば、一九世紀以降第一次大戦に至るまでの間に高潮の最頂点に達した個人主義的資本主義をある程度において制限しようとするものであったと小括されている[(11)]。これを資本主義の進化という側面で捉えれば、当時の欧州諸国の改正は、独占的金融資本主義が行き詰まって計画資本主義への移行に対応するための改正であったと言えようか[(12)]。その意味では、わが国の昭和一三年の改正はそこまで鮮明なものではなく、欧州の改正には内容面で劣後するものであった（わが改正は金融資本主義的性格を強めたものにすぎなかった）。

右の時代から八〇年余を経て、二〇世紀末に至り、欧州各国をはじめとして、再び会社法改正（改正の議論を含む）が世界同時的に活発化した。今回の世界的な潮流の特徴のひとつは、会社法という法律が有する性格の変化である。会社法は、これまで、関係者間の権利義務関係を規定する基本的な私法のひとつであることにその役割があったが、今日では、会社法は、一国の経済政策のひとつの重要な制度的インフラとしてそのあり方が議論されており、このことは、最近の欧州では共通の理解となっているという指摘[(13)]が注目される。欧州各国で進められた会社法の改正の視点は、企業の競争力を確保するという点にあるという指摘[(14)]も同様に重要である。

各国の大企業の競争が国境を越えて激化しつつある今日、わが会社法も右の潮流とは無関係でいられない。昭和一三年の改正時以上に、今日のわが会社法の改正の意義もまた世界的な潮流の中で考えられなければならない。当時と異なり、先進資本主義諸国内に占めるわが国の地位は格段に上昇しているからである。会社法の機能の変化ということに関しては、すでにわが国でもそのような見解が表明されており、たとえば、今時の会社法の制定は、もはや商法改正という従来の発想ではなく、商法をやめて法律の目的の異なる会社法という新しい法律を作ったのであるという大胆な意見もみうけられる[(15)]。そこでは、会社法は、いかに企業が競争力を持った会社になるかということをバック・アップしていこうという意味での新しい目的を持った法律になったのであり、今時の会社法制定は、「文化の変わる契機」にもなりうるとまで述べられているのである[16]。この見解の当否はさておき、少なくとも、わが会社法にもそのような機能的変化、すなわち、会社法が関係者の利益を調整するという伝統的に有してきた機能に加え、企業の国際的競争力をつけるためのツールにもなった[17]ということは認めなければならないであろう。それでは、このような会社法の機能的変化をもたらした要因は何であったのか。

二〇世紀最後の五年は、「市場化」と「グローバル化」が猛烈な勢いで世界に広がり、国の枠組みを突き崩して「ひとつのマーケット」へと変貌して行った、まさに「資本主義の爛熟」をみたといってい い[18]、という指摘がある。一国の企業といえども、世界横断的な資本市場の役割を無視できなくなったわけである。世界横断的な資本市場の役割の重要性がわが国で初めて実感されたのは、おそらく一九二九年（昭和四年）、米国株式市場の株価大暴落に始まる世界恐慌時であろう。これは、わが国の経済事情にも大きな影響を与え、昭和一三年（一九三八年）改正の要因のひとつになったのである。しかし、当時の世界市場と今日の世界市場とは、その質量において比ぶべくもない。当時の世界経済の相互依存の深化もまた、今日と比ぶべくもない。したがって、昭和一三年当時の改正は、資本市場（世界市場）を大きく意識するものではなかった。また、わが国にあっては、その後に続く改正においても、今日のような資本市場の規模の拡大を、これまでの伝統的な会社法は、必ずしも十分に念頭に置いていなかったのである[19]。

世界経済の相互依存の深化（いわゆる世界経済のグローバリゼーション）、資本市場の規模の拡大は、各国間の制度間競争の加速をもたらすことになる。経済活動の場として優位な環境を整えることに成功した国の市場に内外の資金が流入することになるからである。経済活動の場として、企業に優位な環境を与える制度を構築し、内外の資金を市場に導くことに成功すれば、会社の資金調達面にも変化がもたらされることになる。また、そのような市場を有する国では、内外の機関投資家の株式保有率が必然的に上昇することになろうから、これらの投資家が無視できない割合の総会議決権を掌握することによって、企業統治の面でも市場の圧力が上昇することになる。こうして、今日の会社は、企業活動に優位な環境をもたらす制度を有する国・地域の各資本市場において、肯定的な評価を獲得することが課題になってきたわけである。

以上に加え、IT革命（情報通信革命）の進展という要素も無視することができない。どの国・地域の制度が企業活動にとってより優位な環境を有しているのか、どの企業がそのような優位性を活かした事業展開をしているのか、このような情報が瞬時に世界を駆け巡ることになるから、各国の制度間競争、企業の戦略競争は、いっそう激しさを増すことになるわけである。

かくして会社法は、「一国の経済政策のひとつの重要な制度的インフラ」として、そのあり方を模索しなければならなくなったのであろう。およそ一国の会社法は、その企業に対し、国際的な競争に耐えうるだけの優位な制度を整え、これを与えてやる必要があるということになったのである。そのために、わが国においても、従来公正性に傾斜し過ぎていた嫌いがあった会社法の考え方を改めざるをえなくなり、会社法は企業経済の効率化にも十分配慮したルールでなければならない[20]とする意識が、その改正に大きく作用することになったのであろう。

企業活動の効率化を通じた競争力の確保――会社法は、企業がこの課題に取り組むための処方箋を与える役割を担わざるをえなくなったのである。

二〇世紀末には、わが国においても、経済界から会社法改正に対し、次のような視点が表明されていた。すなわち、わが国企業がグローバルに事業展開を進めて行く上で、商法が諸外国の企業法制に劣後することは、企業競争の点から問題になる……国際標準をリードするような法制の再編と整備が必要である。そのために「任意法規化と定款自治の拡大を進めるとともに、資本市場改革の動きと平仄のあった法制を構築」しなければならない[21]。また、二一世紀初頭の平成一三年（二〇〇一年）、同一四年（二〇〇二年）改正法につき、野田博教授は、次のように簡明に小括されている。「わが国経済が直面している市場競争の激化、徹底やグローバル化の中で、商法改正においても経済の効率化および競争力の向上が強く意識されているが、その処方箋として、会社の自由度を高める改正を通じて各企業の創意工夫を促し、それにより意図する効果を達成しようとされたものと思われる[22]」。こうして、近時のわが会社法は、右のような意味での規制緩和、すなわち会社の活動を事前に制約するような規制を思い切って撤廃する方向へと大きく踏み出したのである。

4　企業経済の効率化・競争力の向上という改正理念の登場（一九九〇年代の商法改正）
――わが国固有の事情を重ね合わせて見えてくるもの――

わが国において、「企業経済の効率化・競争力の向上」という理念が、会社法（商法）改正の眼目として強く意識され始めたのは、およそどの時期辺りからであったのか。

商法学界においては、過去のわが国の会社法改正の背景を回顧し、これをふまえて、将来の改正を展望するという作業が繰り返し行われてきた。「企業経済の効率化・競争力の向上」というキー・ワードを初めて正面に据え、これが近時の会社法改正の名分となっているという指摘がなされたのは、平成一二年（二〇〇〇年）に開催された日本私法学会の商法シンポジウムの席であったと思われる。この席で、平成五年（一九九三年）以降、とりわけ平成九年（一九九七年）以降の改正が、経済界もしくは経済界をバックとした政党主導の立法によってなされているという印象が強く、その名分として、経済の効率化・競争力の向上が眼目になっているとの指摘がなされた[23]（これらに加え、企業組織の再編とインセンティブ・システムの強化という眼目も提示されている）。この指摘は、具体的にはおそらく平成六年（一九九四年）改正法以降の法状況を指すものであると思われる。

一九八〇年代にわが世の春を謳歌した日本経済は、九〇年代に入ると、一転、長期の低迷期に突入する。いわゆるバブルの崩壊である。バブルの崩壊がいつ生じたか、明確な線引きは困難であるが、日本銀行の政策基調がバブル抑制に転換したのは、平成元年（一九八九年）一〇月、政府の地価抑制政策が発動され始めたのが平成二年（一九九〇年）四月以降のことである。この結果、平成元年一二月に、日経平均三八、九一五円でピークをつけた株価は、平成二年初から下落に転じ、三月には同平均が三万円を割り、さらに一〇月には二万円を割り込んだ。まず、株価がバブル崩壊を先導することになった[24]。地価は、この株価の下落に一年ほどラグをおいて平成三年（一九九一年）後半から低下した。市街地価格指数は、平成五年（一九九三年）に八・〇パーセント、同六年（一九九四年）に六・三パーセントと低下し、以降も持続的に低下した[25]。この株価・地価の低落が、わが国の景気の深刻な後退をもたらすことになる。わが国の景気循環は、平成三年（一九九一年）二月のピークからの後退局面が平成五年（一九九三年）一〇月まで三二カ月続いた。平成三年に三・一パーセントを保っていたわが国の経済成長率も、同四年には〇・九パーセントに鈍化し、同五年には〇・四パーセントにまで低下した[26]。これは、わが国が過去に経験したことのない低成長率で、第二次大戦後二番目の長さの不況であった。

時系列的には、バブル崩壊後の改正であるが、平成五年（一九九三年）の会社法改正は、周知のように、平成元年（一九八九年）から同二年（一九九〇年）にかけての、日米構造問題協議の中で米国からの要求の多くを受け入れる形でなされた改正であった。極論すれば、わが国が自国の経済システムに絶対の自信を抱いていた絶頂期に、経済の不調に喘ぐ米国から内政干渉まがいのシステムの「改善」を要求されたことを主たる原因とするもので[27]、結果的には、黄昏が迫る時期に絶頂期における対米摩擦の残滓を処理したような改正であったといえる。

しかし、平成六年（一九九四年）以降の改正は、その様相を一変するのである。

平成六年の改正は、周知のように、自己株式の取得規制を大幅に緩和したものである。純粋に「規制緩和」が正面に据えられたものであった。ただ、この規制緩和は、その時々で理由は異なるが、長年にわたって経済界から粘り強く要望があり続けたものである。[28]企業金融分野の改正の流れは、戦後一貫して規制緩和の歴史であったという指摘もあり、[29]そういう意味では、この改正は、おおむね見通されていた事項の部類に属する改正であったといいえよう。したがって、この改正の一事をもって、直ちに改正理念の転換がなされたとまでは言い難い。しかし、この時期にこの改正がなされた大きな狙いは、バブル崩壊にともなう株価低迷と株式持合解消に対応するためであったという、企業救済的色彩がきわめて色濃い[30]という点を忘れてはならない。

わが国の景気循環は、数値の上では、平成五年（一九九三年）一〇月から平成九年（一九九七年）五月まで、四三カ月にわたる拡張局面を迎え、その後の後退局面が、平成一一年（一九九九年）一月までの二〇カ月、次の拡張局面が、平成一二年（二〇〇〇年）一一月までの二二カ月、後退局面が平成一四年（二〇〇二年）一月までの一四カ月となっている。[31]第二次大戦後、昭和二六年（一九五一年）から現在まで、このような景気循環は一三回繰り返され、現在（二〇〇七年七月）は、第一四循環の途中にある。第一二循環は、右の平成一一年一月から始まったが、戦後の景気循環の中では、後退局面が長くなっているのが特徴で、平成五年一〇月からの拡張局面も、継続期間こそ長かったが、好況感が盛り上がるほどまでの景気上昇があったわけではない。[32]財政構造改革を目指した当時の橋本龍太郎内閣の、結果としての失政により、平成一〇年度（一九九八年度）の経済成長率は、オイル・ショック後の昭和四九年度（一九七四年度）以来のマイナス一・五パーセントに落ち込み、平成一三年度（二〇〇一年度）にもマイナス〇・八パーセントを記録した。[33]物価は、国内企業物価指数が平成一〇年（一九

は、いわゆる平成大不況という低迷期に突入した。

右のような不況の深刻化がきわだつ中で、平成九年（一九九七年）改正がなされた。この年には計三回の改正がなされているが、最も重要なのは、同年法律第七一号による改正である。この改正は、周知のように、合併制度の整備を図る目的でなされたものである。この改正における、法制審議会商法部会の審議の目的に関してなされた次の指摘が注目される。「長期間にわたる合併法制改正のための審議の目的は、合併法制をいかに簡易化し、合理化し、かつ、明確化するかにあったということができる。すなわち、企業の側からは、企業の再編・経営の効率化を図る手段として積極的に利用されている合併手続の簡素化および合理化が求められており……それにも応えようというのが、その目的であったといえよう」[35]。このような改正の目的を、当時の日本経済の実態に則して評価すれば、この改正は、経済不況の中で企業のリストラクチャリングを容易にするための法的整備が図られたものと読み解くことも可能である[36]。一方で、この改正を、昭和五〇年以来の根本改正計画の延長線上にあるものとして冷静に捉えれば、先の文章を、企業の国際的な競争が激化する中で、組織の柔軟な再編成により、企業がその経営の効率性や企業統治の実効性を高めることを容易にしようとする、近時の内外の情勢をふまえた新たな視点を加味するものであったと読み解くことも可能である[37]。おそらく後者の読み解き方が素直なものであろう。合併制度の整備は長年にわたる改正課題であったわけであり、これが平成大不況の最中のこの時期になされたことにより、結果的に、企業のリストラクチャリングにとっての救済処方にも合致したという、時宜を得た改正になったと小括するのが穏当な見方であると思われる。そうであるとすれば、この改正の目的として示された基本的な視点に留意する必要があろう。すなわち、この改正は、「企業経済の効率化・競争力の向上」という時代の需要に則した理念が逸早く反映された改正であったと捉えることができるからである。

平成九年（一九九七年）には、独占禁止法が改正され、持株会社が解禁された（平成九年法律第八七号）。持株会社の解禁もまた、バブル崩壊の後遺症に苦しむ企業の救済策たる側面を否定することができない。すなわち、不況により、企業グループ内の関連会社の少なからぬものが赤字決算に陥ったが、これを利用して税負担の軽減を図るべく、欧米の連結納税制度に着目した経済界が、この納税制度の前提として、純粋持株会社を中核としてその周りに子会社を配置するというリストラクチャリングを希望した結果であるとの指摘がある。(38) しかし、持株会社の解禁の主たる理由も、平成九年に設置された与党独禁法協議会でとりまとめられた「独禁法改正に関する三党合意」（自民・保守・公明）中にあるとおり、「企業経営の多角化・多様化を図ることは、大競争時代という国際競争時代を考えても必須である」とする理念を素直に捉えたい。ここでも、この理念が当時の企業救済の処方にも合致した時宜を得たものであったと評価しておこう。

なお、平成九年法律第五六号改正法は、商法改正史上初めてとなる議員立法によるもので、ストック・オプション制度導入等を図るものであり、また同年法律第一〇七号改正法は、緊急立法による総会屋規制の強化を図るものであった。

平成一一年（一九九九年）の改正は、株式交換・株式移転制度の創設である。先の合併制度の整備を企業再編法制の第一弾と位置づけるならば、この年の改正は、その第二弾である。これらの改正は、当然に持株会社の解禁と密接に関連する。この改正もまた、経営の効率化およびリスクの分散を図ることによる国際的な競争力の向上、これを達成するための有効な法的手段の整備を、その背景理由として掲げている。(39) また、この改正では、会社の計算の適正を図るため、金銭債権等につき時価による評価を可能とする措置等が講じられたという点も見逃すことができない。市場化・グローバル化に対応する二一世紀企業会計システムのキー・ワードのひとつが「時価会計」にあることは、つとに指摘されていた[40]。会計の面からも、この改正は、国際競争を意識したものとなっているわけである[41]。

企業再編法制の締括りが、平成一二年（二〇〇〇年）改正における会社分割制度の創設である。平成九年以来の改正理念を踏襲してなされたものであることが、その背景説明で明らかにされている[42]。

以上概観したところによれば、一九九〇年代のわが国の企業社会は、対内的にはバブル崩壊後の不況に呻吟しつつ経営環境の立て直しを図り、対外的には押し寄せる市場化・グローバル化の波に対処するという、きわめて困難な局面に置かれていたのであるといえよう。この二つの局面に同時に対処することを迫られたのである。そのために与えられた処方が、徹底した企業経済の効率化の追求により、国際的な競争に耐えうる体力を涵養することであったと思われる。この処方を法的に支援すべく、会社法は矢継早に改正された。かくして、九〇年代を通じて、「企業経済の効率化・競争力の向上」がわが会社法改正のキー・ワード（理念）として次第に鮮明になって行ったのであろう。

5 平成一三年「中間試案」の総論的評価とその背景

先に述べたように、法制審議会会社法部会は、平成一三年（二〇〇一年）四月一八日、会社法制の大幅な見直し等を内容とする「商法等の一部を改正する法律案要綱中間試案」を公表した。これが、前年九月以降に審議されてきた会社法改正の具体的検討項目を整序したものであったことも、先に述べたとおりである。

この中間試案が、企業の国際的な競争の激化を見据え、企業がその経済の効率性や企業統治の実効性を高めることを容易にしようとするものであり、その視点には、平成九年（一九九七年）以来行われてきた改正理念との共通性が認められるとの評価は、当時からすでに示されていた[43]。また、この中間試案が、グローバルなものを意識し、そういう中で競争力を高めるような形での法改正を目指すものであるとの指摘[44]、市場メカニズムを重視し、不必要な規制を大胆に廃止する方向性を持つものであるとの指摘[45]もなされている。これらは、九〇年代後半に次第に顕在化してきた先に述べた改正理念と軌を一にするものである。

二一世紀初頭に、わが国がこのように多岐にわたる項目の改正を一気に実現しなければならない必要性・正当性に関し、多分に市場原理を意識して、「とにかく企業は、国内的・国際的環境にうまく適応し続けなければ、市場から退出するほかない。会社法制は、こうした企業環境の重要な一部を構成するのであり、会社法を緊急に大改正しなければならないのは、現行の会社法には改正を要する相当な問題があるとの認識があるからだろう[46]」という趣旨の巨視点な小括がなされていたが、結局、そのような認識が生まれ、これが一気に改正のエネルギーにまで高まったのは、先に概観した一九九〇年代以降の、先進資本主義諸国に共通の事象およびバブル崩壊後のわが国固有の経済環境の激変にともなう矛盾の露呈が背景にあったように思われる。

中間試案に関しては、「他国の会社法ではできるのに、現在の日本の商法ではできないことをできるようにしよう」という意味での規制緩和を通じて、わが会社法の使い勝手の悪さを解消しようという方向性が認められるという趣旨の評価[47]が注目される。ここで意識されている他国とは、主として米国である。

一九八〇年代後半には経済成長率でわが国に水をあけられていた米国であったが、一九九二年（平成四年）にこの面でわが国を逆転すると、以降、低迷するわが成長率を尻目に、安定した成長率を示し始める。この時期の米国は、市場機能を活用した競争原理によって経済の再生に成功を収めたのであった。米国（さらには英国）の経済の相対的な好調を背景に、この成功が、米国の企業システムを、いわゆるグローバル・スタンダードとして世界に広く受け入れさせる要因になったわけである。[48] このような流れの中で、わが国の企業も競争力を維持・強化して行くためにも企業システムのグローバル・スタンダード化が不可避であるとの[49]空気が徐々に浸透して行った。

「構造改革なくして景気回復なし」を標語に掲げ、平成一三年（二〇〇一年）四月に登場した小泉純一郎内閣は、政府規制の緩和と国営事業の民営化政策を中心に、わが国の競争的経済システムを再構築しようとしたが、この基本姿勢は、意外に古典的なものであり、サッチャーリズムあるいはレーガノミックスと呼ばれた一九七〇年代以降の英米流の経済政策に合致するものであったと評価できよう。これは、政府の経済への介入を縮小し、再生産の調整は基本的にすべて市場に委ねるという方向の政策である。[50] 市場機能を重視し、規制緩和を断行するという手法は、英米が一九七〇年代以降基本的に踏襲してきた手法であると思われ、現に英米は、この手法によって経済再生に幾度かの成功を収めている。わが国の経済も、小泉内閣の下で、数値的には回復傾向を示し始める。このような数値的な実績が、米国のシステムをグローバル・スタンダードとして受け入れ易い空気を醸成し、これが、結局は米国法に倣って会社法の大幅な自由化・任意法規化を推し進めるべきであるとの風潮を、政治的色彩を強めつつ、次第に大きくして行ったのであろう。

このような風潮が、中間試案のとりまとめ過程において、どのように考慮されたのかは必ずしも明らかではない。しかし、経済界の要望を背景に、これと結びついた政党（とりわけ政権与党）主導の下に政治的色彩を強めた右のような主張が、中間試案のとりまとめに際して、無視し

各国経済成長率比較

年	日	米	英	独
1992	0.9	3.1	0.2	2.2
93	0.4	2.7	2.5	−1.1
94	1.0	4.0	4.7	2.3
95	1.6	2.7	2.9	1.7
96	3.5	3.6	2.6	0.8
97	1.8	4.4	3.4	1.4
98	−1.1	4.3	3.0	2.0
99	0.7	4.1	2.1	1.8
2000	2.4	4.1	2.9	3.0

三和・注（24）216頁より転載

えない運動エネルギーとして作用したことは、確実であったものと思われる。

6　グローバル・スタンダードの急速な受容（二一世紀初頭の商法改正）

平成一三年（二〇〇一年）から、平成一六年（二〇〇四年）にかけての商法改正は、右で述べたようなグローバル・スタンダードの急速な受容の歴史であったと小括できる。その受容がもはや非可逆的なものであったことは、この間の改正の多くが議員立法によって成し遂げられたものであったという事実が物語っている。いわゆる金庫株の解禁を中心とした平成一三年六月改正、監査役の機能強化・取締役等の責任軽減・代表訴訟制度の手直し等を中心とする同年一二月改正、自己株式取得規制のさらなる緩和を目指した平成一五年（二〇〇三年）改正がこれである。

平成九年（一九九七年）に商法改正が史上初めて議員立法という手法により、多方面からの発言を封じる形で短期間に実現した際には、多くの商法学者により、「開かれた商法改正手続を求める商法学者声明」が発表されたこともあったが（同年五月一二日）、同様に、多面的な事前検証が必ずしも十分でない中で議員立法が相次いだにもかかわらず、二一世紀初頭には、事前検証不足を懸念する声が大きくなることはなかった。事は性急に進展した。

法制審議会ルートも、中間試案の内容を一部前倒しする形で平成一三年（二〇〇一年）一一月改正を成し遂げた。周知のように、ストック・オプション制度の整理とＩＴ関連改正である。翌平成一四年（二〇〇二年）には、委員会等設置会社の導入を始めとする大幅な改正を成し遂げた。とくに一四年改正は、「自社の仕組みを外国人（株主・投資家）にも説明しやすい体制にしたい」という需要[51]に直結する改正であったと見ると、グローバル・スタンダードの受容という枠組みがより鮮明になると思われる。さらに、平成一六年（二〇〇四年）には、株式会社の公告方法に電子公告を認め、非公開会社に株券不発行採用の途をひらくという改正が成し遂げられた。これらグローバル・スタンダード受容の総仕上げとして、平成一七年（二〇〇五年）会社法が制定されたのである。

(2) 前田雅弘＝中村直人＝北原直＝野村修也「座談会・新会社法と企業社会」法律時報七八巻（二〇〇六年）五号四頁［前田雅弘発言］。

(3) 平成一三年改正法の内容・その位置づけ、以降の改正の見通し、残された課題については、原田晃治「会社法改正の課題と展望」商事法務一六一七号（二〇〇二年）三五頁以下、同「会社法改正の課題と現状」ジュリスト一二二〇号（二〇〇二年）八頁以下が、平成一四年改正法の位置づけ等について、始関正光「平成一四年商法改正の概要」ジュリスト一二二九号（二〇〇二年）六頁以下、以降の見直し課題等について、始関正光＝相澤哲「会社法改正の課題と展望」商事法務一六五一号（二〇〇三年）三九頁以下が、それぞれ簡明である。

(4) 野田博「商法改正──その将来への視座・序論」法律時報七四巻（二〇〇二年）一〇号五頁。

(5) 会社法の現代化作業の出発点における基本方針について、始関正光＝相澤哲「会社法改正の課題と展望」商事法務一六五一号（二〇〇三年）四二頁。

(6) 神田秀樹「会社法制の現代化に関する要綱試案の論点⑴」商事法務一六八六号（二〇〇四年）四頁。

(7) 江頭憲治郎＝森本滋＝相澤哲＝永井智亮「座談会・「会社法の現代化に関する要綱試案」をめぐって」商事法務一六八五号（二〇〇四年）八─九頁［相澤哲発言参照］。

(8) 野村修也「商法大改正の意義」法学セミナー五七五号（二〇〇二年）六頁、神田秀樹「新会社法の底流にあるもの」監査役五〇五号（二〇〇五年）八頁。

(9) 神田・前掲注（6）四頁。

(10) 拙著『日本会社法成立史』（信山社、二〇〇二年）三二四頁。

(11) 佐々穆「社会的経済的事実に即したる我国現時の株式会社法改正の要諦」法律時報二巻（一九二九年）一号一〇二頁。

(12) 三藤正「わが株式会社法の性格とその変質⑵」民商法雑誌一四巻（一九四一年）五号二〇頁参照。

(13) 神田秀樹「会社法改正の国際的背景」商事法務一五七四号（二〇〇〇年）一一頁。

(14) 中村芳夫「商法全面改正への基本的な視点――経済界の見方――」商事法務一五七四号（二〇〇〇年）一七頁。
(15) 前田＝中村＝北原＝野村・前掲注（2）五頁［中村直人発言］。
(16) 同前。
(17) 同前六頁［前田雅弘発言］。
(18) 磯山友幸「突き進む「市場化」と「グローバル化」」商事法務一五八三号（二〇〇一年）八三頁。
(19) 神田・前掲注（13）一二頁。
(20) 落合誠一＝神田秀樹＝斎藤静樹＝深尾光洋「座談会・会社法改正の意義」ジュリスト一二〇六号（二〇〇一年）一〇頁［落合誠一発言参照］。
(21) 中村芳夫「商法全面改正への基本的な視点――経済界の見方」商事法務一五七四号（二〇〇〇年）一九、一三頁。
(22) 野田・前掲注（4）六頁。
(23) 岩原紳作「会社法改正の回顧と展望」商事法務一五六九号（二〇〇〇年）五頁。
(24) 三和良一『概説日本経済史近現代〔第二版〕』（東京大学出版会、二〇〇二年）二一二頁。
(25) 橋本寿朗＝長谷川信＝宮島英昭『現代日本経済〔新版〕』（有斐閣、二〇〇六年）三一三頁。
(26) 三和・前掲注（24）二一六頁の資料参照。
(27) この事情を鮮かに物語るものとして、河本一郎「講演録・日米経済摩擦と法的諸問題」神戸学院法学二五巻（一九九五年）一号一四―一八頁。
(28) 吉戒修一「平成六年改正法の解説(1)」商事法務一三六一号（一九九四年）四頁。
(29) 神田秀樹「新会社法の底流にあるもの」監査役五〇五号（二〇〇五年）八頁。
(30) 川村正幸「会社法改正の経緯と意義」金融商事判例一一六〇号（二〇〇三年）九五頁、吉戒・前掲注（28）五頁。なお、岩原・前掲注（23）五頁では、これらの理由に加え、企業防衛策の一環との指摘もなされている。
(31) 政府の月例経済報告を参考に算定した。
(32) 三和・前掲注（24）二一七頁。
(33) 内閣府が発表した年次別経済成長率による。
(34) 橋本＝長谷川＝宮島・前掲注（25）三二一―三二二頁。
(35) 前田庸「平成九年商法等の一部を改正する法律案要綱（案）について〔上〕」商事法務一四四八号（一九九七年）三頁。
(36) 川村・前掲注（30）九頁。ただし、この引用文献は、この改正にこのような側面もあるという指摘にとどまるもので、主たる目的をこのように読み解くものではない。

(37) 野田・前掲注(4)五頁。

(38) 江頭憲治郎＝森本滋＝神田秀樹＝柴田和史「座談会・わが国会社法制の課題――二一世紀を展望して――」商事法務一四四五号(一九九七年)一六頁［柴田和史発言］。なお、龍田節『会社法大要』(有斐閣、二〇〇七年)五〇一頁参照。

(39) 原田晃治「株式交換等に係る平成一一年改正商法の解説(上)」商事法務一五三六号(一九九九年)五頁。

(40) 磯山・前掲注(18)八三頁参照。

(41) 時価主義会計導入の平成一一年改正法の意義について、岸田雅雄「商法改正と時価主義会計の導入」商事法務一五四三号(一九九九年)四頁以下。

(42) 原田晃治「会社分割法制の創設について(上)」商事法務一五六三号(二〇〇〇年)四頁。

(43) 野田・前掲注(4)五頁参照。

(44) 落合＝神田＝斎藤＝深尾・前掲注(20)八―九頁［神田秀樹発言］。

(45) 同前一〇頁［落合誠一発言参照］。

(46) 同前九頁［落合発言］。

(47) 同前一一頁［深尾光洋発言］。

(48) 井上英昭「解消が加速する株式持合いの状況」商事法務一五七五号(二〇〇〇年)一六頁。

(49) 同前。

(50) 三和・前掲注(24)一九頁、二二五頁参照。

(51) 落合＝神田＝斎藤＝深尾・前掲注(20)七頁［深尾光洋発言参照］。

三　本論文集における検証姿勢

平成一三年(二〇〇一年)中間試案に象徴される会社法改正に対する考え方の転換は、繰り返し述べるように、同年になって突如として生じたものではなく、一九九〇年代の企業環境の変化に即応しつつ、徐々に鮮明になったものである。

平成一三年改正以降の会社法の本質的な特徴を、野村修也教授は以下のような簡明な表現をもって小括しておられる。すなわち、「一言でいうならば、それは『ドグマの見直しを通じた会社法の柔軟化（自由化・規制緩和）』と整理できるだろう[52]」と。この言は、これ以降の会社法の改正を、従来の議論の枠組みに捉われることなく、「この要件は本当に必要なのか」、「これは単なるドグマであって、不必要に経営の自由度を阻害しているのではないか」との根本的な問いかけがなされ、再検討が行われた成果[53]であると捉えておられるものと思われる。平成一三年以降の改正作業の総仕上げとして成った新会社法について、龍田節教授が述べておられる次のような感想も注目されよう。すなわち、「新会社法は、株式会社に沈殿した常識を迷信として徹底破壊し、論理の組合わせを最優先させて構築したように見受けられる[54]」。我々の目の前にある新しい会社法は、このような会社法なのである。

ここで改めて想起されるのは、先に述べた平成一二年（二〇〇〇年）の日本私法学会商法シンポジウムの席で、岩原紳作教授が提示された、会社法改正を展望するにあたっての今後の留意点である。すなわち、①市場原理を重んじ、会社法の大幅な自由化・柔軟化を図り、事前規制から事後救済の体制へと移行させるべきか、等について根本的な検討がなされるべきであろう。②会社経営の効率性とともに、公正さや適法性も追求されなければならないことを強調したい。③このような検討の前提として、そもそもわが国の経済や企業のあるべき姿はいかなるものか、いかなる会社立法が真の経済の改革や公正で適法な経営の実現に貢献できるか、等の根本的な問題について検討するとともに、改正の内容が適切で弊害が生じないか等について、わが国の実態に則した慎重な検討が必要である[55]。新しい会社法がこれらの検討の成果であることは当然であるが、右に提示された留意点は、現時点での、また今後の会社法検証にあたってもなお維持されるべき姿勢を示すものである。新会社法の施行と相前後する時期に述べられた前田雅弘教授の次のような発言も、右の留意点と共通の視座に立っておられる。すなわち、「競争だけで万事うまくいくはずはない。会社法が強行法的に規律付けすべきコアの部分はあるのであって、それは立法あるいは解釈にあたって、学者等が積極的に守っていかなければならない部分だろうと思う」[56]。加えて、野田博教授が冷静な筆致で指摘しておられる以下の点、すなわち「会社関係者の選択の自由度を高めれば、それまで禁止されていた行為が可能となることに伴って、法的ルール間の相互補完性の問題をとくに考慮しなければならないという側面がある」[57]という点にも留意が必要である。これは、新会社法が、証券規制・企業税制等を含めたわが企業法体系の中で、どう整合的に機能すべきかを多面的に考究しなければならないという趣旨と解される。会社法システムの評価には、会社法だけを単体として近視眼的に見据えてはならないとの誡めであろう。

新会社法は、いわゆる対価の柔軟化に関する部分を除いて、平成一八年（二〇〇六年）五月から施行された。最後に、施行後の直近における同年の日本私法学会商法シンポジウムを中心とする商法学界の動向に言及しておく必要があろう。新会社法の意義・在り方を根源に立ち返って検討する将来へ向けての学界の歴史的第一歩は、ここからしるされ始めたからである。会社法制定に至る経緯をまとめた前節ではあえて言及しなかったが、とりわけ新会社法に対応する法務省令案の公表（平成一七年（二〇〇五年）一一月）の直後から、今回の立法作業が過去のそれとは趣きを異にし、抽象的な文言からなる要綱の内容が起草スタッフの手で法律案として具体化する過程で、従来は「法制審議会で議論していないことについては変えない、という了解に基づいて立法がなされてきたところ、そうした謙抑的な姿勢がとられなかった模様である」[58]との批判的指摘が、学界の中で少なからず上がっていたことは事実である（右の引用にあたっては、上村達男教授の客観的で「謙抑的な」表現を選ばせていただいた）。このような認識の延長線上にあるのであろうが、平成一八年の日本私法学会商法シンポジウムの席でも、今回の新会社法の制定は、結果としてその内容上も相当に大きな変更をともなう改正になったのではないかとの意見表明がみられた。たとえば、青竹正一教授は、新会社法においては、個々の各論問題上の結論を大きく変更しかねないような、要綱段階では予想されなかったような法文の挿入が少なからずなされており、また従来からの解釈の余地を相当に狭めるような条文化もなされているとの趣旨の発言をされたうえで、学者・研究者が会社立法に具体的にどこまでどう関与できるかという問題はあるにせよ、今後はそのようなシステムも必要ではないかと述べておられる[59]。森田章教授による、「会社立法を（官僚ではなく）法律専門家の手に戻すべきだ、法律専門家がよりイニシアチブをとるべきだ[60]」との直截簡明な意見も表明された。岩原紳作教授は、これらの意見に対し、今回の会社法制定に際しては、学者・研究者がより大きな役割を果せるような体制であるべきであったと思うとの反省点を表明されつつも、学者に課せられた使命は、今後にあっても健全な提言者、批判者としての役割を果して行くことであるという点を強調されておられる[61]。銘肝すべき言であろう。本論文集における検証も、当然に右のような議論をふまえ、執筆にあたられた皆様が「与えられた役割を果すべく」奮闘された成果を披瀝されたものになっている。

本論文集は、結果として、新会社法の全面施行（平成一九年（二〇〇七年）五月）がなった直後に重要論点の各論的検証を行うことになった。右に述べたような留意点を意識しつつ寄せられた本書の諸論稿は、いずれも力作というべきものであり、時宜を得た検証になったのではないかと考えている。

(52) 野村・前掲注(8)六頁。
(53) 同前参照。
(54) 龍田・前掲注(38)はしがき4。
(55) 岩原・前掲注(23)一〇—一一頁参照。
(56) 前田=中村=北原=野村・前掲注(2)六—七頁[前田雅弘発言]。
(57) 野田・前掲注(4)六—七頁。
(58) 上村達男「新会社法の性格と法務省令」ジュリスト一三一五号(二〇〇六年)三頁。
(59) 岩原紳作ほか「シンポジウム・新会社法の意義と問題点」私法六九号(二〇〇七年)九九—一〇〇頁参照。
(60) 同前九七頁。
(61) 同前一〇〇—一〇一頁参照。

年表Ⅰ　会社法根本改正計画の実現への歩み

年　月　日	主　な　出　来　事
昭和50(1975)年6月12日	法務省民事局参事官室「会社法改正に関する問題点」公表（①会社の社会的責任、②株主総会制度の改善策、③取締役および取締役会の改善策、④株式制度の改善策、⑤株式会社の計算・公開、⑥企業結合・合併・分割、⑦最低資本金制度および大小会社の区分、の7項目）
昭和52(1977)年5月16日	法務省民事局参事官室「株式制度に関する改正試案」公表
昭和53(1978)年12月25日	法務省民事局参事官室「株式会社の機関に関する改正試案」公表
昭和54(1979)年7月18日	法制審議会商法部会の方針転換（株式制度、株式会社の機関、株式会社の計算・公開の部分のみを先行して改正）
昭和54(1979)年12月25日	法務省民事局参事官室「株式会社の計算・公開に関する改正試案」公表
昭和56(1981)年1月26日	法制審議会「商法等の一部を改正する法律案要綱」を法務大臣へ答申（「問題点②～⑤」の処理）
昭和56(1981)年6月3日	「商法等の一部を改正する法律」成立（昭和56年改正法、同年6月9日公布（昭和56法74））
昭和57(1982)年10月1日	昭和56年改正法施行
昭和59(1984)年5月9日	法務省民事局参事官室「大小（公開・非公開）会社区分立法及び合併に関する問題点」公表
昭和61(1986)年5月15日	法務省民事局参事官室「商法・有限会社法改正試案」公表（「問題点⑦と⑥の一部」）
平成2(1990)年3月14日	法制審議会「商法等の一部を改正する法律案要綱」を法務大臣へ答申（上記試案の一部実現）
平成2(1990)年6月22日	「商法等の一部を改正する法律」成立（平成2年改正法、同年6月29日公布（平2法64））
平成3(1991)年4月1日	平成2年改正法施行
平成4(1992)年3月10日	経団連「会社法制のあり方についての見解」建議（自己株式取得規制の緩和など）
平成5(1993)年1月28日	法務省民事局参事官室「自己株式の取得および保有規制に関する問題点」公表

平成5(1993)年2月10日	法制審議会「商法等の一部を改正する法律案要綱」を法務大臣へ答申（日米構造協議関連・社債法全面改正）
平成5(1993)年6月4日	「商法等の一部を改正する法律」成立（平成5年改正法、同年6月14日公布（平5法63））
平成5(1993)年10月1日	平成5年改正法施行
平成6(1994)年2月16日	法制審議会「商法及び有限会社法の一部を改正する法律案要綱」を法務大臣へ答申（自己株式等取得規制緩和）
平成6(1994)年6月22日	「商法及び有限会社法の一部を改正する法律」成立（平成6年改正法、同年6月29日公布（平6法66））
平成6(1994)年10月1日	平成6年改正法施行
平成9(1997)年2月14日	法制審議会「商法等の一部を改正する法律案要綱」を法務大臣へ答申（合併手続の簡易化・合理化、合併に関する情報開示の充実、問題点⑥の一部処理）
平成9(1997)年3月28日	政府「規制緩和推進計画の再改正について」閣議決定（ストック・オプション導入に言及）
平成9(1997)年4月30日	議員立法による「商法の一部を改正する法律案」国会提出（ストック・オプション）
平成9(1997)年5月12日	商法学者有志「開かれた商法改正手続を求める商法学者声明」発表
平成9(1997)年5月16日	議員立法改正法成立（同年5月21日公布（平9法56））
平成9(1997)年5月30日	政府提出「商法等の一部を改正する法律」成立（平成9年改正法、同年6月6日公布（平9法71））
平成9(1997)年6月12日	独禁法の改正（持株会社解禁）
平成9(1997)年10月1日	議員立法改正法完全施行 平成9年改正法施行
平成9(1997)年10月21日	法務省（法制審議会商法部会の一任による）「商法及び株式会社の監査等に関する商法の特例に関する法律の一部を改正する法律案」国会提出（緊急立法による総会屋規制の強化）
平成9(1997)年11月28日	法務省による改正法成立（同年12月3日公布（平9法107））
平成9(1997)年12月23日	法務省による改正法施行
平成10(1998)年6月16日	企業会計審議会「金融商品に係る会計基準の設定に関する意見書」公表（金融資産につき時価評価が必要との意見）
平成10(1998)年7月8日	法務省民事局参事官室「親子会社法制等に関する問題点」公

	表
平成11(1999)年2月16日	法制審議会「商法等の一部を改正する法律案要綱」を法務大臣へ答申（株式交換・株式移転の創設、子会社の業務内容等の開示の充実、資産の時価評価制度の導入）
平成11(1999)年4月15日	自由民主党政務調査会法務部会「企業統治に関する商法等の改正案要綱」公表
平成11(1999)年7月7日	法制審議会商法部会「「商法等の一部を改正する法律案要綱」中間試案」の公表（会社分割制度の創設）
平成11(1999)年8月9日	「商法等の一部を改正する法律」成立（平成11年改正法、同年8月13日公布（平11法125））
平成12(2000)年2月23日	法制審議会「商法等の一部を改正する法律案要綱」を法務大臣へ答申（会社分割制度の創設、「問題点⑥」の処理）
平成12(2000)年4月1日	平成11年改正法完全施行
平成12(2000)年5月24日	「商法等の一部を改正する法律」成立（平成12年改正法、同年5月31日公布（平12法90））
平成13(2001)年4月1日	平成12年改正法施行

年表Ⅱ　会社法制大幅見直しと会社法制現代化への歩み

年 月 日	主 な 出 来 事
平成12(2000)年4月12日	法制審議会商法部会会社法小委員会（64回）開催（以下、小委員会）
平成12(2000)年5月10日	小委員会（65回）開催
平成12(2000)年5月23日	経団連「IT化に対応した制度見直しアンケート結果」公表（株主総会の電子化等を含む）
平成12(2000)年6月9日	企業会計審議会「監査基準等の一層の充実に関する論点整理」公表
平成12(2000)年6月14日	小委員会（66回）開催
平成12(2000)年6月23日	企業会計審議会第一部会「固定資産の会計処理に関する論点整理」公表
平成12(2000)年6月29日	公認会計士審査会「監査制度を巡る問題点と改革の方向」公表 企業会計基準設定主体のあり方に関する懇談会「企業会計基準設定のあり方について（論点整理）」公表
平成12(2000)年7月11日	保岡法相、今後の商法改正についての基本方針表明
平成12(2000)年7月12日	小委員会（67回）開催
平成12(2000)年7月26日	規制改革委員会「規制改革に関する論点公開」公表
平成12(2000)年9月6日	法制審議会商法部会（146回）会議、会社法改正のための検討事項決定（見直しの柱：①企業統治の実効性の確保、②高度情報化社会への対応、③資金調達手段の改善、④企業活動の国際化への対応）
平成12(2000)年9月中	通産省政策局産業組織課「企業運営の実態把握・商法の課題把握に係るアンケート結果」とりまとめ
平成12(2000)年10月11日	小委員会（68回）開催
平成12(2000)年10月19日	経済対策閣僚会議「日本新生のための新発展政策」決定（IT活用株主総会実現のための法整備等を含む）
平成12(2000)年10月25日	小委員会（69回）開催
平成12(2000)年11月1日	小委員会（70回）開催
平成12(2000)年11月10日	通産省産業政策局産業組織課、産業構造審議会総合部会新成

	長小委員会企業法制分科会報告書案「21世紀の企業経営のための会社法制の整備」要旨公表
平成12(2000)年11月15日	小委員会（71回）開催
平成12(2000)年12月12日	規制改革委員会「規制改革についての見解」公表
平成12(2000)年12月13日	小委員会（72回）開催
平成12(2000)年12月21日	日本商工会議所「商法における会社法制の改革に関する意見」とりまとめ
平成13(2001)年1月12日	法制審議会総会開催
平成13(2001)年1月17日	法制審議会会社法部会（1回）開催（商法部会を衣替えし、会社法部会を設置）
平成13(2001)年1月26日	中小企業政策審議会企業制度部会「商法改正要望（案）」とりまとめ
平成13(2001)年2月9日	自民・公明・保守三党「証券市場等活性化対策中間報告」公表
平成13(2001)年2月14日	会社法部会（2回）開催
平成13(2001)年3月1日	公明党「企業統治に関する商法等の改正案（中間とりまとめ）」提出
平成13(2001)年3月9日	自民・公明・保守三党「緊急経済対策」とりまとめ
平成13(2001)年3月14日	会社法部会（3回）開催
平成13(2001)年3月27日	経団連「企業会計制度に関する提言」とりまとめ
平成13(2001)年3月28日	会社法部会（4回）開催
平成13(2001)年3月30日	日本公認会計士協会「配当可能利益の計算」公表
平成13(2001)年4月6日	政府・与党「緊急経済対策」決定（金庫株の解禁等を含む）
平成13(2001)年4月18日	会社法部会（5回）開催、「商法等の一部を改正する法律案要綱中間試案」公表
平成13(2001)年4月27日	経団連経済法規委員会「会社機関の見直しに関する考え方」公表
平成13(2001)年5月18日	自民・公明・保守三党「商法等の一部を改正する等の法律案」国会提出（自己株式取得規制の整理、金庫株の解禁、額面株式制度の廃止、単元株制度の創設等）
平成13(2001)年5月30日	議員立法「商法及び株式会社の監査等に関する商法の特例に関する法律の一部を改正する法律案」国会提出（株主代表訴

	訟、監査役の機能強化、取締役の責任軽減等）→後に継続審議へ
平成13(2001)年6月7日	経団連「「商法等の一部を改正する法律案要綱中間試案」に対するコメント」とりまとめ
平成13(2001)年6月20日	「株券等の保管及び振替に関する法律の一部を改正する法律」成立（同年6月27日公布（平13法69）） 「短期社債の振替に関する法律」成立（同年6月27日公布（平13法75））
平成13(2001)年6月22日	企業会計審議会「監査基準の改訂に関する意見書案」公表 金庫株解禁等に係る「商法等の一部を改正する等の法律」成立（同年6月29日公布（平13法79））
平成13(2001)年7月4日	会社法部会（6回）開催
平成13(2001)年7月6日	企業会計審議会「固定資産の会計処理に関する審議の経過報告」「企業結合に係る会計処理基準に関する論点整理」公表 財務総合政策研究所「わが国機関投資家のコーポレートガバナンスに関するアンケート調査」とりまとめ
平成13(2001)年7月18日	会社法部会（7回）開催
平成13(2001)年7月26日	財団法人財務会計基準機構設立
平成13(2001)年7月30日	法務省「株式会社の貸借対照表、損益計算書、営業報告書及び附属明細書に関する規則」の改正案公表
平成13(2001)年8月8日	会社法部会（8回）開催
平成13(2001)年8月22日	会社法部会（9回）開催、「商法等の一部を改正する法律案要綱案」決定（ストック・オプション、株式制度の見直し、IT関連改正）
平成13(2001)年9月5日	法制審議会「商法等の一部を改正する法律案要綱」を法務大臣へ答申
平成13(2001)年9月12日	「株式会社の貸借対照表、損益計算書、営業報告書及び附属明細書に関する規則の一部を改正する省令（平13法務66）」「大会社の株主総会の招集通知に添付すべき参考書類に関する規則の一部を改正する省令（平13法務67）」公布
平成13(2001)年9月19日	会社法部会（10回）開催
平成13(2001)年9月26日	日本公認会計士協会「「自己株式の会計処理及び表示」に関する当面の取扱い」公表
平成13(2001)年10月1日	平成13年法律第79号改正法施行

平成13(2001)年10月５日	政府「商法等の一部を改正する法律案（法制審議会９月５日答申に基づくもの）」を国会に提出
平成13(2001)年10月10日	会社法部会（11回）開催
平成13(2001)年10月24日	会社法部会（12回）開催
平成13(2001)年10月26日	日本コーポレート・ガバナンス・フォーラム「改訂コーポレート・ガバナンス原則」公表
平成13(2001)年11月12日	企業会計基準委員会テーマ協議会、検討テーマ案提言
平成13(2001)年11月21日	政府提出に係る「商法等の一部を改正する法律」成立（同年11月28日公布（平13法128）） 会社法部会（13回）開催
平成13(2001)年11月27日	５月30日提出に係る議員立法の「商法及び株式会社の監査等に関する商法の特例に関する法律の一部を改正する法律案に対する修正案」国会提出
平成13(2001)年12月５日	企業統治に係る議員立法「商法及び株式会社の監査等に関する商法の特例に関する法律の一部を改正する法律」成立（同年12月12日公布（平13法149）） 会社法部会（14回）開催
平成13(2001)年12月７日	法務省「平成13年商法改正に伴う「商法及び有限会社法の関係規定に基づく電磁的方法による情報の提供等に関する承諾の手続等を定める政府案要綱」」公表 ベンチャー企業のディスクロージャー機能のあり方に関する研究会、公募・私募段階でのディスクロージャー制度に関する提言公表
平成13(2001)年12月19日	会社法部会（15回）開催
平成13(2001)年12月21日	企業会計基準委員会「自己株式及び法定準備金の取崩等に関する会計基準（案）」「自己株式及び法定準備金の取崩等に関する会計基準適用指針（案）」「その他資本剰余金の処分による配当を受けた株主の会計処理（案）」公表
平成14(2002)年１月16日	会社法部会（16回）開催、「商法等の一部を改正する法律案要綱案」決定（株券失効制度の創設、重要財産委員会制度・委員会等設置会社に関する特例、連結計算書類の導入、資本減少手続の合理化等）
平成14(2002)年１月25日	企業会計審議会「監査基準の改訂に関する意見書」公表
平成14(2002)年１月30日	「商法及び有限会社法の関係規定に基づく電磁的方法による

	情報の提供等に関する承諾の手続等を定める政令（平14政令20)」公布
平成14(2002)年２月13日	法制審議会「商法等の一部を改正する法律案要綱」を法務大臣へ答申」 法務大臣、法制審議会へ会社法制に関する商法等の現代化を諮問 会社法（現代化関係）部会設置
平成14(2002)年２月15日	法務省「商法施行規則案」公表
平成14(2002)年２月21日	企業会計基準委員会「自己株式及び法定準備金の取崩等に関する会計基準」「自己株式及び法定準備金の取崩等に関する会計基準適用指針」「その他資本剰余金の処分による配当を受けた株主の会計処理」の決定・公表
平成14(2002)年２月26日	金融庁・法務省「短期社債等の振替に関する法律施行令案」「短期社債等の振替に関する法律施行規則案」公表
平成14(2002)年３月６日	金融庁、財務諸表等規則等改正案公表 日本監査役協会監査法規委員会「企業統治に関する商法等改正と監査役の実務対応（案）について」公表
平成14(2002)年３月18日	政府「商法等の一部を改正する法律案」国会提出
平成14(2002)年３月26日	改正財務諸表等規則等公布（平14内閣９～12)
平成14(2002)年３月29日	「商法施行規則（平14法務22)」公布 企業会計基準委員会「新株予約権及び新株予約権付社債の会計処理に関する実務上の取扱い」公表 経産省「企業会計制度に関する国内企業調査報告書」公表
平成14(2002)年４月１日	平成13年法律128号改正法施行 商法施行規則施行
平成14(2002)年４月16日	経団連、新産業・新事業創出に関する提言とりまとめ
平成14(2002)年４月17日	経産省、企業経営と財務報告に関する研究会報告書公表
平成14(2002)年４月19日	企業会計審議会「固定資産の減損に係る会計基準の設定に関する意見書」(公開草案）公表
平成14(2002)年５月１日	平成13年法律149号改正法施行
平成14(2002)年５月15日	日本監査役協会、商法改正に関する対応動向調査結果公表
平成14(2002)年５月21日	企業会計基準委員会「潜在株式調整後１株当たり当期純利益に関する当面の取扱い」公表
平成14(2002)年５月22日	「商法等の一部を改正する法律」成立（平成14年改正法、同

	年５月29日公布（平14法44））
平成14(2002)年５月29日	日本経団連「経済活性化に向けた規制改革緊急要望」公表
平成14(2002)年６月12日	「証券決済制度等の改革による証券市場の整備のための関係法律の整備等に関する法律」公布（平14法65）
平成14(2002)年６月14日	日本公認会計士協会会計制度委員会「中小企業の会計のあり方に関する研究報告（経過報告）」公表
平成14(2002)年６月28日	中小企業庁、中小企業の会計に関する研究会の報告書公表
平成14(2002)年７月３日	経済同友会企業経営委員会「企業競争力の基盤強化を目指したコーポレート・ガバナンス改革」公表
平成14(2002)年７月25日	企業会計基準委員会「自己株式及び法定準備金の取崩等に関する会計基準適用指針（その２）（案）」公表
平成14(2002)年８月９日	企業会計審議会「固定資産の減損に係る会計基準の設定に関する意見書」公表
平成14(2002)年８月22日	厚労省、企業組織再編に伴う労働関係上の諸問題に関する研究会の報告書公表
平成14(2002)年９月３日	日本税理士会連合会中小会社会計基準研究会「中小会社会計基準草案」公表
平成14(2002)年９月11日	法制審議会会社法（株券の不発行等関係）部会（１回）開催
平成14(2002)年９月25日	法制審議会会社法（現代化関係）部会（１回）開催 企業会計基準委員会「１株当たり当期純利益に関する会計基準」「１株当たり当期純利益に関する会計基準の適用指針」「自己株式及び法定準備金の取崩等に関する会計基準適用指針（その２）」公表
平成14(2002)年10月16日	会社法（株券の不発行等関係）部会（２回）開催
平成14(2002)年10月23日	会社法（現代化関係）部会（２回）開催
平成14(2002)年10月29日	自民党法務部会商法に関する小委員会開催
平成14(2002)年10月30日	政府経済諮問会議「改革加速のための総合対応策」決定
平成14(2002)年11月12日	法務省「商法施行規則改正案」公表（平成14年改正にともなうもの）
平成14(2002)年11月15日	「中小企業挑戦支援法」成立（同年11月22日公布（平14法110））
平成14(2002)年11月20日	会社法（株券の不発行等関係）部会（３回）開催
平成14(2002)年11月22日	「中小企業等が行う新たな事業活動の促進のための中小企業

	等協同組合法の一部を改正する法律」公布（平14法110）（新事業創出促進法の改正を含む――最低資本金規制の特例）
平成14(2002)年12月12日	総合規制改革会議「規制改革の推進に関する第２次答申」を首相へ答申（株券不発行制度の導入、電子公告制度の創設、会社法制現代化等を含む）
平成14(2002)年12月18日	会社法（株券の不発行等関係）部会（４回）開催
平成14(2002)年12月19日	企業会計基準委員会「ストック・オプション会計に係る論点の整理」公表
平成14(2002)年12月27日	日本経団連、商法施行規則改正案に対するコメント発表
平成15(2003)年１月15日	企業会計基準委員会「１株当たりの当期純利益に関する実務上の取扱い（案）」等公表
平成15(2003)年１月22日	会社法（株券の不発行等関係）部会（５回）開催
平成15(2003)年２月１日	「中小企業挑戦支援法」施行 改正「新事業創出促進法」施行
平成15(2003)年２月16日	日本公認会計士協会「監査報告書作成に関する実務指針（中間報告）」公表
平成15(2003)年２月19日	会社法（株券の不発行等関係）部会（６回）開催
平成15(2003)年２月21日	法務省、商法施行規則改正案に対する意見募集結果公表
平成15(2003)年２月28日	「商法施行規則の一部を改正する省令」（平15法務７）公布
平成15(2003)年３月５日	企業会計基準委員会「「固定資産の減損に関する会計基準の適用指針」の検討状況の整理」公表
平成15(2003)年３月13日	企業会計基準委員会「１株当たり当期純利益に関する実務上の取扱い」「種類株式の貸借対照表価額に関する実務上の取扱い」公表
平成15(2003)年３月19日	会社法（現代化関係）部会（３回）開催
平成15(2003)年３月26日	会社法（株券の不発行等関係）部会（７回）開催、「株券不発行制度及び電子公告制度の導入に関する要綱中間試案」とりまとめ
平成15(2003)年３月27日	対日投資会議専門部会「対日直接投資策の推進について」決定（外国企業による日本企業の子会社化のための合併対価等の柔軟化を含む）
平成15(2003)年４月15日	日本公認会計士協会「会計監査人と監査委員会又は内部監査人との連携に関するガイドライン」（公開草案）公表

	日本監査役協会「監査役からみた平成14年商法・商法特例法の捉え方――主として会社機関の選択制に関して――」とりまとめ
平成15(2003)年4月16日	会社法（現代化関係）部会（4回）開催
平成15(2003)年4月17日	企業会計基準委員会「減損会計及び時価評価の適用に関する緊急検討」公表
平成15(2003)年4月23日	会社法（株券の不発行等関係）部会（8回）開催
平成15(2003)年5月13日	中小企業庁「中小企業政策の視点からの新しい会社法制のあり方」公表
平成15(2003)年5月14日	会社法（現代化関係）部会（5回）開催
平成15(2003)年5月19日	議員立法「商法及び株式会社の監査等に関する商法の特例に関する法律の一部を改正する法律案」国会提出（定款授権による自己株式の取得）
平成15(2003)年5月21日	会社法（株券の不発行等関係）部会（9回）開催
平成15(2003)年5月28日	会社法（現代化関係）部会（6回）開催
平成15(2003)年6月2日	日本公認会計士協会「中小会社の会計のあり方に関する研究報告」公表
平成15(2003)年6月4日	会社法（現代化関係）部会（7回）開催
平成15(2003)年6月13日	企業会計基準委員会「有価証券の時価評価・強制評価減及び固定資産の減損会計の適用に関する緊急検討の審議結果について」公表
平成15(2003)年6月18日	会社法（株券の不発行等関係）部会（10回）開催
平成15(2003)年7月2日	会社法（現代化関係）部会（8回）開催
平成15(2003)年7月9日	会社法（株券の不発行等関係）部会（11回）開催
平成15(2003)年7月16日	会社法（現代化関係）部会（9回）開催
平成15(2003)年7月23日	議員立法「商法及び株式会社の監査等に関する商法の特例に関する法律の一部を改正する法律」成立（平成15年改正法、同年7月30日公布（平15法132）） 会社法（現代化関係）部会（10回）開催
平成15(2003)年7月30日	会社法（株券の不発行等関係）部会（12回）開催、「株券不発行制度の導入に関する要綱案」「電子公告制度の導入に関する要綱案」決定 企業会計基準委員会「固定資産の減損に係る会計基準の適用

	指針（案）」とりまとめ
平成15(2003)年8月1日	企業会計審議会「企業結合に係る会計基準の設定に関する意見書」(公開草案）公表
平成15(2003)年8月8日	法務省、商法施行規則を改正する省令案公表
平成15(2003)年8月25日	日本監査役協会、商法改正への対応に関するアンケート結果公表
平成15(2003)年9月3日	会社法（現代化関係）部会（11回）開催 日本経団連経済法規委員会企業部会、平成15年改正に伴う商法施行規則改正に関するコメント公表
平成15(2003)年9月10日	法制審議会「株券不発行制度の導入に関する要綱」「電子公告制度の導入に関する要綱」を法務大臣へ答申
平成15(2003)年9月17日	会社法（現代化関係）部会（12回）開催
平成15(2003)年9月22日	改正商法施行規則（平15法務68）公布→同年10月3日一部修正
平成15(2003)年9月24日	会社法（現代化関係）部会（13回）開催 日本監査役協会「連結計算書の監査役監査要綱」公表
平成15(2003)年9月25日	平成15年改正法施行
平成15(2003)年10月8日	会社法（現代化関係）部会（14回）開催
平成15(2003)年10月16日	日本経団連「会社法改正への提言――企業の国際競争力の確保、企業・株主等の選択の尊重」公表
平成15(2003)年10月21日	日本経団連「会計基準に関する国際的協調を求める」(意見書）公表
平成15(2003)年10月22日	会社法（現代化関係）部会（15回）開催、「会社法制の現代化に関する要綱試案」とりまとめ
平成15(2003)年10月29日	法務省「会社法制の現代化に関する要綱試案」の意見募集開始
平成15(2003)年10月31日	企業会計審議会「企業結合に係る会計基準の設定に関する意見書」公表 企業会計基準委員会「固定資産の減損に係る会計基準の適用指針」公表
平成15(2003)年11月5日	法務省「会社法制の現代化に関する要綱試案の補足説明」公表
平成15(2003)年11月15日	日本公認会計士協会「附属明細書のひな型」発表

平成15(2003)年12月12日	日本監査役協会監査法規委員会、監査役監査基準改訂案とりまとめ
平成15(2003)年12月17日	会社法（現代化関係）部会（16回）開催
平成16(2004)年１月５日	金融庁、財務諸表等規則等の一部を改正する内閣府令案公表
平成16(2004)年１月14日	会社法（現代化関係）部会（17回）開催
平成16(2004)年１月16日	日本公認会計士協会会計制度委員会「営業報告書のひな型」（公開草案）公表
平成16(2004)年１月27日	日本監査役協会「監査委員会監査報告書ひな型」発表 企業会計基準委員会「役員賞与の会計処理に関する当面の取扱い（案）」公表
平成16(2004)年１月30日	「財務諸表等の用語、様式及び作成方法に関する規則等の一部を改正する内閣府令」公布（平15内閣５）
平成16(2004)年２月４日	会社法（現代化関係）部会（18回）開催
平成16(2004)年２月13日	政府「電子公告制度の導入のための商法等の一部を改正する法律案」国会提出
平成16(2004)年２月18日	日本公認会計士協会「商法監査意見に関する調査結果報告」発表 日本公認会計士協会、会社法改正対策特別委員会設置
平成16(2004)年２月19日	日本監査役協会「改訂監査役監査基準」公表
平成16(2004)年２月23日	企業会計基準委員会「固定資産の減損に係る会計基準の早期適用に関する実務上の取扱い（案）」公表
平成16(2004)年２月25日	会社法（現代化関係）部会（19回）開催
平成16(2004)年３月５日	政府「株式等の取引に係る決済の合理化を図るための社債等の振替に関する法律等の一部を改正する法律案」国会提出（株券不発行制度導入・商法改正を含む）
平成16(2004)年３月９日	企業会計基準委員会「役員賞与の会計処理に関する当面の取扱い」公表
平成16(2004)年３月22日	企業会計基準委員会「固定資産の減損に係る会計基準の早期適用に関する実務上の取扱い」公表
平成16(2004)年３月30日	改正商法施行規則（平16法務23）公布
平成16(2004)年３月31日	日本経団連「商法施行規則による株式会社の各種書類のひな型」改訂版公表
平成16(2004)年４月６日	日本公認会計士協会「連結財務諸表における資本連結手続に

	関する実務指針」等の改正発表
平成16(2004)年4月7日	日本監査役協会「連結計算書類に係る監査委員会監査報告書のひな型」公表
平成16(2004)年4月14日	会社法（現代化関係）部会（21回）開催
平成16(2004)年4月16日	日本監査役協会、改訂監査役監査基準を一部修正
平成16(2004)年4月28日	企業会計基準委員会「事業分離等に係る会計処理に関する論点の整理」公表
平成16(2004)年5月7日	内閣府「わが国のM&Aの動向と課題（M&A研究会中間報告)」公表
平成16(2004)年5月19日	会社法（現代化関係）部会（22回）開催
平成16(2004)年6月2日	「株式等の取引に係る決済の合理化を図るための社債等の振替に関する法律等の一部を改正する法律」成立（同年6月9日公布（平16法88)） 会社法（現代化関係）部会（23回）開催
平成16(2004)年6月3日	「電子公告制度の導入のための商法等の一部を改正する法律」成立（同年6月9日公布（平16法87))
平成16(2004)年6月9日	会社法（現代化関係）部会（24回）開催
平成16(2004)年6月11日	自民党政務調査会法務部会商法に関する小委員会「コーポレート・ガバナンス関係での改正事項（案)」決定
平成16(2004)年6月16日	自民党政務調査会法務部会商法に関する小委員会「会社法制の現代化に関する中間とりまとめ」決定 会社法（現代化関係）部会（25回）開催
平成16(2004)年6月17日	法務省、株券等の不発行制度の導入に伴う商法施行規則の改正案公表
平成16(2004)年6月22日	日本公認会計士協会、「会計参与（仮称)」の概略提示
平成16(2004)年6月23日	金融庁「外国会社等の我が国における開示書類に係る制度上の整備・改善について」公表
平成16(2004)年6月24日	企業会計審議会「国際会計基準に関する我が国の制度上の対応について（論点整理)」公表
平成16(2004)年6月30日	会社法（現代化関係）部会（26回）開催
平成16(2004)年7月2日	企業会計基準委員会基本概念ワーキング・グループ「財務会計の概念フレームワーク」公表
平成16(2004)年7月15日	企業会計基準委員会「企業会計基準委員会の中間的な運営方

	針」公表
平成16(2004)年７月21日	会社法（現代化関係）部会（27回）開催
平成16(2004)年７月28日	会社法（現代化関係）部会（28回）開催
平成16(2004)年８月５日	法務省、株券等の不発行制度の導入に伴う商法施行規則の改正に関する意見募集結果公表
平成16(2004)年９月８日	商法施行規則改正省令公布（平16法務62）
平成16(2004)年９月14日	法務省「電子公告に関する規則」案公表 法務省、電子公告制度の導入に伴う商法施行規則改正案公表
平成16(2004)年９月15日	会社法（現代化関係）部会（29回）開催
平成16(2004)年９月16日	内閣府、報告書「わが国企業のM&A活動の円滑な展開に向けて」公表 日本公認会計士協会、会長通牒「監査実務の充実に向けて」発出
平成16(2004)年10月１日	平成16年法律88号一部施行
平成16(2004)年10月13日	会社法（現代化関係）部会（30回）開催
平成16(2004)年11月１日	中小企業庁「会計処理・財務情報開示に関する中小企業経営者の意識アンケート調査結果」公表
平成16(2004)年11月17日	会社法（現代化関係）部会（31回）開催
平成16(2004)年12月８日	会社法（現代化関係）部会（32回）開催、「会社法制の現代化に関する要綱案」決定
平成16(2004)年12月13日	破産法の施行に伴う商法施行規則改正省令公布（平16法務86）
平成16(2004)年12月16日	自民党政務調査会企業会計に関する小委員会・商法に関する小委員会「最近の資本市場、コーポレートガバナンスの諸問題に関する中間論点整理」とりまとめ
平成16(2004)年12月28日	企業会計基準委員会「ストック・オプション等に関する会計基準（案）」公表
平成17(2005)年１月13日	「電子公告に関する規則」公布（平17法務３） 電子公告制度導入に伴う商法施行規則改正省令公布（平17法務４）
平成17(2005)年１月28日	企業会計基準委員会「「事業分離等に関する会計基準」の検討状況の整理」「「企業結合会計基準及び事業分離等会計基準に関する適用指針」の検討状況の整理」公表

平成17(2005)年２月１日	平成16年法律87号施行
平成17(2005)年３月９日	電子公告機関の登録、官報公告
平成17(2005)年３月18日	政府「会社法案」閣議決定
平成17(2005)年３月22日	政府「会社法案」国会提出
平成17(2005)年４月７日	「会社法案」衆院本会議において趣旨説明・質疑応答 「会社法案」衆院法務委員会へ付託
平成17(2005)年５月17日	「会社法案」衆院法務委員会にて最終質疑（与野党議員提出に係る修正案により一部修正） 「会社法案」衆院通過
平成17(2005)年５月18日	「会社法案」参院本会議において趣旨説明・質疑応答 「会社法案」参院法務委員会へ付託
平成17(2005)年６月28日	「会社法案」参院法務委員会にて最終質疑（原案通り可決）
平成17(2005)年６月29日	「会社法案」参院可決・成立（同年７月26日公布（平17法86））

合名・合資会社および旧有限会社に対する会社法の影響

広瀬裕樹

淺木愼一・小林量
中東正文・今井克典 編
浜田道代先生還暦記念
『検証会社法』
2007年11月 信山社

一　はじめに
二　調査の概要
三　合名会社・合資会社に対するアンケート結果
四　有限会社に対するアンケート結果
五　調査結果から見た資本制度の意味
六　結びに代えて

一　はじめに

新しい企業形態である合同会社（いわゆる「ＬＬＣ（＝Limited Liability Company）」）の設立社数が、二〇〇六年五月の会社法施行から三ヶ月で一〇〇〇社を超えた、と報道された（日本経済新聞夕刊二〇〇六年一〇月二五日一面）。この記事によれば、合同会社は複数の企業が合弁で事業を行う場合に用いられることが多いようである。周知のように、合同会社は、当初、構成員課税（いわゆる「パススルー課税」）を一つの長所として構想されたものの、当面はそれが認められないこととなったという経緯[1]があったため、合同会社の存在意義につき疑問符を呈する見方も出来たであろうが、滑り出しは上々といったところであろうか。

この合同会社では実現できなかった構成員課税を実現すべく、特別法（有限責任事業組合契約に関する法律）にて新設された有限責任事業組合（いわゆる「ＬＬＰ（＝Limited Liability Partnership）」）も、会社法に先駆けて、二〇〇五年八月一日の施行日より活動している。こちらも、二〇〇六年三月末の段階で設立件数は約七〇〇件となっているとのことであり[2]、滑り出しは順調のようである。

会社法では、合同会社制度が新設されたほか、合名会社・合資会社は、合同会社と同類型の「持分会社」として再整理され、種々の改正が行われた。また、有限会社は株式会社制度に吸収され、その結果、有限会社法制と株式会社法制が、統合された。

このように、会社法では（より正確には、会社法制定に伴って）、旧法下で認められていた企業形態は大きく変動した。今後は、この新しい企業形態の下で、新しい実態が紡ぎ出され、その検証が行われていくことになろう。

一方でこうした大変革の境目において、新しい法制に対していかなる反応があったかということは、まさに今しか、把握できない事柄であり、新しい法制を検証する上で、重要な視点を与えてくれるように思われる。

本稿では、名古屋地区で二〇〇五年一一月に行われた調査結果の分析を通じて、部分的ではあるが、新しい企業形態法制の検証を試みることとしたい。

なお、この調査は、次に述べるように、旧商法下における資本金五億円未満の株式会社、有限会社、合名・合資会社を対象としたものであるが、本稿では、このうち、有限会社と合名・合資会社の調査結果の分析を行う（現時点では、厳密には「旧有限会社」と記述すべきであろうが、本稿では、調査時を基準として「有限会社」と表記する）。新しい企業形態が導入された影響は、旧商法下で株式会社であった企業とはまた別の傾向が見出せると思われるからである。(3)

（1）　合同会社と税制に関する問題については、差し当たり、宮崎裕子＝岩崎友彦「新会社法下の租税法」商事法務一七七四号（二〇〇六年）五三頁（注八）を参照。

（2）　石井芳明「ＬＬＰ（有限責任事業組合）の活用状況」商事法務一七七〇号（二〇〇六年）二九頁。

（3）　株式会社の調査結果の分析については、また別稿を予定している。

二　調査の概要

今回の調査は、名古屋商工会議所と名古屋大学新会社法研究会（座長：浜田道代名古屋大学教授）の合同企画により、中小企業を対象に、会社法にて改正されるポイントに関して、実態の調査を行った。二〇〇三年にも同様に、合同の企画にて調査が実施されているが（以下では「二〇〇三年度調査」と称する)[4]、今回の調査はそれに続く企画である。[5]名古屋商工会議所の会員企業を対象として、会社組織形態別に作成したアンケートを送付し、FAX返信方式で実施した。アンケートの回収期間は、二〇〇五年一一月一日から一一月三〇日までである。アンケートを送付したのは、具体的には、資本金五億円未満の株式会社[6]約四五〇〇社、合名・合資会社約三五〇〇社、有限会社約一五〇〇社であり、回答を得たのは、それぞれ、四七一社（一〇・五％)、二七社（七・七％)、一六〇社（一〇・七％）であった。なお、合名会社で回答していただけたのは一社であった。

今回の調査では、『回答すると「新会社法」のポイントが解るアンケート』と称して、アンケート項目の合間にコラムを差し入れ、会社法で改正されたポイントを平易に解説した。アンケートへの回答を進めていけば、会社法に対して理解を深めることができるという趣向である。このような形態を採ったのは、一つには「新会社法」の啓蒙を目指したということもあるが、今一つには、アンケートの回収率を上げたいという思いもあった。二〇〇三年度調査における回収率は一八％強にとどまったので、実態をより正確に反映すべく回収率を高めたかったからである。そのために、アンケートの項目数も絞った。会社の概要に関する質問項目は七項目（業種、資本金、直近年間売上高、会社設立の年、創業の年、経営者の経歴、法人税法上の会社の区分)[7]、会社法に関する質問項目は、それぞれ、株式会社は三六項目、合名・合資会社は一三項目、有限会社は八項目にとどめた。しかし、結果的には、既に示した通り、回収率は一〇％強にとどまった。このように、回収率を高めようとしたねらいは十分に達成できなかった。

標本数としては十分な量とはいえないであろうが、しかし、情報として意味がないわけではないと思われる。とりわけ、今回の調査では、二〇〇三年度調査では対象としなかった合名・合資会社および有限会社からも情報が得られた。そこで、標本数が少ないことには十分に配慮しつつ、分析を行うこととした。

なお、今回の調査は、前述のとおり、会社法改正に焦点を絞っており、「実態」の調査を直接には目的としていない。そのため、会社の概要に関する調査項目を前述のように限定している。もっとも、資本金や売上高などは調べており、これはこれで貴重な情報である。そこで、会社の概要に関する調査結果も検討対象とした。

（4） 家田崇＝広瀬裕樹「中小規模株式会社の実態」名古屋大学法政論集二〇〇号〈五〉頁（二〇〇四年）。

（5） アンケート項目の作成は、名古屋商工会議所と名古屋大学新会社法研究会にて共同で行われたが、原案作成などは、もっぱら齋藤孝一氏（マック税理士法人代表社員・税理士・名古屋大学大学院法学研究科博士課程後期在籍中）が中心となって行われた。二〇〇三年度調査では筆者がアンケート項目の原案を作成したが、今回の筆者の貢献はわずかばかりである。

（6） 今回の調査において、対象となる会社をリストアップする便宜上、株式会社では資本金五億円未満の会社を「中小企業」とみなすこととした。これは二〇〇三年度調査と同じである。家田崇＝広瀬裕樹・前掲注（4）論文〈五〉頁参照。

（7） 法人税の申告にあたり、会社は、「同族会社」、「非同族の同族会社」、「非同族会社」に区分される。「同族会社」とは、個人株主とその親族など特別の関係にある個人および法人をあわせて株主グループとし、その上位三グループで株式の過半数を占める株式会社（法人税法二条一〇号、法人税法施行令四条）と定義される。株主構成の概要を簡易に確認できるため、前回の調査に引き続いて調査項目とした。これらの概念については、若干古い文献であるが、岸田雅雄『会社税法』（悠々社、一九九七年）二八一頁以下を参照されたし。ただし、法人税法は改正が相次いでいるため、現状については、差し当たり、金子宏『租税法〔第一一版〕』（弘文堂、二〇〇六年）四〇〇頁以下および八七六頁以下参照。

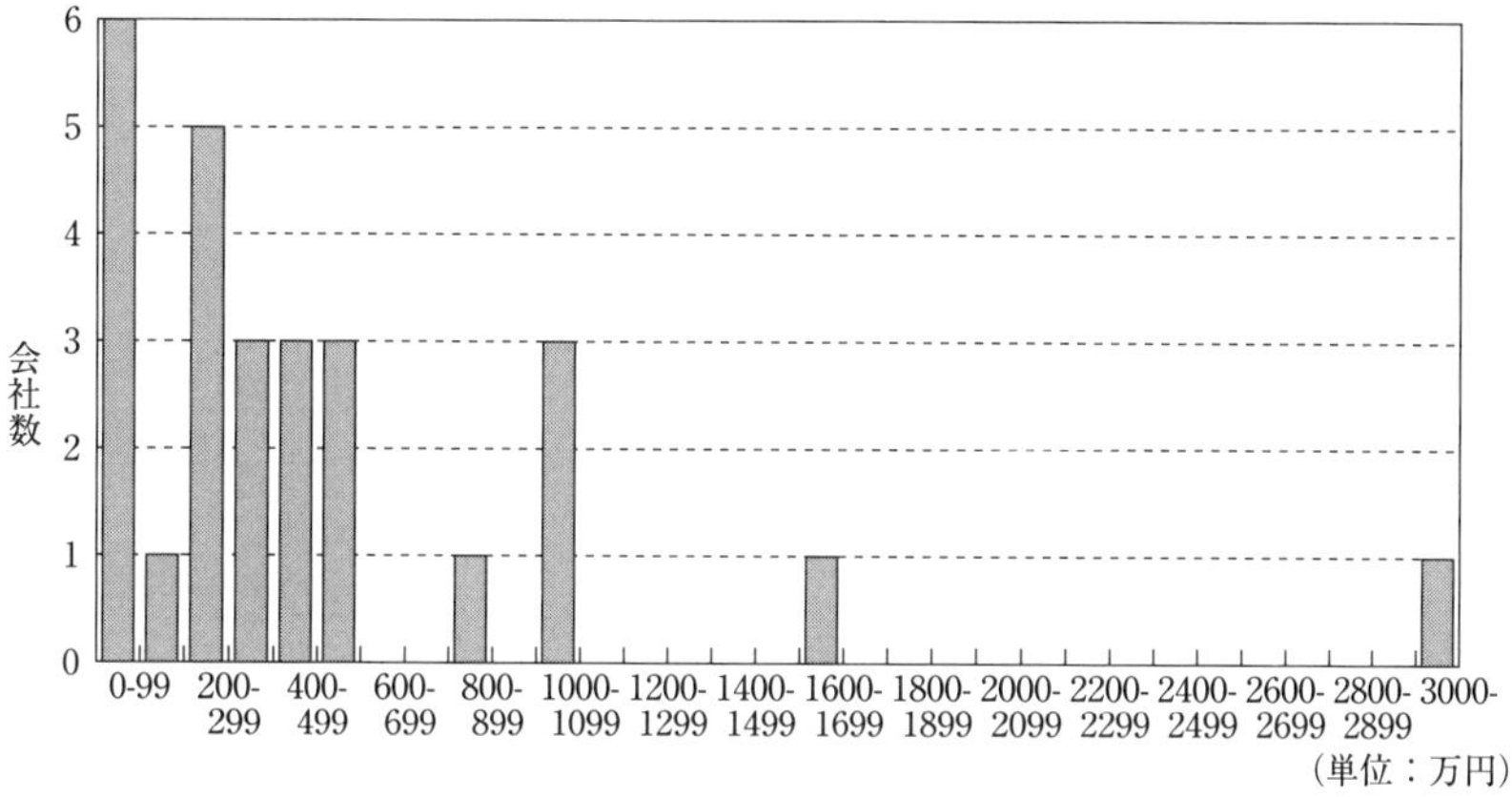

図表1　資本金額別会社数（合名・合資会社）

三　合名会社・合資会社に対するアンケート結果

1　回答会社の概要など

資本金の額は、数十万円から数千万円まで、様々であった（図表1）。一〇〇万円未満の会社は二七社中六社（二二・二%）あった。また、有限会社の最低資本金額である三〇〇万円未満の会社は、一二社（四四・四%）ある一方、旧商法下の株式会社の最低資本金額である一〇〇〇万円以上の会社も五社（一八・五%）あった。[8] なお、資本金に関する分析については、章を改めて詳述する（五参照）。

会社設立年の平均値は一九五三年であり、創業年の平均は一九三七年であった（図表2）。また、経営者の経歴につき、「前経営者の子供、配偶者または子供の配偶者（家族関係者）」と回答した会社は、二二社（八四・六%）にも及んだ。創業者と回答したのはわずか二社（七・七%）であった。いわゆる「老舗」に該当するような企業であることは、後述する有限会社の調査結果と比べると明らかである。

また、同時に調査した株式会社でも、会社設立年の平均は一九七〇年、創業年の平均は一九六二年であり、経営者は創業者との回答が

	会社設立年（平均）	創業年（平均）
合名・合資会社（27社）	1953年	1937年
株式会社（471社）	1970年	1965年
有限会社（160社）	1988年	1981年

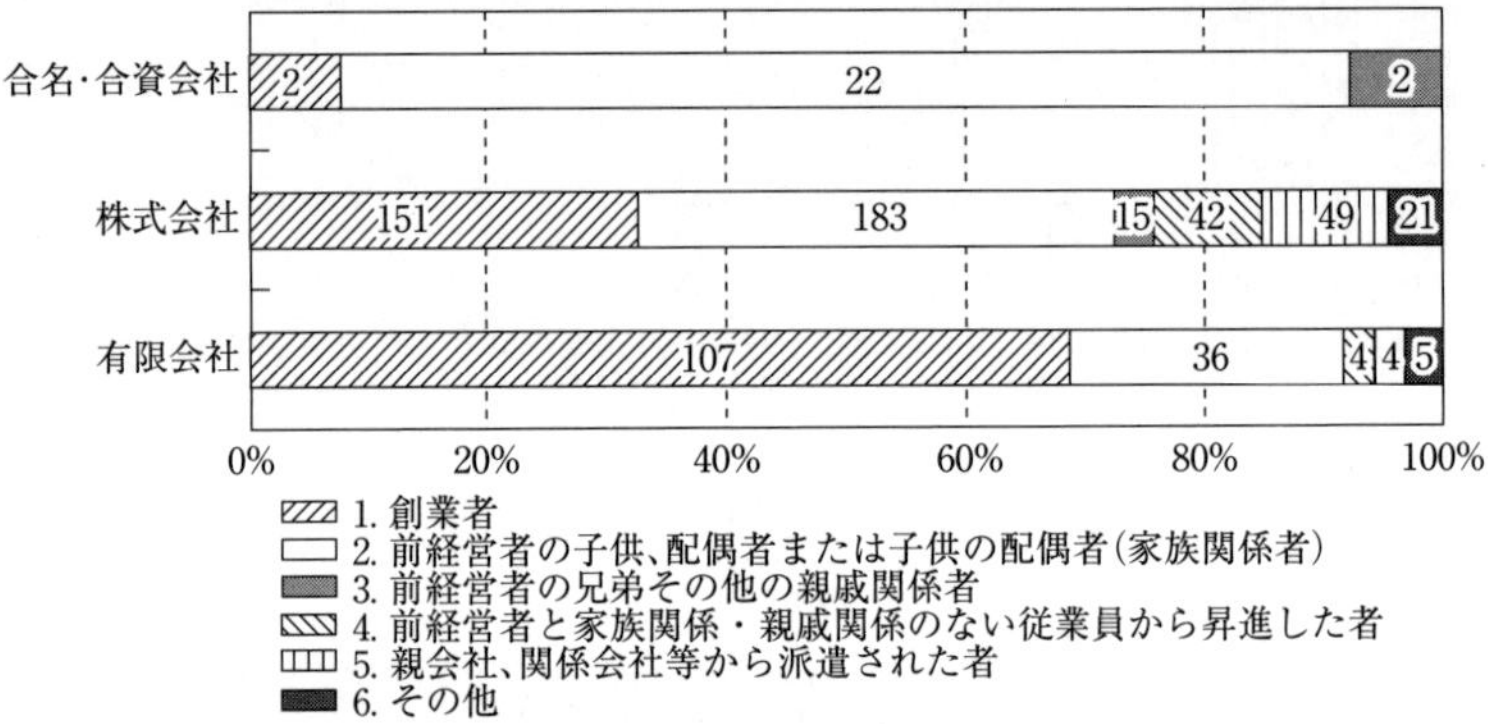

図表2　経営者の経歴

四六一社中一五一社（三二・八％）、「前経営者の子供、配偶者または子供の配偶者（家族関係者）」との回答が四六一社中一八三社（三九・七％）であったことと比しても、[9]やはり大きな差がある。

　このように会社の歴史が古いことからすれば、売上高の大小に拘わらず資本金の額が小さいものが多いのは、最低資本金額の規制を受けなかったため、会社設立当時の数字を維持しているからであると説明できようか。

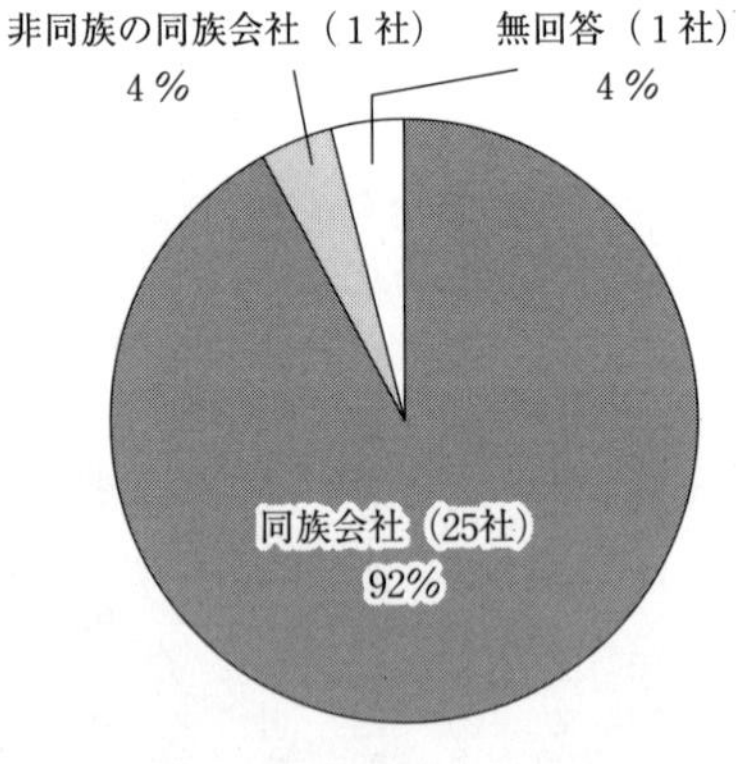

図表3　法人税法上の会社区分（合名会社）

なお、法人税法上の会社の区分は、ほぼ全て「同族会社」であった（図表3）。合名・合資会社の性質からすると当然の結果と言い得るかもしれない。

2　合同会社・有限責任事業組合への関心

合同会社について無関心であるのは、わずか二七社中三社（一一・一％）にとどまった（図表4）。また、合同

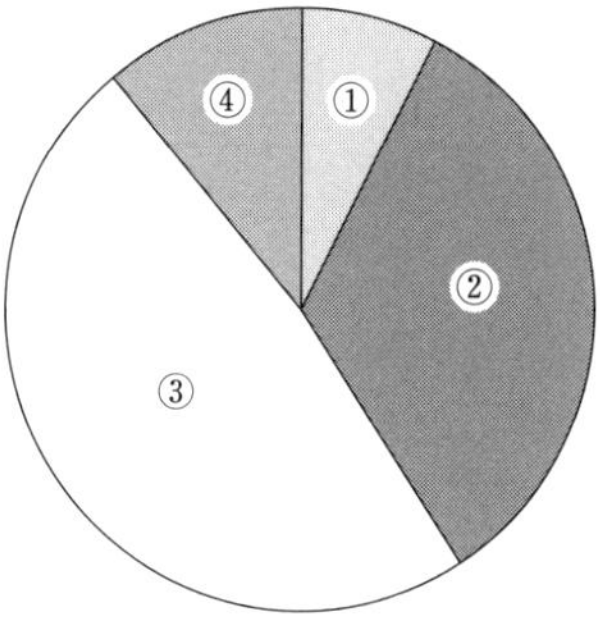

・合同会社についてどう考えるか		
①ぜひ合同会社に変更したい	2社	7.4%
②合同会社への変更を検討したい	9社	33.3%
③合同会社に変更する予定はないが、関心はある	13社	48.1%
④変更する予定も、関心もない	3社	11.1%
・合同会社への変更に積極的である（①または②と回答した）理由［11社］		
社員全員が平等に有限責任となることができるから	8社	72.7%
わずらわしい債権者保護の手続きをとらなくても変更できるから	0社	0.0%
吸収分割など、一部の組織再編にも活用できるから	3社	27.3%
その他	3社	27.3%
・合同会社への変更に消極的である（③または④と回答した）理由［16社］		
今のままでとくに不都合はないから	7社	43.8%
労務出費が認められないから	0社	0.0%
信用度が低下するから	1社	6.3%
社名変更、変更登記などのコストがかかるから	6社	37.5%
その他	2社	12.5%

図表4

・有限責任事業組合についてどう考えるか		
活用を検討してみたい	0社	0.0%
活用の余地はなさそうだ	8社	29.6%
まだ良くわからない	19社	70.4%

図表5

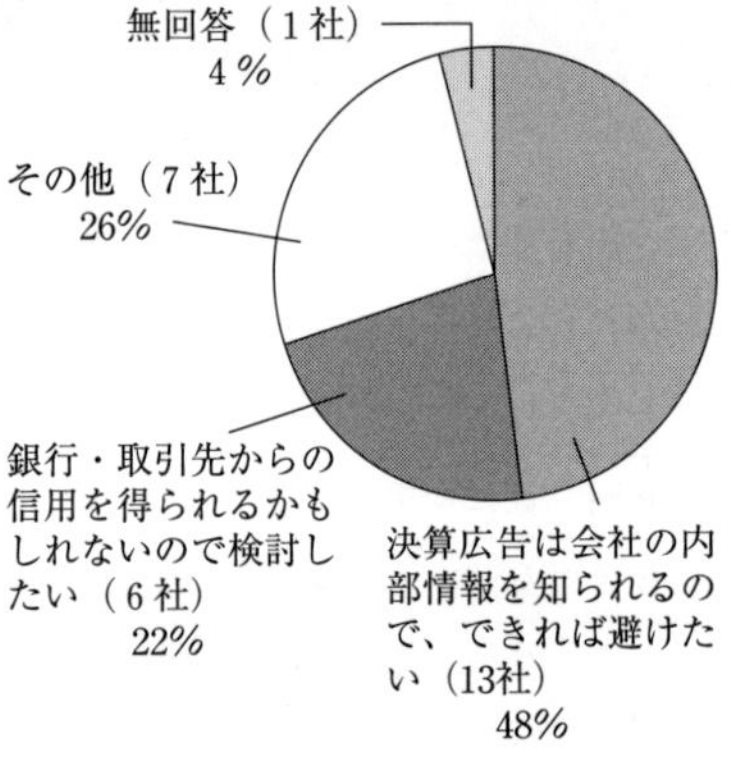

図表6　決算公告について

会社への変更に積極的な回答は、二七社中一一社（四〇・七％）にも及んだ。その理由としては、一一社中八社（七二・七％）もが、社員全てが有限責任であることを挙げた。会社法成立直後である二〇〇五年秋の調査であって、合同会社に関する情報がまだ浸透してない時点ということを考慮すると、無限責任への抵抗感は小さくないということなのであろう。

一方で、合同会社への変更を予定しないと回答した一六社については、その理由として、今のままで特に不都合はないとの回答が七社、社名変更などのコストがかかるとの回答が六社であった。後者については、そのコストより、変更に伴うメリットが上回らないということであるから、消極的にではあるが現状維持を支持するということであろう。すなわち、合同会社に変更する積極的な意義は見出せないという意見が一六社中一三社（八一・三％）も占めたと理解しうる。これまで合名会社・合資会社で営業を支障なく続けてこられたという率直な実感が現われているであろうか（参考程度に記述しておくが、唯一の合名会社からの回答は、「合同会社に変更する予定はないが、関心はある」ものの、「今のままでとくに不都合はない」ということであった）。もちろん、合同会社に関する情報が浸透していない時点での回答であるため、合同会社の今後の発展次第では、この傾向が変動する可能性はあろう。

有限責任事業組合については、活用を検討してみたいと回答した会社は一社もなかった（図表5）。ただし、後

・持分会社において、減資が認められたことについて、どう考えるか		
損失の填補のためであれば必要であり、賛成である	8社	29.6%
資本金が変動することはし信用力の低下に繋がり、賛成できない	5社	18.5%
関心がない	13社	48.1%
その他	1社	3.7%
・持分会社において、社債の発行が認められたことについて、どう考えるか		
会社の資金の調達方法が多様化し、賛成である。発行したい	3社	11.1%
すぐに発行しようとは思わないが、検討したい	5社	18.5%
持分の出資と異なり、償還が必要であり、会社の負担が増加する。発行したくない	4社	14.8%
関心がない	15社	55.6%
その他	0社	0.0%

図表７

述するように、有限会社でも活用を検討すると回答した会社は四・四%にとどまるところ、同じ割合を合名・合資会社のデータに当てはめると、一社ある程度になる（二七社中一社で三・七%）。したがって、単に、標本数が少ないがゆえの誤差に基づく結果である可能性が高い。関心を示したものが少なかったとはいえようが、「一社もなかった」ということから特に何らかの推論を導き出すことはできない。

3 計算関係

決算情報の公告につき、内部情報を知られるのでできれば避けたいとの回答が二七社中一三社（四八・一%）であった（図表６）。後述するように有限会社に対しても同じ質問をしたが、これに近い結果が得られた。今回の調査では、株式会社に対しては同様の質問をしていないが、[10]二〇〇三年度調査では、決算をインターネットなどで公開することにつき賛成票が三六・七%あったのに対し、反対票も二一・二%あった。[11]中小規模の会社において、決算情報を広く公開することについては抵抗感が根強いようである。

「その他」と回答した七社のうち四社が、自由記述欄にて決

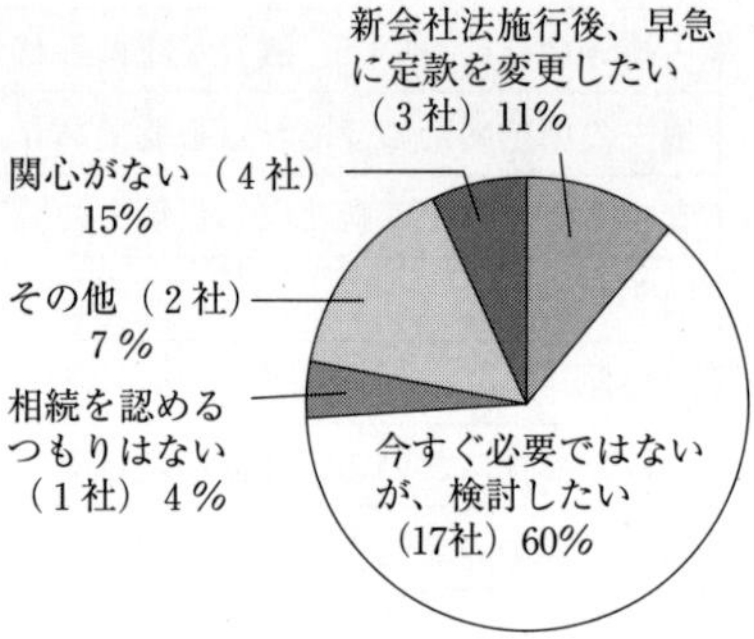

図表8　無限責任社員の持分につき定款で相続を認める規定を置くことについて

算公告の必要性を感じない旨回答している。有限会社に対する調査では、そうした反応はほとんどみられなかった。無限責任社員が存在する合名・合資会社において、会社の決算を公表する意義に乏しいというのが、率直な実感なのであろうか。

ただし、決算公告につき、前向きな回答も二割強存在している。見方によっては、むしろ、「予想よりも、決算公告に前向きな回答の割合が高い」と評し得るかもしれない。

4　減資・社債

会社法において合名・合資会社にも減資が認められるようになり、また社債を用いることもできるようになったが、それぞれ、関心度は高くない（図表7）。減資については二七社中一三社（四八・一％）、社債については二七社中一五社（五五・六％）が無関心であった。しかも、両者ともに無関心と回答したのは、一一社（四〇・七％）もあった。[12] 情報の周知が進んでいないことも考慮すべきであろうが、もともとこれらの改正のニーズはそれほど大きくないと考えられるためであろう。

5　持分の相続

無限責任社員の持分の相続に関しては、会社法施行後早急に導入するところと、導入を検討するところを合わせると、二七社中二〇社（七四・一％）にのぼった（図表8参照）。中小規模の企業において、事業の承継は、現場の感覚としても、やはり、非常に重要な懸案事項であるということであろう。

・有限責任社員による会社の意思決定について、どう考えるか［合資会社26社］		
①賛成である	9社	34.6%
②反対である	5社	19.2%
③どちらでもない、または関心がない	10社	38.5%
④その他	1社	3.8%
⑤無回答	1社	3.8%
・①と回答した理由［9社］　※複数回答可能		
社員の適正や希望により柔軟に対応できるから	6社	66.7%
無限責任の負担を強制することなく、新たな社員を入社させやすくなるから	2社	22.2%
その他	2社	22.2%
・②と回答した理由［5社］　※複数回答可能		
無限責任社員の会社意思決定への影響が減少するのは不安であるから	5社	100%
有限責任社員が会社の意思決定を行うことによって取引先からの信用度が低下するのではないかという不安があるから	1社	20%
その他	1社	20%

図表9

6　合名会社のみに対する調査

今回の調査では、合名会社のみに法人無限責任社員について質問をした。その結果、今回の調査で唯一回答していただけた合名会社からは、入社を検討する旨の回答を得たのみであった。今回の調査では、同様の質問を合資会社にはしなかったのは反省点である。

7　合資会社のみに対する調査

有限責任社員の意思決定への参加については、賛成が九社（三四・六％）、反対が五社（一九・二％）であった（図表9）。賛成した九社のうち六社が、その理由として「社員の適正や希望により柔軟に対応できるから」を挙げた。反対した五社全てが「無限責任社員の会社意思決定への影響が減少するのは不安である」ことを理由としている。有限責任社員の意思決定への参加につき、一般的に論じられている傾向を、実態としても裏付けているといえようか。もっとも、賛否につき、「どちらでもない、または関心がない」が一〇社（三八・五％）もあった。情報の浸透が進めば、あるいはこの層が変動し、また傾向が異なりうるかもしれない。

8 小括

全体の傾向として、二点指摘しておきたい。まず第一に、以上の調査結果は、概ね、予想されるところと乖離していないと思われる。そして、会社法での改正点について、否定的な意見は強くない。ということは、会社法での改正点は、いわゆる「現場感覚」にそれなりに適合している、ということであろうか。

第二に、調査の項目につき、不知であったり、関心が薄かったりする回答がよく見受けられた。確かに、会社法が施行されても、合名・合資会社では、新しい制度を利用しなければ変化はない。営業は、これまで通りで継続できる。そのように考えれば、関心度が低くてもやむを得ないところである。

この第二の点については、今回の調査において標本数が少ないことを留意すべきと思われる。仮に、今回の調査結果が、母集団から乖離しているとすると、いわば「品行方正」な会社の一群のデータであると考えられようか。日々の業務に多忙な中、調査にわざわざ協力して頂けるような高い意識を有していると考えられるからである。そうであれば、「品行方正」な会社であるにも拘らず、関心が低いということであるから、実態はもっと関心度が低いということを意味しよう。

関心度の低さは、会社法での改正点につき、情報の周知がまだ十分ではないことが一つの要因になっていると考えられる。そうであるとすれば、今後、情報の周知が進んでいき、経営者の会社法に対する理解が深まれば、以上の調査結果につき、大きな変動がありうるとも予想できよう。

(8) 税務統計によれば、合名会社および合資会社で、資本金が一〇〇〇万円以上の会社は、全体で約三万七六〇〇社あるうちの約二六〇〇社（七・〇%）であるとのことである。今回の調査結果は、税務統計と比すると資本金の額が大きい会社の比率が高いが、標本数が小さいがための誤差である可能性もあり、この差から何らかの意味を見出すことはできないと判断する。なお、税務統計は、国税庁長官官房企画課「平成一七年分税務統計から見た法人企業の実態――会社標本調査結果報告」によった。国税庁ホームページ（http://www.nta.go.jp/）内の「統計資料」のページから取得可能である。

(9) 二〇〇三年度調査では、会社設立年の平均は一九六五年、創業年の平均は一九五三年であった。また、経営者は創業者との回答が四五八社中八五社（一八・六%）、「前経営者の子供、配偶者または子供の配偶者（家族関係者）」との回答が四五八社中二二二社（四八・五%）であった。家田崇＝広瀬裕樹・前掲注（4）論文〈六〉頁。今回の調査よりも、比較的老舗の会社から回答を得ていたといえようか。

(10) 周知の通り、決算公告については、会社法下でも、旧商法下の株式会社でも義務であることは同じである（会社法四四〇条、旧商法二八三条四項）。もっとも、会社法では、最低資本金制度の撤廃などの規制緩和を推進しているため、他方では情報開示を徹底させようという動きになっている。そのため、決算公告義務違反につき、過料の制裁が発動される可能性が高くなったと判断し、今回のアンケートでは、決算公告義務が実質化することを前提に調査項目を組み立て、株式会社には合名・合資会社や有限会社と同様の質問はしなかった。

(11) 家田崇＝広瀬裕樹・前掲注（4）論文〈七〉頁参照。計算情報を公表することに対する抵抗感は、会社の規模が小さくなるほど大きくなるようである（同論文〈三〉頁注（14）を参照）。

(12) あくまでも参考程度の情報として示しておくと、減資にも社債にも無関心であった一一社の資本金の額の平均は三七八万円（中央値は一三二万円）であった。全社の平均が五一一万円（中央値は三五〇万円）であることからすると、比較的小規模な会社は減資にも社債にも無関心であると推論できそうである。確かに、資本金の額が小さい会社にとってはそもそも減資の意義は乏しいであろうから、一見すると、もっともな推論であるともいえようが、もっとも、平均と中央値が離れていることから分かるように、データにはばらつきがあった。無関心であった一一社の中にも、資本金が一〇〇〇万円（二七社中では上から三番目に該当）という比較的大きな規模の会社が三社も含まれていた。それゆえ、会社の規模と、減資・社債に対する関心を結び付けることは軽々には結論付けられない。

四　有限会社に対するアンケート結果

1　回答会社の概要など

資本金の額の平均は、四二〇万円であった。また、旧商法下における株式会社の最低資本金額に満たない一〇〇〇万円未満の会社は、一五二社（九五・〇％）も占めていた（（図表10）参照）。このうち、最低資本金額である三〇〇万円としていたのは、一〇四社（六五・〇％）あった。また、五〇〇万円としている会社も二七社（一六・九％）あった。許認可の基準が影響しているものと思われる。[13] 資本金を三〇〇万円または五〇〇万円としている会社は、合わせると、全体の八一・九％も占めた。このように、資本金の額には、相当に偏りが見られる。なお、資本金に関する分析については、章を改めて詳述する（五参照）。

会社の設立年などについては、前述したように（図表2参照）、会社設立年の平均は一九八八年、創業年の平均は一九八一年であり、合名会社・合資会社や株式会社のデータと比べると、明らかに若い。そして、株式会社の最低資本金規制が始まった一九九一年以降に設立されたものは、八五社（五三・一％）に及んだ。一九九一年以降に創業のものも五四社（三三・八％）あった。なお、株式会社では一九九一年以降に設立されたものは四七一社中六四社（一三・六％）であった。

法人税法上の会社区分としては、四分の三近くが「同族会社」であった（図表11）。この結果自体は予想通りであろうと思われる。むしろ、「非同族会社」が一七社（一〇・六％）存在したところに注目すべきであろうか。これは株式会社の調査結果に近く、合名・合資会社の調査結果（前掲の図表3）と比べると明らかに異なる。もっと

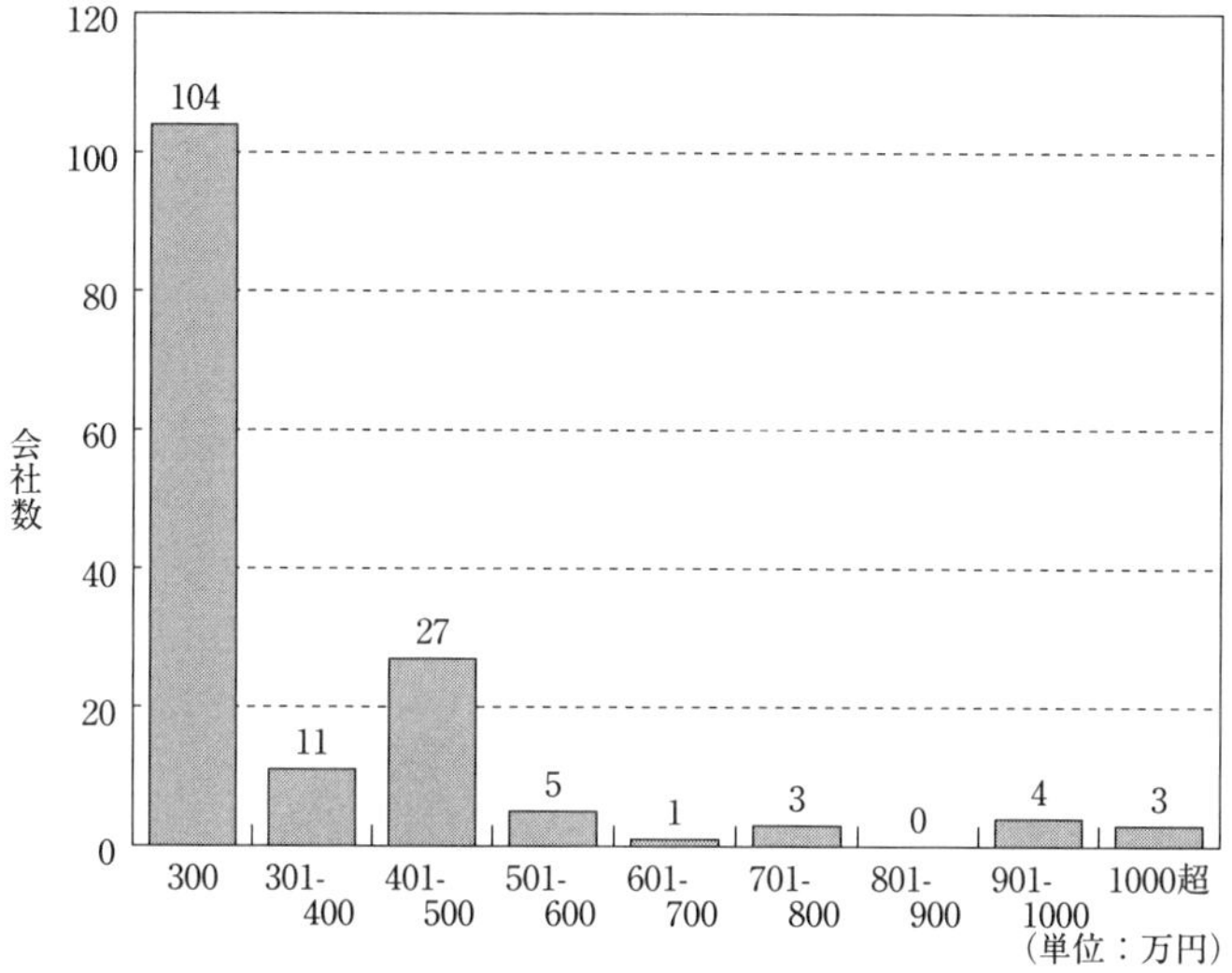

図表 10-1　資本金の額

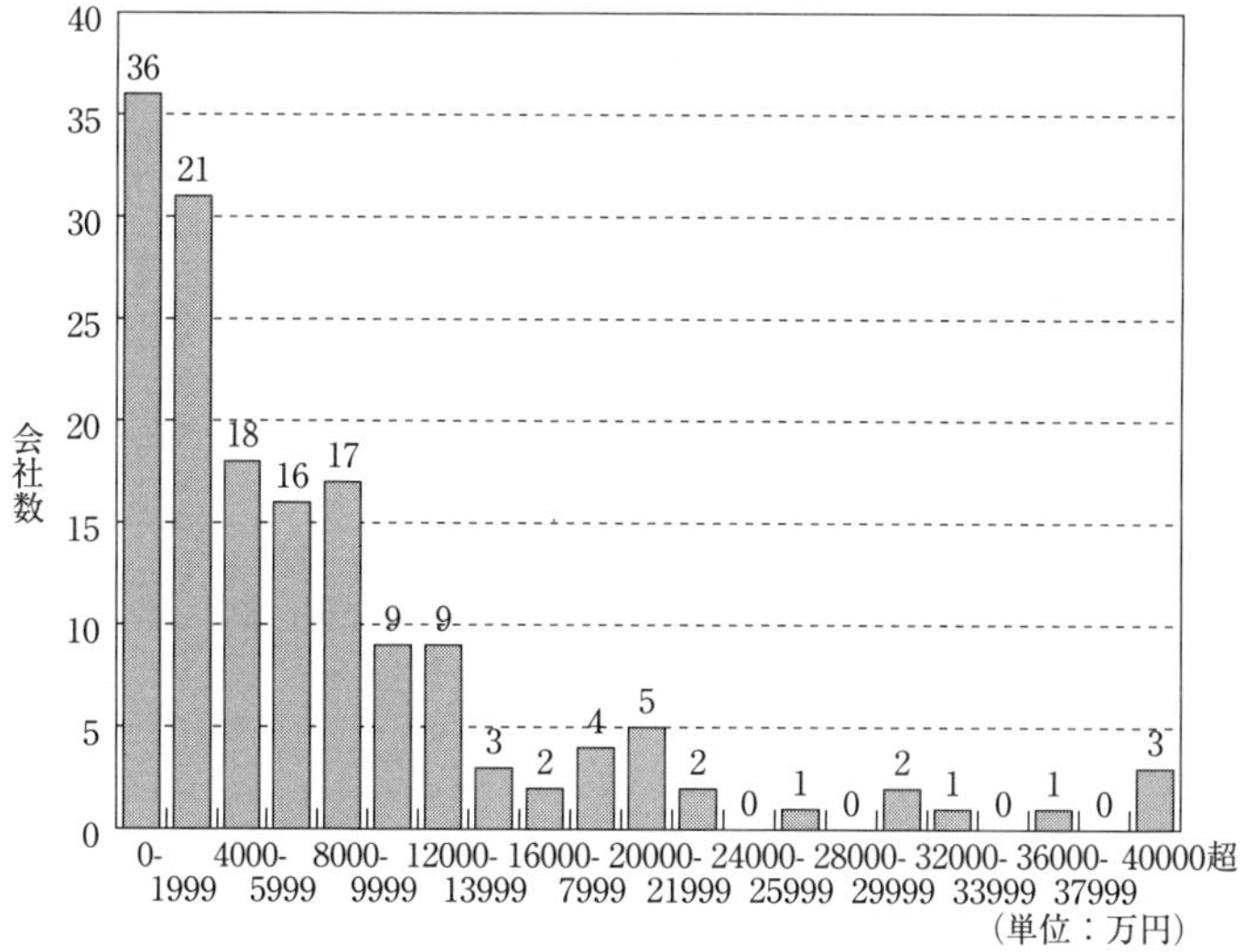

図表 10-2　売上高

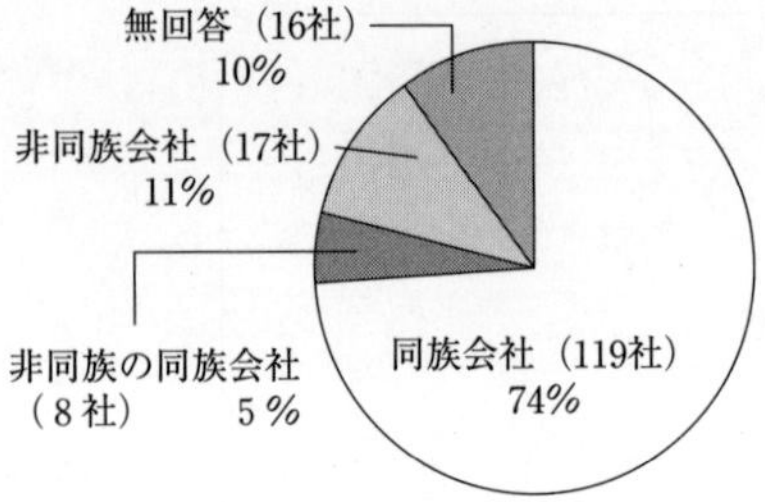

図表 11-1　有限会社

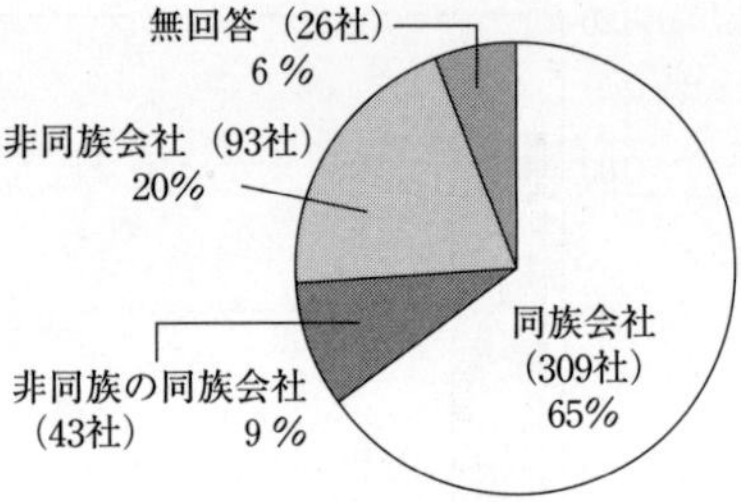

図表 11-2　株式会社

も、この会社区分と他のデータとの間には、有意的な関係は見出せなかった[14]。

ところで、調査にあたっては、回答する記入者の職名を回答して頂いたが、有限会社において、一六〇社中一一一社（七五・五%）が「代表取締役」と記入した。あくまで記入者の職名なので、実際に「代表取締役」が存在する有限会社の数はこれ

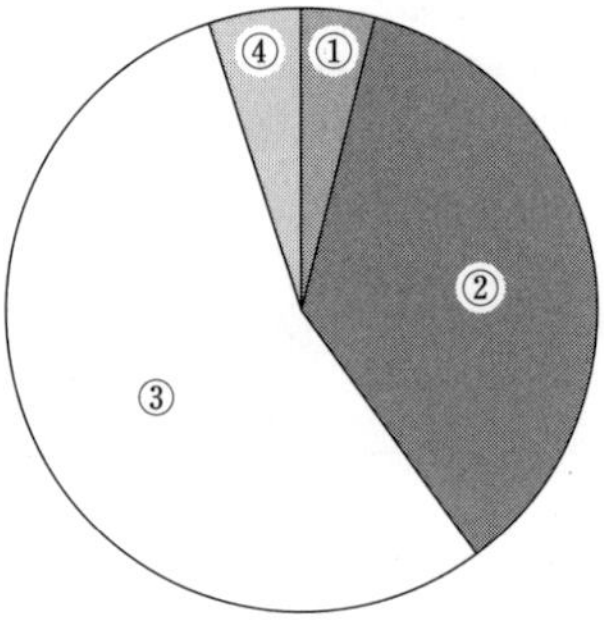

・会社法施行後の対応		
①新会社法の施行前までに、株式会社に組織変更する	7社	4.4%
②新会社法の施行後、商号を変更して「株式会社」という名称を用いる	57社	35.6%
③新会社法の施行後も、「特例有限会社」として存続し、従来の「有限会社」の名称をそのまま利用する	88社	55.0%
④その他	8社	5.0%

図表 12

以上であった可能性がある。言うまでもないが、有限会社では、取締役は一名で足り、複数選任されたときのみ、代表取締役が存在しうることとなっていた（旧有限会社法二五条、二七条二項参照）。ということは、実態として、有限会社においても、取締役を複数選任することが一般的であったということになる。[15]

これは、会社形態で事業を行う場合は、それなりの規模になっているから、それなりの人数が必要であるということなのか、それともそれ以外の何らかの動機付けによるものであるのか。今回の調査結果だけではその要因を見出すことはできないが、それが旧法下の有限会社特有の事情に基づくものでなければ、会社法においても、小規模な株式会社ですら取締役を複数選任する例が多く見られる可能性が高いとはいえよう。

2　組織変更

新会社法の施行日までの対応を調査したところ、[16]（図表12）のような結果となった。このまま「特例有限会社」（会社法の施行に伴う関係法律の整備等に関する法律第三条参照）として存続するという回答が過半数を占めているが、「株式会社」を選択する回答も少なくない。

株式会社を選択する理由としては、現在の組織のままで「株式会社」の商号を利用できることを挙げるものが大多数（四七社：八二・五％）であった（図表13）。また、「最低資本金規制が必要なくなる」という回答も少なくないが、その裏には、その規制の縛りさえなければ株式会社に移行したいという思惑があるものと思われる。なお、択一の設問であったにも拘らず、この両者の選択肢を重畳して選択する回答も若干数（五社）存在した。この両者の選択肢に集中したということは、特例有限会社にとどまることに問題があるからやむを得ない、といった消極的な選択ではなく、株式会社を積極的に選択する意向であると理解しうる。

一方で、「特例有限会社」を選択する理由としては、商号の変更にかかるコストや面倒さを挙げる回答が過半数

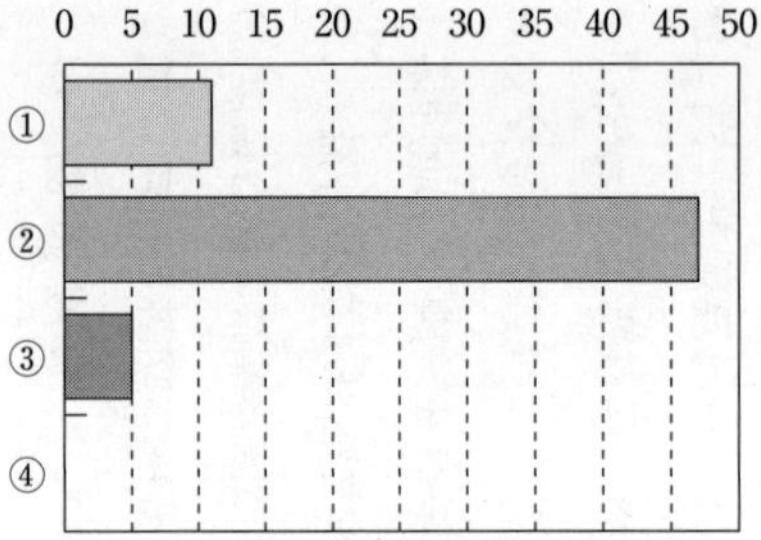

・会社法施行後に株式会社に組織変更する理由（57社）		
①最低資本金規制が必要なくなるから	11社	19.3%
②現在の組織はそのままに株式会社の商号を利用できるから	47社	82.5%
③企業買収などを計画しているため、特例有限会社は利用できないから	5社	8.8%
④その他	0社	0.0%

図表13

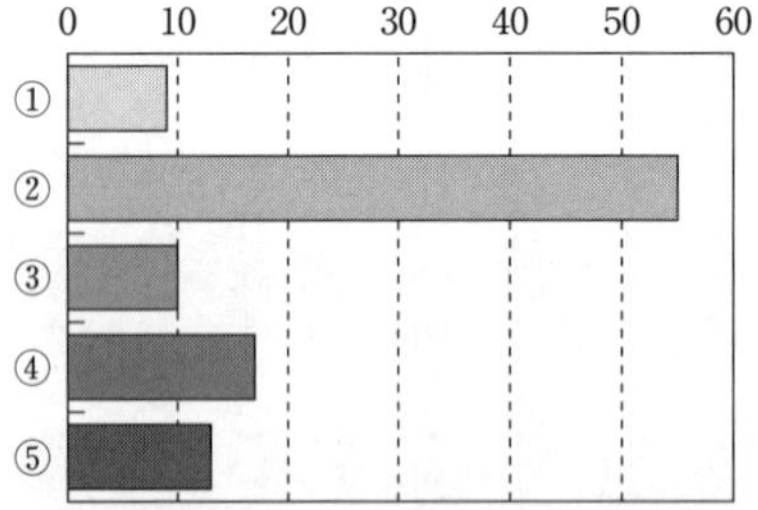

・特例有限会社を選択する理由（88社）		
①商号を変更することは取引先に影響を与えるから	9社	10.2%
②商号を変更することはコストがかかり、面倒だから	55社	62.5%
③決算公告をしたくないから	10社	11.4%
④取締役の任期ごとに登記をする費用が負担だから	17社	19.3%
⑤その他	13社	14.8%

図表14

であった（図表14）。

これを単純に理解すれば、有限会社形態にて事業を展開するのに不都合を感じていないため、わざわざ商号変更のためのコストをかけるまでもない、ということなのであろう。現状で問題はないという意味では、「商号を変更することは取引先に影響を与えるから」の回答も軌を一にしている。この二つの選択肢を合わせると五九社

（六七・〇％）となる（後述するように重複回答の会社がある（五社）ため、重複分は控除している）。全体（一六〇社）からしても三六・九％を占める。さらに、「その他」の回答欄の自由記述欄では、「特に不都合を感じない」という回答が数例見られた。そうすると、上述のように株式会社を積極的に選択する回答が多い一方で、現状に満足している層も相当数あるということになろう。

なお、「決算公告をしたくない」という回答が一〇社（一一・四％）、「取締役の任期ごとに登記をする費用が負担だから」との回答が一七社（一九・三％）あり、株式会社と比した特例有限会社の利点を支持する回答も少ないとはいえない。しかし、こちらも択一の設問であったが、複数の選択肢を重複して選択する回答が一〇例あった。極端な例として全てを選択した会社が四社あり（重複分もそれぞれの回答数に含めている）、そのような回答をした者の実感としては、現状で特に問題はない上、株式会社になると負担が増えるので特例有限会社を選択するということなのであろう。現状に満足している傾向を覆すほどのものとは思われない。

それゆえ、現場の感覚としては、有限会社制度も事業形態として一定の評価がなされていると理解できる。しばしば「株式会社形態が有限会社形態よりも好まれる」という観念が強調されるが[17]、もちろん妥当する局面もありうるものの[18]、実態はそれほど一面的ではなかったと認識すべきであるように思われる。

もっとも、「その他」欄にて「しばらく様子見をする」旨を回答した会社が二社あった。今後の展開次第では、この調査結果とは異なり、株式会社への移行が進むこともありうるかもしれない。

なお、特例有限会社にとどまると回答した会社には、さらに、社債の発行が認められたことについても聞いてみた（図表15）。「関心がない」という回答が半数近いという結果となった。関心を示さない回答が多いのは予想されたところであるから、注目すべきは、むしろ、その回答が半数近くしかなかった、ということではなかろう

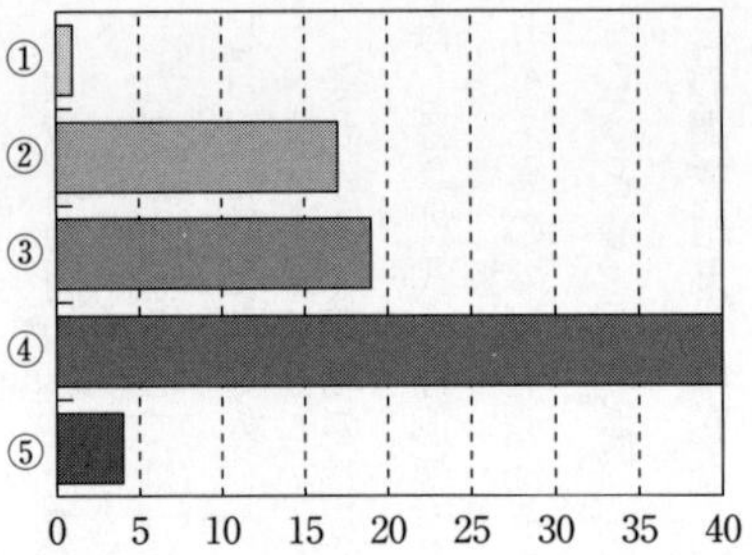

・特例有限会社にも社債の発行が認められたことについて、どう考えるか（88社）		
①会社の資金の調達方法が多様化し、賛成である。発行したい	1社	4.5%
②すぐに発行しようとは思わないが、検討したい	17社	45.5%
③持分の出資と異なり、償還が必要であり、会社の負担が増加するので発行したくない	19社	21.6%
④関心がない	40社	19.3%
⑤その他	4社	1.2%

図表15

か。「発行したい」との回答と「検討したい」との回答が合わせて一八社（二〇・五％）あったが、これらの会社について、事業規模や会社設立年を見る限り、取り立てて傾向を見出すことはできなかった。売上高を見る限り、八割以上が平均値未満であったから、事業規模としては小規模であるといえよう。それゆえ、特例有限会社についても社債に対するニーズがないとは言えない。「関心がない」というのは、実態としては単に「よく知らない」ことを意味にしているにとどまるかもしれないから、今後、社債に対する認知度が深まったり、金融機関などの主導により資金調達方法が多様化するなどすれば、特例有限会社だけでなく、小規模な株式会社でも社債による資金調達が増加するのかもしれない。

ところで、株式会社を選択する会社と特例有限会社にとどまる会社それぞれにつき、他のアンケート項目との相関関係は特に見出せなかった。ただし、会社の性質としては若干の傾向が見受けられた。今回の調査の標本数からして、何らかの推論を下すことは控えることとするが、参考までに示しておく。まず、小幅ではあるが、株

	資本金の額の平均	売上高の平均	会社設立年の平均
全　体（160社）	420万円	8280万円	1988年
①会社法施行前に株式会社に組織変更する会社（７社）	343万円	7086万円	1980年
②株式会社を選択する会社（57社）	441万円	１億213万円	1991年
③特例有限会社にとどまる会社（88社）	411万円	6930万円	1987年
※株式会社になる会社（①＋②）（64社）	430万円	9871万円	1990年

図表16

式会社を選択する会社の方が、会社の規模が比較的大きかった一方で、設立年は比較的若かった（図表16）[19]。

次に、建設業、サービス業およびその他の業種を営む会社は、株式会社を指向する割合が強いが、製造業および卸売業を営む会社は、逆に、特例有限会社を指向する傾向があった（図表17）。株式会社を選択するか、特例有限会社にとどまるかの選択につき、業種によっては、何らかの固有の要因が存在するようである。

3　計算関係

帳簿記帳・決算書の作成についてどこまで社内で行っているか調査した結果が（図表18）である。仕訳までの作成にとどまっている会社が過半数であった。自由記述欄にて、わざわざ、「その後は税理士に任せる」旨記載していただけた回答もあった。また、税理士等が決算書を作成しているという回答も多い上、「その他」を選択し、「全て税理士（または公認会計士）に任せている」旨回答したものも五社あった。あくまで自由記述の部分であるので、実態はこれよりも高い割合になるとも想像できる。一般的に認識されているように、会社の決算につき、税理士・公認会計士が深く関わっていることが窺える。会計参与制度が機能しうる下地が整っているものと見受けられよう。

会社の決算を公告することについては[20]、「内部情報が知られるためできれば避けたい」という回答が半数を超えた（図表19）。また、「その他」の選択肢にて「決算公告の必要がない」旨回答した会社も数社存在した。こういった反応が多いことは予想されたことである。むしろ注目すべきは、「銀行・取引先からの信用を得られるかもしれないので検討したい」との回答が四一社（二五・六％）あったことである。

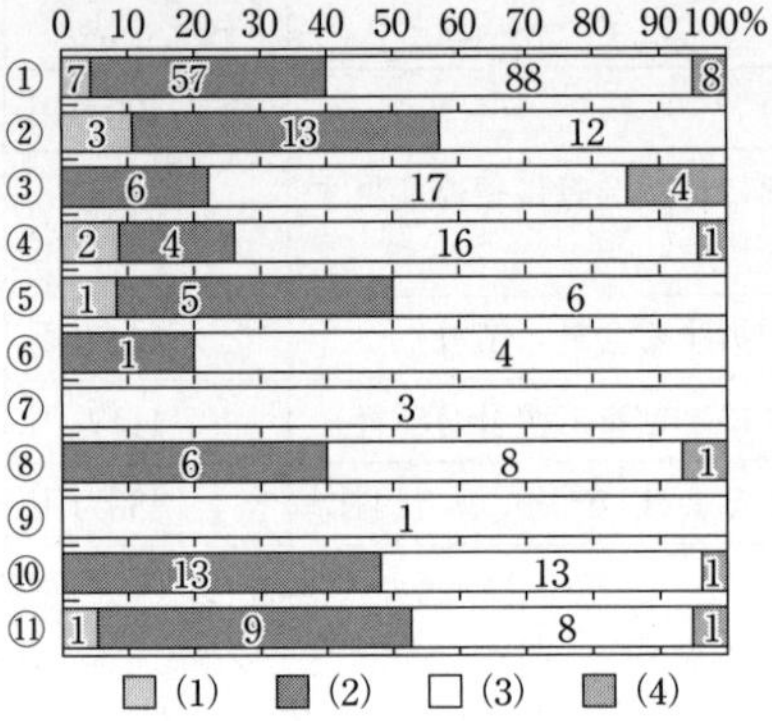

	⑴会社法施行前に株式会社に組織変更	⑵株式会社を選択	⑶特例有限会社にとどまる	⑷その他
①全　体（160社）	7社（4.4%）	57社（35.6%）	88社（55.0%）	8社（5.0%）
②建設業（28社）	3社（10.7%）	13社（46.4%）	12社（42.9%）	0社（0%）
③製造業（27社）	0社（0%）	6社（22.2%）	17社（63.0%）	4社（14.8%）
④卸売業（23社）	2社（8.7%）	4社（17.4%）	16社（69.6%）	1社（4.3%）
⑤小売業（12社）	1社（8.3%）	5社（41.7%）	6社（50.0%）	0社（0%）
⑥飲食・旅館業（5社）	0社（0%）	1社（20.0%）	4社（80.0%）	0社（0%）
⑦金融・保険業（3社）	0社（0%）	0社（0%）	3社（100.0%）	0社（0%）
⑧不動産業（15社）	0社（0%）	6社（40.0%）	8社（53.3%）	1社（6.7%）
⑨運輸・通信・公共事業（1社）	0社（0%）	0社（0%）	1社（100.0%）	0社（0%）
⑩サービス業（27社）	0社（0%）	13社（48.1%）	13社（48.1%）	1社（3.7%）
⑪その他（19社）	1社（5.3%）	9社（47.4%）	8社（42.1%）	1社（5.3%）

図表 17

全体からすれば少数意見ではあるが、決算公告をすることについて前向きな回答が四分の一強あることは、一般的な観念よりも大きな割合ではなかろうか（その意味では、「内部情報が知られるためできれば避けたい」という回答の割合が思ったよりも小さいようにも思われる）。前回の調査でも株式会社に対して同様の質問をした結果、決算公告をすることについて前向きな回答が三分の一超あり（しかも、反対の意見の数を上回っていた）[21]、それと軌を一にする調査結果であるように理解しうる。

前述したように、特例有限会社を選択した理由として決算公告義務の回避を挙げたものも多くはなかった。もちろん、標本数が少ないことは加味して理解すべきであろうから、決算公告に対する意識の実態については、今後も調査を継続すべきであろう。

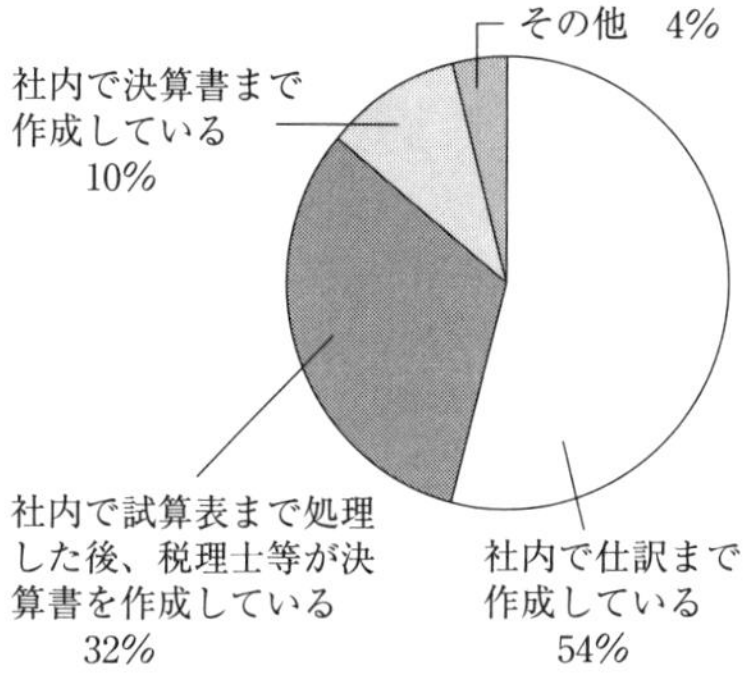

図表18　帳簿記帳・決算書の作成について、どこまで社内で行っているか

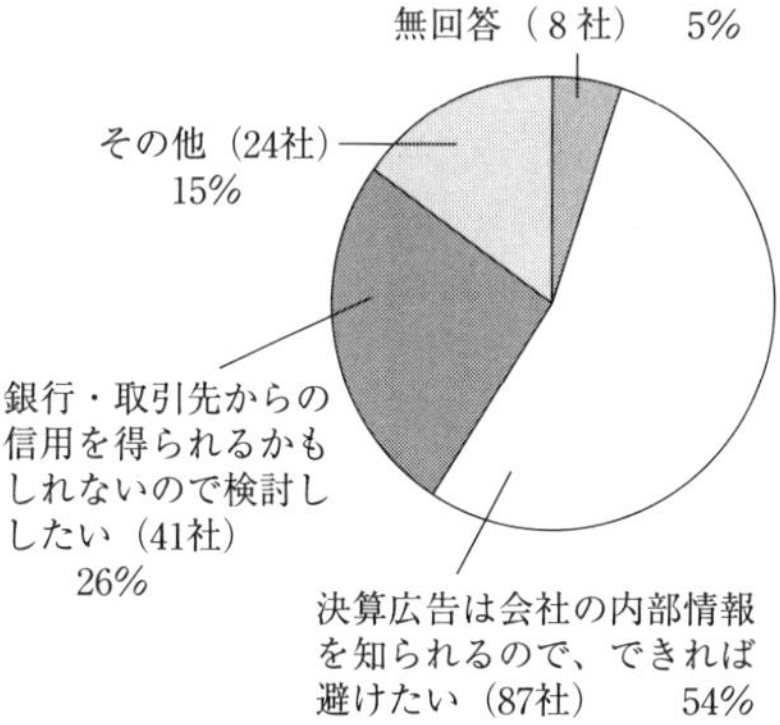

図表19　決算公告

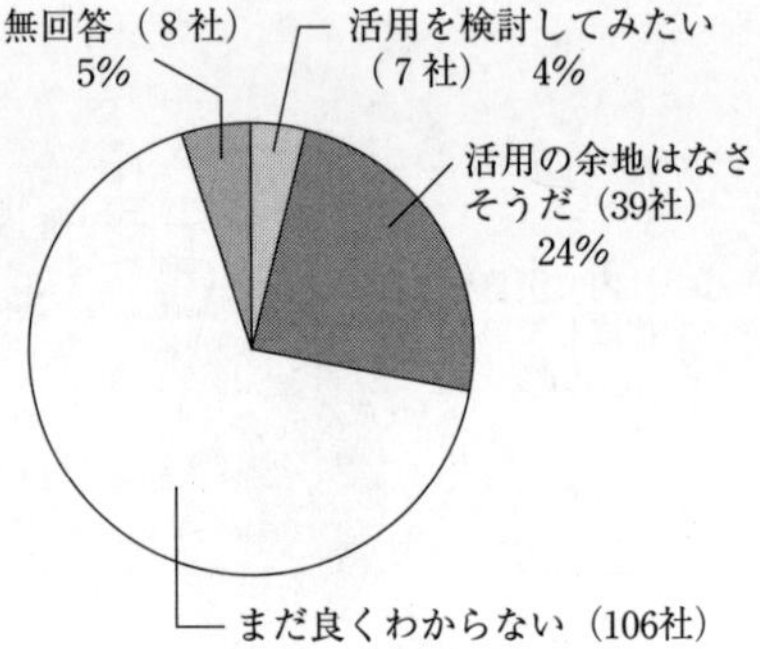

図表20　有限責任事業組合の活用について

4　有限責任事業組合への関心

有限責任事業組合については、「活用の余地はない」および「まだよくわからない」という回答でほとんどであった（図表20）。もっとも、少数意見ではあるが、もっと知りたいという要望もあり、調査結果に、有限責任事業組合制度の認知度が影響している可能性も否定できない。今後の状況次第では、結果が大きく異なりうることも十分あり得よう。

5　小　括

今回の調査では、調査項目間の相関関係をほとんど見出せなかった。例えば、決算公告に積極的な回答をした会社が、他の項目の回答について、特段の傾向を示したわけではなかった。これは、標本数が少ないことが影響しているかもしれないし、そもそも、調査項目が少ないため、分析のためのデータが十分に揃わなかったためかもしれない。そのことを割り引いた上で、仮に、「調査項目間の相関関係は小さい」ことが実態通りであるとすると、回答会社が調査項目ごとにいかなる回答をするかは、特段の傾向がないということになる。そうであれば、会社法での改正点につき、一律に歓迎するような層は特に見出せなかったということを意味しよう。また、全般において、現状に満足している（あるいは現状で不足はない）という回答が多いように思われる。そうすると、今回の調査では、会社法に対する反応は鈍かったということになろうか。

もちろん、まだ情報の周知が進んでいなかったことが、影響している可能性は高い。それゆえ、合名・合資会社と同様、情報の周知が進んでいき、経営者の会社法に対する理解が深まれば、大きな変動がありうるとも予想できよう。したがって、今しばらく、実務の動向には注意を払っておくべきである。

(13) 例えば、一般建設業の許可を受けるためには、請負契約を履行するに足りる財産的基礎または金銭的信用を有することが必要であり（建設業法七条四号）、通達によって、自己資本の額が五〇〇万円以上であることが、その基準の一つとなっている（山口康夫『逐条解説建設業法』（新日本法規、二〇〇四年）八〇頁以下参照）。

(14) 調査データによる限り、「同族会社」よりも「非同族会社」の会社規模の方が小さいようである。資本金の額の平均は「同族会社」が四二六万円、「非同族会社」が三八二万円であり、売上高の平均は「同族会社」が八七九七万円、「非同族会社」が六五一一万円であった。資本金が最低額の三〇〇万円である割合は、「同族会社」が六五・五％（一一九社中七八社）、「非同族会社」が八二・四％（一七社中一四社）であった。仮にこのデータが実態と乖離していないとしても、筆者は、この傾向を有意に説明しうる知見を有しない。

(15) かつて有限会社対象に行われた実態調査でも、同様に、取締役が複数存在することが多いことが報告されている。志村治美「有限会社の法的実態――京都市を中心として――」立命館法学三・四・五・六号（一九七五年）三六九頁。

(16) 会社法の施行日は周知の通り二〇〇六年五月一日であるが、今回のアンケートを計画し、実施した段階では、まだ確定されていなかった。

(17) 例えば、江頭憲治郎ほか「『会社法制の現代化に関する要綱試案』をめぐって」商事法務一六八五号（二〇〇四年）一一頁［永井発言］においては、「実際には、株式会社が有限会社よりも圧倒的に多く利用されています。」という発言がなされている。

(18) 前述したように、資本金の額が一〇〇〇万円を超えているものがごく少数ということは、一〇〇〇万円を超える規模になった場合には株式会社形態が選択される割合が圧倒的に多い結果であるとも理解しうる。今回の調査でも、この局面では、「株式会社形態が有限会社形態よりも好まれる」という観念が妥当しているとはいえよう。

(19) 株式会社・特例有限会社の選択につき、直感的には、「株式会社で設立したものの、最低資本金規制が導入されたので、やむを得ず有限会社に組織変更をしたが、最低資本金規制が撤廃されたので、これを機に株式会社に復帰する」という構図も描けそうである。しかし、株式会社を選択する五七社のうち三一社（五四・四％）が一九九一年以降に設立されたものであった。すなわち、最低資本金規制が導入された以降に設立された会社ということであるから、当初から有限会社であったということになろう。むしろ、特例有限会社を選択した会社の方が、一九九一年以降に設立された割合は低かった（八八社中三九社（四四・三％））。したがって、上記の直感的な構図を、傾向として見出すことはできなかった。

(20) 厳密には、『中小企業の会計に関する指針』においては、インターネットなどを通じた決算公告を推奨しています。このことについてどのようにお考えですか？」と質問した。それゆえ、決算公告につき、前向きな反応が促された可能性はある。

(21) 家田崇＝広瀬裕樹・前掲注（4）〈七〉頁、および〈六〉頁の図表19も参照。

五　調査結果から見た資本制度の意味

前述の通り、今回の調査は、会社の実態を直接の対象としていない。ただし、資本金にまつわるデータから興味深い分析を紡ぎ出せたため、以下に記述しておく。

合名・合資会社に対する調査結果を見る限り、会社の規模と資本金の額に相関関係を見出すことは難しそうである。資本金が一〇〇万円未満であれば、実質的にはほぼ名目的な意味しかないとも思われるが、そういった会社の中でも、売上高が五億円を超えるものすらあった（卸売業を営む合資会社）。もちろん、業種も加味する必要があろうが、今回の調査における標本数の少なさからすると、業種ごとに分けた上で分析することも難しく、一概に結論づけることは問題があるかもしれない。しかし、もとより理論的には、無限責任社員が存在する合名・合資会社において資本制度が有する意味は限定的であるから、実態もその通りであると確認できた、というように理解しても構わないようにも思われる。

ところが、有限会社においても、資本金の額と、売上高とには、ほとんど相関関係を見出せなかった。前掲の図表10を見る限り、売上高が大きくなればなるほど会社数は減る傾向にあるものの、それと資本金の額の多寡とは関係がないということである。全体を見るだけでなく、業種別に分類した上で分析しても、同様であった。一方で、今回調査した株式会社では、一定の相関関係を見出すことができた[22]。つまり、売上高が大きい会社は、それなりに資本金の額も大きいという傾向が見出せたわけである。念のため、二〇〇三年度の調査結果も分析し直してみたが、同様であった[23]。

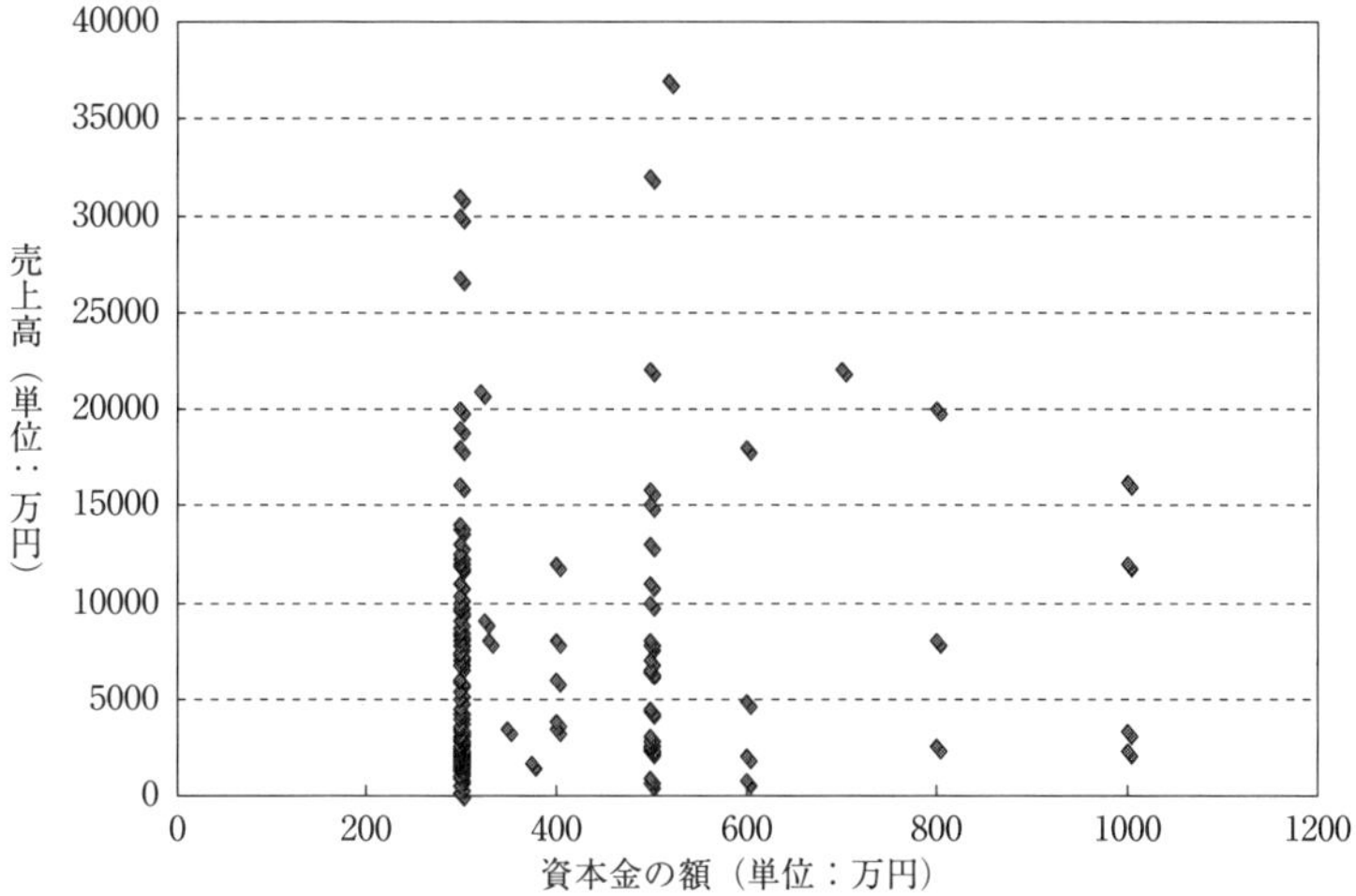

図表21　有限会社における資本金の額と売上高の散布図

売上高は、その会社の事業規模を表わす指標の一つである。事業規模が大きくなればなるほど一般的には負債の額も大きくなるであろうから、資本制度が債権者保護のために実効的に機能しているのであれば、売上高と資本金の額との間にはそれなりの相関関係が認められてしかるべきであろう。

それにもかかわらず以上のような分析結果となったのは、有限会社では、前述したように、資本金の額が、三〇〇万円と五〇〇万円に偏っていることによるものが大きいと考える（**図表21**の散布図を参照）。これを素直に理解すれば、有限会社においては、資本金につき最低条件（法律上の要請、すなわち旧商法上の最低資本金額である三〇〇万円か、あるいは、許認可の要件である五〇〇万円）を満たすことには関心が持たれるものの、それにとどまってしまっている、ということである。すなわち、株式会社では事業拡大に伴い、自己資金を増加させるべく、新株発行などのエクイティファイナンスが適宜行われ、その結果、資本金の額も相応に増加していくと考えられるが、有限会社では、事業拡大の際にも自己資金の増加は図られない、ということであろうか。おそらく、会社の資力ではなく、代表取締役などが個人保証をするなど、もっぱら経営者個人の資力に基づいて事業が展開されているのであろう(24)。もしそうであれば、有限会社において、資本制度は、せいぜい最低資本金制度による参入規制としての意味しか見出せなかったことになる。

この推論からいかなる含意を導き出せるか。小規模な事業体であるにせよ、資本制度が機能していなかったところを強調すれば、「最低資本金制度は過剰な参入規制に過ぎなかった」という含意を導き出すこともできようか。しかし、素直に理解すれば、有限会社と株式会社の傾向の違いを重視し、「株式会社における最低資本金制度はそれなりに機能していた」という含意を導くことになろう。

このいずれの含意に与すべきかについては、資本制度の有用性も関わる問題でもあり(25)、もとより標本数が多くないことから、本稿では、何らかの結論を下すことは避け、検討の材料を提供するにとどめたい。ただし、標本数が少ないといっても、そこで想定されるのは、前述したように、「品行方正」な会社の層ということである。それにも拘わらず、資本制度が機能していないとの分析結果となったことには、一定の意味があるものと考える。

会社法では、最低資本金制度が廃止された。資本制度が機能していないこの「有限会社」の層が、「株式会社」に流れ込んで来るのである。改めて、資本制度の実質的な機能とその限界につき、検討をより一層深める必要があると考える。そして、資本制度が機能しない層につき、いかなる対応で臨むべきかは、今後、ますます重要な課題となるであろう(26)。

(22) 株式会社に関する調査については、詳細は別稿に譲り、ここでは参考までに簡単にその分析内容を記しておきたい。まず、資本金の額と売上高につき、散布図を作成し、異常値と思われるデータを除いた。その上で、資本金の額と売上高の相関係数を計算してみたところ、〇・四四という結果となった。相関係数はマイナス一から一までの実数値を取り、一般に、相関係数の絶対値が〇・四以上〇・七未満の場合には「中程度の相関がある」ことを意味すると考えられている（〇・二未満ではほとんど相関はないと考えられる）。〇・四四という数値からすると、資本金の額と売上高で、中程度の正の相関があるということであるから、売上高が大きくなるほど、資本金の額も大きくなる傾向にある、といえよう。もちろん、この数値は一つの目安に過ぎないが、業種別に分類して、同様に相関係数を計算してみると、概ね、それよりも高い数値が出た。したがって、それなりの相関関係を見出せるものと判断した。

(23) 二〇〇三年度調査では、従業員数も調査している。従業員数も会社の事業規模を示す一つの指標といえよう。そこで、資本金の額と従業員数との間でも、同様に、相関係数を算出してみたところ、売上高とほぼ同じく、〇・四強の数字となった。業種別に分析すると、概ね、さらに高い数値で相関を見出すことができた。

(24) 二〇〇三年度調査によれば、株式会社でも、経営者が個人保証をしているのが常態化している。また、その傾向は規模が小さくなればなるほど強まる（家田崇＝広瀬裕樹・前掲注（4）〈五頁参照〉）。

(25) 従来から、旧商法下での資本制度による債権者保護にはかなり限界があることが指摘され、最低資本金制度の合理性に疑問が投げ掛けられていた（金本良嗣＝藤田友敬「株主の有限責任と債権者保護」三輪芳朗ほか編著『会社法の経済学』（東京大学出版会、一九九八年）二一四頁以下参照）。会社法では、そのような観点から、資本制度が再構成され、機能的に「合理化」されたように理解できる（郡谷大輔＝岩崎友彦「会社法における債権者保護〔上〕」商事法務一七四六号（二〇〇五年）四七頁以下参照）。こうした立法態度に基本的に賛意を示す見解もある（吉原和志「株式会社の設立」ジュリスト一二九五号（二〇〇五年）一九頁、大杉謙一「合同会社」法学教室三〇四号（二〇〇六年）八八頁注⑹）。しかし、批判も強い。例えば、要綱試案における最低資本金制度の見直しに対して、上村達男「会社法総則・会社の設立」ジュリスト一二六七号（二〇〇四年）一五頁は、「会社設立時の三〇〇万円であっても、その後の経営者の責任体制、情報開示・監査の信頼性等があることで、一定の意味を有し得る。何よりも経営時に三〇〇万円有しない起業家は、委託証拠金を払わずに先物取引をするような不適格者であり、そうした起業家によりまき散らされる不幸の大きさにこそ思いを致すべきである。」と批判していた。こうした見解の対立は、主として、大多数の者を対象として規制を合理化すべきか、全体としては少数ながら濫用的事例を防止すべきか、いずれの観点を重視しているかというところに根底があるように思われる。そうであるとすれば、いずれかが常に優れているというわけではなく、もっぱら量的な問題のはずである。すなわち、前者の観点でもたらされるメリットよりも、後者の観点からもたらされるデメリットが大きければ、後者の観点を重視すべきことになるのではないか。しかしながら、その量を量るべき実証的な根拠は、いずれの観点からも十分には示されていないのではなかろうか（岩原紳作「新会社法の意義と問題点Ⅰ総論」商事法務一七七五号（二〇〇六年）一六頁では、会社法での変更点につき、それを検証するための実証的研究が全般的に不足していることを指摘する）。それゆえ、現時点ではいずれの見解の妥当性も客観的には判断しかねる状況であると思われる。そうであるならば、そのような状況であるにもかかわらず最低資本金制度が撤廃されたということは、実態的なメリット・デメリットが見極められていないがゆえに、いわば「パンドラの箱」が開けられたような状態にあると称しても差し支えがないようにも思われるのである。

(26) 会社法では、最低資本金制度の廃止にとどまらず、機関構成などにつき大幅な規制緩和がなされたが、おそらく、大多数の企業は、それなりの資本金で、それなりの機関構成で経営されていくように思われる。特段の規制がなくとも、事業を経営するにあたっては、金融機関などからの外圧や、出資者などからの内圧に強く影響されるがゆえに、適正なところに落ち着くと想像できるからである。しかしながら、もちろんそのような状態が全てではない。破綻寸前の会社ならば、「適正なところに落ち着く」どころではないであろうし、より悪質なケースでは、詐欺的な目的で会社を設立することもありえよう。全体としては少数であろうが、裁判では、まさにこういったケースが俎上に載せられるわけである。会社法では、こういったケースに対しては、基本的に、法人格否認の法理や、会社役員の対第三者責任（会社法四二九条）を活用することで対応すべきことになろう（吉原和志・前掲注（25）一九頁）。

ただし、機関構成などが大幅に柔軟化したことは、この局面でも影響がありうる。例えば、法人格否認の法理につき、判例法理は、いわゆる「形骸事例」について、株主総会を開催しないなど強行法的組織規定を無視していることが一つの重要な指標となっていたが（例えば、最判昭和四七年三月九日判時六六三号八八頁参照）、機関構成が柔軟化した会社法下では指標になりえないであろう。

こうした問題は、合同会社でも同様である。アメリカではLLCに法人格否認の法理を適用するにあたり、法理自体の変容が見受けられるとの指摘がある（井上健一「米国におけるLLCと法人格否認――出資者有限責任の再考(1)(2)」武蔵大学論集五三巻一号二三頁、二号（二〇〇五年）一八九頁）。アメリカのこうした法状況は我が国においても示唆に富むように思われる（なお、同論文(2)一九七頁以下参照）。

もとより、法人格否認の法理を、「濫用事例」と「形骸事例」に峻別して適用する判例法理には批判が強い（例えば、江頭憲治郎『株式会社法』（有斐閣、二〇〇六年）四二頁参照）。会社法制定を期に、改めて再検討の必要が生じているものと思われる。

なお、有限責任事業組合は、法人格を有しないがゆえに、もちろん、法人格否認の法理は援用しえない。ただし、不当に債務を免れる目的で組合契約を濫用することが禁止され（有限責任事業組合契約に関する法律三条三項）、また、業務執行につき強固な共同事業性が求められ（同法一三条）、これらに違反すれば組合契約が否認されると解される（篠原倫太郎「有限責任事業組合契約に関する法律の概要」商事法務一七三五号（二〇〇五年）一二頁以下参照）。その結果、組合構成員の有限責任が否定されることとなる。しかし、このうち共同事業性については、組合であることの前提条件であり、有限責任とは論理的に結びつかない。確かに問題のある事例に対して効果的に対応しうるかもしれないが、場当たり的な措置のようにも思われる。「有限責任」の意味や限界につき、企業形態法制全体の問題として、より検討を深める必要があるものと考える。

六　結びに代えて

今回の調査では、これまでの組織形態を変更することにはそれほど積極的ではないという結果になった。また、新しい企業形態に対する関心も取り立てて高くなく、とりわけ有限責任事業組合に対する関心は極めて小さい。このことは、前述したように、周知が進んでいないことも要因の一つであろうが、旧法下の合名・合資会社および有限会社と、合同会社や有限責任事業組合では、それらに対するニーズが異なっているということもありうるかと思われる。

例えば、有限責任事業組合は、二〇〇五年一二月末の時点の情報によれば、経営コンサルタント業を営むべく利用される例が最も多い。税理士、公認会計士、社会保険労務士、中小企業診断士などの専門家が集まり、幅の広いコンサルティングチームを作るために、有限責任事業組合が利用されるのである(27)。新聞報道などを見る限りは、合同会社は合弁で事業を行う際に利用される例が多く目に付く（例えば、一の冒頭に掲げた新聞報道を参照）。このような利用態様は、旧法下での企業形態においては（少なくとも、今回の調査データを見る限りは）それほど見受けられなかったように思われる。合同会社・有限責任事業組合の導入にあたっては、その動機付けとなった社会的要請は、従来の組織形態でもほぼ達成可能であると論じられることもあったが[28][29]、とりあえずこれまでのところ、新しい分野の事業を取り込むことに成功しているともいえよう。

ただし、そのために、企業形態法制は、種々の面で大胆に規制が緩和された。この点につき、新しい事業に対しては、会社法のような一般的な法制で対応するのではなく、その対象に特化した特別法で対応すべきではないかという見解も根強い[30]。一方で、そうした見解に対しては、「狭い目標に的を絞った組織法制は、不可避的に不要な法規制を背負い込まざるを得ず、結局、その本来の目標の達成にとって一般的な組織に劣ることがしばしばある」との批判もあった[31]。

このいずれの見解に与するかにあたっては、「会社とは何か」という本質論に立ち入らざるを得ない。大規模な事業体を理念系としてきた株式会社制度において、中小規模の事業体にも対応すべく、組織形態を柔軟化し規制を緩和していく作業は、当初の理念型たる会社の骨組みを削り取っていく作業に近い。削り過ぎれば、当然ながら、「倒壊」する。一方で、削り取りが甘いがゆえに、使い勝手が悪いということになれば、利用されないおそれもある。この見極めは、まさに「会社制度」に対する本質論によって支えられるものであろう。

「会社とは何か」につき、何らかの展望を論ずるほどの知見を、筆者は有していない。ただ、本稿が、そのための議論の一助になれば幸いである。

(27) 石井・前掲注（2）二九頁以下参照。

(28) 例えば、松嶋隆弘「合同会社の創設に関する一考察」判例タイムズ一一六〇号（二〇〇四年）七二頁以下参照。

(29) もっとも、従来の株式会社制度・有限会社制度では、株式（持分）の譲渡や、退社条件などにつき、自由度が制限されており、その制限が実務的には重要なところであるとの指摘もなされていた（弥永真生ほか編著『ゼミナール会社法現代化』（商事法務研究会、二〇〇四年）二六五頁［武井発言］参照）。この点は、会社法下でも同様であり、そこに合同会社制度の意義を見出すことが出来る（参照、宍戸善一「持分会社」ジュリスト一二九五号（二〇〇五年）一一五頁以下）。

(30) 例えば、松嶋・前掲注(28)七七頁参照。さらに、松嶋「新しい企業類型（日本版ＬＬＣ・ＬＬＰ）の創設に関する諸問題」日大法学七一巻一号三一一頁（二〇〇五年）は、合同会社および有限責任事業組合の新設に対して、「実務界のニーズを重視するあまり、既存の制度・原理原則がないがしろにされて」いると批判する。

(31) 大杉謙一「新しい事業組織形態（日本版ＬＬＣ）の構想〔II〕」商事一六四九号（二〇〇二年）一六頁。

［付記］

本調査にあたっては、調査項目の作成から配付・回収に至るまで、名古屋商工会議所の全面的なご協力を頂いた。とりわけ、名古屋商工会議所企画部の成田多喜夫、二村健司の両氏には多大なご協力を賜った。この場をお借りして厚く感謝の意を表したい。

意思決定権限の分配と定款自治

前田雅弘

浅木愼一・小林量
中東正文・今井克典 編
浜田道代先生還暦記念
『検証会社法』
2007年11月 信山社 3

一　はじめに
二　株主総会決議事項の専属性と定款自治
三　株主総会決議事項の拡大と定款自治
四　譲渡制限株式についての承認の決定機関と定款自治
五　おわりに

一　はじめに

平成一七年に制定された会社法の特徴の一つに、定款自治の拡大がある。学説上、閉鎖的な株式会社については、その内部関係について大幅な定款自治を認めるべきことが早くから提唱されていたが[(1)]、平成一七年制定の会社法は、非公開会社（公開会社でない会社）についてはもちろんのこと、公開会社についても、定款自治を相当に拡大する方向に進んだ[(2)]。

株式会社の意思決定の権限の所在についても定款自治が拡大されたが、一口に定款自治といっても、認められる定款自治の範囲については、会社法の規定から一義的に明確といえる場合もあれば、会社法の下でも、なお解釈によってその範囲を決しなければならない場合もある。会社法においては、定款自治が認められる規律については、その旨が明らかになるよう立法により手当てをした旨が立案担当者によって説かれているが[(3)]、定款自治の範囲を明文規定で書き尽くすことは不可能であり[(4)]、会社法の下でも、なお解釈に委ねられる問題が少なくないと思われる。

会社の意思決定の権限の所在について、たとえば会社法は、一定の要件を満たす会社は、剰余金の配当等を取締役会で決定できる旨を定款に定めることができることとしたが（会社四五九条一項）、同時に、このような定款の定めがある場合でも、株主総会からは当該事項の決定権限が当然になくなるわけではなく、当該事項を株主総会決議では定めない旨を特に定款で定めた場合に初めて、株主総会は当該事項を決定することができなくなることを明文で定めた（会社四六〇条一項）。剰余金の配当等についての意思決定権限がどの機関に属するかについては、これらの会社法の規定により一義的に明確にされていると言ってよい。

しかし他方で、たとえば次のような問題は、会社法の下でも明文規定は設けられておらず、なお解釈に委ねられていると思われる。

会社法二九五条三項は、株主総会の法定の権限とされた事項を株主総会以外の機関が決定できる旨の定款の定めを無効とするが、株主総会決議の効力発生を第三者の承認にかからせる旨を定款で定めることはできるのであろうか。

会社法二九五条二項は、取締役会設置会社において、定款により株主総会の決議事項を拡大することを認めるが、定款による株主総会の権限の拡大は無制限に認められるのであろうか。また、株主総会の権限の拡大の仕方として、取締役会に権限を留保したままで株主総会の権限を拡大することもできるのであろうか。

会社法一三九条一項ただし書は、譲渡制限株式の譲渡または取得につき承認するかどうかの決定をする機関について、定款により「別段の定め」を設けることを許容するが、会社内部の機関でないまったくの第三者に決定させることもできるのであろうか。

本稿は、意思決定権限の所在という場面で、会社法の下でもなお定款自治の範囲が解釈に委ねられたと思われる問題を、網羅的ではないがいくつか取り出し、若干の検討を行うことを目的とする。

なお、平成一七年改正前商法（以下、本稿において「旧法」という）における株式会社との比較を容易にするため、本稿では、取締役会設置会社、しかも特に断らない限りは委員会設置会社でない取締役会設置会社を検討の対象とする。

（1） 浜田道代『アメリカ閉鎖会社法――その展開と現状および日本法への提言――』（商事法務研究会、一九七四年）三三六頁。
（2） 江頭憲治郎「『現代化』の基本方針」ジュリ一二六七号（二〇〇四年）九頁。
（3） 相澤哲＝郡谷大輔「会社法制の現代化に伴う実質改正の概要と基本的な考え方」商事一七三七号一六頁（二〇〇五）〔相澤哲編著『立案担当者による新・会社法の解説』別冊商事法務二九五号（二〇〇六年）六頁所収〕。
（4） 岩原紳作「総論」商事一七七五号（二〇〇六年）一一頁、宍戸善一「定款自治の範囲の拡大と明確化――株主の選択――」商事一七七五号（二〇〇六年）二一頁。

二 株主総会決議事項の専属性と定款自治

1 下位の機関への権限委譲

会社法二九五条三項は、株主総会の法定の権限とされた事項を株主総会以外の機関が決定できる旨の定款の定めを無効とする。このことは、旧法の下では明文規定は存在しなかったものの、解釈としては認められていたことであり、会社法はこのことを明文で確認したことになる。(5) すなわち、会社法は、株主総会の権限を拡大する方向の定款自治は認めるが（会社二九五条二項）、株主総会の法定の権限を縮小する方向の定款自治までは認めない。会社法は、なぜ、株主総会の権限を縮小する場面にまで定款自治を拡大し、株主自身が望むならば株主総会の権限を他の機関に委譲することまで認めることはしなかったのであろうか。(6)

いろいろな理由づけが可能であろうが、最も重要な実質的理由は、権限委譲について株主に合理的な判断を期待することは困難であるということであろう。(7) 株主総会の法定権限を下位の機関に委譲する旨の定款の定めについて、いくら株主が自ら同意をしたとしても、そのような定めがどのような意味を持つかを、株主が適切に評価することは困難である。(8)株主が取締役会等に不合理な権限委譲をしてしまうおそれを否定できないため、株主の利益保護のため法が介入をして、そのような権限委譲はできないことにしたものと考えられる。

会社法が旧法の立場を引き継ぎ、株主総会の法定の権限を縮小する方向での定款自治を否定する立場を維持したことは、正当であったと考える。

以上のように、株主総会が法定の決定権限を下位の機関に委譲できないことは、会社法においては明文上も明らかとなっているが、これに関連するいくつかの問題を検討してみたい。

2 株主総会決議の効力発生を第三者の承認にかからせる定款の定め

株主総会決議の効力発生を第三者の承認にかからせることはできるかという問題がある。定款で包括的に株主総会決議の効力発生を第三者の承認にかからせる場合と、個々の株主総会決議において当該決議の効力発生を第三者の承認にかからせる場合とに分けて考察する。

定款をもって包括的に、株主総会決議の効力発生を第三者、たとえば親会社・労働組合などの承認にかからせることはできるか。この問題については、取締役選任等の効力発生を知事の承認にかからせる旨の定款の定めを無効と判示した古い下級審の裁判例があるが、(9)学説は分かれている。

否定説は、資本自主性を定めた株式会社法の本質に反し、第三者の意思により株式会社の運営が全面的に停止するおそれのあること、(10)株主総会の法定の決議事項は、当該事項をもっぱら株主の意思によってなさしめる趣旨と解されること、(11)株主の多数決をもって意思決定をすべき株式会社の資本的構造から考えて定款自治の限界を超えることを理由に、(12)このような定款の定めは無効であると主張する。

これに対して肯定説は、このような制限は、外部に対する会社自治の自主的制限にすぎず、会社内部における株主総会の専属的決定権限に反するものではないことを理由に、このような定款の定めも有効であると主張する[13]。肯定説の中では、原始定款または総株主の同意による定款変更をもって定めが置かれたことを要件とする説が多いが、このような要件を要求せず、とくに濫用的な意図が看取されない限りは有効と解してよいとする説も現れている[14]。

前記の裁判例および学説の否定説は、もしこのような定款の定めを有効と解すると、実質的にどのような弊害、すなわちどのような不利益が株主に生じると考えるのであろうか。前記裁判例を含め否定説は、結局のところ、その理由としては、株主総会は最高の意思決定機関であって、株主の意思だけで会社の意思決定がなされるべきであり、第三者の介入を許さないのが法の趣旨である旨を述べるにとどまっており、このような定款の定めを認めると株主に実質的にどのような不利益が及ぶかについて、検討を行っていない。そのために、株主自身があえて決議の効力発生を第三者の承認にかからせることを欲し、定款にその定めを設けたときに、なぜその定款の定めを無効と解しなければならないか、十分な実質的理由を示すことができていないのではないかと思われる。

株主自身が決議の効力発生を第三者の承認にかからせることを望んで定款にその定めを設けたにもかかわらず、なお法が介入をしてその定款の定めを無効と解しなければならないとすると、その理由は、次のような点に求めることになろう。

すなわち、もしこのような定款の定めが有効だとすると、当該事項に関するその後の株主総会決議すべてについて包括的に、第三者の承認がなければ決議は効力を生じないこととなる。将来の株主総会決議まで含めた長期的なコスト・ベネフィットを株主が適切に評価することは期待しがたく、いくら株主がそのような定款の定めに自ら同意をしていても、同意の時点では予想もしなかった事態が生じうる。したがって、株主に合理的な判断を期待することは困難であることから、その定款の定めをそのまま有効とすることはできず、株主保護のために法が介入をして、そのような定款自治を否定することが正当化される(15)。

このような理由からは、決議の効力発生を第三者の承認にかからせる旨の定款の定めを無効と解することに、相当の説得力があるようにも思われる。しかし、さらに考慮しなければならないのは、平成一三年の商法改正により、いわゆる拒否権の制度が導入され、種類株式が発行されている場合には、株主総会等の法定の決議事項以外に、定款に種類株主総会決議事項を定めることが認められるようになったことである（旧法二二二条九項）。この拒否権の制度は、会社法においても、より利用がしやすい形で引き継がれ(16)、拒否権付種類株式の制度となった（会社一〇八条一項八号・二項八号）。決議の効力発生を第三者の承認にかからせる旨の定款の定めは、当該第三者に拒否権付種類株式を発行するのと、実質的には同様の機能を有することとなる。たとえば、「取締役選任決議は、Aの承認がなければ効力を生じない」旨の定款の定めを設けることは、Aに拒否権付種類株式を発行し、当該種類株式の内容として、「取締役選任については当該種類株主総会の決議を要する」旨を定めることによっても、実質的には同様の目的を達成することができる。このような拒否権付種類株式がAに発行された場合には、当該種類株式の種類株主である種類株主総会決議、すなわちAの承認がなければ、取締役選任の株主総会決議は効力を生じないことになるからである（会社三二三条）。決議の効力発生を第三者の承認にかからせる旨の定款の定めを設ける場合とは異なり、拒否権付種類株式を利用する場合には、Aは株主となる必要があるが、出資額はわずかでも株主になることはできるのであるから、Aが株主かどうかは実質的に重要な差ではない。

すなわち、会社法の下では、拒否権付種類株式を利用して、ある者の承認がなければ株主総会決議が効力を生じないようにする措置が、定款自治として認められていることになる。平成一三年商法改正により拒否権の制度が導入される前であれば、前述したように、定款によって包括的な定めを設けることは、株主に合理的な判断を期待しにくいことを理由として、定款自治の限界を超えるという考え方にも相当の説得力があったように思われる。しかし、拒否権の制度は、まさしく包括的に、株主総会決議の効力発生をある者の判断にかからせることを定款自治として認めた制度である。特定の者にこのような強力な権限を包括的に付与することのできる制度を認めたことについて、立法論としてその当否には議論の余地があり得るが、平成一三年商法改正により拒否権の制度が設けられ、会社法が拒否権付種類株式の制度としてこれを引き継いだ以上は、会社法の下での解釈論としては、株主総会決議の効力発生を第三者の承認にかからせる旨の定款の定めについて、定款自治の範囲を超えることを理由として、その効力を否定するのはもはや困難になったと言わざるを得ない。

それでは、どのような要件の下で、株主総会決議の効力発生を第三者の承認にかからせる旨の定款の定めが認められると解すべきか。株主総会決議の効力発生を第三者の承認にかからせる旨を定款で定める場合には、拒否権付種類株式を発行する場合と同様に、通常の定款変更のための株主総会決議（会社四六六条・三〇九条二項一一号）のほか、もしすでに種類株式発行会社である会社であって、ある種類株主に当該定款変更が損害を及ぼすおそれがあれば、当該種類株主の種類株主総会の決議も必要になる（会社三二二条一項一号イ・三二四条二項四号）。会社法が用意したこれらの株主保護のための規律が働く以上[17]、これに加えて、当該定款の定めを原始定款または総株主の同意による定款変更をもって設けなければならない理由は見当たらないように思う。

結論として、会社法の下では、前記の肯定説のうち、原始定款または総株主の同意による定款変更をもって定めが置かれたことを要件とすることなく、決議の効力発生を第三者の承認にかからせる旨の定款の定めを有効と解する説を支持すべきものと考える。

3　第三者の承認を条件とすることを決議すべき旨の定款の定め

定款をもって直接に株主総会決議の効力発生を第三者の承認にかからせるのではなく、個々の株主総会決議において第三者の承認を条件とするよう、定款で定めた場合はどうか。たとえば、「取締役選任決議においては、Aの承認がなければ効力を生じない旨を決議しなければならない」と定款で定めたような場合である。

次に見るように、定款による包括的な定めによるのでなく、個々の株主総会決議において決議の効力発生を第三者の承認にかからせることは差し支えないと解すべきであり、そうだとすると、個々の株主総会決議において決議にこのような条件を付すべき旨を、定款で定めておくこともできると解してよい。もしこのような定款の定めがあるにもかかわらず、株主総会において第三者の承認を条件とする旨の決議がされない場合は、決議内容が定款に違反するものとして、決議取消しの原因となる（会社八三一条一項二号）。

4　決議の効力発生を第三者の承認にかからせる旨の株主総会決議

個々の株主総会決議において、当該決議の効力発生を第三者の承認にかからせることはできるか。この問題については、立案担当者により、会社法二九五条三項の規定は、株主総会が決議をした上で、その決議の効力の発生を他の機関や第三者の承認にかからせることまで否定するものではないという見解が示されている[18]。学説については、決議の効力発生を第三者の承認にかからせる旨の定款の定めは無効であると解する説において、定款の定めによるか個々の株主総会決議によるかで特に区別はせず、個々の株主総会決議によるのであっても、決議の効力発生を第三者の承認にかからせることはできないと主張する説も見られるが[19]、個々の場合に株主全員の同意をもって決議の効力発生を第三者の承認にかからせることまでは違法でないと説く見解もある[20]。会社の効果および発展を株主が自立的に規定すべきであるという「会社の自立性」を大きく損なうかどうかに、このような決議の適法性の限界を求める見解も現れている[21]。

個々の株主総会決議において、当該決議の効力発生を第三者の承認にかからせることを認めると、株主に実質的な不利益が生じるであろうか。決議の効力発生を第三者の承認にかからせる旨を「定款」で定める場合には、前述したように、包括的に第三者の承認がなければ決議は効力を生じないこととなるため、株主に合理的な判断を期待できないという問題が存在したが、個々の具体的な株主総会決議において、当該決議の効力発生を第三者の承認にかからせる場合であれば、このような問題は生じない。

決議の効力発生を第三者の承認にかからせる決議を認めると、確かに株主がある事項についてせっかく株主総会決議を成立させても、第三者が承認しなければ、決議は効力を生じず、決議を成立させたことの意味がなくなってしまうが、しかしそのことは、法が介入をして保護すべき不利益といえるかが問題である。このような状況は、株主総会決議前に当該第三者が当該事項について反対している事実を多くの株主が知っており、その事実を議決権行使の判断材料としたため決議が不成立になった場合と、実質的には同視できるものであろう。個々の株主総会決議を成立させるかどうかが完全に株主の自由とされている以上、当該個々の決議の効力発生を第三者の承認にかからせることを否定すべき理由は見当たらないように思う。

決議によって効力発生を第三者の承認にかからせることを認めると、当該決議に関しては、当該第三者にまさしく拒否権を付与するのと同様の効果を生じることとなり、他方で、会社法が拒否権付種類株式の制度を設けていることとの関係が問題となる。すなわち、一方で、拒否権付種類株式を発行するには、少なくとも定款変更のために株主総会の特別決議（会社四六六条・三〇九条二項一一号）が必要になり、また、もしすでに種類株式発行会社である会社であれば、当該拒否権付種類株式を追加する定款変更がある種類株主に損害を及ぼすおそれがあれば、当該種類株主の種類株主総会決議も必要になるところ（会社三二二条一項一号イ・三二四条二項四号）、他方で、株主総会決議において、単に当該決議を成立させるのと同じ決議要件で、当該決議の効力発生を第三者の承認にかからせることを認めるのは、均衡を失するのではないかが問題となりうる。しかし、決議の効力発生を第三者の承認にかからせる旨の株主総会決議は、拒否権付種類株式を利用する場合とは異なり、将来の決議も含めた包括的な拒否権を当該第三者に付与するのでなく、あくまで当該具体的な決議限りで、当該決議に条件を付与するにすぎない。拒否権付種類株式の制度を利用する場合のような厳重な手続は必要ないと思われる。

以上のところから、株主全員の同意によるまでもなく、ある株主総会の決議において、当該決議を成立させるのと同じ決議要件で、当該決議の効力発生を第三者の承認にかからせることは認められると考える。

5　法定の決議事項を第三者に決定させる旨の定款の定め

それでは、以上のように株主総会決議の効力発生を第三者の承認にかからせるにとどまらず、さらに進んで、株主総会の法定の決議事項を第三者に決定させる旨を定款で定めることはできるか。会社法二九五条三項の規定は、株主総会の法定の権限とされた事項を株主総会以外の機関が決定できる旨の定款の定めを無効とする旨を定めるにすぎず、当該事項を会社の外部の第三者に委譲できるかどうかについて直接には定めていない。第三者への委譲が可能かどうかは、会社法の下でもなお解釈問題として残されている。(22)

学説においては、実務上のニーズを背景として、取締役を選任する権限について、一定の要件の下でこれを第三者に委譲することができるという解釈論を試みる見解が現れており、(23)より具体的に、取締役選任権限の委譲は、事業全部の経営の委任と実質的には同じであると解したうえで、反対株主の株式買取請求権の制度がないことを考慮し、原則として原始定款または株主全員の同意による定款変更を要件として、認めてよいと解する説が提唱されている。(24)

しかし、会社法二九五条三項の規定により、株主総会の法定の決議事項を代表取締役などの下位の機関に委譲することができないことは明らかにされている。このことは、いくら原始定款または株主全員の同意による定款変更によるのであっても異ならないであろう。前述したように（前記1）、会社法二九五条三項の規定は、株主が不合理な権限委譲をしてしまうおそれを否定できないために設けられた規定であると解され、そうだとすると、そのような権限委譲は、多数決であれ、原始定款または株主全員の同意による定款変更によるのであれ、否定しておく必要があるからである。

すなわち、会社に対して善管注意義務・忠実義務を負い（会社三三〇条・三五五条、民六四四条）、その義務に違反して会社に損害を生じさせれば株主代表訴訟によって責任（会社四二三条一項・八四七条一〜三項）を追及される地位にある代表取締役に対してさえ、会社法は、株主総会の法定の権限を委譲することを禁止している。もしも株主総会の法定の権限を第三者に委譲することを認めると、当該第三者は、委任契約に基づく善管注意義務（民六四四条）を会社に対して負うことにはなるであろうが、株主代表訴訟によって当該第三者の責任を追及する制度はもちろん存在しないから、当該第三者が権限委譲に基づいて著しく不合理な決定を行ったような場合でも、当該第三者は、責任を追及されることは事実上ほとんど考えられない。会社法二九五条三項の規定により、代表取締役に対する権限委譲でさえ明文で禁止している会社法の下では、会社に対して事実上責任を負うことのない第三者に対する権限委譲を認める解釈には、相当の無理があると思われる。株主総会の法定の決議事項を第三者に決定させる旨までを定款で定めることは、否定すべきものと考える。定款の定めによらず、個々の株主総会決議において第三者に決定させる旨を決定することも否定すべきであろう。

この結論は、株主総会決議の効力発生を第三者の承認にかからせる場合（前記2～4）と大きく扱いが異なり、不均衡であるとの批判があり得るかもしれない。決議の効力発生を第三者の承認にかからせる場合にも、いわば当該第三者に消極的な決定権限を付与しているという側面は否定しきれないからである。しかし、決議の内容を株主自身で決定した上でその効力発生だけを第三者の承認に委ねる場合と、決定そのものを他に委ねる場合とでは、質的な違いがあると言うべきではなかろうか[25]。会社法は、後者の場合について、株主には権限委譲につき合理的な判断はできないことを考慮して、二九五条三項の規定において、定款により下位の機関への権限委譲はできない旨を表現しているが、その趣旨は、委譲の相手方が下位の機関でなく第三者である場合にも、また、定款によらずに個々の決議による場合にも、貫かれるべきように思う。

（5）　落合誠一「株主総会」ジュリ一二九五号（二〇〇五年）五三頁。
（6）　このような問題提起を行う文献として、中村直人「株主総会」川村正幸＝布井千博編『新しい会社法制の理論と実務』（経済法令研究会、二〇〇六年）一〇九頁。
（7）　柳川範之「株主総会と取締役会」三輪芳朗ほか編『会社法の経済学』（東京大学出版会、一九九八年）五八頁。
（8）　Cf. Eisenberg, The Structure of Corporation Law, 89 Colum. L. Rev. 1461, 1464 (1989).
（9）　東京高決昭和二四年一〇月三一日高民二巻二号二四五頁。事実関係は次の通りである。Y株式会社は、太平洋戦争中に各地の食糧事情が悪化した際、群馬県内における食糧増産を図るために設立され、Y社の定款によれば、取締役の選任、解任、定款の変更、利益処分については、群馬県知事の承認を得るべき旨が定められていた。Y社の株主Xは、会社の業務・財産の状況を調査させるため、裁判所に対して検査役選任の申立てをし、原審はこれを却下した。Xが抗告し、その抗告理由中において、Y社には前記のような定款の定めがあるにもかかわらず、知事の承認を得ずに取締役選任等が行われ、定款違反がある旨の主張を追加した。裁判所は、Xの抗告を棄却したが、Xの前記主張については、次のように述べて、前記の定款の定めは無効であると判示した。

「Y社設立の上これをその統制下に置く必要上かかる規定を定款に挿入したことに思を致すときは、右定款の趣旨は取締役の選任等の株主総会の決議に対する知事の承認を以て、決議の効力発生の要件としたものと解せられる。然し法令に別段の定あるときは格別然らざる限り、株式会社において、取締役監査役の選任解任、定款の変更、利益金の処分等は株主総会の専属決議事項であり、必ず株主総会の決議を経べきものであるが、更にその決議は株主総会の決議のみによつて決せられるべく、その効力の発生を第三者の意思に繋らしめ得ないものと解すべきである。蓋し、かかる決議の効力を第三者の意思に繋らしめるときは、法が株式会社に対し独立の人格を附与してこれに独自の存在と利益とを認め株主総会を以てその最高の機関としてこれに取締役の選任等を専属決議事項たらしめた精神に背反するに至るからである。而して株主総会の決議を第三者の意思に繋らしめる如き規定は、原始定款を以てすると、又定款変更の方法によるとを問わず定款に定め得ないものと謂うべきである。従つて法令に何等別段の定ある場合に非ざる本件において、前記の定款の規定は株式会社の本質に反する無効のものと解すべきである。」

(10) 西原寛一「株主総会の運営」田中耕太郎編『株式会社法講座』第三巻（有斐閣、一九五六年）八六七頁。
(11) 北沢正啓『会社法〔第六版〕』（青林書院、二〇〇一年）三六〇頁。
(12) 大隅健一郎＝今井宏『会社法論〔第三版〕』中巻（有斐閣、一九九二年）一四八頁。取締役選任についての記述であるが、他の専属的決議事項についても同様に解してよいであろう。
(13) 鈴木竹雄＝竹内昭夫『会社法〔第三版〕』（有斐閣、一九九四年）二二七頁、上柳克郎ほか編『新版注釈会社法⑸』（有斐閣、一九八六年）二四頁〔江頭憲治郎〕、森本滋『会社法〔第二版〕』（有信堂、一九九五年）一九三頁。取締役選任について同旨、石井照久『会社法』上巻（勁草書房、一九六七年）三〇三頁、田中誠二『会社法詳論〔三全訂版〕』上巻（勁草書房、一九九三年）五七五頁。ただし、代表取締役の同意を要する旨の定款の定めは、機関の権限分配秩序を理由として、許されないと説く見解もある。森本滋「会社法のもとにおける経営管理機構」商事一七四四号三八頁（注一六）。
(14) 江頭憲治郎『株式会社法』（有斐閣、二〇〇六年）二九一頁。
(15) Cf. Eisenberg, supra note 8, at 1464.
(16) 会社法制定前は、拒否権は、二種類以上の株式が存することを前提に、その種類株式の属性として認められたにすぎなかったが、会社法の下では、拒否権の有無は株式の種類として格上げされ、他はまったく同じで拒否権の有無だけが異なる株式を発行することが認められるようになった。
(17) 株主保護については本文で述べた会社法の規律が働くが、むしろ問題は第三者の側の保護である。当該第三者は株主でないから、会社法の株主保護の規律が働かないからである。たとえば、「株主総会における取締役選任決議は、Aの承認がなければ効力を生じない」旨の定款の定めを設けたにもかかわらず、その後、種類株主総会によって取締役を選任できる種類株式（会社一〇八条一項九号）が発行され、株主総会では一人も取締役を選任できなくなる事態になれば、前記の定款の定めは無意味となってしまう。したがって、Aを保護するため、前記の定款の定めを認ける際には、併せて、第三者に損害を及ぼすおそれのある定款変更等を行うには、当該第三者の承認を要する旨の定めを設けておくなどの工夫が必要になろう。

(18) 相澤哲＝細川充「株主総会等」商事一七四三号（二〇〇五年）一九頁〔相澤哲編著『立案担当者による新・会社法の解説』別冊商事法務二九五号（二〇〇六年）七七頁所収〕。

(19) 西原・前掲注（10）八六七頁、北沢・前掲注（11）三六〇頁。

(20) 大隅＝今井・前掲注（12）一四八頁。取締役選任についての記述であるが、他の専属的決議事項についても同様に解してよいであろう。

(21) 神作裕之「会社の機関——選択の自由と強制——」商事一七七五号（二〇〇六年）三七頁。

(22) 落合・前掲注（5）五四頁。

(23) 神谷高保「取締役選任権の委譲」法協一一四巻一一号（一九九七年）一三六五頁。

(24) 江頭・前掲注（14）二九一頁。

(25) たとえば、取締役選任を第三者Aに決定させる旨を定款で定めることができるとすると、書面投票制度を採用する会社においては、株主総会参考書類には、Aに決定させる旨を議案として記載しなければならず（会社法施行規則七三条一項一号）、Aがどのような者かに関する情報を記載することができるが（同規則七三条二項）、Aが選任するであろう具体的な取締役候補者に関する情報は株主に提供されない。他方、株主総会決議の効力発生を第三者の承認にかからせる場合であれば、取締役候補者に関する詳細な情報が提供される（同規則七四条）。株主が行うべき判断は、両者で質的に異なると言うべきであろう。

三　株主総会決議事項の拡大と定款自治

1　代表取締役の選定・解職

会社法二九五条二項の規定は、取締役会設置会社の株主総会は、法令に定める事項または定款に定めた事項に限り決議をすることができるものと定め、旧法の規律を引き継いでいる（旧法二三〇条ノ一〇）。

定款による株主総会の権限の拡大が無制限に認められるかについて、旧法の下では、解釈上議論があった。具体的には、主に、代表取締役の選解任と譲渡制限株式の譲渡承認を、定款で定めることにより株主総会の権限にできるかが争われていた。

会社法の下では、このうち、譲渡制限株式の譲渡承認については、承認機関について定款で別段の定めをなしうることが明文で認められたことから（会社一三九条一項ただし書）、承認機関を株主総会とすることが認められることは、立法により解決された（後記四参照）。

代表取締役の選定と解職についてはどうか。この問題については、立案担当者により、会社法の下では、法令で定めた事項などのほか「株式会社に関する一切の事項」が株主総会の権限となりうる旨の規定が設けられ（会社二九五条一項）、このことを前提に、定款による株主総会の権限の拡大に制限は設けられていないとの見解が示されている。[26] しかし、会社法二九五条一項の規定は株主総会の権限に関する原則規定として、株主総会の権限には制限のないことを明らかにするものであり、これにより、取締役会のない会社の株主総会の権限に限定がないことは明らかにされているが、取締役会設置会社向けの例外規定である同条二項の解釈に当たり、「定款で定めた事項」に限定があるかどうかは、同条一項によっては、当然には明らかにされていない。代表取締役の選定・解職を株主総会の権限としうるかについては、会社法においても明文では解決されておらず、旧法の下におけるのと同様の争いが、解釈問題として引き継がれていると見るべきであろう。旧法の下で、このような定款自治は妨げられないという説が多数であったが、会社法の下でもこれを維持すべきものと考える[27]。

2　取締役会の権限を留保したまま株主総会の権限を拡大できるか

定款によって株主総会の権限を拡大し、代表取締役の選定・解職など取締役会の決議事項を株主総会の決議事項としたとき、取締役会からは、当該事項についての決定権限は当然に奪われることとなるのであろうか。

この問題は、会社法制定前から存在したが、旧法の下では正面からは論じられてはこなかったのではないかと思われる。ただし、旧法の下においても、代表取締役の選任・解任を定款で株主総会の権限としうるかという問題が論じられた際には、一般には、代表取締役の選任・解任を定款で株主総会の権限とすれば、もはや取締役会は代表取締役を選任・解任できなくなることが暗黙の前提とされてきたものと思われる。すなわち、否定説は、もし株主総会が代表取締役を選任・解任することとなれば、取締役会が解任権を有しない結果、取締役会の監督権限が裏付けを失いその実をあげることができなくなるという理由を挙げ、取締役会が解任権を失うことを前提としていた[28]。肯定説は、取締役会が代表取締役の解任権を失っても、取締役会はその解任を議題として株主総会を招集することができ、なお代表取締役に対する取締役会の監督権限が喪失されるわけではないことを主たる理由とし、やはり取締役会が解任権を失うことを前提としてきた。しかし、定款によって株主総会の権限を拡大した場合に、なぜその分だけ取締役会の権限が削られることとなるかは、必ずしも自明のことではなかったと思われる。

これに対し、会社法の下では、明文の規定がない限りは、定款で取締役会の法定の権限を奪うことはできないことを理由に、定款によって株主総会の決議事項を拡大しても、取締役会の権限は失われない旨の見解が立案担当者により示されている[29]。しかし、定款によって株主総会の決議事項を拡大した場合に、取締役会の権限が奪われるかどうかについて、会社法の下で明文規定が設けられたわけではない。むしろ、少なくとも会社法の下では、定款によって株主総会決議事項を拡大した場合に、当該事項をなお取締役会でも決定できるかどうかは、定款の自治に委ねられていると解してよいのではなかろうか。すなわち、定款で株主総会の権限を拡大する際、その分だけ取締役会の権限を縮小することも、取締役会の権限はそのまま縮小せず留保しておくことも、いずれも定款で定めることができると考える。

特にいずれかを定めないときはどうか。会社法二九五条二項の規定が定款で株主総会の権限を拡大できることとした趣旨は、取締役会設置会社において、株主があえて法令で定められた事項以外の事項についても自ら意思決定をしたいと欲する場合には、それを定款自治として否定はすべきでないという考えに基づくものである。そうすると、ある事項の意思決定をあえて取締役に委ねずに自ら決しようという株主の通常の意思は、当該事項については、決定権限は株主総会に専属させる意思であると解するのが合理的であろう。したがって、定款で株主総会の決議事項を拡大する際に、取締役会に権限を留保するかどうかについて定めがない場合には、旧法の下における一般的な理解と同様、当該定款の定めは、取締役会から当該事項の決定権限を奪う趣旨であると解釈すべきである。

このように、ある事項の決定機関として、定款で株主総会と取締役会との両方を選択的でなく重畳的に指定できるという解釈をとることに対しては、会社の意思決定が二つの機関に分かれて混乱を生じさせかねず、会社法はこのような指定の仕方までは許容していないという反論があるかもしれない。

しかし、第一に、株主総会決議と相反する決定が取締役会決議においてなされた場合、たとえば、株主総会決議によって解職された代表取締役が取締役会決議によってその直後に代表取締役に再選定されるというような事態が生じた場合には、株主総会は、通常、そのような決議を成立させた取締役を解任し、新たな取締役を選任することができる。(30) 会社法の下では、取締役解任も普通決議で行うことができるのが原則だからである（会社三四一条）。例外的に、取締役解任の決議要件が定款で引き上げられている場合には、株主総会決議と相反する決議を成立させた取締役を解任できないことはあり得るが、その場合でも、不正行為等があるなら、訴えによって当該取締役の解任を請求する途もある（会社八五四条一項～三項）。解任の決議要件が定款で引き上げられており、不正行為等もなければ、当該取締役を解任することはできないが、株主の多数があえて定款で取締役解任を困難にする措置をとっていた以上、それはやむを得ないと見るべきであろう。このような例外的な場合を想定して、混乱が生じうることを理由に、定款自治を否定すべきであるとまで言うことは、必要でないし適当でもないと思われる。

第二に、同一事項の意思決定機関が二つ併存するという事態は、会社法が他の場面においてすでに認めている。すなわち、会社法は、剰余金の配当等を決定する機関の特則として、一定の要件を満たす会社は、剰余金の配当等を取締役会が決定できる旨を定款で定めることを許容しているが（会社四五九条一項）、定款にこのような定めを設けた場合であっても、株主総会からは当該事項の決定権限が当然に失われるわけではなく、当該事項を株主総会決議では定めない旨を特に定款に定めた場合にだけ、株主総会からは決定権限がなくなるものとされている（会社四六〇条一項）。剰余金配当等の決定権限を取締役会に付与する場合は、本来は株主総会に属する権限を取締役会に付与するという場面であり、会社法二九五条二項に基づいて株主総会の権限を拡大する場面とは、決定権限の委譲の方向が逆にはなるものの、会社法は、同一事項の決定権限が二つの機関に重畳的に属する事態をすでに明文で認めている(31)。したがって、会社法二九五条二項に基づいて株主総会の権限を拡大する場合にも、同一事項の決定権限を二つの機関に重畳的に属させる形をとることは、定款自治として認められていると解して差し支えないと思われる。

また、同一事項の意思決定機関が二つ併存するのと類似した事態として、会社法は、取締役の選任と解任の決定を異なった機関が行う事態も容認している。種類株主総会により取締役・監査役を選任できる種類株式が発行された場合の取締役等の選任・解任である。すなわち、種類株主総会で選任された取締役等の解任は、原則は当該種類株主総会の決議によるが、定款で、株主総会決議による旨を定めることも認められている（会社三四七条・三三九条一項）。定款でこのような定めが設けられた場合には、たとえば、種類株主総会決議によって選任された取締役が、株主総会決議によってその直後に解任されるなどの事態が生じうるが、会社法は、このような事態が生じうることをもって、定款自治を否定することまではしていない。

このように、会社法が同一事項の意思決定機関が二つ併存するという事態、またはこれに類似する事態が生じうることを容認していることを考慮すると、会社の意思決定が二つの機関に分かれて混乱を生じさせるおそれがあることは、それだけでは定款自治を否定する十分な理由とはなりえないであろう。会社法の下では、定款によって株主総会決議事項を拡大しつつ、当該事項をなお取締役会決議でも決定できるようにすることも、定款自治として認められていると思われる。

(26) 相澤＝細川・前掲注（18）一九頁。

(27) この問題は、株主が特に欲して代表取締役の選定・解職を株主総会の決議事項にすることを望む場合に、その定款自治を否定しなければならないほどの弊害が生じるかという観点から考察すべき問題である。旧法の下で、これを否定する説も相当に有力であったが、その理由は、主に、取締役会の代表取締役に対する監督権限は、取締役会が代表取締役を解任できることで裏付けられるところ、もし株主総会が代表取締役を選任・解任することとなれば、取締役会が解任権を有しない結果、取締役会の監督権限が裏付けを失いその実をあげることができなくなるという点に求められていた（大隅＝今井・前掲注（12）二〇九頁、河本一郎『現代会社法〔新訂第九版〕』（商事法務研究会、二〇〇四年）三八八頁）。これに対し、従来の多数説は、取締役会が代表取締役の解任権を失っても、取締役会はその解任を議題として株主総会を招集することができ、なお代表取締役に対する取締役会の監督権限が失われるわけではないことを主たる理由として、定款自治を肯定してきた（上柳ほか編・前掲注（13）二五頁〔江頭〕）。会社法の下でも、多数説の立場を支持すべきであろう（前田庸『会社法入門〔第一一版〕』（有斐閣、二〇〇六年）三三四頁、弥永真生『リーガルマインド会社法〔第一〇版〕』（有斐閣、二〇〇六年）一二一頁）。

(28) もっとも、旧法の下での否定説の中には、人事が二系統に分かれては取締役会に責任ある業務執行を期待することができなくなることを、その理由として挙げる見解が存在した（龍田節『会社法〔第一〇版〕』（有斐閣、二〇〇五年）一六三頁。同『会社法大要』（有斐閣、二〇〇七年）においては、これに対応する記述は見られない）。その意味するところは、代表取締役の選任・解任を株主総会の権限としても取締役会に権限が残るために人事が二系統に分かれるという趣旨か、それとも、代表取締役の選任・解任の権限は取締役会からは失われるが、取締役会が支配人等の選任・解任をすれば人事が二系統に分かれるという趣旨かは明らかでないが、もし前者の意味であるとすると、この見解は、取締役会になお選任・解任の権限が残るという立場をとっていることになる。

(29) 相澤哲ほか『論点解説　新・会社法』（商事法務研究会、二〇〇六年）二六二頁。

(30) 神作・前掲注（21）三八頁は、機関相互間で矛盾する決定がされた場合、最終的には、株主総会を通じた取締役人事を通じて解決がされるであろうと指摘する。

(31) 会社法四五九条一項に基づいて株主総会から取締役会へ権限を委譲する場合には、二つの機関に権限が重畳的に属する形が原則型となり、会社法二九五条二項に基づいて株主総会の権限を拡大する場合とは、原則と例外とが逆になる（株主総会の権限を拡大する場合には、前記のように、取締役会からは権限がなくなる形を原則型と解すべきである）。この違いは、決定権限の委譲の方向が逆であることから生じるものであり、会社法四五九条一項の規定が、同一事項の決定権限を二つの機関に重畳的に割り当てることを、定款自治として認めていることに違いはない。

四　譲渡制限株式についての承認の決定機関と定款自治

旧法の下では、定款による株式の譲渡制限の制度は、株式の譲渡について取締役会の承認を要する旨を定款に定めることができる制度（旧法二〇四条一項但書）として規定されており、文言上は、譲渡の承認機関は、「取締役会」とされていた。

会社法は、会社が譲渡制限株式の株主から譲渡を承認するよう請求を受け、または譲渡制限株式の取得者から取得を承認するよう請求を受けた場合に、承認をするかどうかをどの機関が決定するかについても定款自治を拡大し、取締役会設置会社においては、原則型は取締役会であるが、定款によって「別段の定め」を設けることを明文で許容した（会社一三九条一項ただし書）。

改正の過程における議論から考えて、この「別段の定め」として、株主総会を決定機関と定め[32]、または代表取締役を決定機関と定めることが認められることは疑いない[33]。決定機関を株主総会とすることは、旧法の下でも解釈によって認められていたと解されるが[34]、会社法は、このことを明確化したことになる。他方、決定機関を代表取締役とすることは、旧法の下では認められていなかったが、会社法はこの規律を実質的に変更し、これを認めることとした。取締役会の承認を要するほどのこともないが、まったく自由に譲渡されるのも困るというニーズがありうることを考慮したものであろう。取締役会の承認の有無の選択を定款で定めうる以上、もう一つ、いわばこれらの中間的な選択肢として、代表取締役への承認権限の付与を定款で定めうるとすることを、否定すべき積極的な理由は見当たらない。代表取締役を決定機関とできることとした実質変更は、正当であると思われる。

問題は、「別段の定め」として、代表取締役または株主総会のほか、どのような者に決定をさせることまで認められるかということである。「別段の定め」について明文では何ら限定がされていないことから、会社内部の機関でない第三者に決定させることもできるのであろうか。[35] 次の理由から、「別段の定め」としては、具体的には、株主総会または代表取締役等（会社法三六三条一項に掲げられた取締役。委員会設置会社では執行役。常務会など取締役から構成される合議体も含む）を決定機関とする定めに限定されるのではないかと考える。[36]

第一に、承認をするかどうかの決定をするのは「会社」であり（会社一三九条一項参照）、当該意思決定を会社のどの機関が行うかについて定款自治が認められたにすぎないのであるから、決定者として定めうるのは、会社の意思決定機関であると解すべきではなかろうか。そして承認をするかどうかの決定も、業務執行の意思決定にほかならないから、具体的には、取締役会以外に、会社法または定款の定めにより業務執行についての意思決定権限を付与できる機関、すなわち、株主総会または代表取締役等（会社法三六三条一項に掲げられた取締役。委員会設置会社では執行役。常務会など取締役から構成される合議体も含む）がこれに当たると考える。

このような考え方に対しては、承認をするかどうかの決定をするのは確かに「会社」でなければならないが、「別段の定め」として第三者に決定させる旨を定款で定めれば、当該第三者は、いわば定款によって創設された意思決定機関たる地位に立つのであって、その者の決定をもって「会社」の決定とすることに何ら支障はないという批判があり得るであろう。確かに、承認をするかどうかの決定をするのが「会社」であるとの形式的な理由だけでは、「別段の定め」として、株主総会または代表取締役等を決定機関とする定めしか認められないと解釈すべき論拠として、十分ではないかもしれない。

しかし、実質的により重要な問題として、第二に、第三者が承認をするかどうかを決定できるとすると、著しく不合理な決定がされた場合に、いったい誰が責任を負うのであろうか。株主総会または代表取締役等が決定をするのであれば、代表取締役等は、株主総会への議案提出に当たり、または承認をするかどうかの決定をするに当たり、善管注意義務・忠実義務を負う（会社三三〇条・三五五条、民六四四条）。代表取締役等がこの義務に違反して会社に損害が生じた場合には、会社に対して損害賠償責任を負い（会社四二三条一項）、この責任は、株主代表訴訟による責任追及の対象になる（会社八四七条一～三項）。これに対し、承認をするかどうかを第三者が決定できるとすると、決定を委ねられた第三者は、委任契約に基づく善管注意義務（民六四四条）を会社に対して負うことにはなるであろうが、株主代表訴訟によって当該第三者の責任を追及する制度は存在せず、当該第三者が著しく不合理な決定を行ったような場合でも、当該第三者が責任を追及されることは、事実上ほとんど考えられない。会社に対して事実上責任を負うことのない第三者に対して、会社の意思決定を委ねることを認める解釈には、疑問がある。

このような考え方に対しては、監査役、業務執行取締役でない取締役（たとえば社外取締役）、会計参与などであれば、これらの者は会社に対して善管注意義務を負い、その責任は株主代表訴訟による追及の対象にもなるので、これらの者に決定をさせることも差し支えないのではないかという疑義が生じるかもしれない。しかし、たとえば監査役Ａに決定を委ねた場合に、Ａは、承認をするかどうかを「監査役として」決定すると言えるのか、すなわち、Ａが著しく不合理な決定を行ったような場合、Ａが監査役としての善管注意義務に違反したとして会社法四二三条一項の責任を負い、株主代表訴訟の責任追及の対象になると言えるのであろうか。定款で決定を委ねた者がたまたま監査役たる地位にあったからといって、決定をなすべきことが監査役としての任務の内容になると言えるのか、疑問が残る。

第三に、「別段の定め」として、定款により代表取締役等を決定機関にしたうえで、当該代表取締役等の個々の決定により、承認をするかどうかの具体的な決定を第三者に委ねることは差し支えないと解してよい。具体的な決定を第三者に委ねることが会社にとって最善の利益であると代表取締役等が判断したのであれば、それを否定すべき実質的理由はない。また、これを禁止してみたところで、代表取締役等による決定の前に、その決定の判断材料として当該第三者の意見を尋ねておき、その後に、代表取締役等が当該第三者の意見を完全に尊重する決定を行えば実質同じことになるのであるから、これを禁止する意味も乏しい。ただし、具体的決定を第三者に委ねるべきかどうかの判断に当たっては、取締役は善管注意義務・忠実義務を負い、著しく不合理な判断により会社に損害が生じたような場合には、取締役は損害賠償責任（会社四二三条一項）を負わなければならない。

したがって、承認するかどうかについて第三者に決定をさせるニーズがもし実務上存在するのであれば、定款により代表取締役等を決定機関としたうえで、当該代表取締役等の決定により、承認をするかどうかの具体的な決定を第三者に委ねればよいのであり、前記第一および第二に掲げたような問題があるにもかかわらず、「別段の定め」の解釈として、定款において第三者に決定させる旨の定めを認めるべき必要性が大きいとも思われない。

なお、承認をするかどうかの具体的な決定を第三者に委ねることができるのは、定款により代表取締役等を決定機関とした場合だけであり、「別段の定め」をせずに原則どおり取締役会が決定機関となり、または「別段の定め」により株主総会を決定機関とした場合には、取締役会・株主総会が、承認をするかどうかの具体的な決定を第三者に委ねることはできないと解すべきであろう。取締役会で決定すべきものと法定された事項は、自身の決議で決定しなければならないと解するのが通説であり（会社三六二条四項参照）、このことは、取締役会の個別の決議による委任である場合にも、取締役でない第三者への委任である場合にも、妥当すると考えられるからである。株主総会の決議事項についても、前述したように（前記二5）、決定を第三者に委ねることまで認めるべきではなかろう。

このように考えてくると、改正の議論の過程で、取締役会以外の決定者として、「株主総会」および「代表取締役等」以外の者が検討された形跡が見当たらないことも考慮に入れるならば、会社法一三九条一項ただし書にいう「別段の定め」とは、株主総会、または代表取締役等（会社法三六三条一項に掲げられた取締役。委員会設置会社では執行役。常務会など取締役から構成される合議体も含む）を決定機関とする定めを指すと解釈するのがよいのではなかろうか。

(32)「会社法制の現代化に関する要綱試案」（平成一五年一〇月二二日、法制審議会会社法（現代化関係）部会）第四部第三1(2)④、「会社法制の現代化に関する要綱案」（平成一六年一二月八日、法制審議会会社法（現代化関係）部会）第二部第四1(1)（注2）④。

(33)「会社法制の現代化に関する要綱試案」・前掲注(32)第四部第三1(2)①、「会社法制の現代化に関する要綱案」・前掲注(32)第二部第四1(1)（注2）②。これらの案の段階では、「特定の属性を有する者に対する譲渡」について、承認権限を代表取締役等に委任することを許容すべきことが提案されていた。しかしこれに対しては、特定の属性を有する者に対する譲渡に限らず、譲渡一般について承認権限を代表取締役等に委任することを許容すべき旨が指摘されていた（前田雅弘「譲渡制限株式会社・有限会社の株式・持分」商事一六八七号（二〇〇四年）二四頁〔商事法務編集部編『会社法制の現代化に関する要綱試案の論点』別冊商事法務二七一号（二〇〇四年）六四頁所収〕）。「特定の属性を有する者」を定款で広く定めれば、実質的には譲渡一般に選択肢を拡大することになるから、実務的に不都合はないかもしれないが、承認権限の所在は、譲渡一般の問題として考えるのが望ましいからである。会社法は、特定の属性を有する者に対する譲渡に限らず、譲渡一般について決定機関を代表取締役とすることを認め、前記の案よりも改良された姿になったと思われる。

(34) 旧法の下では、株主総会を決定機関とすることができるかどうかについて争いがあったが（上柳克郎ほか編『新版注釈会社法(3)』(有斐閣、一九八六年)六四頁[上柳克郎])、決定機関を株主総会として法定の期間内に決定がなされなければ、承認があったものとみなされるだけのことであり(旧法二〇四条ノ二第七項)、株主の利益が害されるわけではないから、株主があえて株主総会を決定機関とすることを望む場合に、その定款の定めを無効とまでしなければならない理由はなかったと思われる。平成一四年改正商法が、定款による株主総会の招集通知期間の短縮(旧法二三二条一項但書)および総株主の同意による招集手続の省略(旧法二三六条)を認めたことから、承認機関を株主総会とすることを否定すべき実質的理由は、一層乏しくなっていた。

(35) この問題を提起するものとして、証券取引法研究会編『新会社法の検討——ファイナンス関係の改正——』別冊商事法務二九八号(二〇〇六年)七六頁[池田裕彦、小柿徳武発言]。

(36) 会社が承認をしない旨の決定をし、指定買取人を指定しなければならない場合(会社一四〇条四項)において、指定を行う機関についても、会社法は、定款で「別段の定め」をすることを認めている(会社一四〇条五項ただし書)。また、譲渡制限株式について募集株式の発行等を行う場合において、割当先の決定を行う機関についても、会社法は、定款で「別段の定め」をすることを認めている(会社二〇四条二項ただし書)。本稿では、会社法一三九条一項ただし書にいう「別段の定め」の意味について検討するが、同様のことは、会社法一四〇条五項ただし書および二〇四条二項ただし書にいう「別段の定め」についても妥当する。

五 おわりに

平成一七年に制定された会社法は、定款自治を拡大したと言われるが、どこまでの定款自治が認められるかについては、なお解釈に委ねられた問題が少なくない。本稿では、意思決定権限の所在という場面で、会社法の下でもなお解釈に委ねられていると思われる問題をいくつか取り上げ、若干の検討を試みた。

本稿で取り上げたいくつかの例において検討したように、一方では、定款自治を許容する明文規定はなくても、定款自治を認めて差し支えない場合があり、他方では、限定なしに定款自治を認めるかのような文言が明文で用いられてはいても、定款自治を認めるべき趣旨に照らし、限定を加えて解釈すべき場合があるように思われる。

本稿で扱った問題は、会社法が認める定款自治の範囲を明確化する作業のごく一部にすぎず、他の場面でも定款自治の範囲をめぐる検討課題は少なくない。立法と解釈の両面において、検討作業が続けられるべき課題であろう。

株主の秘密投票
――秘密投票の歴史的および理論的な考察――

山田尚武

浅木愼一・小林量
中東正文・今井克典 編
浜田道代先生還暦記念
『検証会社法』
2007年11月 信山社4

一　はじめに――株主の秘密投票の意味――
二　団体における多数決の歴史
三　一七世紀イギリスのジョイント・ストック・カンパニーの総会における秘密投票
四　秘密投票の理論と公開投票の理論
五　株式会社の株主総会における秘密投票をめぐる考察
六　おわりに――株主権の相対化論の中で――

一　はじめに——株主の秘密投票の意味——

『三国志演義』によれば、約一八〇〇年前、急速に勢力を拡大した曹操は、中国北部「官渡」の地にて、北の名門袁紹（えんしょう）と対決した。曹操の兵、わずか七万。袁紹は七〇万の強兵である。(1) 曹操は、袁紹の参謀の裏切りをきっかけに袁紹の食料の集積地である「烏巣（うそう）」を奇襲し、からくも勝利をおさめた。袁紹を追撃する曹操の軍勢は、獲得した記録類の中から、一束の手紙を見つける。それは、曹操の本拠地の許都や曹操の陣中の将兵たちが、袁紹に宛てた内通の手紙であった。曹操の参謀旬攸（じゅんゆう）は、曹操に対し、一通ずつ点検して姓名を調べその者を捕らえて死刑にしなければならないと進言する。これに対し、曹操は、「袁紹の盛んであった時には、わしでさえも危うい身の上であった。皆のものが不安に思うのもあたりまえじゃ」と手紙を残らず焼かせ、二度とこの事は問わなかったという。(2)

株主総会が終わると、会社の経営陣の手元には株主総会の投票結果の集計用紙が残る。そこには株主ごとに各議案への賛否が記載されている。会社の経営陣はその集計用紙をどのような感慨をもって見るのであろうか。集計用紙を見ない経営陣もいるであろう。見てから忘れる経営陣もいるであろう。見て一生忘れない経営陣もいるであろう。一生忘れない経営陣の中には、株主総会の集計用紙を「処罰者名簿」として一生利用する者もいるかもしれない。会社の経営陣の手元にこの罪深い名簿が残ることは、コーポレート・ガバナンスのあり方、言い換えれば、株式会社という団体における統合のあり方として果たしてよいことなのか。すなわち、株式会社も社会の一つの団体としてその統合機能を全うすることによって、大衆資本の糾合という株式会社制度の目的が実現されるのであり、経営陣が個々の株主の投票内容を知ることができるのは、団体としての統合機能を阻害するのではないか。ここに株主総会における株主の秘密投票の問題を論じる意義がある。

もっとも、株主の秘密投票は、日本では馴染みのない議論である。しかし、二〇世紀のアメリカの株式会社においては、各州の会社法には株主総会での株主の秘密投票に関する規定がないものの、株主の秘密投票が採用されるに至っている。このアメリカの株式会社の株主の秘密投票（Confidential Proxy Voting）の歴史は、一九三〇年代の半ば、株主活動家（corporate gadfly）のウィルマ・ソス（Wilma Soss）が「リパブリック・スチール社において、その従業員株主が、会社の現経営陣の提出する議案に反対すると報復を受ける虞がある」と唱えたことに始まる[3]。そして、今日、アメリカの投資家は秘密投票を株主の基本的な権利として考えている[4]。例えば、アメリカの機関投資家協会（The Council of Institutional Investors（CII））は、「コーポレート・ガバナンス政策」（Corporate Governance Policies）の一つに株主の秘密投票を掲げている[5]。

筆者は、かつて、「株主の秘密投票を論じる場合、従業員株主や取引先株主に対し、経営陣による投票への圧力または圧力の虞による萎縮的効果があるか否かという問題がとくに重要である。会社と雇用契約で結ばれている従業員株主や取引契約を交わしている取引先株主は、株主総会において自由にその本心に従って議決権の行使をすることは難しい。とくに、経営支配権の獲得をめぐる委任状争奪戦があるような場合は、会社の従業員株主や取引先株主は、気兼ねなく投票することはできない。この株主の秘密投票は、個々の株主の基本的な権利と位置づけられるべきものである」と論じた。その上で、筆者は、「株主の秘密投票を導入するかどうかを定款に委ねれば、投票内容の公開をいとわない多数派の株主が、現経営陣と力を合わせて投票内容の秘密を欲する少数派の株主に対し、投票内容の開示のルールを押しつける虞がある。業務規則ではもっぱら現経営陣の意思次第となってしまう。秘密投票は、定款等の自治規範によるべきではなく、会社法の規定によるべきである」として、株主の秘密投票を導入すべきことを提言した(6)。

本稿は、まず、ギリシア・ローマ時代およびイギリスの中世の団体における多数決の歴史を辿る（二）。次に、株式会社の前身ともいえる一七世紀のイギリスのジョイント・ストック・カンパニーの源流を訪ね、東インド会社において、メンバー（ないしは出資者）の総会における秘密投票をめぐる議論・実践がなされていることを確認する（三）。さらに、一七世紀イギリスのハリントンの秘密投票の理論を確認し、フランス大革命以降、秘密投票とこれに抗う公開投票の理論を整理する（四）。最後に、政治の場面での秘密投票との比較において秘密投票をめぐる理論的な問題点を整理し、秘密投票は政治の場面のみに適用される原理ではなく、多数決によって意思決定がなされる団体において広く適用されるべき原理であること、したがって、多数決によって意思決定がなされる株主総会における投票の際にも導入すべきであることを論証する（五）。

（1）羅貫中（小川環樹・金田純一郎訳）『三国志演義』（岩波文庫、一九八八年）四―五頁。

（2）羅・前掲注（1）二八頁。

（3）McGurn, P. S., (1989). Confidential Proxy Voting, p. 14, Washington. DC. Investor Responsibility Research Center. なお、アメリカの秘密投票の歴史および主要な論点については、拙稿「米国における株主の秘密投票の展開（上）」商事法務一六八四号（二〇〇三年）九頁以下を参照。

（4）William F. Mahoney, (1993). The Active Shareholder: Exercising Your Rights, Increasing Your Profits, and Minimizing Your Risks p. 59 New York John Wiley Sons, Inc. なお、同前の邦訳として、伊藤邦雄監訳・関孝哉訳『株主の権利と主張――コーポレート・ガバナンス革命――』（中央経済社、一九九七年）がある。

（5）機関投資家協会のホームページには、「すべての取締役は第三者の集計による秘密投票によって毎年選任されなければならない。秘密性は自動的かつ恒久的にすべての投票に適用されなければならない。投票、集計および株主の確認に関する規則や実務については明確に開示されていなければならない」と記載されている。http://www.cii.org（二〇〇六年一二月一四日確認）。
(6) 拙稿・前掲注(3)九頁。立法論の具体的構想については、拙稿「米国における株主の秘密投票の展開（下）」商事法務一六八六号（二〇〇四年）三〇頁を参照。

二 団体における多数決の歴史

1 多数決の定義と秘密投票

秘密投票は、共同体による形式的ないしは公的な行動の一つである多数決の際の、共同体の各構成員の意思表示の方法である(7)。したがって、多数決の歴史の中に秘密投票の歴史を見出すことができ、秘密投票の歴史を辿ることは多数決の歴史を辿ることになる(8)。そこで、そもそも多数決とは何かが、まず問題となる。

矢部貞治によると、多数決とは、三人以上の集団において、一定の事項について、その構成員の多数の一致する意思をもって全構成員を拘束する集団意思と認める、集団意思決定の方法をいう(9)。この多数決には、確立している団体において出席者の定足数が定められている場合とそうでない場合、一定の具体的な提案について賛否を表示する場合と例えば選挙のように多くの対象の中から選択する場合等があり、これらには雑多の技術的な差異があって現実的にはそれが重要な効果を伴う。しかし、原理的にはすべて多数決として、一括して考えることができる(10)。この矢部の定義によれば、会議体において所定の議案を賛否の数をもって決することも、また、立候補者から所定の人数を選任する選挙(11)も多数決となる。以下、矢部の多数決の定義に従って、多数決の歴史を辿りつつ、秘密投票の歴史を遡る。

2　ギリシアとローマの多数決の歴史と秘密投票の歴史

多数決の起源について、イェリネック(Georg Jellinek)は、「多数決によって決定することは自明の理ではなく、そこには複雑な歴史がある。多数決の最初の起源については推測ができるだけで、起源を証明できるだけの資料はない。その推測も秩序のない争いを防ぐためであるとか、多数決をもって神の裁断とみなすというものである」という。(12)この点、ハインバーグ(Heinberg, J. G.)は、ギリシア時代よりも前ないしは原始的な人々の中では、一部の特別な例外を除いて、共同体によって形式的ないしは公的な行動がなされたという証拠はほとんどなかった、という。すなわち、原始的な社会には、今日私たちが理解するような意味での政府はなく、慣習法によって支配されていた。また、東洋的な専制支配の下では、ひとり専制者の意思によって意思決定がなされていた。(13)多数決も共同体による形式的ないしは公的な行動の一つであるから、多数決の歴史もギリシア時代に始まると考えることができる。

ギリシアのスパルタには、市民の中から毎年5人ずつ選ばれる監督官で、行政・私法・道徳教育面での権限を持ち、紀元前五世紀までには国家の最高の役職となる、エフォロイ(ephoroi)という役職があった。エフォロイは五人の多数決によって意思決定をした。また、ペロポネソス同盟のメンバーは多数決に従って意思決定をするという合意をしていた。(14)

ギリシアの中で最も進んだ投票制度を持ち、正確に投票数を数えたのはアテネである。アテネでは、裁判、小さな会議、行政庁、元老院、将軍の会議などでも多数決が採用されていた。(15)アテネではすべて挙手によって採決がなされ、賛否が僅差の場合には挙手数が計算された。(16)これに対し、ずっと珍しいことであるが、投票の方法が用いられることもあった。この投票は、全市民の集会において、オストラキスモス（ostra kismos：陶片追放(17)）を実行する場合や、市民権の承認やその他非常な事態において採用された[18]。また、穂積陳重は、「ギリシアの古代には、重罪裁判所、仲裁裁判所および一般裁判所の三種類の裁判所がある。これらはみな合議体であり、一つの裁判所に五〇〇人もの裁判官がおり、判決はすべて多数決で、あるときは手を挙げさせ、またあるときは黒白の豆をつぼの中に投げ入れさせて採決させた」と記している[19]。黒白の豆をつぼの中に投げ入れさせて採決させた場合は、秘密投票ということができる。

次に、ローマについて見ると、共和制ローマの時代には様々な集会ないしは会議において多数決が採用されていた。ローマの元老院でも多数決が採用された。投票方法は、普通は、座席の移動である。後者の場合、議長が「賛成する者はここに座りなさい。反対する者はあちらに座りなさい」とその手で指し示す。このように共和制ローマの時代には秘密投票はなかった[20]。ところが、ローマも共和制末期の時代に入ると、民会における投票の方法について、次のように、相次いで秘密投票の方法が採用された。キケロの『法律について』によると、紀元前一三九年のガビニア法は政務官の選挙について、同一三七年のカッシア法は謀反罪以外の犯罪審理の場合について、同一三一年のパピリア法は法律制定の場合について、さらに同一〇七年のコエリア法は謀反罪審理の場合について秘密投票を採用したという[21]。

以上のように見てくると、ギリシアについては、普通は挙手によって多数決がなされるものの、オストラキスモスのような一部の特別な場合や裁判の際には、秘密投票が採用されていた。これに対し、ローマを見ると、共和制末期より前には公開投票が採用されていたといえるが、共和制末期には、官職者の選挙や裁判の場合にも秘密投票が採用されていた。

3　イギリスの中世の多数決の歴史

ギリシアやローマの進んだ投票方法は、五、六世紀には消え、発声による方法（viva voce vote）が最も普通の方法になっていく。[22] そして、歴史家のウォルフソン（M. Wolfson）によれば、現在使われている投票方法の大部分は、一三世紀終わりの北イタリアの諸都市の活動の中で復活したという。[23]

イェリネックは、多数決主義は、ローマの影響を受けた教会を通じて、ヨーロッパ諸国において採用されるようになったという。[24] 一一七九年の第三回のラテラノ公会議において、アレキサンダー三世は、教皇の選挙について、「枢機卿の全会一致による選出ではなく、かつ一致した三分の二に三分の一が同調しないでも、三分の二をもって選出された者は、法皇とみなされる」との布告を出し、ここに教皇選挙における多数決の採用が法文化された。[25] 教皇選挙において多数決が採用された理由は、当時、司教や修道院長のような高位聖職者の選挙は、教皇なり首都の大司教のような上位者がこれを審査し、当選者を決定することができたことから、「一層大きなかつ一層健全な部の意見が重んじられることを要する」というように、「優秀決原理」が採用されていた。[26] ところが、教皇の選挙について優秀かどうかで決するとすれば、自分が優秀であるとして当選を主張する一派が両立して、とはいえ、司教等の選挙の場合のように上位者の裁定を受けることができないことから、二重選挙などの紛争が起こり、世俗の権力がその隙に付け込んで干渉してくる虞があったからである。[27]

これに対し、ゲルマン思想の影響を最も受けたイギリスにおいては、多数決の採用が遅れることになる。イェリネックは、その理由を、二人の意見が当然に一人の意見よりも大きな価値を有するということは『ゲルマン』部族の特色である強い個人的な感情と矛盾するものであり、もし一人の勇者が戦場において五人に打ち勝つとするならば、なぜ議論において必ず多数に従わなければならないという理論になるのであろうか、と説明している。[28]

イギリスにおいて、多数決が最初に言及されたのは、マグナカルタの中であった。それは、二五人のバロンから成る委員会に対し、国王と対抗する権限を与えるために、「もし二五人のバロンが会議に出席し何か事に不同意な場合、または、二五人が招集されたにもかかわらず出席を望まないかもしくは出席できないことによってそのうちの何人の出席しかなかった場合には、出席したものの多数は、あたかも二五人が出席し同意した場合のように決定を下し命令を出すことができる」という規定が置かれた。しかし、この規定は、再発行（reissues）されたすべてのマグナカルタからは削除されてしまった。[29]

イギリス議会の庶民院の議員の選挙を見ると、中世以降、庶民院を選挙する選挙区には、州選挙区と都市選挙区との二種類があった。州選出議員の数は、七四名、これに対し、都市選出議員の数はエドワード一世（イギリス王一二七二—一三〇七年）の時代には、二〇〇名から三〇〇名で一五世紀後半には二百数十名であった。[30] 議会は国王が召集する。州選挙区の場合、召集日の少なくとも四〇日前に召集令状が各州の長官に発せられ、王が臨席する重要な会合ではなく、州長官を中心とする通常の会合で州選出議員が選出された。この会合の出席者は五〇〇名から一〇〇〇名に上り、州の一人または数人の有力者が二人の適任者を推薦し、州長官がこれを候補者として指名し、出席者全員の同意を求め、同意が得られれば、その結果を州長官が中央に報告した。選挙は投票ではなく、州会全員の全般的な同意により行われた。これに対し、都市選挙区の場合、州長官から選挙の令状を受けた都市の町役人が自己の判断で二名を指名するなど州選挙区の場合より非民主的であった。中村英勝は、ロスケル（Rosekell）を引用して、「近代の自由にして民主的な秘密投票制による選挙とは全く事情を異にしていた」という。[31]

このように一三世紀および一四世紀の庶民院議員の選出は慣習によって行われ、成文法による規定はなかった。一五世紀になると選挙を規正する法律が制定されるようになる。一四二九年から一四三〇年に議会を通過した法律は、州における選挙が余りに多くの州民によって行われ、その大部分が小身者で、その際殺人・暴行が行われやすいので、以後、その州に住む年収四〇シリング以上の自由土地保有者のみによって選挙がなされるべきことを定めた(32)。バティ（Baty. T）は、「イギリスで多数決が比較的早くから採用されたのは、庶民院の選挙であった。それでも、イギリスの庶民院の選挙においても、長い間、全会一致が採用されており、この法律によって庶民院の選挙における多数決が導入された」という(33)。

イギリス議会の庶民院の決議を見ると、一五六二年から一五六六年にサー・トーマス・スミスが書いた最初の庶民院の議事手続の説明書の中には、多数決による法案の決議の方法が記載されており、公式に記録されている多数決による決議は、一五五三年から一五五四年のものである、とされる(34)。ハインバーグも、一六世紀後半までは庶民院の議決における多数決はしっかりと確立していなかったという(35)。

イギリスに対し、早くからローマ法が実施されていたラテン系の諸国においては、スペインを除いて、中世末期の一四世紀には議員の選挙や議会の議決に多数決が採用されていた(36)。イェリネックが指摘するように、ゲルマンの思想が残るイギリスにおいては、全会一致の伝統が強く、庶民院での多数決の採用が他のヨーロッパ諸国と較べて遅れたといえる。多数決の採用が遅れたイギリスの中世においては、秘密投票の理論や実践を見出すことはできない。

（7）　田村理は、投票方法の歴史的意味を論じる研究は日本ではほとんど見られず、利光三津夫＝森征一＝曽根泰教『満場一致と多数決──ものの決め方の歴史』（日経新書、一九八〇年）がほぼ唯一の文献であるという（田村理『投票方法と個人主義──フランス革命にみる「投票の秘密」の本質』（創文社、二〇〇六年）二二頁）。

（8） 憲法学者の長尾一紘は、昭和六一年の投票済投票用紙差押え事件は秘密選挙の原則が学説の関心の対象となった初めてのケースであると論じる中で、「現在における秘密選挙の理論レヴェルは、明治憲法時代のレヴェルとほとんど同一であるといっても過言でない」という（長尾一紘「秘密選挙の権利と原則」法学新報一〇五巻四＝五号（一九九九年）三頁）。

（9） 矢部貞治「多数決の社會的機能（二）」法学協会雑誌五二巻七号（一九三四年）一一九二頁。

（10） 前掲注（9）同頁。

（11） この問題を論じるにあたって、用語について整理する。「選挙」とは、国会議員他の公務員の資格を与えられる人を指名する行為であるといえる（憲法一五条三項など）。公職選挙法三五条に「選挙は、投票により行う」とあるように、「投票」は「選挙」の一つの方法である。したがって、「国会議員他の公務員の資格を与えられる人を指名することを誰に委ねるか」という普通選挙制の問題や、「国会議員他の公務員の資格を与えられる人を指名することの法的性質は何か」などの法的性質論の場合は、より一般的な意味で「選挙」ないしは「選挙権」という言葉を用いる。これに対し、「選挙」の方法的な側面の議論をする場合は、「投票」ないしは「投票権」という言葉を用いる。秘密投票の議論は選挙の方法的な側面の議論であるので、「投票」ないしは「投票権」の言葉を用いることが多くなる。

（12） イェリネック（美濃部達吉訳）「少数者の権利を論ず」『人権宣言論外三篇』（日本評論社、一九四六年）九一頁。なお、イェリネックの原論文は一八九五年に発表されている。

（13） Heinberg, J. G., (1926). History of the majority principle, p. 53, The American Political Science Review vol. XX No1.

（14） Id. at 55.

（15） Id. at 56.

（16） Id. at 55.

（17） オストラキスモスは、紀元前五〇八年のクレイステネスの改革によって民主政の基盤が確立されたときに導入されたものである。これは、独裁を狙う人物がいるとの告発があった場合、民会で陶片（オストラコン）にその者の名前を書いて投票し、名前を書かれた者の票数が六〇〇〇票を超えた場合には、そのうち第一位の者（ないしは六〇〇〇票以上の者すべて）を一〇年間国外に追放する制度である（木下康彦他編『詳説世界史研究』（山川出版社、一九九五年）三五頁）。

（18） Id. at 56.

（19） 穂積陳重「古代ギリシアの裁判所」『続法窓夜話』（岩波文庫、一九八〇年）一五三―一五四頁。

(20) Heinberg, supra note 13, at 56-57.
(21) キケロ（岡道男訳）「法律について」『キケロ——選集8哲学Ⅰ』（岩波書店、一九九九年）二九四—二九六頁。なお、船田享二『ローマ法第一巻』（岩波書店、一九四三年）一八一頁。もっとも、キケロ自身は、秘密投票については反対の立場であり、秘密投票の提案者を厳しく批判している（キケロ前掲書、二九四—二九六頁）。
(22) Heinberg, supra note 13, at 57.
(23) Wolfson, M., The ballot and other forms of voting in the Italian communues, The American Historical Review, Vol. 5, No. 1 (Oct. 1899), p. 1.
(24) イェリネック・前掲注（12）九三頁。
(25) 町田実秀『多数決原理の研究』（有斐閣、一九五八年）一三六頁。
(26) 町田・前掲注（25）一三七頁。
(27) 町田・前掲注（25）一三七—一三八頁。
(28) イェリネック・前掲注（12）九二頁。ゲルマン部族においては、集団における意思決定の際には、全会一致が採用されていた。タキトゥス著の『ゲルマーニア』第一一節会議（民会）では、ゲルマン諸部族の「民会」について次のように述べている。「ゲルマン諸部族では、小事については部族の長老たちが決定するが、大事については人民が決定する。大事については、あらかじめ長老たちの間で相談が行われ、人民は新月あるいは満月の時を期して集まる。王あるいは長老は、武装した人民の集会において、命令の力ではなく説得の権威をもって語りかけ、人民はこれに耳を傾ける。そして、人民は、王あるいは長老の提案に対し、反対の場合には、聴衆はざわめきの下にこれを一蹴し、賛成の場合には、フラメアという細く短い鉄の手槍を打ち合わせて賞賛した」（タキトゥス（泉井久之助訳）『ゲルマーニア〔改訳版〕』（岩波文庫、一九七九年）六五—六六頁）。なお、原著九七—九八頁。
(29) Heinberg, supra note 13, at 62-63.
(30) 中村英勝『イギリス議会史』（有斐閣、一九五九年）五七—五八頁。
(31) 中村・前掲注（30）五九—六一頁。
(32) 中村・前掲注（30）六一—六二頁。
(33) Baty, T., The history of majority rule, the Quarterly Review, p. 9 (1912).
(34) マッケンジー、K. R.（福田三郎監訳）『イギリス議会——その歴史的考察——』（敬文堂、一九九七年）四一頁。
(35) Heinberg, supra note 13, at 62.

（36）町田・前掲注（25）二三頁。

三　一七世紀イギリスのジョイント・ストック・カンパニーの総会における秘密投票

1　イギリスのジョイント・ストック・カンパニーの二つの源流

前章においては、ギリシアおよびローマに始まる多数決および秘密投票の歴史を辿って、イギリスの中世の多数決の採用の遅れ、および一六世紀後半のイギリス庶民院での多数決の確立について整理した。こうしてみると秘密投票の歴史およびこれを支える理論は、公人の選挙もしくは法案の採決または裁判の場面で問題とされたのであり、本稿が目指す株主総会における株主の投票とはほど遠いのではないかとの疑問が生じる。しかし、今日の株式会社の前身とされる一七世紀のイギリスのジョイント・ストック・カンパニーの総会（出資者総会）においてもメンバー（出資者）の秘密投票が議論となり、実践されていた。この点、イギリスのジョイント・ストック・カンパニーの源流に遡って検討する。

イギリスの経済史学者のウィリアム・ロバート・スコット（William Robert Scott）は、名著とされる『一七二〇年までのイングランド、スコットランドおよびアイルランドのジョイント・ストック・カンパニーの組織と財務』全三巻において、ジョイント・ストック・カンパニーの組織と財務について、膨大な史料に基づいた研究を発表した。[37]スコットは、その著の冒頭で、イギリスの初期のジョイント・ストック・カンパニーには、二つの発展の源流（two main lines of development）があるという。一つは、中世のパートナーシップ（mediaeval partnership）。もう一つは、法人の概念の発展（the growth of the idea of a corporation）である。[38]

このうち中世のパートナーシップは、ソキエタスやコンメンダのような契約関係を基礎としたものである。その意思決定は契約関係に従ってなされる。これに対し、法人概念の発展が見出されるイギリスのレギュレーティド・カンパニー（regulated company）やリヴァリー・カンパニー（livery company）においては、何らかの方法で団体における意思決定がなされる。したがって、イギリスのジョイント・ストック・カンパニーの秘密投票の歴史を論じるには、中世ギルドやレギュレーティド・カンパニーにおける意思決定のあり方の歴史を整理する必要がある。

2　マーチャント・ステイプラーズの総会における全会一致

レギュレーティド・カンパニーとは、マーチャント・ステイプラーズやマーチャント・アドベンチャラーズのように、カンパニーの各メンバーが貿易をするだけで、カンパニー自体はメンバーから資本を集めて貿易をすることはしないでこれを統制するためのカンパニーをいう[39]。スコットによれば、このレギュレーティド・カンパニーにおける法人格の発展は、後のジョイント・ストック・カンパニーへと繋がっていく。

マーチャント・ステイプラーズとは、羊毛、羊皮、皮、錫および鉛などのイギリスの主な第一次産品を独占的に輸出する商人たちをいう。マーチャント・ステイプラーズの特許状は、エドワード一世の時代（イギリス王一二七二―一三〇七年）のものが最も古く[40]、マーチャント・ステイプラーズは、国王から貿易のための特許状を受けた最初のイギリスの企業体（corporate body）とされている[41]。

ステイプルとは、第一次産品が輸出のために集積される町をいう[42]。マーチャント・ステイプラーズは、羊毛関税の収益の見込分を国王に前払いし、その後、国王の役人の力を借りて関税を徴収し、メンバー間で関税の収益部分を分配した[43]。マーチャント・ステイプラーズは、ステイプルの商人が作った、一つの同業組合（fraternity or fellowship）である。[44] リプソン（Lipson, E.）は、「市長を頂点とするマーチャント・ステイプラーズはステイプルの組織そのものと同じくらいの古い歴史があること（as old as the institution）、また、エドワード一世（イギリス王一二八四―一三二七年）の時代には、マーチャント・ステイプラーズが法人格を取得し、公的法人（a public corporation）として公的な強制力を有していたことから、ステイプルの実権を握ったのがマーチャント・ステイプラーズである」、という。[45]

ステイプルの一つであるウエストミンスター市における一三五八年の市長と検査官の選挙の際には、外国人の居住者も含めてすべての商人（all the merchants, as well as alien as denizen）が選挙のために一同に会した。そして、慣例に従って宴会の後、すべての商人の承認と同意をもって（with unanimous assent and consent）、アダム・フランシー（Adam Frauncеys）が翌年のステイプルの市長に、ジョン・リエル（John Ryel）とジョン・トルンゲルド（John Tornegeld）の二人が翌年のステイプルの検査官に選出されたという。[46] 全会一致である。

リプソンが述べるように、ステイプルの実権を握ったのがマーチャント・ステイプラーズであるならば、マーチャント・ステイプラーズにおいても、ウエストミンスター市における一三五八年の市長と検査官の選挙のように、少なくともそのころの役員の選出は、全会一致によってなされていたと考えることができる。この結論は、イギリスの庶民院の選挙においても長い間全会一致が採用されており、一四三〇年の法律によって庶民院の選挙における多数決が導入されたことと矛盾しない。

3　一六世紀のリヴァリー・カンパニーの総会における全会一致と多数決

エドワード三世（イギリス王一三二七―一三七七年）の時代は、すばらしい技術と商業の幕開けの時代であり、この時代に従来の取引組織（trading fraternities）がまったく新しく生まれ変わってリヴァリー・カンパニーとなっ[47]

た。ハーバート（Herbert, William.）は、「この時代の最も重要な変革は、ギルドがお金を支払ってその活動を容認されるに過ぎなかった存在から、初めて特許を一般的に獲得して特許状による特権（privileges confirmed by letters patent）を持つに至ったことである」という。(48)

一五世紀のロンドンには、数にして約七〇に達するリヴァリー・カンパニーがあった。(49) しかし、ロンドンを支配したのは一二の大リヴァリー・カンパニーであり、その中で、最も影響力を持ったのが、絹物商（Mercers' Company）である。絹物商は、一三九三年に、リチャード二世（イギリス王一三七七―一三九九年）から特許状を受けた。その名称は、the Wardens and Company of the Mystery of the Mercers of the City of London であり、一年間に二〇ポンドまでの土地を保有する権利を取得した。(50) このリチャード二世の特許状は、部分的な法人格の賦与であって、広く一般的に、土地を取得したり保持することもできなければ、訴えを提起したりされたり、また印章を持つことができるわけではなかった。しかし、絹物商は、その後も国王からの特許状を獲得して、一〇番目の特許状にあたるジェームズ二世の特許状に至るまで、特権の枠を広げていった。(51)

リヴァリー・カンパニーの役員の選出の場景について、ハーバートは、次のように説明する。「リヴァリーという衣装を獲得したメンバーは、食事会に備えて行儀よく髪を切りそろえるなどして、新しい服を着込んで公会堂に現れる。メンバーは、祭りの際の寛容さの前には少しも息抜きできず、宗教的儀式に出席しなければならない。そして、教会に進む。その後に執り行われる選挙の手続について、古い時代との違いが分かるような史料はない。しかし、後の時代の選挙より簡単なものであったのは間違いない。また、カンパニーの新しいメンバーの活力の影響をおそらく受けて、かつ司祭や役人に主導されたものであった」。そして、一三四六年の食料品雑貨商カンパニー（Grocers' Company）の選挙については、単に「すべての兄弟たちの一般の同意によって（com' on assente, yat everie man of the brotherh)」承認された、としかされていない[52]。また、一四二六年の魚商カンパニー(Fishmongers' Company)の規約には、選挙について「毎年、聖ピーター(St. Peter)祭にて」と規定されているのみである[53]。

時代を下ってみると、ロンドンの金細工師カンパニー(Goldsmiths' Company)においては、若手会員がリヴァリーの支配に異議の申立てをした一五二九年当時、平会員団の権利をすべて否定した上で、リヴァリーの多数の同意によって(the assent of the majority of the livery)幹事を選任していた[54]。また、指物師カンパニー(Joiners' Company)においては、一五七〇年の特許状において、一二名の理事、会長そして幹事は、平会員団の多数決によって(by the majority of the commonalty)選出されると規定されていた[55]。両者は、役員の選任の際にリヴァリー以外の平会員団をも含めるかという点で異なるが、いずれも多数決で決している。

以上のところからすると、一三四六年の食料品雑貨商カンパニーの選挙についての「すべての兄弟たちの一般の同意によって」の部分は注目される。それは、メンバーの全会一致を意味するものといえよう。はるかに下って、一五二九年の金細工師カンパニーや一五七〇年の指物師カンパニーにおいて、リヴァリーのみ、ないしは平会員を含むメンバーの多数決によって役員の選任がなされていた。このほぼ中間に位置する、一四二六年の魚商カンパニーの選挙の際の意思決定の方法については明確でない。改選時期および選挙の場所しか定めないという簡単な魚商カンパニーの規約からすると、選挙の方法も簡明なものであったと考えられる。メンバーの多数決という技術的なものというよりは、全会一致によっていたと考えられるのではないか。とすると、イギリスのリヴァリー・カンパニーにおいて多数決が採用されたのは、固いところでは一六世紀ということができる。

4　マーチャント・アドベンチャラーズの総会における多数決と秘密投票

マーチャント・アドベンチャラーズは、もともとは主にオランダと貿易をしていた。その主な市場は、最初はブリュージュ（Bruges）にあったが、一五世紀の初めにアントワープ（Antwerp）に移った。マーチャント・ステイプラーズが第一次産品の輸出を独占したのに対し、マーチャント・アドベンチャラーズは、加工品、とくに毛織物の輸出を独占した。この加工品は、マーチャント・ステイプラーズが扱う第一次産品の輸出と同様、国家的に重要な商品であった。しかし、マーチャント・ステイプラーズがイギリス政府の管理機関（administrative organ of the British government）であり、マーチャント・ステイプラーズに関するものはすべてイギリス王室の所管事項とされたのに対し、マーチャント・アドベンチャラーズは、純粋な私的カンパニー（a strictly private company）であった。(56)

初期のマーチャント・アドベンチャラーズの歴史についてはあいまいな点が多い。イングランドにおいて毛織物業が盛んとなるエドワード三世（イギリス王一三二七—一三七七年）の時代より前には、マーチャント・アドベンチャラーズの史料をほとんど見出すことはできない。一四〇七年に、国王から初めて、正式名称 the Fellowship of the Merchants of Adventurers of England において、特許状を受けて法人格を取得し、ヘンリー七世（イギリス王一四八五—一五〇九年）の時代に大きく発展した。(57) マーチャント・アドベンチャラーズの社会的な実在の本質的な部分（the soul of this society）は、そしてその起源となる中核的部分（original nucleus）は、ロンドンの絹物商である。(58) したがって、マーチャント・アドベンチャラーズのメンバーによる意思決定の方法は、絹物商と同様に考えてよいであろう。

この絹物商はリヴァリー・カンパニーの一つであるから、マーチャント・アドベンチャラーズの意思決定の方法については、すでに述べたリヴァリー・カンパニーと同じように考えることができる。とすると、一五二九年の金細工師カンパニーや一五七〇年の指物師カンパニーの例のように、少なくとも一六世紀には多数決が採用されていたといえよう。この点、カニンガムも、エリザベス女王(イギリス王一五五八―一六〇三年)の特許状によれば、マーチャント・アドベンチャラーズの商人たちは、総裁、副総裁および理事を多数決で選任しており、これと同じ方法による選任は、エリザベス女王より前の国王の時代にも普及していた、という[59]。

そして、スコットは、一五六三年のニューカッスルのマーチャント・アドベンチャラーズの秘密投票についての規約が興味深いという。そこでは、投票による方法(by ballot)を採用すれば、メンバーはその良心に従って決することができ、党派的な影響は受けないし、不愉快を受けないで済むという趣旨の告知がなされていたという[60]。また、一七世紀半ばのマーチャント・アドベンチャラーズでは、総会における総裁の選任の際に秘密投票が採用されていた。すなわち、国王のチャールズ一世は、一六三七年、エドワード・ミセルデン(Edward Misselden)をロッテルダムのマーチャント・アドベンチャラーズの副総裁に選任しようとした。マーチャント・アドベンチャラーズのメンバーは、投票の方法を採用して、国王の推薦の受け入れを拒絶した。国王は、今後、事業を遂行するに当たり投票箱(balloting box)を用いてはならないと命じた[61]。

5　一七世紀のイギリスのジョイント・ストック・カンパニーにおける秘密投票

以上のように、マーチャント・アドベンチャラーズの総会においては、少なくとも一六世紀には多数決が採用されており、秘密投票も実践されていたといえる。そして、マーチャント・アドベンチャラーズ等のレギュレーティド・カンパニーを一つの源流とするジョイント・ストック・カンパニーにおいても、その歴史の当初から多数決が実践されていた。

すなわち、一六〇〇年にエリザベス女王がイギリス東インド会社に与えた特許状には、「東インド会社のメンバーおよびその承継者は、全会一致もしくは多数決によって毎年七月一日ないしはその日から六日以内に、総裁もしくは彼がいなければ副総裁によって指定された便利な場所において総会を開催し、総裁および二四名の理事を選任する」と規定されていた(62)。そして、このイギリス東インド会社等のジョイント・ストック・カンパニーの多数決の中に、次に述べるように、早くも秘密投票の理論と実践を見出すことができる。

ヴァージニア・ソマーズ・アイランド・カンパニーでは、当時、サンディス（Sir Edwin Sandys）が監査人としてスミス（Sir Thomas Smythe）に対して圧力を加えていた(63)。スミスは、ジェームズ一世（イギリス王一六〇三—一六二五年）や指導的な商人の支持を得ており、また、リヴァリー・カンパニーが持つ巨大な出資分も代表していた。これらの理由から、スミスは、投票が出資分に応じてではなく個人においてなされていても、また、委任についての規定がなくても、大きな力を持っていた(64)。そこで、サンディスは、巧妙な仕掛けによって（by ingenious device）、選挙におけるスミスの見通しを挫こうとした。サンディスは、ヴァージニア・カンパニーの準備総会において、幾人かの出資者はスミスに従属していることから（owing to their dependences upon Smythe）、挙手による投票では自分たちの真の意見に従って投票することができない、したがって、来るべき選挙では投票による方法を採用すべきであると述べた(65)。これらの準備は、一六一九年四月二八日に開催されたヴァージニア・カンパニーの四半期総会において成果が現れた。スミスは再選を狙うことを辞退し、一方、サンディスとスミス支援者であるスミスの二人の義理の息子が推薦された。投票の結果、サンディスの支持が五九票、スミス側の二人の支持は合計で四一票であった(66)。

サンディスは、東インド会社でもスミスに対し同じ戦いを仕掛けた。一六一九年六月の東インド会社の総会では、サンディスは、投票箱による投票を提案している[67]。この提案はほとんど全会一致で否決され、スミスは総裁に再選され、サンディスは理事になるに過ぎなかった。また、スコットによれば、一六二九年以降のイギリス東インド会社では、総会において投票による決議の方法が採用されるに至ったとする[68]。その根拠として、スコットは、一六三〇年七月二日、一六三五年二月六日および同年七月三日の三つの総会を取り上げている[69]。

このうち、スコットが二つ目に取り上げる、一六三五年二月六日の四半期総会においては、幾人かの高貴な人もしくは投資家から、総裁や副総裁等の選任の際には投票箱による投票を採用することが提案され、総会において承認されたと記載されている[70]。

また、スコットが三つ目に取り上げる、一六三五年七月三日の役員選任総会においては、モリス・アボット(Morris Abbott)他三名の役員候補の中で、一人の総裁を選任するのに際して議論がなされた後に、総裁の選任は投票箱ではなく、挙手にてなされるべきであるとの結論が出されている[71]。この場合、投票箱による採決の方法は総会において採用されなかったものの、総会において、総裁の選任の方法が議論され、投票箱ではなく挙手にてなされるべきであるとの結論が出されているということから、投票箱による決議の方法が選択肢としてあったことを意味している。

これに対し、大塚久雄は、一六二九年以降のイギリス東インド会社の総会において、投票による決議方法が採用されたというのは明白な誤りであるという[72]。その理由として、第一に、一六三五年二月六日に、総裁や副総裁等の選任の際には投票箱による投票を採用することが決まったとされているが、それは実効性を持たなかったというのはその部分の直後の記述[73]からも明白であると指摘し、第二に、同年七月三日の役員選任総会では、討論の後に総裁の選任について挙手の方法が採用され、しかも、一九三六年七月一日の役員選任総会では、副総裁につ

いて、挙手によって選任された事実を指摘する。(74)

しかし、スコットは、「一六二九年当時、投票による決議は、鉱山会社のマイン・ロイヤル社（Mines Royal）やミネラル＆バッテリーワーク社（Mineral and Battery Works）のような出資に応じた投票をしている（votes were proportionate to the shares owned）会社以外のジョイント・ストック・カンパニーでは珍しかった。しかし、レギュレーティド・カンパニーにおいては流行していた」と述べている。(75)すでに見たように、一五六三年のニューカッスルのマーチャント・アドベンチャラーズや一六三七年のロッテルダムのマーチャント・アドベンチャラーズでは秘密投票が実践されていた。したがって、スコットの説を採用すべきである。

以上のように、一七世紀のイギリスのジョイント・ストック・カンパニーの総会においては、投票の方法による秘密投票が採用されていたといえる。

（37） Scott, William Robert. (1912). The constitution and Finance of English, Scottish and Irish Joint-Stock Companies to 1720 (Vols. I), Cambridge University Press（Reprinted : 1968, London: Gloucester, Mass Peter Smith.）. このスコットの叙述は一七二〇年の泡沫会社法の制定までであり、ジョイント・ストック・カンパニーと現代の株式会社との連関については、とくに説明されていない。野村兼太郎も、スコットの全三巻について、「現代の株式会社との連関はなされていない」と説明している（野村兼太郎『英国資本主義の成立過程』（有斐閣、一九三七年）九頁）。そのこともあって、両者の関係については、イギリスのジョイント・ストック・カンパニーが、現代的な意味での株式会社といえるかどうかという点にも関連して、大塚久雄の一九三八年に発表された『株式会社発生史論』の議論がある（大塚久雄「株式会社発生史論」『大塚久雄著作集第一巻』（岩波書店、一九六九年）七二頁。なお、原著は『株式會社発生史論』（有斐閣、一九三八年））。しかし、大塚久雄は、イギリスの初期のジョイント・ストック・カンパニーを株式会社とみなすことに反対しているものの（大塚・前掲書七二頁）、イギリスのジョイント・ストック・カンパニーを「先駆会社形態」と呼んでおり（大塚・前掲書四四一頁）、イギリスの株式会社の前身であることについて争いはない。

（38） Scott, supra note 37, at 1-2.

(39) Postan, M. M.（1972）. The Medieval Economy & Society. p. 249 : Pelican Books Ltd, Harmondsworth, Middlesex, England（Reprinted : 1978）. なお、ポスタン、M. M.（保坂英一・佐藤伊久男訳）『中世の経済と社会』（未来社、一九八三年）は、その邦訳であり、該当部分（二四九頁）をあわせて参照した。

(40) Gross, Charles.（1890）The Gild Merchant（vol. I）. p. 140. Oxford: Clarendon Press.

(41) Cawston, G.（1896）. The Early Chartered Companies A. D. 1296-1858. pp. 15-16.Edward Arnold（Reprinted: NJ: The Lawbook Exchange Ltd. 2002）.

(42) Gross, supra note 40, at 140.

(43) Postan, supra note 39, at 247.

(44) Gross, supra note 40, at 145.

(45) Lipson, E.（1949）. The Economic History of England（Vols. 1）（10th ed.）. p. 565. London: Adam & Charles Black.

(46) Bland, A. E., Brown, P. A. Tawney, R. H. Eds.（1914）. English Economic History select Documents. p. 184.: London, G. Bell and sons, Ltd.

(47) 本来、リヴァリー（livery）とは「制服」を意味する言葉である。しかし、階級の分化の進行によってメンバー間の平等と同質性が著しく損なわれて、特権的な上層部分が生まれた。彼らは下層とは違った特別の制服を着用するようになり、この制服をリヴァリーと呼ぶようになった。そして、このような階級の分化の進んだギルドをリヴァリー・カンパニーと呼ぶようになった（アンウィン、G.（樋口徹訳）『ギルドの解体過程』（岩波書店、一九八〇年）原語＝訳語索引二六頁）。

(48) Herbert, William.（1834）. The History of the Twelve Great Livery Company of London（vol. I）. p. 28. London: By the Author. もっとも、統合体は、もともと特許状を得ないでも永続性を持つと考えられており（Aggregate bodies were deem to have perpetual succession without being incorporated）、国王がギルド・マーチャントを承認したように、商人の会議（a mercantile assembly or meeting）を承認すれば、団体の成立ないしは法人格の承認として充分であるといわれていた（Id. at 28）。また、このエドワード三世による法人格の賦与は、印章もなければ、土地を取得し売買する自由もなく、訴え出ることもできなければ訴えられることもできず、現在の完全な法人格に認められる様々な自由を伴うものではない（Id. at 28）。したがって、一方で、エドワード三世の特許状による特権は、従来からの統合体に認められたことを確認するに留まり、他方で、現在の完全な法人格と比較すると部分的なものに過ぎないともいえる。しかし、リヴァリー・カンパニーが、特許状によって、その存在を公認された意味は大きい。

(49) Unwin, George.（1957）. Sec. ed.）. Industrial Organization in the Sixteenth and Seventeenth Centuries p. 41. London: Frank

Cass, and Co. Ltd.（1st ed. was printed 1904）. なお、アンウィン、G.（樋口徹訳）『ギルドの解体過程』（岩波書店、一九八〇年）はその翻訳である。

（50）Herbert, supra note 48, at 225. 絹物商は、一人のプライム（prime）と三人の幹事（warden）、四〇人の理事（assistant）、そして二三一人のリヴァリー・メン（liverymen）によって統治され、毎年三〇〇〇ポンド以上の慈善活動を行っていた（Id. at 225）。絹物商は、メンバーの数が大変多く、かつ、そのメンバーは金持ちであった（Id. at 226）。絹物商は、もともと絹の小売りをしていた。しかし、今では衣装に関わるすべての物および調味料や薬などすべての商品を扱う総合小売商（a general country shopkeeper）となった（Id. at 230）。そして、ヘンリー六世（イギリス王一四二二―一四六一年、一四七〇―一四七一年）の時代には、絹物商は、マーチャント・アドベンチャラーズによる貿易の系列を取り込んで、貿易商と小売商とで一つとなった（Id. at 234）。

（51）Id. at 226-227.

（52）Id. at 67.

（53）Id. at 68.

（54）Unwin, supra note 49, at 43. アンウィン、G.（樋口徹訳）・前掲注（47）五八―五九頁。

（55）Unwin, George.（1963）. The Gild and Companies of London,（4th ed.）. p. 220. London: Frank Cass, and Co. Ltd.（Reprinted: 1966）.

（56）Gross, supra note 40, at 148.

（57）Id. at 149.

（58）マーチャント・アドベンチャラーズとロンドンの絹物商の二つのカンパニーの議事録は、一五二六年までは一冊の本として綴られた。また、一六六六年の火災で消失するまでの間、マーチャント・アドベンチャラーズはロンドンの絹物商の公会堂を本拠地としていた（Gross, supra note 40, at 149）。

（59）Cunningham, W. D. D.（1907）. The Growth of English Industry and Commerce In Modern Times. p. 225. Cambridge at the University Press.

（60）Scott, supra note 37, at 12.

（61）Scott, supra note 37, at 228.

（62）Birdwood, George（Ed.）.（1893）. The First letter Book of the East India Company 1600-1619. pp. 168-171. London: Piccadilly.

（63）Scott, William Robert.（1912）. The constitution and Finance of English, Scottish and Irish Joint-Stock Companies to 1720（Vols.

II）p. 267, Cambridge University Press（Reprinted : 1968, London: Gloucester, Mass Peter Smith.）
（64） Id. at 268.
（65） Scott, supra note 63, at 268-269. この投票による方法には記名投票もありうる。しかし、サンディスがスミスへの従属を問題視し主張したことからすると、ここで議論になる「投票」は秘密投票であることに間違いないであろう。
（66） Id. at 269.
（67） Id. at 106.
（68） Scott, supra note 37, at 228.
（69） なお、スコットが指摘する一六三〇年七月二日の総会の議事録については、筆者は確認ができていない。
（70） Sainsbury, E. B.(1907). A Calendar of the Court Minutes etc. of East India Company, 1635-1679(Vols. I). p. 15. London: Oxford at the Clarendon Press. 他に、毎年四半期ごとに総会を開催すること、会社の貸借対照表を毎年総会に提出することも提案され、総会において承認されたと記載されている（Id. at 15)。
（71） Id. at 72.
（72） 大塚・前掲注（37）四八二頁。
（73） 毎年四回は総会を開催すること、総裁他の選出の際には投票箱を用いること、毎年会社のバランスシートを提出することが提案され、決議されたとある。しかし、その直後に、「この決議は、理事会や他の総会の権限を制約するものではない」と記載されている（Sainsbury, supra note 70, at 15)。
（74） Sainsbury, supra note 70, at 184. 大塚・前掲注（37）四八三頁。
（75） Scott, supra note 37, at 228.

四　秘密投票の理論と公開投票の理論

1　ハリントン（一七世紀）の秘密投票の理論

一七世紀に入ったイギリスでは、ピュウリタン革命の最中、政治思想家のハリントン（Harrington, James）が、一六五六年『オシアナ』（The Commonwealth of Oceana）を出版し、ホッブスのリヴァイアサンと共に、当時のイギリス人の間で注目を浴びた。

ハリントンは、この中で、マキャベリに従って、統治形態（government）には、一人の人による統治（王政）、上層階級による統治（貴族政）、および国民全体による統治（民主政）の三種類がある。[76] その上で、「もしも暴力がこれらのいずれの政体の場合にも介在するならば、土台に見合った政体を構成するか、政体に見合った土台を構成しなければならない」という。その前提で、「一人の人が全領土もしくは四分の三の土地を所有し、国民の所有する土地を上回っているときは王政がよい。少数者もしくは貴族、あるいは貴族階級と聖職者たちが、全領土もしくは四分の三の土地を所有するのであれば、貴族政がよい。そして、全国民が土地所有者であり、彼らが細分した土地を所有していて、少数者ないしは貴族階級に属する者が単独ないしは共同で、国民が所有する土地との均衡を失しない範囲で土地を所有するときは、その国は共和国（a commonwealth）である」と論じた。[77]

ハリントンは、さらに、この『オシアナ』の中で、平等なコモンウェルス（共和国）を作るためには、平等な農地法の上に、審議・提議を行う審議院、議決する民会、民衆の投票札による投票での平等な官職輪番制に従って執行する行政部から成る政体を持っていると論じ、民衆の行う選挙について、投票札による秘密投票を提案している。すなわち、ハリントンは、「民衆による選挙は、それが自分自身も（賄賂をもらえば自由を失う）、また他人も拘束しない場合にはより自由である。そうでない場合には、敵に対する恐怖や友人への遠慮によって、人間の自由が妨げられる。キケロは次のようにいう。タブレット（tablet）もしくはバロット（ballot）によるローマの選挙（タブレットないしは小さな木片に賛否を記して密かにつぼの中に投票する方法）は、自分の確信を損ねることなく自分の判断の自由を増大させるものであることから、民衆に歓迎されるものであった」と説明し、このような投票札による秘密投票が、平等なコモンウェルスには必要であると述べた[78]。

ハリントンは、当時のイギリスではすでに全国民が土地所有者となって細分化された土地を所有しており、それは共和国であるとした上で、共和国における国民の投票の自由を確保するために秘密投票が必要であると論じている。イギリスでも、庶民院において多数決原理が確立する一六世紀後半以降、秘密投票の理論が生まれたといえる。

2 モンテスキュー（一八世紀）の公開投票の理論とフランス一七九五年憲法における秘密投票の採用

フランスにおいて、秘密投票について反対した思想家として著名なのは、モンテスキューである[79]。モンテスキューは、一七四八年に発行した『法の精神』（DU L' SPRIT DES LOIS）において、次のように述べている。

「貴族政において貴族団体が投票する場合、あるいは民主政において元老院が投票する場合には、問題となるのはただ徒党を組んで争うことを防止することでしかないから、投票はいくら秘密にしても秘密にしすぎることはないであろう」。これに対して、「いうまでもなく、人民が投票する場合は、その投票は公開でなければならず、これは民主政の基本的な法律とみなされるべきである。下層民は主だった人たちに開明され、また幾人かのしかるべき人物たちの謹厳な態度によって抑制されなければならない。こうしてローマ共和政では、投票を秘密にしたことによってすべてが破壊されたのである」「共和国の不幸は徒党を組んで争うことがもはやなくなるときであり、これは人民が買収されたときに生じる。人民は平静になり、金銭に愛着を感ずるが、もはや公務には愛着を感じない[80]」。

モンテスキューは、人民が金銭で動かされることを懸念して公開投票を提唱していたと考えられる。

モンテスキューはこのように公開投票を支持した。フランスでは、実際に、一七八九年の大革命の時には、選挙は集会における公開投票、とくに発声投票が「自由人に相応しい投票方法」とされていた。しかし、ジャコバン憲法と呼ばれる一七九三年憲法では「選挙は各投票者の選択に基づき、筆記投票もしくは発声投票で行われる」（同法一六条）と定められ、また「第一次集会は、いかなる場合においても、投票の画一的方法を定めることができない」（同法一七条）とされていた。[81][82] この条項の制定過程を見ると、「選挙は記名投票で行われる。開票人は記名できない市民の投票用紙を記入する」という筆記による記名投票の提案に対し、議論は大きく分かれた。秘密投票を主張する者は、農村住民や被雇用者への支配の問題性を指摘して、記名投票や発声投票といった公開投票を批判し、これに対し、記名投票や発声投票といった公開投票を主張する者は、真の共和主義者は意見の表明を恐れはしないなどと反論した結果、上記のような投票方法については選択制となった。[83]

ところが、テルミドール九日のクーデター後の一七九五年憲法では、「すべての選挙は秘密投票で行われる」と定めた。フランス憲法史上はじめて秘密投票が明文の憲法原則となった。[84] 憲法草案の提出者は、秘密投票を採用した理由について、選挙の際に発声投票で選挙がなされれば自由は全幅のものでなくなってしまう、多くの悪しき選択を導き出したのは抑圧者によって発明された発声投票という破壊的実践であり、発声投票では最初に見解を表明した人が本質的に選択のイニシアティブを持ち、その人物に続いて投票する弱き人々に対する影響は計り知れない、などと説明している。[85]

モンテスキューは、人民が金銭で動かされることを懸念し、公開投票の理論を主張した。実際に、大革命当初は、共和主義の論理と結び付けられて、発声投票という形での公開投票がなされていた。ところが、実際には農村住民や被雇用者への支配の問題性が指摘されるなど、公開投票では自由に投票できない弱い人間がいるという現実を踏まえ、秘密投票が採用されたといえる。

3　イギリスの選挙法改正の歴史とジョン・スチュアート・ミル（一九世紀）公開投票の理論

イギリスにおいては、選挙法改正の最中、ジョン・スチュアート・ミル（John Stuart Mill）が公開投票の理論を展開した。

イギリスの議会の選挙法は一五世紀半ば以降全面的改正を受けたことはなく、一六八八年の名誉革命以後も一九世紀に入るまでそのまま維持されていた。ところが、一八世紀後半から、イギリスは他国に先駆けて産業革命が始まり、いわゆる「囲い込み」によって農村から都市に労働者が流入し、他方、新興工業都市を中心に産業資本家層が著しく成長した。それに伴って、都市部において庶民院議員を選出したいという欲求が高まり、一八三二年、腐敗選挙区の廃止、および選挙人資格の緩和などを内容とする選挙法改正が実現した(86)。この選挙法改正により、腐敗選挙区の弊害は是正された。しかし、選挙人資格の緩和は不十分であったし、また、当時の選挙は、投票所において選挙人により口頭で行われていた(87)。それゆえ、現金や利益誘導による選挙人の買収、選挙の際の地主や雇主や債権者による脅迫はあとを絶たなかった。そこで、労働者階級はこの選挙法改正を不満として、成年男子普通選挙権および秘密投票など六か条の要求を「人民憲章」（People's Charter）として掲げて、チャーチスト運動を展開したものの、いずれも長い間実現されなかった。しかし、一八六八年の選挙について議会の委員会が調査したところ、公開投票の弊害が明らかになった。その結果、一八七二年に秘密投票法が制定され、ここにようやく秘密投票が実現した(88)。

このような選挙法改正の最中、ミルは、一八六一年に発行した『代議制統治論』（Consideration on Representative Government）において、秘密投票の考え方（the spirit of vote by ballot）によれば、投票する者は個別的な使用および便益（particular use and benefit）のために選挙権を行使するのであって、公共のための信託（a trust for the public）

としてではないことになる。しかし、権利はいかなる場合も他の人々を支配することができないものをいうのであるから、他人を支配する投票権は、権利ではなく公共のための信託といわざるをえない。[89] したがって、投票は、陪審員の裁決と同じく、自分の個人的な願望と関わりなく最善で最も良心的な見解に従ってなされるべきであり、公共が各人の投票に対する権利を持っているがゆえに、公共はその票の内容を知る権利がある。[90]

もっとも、ミルは、秘密投票が正当な場合はあるし、絶対に必要な場合もあることは否定できないという。[91] しかし、ミルは、今から三〇年前のイギリスでも庶民院議員の選挙において警戒されるべき主要な害悪は地主・雇用者および顧客による強制であった。しかし、現在では、もっと大きな害悪の源泉は、投票者自身の利己心または利己的な党派心であり、秘密投票を是認する状況にない、と論じた。[92]

ミルの公開投票の理論は、他人を支配する選挙権は権利ではなく公共のための信託であるというところから、選挙権の持つ公共的な側面に着目するものである。実質的にも、地主・雇用者および顧客による投票の強制の危険性よりも、投票者自身の利己心または利己的な党派心による投票の危険性の方が問題であるとの認識がある。

4　秘密投票の普及とカール・シュミット（二〇世紀）の公開投票の理論

フランスでは一七九五年憲法に採用され、イギリスでは一八七二年に秘密投票法の制定によって採用された秘密投票は、二〇世紀に入るころまでには、政治における投票において広く受け入れられることとなった。

日本について見ると、[93] 明治憲法には秘密投票についての定めはない。衆議院議員選挙法が一八八九年に制定されたが、[94] 当初は、選挙人は投票用紙に住所と氏名を記載しこれに押印することとなっていた。しかし、一九〇〇年の改正によって秘密投票が導入された。[95]

これに対し、日本国憲法一五条四項は、「すべて選挙における投票の秘密は、これを侵してはならない」と規定している。宮澤俊義は、秘密投票の意味を「社会経済上の弱者は、少しも畏怖顧慮しないで全然自由の意思により投票することができない者が少なくない。そこで、これらの弱者をして社会経済上の不当な勢力の支配から免れしめ、できるだけ自由に投票せしめんがために秘密主義が必要とされる。それゆえ、秘密主義は不当な勢力によって支配される虞のある『弱者』の存在を前提とする。かかる『弱者』が存在せず、すべての選挙人がいかなる勢力にも支配されないところの選挙人団においては、秘密主義はその存在理由を欠く」と説明する。[96] そして、秘密投票は今日の諸国の「選挙法の公理」といわれ、[97] 世界に広がった。[98]

もっとも、二〇世紀においては、カール・シュミット（Carl Schmitt）が、一九二〇年代から一九三〇年代のワイマール共和国の崩壊過程において、秘密投票、ひいてはその前提となる議会主義をも否定したことが注目される。シュミットは『現代議会主義の精神史的地位』（第二版、一九二六年）の「まえがき」において、次のように論じた。

秘密投票の考え方は、「すべての個々の市民が、胸奥深く保たれた秘密と十分隔離された状態において、つまり私的なるものと弁明を負う必要のない事柄との領域から踏み出すことなく、……『衝立て』によって他人から『観察されることなく』投票を行い、そして個々の投票が記録され算術的多数が計算されるというような方法においてのみ人民がその意志を発表することができる」というものであって、一九世紀における自由主義的諸原則との混同の結果発生した非民主主義的な観念である。人民とは公法上の概念であり、公共性の領域においてのみ存在するという基礎的な真理が忘れ去られている。「一億の私的な人々の一致した意見といえども、それは人民の意志でも世論でもない。人民の意志は半世紀以来極めて綿密に作り上げられた秘密投票の計算組織によってよりも、喝采（acclamatio）によって、すなわち反論の余地を許さない自明なものによる方が、むしろいっそう民主主義的に表現され得るのである」[99]。

シュミットの公開投票の理論は、人民とは公法上の概念であり、公共性の領域においてのみ存在するという基礎的な真理が忘れ去られているとあるように、投票の持つ公共の意味を論じている点に特徴がある。

(76) Harrington, James. (1771). Works the Oceana and others works with an account of his life by Jhon Toland. p. 36. sec. reprint of the edition London, (Reprinted: 1980, Germany: Scientia Verlag Aalen). なお、ハリントン（田中浩訳）「オシアナ」『世界大思想全集第二期第二巻』（河出書房新社、一九六二年）二三四頁をあわせて参照した。
(77) Id. at 37. ハリントン・前掲注（76）二三六頁参照。
(78) Id. at 51. ハリントン・前掲注（76）二五七―二五八頁参照。
(79) 芦部信善『憲法と議会制』（東京大学出版会、一九七一年）二八九頁。
(80) モンテスキュー（野田良之他訳）『法の精神　上』（岩波文庫、一九八九年）五七―五八頁。
(81) 第一次集会とは、フランス革命期に、職業や同業組合単位の選挙集会を否認し、従来の聖堂区や村落共同体から個人を解放するために新たに設けられたカントン（canton）単位の集会をいう（田村・前掲注（7）一一頁）。当時の選挙が集会でなされていた点については、前掲注（7）九二―九七頁参照。
(82) 前掲注（7）三四頁。
(83) 前掲注（7）一四三―一四八頁。
(84) 前掲注（7）一五六頁。
(85) 前掲注（7）一五九頁。
(86) 樋口陽一『比較憲法〔全訂第三版〕』（青林書院、一九九二年）一二四―一二五頁。
(87) 一八三二年の選挙法改正の意図について、ときのホイッグ党内閣首相グレー伯は、議会で「私の目的は、毎年選出一年任期議会・普通選挙権・無記名投票などのごとき希望やもくろみに加担することではなく、それらに終止符を打つことである」「私の改正の原則は革命の必然性を未然に阻止することである」と言明している（松浦高嶺『イギリス現代史』五九頁（山川出版社、一九九二年））。
(88) 中村・前掲注（30）一五四―一五五頁。

(89) ミル、J.S.(水田洋訳)『代議制統治論』(岩波文庫、一九九七年)二五五―二五七頁。ミルは、「投票権が権利であるならば、それが投票者自身のためにかれに属するならば、それを売ること、あるいは起源をとるのが自分の利益になるような人に売り込むのにそれを利用することを、われわれはいかなる根拠で非難することができるだろうか」と根拠づける(ミル・前掲書二五七頁)。

(90) ミル・前掲注(89)二五七頁。

(91) その例として、ミルは、ローマ共和国の衰退期においては、寡頭制支配層はますます富裕かつ専制的になり、国民は貧しくかつ依存的になっていたので、支配層から国民を護る障壁として、秘密投票が必要であったことは反論の余地はなく、アテネの共和国においても、ある一団の諸個人の無法な乱暴によって買収や脅迫がなされていたので、秘密投票は秩序を保つ貴重な手段として是認された、という(ミル・前掲注(89)二六一頁)。

(92) ミル・前掲注(89)二六二―二七二頁。

(93) 日本においては、衆議尊重の精神から、中世の寺院社会において、多数決原理が採用されていた(清田義英『日本法史における多数決原理』(敬文堂、一九八一年)三頁)。その源流を求めると、中世仏寺の行政的な自治組織すなわち寺院集会(じゅえ)制度に見出すことができ、さらにその思想・制度的淵源は、原始仏教教団の組織の中に発し、多数決原理も原始仏教の「多人語毘尼」(たにんごびに)に由来するとされる(同書、三頁)。中世の寺院集会制度には、紙ではなく、「籌」(サラーカー)といわれる長さ一尺ほどの細い竹片ないしは小木片が用いられた。投票することは、「捉籌」や「取籌」と言われ、投票の方法には、秘密と耳語および公開の三つの方法があり、秘密投票も実施された(同書、二〇―二二頁)。この中世の寺院の多数決原理および秘密投票の方法が、日本においてどれだけの広がりを持っていたかについては、さらに研究したい。しかし、衆議尊重の精神から多数決ひいては秘密投票が日本において中世のころからあったという点については注目に値する。

(94) 衆議院議員選挙法は、一九〇〇年(明治三三年)と一九一九年(大正八年)の大幅な改正を経て、一九二五年(大正一四年)の普通選挙制の導入に至った(杣正夫『日本選挙制度史――普通選挙法から公職選挙法まで――』(九州大学出版会、一九八六年)六九―八二頁)。

(95) 杣・前掲注(94)一六―二二頁。

(96) 宮澤俊義「選挙の秘密について」国家法学会雑誌三九巻(一九二五年)一〇号一〇四頁。

(97) 宮澤俊義著・芦部信喜補訂『全訂日本国憲法』(日本評論社、一九七八年)二二五頁。

(98) 世界について見ると、二〇世紀まで公開投票制(記名投票制)であったのは、プロイセン(一九二〇年まで)、ハンガリー(一九二八年)、ルーマニア(一九三四年)、旧ソビエト(一九三六年まで)、ユーゴスラビア(一九三八年)等とされる(芦部・前掲

注(79)二九〇頁)。ドイツも、一九一九年のワイマール憲法により秘密投票を採用した(高木八尺他編『人権宣言集』(岩波文庫、一九五七年)二〇三頁)。一九四九年のドイツのボン憲法においても「ドイツ連邦の議員は、普通、直接、平等および秘密選挙によって選挙される」(同法三八条一項)と明文化されている(前掲書二二七頁)。他に、一九四七年のイタリア共和国憲法(四八条一項)にも規定され、一九四八年一二月一〇日に国際連合第三回総会で採決された、世界人権宣言においても秘密投票が盛り込まれている(前掲書四〇六頁)。

(99) シュミット(稲葉素之訳)『現代議会主義の精神史的地位』(みすず書房、二〇〇〇年)二四—二五頁。

五　株式会社の株主総会における秘密投票をめぐる考察

これまで、政治における多数決の歴史および秘密投票の歴史を辿りながら、一七世紀のイギリスのジョイント・ストック・カンパニーにおいて、メンバー(ないしは出資者)の総会における秘密投票の実践がなされていることを確認し、ハリントンの秘密投票の理論とモンテスキュー、ミルそしてシュミットの公開投票の理論を整理してきた。これを踏まえて、株主総会における投票の際にも秘密投票を導入すべきかどうかを検討する。

1　株主総会における個々の株主の意思表明と株主総会全体の議決との区別

株主総会における株主たちの意思決定は会議体における「議決」という形をとる。そのため一見すると、議決の場合は、政治の選挙における投票と同じように考えることはできないのではないかという疑問が生じる。

この点、株主総会における株主の投票権については、会社法の法文上は、「株主は、株主総会において、その有する株式一株につき一個の議決権を有する」(会社法三〇八条一項)とあるように、「議決権」という言葉が使われている。(100) 明治二三年(一八九〇年)に公布された日本最初の商法典においても、旧商法二〇四条「株主ノ議決権ハ一株毎ニ一箇タルヲ通例トス……」と規定されており、すでに議決権という言葉が使われていた。[101]「議決権」という言葉には選挙における「投票（権）」とは違った特別な意味が込められているのかが問題となる。

一三、一四世紀のイギリスの庶民院の州選挙区における選挙の場合では、すでに述べたように、州長官を中心とする五〇〇名から一〇〇〇名の会議体である集会での「州会全員の全般的同意」により行われていた。この場合、選挙人の全体的な意思と個々の選挙人の意思表明は一体的なものとされていたといえる。その後、選挙に多数決が導入されるようになるが、多数決が導入された後も例えばフランス大革命当時のフランスの選挙は集会においてなされていた。しかし、選挙が全会一致から多数決への移行を経て、逆にいえば多数決に移行したからこそ、選挙人の全体的な意思と個々の選挙人の意思表明は明瞭に区別できるようになり、そうした分化の中で秘密投票が生まれてきたということができる。

これに対し、株主は、株主総会という会議体の一員として総会の場において決議に参加する。会議体の場の中で、株主総会における個々の株主の各議案に対する意思表明がそのまま採決に取り込まれており、個々の株主の意思表明と株主総会全体の議決が一体のものとして扱われている。この一体化の中では、個々の株主の投票の内容情報は公開されるのが当たり前であると受けとめられる。そこでは、株主総会の決議に参加する権利は、議決の一翼を担う権利として「議決権」として表現されたものということができる。

株主総会における株主の秘密投票という問題は、少なくとも我が国では論じられることがほとんどなかったと考えられるが、その事情は、多数決が採用された後もなお、選挙の方法として投票が採用されるようになる以前の政治の場合と同様であるといえよう。しかし、個々の株主の意思表明と株主総会全体の議決は一体のものとして扱うべきではなく、個々の株主の意思表明は株主総会全体の議決とは明確に区別できる、というよりは区別して考えるべきである。昭和五六年の商法改正により、一部の大会社に書面による議決権行使の制度が導入され、平成一三年の商法改正によって商法特例法により書面投票制度が強制される大会社以外にも、すべての会社において取締役会の決議によって書面投票制度を採用することができるようになった（平成一七年改正前商法二三九条の二第一項。会社法二九八条一項三号）が、この書面投票制度は、個々の株主の意思表明と株主総会全体の議決との明確な区別を前提としている。

したがって、株主総会は会議体であるが、株主総会における株主の「議決」は、政治の選挙における「投票」と同じように、会議体の全体の議決と個々の株主の意思表明を別個に考えることができ、株主総会における株主の意思決定が会議体における議決という形をとることそれ自体は、株主の投票についても秘密投票を帰結することの妨げになるものではないと考える。

2　株主総会における株主の議決権の公的性格

ミルの公開投票の理論は、選挙権は他人を支配するものであって権利ではなく、公共のための信託であるというところから、選挙権の持つ公共的な側面に着目するものである。また、シュミットの公開投票の理論も、人民とは公法上の概念であり公共性の領域においてのみ存在するとして投票の持つ公共の意味を論じている点に特徴があるといえる。いずれも選挙権の公的性格から公開投票を導き出している点に特徴がある。そこで、選挙権の性質および株主総会における株主の議決権の性質が問題となる。

日本国憲法の解釈論として、「選挙権」の法的な性質については、公務と考える説、権利と考える説、二つの性質を持つ二元的なものと考える説がある。この点、選挙権は、個人の行使のいかんによって他者の運命に関わるものであり、言論の自由や信教の自由などの他の自由権とは異なった性質を持つ。選挙権が個別的な使用および便益のためのものであるとするならば「投票権を売る」ことを誰も非難することができなくなる、というミルの指摘には理由がある。しかし、選挙権は、個人の政治的な自己決定権の行使の一つであり、その剥奪は許されず、権利としての性質がある。選挙権は公務としての性質と権利としての性質を併せ持つ二元的なものと考える。[102] そのように考えると、選挙権に、公務としての性質があったとしても、その点だけに着目して公開投票を帰結するのは適当ではない。公開投票か秘密投票かについては、選挙権の権利としての側面に着目して実質的に検討すべきである。

これに対し、株主総会における株主の議決権の性質に目を転じると、この議決権の性質についても諸説がある。社員権論[103]によれば、株主総会は会社の機関であり、株主は株主総会を構成する一員として議決権を行使する。株主の権利は、一般に、利益配当請求権のような自益権と議決権のような共益権の二つに分類されている。ここでいう共益権とは、「会社の営利法人たる性質に鑑みれば、これらの権利は、自益権たると共益権たるとを問わず、いずれも直接間接社員自身の経済的利益のために与えられ、その利益のために行使しうるべきものと解さなければならない[104]」。つまり、公共の利益はもとより、株主全体の利益を共に図るという意味ではなく、株主が自らの個別的利益を追求するための必要不可欠な権利であり、あくまで個人的な権利として考えるべきである。

政治における選挙権と株主総会における議決権は、いずれも個人の権利である点において共通する。むしろ、会社の営利法人の性質上、株主総会における議決権の方が政治における選挙権よりもより個人の権利としての性質が強いということができる。したがって、選挙権が公的性格を有することから直ちに公開投票が帰結されないのと同様に、株主総会における議決権についても直ちに公開投票が帰結されるわけではない。株主総会において公開投票を採用するかそれとも秘密投票を採用するかについては、政治における選挙の場合と同様に、議決権の個人的な権利としての性質に鑑みて検討されなければならない。

3　政治の選挙における弱者の存在と株主総会の議決権行使における弱者の存在

そこで、政治の選挙における秘密投票の議論を参考に、株主総会における議決権の行使の際にも秘密投票が採用されるべきかどうかを検討する。

政治の選挙における秘密投票を見てみると、一七世紀イギリスでは、ハリントンが、民衆による選挙は「敵に対する恐怖や友人への遠慮によって、人間の自由が妨げられる」として、秘密投票の採用を提唱した。また、一八世紀には、モンテスキューが、人民が金銭で動かされることを懸念して公開投票を提唱したものの、フランス一七九五年憲法では、「発声投票では最初に見解を表明した人が本質的に選択のイニシアティブを持ちその人物に続いて投票する弱き人々に対する影響は計り知れない」などとして「すべての選挙は秘密投票で行われる」と定められた。いずれも、他者の影響によって自由な投票をすることができない弱い選挙人がいることを考慮して、秘密投票が必要であるとの見解をとっている。また、一九世紀イギリスのミルも、選挙権の法的性質論と同時に、地主・雇用者および顧客による投票の強制の危険性よりも、投票者自身の利己心または利己的な党派心による投票の危険性の方が問題であり、当時のイギリスの現状では後者の危険性の方が大きいとの判断から、公開投票を根拠づけていたということができる。

宮澤俊義が論じているように、秘密投票が今日の選挙法の公理となったのは、政治の選挙において弱者が存在したからである。そこで、株主総会の議決権行使において弱者が存在するかが問題となる。

すでに整理したように、株式会社の起源を遡ると、この問題が古くから存在したことが分かる。一五六三年のニューカッスルのマーチャント・アドベンチャラーズにおいては、投票箱を採用して投票すれば、メンバーはその良心に従って決することができ、党派的な影響は受けないし、不愉快を受けないで済むという趣旨の告知がなされていたという。また、一七世紀初めのヴァージニア・ソマーズ・アイランド・カンパニーでは、サンディスが同カンパニーの準備総会において、幾人かの出資者はスミスに従属していることから、挙手による投票では、自分たちの真の意見に従って投票することができないので来るべき選挙では投票による方法を採用すべきであると論じた。さらに、一六二九年以降のイギリス東インド会社では、総会において投票による決議の方法が採用されるに至った。これらのようにカンパニーにおいて古くから秘密投票が実践されたのは、政治の選挙において弱者が存在するように、カンパニーの総会においても弱者が存在したからである。

そして、今日の株主総会の株主の投票において、弱者が存在するかどうかを見ると、筆者が別稿で論じたように[105]、会社と雇用契約や取引契約で結ばれている従業員株主や取引先株主は、株主総会において自由にその本心に従って議決権の行使をすることは難しいという現実があるといえる。したがって、株主総会の株主の投票においても、政治における選挙の場合と同様に、秘密投票を採用すべきであるとの結論に達する。

4　多数決の統合機能を発揮するための秘密投票

株主の秘密投票をめぐる理論的な問題を検討し、弱者となる株主の存在を理由に、秘密投票を導入すべきであるとの結論に至った。では、なぜ、株主総会において弱者となる株主の存在に配慮しなければならないのか。この点、多数決の機能に基づく団体統合の観点から検討する。

矢部貞治は、多数決の社会的基礎を論じるにあたって、社会には「表現」原理に妥当する「共同体」、「代理」原理を基礎とする「目的・利益社会」（以下、単に「目的社会」という）、その中間にあって、「代表」原理を固有の基盤とする「中間社会」の三つの社会定型があるという(106)。社会は本来的・精神的な一体性として存在し、個々人の分化自我意識は明らかな存在とならず、成員の全存在は全体の中にのみ、またはそのためにのみあり、全体に対する成員の対立意識は存在の余地を有しないという社会とされる。この社会における意思決定の方法は「自発的・本能的な全員一致」である(107)。これに対して、「目的社会」とは、社会が初めから存在しているのではなく、根本的に存在するのはただ分化的・孤立的な個々人に過ぎず、このような個人の多数の一定の目的ないしは利益の平均ないしは共通の上の考慮と打算によって初めて社会関係が作られ、一体性の紐帯は根本において完全に個々人の主観的恣意に依存し、共通の利益・目的が失われると直ちに原子的無政府に還元する社会をいう。この社会では、団体意思は私的意思の総計に過ぎず、この意思決定の手続が「目的的全員一致」である(108)。自発的・本能的な全員一致と目的的全員一致との違いは、前者は、個人の権利は問題とならず、反対する少数者があっても多数に圧倒され、排除される(109)のに対して、後者は、個人の権利は本源であって、一人の反対があっても団体意思は成立しない。

「中間社会」とは、共同体と目的社会の中間に位置し、一体的共同体と分化的個別意識とが同時的に前提となる社会関係をいう。このような社会の団体意思は、共同体の場合のように自発的に定まるものではなく、また、目的社会のように個々人の恣意に依存するものでもない。本源的には一体的共同体の伝統・精神の上に立ち、一体意思の必然性を前提としつつ、現実的・具体的にはその一体意思の内容は成員の意思と利益を通じて統合されるという。そして、矢部は、このような中間社会のように、一体性を必然としつつ、しかも分化的個別性が存在して、個別分化を前提としつつも、しかも一体性を要請するという場合に、多数決が必然不可欠となるという(110)。

株式会社の社会定型を考えると、株式会社は、家族やスポーツチームのような本来的・精神的な一体性として存在するわけではなく、共同体ではない。また、株式会社の場合、株式会社の一体性の紐帯が根本において完全に個々の株主の主観的恣意に依存しているわけでもなく、目的社会でもない。結局、株式会社は、共同体と目的社会の中間に位置し、一体的共同体と分化的個別意識とが同時的に前提となる社会関係であり、中間社会であるということができる。この中間社会である株式会社においては、一体と個別が同時に存在しており、このような社会の団体の意思決定の方法は多数決が最もよく適合し、他に、一体と個別の統合を恒久的に保障する意思統一の方法はないといえる。株式会社の株主総会において広く多数決が採用される理由はここにあるといえる。

次に、矢部は、多数決の社会的基礎について以上のような検討をした後、多数決の社会的機能は一体と個別の二元の統合にある、という[111]。一体的共同体と分化的個別意識とが同時的に前提となる中間社会では、一体と個別が同時に存在し、このような社会の団体の意思決定の方法は多数決が最もよく適合し、他に、一体と個別の統合を恒久的に保障する意思統一の方法はないという[112]。それは必ずしも多数の少数に対する圧制でもなければ、全会一致の変形物や代用物でもなく、それは固有の社会的基礎に妥当する独自の社会生活原理である[113]。そして、この多数決の二元の統合機能をよりよく発揮するためには、対立する利益・主張を前提として公明なる過程において、これらを平衡に導くことが必要であり、多数決の特質は意思統合の過程にある[114]。

株式会社は中間社会であるから、多数決による一体と個別の統合機能をよりよく発揮するためには、対立する利益・主張を前提として公明なる過程において、これらを平衡に導くことが必要である。平衡に導くということは、メンバーが自由にその本心に従って意思表明ができることが必要であり、そのためには、弱者の存在に対して格別の配慮が欠かせない。この配慮が株主の秘密投票の導入である。

(100) 平成一七年改正前商法の規定も同じように、「各株主ハ一株ニ付一個ノ議決権ヲ有ス」(商法二四一条一項) として議決権の言葉を用いている。

(101) 旧商法典の条文については、淺木愼一『日本会社法成立史』(信山社、二〇〇三年) 九二頁を参照した。なお、旧商法の基礎となったレスラー商法草案 (明治一七年 (一八八四年) に脱稿) においては、「参決権ハ一株ニ付キ一口ヲ通例ト為ス」(草案二四四条) と、「参決権」という言葉が使われている (伊藤紀彦「近代的会社法の出発――レスラー商法草案と明治二三年商法」『日本会社立法の歴史的展開』(北澤正啓古稀祝賀論文集)(商事法務研究会、一九九九年) 六八頁)。なお、民法の社団法人の場合、「各社員ノ表決権ハ平等ナルモノトス」(民法六五条一項) と規定されており、「表決権」という言葉が使われている。

(102) 芦部・前掲注 (79) 二八一―二八二頁。

(103) 社員権論に対しては、「議決権などの共益権は、合名会社社員の業務執行権や代表権と同様に、社員が社員たる資格において法人に対して有する権利ではなく、社員が機関たる資格において有する権限に他ならない」という見解がある (田中耕太郎「機関ノ観念」『商法学　特殊問題上』(春秋出版、一九六四年) 二四八―二五〇頁)。しかし、権限であることと権利であることは両立しうる。また、議決権などの共益権の行使のいかんによって会社の利益が拡大し、株式価値が増大しうることを考えると、共益権と自益権はまったく性質が異なるとして分解して捉えるのではなく、共益権は株主が自らの個別的利益を追求するための必要不可欠な権利であるとして、共益権を自益権のために仕えさせるべきであると考える。北澤正啓『会社法〔第五版〕』(青林書院、一九九八年) 一四五―一五〇頁などを参照。

(104) 最高裁は、会社解散の訴え等を提訴した有限会社の社員が死亡した場合における、訴訟の承継の成立が争われた事案について、「共益権も自益権と密接不可分な関係において全体として社員の法律上の地位としての持分に包含され、持分の移転が認められる以上、共益権は相続の対象となりえないとする理由はない」と判示し、訴訟の承継を否定した原判決を破棄し、第一審判決を取り消し、第一審の地方裁判所に差し戻した (最(大)判昭和四五年七月一五日民集二四巻七号八〇四頁)。

(105) 拙稿「米国における株主の秘密投票の展開」商事法務一六八四号九頁 (二〇〇三年)、同一六八五号 (二〇〇四年) 三〇頁。

(106) 矢部・前掲注 (9) 一二〇四頁。

(107) 矢部・前掲注 (9) 一二〇四―一二〇五頁。

(108) 矢部・前掲注 (9) 一二〇五―一二〇六頁。

(109) 矢部・前掲注 (9) 一二〇六―一二〇七頁。もっとも、矢部は、このような目的社会においても、一度団体として成立した以上、そこに何らかの一体性が成立して、次のような中間社会と同じような多数決の社会的基礎に似た関係が生まれ、多くの場合に多数決が行われるという（矢部・前掲注（9）一二〇七頁）。
(110) 矢部・前掲注（9）一二〇七―一二〇八頁。
(111) 矢部貞治「多数決の社會的機能（二）」法学協会雑誌五二巻八号（一九三四年）一四二五頁。
(112) 矢部・前掲注（111）一四二四頁。
(113) 矢部・前掲注（111）一四二九頁。これに対し、一方で、社会が有機体であることを強調し、「多数決の原則は社会の有機的作用の一つ」（上杉慎吉「多数決」法学協会雑誌二二巻一号（一九〇四年）九〇頁）として、社会の一体性のみを重視する見解がある。この見解によれば、「機械的に社会が二部に分かれて相働に非ず多数の意見は自ら社会全体の意見なり」となり、「多数決は天理なり」（前掲書九一頁）となってしまう。そこには、個別に対する配慮がまったく欠け、多数決による専制の虞がある（矢部・前掲注（111）一四三〇頁）。他方で、契約説的自然法の立場によれば、自然状態における自然人の前提から出発する限り、その団体概念は、主観的個々人の契約関係によって成り立つ集合概念であり、社団法人ではなく、組合になってしまう（矢部・前掲注（9）一二一四頁）。団体法は本質的に「結合された個人権」に過ぎなくなり、「契約の網」によって一体性が作り出されるだけで、団体の意思決定の方法は全員一致にならざるを得なくなる。そこでの多数決の根拠は、全員一致の「原始契約」に遡らなくてはならない（上杉・前掲書九〇頁）。一体性ないしは個別性のいずれか一方のみを重視することはできない。
(114) 矢部・前掲注（111）一四三二―一四三三頁。

六　おわりに――株主権の相対化論の中で――

平成一七年の商法改正によって、新たに会社法が制定された。この会社法の評価をめぐっては、様々な議論がなされている。(115) その中で、「株主権の相対化」が指摘されている。(116)

株主権の相対化として指摘される事項は、新たな種類株式の追加による株式の権利の内容の多様化（会社法一〇八条一項四号等）およびこれに伴う株主の権利内容の不明朗さの問題と、議決権制限株式の大幅な採用に見られる株主の議決権の軽視の問題とに大別することができる。

中間社会である株式会社においては、多数決による個体と一体の二元統合機能をよりよく発揮するためには、対立する利益・主張を前提として公明なる過程において、これらを平衡に導くことが必要である。株主権の相対化論のうち議決権をめぐる問題は、株式会社において公明なる過程において対立する利益・主張を平衡に導くことを難しくし、株式会社における団体統合機能を阻害するのではないかとの疑念を抱かせる。このように株主権の相対化が論じられる中で、株主総会における株主の秘密投票の問題を、多数決の機能に基づく団体統合の観点、すなわち株式会社も社会の一つの団体としてその統合機能を全うすることが要請されており、そうすることによって大衆資本の糾合という株式会社制度の目的が実現される、との観点から検討することは真剣に考えられてよい。

(115) 主な文献として、稲葉威雄『会社法の基本を問う』（中央経済社、二〇〇六年）、森惇二朗・上村達男編『会社法における主要論点の評価』（中央経済社、二〇〇六年）。
(116) 森惇二朗「『会社支配の効率性』と公正性確保」森・上村編・前掲注（115）二七―二八頁。

経営機関の監督・監査

今井克典

浅木愼一・小林量
中東正文・今井克典 編
浜田道代先生還暦記念
『検証会社法』
２００７年11月 信山社 5

一　はじめに
二　取締役会による監督
三　監査役・監査委員会による監査
四　株主・株主総会による監督

一　はじめに

(1)　業務執行の決定または業務執行を行う機関を経営機関というならば、会社法においては、株式会社の経営機関として、取締役会を設置しない株式会社（以下「非取締役会設置会社」という）の取締役（会社法三四八条一項）、委員会設置会社を除く取締役会設置会社（会社法二条七号）の取締役会（会社法三六二条二項一号）・代表取締役（会社法三六三条一項一号）・業務担当取締役（会社法三六三条一項二号）、および、委員会設置会社（会社法二条一二号）の取締役会・執行役（会社法四一八条）がある。

一方、会社法が経営機関を監督ないし監査する機関として明文で定めるものには、取締役会（会社法三六二条二項二号・四一六条一項二号）・監査役（会社法三八一条一項）・監査委員会（会社法四〇四条二項一号）がある。なお、そのほかに、すべての監査役で組織される機関として監査役会があり、そこで監査の方針等が決定されるが、監査役の独任制は維持される（会社法三九〇条）。また、計算書類・その附属明細書、臨時計算書類および連結計算書類を監査する機関として会計監査人があるが、会計監査人による監査は会計監査に限られる（会社法三九六条一項）。

(2)　株式会社の経営機関の監督機関・監査機関の設計について、取締役会、監査役、監査委員会に絞って見てみよう。委員会設置会社においては、取締役会と監査委員会とが経営機関の監督ないし監査に当たる（会社法三二七条四項参照）。

委員会設置会社を除く取締役会設置会社は、監査役を設置しなければならない（会社法三二七条二項本文）。ただし、当該取締役会設置会社が公開会社（会社法二条五号）ではない株式会社（以下「非公開会社」という）であって、会計参与を設置すれば、監査役を設置する必要はない（会社法三二七条二項ただし書き）。会社法は、あらたに、取締役会を設置しながら、監査役を設置しないことを可能とした。

また、監査役会設置会社および会計監査人設置会社を除く非公開会社であれば、定款の定めによって、監査役の監査の範囲を会計にかんするものに限定することができる（会社法三八九条一項）。旧株式会社の監査等に関する商法の特例に関する法律（以下「旧商法特例法」という）の小会社（旧商法特例法一条の二第二項）の監査役は、業務監査権限を有さなかったが（旧商法特例法二二条・二五条、旧商法二七四条参照）、会社法においては、小会社に該当する会社の監査役は、当該会社が公開会社であれば業務監査権限を有することとなり、非公開会社であれば定款に定めを設けないことにより業務監査権限を有することも可能となった。

非取締役会設置会社においては、監査役の設置は任意である。非取締役会設置会社は、非公開会社であるから（会社法三二七条一項一号参照）、監査役を設置しても、上述のように、定款の定めによって、監査役の監査の範囲を会計にかんするものに限定することができる。旧有限会社法においては、監査役は、任意設置機関であるが（旧有限会社法三三条一項）、設置された場合には、業務監査権限を有さなかった（旧有限会社法三三条ノ二）。会社法によれば、取締役会を設置しない点で有限会社に相当する非取締役会設置会社において、監査役は、業務監査権限を有することも可能となった。

(3) 会社法においては、経営機関の監督・監査にかかわっては、以下のようなあらたな問題を指摘することができる。第一に、会社法は、あらたに会計参与という機関を創設し、株式会社がその機関設計にかかわらずこれを任意に設置することを認めた。会計参与は、経営機関と共同して、計算書類・その附属明細書、臨時計算書類および連結計算書類を作成することを職務とする（会社法三七四条一項・四項）。会計参与は、経営機関の職務の一部と同様の職務を執行する点で、経営機関と同様に監督・監査の対象となりうると考えられる。そこで、監督・監査の対象としての会計参与が問題となろう。

第二に、会社法は、業務監査権限を有する監査役が設置されていない株式会社において、あらたに株主に対して、経営機関の職務執行にかかる情報を入手するための権限・措置等と監督是正権限等とを与えた。そこでは、株主による監督是正権限等の行使の実効性が問題となるであろう。

本稿は、会社法における株式会社の経営機関・その構成員の監督・監査について、監督・監査機関等の監督・監査の対象、監督・監査のための情報収集、監督・是正の方法を考察する。会計にかかる監査は、業務執行ないし職務執行の監督・監査に有用であるが、会計に特有の問題もあるので、これを考察の対象としないことにし、経営機関・その構成員の業務執行ないし職務執行の監督・監査と、その業務執行ないし職務執行に直接にかかわる機関等の職務執行とを採り上げる。そのため、考察する監督・監査の機関等としては、会計監査人は、会計監査を職務とするので、これを採り上げず、取締役会、監査役、監査委員会、株主・株主総会を採り上げる。監査役会は、監査役の監査にかかわる限りで考察する。また、監督・監査機関等の会社・取締役間の訴訟における会社の代表や提訴権等については、訴訟にかかる特有の問題があるので、考察の範囲から除く。以下では、取締役会による監督（本稿二）、監査役・監査委員会による監査（本稿三）、株主・株主総会による監督（本稿四）を順に検討する。

なお、本稿においては、「監査役」は、とくに断らない限り、会計監査権限および業務監査権限を有する監査役をいうことにする。

二　取締役会による監督

1　監督の対象

(1)　委員会設置会社を除く取締役会設置会社においては、取締役会の職務の一つは、取締役の職務執行の監督である（会社法三六二条二項二号）。監督の対象については、これにかんする記述の多くは、代表取締役・業務担当取締役の業務執行を挙げるに止まり、代表取締役・業務担当取締役以外の取締役（以下「平取締役」という）の職務執行にとくには言及していない。これらの記述が代表取締役・業務担当取締役の業務執行以外の職務執行、および平取締役の職務執行を監督の対象とは解さない趣旨であるかは、必ずしも明らかではない。しかし、監督の対象を採り上げている記述によれば、一般的には、監督の対象には、代表取締役・業務担当取締役の業務執行のほか、代表取締役・業務担当取締役の業務執行以外の職務執行、および平取締役の職務執行も含まれると解されるようである。(1)

委員会設置会社においては、取締役会は、執行役の職務執行だけではなく、取締役の職務執行の監督をも職務とするとされており（会社法四一六条一項二号）、取締役会の監督の対象は、業務執行権限を有さない取締役（会社法四一五条）の職務執行に及ぶ。したがって、委員会設置会社を除く取締役会設置会社においても、取締役会の監督の対象には、平取締役の職務執行が含まれると解するのが妥当である。(2)

(2)　委員会設置会社においては、会計参与が設置されていれば、会計参与の職務執行の監督も、取締役会の職務である（会社法四一六条一項二号。会社法四〇四条二項一号参照）。委員会設置会社を除く取締役会設置会社においては、会計参与設置会社であっても、取締役会は、会計参与の職務執行の監督を職務とするとはされていない。

会計参与は、委員会設置会社においては執行役と共同して、一方、委員会設置会社を除く取締役会設置会社においては代表取締役・業務担当取締役と共同して、計算書類・その附属明細書、臨時計算書類および連結計算書類を作成する義務を負う（会社法三七四条一項・六項）。委員会設置会社において、執行役の職務執行と執行役と共同して上述の書類を作成する会計参与の職務執行とは、取締役会による監督の対象である。これに対して、委員会設置会社を除く取締役会設置会社においては、代表取締役・業務担当取締役の職務執行が取締役会の監督の対象でありながら、これと共同して上述の書類を作成する会計参与の職務執行は、取締役会による監督の対象とされていない。

監査役による監査の対象には、取締役のほかに会計参与の職務執行も含まれる（会社法三〇八条一項）。取締役会設置会社においては、取締役会による監督の対象と監査役による監査の対象との間にも差異がある結果となっているが、取締役会による監督は、監査役による監査とは基本的には独立して存在するので、差異があることにはとくに問題はないと考えられる。取締役会は、直接には取締役会の構成員の職務執行の監督を職務とするため、構成員ではない会計参与の職務執行を監督の対象としない結果となっているとも解されよう。

また、委員会設置会社を除く取締役会設置会社のうち、業務監査権限および会計監査権限を有する監査役を設置する必要のない会社であっても、会計監査権限のみを有する監査役または会計参与を設置しなければならない（会社法三二七条二項・三八九条）。会計監査権限のみを有する監査役と会計参与とは、いずれも、業務監査権限および会計監査権限を有する監査役に代わって、会計の適正さを担保する役割を担っているとされる(3)。そのため、会計監査権限のみを有する監査役が取締役会による監督の対象ではないから、会計参与も取締役会の監督の対象ではないとも考えられる（後述三1(1)参照）。

（1）前田庸『会社法入門〔一一版〕』（有斐閣、二〇〇六年）三四一頁。また、大隅健一郎＝今井宏『会社法論中巻〔第三版〕』（有斐閣、一九九二年）一八九頁・一九〇頁注（2）、法務省民事局参事官室編『改正会社法一問一答』（金融財政事情研究会、一九八二年）一五一頁、稲葉威雄『改正会社法』（金融財政事情研究会、一九八二年）二二八頁、竹内昭夫『改正会社法解説〔新版〕』（有斐閣、一九八三年）一五三―一五四頁参照。

（2）弥永真生『リーガルマインド会社法〔一〇版〕』（有斐閣、二〇〇六年）一七二頁、前田・前掲注（1）五一四―五一五頁参照。

（3）相澤哲＝石井裕介「株式総会以外の機関〔上〕」商事一七四四号（二〇〇五年）九三頁。

2　情報収集

(1)　取締役会が取締役を監督するには、各取締役の職務執行の状況について情報を有する必要がある。情報収集については、一定の機関等に取締役会への報告義務等があり、取締役会が求めなくても情報が入ってくる仕組みと、取締役会が一定の機関等に対して説明を徴求する権限等を有し、その権限等の行使に応じて情報が入ってくる仕組みとがある。

委員会設置会社を除く取締役会設置会社においては、以下のような、報告義務等に基づく情報収集の仕組みがある。第一に、取締役会の監督機能に資するために、代表取締役・業務担当取締役は三箇月に一回以上、職務執行の状況を取締役会に報告しなければならないとされている（会社法三六三条二項）。この報告義務は、業務執行権限を有する取締役に課されているから、この義務に基づく報告内容は、その職務執行のうち業務執行の状況に限られると考えられよう。

第二に、取締役の善管注意義務に基づく報告が考えられる。判例[4]においては、取締役は、代表取締役の業務執行を監視する義務を負うとされるが、取締役が平取締役の職務執行を監視する義務を負うとされるかは、明らかではない。学説においては、取締役は、取締役の職務執行を監督する取締役会の構成員として、代表取締役・業務担当取締役か平取締役かにかかわらず、他の取締役の職務執行を監視する義務を負うと解されているようである。(5) 取締役の監視義務は、一般に、取締役会の構成員としての地位に求められており、(6) 取締役会は、取締役の職務執行の監督を職務とするから、取締役の監視義務の対象は、代表取締役・業務担当取締役の業務執行に限らず、平取締役を含む取締役一般の職務執行に及ぶと考えられる。取締役は、他の取締役の職務執行が適正に行われるように、他の取締役の職務執行を監視し、その上で、必要があれば、取締役会による取締役の監督のために、他の取締役の職務執行の状況を取締役会に報告する義務を負うと解される。したがって、取締役が他の取締役の職務執行につき適正ではないと認める場合には、そのような職務執行の状況が、取締役会に報告されることになる。取締役会に報告されるのは、取締役の職務執行の状況一般ではなく、ある取締役が適正ではないと認める職務執行の状況であると考えられる。

第三に、監査役の取締役会への報告義務が規定されている。監査役は、取締役の不正行為・そのおそれ・法令定款違反の事実・著しく不当な事実があると認めるときは、遅滞なく、その旨を取締役会に報告しなければならないとされる（会社法三八二条）。上述のように、取締役は、他の取締役の監視義務を負い、必要があれば、すなわち、他の取締役の職務執行につき適法性または妥当性の点で問題があれば、取締役会にそのような取締役の職務執行の状況を報告しなければならない。したがって、監査役が取締役会に報告する義務が生じる場合と報告義務に基づいて報告すべき取締役の職務執行の状況の範囲とは、それぞれ、取締役が取締役会に報告する義務が生じる場合と報告義務に基づいて報告すべき取締役の職務執行の状況の範囲よりも狭いと考えられる。

(2) 委員会設置会社を除く取締役会設置会社においては、取締役の説明徴求権等にかんする明文の規定は見当たらない。しかし、取締役会は、取締役の監督権限を有するから、また、取締役は、取締役会の構成員であるから、取締役は、取締役会の要求があるときは、取締役会が求めた事項について説明をしなければならないと解される。取締役会は、このような取締役に対する説明徴求によって、各取締役の職務執行の状況や、会社の業務・財産の状況を調査することになろう。取締役が、取締役会とは別に、取締役として、監査役の報告徴求権や調査権（会社法三八一条二項）のような情報収集にかかる権限等が認められるか、という点については議論がある。(7)

委員会設置会社を除く取締役会設置会社においては、代表取締役・業務担当取締役の業務執行の状況は、取締役会に定期的に報告される。しかし、平取締役の職務執行の状況については、取締役会ではない機関等が一定の判断をした上で取締役会に報告されるにすぎないので、取締役会が平取締役の職務執行の状況一般を把握するためには、取締役に説明を求める必要がある。代表取締役・業務担当取締役の取締役としての職務執行の状況を把握しようとする場合についても同様であろう。

(3) 委員会設置会社においては、執行役は、三箇月に一回以上、自己の職務執行の状況を取締役会に報告しなければならない（会社法四一七条四項）。この報告義務は、取締役会の監督機能に資するためであり、委員会設置会社を除く取締役設置会社の代表取締役・業務担当取締役の報告義務（会社法三六三条二項）に対応する。

委員会設置会社においては、取締役会と各委員会との連携によって、取締役会が監督権限を行使することが期待されているとされる。(8) そのため、委員会がその委員の中から選定する者は、遅滞なく、当該委員会の職務執行の状況を取締役会に報告しなければならない（会社法四一七条三項）。指名委員会は、その職務執行に関わる範囲で取締役の職務執行の状況を、会計参与設置会社にあっては取締役および会計参与の職務執行の状況を取締役会に報告することになる。また、監査委員会と報酬委員会とは、それぞれの職務に関わる範囲で執行役等（執行役および取締役をいい、会計参与設置会社にあっては執行役、取締役および会計参与をいう。会社法四〇四条二項一号）の職務執行の状況を、取締役会に報告することになる。監査委員会からの報告については、通常の場合にどの程度の回数が行われれば足りるのかは明確ではなかろうが、報酬委員会と指名委員会とからの報告は、通常は時期が限定されるであろう。(9) そのほかに、各委員会の報告によって、当該委員会の委員としての取締役の職務執行の状況が取締役会に報告されることになるであろう。

監査委員は、監査役と同様に、取締役会への報告義務を負う（会社法四〇六条）。監査委員は、執行役・取締役の不正行為・そのおそれ・法令定款違反の事実・著しく不当な事実があると認めるときは、遅滞なく、その旨を取締役会に報告しなければならない。

(4) 委員会設置会社の取締役会は、監督の対象の主体である執行役等に対して説明を徴求することができると解される。執行役は、取締役会の要求があったときは、取締役会に出席し、取締役会が求めた事項について説明しなければならないと規定されている（会社法四一七条五項）。(10) 執行役は、取締役がこれを兼任（会社法四〇二条六項参照）しない場合には、取締役会の構成員ではないため、執行役に説明義務を課すには、このような明文の規定が必要であるともいえよう。取締役は、取締役会の構成員であるため、委員会設置会社を除く取締役会の取締役と同様に、取締役会の要求があるときは、取締役会が求めた事項について説明しなければならないと解される。

会計参与については、計算書類・その附属明細書の承認、臨時計算書類の承認、または連結計算書類の承認をする取締役会への出席義務を負い（会社法三七六条一項）、承認されるのは、会計参与がその職務（会社法三七四条一項・六項）により共同して作成したものである。また、会計参与は、取締役会の監督の対象の主体である。したがって、会計参与は、出席義務を負う取締役会においては、執行役と同様に、取締役会の要求があるときは、取締役会が求めた計算書類・その附属明細書、臨時計算書類または連結計算書類の作成にかかる職務執行の状況について説明しなければならないと解される。

なお、各委員会は、その職務執行のために、たとえば取締役の職務執行の状況を把握するためになど、執行役等に説明を求める必要がある場合がある。そこで、執行役等は、委員会の要求があれば、委員会に出席して、委員会が求めた事項について説明しなければならない（会社法四一一条三項）。指名委員会も、取締役の選任・解任やとくに会計参与の選任・解任の議案の決定に関する範囲で必要があれば、執行役に対しても説明を求めることができるであろう。また、このように各委員会がその職務執行にかかる主体以外の者に対しても説明を求めることができるとすれば、各委員会は、会計参与に対して、取締役会が求めうるよりも、広範囲にわたって説明を求めることができると考えられる。すなわち、各委員会は、会計参与に対して、計算書類・その附属明細書、臨時計算書類または連結計算書類の作成にかかる職務執行の状況だけではなく、たとえば、その職務執行に際して認識できた執行役の職務執行の状況等についても、説明を求めることができると考えられる。

(5)　委員会設置会社の取締役会においては、監査委員である取締役に説明を要求することで、監査委員会による監査に基づいて得られた執行役等の職務執行にかかる情報を得ることができる。これに対して、委員会設置会社を除く取締役会設置会社の取締役会は、監査役に対して、説明を求めることができるとは考え難かろう。たしかに、監査役は、取締役会への出席義務を負っている（会社法三八三条一項）。しかし、監査役の取締役会への出席は、業務執行の決定がなされる取締役会への出席により、事前に業務執行の決定の適正を図るとともに、監査役による業務監査に役立てるためである[11]。また、委員会設置会社においては、監査委員会等の各委員会は、取締役会の構成員である取締役によって組織され、取締役会の内部機関であると考えられるが、委員会設置会社を除く取締役会設置会社においては、監査役は、取締役会の構成員ではないし、その内部機関でもなく、取締役会とは独立した機関である。ただし、上述のように、監査役が取締役会に取締役にかんする報告をする義務を負うことはある（会社法三八二条）。

一方、会計参与の職務執行については、委員会設置会社を除く取締役会設置会社は、監督の対象としない。そのため、取締役会は、会計参与に説明を求めることができないようにも考えられる。しかし、委員会設置会社を除く取締役会設置会社の会計参与も、上述の委員会設置会社における会計参与と同様の取締役会への出席義務を負い、また、同様に計算書類・その附属明細書、臨時計算書および連結計算書類を代表取締役・業務担当取締役と共同して作成することを職務とする。そのため、取締役会は、計算書類・その附属明細書、臨時計算書類または連結計算書類について、代表取締役・業務担当取締役に対して説明を求めることができるから、共同して作成した会計参与に説明を求めうると解することもできよう。ただし、会計参与の職務執行は取締役会の監督の対象ではないので、取締役会が会計参与に対して説明を求めうるのは、その職務執行ではなく、計算書類・その附属明細書、臨時計算書類または連結計算書類それ自体についてであろう。

（4） 最三判一九七三年（昭和四八年）五月二二日民集二七巻五号六五五頁、最三判一九八〇年（昭和五五年）三月一八日判時九七一号一〇一頁。

（5） 神田秀樹『会社法〔第八版〕』（弘文堂、二〇〇六年）一八九頁注3）（ただし、前掲書一七九頁注3）等参照。なお、一九八一年商法改正によって取締役会の職務として「取締役ノ職務ノ執行ヲ監督ス」（二〇〇五年改正前商法二六〇条一項）る職務が明定される前においてではあるが、塩田親文＝吉川義春『総合判例研究叢書商法⑾』（有斐閣、一九六八年）三九—四〇頁・七三—七四頁は、取締役が平取締役の職務執行を監視する義務を否定する。

(6) 最三判一九七三年（昭和四八年）五月二二日・前掲注（4）、菅原菊志「取締役の監視義務」企業法論社編『企業法研究創刊十周年記念論文集』（企業法論社、一九六四年）一一九—一二三頁、酒巻俊雄『取締役の責任と会社支配』（成文堂、一九六七年）五一—八頁、塩田＝吉川・前掲注（5）四七頁・五一頁・六六—六七頁、上柳克郎ほか編『新版注釈会社法⑹』（有斐閣、一九八七年）二七九頁・二八二頁（近藤光男）参照。なお、大隅＝今井・前掲注（1）二五二頁・二五三頁注（2）参照。委員会設置会社を除く取締役会設置会社の取締役の監視義務については、山田純子「取締役の監視義務」森本滋ほか編『企業の健全性確保と取締役の責任』（有斐閣、一九九七年）二三七—二四〇頁、島袋鉄男「最三判一九七三年（昭和四八年）五月二二日本注判批」鴻常夫ほか編『会社判例百選〔六版〕』別冊ジュリ一四九号（有斐閣、一九九八年）一二二—一二三頁、梅本剛正「最三判一九七三年（昭和四八年）五月二二日本注判批」江頭憲治郎ほか編『会社法判例百選』別冊ジュリ一八〇号（有斐閣、二〇〇六年）一六〇—一六一頁等参照。

(7) 岡田昌浩「取締役・監査役の情報収集について（二）・完」論叢一五〇巻三号（二〇〇一年）九三—九六頁参照。

(8) 始関正光「平成一四年改正商法の解説〔Ⅵ〕」商事一六四二号（二〇〇二年）二一頁等参照。

(9) 前田・前掲注（1）五二六—五二七頁参照。

(10) なお、各取締役に執行役に対する固有の質問権と使用人に対する報告徴求・調査の権限とを認めるべきとの立法論については、岡田昌浩「委員会等設置会社における監査・監督制度（二）・完」論叢一五三巻五号（二〇〇三年）八八頁・九二—九六頁参照。

(11) 味村治＝加藤一昶『改正商法及び監査特例法等の解説』（法曹会、一九七七年）七五頁。

3 監督是正

⑴ 委員会設置会社を除く取締役会設置会社の取締役会は、取締役の職務執行について、また、委員会設置会社の取締役会は、執行役等の職務執行について、監督することを職務とするから、それぞれの職務執行の監督是正の権限を有すると解される。監督是正に実効性を与え、また、監督是正の最終的な手段となるのは、それぞれ、選定・選任や解職・解任にかかる権限であり、また、当該者の再選定拒絶・再選任拒絶や解職・解任であろ

う。

委員会設置会社を除く取締役会設置会社の取締役会には、代表取締役を選定・解職する権限がある（会社法三六二条二項三号）。また、業務担当取締役についても、これを選定し業務執行権限を付与するのは取締役会であるから（会社法三六三条一項二号）、明文の規定はないが、取締役会にその解職権限があると解される。

取締役の選任・解任権限は、株主総会にある（会社法三二九条一項）。取締役会は、株主総会の招集を決定する権限を有するので（会社法二九八条一項・四項）、原則として、議題の決定権限のほかに（会社法二九八条一項二号・四項）、議案の決定権限を有する（会社法施行規則六三条三号イ・七号・七三条一項一号参照）[12]。そのため、取締役会には、株主総会に提出する取締役の選任の議案の決定権限があり（会社法会社法二九八条一項五号・四項、会社法施行規則六三条三号イ・七号イ・七四条参照）、また、その解任の議案の決定権限も認められるであろう（会社法二九八条一項五号・四項、会社法施行規則六三条三号イ・七八条参照）。なお、会計参与の選任・解任についても、その権限は株主総会にあるが（会社法三三九条一項。なお、三四五条参照）、取締役会には議題（会社法二九八条一項二号・四項）・議案（会社法施行規則六三条三号イ・七号イ・七五条・七九条参照）の決定権限がある。

取締役会は、代表取締役・業務担当取締役の業務執行の監督是正のためには、直接的な選定・解職権限を有するが、平取締役の職務執行の監督是正のためには、取締役の選任・解任の議案の決定権限を有するに止まる。なお、取締役会で解職された代表取締役・業務担当取締役は、取締役の地位を失わないので、取締役会の取締役の選任・解任の議案の決定権限は、解職された代表取締役・業務担当取締役の平取締役としての職務執行についての監督是正のための手段でもある。

⑵　委員会設置会社においては、執行役の選任・解任権限は取締役会にあり（会社法四〇二条二項・四〇三条一

項)、取締役会は、このような選任・解任権限を背景に執行役の職務執行の監督是正を行うことが可能であろう。

一方、取締役・会計参与の選任・解任権限は株主総会にあり(会社法三二九条一項)、取締役・会計参与の選任・解任の議案の決定権限は、取締役会ではなく指名委員会にある(会社法四〇四条一項)。委員会設置会社においては、執行役を兼ねる取締役が、取締役会を通じて、執行役を監督する取締役会の構成員の選任・解任の議案を決定することを回避し、社外取締役が過半数を占める指名委員会によって、取締役の職務執行が監督されることが確保されるよう期待されているといわれている。[13] 会計参与は、執行役と共同して、計算書類・その附属明細書、臨時計算書類および連結計算書類を作成することを職務とし、取締役・執行役を兼ねることはできないから(会社法三三三条三項一号)、取締役の選任・解任の議案の決定権限の帰属にかかるこのような理由は、会計参与の選任・解任の議案の決定権限が、取締役会ではなく指名委員会に帰属することについては妥当しない。

委員会設置会社の取締役会は、各委員会の委員の選定・解職権限を有する(会社法四〇〇条二項・四〇一条一項)。取締役会は、このような選定・解職権限を背景に、取締役の委員としての職務執行を監督することができる。しかし、上述のように、取締役の選任・解任にかかる権限は、取締役会にはない。そのため、取締役会には、取締役の委員としての職務執行以外の職務執行についても監督する職務があるとしても、取締役会としての監督の実効性を確保することは容易ではなかろう。取締役の職務執行の評価について、取締役会の判断と各委員会の判断とが異なる場合には、具体的な監督是正の権限を有する委員会の判断に従うことになる。ただし、取締役会は、異なる判断をした委員会の委員の選定・解職により取締役会の意向を委員会に反映することが可能である。しかし、委員会の職務執行が適法である場合に、このような取締役会の対応が妥当であるか、さらに適法であるかは、必ずしも明らかではなかろう。[14]

(12) 前田・前掲注（1）五一八頁等。
(13) 前田庸「商法等の一部を改正する法律案要綱の解説〔Ⅲ〕――株式制度・会社の機関・会社の計算等に関する改正――」商事一六二三号（二〇〇二年）二二頁、始関正光「平成一四年改正商法の解説〔Ⅴ〕」商事一六四一号（二〇〇二年）二七頁注（72）等参照。
(14) 角田大憲「取締役の人事・報酬」商事一六四四号（二〇〇二年）三三―三四頁等参照。

三　監査役・監査委員会による監査

1　監査の対象

(1)　監査役による監査の対象は、取締役の職務執行であり、会計参与設置会社であれば、取締役および会計参与の職務執行である（会社法三八一条一項）。委員会設置会社を除く取締役会設置会社においては、監査役による監査の対象と取締役会による監督の対象との間には、会計参与の職務執行が含まれるか否かで差異がある（前述二1(1)参照）。また、監査役設置会社（会社法二条九号）ではない株式会社であって委員会設置会社ではない会社（以下「非監査役設置会社」という）においては、会計参与を監督・監査する機関等は存在しない。

非監査役設置会社となりうるのは、非公開会社であって、大会社ではない株式会社である（会社法三二七条一項一号・二項・三項・三二八条参照）。このような会社が監査役を設置しない場合には、会計参与について、計算書類・その附属明細書、臨時計算書類または連結計算書類の作成という取締役と同様の職務執行それ自体の役割よりも、取締役と共同して行う職務執行を通じて会社の計算の適正化を図る役割を重視されていると考えられる[15]。たとえば、後者のような会計参与の役割については、非公開会社である取締役会設置会社は、大会社でなければ

（会社法三二八条二項参照）、監査役を設置しても監査役の監査の範囲を会計にかんするものに限定することができるが（会社法三八九条一項）、監査役を設置しない場合には会計参与を設置しなければならない（会社法三二七条二項）、という機関設計にも現れているといえよう(16)。

なお、非公開会社において、監査の範囲に限定のない監査役が設置された場合には、会計参与は、監査される側面を有するが、監査の範囲に限定のある監査役が設置された場合には、会計参与と監査役との両者が会社の計算の適正化を図る役割を担いながら、会計参与の職務執行を監督・監査する機関はない結果となる。

(2) 委員会設置会社の監査委員会による監査の対象は、執行役等の職務執行である（会社法四〇四条二項一号）。委員会設置会社においては、監査委員会による監査の対象と取締役会による監督の対象との間に差異はない。委員会設置会社の取締役会による監督は、監査委員会との連携によって図られ、また、監査委員会は、取締役会の内部機関として位置付けられるからであろう。

(15) 会計参与には取締役類似の規律と監査役類似の規律があること、また、会計参与は実質的には取締役よりも監査役に近いことについては、浜田道代「会計参与、監査役、監査役会、会計監査人」ジュリ一二九五号（二〇〇五年）七四頁参照。

(16) 江頭憲治郎「「会社法制の現代化に関する要綱案」の解説〔Ⅱ〕」商事一七二二号（二〇〇五年）七頁、相澤哲＝石井裕介「株主総会以外の機関〔下〕」商事一七四五号（二〇〇五年）一八頁注（15）参照。なお、会計参与という機関の存在との関係において、権限を会計監査に限定された監査役という機関の存在に疑問を提示するものとして、鳥山恭一「二〇〇五年会社法と会社の機関」ジュリ一三一五号（二〇〇六年）三五頁参照。

2 情報収集

(1) 監査役には、取締役・会計参与・使用人に対して事業の報告を求め、または、会社の業務・財産の状況を調査する権限がある（会社法三八一条二項）。また、監査役は、その職務を行うため必要があるときは、子会社に対して、事業の報告を求め、または、子会社の業務・財産の状況を調査することができる（会社法三八一条三項。ただし、会社法三八一条四項）。さらに、監査役は、その職務を行うため必要があるときは、会計監査人に対し、監査にかんする報告を求めることができる（会社法三九七条二項）。

取締役会設置会社においては、監査役は、取締役会に出席する義務を負う（会社法三八三条一項）。監査役は、取締役会では代表取締役・業務担当取締役の職務執行の状況が報告され、取締役による説明や意見陳述がなされるので、取締役会において取締役の職務執行の状況を入手することができる。監査役は、必要があると認めるときは、意見を述べる義務を負っているので、その前提として、取締役に説明を求めることができると解される。(17)

(2) 代表取締役・業務担当取締役が計算書類・その附属明細書、臨時計算書類または連結計算書類の作成について取締役会に報告・説明する場合には、共同して作成した会計参与の職務執行の状況が報告・説明されるであろう。また、会計参与は、一定の取締役会への出席義務を負うので（会社法三七六条一項）、監査役は、会計参与が出席する取締役会から会計参与の職務執行の状況を入手することができる。ただし、上述（二2(5)参照）のように解されるのであれば、取締役会は、会計参与の職務執行を監督の対象としていないので、会計参与に対してその職務執行の状況の説明を求めることはできず、したがって、監査役も、取締役会において会計参与に説明を求めることはできないと考えられる。もっとも、監査役は、取締役会とは別の機会に、会計参与に報告を求め、または業務・財産の状況を調査することができよう（会社法三八一条二項）。

なお、監査役は、業務・財産の状況を調査する権限を有することから、一般に、取締役会以外の会議等にも出席することができると解されている。

(3)　そのほかに、取締役は、会社に著しい損害を及ぼすおそれのある事実があることを発見したときは、ただちに、監査役に報告しなければならず、監査役会設置会社であれば監査役会に報告しなければならない（会社法三五七条）。また、会計参与と会計監査人とは、その職務を行うに際して取締役の職務の執行にかんし不正の行為または法令・定款に違反する重大な事実があることを発見したときは、遅滞なく、これを監査役に報告しなければならず、監査役会設置会社であれば監査役会に報告しなければならない（会社法三七五条一項・二項・三九七条一項・三項）。これらの報告義務に基づく報告により、監査役は、当該事実を認識することができる。

取締役が報告すべき事実の範囲は、取締役の職務執行にかかわる事実に限らないので、会計参与・会計監査人が報告すべき事実の範囲よりも広い。監査役は、取締役から上述の事実のうち取締役の職務執行にかかわる事実以外のものの報告を受けた場合であっても、これに対応して取締役会の招集の請求等（会社法三八三条二項・三項）の措置をとることが求められるようである[18]。しかし、監査役にこのような措置をとることを求める結果となるのは、監査役の職務が取締役の職務執行の監査であることと必ずしも適合しないと考えられる。監査役が措置をとるか否かを判断する前提として、取締役から会社に著しい損害を及ぼす事実を報告された監査役に対して、その事実につき取締役の職務執行の問題であるか、経済的事情等[19]の問題であるかの区別を求めることも難しいとも考えられよう。

(4)　委員会設置会社においては、監査委員会の選定する監査委員は、いつでも、執行役等・使用人に対し、その職務の執行に関する事項の報告を求め、または、会社の業務・財産の状況の調査をすることができる（会社法四〇五条一項）。監査を職務とするのは、監査委員会であり、その方針の下で組織的な監査を行うため、各監査委員ではなく監査委員会が選定した監査委員に、報告徴求と業務・財産の状況の調査の権限が認められている[20]。

一方、監査役は、事業の報告を求めることができるのに対し、選定された監査委員が報告を求めることができるのは、職務の執行に関する事項である。この相違の理由は、必ずしも明らかではない。そのほかに、監査役と同様に、監査委員会が選定する監査委員は、監査委員会の職務を執行するため必要があるときは、子会社に対し、事業の報告を求め、または、子会社の業務・財産の状況を求めることができる（会社法四〇五条二項。ただし、会社法四〇五条三項）。さらに、監査委員会が選定する監査委員は、その職務を行うため必要があるときは、会計監査役に監査にかんする報告を求めることができる（会社法三九七条二項・四項）。その職務を行うため必要があるときは、監査委員会の職務を執行するため必要があるときであろう。監査委員会の職務を執行するため必要があるときは、監査委員が監査委員会の委員として職務を執行するため必要があるときではなく、監査委員会がその職務を執行するため必要があるときを意味すると考えられる。監査を職務とするのは監査委員会であり、また、監査委員会が選定する監査委員は、監査委員会がその職務を行うために調査等を行うからである。

(5) 各監査委員は、取締役であるから（会社法四〇〇条二項）、取締役会に出席しなければならない。取締役会においては、執行役の職務執行の状況が報告され、各委員会の職務執行の状況が報告される。また、取締役会は、執行役に出席・説明を求めることができ（会社法四一七条五項）、構成員である取締役に説明を求めることができる。監査委員会は、取締役会を通じても、執行役・取締役の職務執行の状況について情報を入手することができる。

会計参与の職務執行の状況については、執行役が、自己の職務執行の状況を報告・説明する際に、執行役の職務執行と関係する範囲で報告・説明することとなろう。また、会計参与は、一定の取締役会への出席義務を負い（会社法三七六条一項）、委員会設置会社の取締役会は、会計参与の職務執行を監督の対象とするから、会計参与が出席する取締役会において会計参与に対してその職務執行の状況の説明を求めることができる。

(6) 委員会設置会社においては、取締役ではなく執行役は、会社に著しい損害を及ぼすおそれのある事実があることを発見したときは、ただちに、監査委員に報告しなければならない（会社法四一九条一項・三項）。会計参与と会計監査人とは、その職務を行うに際して執行役・取締役の職務執行にかんし不正の行為または法令・定款に違反する重大な事実があることを発見したときは、遅滞なく、これを監査委員会へ報告しなければならない（会社法三七五条三項・三九七条四項）。

執行役による監査委員への報告義務については、その意図が必ずしも明確ではないように考えられる。たしかに、会社に著しい損害を及ぼす事実が、執行役や取締役の行為に原因があれば、監査委員は、その行為の差止を請求することができる（会社法四〇七条）。しかし、執行役が報告すべき監査委員に限定はないので、報告を受ける監査委員が社外取締役の場合もあり（会社法四〇〇条三項・四項）、著しい損害を及ぼす事実の原因など経営・業務上の事実の分析を社外取締役に求めることが必ずしも妥当ではないとも考えられる。監査委員が報告を受けてそのような経営・業務上の事実の分析を取締役会に求めるとしても、監査委員会が取締役会の招集権者として選定した監査委員と（会社法四一七条一項）、報告を受けた監査委員とは、一致するとは限らない。報告を受けた監査委員が監査委員会を招集し（会社法四一一条一項）、その上で、取締役会が招集されるというのは迂遠である（後述三3(2)参照）。

(7) 会社法は、委員会設置会社だけではなく、それ以外の株式会社についても、いわゆる内部統制体制にかかる規定を設けた。委員会設置会社の取締役会は、監査委員会の職務執行のために必要なものとして、会社法施行規則で定める事項を決定しなければならない（会社法四一六条一項一号ロ）。その事項の中に、執行役および使用人が監査委員会に報告するための体制その他の監査委員会への報告にかんする体制が掲げられている（会社法施行規則一一二条一項三号）。その他の監査委員会への報告にかんする体制には、上述のような会計参与または会計監査人の義務に基づく報告の体制が含まれるであろう。

監査役設置会社においても、取締役および使用人が監査役に報告をするための体制その他の監査役への報告にかんする体制は、会社法の定める内部統制体制に含まれる（会社法三四八条三項四号・会社法施行規則九八条四項三号、会社法三六二条四項六号・会社法施行規則一〇〇条三項三号）。しかし、会社法の明文の規定に従えば、内部統制体制の構築は、義務づけられておらず、内部統制体制の整備が、大会社では決定されなければならないにすぎない（会社法三四八条四項・三六二条五項）、と解されている[21]。ただし、取締役は、善管注意義務に基づいて、内部統制体制を構築する義務を負う場合がある。

その他の監査役への報告にかんする体制としては、会計参与、会計監査人等による監査役への報告にかんする体制が含まれる[22]。監査役への報告にかんする体制には、上述のような取締役、会計参与または会計監査人の義務に基づく報告の体制が含まれると解される[23]。

(8)　監査役は、監査報告の作成にあたって、情報の収集および監査の環境の整備に努めなければならず、しかし、そうだからといって監査役が公正不偏の態度および独立の立場を保持することができなくなるおそれのある関係の創設および維持を認めるものと解してはならないなどと規定されている（会社法施行規則一〇五条二項から四項まで・一〇七条二項から四項まで）。このような規定は、監査役に一般的な努力義務を課していると解され、監査報告の作成にあたって準拠する内容（会社法三八一条）として適切であるとは解し難いとも考えられる[24]。

また、取締役または取締役会は、監査役の職務執行のための必要な体制の整備に留意しなければならないと規定されている（会社法施行規則一〇五条二項・一〇七条二項）。一方、内部統制体制には、上述のような監査役の情報収集のための体制だけではなく、その他の監査役の職務執行のための体制が含まれるとされている（会社法施行規則九八条四項・一〇〇条三項）。上述のように、会社法は、委員会設置会社ではない大会社に対して内部統制体制の整備の決定をすることにつき義務とするが（会社法三六二条五項・三四八条四項）、内部統制体制の構築をすることそれ自体を委員会設置会社ではない株式会社に対しては大会社も含めて義務づけていないとされている。会社法は、内部統制体制に含まれる監査役の職務執行のために必要な体制の整備それ自体を義務づけていないにもかかわらず（義務づけていないとしても）、上述の会社法施行規則は、結果的にその整備それ自体を義務づける結果となっていると考えられる。必要な体制の整備に留意しなければならないにもかかわらず、必要な体制を整備しないという結論にいたることは考え難いであろう。

(9) 監査役は、取締役が株主総会に提出しようとする議案、書類その他会社法施行規則に定めるものを調査する権限を有する（会社法三八四条）。委員会設置会社においては、監査委員は、取締役会の構成員であるので、これらの書類等について、一部の議案を除いて（会社法四一六条四項五号）、調査・検討をすることになる。

(17) 上柳克郎ほか『新版注釈会社法(6)』（有斐閣、一九八七年）一二二頁〔堀口亘〕参照。
(18) 上柳ほか・前掲注（17）四五三頁〔鴻常夫〕等参照。
(19) 味村＝加藤・前掲注（11）八八頁参照。
(20) 始関・前掲（13）二四頁参照。これに対する批判と各監査委員に報告徴求と業務・財産の状況の調査の権限を認めるべきとの立法論とについては、岡田・前掲注（10）八〇―八六頁参照。
(21) 相澤哲ほか『論点解説新・会社法』（商事法務研究会、二〇〇六年）三三四頁。なお、前田雅弘ほか『〔座談会〕新会社法と企業社会』法時七八巻五号（二〇〇六年）一八頁〔中村直人〕参照。

(22) 郡谷大輔「会社法施行規則等に関する解説」月刊監査役五一二号（二〇〇六年）七頁。
(23) 小舘浩樹ほか「会社法における内部統制システムの構築」商事一七六〇号（二〇〇六年）四六頁参照。
(24) 上村達男「新会社法の性格と法務省令」ジュリ一三一五号（二〇〇六年）四頁参照。

3 是　正

(1) 取締役会設置会社の監査役は、取締役会に出席し、必要があると認めるときは、意見を述べなければならない（会社法三八三条）。また、取締役が不正の行為をし、もしくは当該行為をするおそれがあると認めるとき、または法令・定款に違反する事実もしくは著しく不当な事実があると認めるときは、遅滞なく、その旨を取締役会に報告しなければならない（会社法三八二条）。この報告のために、取締役会の招集を請求し、一定の場合には、取締役会を招集することができる（会社法三八三条二項・三項）。さらに、取締役が会社の目的の範囲外の行為その他法令・定款に違反する行為をし、またはこれらの行為をするおそれがある場合において、当該行為によって会社に著しい損害が生じるおそれがあるときは、監査役は、当該取締役に対し、当該行為の差止を請求することができる（会社法三八五条一項）。

監査役は、株主から取締役の責任を追及する訴えの提起の請求を受ける場合には、監査役設置会社を代表するとされている（会社法三八六条二項一号）。訴えの提起をするか否かの意思決定自体も、各監査役が個別にできると解されている。[25] 各監査役が個別に意思決定ができるとすれば、その限りで、各監査役は、取締役の職務執行の是正の手段を有しているといえよう。また、不提訴については、取締役に責任等がないという理由だけではなく、取締役に責任等があるが損害額が訴えによって生じる費用よりも大きいというような理由に基づくことも許容されると解されるようである（会社法施行規則二一八条三号）[26]。したがって、監査役は、取締役に責任があるか否かの適法性の判断だけではなく、場合によっては、不提訴とするか否かにつき妥当性の判断をすることになると解される。

取締役・会計参与の会社に対する責任の一部免除等には、監査役設置会社においては、各監査役の同意が必要である（会社四二五条三項一号・四二六条二項・四二七条三項）。なお、同意をするか否かの監査役の判断は、妥当性監査の範囲に含まれる[27]。

会社法は、取締役会の書面決議・電磁的記録による決議を許容したが、監査役設置会社においては、決議が認められるには、監査役が異議を述べていないことが要件とされる（会社法三七〇条）[28]。

⑵　委員会設置会社の各監査委員は、取締役会の構成員であるから、取締役会に出席し、必要があれば、意見を述べなければならない。監査委員会が選定した監査委員は、遅滞なく、執行役等の職務執行の状況の監査という監査委員会の職務執行の状況を取締役会に報告しなければならない（会社法四一七条三項）。

さらに、各監査委員は、監査役が報告しなければならないのと同様に、執行役・取締役が不正の行為をし、もしくは当該行為をするおそれがあると認めるとき、または法令・定款に違反する事実もしくは著しく不当な事実があると認めるときは、遅滞なく、その旨を取締役会に報告しなければならない（会社法四〇六条）。しかし、報告のために取締役会を招集しなければならないとしても、招集権者の定めがある場合には（会社法三六六条一項）、各監査委員に招集権が認められるわけではなく、監査委員会が指定する監査委員に認められるにすぎない（会社法四一七条一項）。

執行役・取締役が会社の目的の範囲外の行為その他法令・定款に違反する行為をし、またはこれらの行為をするおそれがある場合において、当該行為によって会社に著しい損害が生じるおそれがあるときは、各監査委員は、監査役が取締役に対し差止を請求することができるのと同様に、執行役・取締役に対し、当該行為の差止を請求をすることができる（会社法四〇七条一項）。

監査委員は、株主から当該監査委員を除く取締役・執行役の責任を追及する訴えの提起の請求を受ける場合には、委員会設置会社を代表するとされている（会社法四〇八条三項一号）。訴えの提起をするか否かの意思決定自体も、各監査委員が個別にできると解されるようである。各監査委員が個別に意思決定ができるとすれば、その限りで、各監査委員は、取締役・執行役の職務執行の是正の手段を有しているといえよう。上述のような不提訴の理由が許容される。

そのほかに、執行役・取締役・会計参与の会社に対する責任の一部免除等にかんしては、各監査委員の同意が必要である（会社四二五条三項一号・四二六条二項・四二七条三項）。これも、監査役設置会社において、監査役の同意が必要であるのと同様である。

(25) 相澤ほか・前掲注（21）三五二頁。
(26) 相澤ほか・前掲注（21）三五一頁。さらに、不提訴の理由については、郡谷・前掲注（22）一二頁、江頭憲治郎『株式会社法』（有斐閣、二〇〇六年）四七六頁注（6）参照。
(27) 江頭・前掲（26）四七七頁注（7）。
(28) 「監査役設置会社」の定義との関係における問題について、近藤光男「会社法制現代化の意味――監査役制度を中心に――」月刊監査役五〇五号（二〇〇五年）一〇――一一頁参照。

四　株主・株主総会による監督

1　監督是正

(1)　取締役・会計参与の選任・解任は、株主総会の決議によるので（会社法三二九条一項・三三九条一項）、株主は、株主総会の選任・解任権限を背景に株主総会を通じて、取締役・会計参与の職務執行の監督是正を図ることができる。さらに、取締役・会計参与の職務執行にかんし不正の行為または法令・定款に違反する重大な事実があったにもかかわらず、解任議案が株主総会において否決されたとき等は、総株主の議決権の一〇〇分の三以上の議決権または発行済株式の一〇〇分の三以上の株式を六箇月前から引き続き有する株主は、株主総会の日から三〇日以内に訴えをもって解任の請求をすることができる（会社法八五四条一項）。非公開会社では、議決権または株式の六箇月の継続保有要件は不要である（会社法八五四条二項）。なお、旧有限会社法においては、取締役の訴えによる解任の請求は、総社員の議決権の一〇分の一以上の議決権を有する社員に、この割合の議決権を六箇月前から引き続き有していなくても認められていた。

(2)　直接の監督是正として、六箇月前から引き続き株式を有する株主は、株式会社に対し、取締役・会計参与・執行役の責任追及等の訴えの提起を請求することができ、株式会社が六〇日以内に訴えを提起しないときは、自ら責任追及等の訴えを提起することができる（会社法八四七条一項・三項）。非公開会社では、株式の六箇月の継続保有要件は不要である（会社法八四七条二項）。なお、旧有限会社法においても、社員は、議決権を六箇月前から引き続き有していなくても、請求・訴えの提起をすることができた。

⑶　非公開会社では株主に、また、公開会社では六箇月前から引き続き株式を有する株主に、差止請求権が認められる（会社法三六〇条・四二二条）。監査役設置会社または委員会設置会社では、取締役・執行役が会社の目的の範囲外の行為その他法令・定款に違反する行為をし、またはこれらの行為をするおそれがある場合において、当該行為によって当該株式会社に回復することができない損害が生ずるおそれがあるときは、このような株主は当該取締役・執行役に対し、当該行為の差止を請求することができる（会社法三六〇条三項・四二二条一項）。監査役設置会社・委員会設置会社以外の株式会社において取締役に対するこのような株主の差止請求が認められるのは、取締役が会社の目的の範囲外の行為その他法令・定款に違反する行為をし、またはこれらの行為をするおそれがある場合に、当該行為によって当該株式会社に著しい損害が生ずるおそれがあるときである（会社法三六〇条一項）。

監査役設置会社・委員会設置会社以外の株式会社の株主は、業務監査権限を有する監査役と同様の要件（会社法三八五条一項参照）の下で差止請求権を行使することが認められている[29]。このような要件の下での株主の差止請求権は、従来は認められておらず、会社法によって認められた。ただし、取締役に対し仮処分がなされるときは、監査役の申立の場合には担保を立てさせないと規定されているが（会社法三八五条二項）、株主の申立の場合にはそのような規定はない（民事保全法一四条参照）。

そのほかに、監査役設置会社・委員会設置会社を除く取締役会設置会社の株主は、取締役が会社の目的の範囲外の行為その他法令・定款に違反する行為をし、またはこれらの行為をするおそれがあると認めるときは、取締役会を招集を請求することができ、一定の場合には、自ら招集することができる（会社法三六七条一項・二項・三六六条三項）。また、取締役会の招集請求・招集をした株主は、当該取締役会に出席し、意見を述べることができる（会社法三六七条四項）。このような株主の権限は、業務監査権限を有する監査役の権限（会社法三八一条・三八三条）と同様であり、会社法によってあらたに認められた。

なお、監査役設置会社・委員会設置会社以外の株式会社においては、取締役の過半数による同意、取締役会設置会社にあっては取締役会決議によって、取締役・会計参与の会社に対する責任の一部を免除することは認められない（会社法四二六条一項）。

(29) 以下の監査役設置会社・委員会設置会社以外の株式会社の株主による監督是正については、江頭憲治郎「「会社法制の現代化に関する要綱案」の解説〔Ⅲ〕」商事一七二三号（二〇〇五年）一〇頁、相澤＝石井・前掲注（16）一八頁参照。

2 情報収集

(1) 株式会社は、計算書類・事業報告とこれらの附属明細書とを作成しなければならず（会社法四三五条二項）、また、大会社であって有価証券報告書を内閣総理大臣に提出しなければならないものは（金融商品取引法二四条一項）、連結計算書類を作成しなければならない（会社法四四四条三項）。株式会社は、臨時計算書類を作成することができ（会社法四四一条一項）、また、会計監査人設置会社は、連結計算書類を作成することができる（会社法四四四条一項）。株主は、これらの書類等から株式会社にかかる情報を入手することができる。以下では、これらの書類の中でも、直接に取締役・執行役・会計参与にかかる情報に関係すると考えられる、事業報告およびその附属明細書を採り上げて概観する。

株式会社においては、事業報告は、定時株主総会に提出・提供され、報告される（会社法四三八条一項・三項）。取締役会設置会社においては、事業報告は、事前に定時株主総会の招集通知に際して、株主に提供される（会社法四三七条）。また、株式会社は、事業報告・その附属明細書を本店に備え置かなければならず、支店でもその写しを備え置くなどの措置をとらなければならない（会社法四四二条一項一号・二項）。株主は、事業報告・その附属明細書またはその写しの閲覧請求等と、その書面の謄本・抄本の請求等とをすることができる（会社法四四二条三項）。取締役会設置会社における備置の期間は、本店では定時株主総会の日の二週間前から五年間、支店では定時株主総会の日の二週間前から三年間であり、その他の株式会社における備置の期間は、本店では定時株主総会の日の一週間前から五年間、支店では定時株主総会の日の一週間前か三年間である。

なお、旧商法特例法または旧有限会社法においては、小会社または有限会社は、定時株主総会または社員総会の招集通知に際して営業報告書の謄本・情報を株主に交付・提供する必要はなく（旧商法特例法二五条、有限会社法四六条、旧商法二八三条二項・三項参照）、営業報告書・その附属明細書について、支店でのその謄本の備置を義務づけられておらず、本店で定時株主総会の日の一週間前から五年間備え置かなければならなかった（旧商法特例法二三条六項・二五条、旧商法二八二第一項、旧有限会社法四三条ノ二第一項）。したがって、いずれかの会社に相当する株式会社は、あらたに支店で事業報告・その附属明細書の写しを備え置くなどの措置をとらなければならなくなった。また、旧商法特例法上の小会社に相当する株式会社は、取締役会設置会社であるから、あらたに招集通知に際して、事業報告を株主に提供しなければならないこととなり、事業報告・その附属明細書の本店での備置の開始が一週間早まることになった。

⑵　事業報告・その附属明細書にかかる監査報告について概観することにしよう。監査役と監査委員会とは、事業報告・その附属明細書を監査し（会社法四三六条一項・二項）、監査報告を作成しなければならない（会社法施行規則一二九条・一三一条。会社法三八一条一項・四〇四条二項一号、会社法施行規則一〇五条参照）。監査役会も、監

査役が事業報告・その附属明細書を受領したときに作成した監査報告に基づき、監査役会の監査報告を作成しなければならない（会社法施行規則一三〇条。会社法三九〇条二項一号参照）。会計監査権限のみを有する監査役も、事業報告・その附属明細書を監査しなければならないが（会社法四三六条一項）、しかし、業務監査権限を有する監査役の監査報告の内容となる事項に代えて、事業報告を監査する権限がないことを明らかにした監査報告を作成しなければならいと規定されている（会社法施行規則一二九条二項。会社法三八九条二項、会社法施行規則一〇七条参照）。したがって、会計監査権限のみを有する監査役は、会社法四三六条一項に反し、事業報告・その附属明細書を監査しないことになると、あるいは、事業報告・その附属明細書を監査する権限がないとの監査をするといえるのかもしれない。

なお、旧商法特例法または旧有限会社法においては、小会社の監査役または監査役が設置されたときの有限会社の監査役は、業務監査権限を有さないが（旧商法特例法二二条・二五条、旧商法二七四条、旧有限会社法三三条ノ二参照）、営業報告書・その附属明細書を提出され、監査報告書を作成しなければならないとされていた（旧商法特例法二三条一項から五項まで、旧有限会社法四三条二項から四項まで）。ただし、営業報告書・その附属明細書にかかる監査報告書の内容については、明示されていない（旧商法特例法二五条、旧商法二八一条ノ三第二項参照）。

監査報告は、定時株主総会に提出・提供される必要はない（会社法四三八条一項参照）。しかし、取締役会設置会社においては、監査報告は、事業報告と同様に、定時株主総会の招集通知に際して、株主に提供されなければならない（会社法四三七条）。会社法に従えば、非公開会社であるが取締役会を設置し、監査役の監査の範囲を会計監査に限定した会社は、事業報告を監査する権限がないことを明らかにした監査報告を、定時株主総会の招集通知に際して、株主に提供することになると解される。しかし、会社法施行規則一三三条一項一号は、監査報告の提供を不要としているようである[30]。また、株主に提供される監査報告は、監査役会設置会社を除く監査役設置会社においては、監査役の監査報告であり、委員会設置会社においては、監査委員会の監査報告である。監査役会設置会社においては、監査役会の監査報告が株主に提供され（会社法施行規則一三三条一項二号ロ）、各監査役の監査報告は、作成されるが（会社法四三六条一項・二項二号）、株主に提供される必要はない。これに対して、非取締役会設置会社で業務監査権限を有する監査役を設置した会社においては、監査報告は、定時株主総会の招集通知に際して、株主に提供される必要はなく、また、監査役は、事業報告・その附属明細書の監査の結果を定時株主総会に報告する必要（会社法三八九条三項参照）もない[31]。監査報告の備置等と株主によるその閲覧等については、事業報告・その附属明細書のそれと同様である（会社法四四二条一項一号・二項・三項）。

なお、旧商法特例法または旧有限会社法においては、小会社の監査役または監査役が設置されたときの有限会社の監査役は、上述のように、会計監査権限のみを有すると解されており、また、小会社または有限会社は、定時株主総会または社員総会の招集通知に際して、監査報告書の謄本・情報を株主に交付・提供する必要はない（旧商法特例法二五条、有限会社法四六条、旧商法二八三条二項・三項参照）。一方、旧商法および旧商法特例法においては、小会社以外の株式会社は、取締役会を設置し、業務監査権限を有する監査役または監査委員会を設置しており、監査報告書の謄本・情報を、定時株主総会の招集通知に際して、株主に交付・提供しなければならない（旧商法二八三条二項・三項）。交付・提供される監査報告書の謄本・情報は、監査役会が設置されていない株式会社（いわゆる中会社）では監査役の監査報告書の謄本・情報であり、委員会等設置会社では監査委員会の監査報告書（旧商法二八一条の三第一項、旧商法特例法二一条の二九参照）の謄本・情報である。監査役会が設置されている株式会社（大会社・みなし大会社）においては、各監査役は、監査をするものの（旧商法二八一条四項）、監査報告書を作成しないので（旧商法特例法一九条二項、旧商法二八一条ノ三第一項参照）、監査役会の監査報告書（旧商法特例法一四条二項）の謄本・情報が株主に交付・提供されると解される。旧商法特例法または旧有限会社法において、小会社または有限会社が営業報告書にかかる監査報告書を作成しなければならないとすれば、その監査報告書の備置については、上述の営業報告書・その附属明細書の備置と同様であり（旧商法特例法二三条六項・二五条、旧商法二八二第一項、旧有限会社法四三条ノ二第一項）、会社法により事業報告・その附属明細書の備置と同様の変更が生じたことになる。

(3) その他の方法等によっても、計算書類等にかかる情報以外の情報は、株主総会に収集される。取締役・会計参与・監査役・執行役には、株主総会において説明義務がある（会社法三一四条）。また、株主総会は、その決議によって、提出・提供されてた資料を調査する者を選任することができる（会社法三一六条一項）。さらに、業務監査権限を有する監査役は、株主総会に提出される議案、書類その他法務省令で定めるものを調査して、法令・定款に違反し、または著しく不当な事項があると認めるときは、その調査結果を株主総会に報告しなければならない（会社法三八四条。会社法三八九条七項参照）。

(4) 総株主の議決権の百分の三以上の議決権を有する株主、または発行済株式の百分の三以上の数の株式を有する株主は、会計帳簿等の閲覧・謄写を請求することができる（四三三条一項）。この請求は、株主の権利の確保または行使に関する調査を目的としなければならず、これ以外の目的のとき等には、請求が拒まれる（会社法四三三条二項）。

(5) 会社法は、監査役設置会社・委員会設置会社以外の株式会社の株主に、一定の範囲で、業務監査権限を有する監査役と同様の監督是正の権限等を与えたが、さらに、一定の範囲で、業務監査権限を有する監査役と同様の情報収集にかかる権限・措置等を用意した[32]。株主の監督是正の権限等の行使機会・実効性の確保が図られようとしているといえよう。

監査役設置会社・委員会設置会社以外の株式会社の株主は、その権利を行使するため必要があるときは、裁判所の許可を得ることなく、取締役会の議事録の閲覧・謄写を請求することができる（会社法三七一条二項。監査役については、会社法三六九条三項・三八一条二項・三八三条一項参照）。なお、監査役設置会社または委員会設置会社の株主も、その権利を行使するため必要があるときは、取締役会の議事録の閲覧・謄写を請求することができるが、これには、裁判所の許可を得る必要がある（会社法三七一条三項）。また、取締役は、株式会社に著しい損害を及ぼすおそれのあるがあることを発見したときは、ただちに、当該事実を株主に報告しなければばならない（会社法三五七条一項。監査役については、会社法三五七条一項・二項参照）。このような株主への報告のための体制は、監査役設置会社・委員会設置会社以外の株式会社におけるいわゆる内部統制体制に含まれる（会社法三四八条三項四号・三六二条四項六号、会社法施行規則九八条三項・一〇〇条二項[33]）。

会計参与は、その職務を行うに際して取締役の職務の執行にかんし不正の行為または法令・定款に違反する重大な事実があることを発見したときは、遅滞なく、これを株主に報告しなければならない（会社法三七五条一項。監査役については、会社法三七五条一項・二項参照）。しかし、この会計参与による株主への報告のための体制は、会社法・会社法施行規則が定める内部統制体制には含まれない。

株主には、それが監査役設置会社・委員会設置会社以外の株式会社の株主であっても、業務監査権限を有する監査役とは異なり、報告徴求と業務・財産の状況の調査との権限（会社法三八一条二項）が認められない。そのため、監査役設置会社・委員会設置会社以外の株式会社の株主が、前述（本稿四1参照）のような是正権限等を、業務監査権限を有する監査役と同程度に実効的に行使しうるとは限らないと考えられる。また、監査役設置会社・委員会設置会社以外の株式会社においては、取締役の職務執行の是正の実効性は、報告徴求と業務・財産の状況の調査との権限を有する機関等が存在しないことそれ自体により、監査役設置会社と比較して低くなるともいえよう。(34)

(30) 相澤哲＝郡谷大輔「事業報告〔下〕」商事一七六三号（二〇〇六年）二二頁。
(31) 鳥山・前掲注（16）三五頁参照。
(32) 以下の監査役設置会社・委員会設置会社以外の株式会社の株主の情報収集については、江頭・前掲注（29）一〇頁、相澤＝石井・前掲注（16）一八頁参照。
(33) 相澤哲＝石井裕介「株主総会以外の機関」商事一七六一号（二〇〇六年）一五頁。
(34) 三浦亮太「会社法の下における監査役の権限と責任」月刊監査役五一四号（二〇〇六年）五七頁参照。

取締役の選任と解任

芝　園子

淺木愼一・小林　量
中東正文・今井克典　編
浜田道代先生還暦記念
『検証会社法』
2007年11月　信山社

一　はじめに
二　選任
三　解任
四　検証
五　おわりに

一　はじめに

取締役は誰によって、どのようにして選任され、解任されるのか。株式会社は、取締役を選んで初めて活動が可能となる。取締役を選びやめさせる仕組みは、会社統治を形づくる屋台骨ともいうべきものであり、会社法においてもっとも基本的な定めの一つである。

取締役は株主総会によって、選任され解任される。(1) 株式会社においては株主総会で取締役が選任されるのは、当然の理であり、この原則は、明治二三年の旧商法制定以来、会社法が制定された現在に至るまで維持されている。

しかし取締役を選任し解任する株主総会の権限は、取締役選任に任期があるか否か、任期が何年かといったこと等により影響を受ける。また株主総会においては、取締役は資本多数決によって選任される。取締役を選任し解任する株主総会の権限は、株主平等原則を体現する一株一議決権の位置づけや、資本多数決の方法が変更されることによっても影響を受ける。

株主総会においては原則として資本多数決によって、すなわち、一株につき一議決権を与えて、株主に議決権を行使させることによって、出席株主の有する議決権の過半数の賛成で、株主総会決議（普通決議）を行い、取締役を選任し解任する。会社法がこの一株一議決権に対する例外規定や多数決の基準を変更すれば、それに連動して取締役が選任、解任され、株主総会の権限の実質的な内容は変更されることになる。一株一議決権に対する例外は定款により定められるが、定款による例外は、明治三二年商法制定以後、時代が進展するにつれておおむね拡大している。

なお、有限会社は資本多数決による選任・解任を定めているものの、議決権に関しては定款による属人的な定めを許容していたことから、一株一議決権原則の内実は株式会社とは異なっていた。平成一七年制定会社法は、有限会社を廃止し、株式会社に一本化したことによって、複雑な規定を抱え込むことになった。

取締役の選任・解任に関する平成一七年会社法の制定は、平成一三年および平成一四年の商法改正と相俟って、昭和二五年商法改正にも匹敵する大きな改正となっている。本稿においては、取締役の選任・解任の制度の変遷をたどり、平成一七年会社法における取締役の選任・解任制度の検証を行う。

(1) 発起設立では取締役は定款作成時に事実上は選任される。しかし発起設立における発起人は設立時において発行する株式の全部を引き受け（会社法二六条一項一号）、払い込みを完了しているから、実質的には株主総会で定めることに変わりはない（同三八条）。

二 選任

1 資格等

(一) 会社法制定前

取締役の欠格事由は、昭和四〇年代の不祥事を契機として昭和五六年法律（以下「法」と略する）七四号により新設され、その後平成一一年法一五一号、平成一三年法四九号、および平成一六年法六七号による商法改正を経て、平成一七年会社法制定前商法（以下「会社法制定前」とする）二五四条ノ二となっている。

なお、明治三二年制定当初の商法一六四条は、「取締役ハ株主総会ニ於テ株主中ヨリ之ヲ選任ス」していた。その後昭和一三年商法改正により「株主中ヨリ」の文言は削除されたものの、定款で取締役の資格を大株主に定めることは認められていた（平成一二五年改正前商法二五四条一項）。昭和二五年商法改正では新たに二五四条二項が新設され、取締役を株主でなければならないことを定款の内容とすることが禁止された。一方有限会社法においては、会社法制定前商法二五四条一項は準用されてはおらず、そのような定款の定めは有効であった。

(二) 平成一七年制定会社法

取締役の欠格事由は、三三一条一項に定められた。会社法制定前商法二五四条ノ二第二号は削除され、「破産手続ノ開始ノ決定ヲ受ケ復権セザル者」は取締役となる資格を有することとなった。一方でそれ以外には、取締役の欠格事由はより幅広く定められることになった。三三一条一項一号は、「法人」に取締役の資格がないことを明らかにし、学説上争われてきた事項に一定の決着をつけた。さらに、同項二号は、成年被後見人または被保佐人について、外国の法令上これらと同様に取り扱われている者を付け加えた。同項三号は、刑事罰を受けた者に取締役の資格を認めない規定であるが、対象となる規定の範囲を、金融商品取引法（証券取引法）と各種倒産法制に拡げた。(2)

会社法制定前商法においては、株式会社であれば、譲渡制限会社であっても取締役を株主に限る旨の定款を定めることができなかったのに対して、平成一七年制定会社法(3)では、株式の全部について定款で譲渡制限を定める株式会社（以下「全株式譲渡制限会社」とする）においては取締役を株主に限る旨の定款を定めることができるようになった（三三一条二項）。持分の自由な譲渡が認められていなかった有限会社タイプの会社に関しては、変更はない。なお委員会設置会社では、株式会社の使用人は取締役となることができない旨が明文化された（三三一条三項)。

2 任　期

(一) 会社法制定前

明治三二年制定当初から昭和二五年改正に至るまでは、株式会社の取締役の任期は三年であると定められていた(昭和二五年商法改正前二五六条本文)。なお明治四四年商法改正では、定款で定めれば取締役の任期は、任期中の最終の配当期に関する定時株主総会の終結時まで伸長できるものとされた(同但書)。

昭和二五年商法改正(昭和二五年法一六七号)では、取締役の任期は最長二年と短縮された(会社法制定前商法二五六条一項三項)[4]。同改正では、取締役会が新設され取締役(会)の権限強化が行われたことから、株主の信任を得る機会がより多く必要であるとして、取締役の任期を二年に短縮した[5]。なおこれと同じ理由で、会社設立後の最初の取締役の任期は一年とされた(会社法制定前商法二五六条二項)。

その後平成一四年法四四号の商法特例法改正によって、委員会等設置会社が新たに設けられると、委員会設置会社においては、取締役の任期は一年に短縮された[6](会社法制定前商法特例法二一条の六第一項)。また同改正では、取締役を選任・解任することのできる種類株式の発行を認める定款を廃止した場合には、任期途中であっても任期が定款変更の時に満了したものとみなされることになった(会社法制定前商法二五七条ノ六)。

なお一九三八年(昭和一三年)に制定された有限会社法においては、有限会社の取締役には任期が定められておらず、その後も変更はない。

(二) 平成一七年制定会社法

取締役に任期の存在していなかった有限会社の観点から見ると、会社法制定では、任期に関する定めは株式会社の法制に統一された。これにより法律制定後約七〇年を経て任期の定めのなかった有限会社タイプの会社においても、任期が新たに置かれることになり、その任期は原則として二年となった。

しかし株式会社の観点らみれば、平成一七年制定会社法において、全株式譲渡制限会社であれば、定款に定めを置けば任期を一〇年まで延長することが可能となった（三三二条二項）。そのような株式会社では、株主の変動が少ないことから、取締役の任期を二年に強制しなければならない理由は存在しないと考えられた。

一方、定款に株式の譲渡制限を定めない株式会社に関しては、平成一七年制定会社法においても取締役の任期に変更はない(7)。もっとも、「選任後二年以内に終了する事業年度のうち最終のものに関する定時株主総会の終結の時まで」と、文言が変更され（三三二条一項）、これにより任期がいつ始まりいつ終わるのか明確となった。

どのような会社も二年の任期を定款で短縮することは可能である（三三二条一項但書）一方で、委員会設置会社の取締役の任期は会社法制定前商法特例法の定めていた場合と同様一年である（同条三項）。委員会設置会社を置く旨の定款の変更とその廃止、および全株式譲渡制限株式への定款変更を行った場合には、定款変更の効力が発生したときに取締役の任期は終了する（同条四項）。

なお、会社法制定前商法二五七条ノ六では、種類株主によって選任された取締役は、種類株主総会による取締役の選任を定める定款を廃止する、定款変更の効力が生じたときにも、任期が満了したものとみなされる定めを置いていたが、これに相当する定めは削除されている。

3　決議要件と議決権

㈠　会社法制定前

取締役は原則として、株主総会において普通決議で選任しなければならない（会社法制定前商法二五四条一項）。

この仕組みは、株式会社制度の根幹にあり、ロエスエル法案以後明治二三年法三二号の旧商法一八五条を経て[8]、明治三二年商法制定当初から存在している[9]。しかし株主平等原則を体現している一株一議決権に対する、例外規定の変遷とともに、株主総会の選任権限の実質は変更されている。

明治三二年商法二〇四条[10]は、一株一議決権の原則を採用しながらも、定款で定めれば、十一株以上を有する株主の議決権を制限したり、株主名簿への記載後六か月の間議決権を失わせることが可能となっていた（昭和二五年改正前商法二四一条一項但書）。

昭和一三年改正においては、議決権の行使に関して、株主を種類に分けて、種類ごとに異なる扱いをすることが認められるようなった[11][12]。種類株式そのものは、明治三二年商法制定時から存在していたものの、議決権行使について異なる取扱いを認めたのは、昭和一三年改正が初めてである[13]。議決権行使についての異なる取扱いは、取締役を選任する株主総会の権限を、実質的に変更させるものである。

もっとも、昭和一三年に新設された無議決権株式は、その発行可能株式数は発行済株式の総数の四分の一を超えないものとされた[14]（平成一三年改正前商法二四二条二項）。さらに昭和二五年改正では、無議決権株式は、利益の配当に関し優先的内容を有する種類の株式についてのみ認められるものと定められた（平成一三年改正前商法二四二条一項本文）。利益配当優先株で優先配当が行われている限りにおいて議決権が停止され、優先配当がなされない場合には、議決権が復活するものと解されてきた[15]（平成一三年改正前商法二四二条二項）。

平成一三年改正に至るまで、議決権を制限することができる優先株式は、種類株式ではないと考えられさえした[16]。昭和二五年商法改正で一株一議決権の原則に対する例外を認めていた、上記昭和二五年改正前商法二四一条一項但書を削除したことと相俟って、昭和二五年改正から平成一三年改正に至る五〇余年の間が、取締役を選任する株主総会決議において、議決権を制限される株主がもっとも少なかった時期となっている。

無議決権株式の発行を認めた一九三八年に行われた昭和一三年商法改正は、その後の種類株式による一株一議決権原則の例外の拡大の端緒である。しかし、一株一議決権原則に対する例外規定の拡大は、六〇余年をすぎた二〇〇一年の平成一三年以後の商法改正で一挙になされた。

平成一三年法一二八号による商法改正においては、優先株式に付加されるかたちで認められてきた無議決権株式は、優先株式とは切り離された独立の議決権制限種類株式となり、利益配当が優先されるかどうかにかかわりなく、その発行が認められるようになり、種類株式の一つとして位置づけられるようになった。さらに、平成二年の改正で発行済株式総数の三分の一に引き上げられていたその発行可能株式数は、発行済株式総数の二分の一にまで引き上げられた（会社法制定前商法二二二条一項五号五項）。

また平成一三年改正では、単元株式を採用している会社では、発行可能株式数が、発行済株式総数ではなく単元株の数を基準に計算されることになった（会社法制定前商法二二一条六項）。ところが、単元を定めた会社が種類株式を発行する場合、種類株式ごとに異なる株数を単元として定めることができる（同二二一条三項）。これにより、複数議決権制度が事実上可能となり、議決権の数は出資額に比例しないものとなる可能性も生じてきた。

また同改正においては、発行される種類株式に対して拒否権を与えることが認められるようになった（会社法制定前商法二二二条九項）。しかもその発行はすべての株式会社に認められた。拒否権付株式は、取締役の選任決議で議決権を行使できない株主を増加させるわけではない。しかし拒否権を持つ種類株主が拒否権を発動することによって、一株一議決権原則に則って行われた株主総会決議を、無意味にする可能性がある。間接的には、取締役の選任決議で議決権を行使できない株主を増加させることに等しい。

通説では会社法制定前商法二五四条一項は、取締役の選任を総会の権限に専属させる旨を明らかにしたものであって、定款でもってしてもこの選任を取締役会その他の機関または第三者に委ねることはできない、と解されてきた[17]。拒否権付種類株式が新設されると通説は否定され、取締役の選任制度には実質的に大きな変更がもたらされる。

さらに平成一四年法四四号による商法改正では、全株式譲渡制限会社[18]であれば、取締役を選任する権限を有する種類株式の発行が可能となった（会社法制定前商法二二二条一項）。取締役が株主総会で選任されることに変わりはないものの、定款による例外が拡大した。なお取締役選任権付種類株式は、発行済株式総数の二分の一未満または発行済株式の全部について存する単元の数の二分の一を超えてはならないと定められた（会社法制定前商法二二二条八項）。

なお同改正では、種類株主総会で取締役を選任する旨の定款の定めをがある会社においては、法令または定款所定の員数の取締役を選任できないときにその定款の定めが廃止されたものとみなされる（同二五七条ノ五）旨が定められていた。

これら平成一三年法および平成一四年の商法改正により、株式会社においては、取締役を選任する総会決議において、議決権を行使する権限を有さない株主の割合が拡大するとともに、資本多数決の例外も拡大した。

一方有限会社法においては制定当初から一貫して、議決権の行使に関しては、出資一口について一個の議決権を有する旨が定められているものの、定款で定めれば個々の社員について、議決権の数や議決権を行使することができる事項に、別の定めをすることが可能となっていた（会社法制定前有限会社法三九条）。あらゆる個別的な定めが可能であり、議決権制限ばかりではなく、拒否権を付すことも可能であり、さらには、複数議決権を定めることも可能であると多数説は解してきた[19]。

㈡　平成一七年制定会社法

取締役の選任権限について、平成一七年会社法三二三条には変更は見あたらない。取締役が株主総会によって選任されることに変わりはない[20]。また定款で定めれば、拒否権を有する種類株式が発行できること、議決権制限株式が認められること、および全株式譲渡制限会社においては種類株主総会が取締役を選任しうることにも変わりはない。つまり株式会社の観点から見れば、発行できる種類株式に関して変更はない。しかし株式会社においては新たに議決権行使に関して属人的な定めを行うことが可能になった（一〇九条）。

しかし、有限会社の観点から見れば、属人的な定めはもともと認められてきたことから、この点について変更はない。もっとも属人的定めを設ける場合には定款変更の際には、有限会社の特別決議要件と同じ厳格な要件を満たすほかに、種類株主総会の特別決議が必要になった。

一方有限会社においても種類株式の発行があらたに認められるようになった。有限会社では株主総会における議決権に関して、属人的定めを行うことはできた。しかし属人的な定めと種類株式とでは、種類株式の発行を認める定款変更について、一〇八条一項九号の種類株式を除き決議要件は緩和され一方で種類株主総会の承認が必要とされるなど、属人的定めの場合と比べると、その手続は微妙に変更されている。

種類株式の適用が認められるようになったことにより、有限会社タイプの会社においてあらたに認められるようになった取得条項付種類株式は、あらかじめ定められた事項が生じたときには、会社が取得することができる。新たに支配権を獲得した株主が、支配権を行使し、取締役を選任しようとするときに、会社経営者側により会社による株式の取得がなされれば、経営者側は、株主側の取締役選任を阻止することができる。なお、株式会社においては、利益を以てする株式の消却や償還株式として、もともとこのような種類株式の発行は可能であった。

4 その他選任手続

㈠ 会社法制定前

取締役を選任する株主総会決議における最低定足数の定めと累積投票の制度が昭和二五年商法改正により導入されている。新設された会社法制定前商法二五六条ノ二は、選任決議の定足数の変更を付け加えるとともに、累積投票制度を導入した。累積投票制度は、その後多くの変更が加えられている。いずれも、所有と経営が分離している株式会社を念頭に入れた改正である。なお有限会社においては、累積投票は採用されている（会社法制定前有限会社法二五条の二）ものの、最低定足数は採用されていなかった。

なお取締役の選任議案は、平成一四年法四四号により新設された委員会設置会社においては構成員の過半数が社外取締役である指名委員会が作成する。

また商法特例法上の大会社及びみなし会社においては、株主の数が一〇〇〇人以上いる場合には書面による議決権行使を行わなければならず、その場合には、会社は株主に対して議決権行使書面とともに、取締役の選任議案に関する情報を記載した株主総会参考書類を、株主に交付しなければならない（会社法制定前商法特例法二一条の二・二一条の三）。

㈡ 平成一七年制定会社法

選任決議における最低定足数の定めは会社法三四一条に置かれた。有限会社法では選任決議における定足数の定めは、準用されていなかった。しかし平成一七年制定会社法では全ての株式会社に適用されることになった。

累積投票による取締役の選任については三四二条に定めが置かれた。内容に変更は存在しない。取締役を選任する株主総会において書面または電子的方法による議決権行使を行う場合には株主総会参考書類が各株主に交付される（平成一七年会社法三〇一条・三〇二条、会社法施行規則七四条）。有限会社法には、これらの定めはなかったことから、これらの点に関しては、株式会社の法制が採用され、有限会社の観点から見れば変更が加えられたことになる。

(2) 新たに欠格事由の対象となったのは、証券取引法、外国倒産処理手続の承認援助に関する法律、会社更生法、破産法の罰則規である。

(3) 取締役の資格に関する会社法の新たな定めは、「解釈上、株式譲渡制限会社においては、定款による取締役の資格制限が相当広く許容されるのに対し、それ以外の会社では、広く取締役の適材を求めるという理念から、より定款自治が制約される趣旨を象徴的に示すものであ」り、定款により取締役の資格を、株主以外の要素で制限することが可能かどうかについの解釈に影響を与える（江頭憲治郎「「会社法制の現代化に関する要綱案」の解説［Ⅱ］」商事法務一七二二号（二〇〇五年）四頁、一〇頁）。

(4) 石井照久＝鈴木竹雄『改正株式会社法解説』（日本評論社、一九五〇年）一二、一四二頁、松田二郎＝鈴木忠一『条解株式会社法上』（弘文堂、一九五一）二六二頁、大隅健一郎＝大森忠夫・逐条会社法解説増補版（有斐閣、一九五一年）二三七頁、岡咲恕一『新会社法と施行法』（学陽書房、一九五一年）八四頁等。

(5) 前掲注（4）文献参照。

(6) 委員会等設置会社において、剰余金の配当（利益配当）の決定に株主総会の承認を要しない（会社法制定前商法特例法二一条の三一第一項）ものとする代わりに、取締役の任期が一年に短縮し、取締役の信任の機会を多く与えることとした。

(7) 設立時の取締役の任期を一年と定めていた会社法制定前商法二五六条二項は削除された。

(8) ロエスレル『商法草案上巻［明治一七（一八八四）］』（司法省）三九六頁、「総会ハ株主中ニ於テ三人ヨリ少ナカラサル取締役ヲ三カ年内ノ時期ヲ以テ選定ス但其時期満了ノ後再選スルハ妨ナシ」（商法（明治二三年法三二号）一八五条）。

(9) 「取締役ハ株主総会ニ於テ株主中ヨリ選任ス」（明治三二年法四八号制定商法一六四条、昭和二五年改正前商法二五四条、会社法制定前商法二五四条一項）。

(10)「株主の議決権ハ一株毎ニ一箇タルヲ通例トスル然レトモ十一株以上ヲ有スル株主ノ議決権ハ定款ヲ以テ其制限ヲ立ルルコトヲ得」（明治三二年法四八号制定商法一六二条、昭和二五年改正前商法二四一条但）。

(11) 種類株式の制度自体は明治三二年商法制定時から存在していたものの、議決権行使について異なる取扱いを認めたのは、昭和一三年改正が初めてである。もっとも無議決権株式が「数種の株式」には当たらないとする学説も存在していた（上柳ほか編『新版注釈会社法（3）』（有斐閣、一九八六年）三一一頁以下［菅原菊志］）。

(12) なお無議決権株式は「種類株式」ではないと解されることもあった（上柳ほか編・前掲注（11）三一一頁）。しかし商法平成一三年改正において、無議決権株式は種類株式の一種であると、認識されるようになったので、本稿においては、種類株式として取り扱う。さらに、種類株式の一類型とみなされていることから、本稿においては平成一三年改正以前に関しても、種類株式として取り扱う。

(13)「会社ガ数種ノ株式ヲ発行スル場合ニ於テハ定款ヲ以テ其ノ或種類ノ株式ニ付株主ニ議決権ナキモノトスルコトヲ得」（昭和二五年改正前二四二条第一項）、「前項ノ株式ノ株金総額ハ資本ノ四分ノ一ヲ越ユルコトを得ス」（同条二項）。この文言からは、無議決権株式自体が種類株式と認められるか否かが明らかではなかった。上柳ほか編・前掲注（11）二三九頁。「現行法の下に於てはこの如き種類の株式を認めざるも本案に於いては経済界の実情に照らし之を是認したり。蓋し之を是認することは実際の要求に副ひ又株式会社の発達に寄与すること多かるべきを以てなり」（昭和一三年改正理由書一三一、上柳ほか編『新版注釈会社法（5）』（有斐閣、一九八六年）二三六―二三七頁）。業績の悪化した株式会社には、優先株式を発行する自由が必要である。その際、議決権を停止させる必要があったのであろう。

(14) 無議決権株式をあまり多く認めると、少数の議決権ある株式によって会社が支配されることになり、適当でないからであるので、発行数に制限が設けられた（昭和一三年改正理由書一三三頁、上柳ほか編・前掲注（11）二四〇頁）。

(15) 石井＝鈴木・前掲注（4）一二三頁。

(16) 上柳ほか編『新版注釈会社法（6）』（有斐閣、一九八七年）七頁［今井潔］ほか。

(17) 松田＝鈴木・前掲注（4）二六九頁、上柳ほか編・前掲注（16）七頁ほか。

(18) 会社法における譲渡制限会社（会社法二条一七号）であり、その発行するすべての株式の定款による譲渡制限が定められている。

(19) 上柳ほか編『新版注釈会社法(14)』(有斐閣、一九九〇年)三〇八頁[菱田政宏](ただし学説には争いがある)。
(20) 平成一七年制定会社法においては補欠取締役を選任できる旨が明らかにされた(三二九条二項)。なお裁判所が仮取締役の報酬額を定める旨が新たに明文に置かれた(三四六条四項)。以上の定めは、取締役以外の役員にも適用される。
(21) ロエスレル草案二二六条は「頭取ハ何時ニテモ会社ヨリ解任スルコトヲ得ヘシ。但シ解任セラレタル者ハ之カ為メ会社ニ対シテ賞金ヲ請求スルコトヲ得ス」と定める(ロエスレル・前掲注(8)四〇四頁)。
(22) 明治二三年旧商法(法三二号)一九七条は、「取締役又ハ監査役ハ何時ニテモ総会ノ決議ヲ以テコレヲ解任スルコトヲ得　其解任セラレタル者ハ会社ニ対シテ解任後ノ給料若クハ其他ノ報酬又ハ賞金ヲ請求スルコトヲ得ス」と定められていた。

三　解　任

1　多数決による取締役の解任

(一)　会社法制定前

株主総会で選任された取締役は、いつでも自由に株主総会で解任される。わが国の会社制度においては、明治二二年のロエスレルによる商法草案以来、[21] 旧商法(明治二三年法三二号)[22] を経て、明治三二年制定商法に取り入れられ、[23] 平成一七年制定会社法においても引き継がれている。株主総会で選任された取締役が、いつでも自由に株主総会で解任されることは、取締役会社間の関係が委任契約であることから、会社制度においては自明の仕組みである(三三〇条・民法六五一条)。

明治三二年の商法制定以来昭和二五年改正までの間、商法には決議要件については何らの言及もなく、取締役は株主総会の普通決議で解任された(明治三二年制定商法一六七条、昭和二五年改正前商法二五七条[24])。また監査役は株主総会に対して取締役の解任を提案することができた。さらに昭和一三年改正商法においては、取締役や資本の一〇分の一以上を有する少数株主ばかりでなく監査役も、取締役解任を目的として株主総会を招集することができた（昭和二五年改正前商法二三五条二項・二三七条）[25]。しかもその場合には、これらの者は、当該取締役の職務停止または職務代行者を選任する仮処分を裁判所に対して求めることができた[26]。

しかし昭和二五年法一六七号による商法改正は、会社の機関に関する規定を、大幅に変更した。昭和二五年商法改正[27]は会社運営機構の合理化を目的に掲げ、株主総会の権限を縮小する一方で、取締役（会）の権限を拡大した。取締役会の権限が拡大されたのに伴い、取締役の地位の安定を図る必要があると考えられ、取締役を解任する株主総会の決議要件には、変更が加えられた[28]。

商法二五七条に二項をつけ加え、取締役解任の決議要件は特別決議[29][30]に改められた。一方、解任の決議要件を厳格にしたことから、裁判所による取締役解任の制度を新設し、また取締役の任期を三年から二年に改めた。監査役は株主総会招集権限を失い、取締役の解任を提案する権限も失った。また昭和二五年改正前商法二七二条は削除されたため取締役の解任案を株主総会に提出しても、仮処分は認められなくなった。

その後株主総会の多数決による取締役の解任は、平成一三年以降の商法改正までは、変更されなかった。しかし、種類株式制度の導入による一株一議決権制度に対する例外の拡大は、取締役の選任の場合と同じく、株主総会による解任に対しても大きな影響を与える。また譲渡制限会社においては、取締役を選任する権限を有する種類株式の発行が認められるようになった（会社法制定前商法二二二条一項六号）ことに伴い、会社法制定前商法二五七条ノ三第一項から第三項が新設され、種類株主総会で選任された取締役が、同じ種類株主総会の特別決議で解任される旨が新たに定められた。なお、種類株主総会で選任された取締役を同じ種類株主総会で解任するときに、当該種類株主が存在しない場合には、取締役を種類株主総会で選任する定款の定めは廃止されたものとみなされる（会社法制定前商法二五七条ノ五）。

一方、昭和一三年に制定された有限会社法においては、有限会社の取締役は普通決議で解任される。[31] 株式会社と異なり、取締役の地位の安定の必要性は認められないからである。しかし、株式会社の場合と異なり、定款で定めれば属人的に議決権に異なる定めをすることが可能であることは、取締役の選任の場合と同様である。[32]

㈡　一七年制定会社法

株主総会が取締役を解任する権限を有することは会社法三三九条[33]に、その具体的な手続きは第三四一条に定められた。また種類株主総会による取締役の解任は四三七条に読替規定を置くことで定めた。

取締役を解任する株主総会の決議要件が、特別決議から普通決議に変更された（会社法三四一条[34]）。さらに、複数の種類株式が共同で取締役を選任し解任することを認めた会社法制定前商法第二五七条ノ四に相当する条文が削除されている。

なお全株式譲渡制限会社では株式会社の取締役の任期が、定款により一〇年まで（改正前商法二五六条一項）伸長できるようになった。このため、任期が伸張された場合には、三三九条二項の定める、任期途中に正当な理由がないのに解任された場合の損害賠償の意味合いが変化する。[35]

また有限会社法においては、取締役の任期は定められていなかった。有限会社法は、二五七条二項を準用していなかった。取締役の任期が存在しないことから、任期途中の解任による損害額の算定は不可能であるとされ、有限会社の取締役は、正当な理由なく解任されたとしても、損害賠償を請求できなかった。任期が定められることにより、正当な理由がある場合には損害賠償が請求できるようになった。

取締役を解任する手続きに関する特則が会社法三四一条に置かれた。これにより平成一七年会社法ではすべての株式会社において、取締役の解任決議の際にも、株主総会の最低定足数を三分の一以上でなければならないことが新たに定められた。

2 裁判所による取締役解任

(一) 会社法制定前

少数株主の請求に基づく裁判所による取締役解任の制度は、一九五〇年の昭和二五年改正（法一六七号）により新設された。裁判所による取締役解任は、アメリカ州法において二〇世紀中頃から置かれ始めるようになった制度である。(36) しかし、昭和二五年商法改正において新たに採用された株主代表訴訟等が、アメリカ州法の制度を参考にしつつも、わが国独自の内容を有するように、裁判所による取締役解任は、昭和二五年において独自に提示された理由に基づき、アメリカ法とは異なる制度を採用している。

すなわち、本稿二3(一)に述べたように、取締役会の新設とその権限強化に対応して、取締役の地位を安定させることが必要であると考えられたために、取締役を解任する株主総会の決議要件が特別決議に変更された。これに伴い、取締役を解任すべき理由が存在しているのにもかかわらず、多数決では解任できない事態が生じうる。立法担当者はこのような事態が生じることは適切ではないと考えた。(37)

そこで、取締役の職務執行に関し不正の行為または法令もしくは定款に違反する重大な事実があるにもかかわらず、株主総会が当該取締役を解任する決議を否決した場合に、六カ月前から総株主の有する議決権の一〇〇分の三以上を有する株主が、裁判所に対してその解任を請求できることとした（会社法制定前商法二五七条三項）。そしてこの訴えを提起した時点で、取締役の職務停止の仮処分を裁判所に求めることになり、仮処分申立の時期は後ろにずれた。

以上のような昭和二五年商法改正によって導入された裁判所による解任は、任期途中の、取締役の解任を容易にするというよりは、昭和二五年商法改正によって株主総会による取締役の解任の成立が困難となったことに対して、対処法的に導入された制度である[38]。

昭和二五年改正によって新設された裁判所による取締役の解任を定める二五七条三項四項は基本的に平成一七年制定会社法まで維持されている[39]。もっとも、平成一四年法四四号において、種類株主総会の選任した取締役の解任に関する規定を付け加えられ、種類株主総会で選任された取締役に対しても、裁判所による解任が認められるようになった（会社法制定前商法二五七条ノ三第四項～第六号）。

そして、ある種類株主総会の選任した取締役の解任を、他の種類の株主が裁判所に訴えるには、株主総会で当該取締役を解任する決議を否決することを要しないと定められた（会社法制定前商法二五七条ノ三第四項）。

なお、会社法制定前二五七条ノ三第六項は、種類株主総会により選任された取締役を解任する場合に、同二五七条四項ではなく、二五七条ノ三第一三項の規定により解任する旨を、定款で定めることを許容していた。

一方有限会社法では、昭和二五年改正時に、裁判所による取締役の解任を採用した。株式会社の場合と異なり、裁判所に対して訴えを提起できるのは、総社員ノ議決権の一〇分の一を有する社員であり、株式に保有期間の定めもない（有限会社法条三二ノ三）。

㈡　平成一七年制定会社法

取締役の裁判所による解任の制度は、取締役の選任や解任の定めを置く場所ではなく、他の会社訴訟と同様に、会社法の第七編雑則第二章訴訟に配置されるとともに、内容にも若干の変更が加えられた。また、会社法制定前は、種類株主総会の選任した取締役とそうでない取締役の解任を定める条文が分かれていたのに対して、会社法は八五四条にまとめて規定している（会社法制定前商法二五七条四項・二五七条ノ三第四項）。

変更の一つは、原告適格を有する株主の定義である。総社員ノ議決権の一〇分の一を有する社員とされていた有限会社の規定は、持株割合の点で株式会社の内容に統一され、保有株式数が総株主の有する議決権の一〇〇分の三以上へと引き下げられた（八五四条一項）。一方で、全株式譲渡制限会社においては、株式の保有期間が撤廃された（同条二項）。

また、株主の有する株式の保有割合は、議決権を有する株主の有する株式数のみを基準にするのではなく、発行済株式数をも基準として計算されることになった。なお株式の保有割合を計算するときには、会社の有する自己株式の議決権や株式の数は除外される。また、解任の対象となっている取締役の有する株式の議決権や株式の数も除外される。これらは、会社法制定前の規定においては解釈の余地があった部分に、明確な基準を明文で定めたものといえる。

さらに、平成一七年制定会社法では、種類株主総会で選任された取締役の解任を、他の種類の株式を有する株主が、裁判所に請求する場合にも株主総会による取締役の解任決議の否決が必要求されるようになった。なお会社法八五五条は、最高裁判例[40]を受けて、取締役の解任の訴えの被告適格が当該取締役と少数株主の両方であることが明文化された。

(23) ロエスレル草案（前掲注（21））および明治二三年商法（前掲注（22））では、解任された取締役が解任後の給料等の金銭を得る権利を有しないことも、明文で定められていたのに対して、明治三二年商法（明治三二年法四八号）以降は会社法制定に至るまで、取締役の解任を自由とする方針を採用した。ただし「正当な理由」がなく任期前に解任がなされると、取締役には損害賠償請求が認められるものとされ（同法一六七条、会社法制定前商法二五七条一項但書）。

会社法制定前商法二五七条一項および明治三二年商法一六七条は以下のように定めていた。「取締役ハ何時ニテモ株主総会ノ決議ヲ以テ之ヲ解任スルコトヲ得。但任期ノ定アル場合ニ於テ正当ノ理由ナクシテ其ノ任期前ニ之ヲ解任シタルトキハ其ノ取締役ハ会社ニ対シ解任ニ因リテ生ジタル損害ノ賠償ヲ請求スルコトヲ得」。

(24)　ロエスレル草案や旧商法においても同様に明文の定めがない。しかし、解任の方法が選任決議と同様であることは、当然のことと考えられていたようである（上柳ほか・前掲注（16）五六頁）。もっとも旧商法においては、したがって旧商法二〇二条（定款に別の定めがない限り、総株金の四分の一以上の株主が出席しその議決権の過半数で成立）が適用されていた。

(25)　昭和二五年改正前商法二三七条によれば、総会招集の費用は少数株主が負担しなければならなかった。

(26)　昭和二五年改正前商法二七二条は次のように規定していた。「急迫ナル事情アルトキハ第二百三十七条ノ規定ニ依リテ取締役ノ解任ヲ目的トスル総会ノ招集ヲ請求シタル者ハ其ノ取締役ノ職務ノ執行ノ停止又ハ職務代行者ノ選任ヲ裁判所ニ請求スルコトヲ得取締役ノ解任ヲ目的トスル総会ヲ招集シタル取締役又ハ監査役亦同シ」。裁判所は、その請求に基づき会社の取締役、監査役および少数株主の陳述を聴き（書面陳述又は審迅）、急迫なる事情の有無について調査を行い、非訟事件として右の請求の趣旨に副う裁判（決定）をおこなわなければならない（当時の非訟手続法一三二条ノ六第一項）。

(27)　取締役の解任に関する改正法の内容は、改正作業の中でも幾度か変更が加えらた。芝園子「取締役の解任法制の再検討（上）――多数決による解任」名古屋大学法政論集一五一号（二〇〇三年）一五四、一九五頁。

(28)　松田＝鈴木・前掲注（4）二六九―二七〇頁、大隅＝大森・前掲注（4）二四八頁、石井＝鈴木・前掲注（4）一四九―一五〇頁、岡咲恕一・前掲注（4）八五頁等。

(29)　昭和二五年前改正商法における特別決議（昭和二五年改正前三四三条）では、定足数には資本の過半数と頭数の過半数の両方が要求され、決議要件は行使された議決権の過半数であった。さらに定足数を満たさなかった場合には仮決議を行うことができ、一カ月以内に招集される株主総会で信任されれば成立した。そのうえ定款に定めれば、一株一議決権に変更を加えることもできた（昭和二五年改正前二四二条）。昭和二五年改正前三四三条は以下のとおりである。

「前条第一項ノ決議ハ総株主ノ半数以上ニシテ資本ノ半額以上ニ当タル株主出席シ其ノ議決権ノ過半数ヲ以テ之ヲ為ス」。

「前項ニ定ムル員数ノ株主ガ出席セザルトキハ出席シタル株主ノ議決権ノ過半数ヲ以テ仮決議ヲナスコトヲ得此ノ場合ニオイ

テハ各株主ニ対シテ其ノ仮決議ノ趣旨ノ通知ヲ発シ且無記名株式ノ株券ヲ発行シタルトキハ其ノ趣旨ヲ公告シ更ニ一月以内ニ第二回ノ株主総会ヲ招集スルコトヲ要ス」。「前二項ノ規定ハ会社ノ目的タル事業ヲ変更スル場合ニハコレヲ適用セズ」。

特別決議要件は昭和二五年改正において大きなトピックとなり、改正作業中に二転三転した。さらに平成一四年商法改正によって、定款で定めれば定足数を全議決権株式の三分の一まで引き下げることが可能とされた。特別決議の方法は一貫して緩和されているといえるであろう。

(30) 昭和二五年改正前の特別決議は昭和二五年改正による特別決議とはかなり異なっていた。なお昭和二四年八月一三日の要綱では、定款変更では認められていた仮決議の方法が、株主総会による取締役解任に関しては定められていなかった。取締役を解任する決議は、改正のこの段階における特別決議と比較すると、仮決議が認められない点で成立がより困難となっていた。立法者が取締役の解任を困難にすることを、重要であると考えていたことが推測される。

(31) 会社法制定前有限会社法第三二条は、商法二五七条一項を準用するのみで、同条二項を引用していない。

(32) 本稿二3を参照。

(33) 平成一七年会社法が、条文構成も大きく変更していることは、選任の場合と同様である。多数決による取締役の解任は、会社法制定前商法二五七条一項但書と同じ内容が三三九条に定められている。三三九条は、他の役員や会計監査人の株主総会による解任も定めている。

(34) ただし累積投票で選任された取締役を解任する場合には、会社法三四一条は適用されず、特別決議で解任される（三四二条六項、三〇九条二項六号）。なお芝園子「取締役解任法制の検討（1）（2・完）——多数決による解任について」名古屋大学法政論集一九五号一五一頁、一九八号一一五頁（二〇〇三年）

(35) 任期が一〇年である場合にも、三三九条二項が適用されるとすると、就任後は間もない間は、金銭的な事情から、取締役を理由なく解任させることが事実上困難となる。もっとも非公開会社は、全株式譲渡制限株式の会社であるから問題は生じない。

(36) See Ballantine on Corporations (Rev. ed. 1946) p. 437-439.

(37) 松田＝鈴木・前掲注（4）二六九—二七〇頁、大隅＝大森・前掲注（4）二四八頁、石井＝鈴木・前掲注（4）一四九—一五〇頁、岡咲・前掲注（4）八五頁等。

(38) 前掲注(37)。

(39) 前掲注(37)。

(40) 最判平一〇年三月二七日・民集五二巻二号六六一頁。

四　検　証

1　多数決による選任・解任と議決権

(一)　一株一議決権とその例外

会社法は、株主総会において、取締役を選任し解任する定めとなっている。この仕組みは歴史的にも強固に確立している。さらに株主総会は資本多数決によってその決議を行う。株主が、出資比率に応じた危険の負担を甘受するのであれば、会社の管理者たる取締役は、資本多数決により株主総会の決議で選任されるべきである。また、株主は会社の実質的所有者である。民法の共有規定も持分比率に応じて、共有物の管理を行うべきものと定めている（民法二五二条）。

株主が出資比率に応じて危険も負担すべきことは、株主総会による会社意思の決定においては、資本多数決の仕組みに体現され、一株につき一議決権を与えることに収斂する。(41) なお会社の発行するすべての株式について株主を出資比率に応じて等しく取り扱うべき原則は、出資一口に対して一議決権を認めている有限会社においても、絶対的な真理であった。(42)

しかしあらゆる原則に例外があるように、この原則にも例外がある。会社設立準則主義を採用している以上、会社制度は私的自治の範疇に属する存在である。株主すべてが同意する場合またはそれに準ずる場合には、必ずしも株主を平等に取り扱う必然性はない。そこで会社法では、一株一議決権の例外として、「株式の内容に関する属人的な定め」と「種類株式」が認められている。

㈡「株式の内容に関する属人的定め」

会社法制定前の有限会社法においては、定款の変更を相当に厳しい手続きで行う代わりに、社員ごとに異なる取扱いをすることを自由に認めてきた。有限会社法において定款を変更する特別決議は、社員の過半数が賛成し、かつ、社員の有する議決権の四分の三以上の賛成があって初めて成立する（有限会社法四八条）。

平成一七年会社法の制定においては、定款の定めにより株式の内容に属人的な定めを認めた点では、有限会社の制度を採用した。これにより一株一議決権の新たな例外が定められた。そして平成一七年制定会社法では、定款を変更する株主総会の特別決議が会社法制定前の株式会社の法制に合わせて緩和されているにもかかわらず、定款に属人的な定めを置く場合には有限会社法制にあわせた特別に厳格な決議要件を定めている（三〇九条五項）。しかし属人的定めを行う定款変更のみに、特別に厳格な決議要件を定めても、その他の事柄については、定款で別に定めない限り、株式会社制度に統一され緩和された特別決議要件が適用されることになる。属人的定めを行う定款変更とその他の定款変更の間の均衡が崩れることになり、多数派・少数派間の株主の関係には、出資比率に応じた危険の負担が実現しない方向への、構造的な変更がなされることになる。

㈢　種類株式

会社法制定前商法においても、一株一議決権の原則には、種類株式による例外が認められてきた。ただ株式会社では、株主が多数存在して、株式の譲渡が自由に行われことを想定している。有限会社の特別決議のような相当に厳しい決議要件を成立させることは難しく、定款変更の特別決議は有限会社よりも緩和されたものとなっている。しかも定款を変更する株主総会の特別決議の内容は、度重なる改正によりかなり緩和されてきている（注(29)を参照）。

緩和された特別決議による定款変更においては、株主平等原則の具体的な現れである。一株一議決権の例外は限定されざるを得ない。平成一三年改正に至るまで、商法は種類株式を発行できる事柄を限定的に設定していた。そして、一株一議決権への例外も限定的であったために、取締役の選任・解任も単純かつ明快な制度となっていた。

しかし、平成一三年と平成一四年の商法改正以来、一株一議決権への例外である種類株式の種類は拡大して、一九五〇年商法改正（昭和二五年）の定めた単純かつ明快な制度は放棄された。

その理由としては、昭和二五年商法改正では株式会社が大規模会社のみに適用されることを前提とした改正がなされたにもかかわらず、実際には、小規模で閉鎖的な会社が有限会社制度ではなく株式会社を選択したために、そのような会社では、大規模公開会社を前提として組み立てられた昭和二五年商法改正による株式会社法では、不都合な点が多く生じたことがあげられる。小規模で閉鎖的な会社では定款自治がより広く必要とされるからである。さらには、バブル経済崩壊後の一九九〇年代以降の景気後退期に経営に行き詰まった会社は、より柔軟な資金調達の手段を必要としていた。さらに近年では敵対的買収企業の防衛策として種類株式の利用が必要とされるようになった。

平成一三年商法改正から平成一七年会社法制定においては、一株一議決権の例外が拡大したために、取締役の選任・解任に関する株主総会の権限は変化した。そのような変化を、以下においては、上場会社と全株式譲渡制限会社に分けて検証を行う。上場会社(43)とは、会社法上の公開会社であり、かつ、取引所に上場されている会社を想定している。

(1) 上場会社の場合

上場会社においては、取締役の選任・解任に影響を与える可能性のある種類株式には、議決権制限種類株式、拒否権付種類株式、単元株式と種類株式を利用した事実上の複数議決権株式の三つがある。議決権制限種類株式と拒否権付種類株式の発行されている会社では、何らの理由がなくても出資比率に応じることなく、取締役が選任・解任される可能性がある。

議決権制限種類株式は昭和一三年の商法改正以来その発行が認められている種類株式である。議決権制限種類株式が発行されても、既存株主は、取締役の選任・解任に関しては影響を受けることはないため、一見問題がないようにもみえる。しかし議決権制限種類株式の発行可能株式数が発行済株式総数の二分の一以下に拡大されたために、会社統治に与える影響は大きくなった。たとえば、ある株式会社が、発行済株式数の二分の一を議決権のある譲渡制限種類株式としておき、残りの株式を無議決権株式として上場することが認められるのであれば、その株式会社の創業者等の支配株主は、出資割合に比例しない議決権行使が可能となり、株主が増加しても支配は維持できることになる。

拒否権付種類株式はさらに問題は大きい。議決権制限種類株式の場合は、少なくとも発行済株式総数の半分を保有しなければ、支配を維持することはできないのに対して、拒否権付種類株式にはそのような制約がない。取締役の選任に関して拒否権を与えたとすれば、出資割合が非常に少ない場合ですら取締役の選任を通じて、会社の支配を維持することができる。拒否権付種類株式は、会社法制定前商法においても発行は可能であったものの、他の種類株式にその権利を付すという形を採用していた。

平成一三年商法改正以来、種類株式による一株一議決権の例外は拡大している。しかし、出資比率と異なる議決権が与えられている株主総会で取締役を選任することは、何らかの事情がない限り、正当化することは難しい。とくに、株式会社法の特別決議は、度重なる商法改正によって緩和され続けてきている。会社法三〇九条二項によれば、議決権を行使することのできる株式の有する議決権の六分の一の賛成で定款変更が成立する可能性すらある。例外を設ける手続きの正当性も強固なものではない。

この点においては、昭和二五年商法改正から平成一三年商法改正までに至る優先株式にのみ議決権制限株式を認めるという制度には一応の合理性があった。また発行が認められている種類株式にのみ拒否権を付すことを可能としていた平成一三年から平成一七年会社法制定前の拒否権付株式のあり方も同様に、合理性があったといえるであろう。

会社設立後種類株式を設ける定款変更は、種類株主総会の承認が必要であるために、成立しにくい。しかし原始定款またはその後の定款変更で予め拒否権付種類株式、議決権制限種類株式または単元株制度を利用する事実上の複数議決権株式の発行を組み込んでおき、その後これらの株式を上場する場合には、種類株主総会を開催して定款を変更することなく、何らの合理的理由なくして、出資持分割合に左右されない支配が、上場会社においてすら成立しうる。

上場規則等による規制が存在すれば、このような状況は発生しない、しかし市場のルールでは、種類株式ごとに異なる内容が定められていたとしても、その内容が開示されルールに従い取引がなされる限り、上場は不可能ではない(44)。上場規制による規制が可能ではあっても、市場間競争が存在するため厳格な規制は難しいことから、上場規則よりは会社法で規制を行うべきであろう。

なお上場会社（取締役会設置会社）における種類株式に関する規制が定款の作成時に限られている点は問題であ

る。株主の権利に重大な変化が発生する事項においては、場合によっては、株式発行時にその都度株主総会の承認を要するものとするべきである。そして以上の点は全株式譲渡制限会社を含むすべての株式会社についても当てはまる。

(2) 全株式に譲渡制限をおく株式会社の場合

全株式譲渡制限会社の場合は、株主を区別して取り扱う需要があり、上場会社に比べればその問題性は少ない。(1)でものべた議決権制限種類株式、拒否権付種類株式、単元株と種類株式による事実上の複数議決権のほかに、取締役選任権付種類株式が発行できる。(1)で述べた問題点は、取締役会を設置する全株式譲渡制限会社でも同じである。

なお、全株式譲渡制限会社における特定の株主に対する取締役選任権の付与は、株式の内容の属人的定めとして行う場合にはより厳格な定款変更の手続きを成立させなければならない。しかし種類株式によってもほぼ同じような効果が得られる。(1)でも述べたように、種類株式を発行するための定款変更はより容易に成立する。属人的定めを置くことのできる会社が取締役選任権付種類株式も利用できることは適切とはいえない。

(四) まとめ

株主が出資比率に応じて危険を負担するのであれば、会社の管理者たる取締役は、資本多数決により、すなわち出資比率に応じて議決権が与えられた株主総会の決議で定期的に選任されるのが会社法における原則である。

この原則の適用範囲は、一株一議決権の例外である種類株式の利用により制限されうる。さらに全株式譲渡制限会社の場合には、取締役選任権付種類株式や属人的株式の利用によっても、この原則の適用範囲が狭まる。全株式譲渡制限会社の場合は、定款の定めにより取締役の任期が一〇年まで延長できることから、なおさら適用範囲は狭まる。

しかし、平成一三年、一四年の商法改正と平成一七年制定会社法では定款自治の範囲が拡大されたにもかかわらず、定款変更や株式発行の手続きは、これらの株式の利用により発生するであろう問題を認識することはなく、十分な手当も行っていない。

2 多数決による取締役の解任決議要件の変更

平成一七年制定会社法は、取締役の解任決議を特別決議から普通決議へと変更した。この変更は、取締役が株主によって選任され解任されるべき根拠からも導くことができる。

株式が頻繁に売買され、株主に変動のある株式会社においては、集団的意思決定の方法として多数決を行うことは効率的な方法である。また会社において資本多数決が採用されるのは、会社の経営が悪化し場合によっては倒産する際に、株式の数に応じてその被る不利益が大きくなるからである。また、任期を定めて取締役を選任するのは、会社により大きな権限を与えられている取締役がその権限を濫用することを防止することにも繋がる。

さらに法的な観点から見れば、株主が会社の実質的所有者である。物の所有者は、その有する物の管理や変更を行う権利を当然に有している。民法上共有物の管理は、共有者の過半数の決定により行われる。会社を管理する取締役の選任と解任は、株主の過半数で行われるべきことが原則である。

理論的にみて株式会社の管理者たる取締役はその選任と同じ手続きで解任されるべきである。また諸外国の法制や昭和二五年改正前商法においては、原則として普通決議で取締役を解任している。なお昭和二五年商法改正が取締役の解任を特別決議へと変更した政策的な根拠は適切とはいえなかった。以上から、平成一七年制定会社法が、取締役を解任する株主総会の決議要件を特別決議から普通決議へと変更したのは適切な判断である。(45)

3　裁判所による取締役の解任

裁判所による取締役の解任は、1で述べた種類株式や属人的株式などによる、取締役の選任に関する定款自治の範囲が拡大に対して、一定の手当となる可能性がある。会社法は裁判所による取締役の解任についても、若干の改正を行っている。

裁判所による取締役の解任に関しては、原告適格が変更され、議決権の一〇〇分の三以上を有する株主だけではなく、発行済株式の一〇〇分の三以上を有する株主も、裁判所に対して取締役の解任を請求できることになった。議決制限種類株式が発行済株式総数の半数まで発行することが認められ、また種類株主が選任した取締役が存在することを考えると、議決権を持たない株主に対して、原告適格を認めることは意義がある。

しかしながら、会社法は八五四条では、株主総会において取締役の解任決議が否決されることが、訴訟を提起する条件として定められている。議決権を有さない株主には、株主総会に関する総会招集の請求、株主提案権も認められていないため、発行済株式を一〇〇分の三以上保有していても、解任の訴えを提起することはできなくなる。取締役の解任について議決権を持たない株主に対してまで、当該取締役の解任決議の否決を要求することは、平成一七年制定会社法が、原告適格を拡大したこととも整合性がとれていない。

なお、裁判所による取締役の解任の制度は、もともとアメリカの制度を倣って新設された。しかしアメリカ州法における裁判所による取締役の解任では、株主総会で当該取締役の解任決議を否決することは、訴え提起の要件とはなっていない(46)。また、平成一四年商法改正においては、議決権がない株主は、株主総会で当該取締役の解任決議を否決しない場合でも、訴えを提起することができた。株主総会を開くことができない株主であれば、株主総会を開かずに訴えを提起できるのであれば、そのことは、裁判所による解任は、株主総会による解任とは無関係に成立することの現れである。さらに、株式について種類株式や属人的定めをすることがより広範に認められるようになった平成一七年制定会社法においては、多数決による解任において議決権を持たない株主に対して、取締役解任の訴えを提起できる途を与え、自らの権利を守る手段を与えるべき必要が高まっている。株主総会による解任決議の否決は、取締役の解任の訴えの提訴要件から外すべきである。

平成一七年制定会社法の行った裁判所による取締役の解任は、1で述べた種類株式や属人的株式などによる、取締役の選任に関する定款自治の範囲が拡大に対して、十分な対応を行っていないといえる。

(41) 株式の発行時期により株式の発行価額は異なる。発行価額の異なる場合も一株は一株として取り扱われるので、出資比率に応じた危険負担は実現していない。しかし、株価は変化するのであり、一株一議決権の原則は、その株式が発行された時点の時間を基準にして処理するものとされている。特に有利な発行に関する会社法の規定は、会社法がそのような処理方法を採用していることの現れである。

(42) 有限会社法には、株主平等原則（社員平等原則）が存在しないとする見解もある。江頭健治郎『株式会社法』（有斐閣、二〇〇六年）一二八頁、川島いずみ「有限会社と定款」『現代有限会社法の判例と理論』（志村治美先生還暦記念）（晃洋書房、一九九四年）一一八頁。しかし定款に特別に定めない限り、株主平等原則は存在する。

(43) 平成一七年制定社法においては、発行株式数のうち一部でも譲渡制限がなければ「公開会社」とみなされるため、「公開会社」にはあまりにも様々な種類の株式会社が含まれることになる。しかも「公開会社」であるか否かは、各株式会社が定款により自由に選択することができる。そのため、全株式譲渡制限会社に相対するものとして、比較の対象として使用できない。

(44) 芝園子「証券取引における「公正」と「損失補てん等の禁止」(三) ——証券取引法四二条の二の再検討」名古屋大学法政論集一八〇号（一九九九年）三五九、三七二頁。

(45) 芝園子「取締役解任法制の検討（一）(二・完) ——多数決による解任について」名古屋大学法政論集一九五号一五一頁、一九八号一一五頁（二〇〇三年）。

(46) ABA, Rev Model Bus. Corporation Act Annotated, 8.09.

五　おわりに

平成一七年制定会社法は、多数決による取締役解任の決議要件を特別決議要件から普通決議要件に引き下げた。これは会社法の仕組みからして当然の改正である。しかし一方で会社法は、取締役の選任や解任に関しても定款自治を拡大して、出資比率に応じて議決権を与えられた株主により構成される株主総会において取締役を選任する、という会社法原則への例外を拡大させた。

この原則の範囲が狭まったことに関しては、事前の手当となる定款変更の手続きは存在しているものの、取締役会設置会社で実際に株式を発行するときには何らの手続き手当もなく取締役（会）に任されている。株式発行の時にその都度株主総会決議筆の手続的な手当をするべきであろう。

一方事後の処理としては、裁判所による取締役の解任制度がある。しかし平成一七年制定会社法は、裁判所による取締役の解任制度の意義について十分な理解がない。原告株主の保有株式割合を議決権だけではなく発行済株式で算定する変更は評価できるものの、新たに、全ての株主に対して株主総会における解任決議の否決を義務づけている。株主による訴え提起の要件から、取締役解任の総会決議の否決を外すべきである。そして少なくとも会社法制定以前と同じく、議決権を有さない株主による訴え提起の要件から、取締役解任の総会決議の否決を外すべきである。

代表訴訟と役員等の責任

山田泰弘

浅木愼一・小林　量
中東正文・今井克典　編
浜田道代先生還暦記念
『検証会社法』
２００７年11月　信山社7

一　はじめに

代表訴訟（株主による役員等の責任追及）と役員等の責任制度の基本設計は、会社法制定時というよりも、平成一三年一二月商法改正と平成一四年商法改正の二つの商法改正によって確立した。平成一三年一二月商法改正は、監査役制度の強化、取締役の責任の一部免除制度の導入、および、代表訴訟制度の整備を行った。平成一四年商法改正は、新たに導入した委員会等設置会社（会社法では、委員会設置会社（会社法二条一二号））について、取締役および執行役の会社に対する責任を原則過失責任とした。平成一七年に制定された会社法は、平成一三年一二月商法改正で整えられた制度を維持・明確化し、平成一四年商法改正で実行された委員会等設置会社の取締役および執行役の責任の過失責任化を、全ての株式会社について実行している。これは、会社法の制定作業において、企業統治関連の項目は、委員会等設置会社と監査役設置会社とで統一的な処理を実行するという以外は手をつけず、それまでの改正によって確立した制度をワークさせ、その運用状況を見届けた上で、制度改革の必要性の有無から検討に着手するとされたことに基づく(1)。もっとも、実際には、法律案の作成過程や国会審議の過程にあって、代表訴訟の原告適格制限の立法化や代表訴訟への会社の関与のあり方をめぐって議論がなされ、紆余曲折を経た結果、大きな改変がない形に落ち着いたというべきであろう。

それでは、制度の検証に当たっての視座はどうあるべきか。適切な視座と考えられるのは、会社法制上、取締役の責任と代表訴訟がどのような機能を果たすべきと考えられているか、という点である。果たすべき役割を十分に発揮できるように制度設計がなされているかが、本稿の検証作業の中核となる。しかし、取締役の会社に対する責任と代表訴訟制度がどのような役割を果たすべきかという点に関するコンセンサスは、静的に定まったものではない。立法過程にあってなされた駆け引きやその都度の政策判断によって動的に変化している。本稿では、立法過程を追うことで検証の視座を獲得した後に、会社法制定によりできあがった制度を検証しよう。

なお、役員等の責任は、対会社責任だけでなく、対第三者責任も存在する（会社法四二九条）。しかし、役員等の対第三者責任は、裁判所の判断（判例）にその多くを委ねる分野であり、会社法の制定にあたって制度のスキームが変更されたわけではない。また、役員等の範囲は、取締役、会計参与、監査役、執行役、会計監査人（会社法四二三条一項）であるが、立法の焦点は主として経営陣（取締役）を中心になされている。したがって本稿は、経営陣（取締役）の対会社責任に検討の対象を限定することにしたい。

二　基本設計は何か？――会社法制改革の経緯――

1　会社法制改革の出発点――昭和二五年商法改正・ワークさせない制度――

会社法制定に到る、代表訴訟制度および経営陣（取締役）の責任制度に関する改革の出発点と位置づけられるべきは、昭和二五年商法改正である。

昭和二五年商法改正当時は、ＧＨＱによる占領期であり、ＧＨＱの思惑が大きく商法改正作業に影響している。ＧＨＱは当時、財閥の解体にあわせて、財閥系企業の株式が市場に放出され、大衆株主が増加すると想定した。また米国の投資家（企業）が、費用対効果を考えて日本企業に少数株主としての参加をしたいと思うときに、少数株主としてアメリカ法並みの保護が与えられないとすれば、結局、支配を確立するほどの投資を行わなければならなくなり、費用対効果を考慮した投資活動が制約されかねない。GHQは、少数株主保護法制の不備が米国からの投資の疎外事由となりかねない点を危惧していた。このためGHQは、株式会社の民主化としての株主権の強化と外国会社に関する規定の整備を改正の方針としていた[(2)]。株主権の強化の一環として、取締役の責任が明確化され、代表訴訟制度が導入されることになった。

取締役の責任に関してはそれまで、「取締役ガ其ノ任務ヲ怠リタルトキハ其ノ取締役ハ会社ニ対シ連帯シテ損害賠償ノ責ニ任ズ」（昭和二五年改正前商法二六六条一項）と規定されるのみであった。これが責任を不明確にしがちとなるとして、昭和二五年商法改正では、取締役の責任原因が明確化されることになった。昭和二五年改正商法二六六条一項は、違法配当（一号）、取締役に対する金銭貸付け（二号）、競業避止義務違反（三号）、承認なき取締役＝会社間の取引（四号）、および法令又は定款違反（五号）を責任発生原因として規定した。

しかし、責任発生原因が明確化されても、これらの取締役の行為により会社に損害が発生する際に、当該取締役の会社に対する責任が追及されなければ、株主は救済を得られない。昭和二五年商法改正前は、取締役の責任追及の実施は株主総会の決議事項であり、訴訟提起が決議された場合には、会社は決議の日から一ヶ月以内に訴えを提起しなければならないとされていた（昭和二五年改正前商法二六七条一項）。その場合には、監査役か株主総会で選出された代理人かが会社を代表して訴訟追行を行うとされた（昭和二五年改正前商法二七七条一項）。他方、株主総会で責任追及が否決された場合には、三ヶ月前より引き続き資本の一〇分の一以上にあたる株式を所有する株主が株主総会終結の日から一ヶ月以内に訴えの提起を監査役に請求するときは、会社は請求された日から一ヶ月以内に提訴しなければならないとされた（昭和二五年改正前商法二六八条一項）。このときは、請求した少数株主も、会社の代表者を指定できるとされた（昭和二五年改正前商法二七七条二項）。このように、株主は、取締役の責任追及の場面では間接的な関与しかできなかった。GHQは、この点が大衆株主の増加を前提とした株式会社の民主化の要請に応えるものではないと判断し、これを解決するために株主代表訴訟制度を導入した。GHQ側は、アメリカ法流のクラス・アクション制度の導入を企画したが、日本法に導入される際には、株主による責任追及訴訟は、株主による会社のための法定訴訟担当と理解され、アレンジが加えられた(3)。

日本における株主による取締役等の責任追及制度の特色として、株主が提訴する段階で、会社の執行機関等の判断を待つ必要もなく、訴訟の初期において裁判所が原告株主の提訴権限を判断しないことが挙げられる。これは、「馴合訴訟なりや否を裁判所が職権で調査するのは実際上困難」であるとの理解に基づく。この制度設計の下では、原告株主の訴訟追行の適正さは、原告以外の株主や会社に対して保障された手続（訴訟参加と再審請求）が発動されることで担保される。原告株主の訴訟追行が嫌がらせ目的であったり、反対に被告取締役との間で馴れ合い的に訴訟が進行する場合には、会社およびほかの株主が積極的に訴訟に参加して、それを牽制するか、再審請求を許容することを通して判決の効力を制限するのである。こうして日本法に導入された株主代表訴訟制度は、比較法的に見ても、提訴段階で会社の意向が反映されず、裁判所による提訴の適当性も審査されないという点で、株主が取締役等の責任追及訴訟を提起しやすい制度設計となった。

以上のように、取締役の責任・代表訴訟制度は、株主権強化の一環として実施され、取締役の逸脱行為により株主が損害を被った場合に救済を得ることを容易化する（損害填補機能の充実化する）方策として理解された(4)。行為者推定の規定を有し（昭和二五年改正商法二六六条二項三項）、取締役の義務違反行為による損害の回復のため損害賠償責任を負う主体の範囲を拡張させるような解釈も施された(5)。

この昭和二五年商法改正で導入された代表訴訟制度に対する当時の学界の評価は、否定的であった。なぜなら、当時の学界の主流な会社観として、「相当の株式を有する活力ある大株主（個人）が議決権を行使し、経営の中枢を握り、株主の利潤を追求するものとされ」、「裁判所は原則としてその活動に介入すべきではない」という、伝統的なものが維持されていたからである。[6] このような会社観の下では、資本多数決による意思決定が重視される。代表訴訟制度は、株主総会や取締役等の意向を反映することなく、個人株主であっても裁判所に対して救済を求めうる制度であったから、資本多数決に基礎をおかず、伝統的な会社観にはそぐわないものであった。このため、株主代表訴訟制度は活発に利用されない方がよく、[7] 昭和二六年に昭和二五年改正商法が修正された際には、担保提供制度が導入された。立法論的には株主代表訴訟提起権を少数株主権とすることも提案された。[8] 代表訴訟制度は、「濫用も活用もされない」[9]、ワークしない制度として留めておくことがむしろ期待されていたのである。

しかし、昭和四九年から始まる会社法根本改正計画の一環としてこの点が俎上に載り[10]、取締役の責任・代表訴訟制度をワークさせることが試みられるようになった。取締役の責任追及制度および責任減免制度と、責任制度とは異なる道筋で制度変更をたどることになるので、以下では、これらを分けて分析する。

2 責任追及制度・責任減免制度に関する展開

㈠ 提案された基本設計の変更

昭和四九年から始まる会社法の根本改正計画の中で提示されたのは、代表訴訟制度の利用障壁の除去である。[11] 具体的な提案は、以下の一連の法務省民事局参事官室の意見照会においてなされた。

昭和五九年五月九日に法務省民事局参事官室より出された意見照会「大小（公開・非公開）会社区分立法及び合併に関する問題点」は、「代表訴訟につき勝訴した原告に対し、弁護士費用以外の相当の費用の請求権を認めるとの意見があるがどうか。『六ヶ月前から引き続き』という持株要件は削除するとの意見があるがどうか」と問いかけた。[12] これに対しては、経済界を中心に、「濫訴のおそれが強い」として改正に反対の声が強く、「代表訴訟を活性化する必要性を感じない」との意見も述べられた。[13] しかし、昭和六一年五月一五日に法務省民事局参事官室より出された意見照会「商法・有限会社法改正試案」では「代表訴訟につき勝訴した原告に対し、弁護士費用以外に相当の費用（たとえば調査費用）の請求権を認める」と提案された。[14] これは、株主代表訴訟制度が十分に機能していないと判断し、当時の法制度が濫用防止の名において、代表訴訟を不当に圧迫していないか、反省を迫れているという認識に基づく。[15] また、立法提案はなされていないが、会社法制改革をリードした人物の一人である竹内昭夫は、早くから、裁判所への納付手数料を訴額に基づいて判断すれば、代表訴訟提起権の行使が実質上妨げられると危惧していた。[16] 解釈論としても代表訴訟の訴額算定にあたっては、訴額を算定不能とし、代表訴訟を財産上の請求にあらざる請求として取り扱うべきとしていた。

責任減免制度については、この当時は、むしろ責任免除ができる範囲を限定する方向で議論がされていた。昭和五九年五月九日に法務省民事局参事官室より出された意見照会「大小（公開・非公開）会社区分立法及び合併に関する問題点」は、「株主による取締役の責任免除は、会社債権者（第三者）を害するときはすることができない旨を明定するとの意見があるがどうか」、と問いかけた。[17] これは、総株主の同意による責任免除の効果が絶対的なものであるとの理解に基づき、「会社が無資力の状況にあって、取締役に対する損害賠償請求権を行使していたら、会社の債権者に対する債務の全部または一部を履行することができたというような場合には、株主……の総意に基づくからといって、取締役の会社に対する損害賠償債務の免除を認めることは、疑問である」との判断による。[18] この問題意識は維持され、昭和六一年五月一五日に法務省民事局参事官室より出された意見照会「商法・

有限会社法改正試案」では「株主……による取締役の責任免除……は、会社債権者（第三者）を害するときはすることができない」という改革の方向性が示された[19]。反対に、会社債権者を害さない場合は、原則に戻って総株主の同意により責任免除が可能であり、訴訟上の和解または調停の場面で関係者の間で合意が存在する場合には、裁判所の関与があることを考慮して、総株主の同意を要求する必要はなく、株主総会の特別決議等で足りるとすることも考えられるとして、「なお検討する」と表現された[20]。

(二) 進まない責任追及制度改革の実現

責任追及制度の改革は進まず、代表訴訟制度につき利用障壁が除去されたのは、平成五年商法改正を待たなければならない。会社法制改革をめぐって、発言をするのは経済界だけであり[21]、経済界を構成する大企業の経営者にとっては、自らの首に鈴をつけるような制度変更を望むはずもないからである。

平成五年商法改正は、株主権の拡充の具体化の一部として、代表訴訟の裁判手数料の画一化・低廉化（平成五年改正商法二六七条四項（会社法八四七条六項）の新設）、原告株主が勝訴した場合に会社に求償できる争訟費用の範囲の拡充（平成五年改正商法二六八条ノ二第一項（会社法八五二条一項））を実現した。経済界がこのような改革の実現要求をのんだのには、二つの背景がある。第一は、これらの株主権の拡充の具体化が、日米構造問題協議（the U. S. -Japan Structural Impediments Initiative）を受けての要求であったからである[22]。当時は、アメリカ議会主導で通商法が改正され、貿易摩擦の報復措置を実施するスーパー三〇一条が盛り込まれた。日本がこのスーパー三〇一条に基づく「優先交渉相手国」と指定されたために、いかにその発動を阻止し、日米貿易摩擦問題を解決するかが、大きな問題と認識されていた。このような背景があっただけに、株主権の拡充の具体化という、経営者サイドから見れば、自分の行動に対して株主から干渉される可能性を増加させる立法提案であっても、合理的なものである限り、正面からは反対できなかった。第二は、当時、証券会社の損失補填事件などが発覚し、企業に対する不信感が高まっているときであり、経団連（経済団体連合会）としても企業行動憲章をとりまとめるなど自己規制を強化することで世論の批判に答えるを余儀なくされていたことが挙げられる。このため、株主権の拡充の具体化がコーポレート・ガバナンスの強化につながるだけに反対しづらいという側面があった[23]。証券会社の損失補填問題に対しては、代表訴訟が提起された。その際には、平成五年商法改正の改正事項でもある代表訴訟の裁判所手数料が訴額を基準に算定されるかが大きな争点となった。会社に対する損害賠償額を根拠に形式的に訴訟費用を算出することに合理性があるのか、むしろそう解することが運用面では実際の障害となると批判され、立法作業と時をほぼ同じくして代表訴訟の訴訟費用額を低廉なものとする取り扱いが判例法でも確立した[24]。このような状況で代表訴訟の利用障壁を除去する立法に経済界が反対することは、経済界への批判を増長させる結果となりかねなかった。

もちろん、この改正によっても代表訴訟が活発に利用されるという状況は予測されなかったことも[25]、経済界の反対を喚起しなかった原因の一つであろう。なぜなら、この改正は代表訴訟を提起するインセンティブを積極的に付与するものではなく、株主の情報収集に有効な手段を特に設けるものでもなかったからである。

㈢　シフトチェンジ——改革に込められた基本設計の変更——

それでは、昭和年間の会社法制改革をリードした人たちの会社法観・会社観に即するとはいえない代表訴訟制度の利用障壁の除去の方向性が、なぜ主張され、志向されたのか。この点を平成五年商法改正以後の法状況（制度変更の結果）から考えてみよう。

平成五年商法改正については次のように述べられる。「代表訴訟が経済界に与えたインパクトは、非常に大きいようですね。とくにトップの方にとっては、株主総会制度の改正にしても、積極的にはいやだとはいわれなくても、総会屋に応対するのはいやだと顔をしかめておれば、部下が意をくんでしかるべくやってくれた。それから、監査役制度の改正といっても、ローテーション的に人事をやっておれば事足りると思っていた。そうした社長さん方も、代表訴訟については、これはえらいことだと思っておられるような節があります」[26]。代表訴訟は、提訴株主が会社に代わって被告取締役の責任を追及する訴訟であるから、被告取締役は訴訟防御活動に会社の資源を利用できずに、自ら弁護士を選任し、訴訟追行しなければならない。会社のトップの負担がこのように直接的でかつ大きいことが「えらいこと」の中身である。この改正の狙いは、会社のトップに直接刺激を与えることで、「代表訴訟制度があるということすらきちんと認識していなかった」経営者に対して「自分の身を慎む必要性、あるいは経営について責任を常に負う立場にあるということ」を認識させ、社内管理体制の充実や慎重な経営体制の整備を促進させるということとされている[27]。

結果から分析すれば、平成五年商法改正で試みられた、代表訴訟制度の利用障壁の除去は、経営陣である取締役を直接揺さぶり、彼ら自身の行動を適正化させようとするショック療法の役割を果たすことが期待された。代表訴訟制度の効果を手段的・機能論的に把握した結果、改革が実行されたといえよう[28]。

昭和四九年から始まる会社法根本改正計画が実行された時代は、高度経済成長のひずみが認識された時代である。「日本の高度経済成長を支えたヒーローとしての企業から、……諸悪の根源は全て企業にあるというような風潮も相当強くなってきた」という時であった[29]。このため、企業の非行行為防止が一つの課題とされた。会社法根本計画の引き金となる昭和四九年商法改正では、それまでの伝統的な会社観により正統化できる範囲でのみ実現していたため、株主総会の多数決を通した道筋（監査役制度の改善、会計監査人制度の導入）の中で行われた。しかしそれでは、株主総会の多数決によって信任された経営者（取締役会・代表取締役）を経由せざるを得ないため、経営者の意向がバイアスとなり、社内管理体制の充実や慎重な経営体制の整備は不徹底になりがちである。とりわけ当時、株式の持合いにより株主がサイレント化し、株主総会によるコントロールが機能不全となっていた[30]。代表訴訟の利用障壁の除去は、株主総会が機能不全であり、「相当の株式を有する活力ある大株主（個人）が議決権を行使し経営の中枢を握り、株主の利潤を追求し、裁判所は原則としてそれに介入すべきではない」という伝統的な会社観によっては、経営者による健全かつ適法な経営の実施をエンフォースできないという現実の中で採用された処方箋である。代表訴訟は、唯一経営陣に直接働きかけ、彼（女）らによる会社の健全な運営の実行を促進する手段としての役割が強調されたと評価できる。

しかし、代表訴訟の利用障壁の除去は、伝統的な会社観に対するショック療法という意義以外に、会社法制が株主・経営者・債権者の利害を調整する法制度から、多くのステイク・ホルダーの利害を調整するための場を設定する制度へと変容する可能性も提示した。なぜなら、上場企業の株式は誰でも入手可能であるから、ステイク・ホルダーが、株式を購入し、社会問題に起因して取締役の行為の是非を問うという形で会社の経営の是非を裁判所で問うことが可能となるからである。

そもそも、代表訴訟制度は、提訴株主が受ける経済的利益は彼（女）らが負担する訴訟活動のコストに見合うものでなく、「取締役の一定の違法行為によって生じた会社の財産的な被害の回復という直接の目的を実現することが、会社の公益的機能の確保という究極的な目的に支えられている」ことから、市民的なあるいは公益的な動機を有してはならないということではないとも考えられていた[31]。竹内昭夫は[32]、株主代表訴訟が濫用されているとして排除すべき場合を想定し、その濫用的な利用を制限する方策として、担保提供制度、株主権・訴権の濫用、

の方向での改革を意図していなかったからである[40]。

両者の違いは、次の二点に端的に現れた。

第一は、株主代表訴訟提起権を単独株主権のままとするか、という点である。経済界は、株主代表訴訟制度の利用の実質的制限と取締役の責任軽減制度の確立を求めた[41]。これに対して、自由民主党側の提案としては、会社の適法性・経営の健全性を確保する株主代表訴訟の力を減殺させないようにすることが前提であり、株主代表訴訟提起権を少数株主権とすべきでないとし、株主代表訴訟の「脅し」としての効果を維持しつつ、過酷になりすぎないような範囲に留めるための責任軽減立法を行うとした[42]。責任軽減立法を行うとした点では、経済界も自由民主党も、歩調は同一であるが、責任追及機会の確保という点では、両者は異なっていた。このために、株主代表訴訟制度改革についての自由民主党の政策提言は、その具体的な中身が広く議論される中で、制度の不備の補完（会社の株主代表訴訟への関与のあり方（被告側へ会社が補助参加するための手続）や株主代表訴訟を和解で終了させるための制度整備）を行い、株主代表訴訟制度の基本的な枠組みを維持するものへと立法課題を精選していった[43]。株主代表訴訟制度を維持すれば、それによる責任追及が過酷で見せしめ的なものとならないように、取締役に負わされる責任（賠償額）の量の適正化を図ることが重要となる。この制度設計の方向性の下で、取締役の責任の一部減免制度の導入が改革の俎上にのった。取締役の一部責任減免制度を導入する背景としては、このほか、日本の上場企業の経営の透明性と健全性を確保する手段として期待される社外取締役の導入を促進するという政策判断があった[44]。社外取締役の経営陣からの独立性を確保する方策として、その社外性が強調され、社外取締役は非常勤であることが求められる。しかし、非常勤であり、社外性が強調されることは、社外取締役の経営への関与が薄くなることを意味する。このため、今までと同様に、株主の救済の実現のために取締役の責任を強調する制度の下では、とりわけ監視義務違反を経由して、逸脱行為を実施した取締役と連帯責任を負わされるようでは、社外取締役のなり手が確保できないからである。

第二は、「大株主がコントロールし、会社の経営に裁判所等が関与すべきではない」という従来からの会社観の枠の中の改善で対処するのであれば、監査役の権限強化という課題に経済界が主張する以上に切り込むことも要求していた点である。自由民主党も経済界も、単独株主の意向のみで取締役の責任追及が行われることに抵抗感を持ち、株主代表訴訟が提起された場合に、大株主（株主総会での多数決）の意向を受けて、監査役会が、当該株主代表訴訟の係属の適否に関して一定の判断を行えるような制度設計を描いた。[45] しかし、この第二の点を実現するための前提条件を何とするかという点で両者の見解は分かれた。経済界側は、監査役の地位の安定化や独立性の向上に向けた改革提案を行っていたが、[46] 自由民主党側は、それに加え、取締役の選・解任についても一定の関与をしうる権限を監査役に付与するところまで踏み込んで改革提案を行った。[47] この第二の点の前提条件は、大会社の経営者（経済界）にとっては体制の大幅変更を意味しているためか、調整が付かず、結局、この時は第二の点そのものの立法化がなされなかった。

この企業統治・代表訴訟制度に関する会社法制改革作業の大きな特徴として、社会の大きな注目を浴びた点が挙げられる。これまでは、会社法制が専門的な領域であるため、会社法制改革がマスメディアに取り上げられることは少なかった。しかし、企業不祥事が多数発覚する状況下において、企業の経営者の責任が追及されるという環境を緩和する立法提案は、社会から大きく注目された。すでに指摘したように、経済界の要望と自由民主党の主張の間に温度差があったこともあり、自由民主党の商法小委員会は、各界に意見照会やヒヤリングを行い、開かれた形で議論がなされ、[48] 法案の作成の場面でも、自由民主党＝公明党＝保守党（当時）の与党三党間で折衝を通して、ネゴシエーションが行われた。国会に法案提出後も与党三党と野党民主党との間で折衝が繰り広げられ、国会審議の中で法案が修正され、立法された。この法案作成・国会審議の過程にあって、最も議論を呼んだのは、取締役の責任減免の範囲や手続である。

当初、自由民主党の改正提案では、「取締役の会社に対する責任について、定款の定め又は株主総会の特別決議による減免を認める。ただし、取締役に忠実義務違反、犯罪行為、故意又は重過失があった場合は、例外とする」とした(49)。この提案は、判例法上形成されつつあった経営判断原則との関係が不明確であり、責任減免の対象が不明確であると批判された(50)。また、株主総会が機能不全となっている段階では、歯止めがない形で責任減免が実行できる可能性を持ち、同時に、その全部を減免できるとすれば、取締役に対する抑止効果が失われると批判された(51)。このような批判を受けて、自由民主党の作成した要綱案では、責任減免ができない額として、報酬の二年分を挙げ、それ以上の減免をできないこととした。また責任減免の手続についても株主総会の特別決議に加え、定款の授権に基づき、取締役会で決定できるとした。さらに国会に提出した法律案では、責任減免の決定手続を緩和する目的で株主総会による責任減免の決定を普通決議とすることも提案がなされ、社外取締役については、定款で責任限定契約を締結できるようにするという、提案が新たに付け加わった。要綱から法律案を作成する段階で、このように変化したのは、取締役の責任の事前免責に積極的な自由民主党と消極的な公明党の間での妥協の結果である(52)。また、責任減免のプロセスの健全性を担保する目的から、それぞれに監査役全員の同意が必要であるとされた。国会審議の中では、与党と野党民主党との交渉の結果、責任減免ができない額が代表取締役は六年分の報酬、取締役は四年分の報酬、社外取締役は二年分の報酬に変更され、責任減免に関する株主総会の決議も普通決議から特別決議に戻される形で修正され(53)、立法された。

このように、「取締役が違法行為を行えばその責任が追及されうる」という状況を維持する代わりに、責任の額に如何にキャップをつけるかという点で調整が図られることとなり[54]、制度設計上の争点が移動したのである。

(五) シフトチェンジ路線の継続——会社法制定へ——

平成一七年の会社法制定の際の検討でも、株主による経営陣に対する責任追及の利用制限を目論む経済界から強い要請があった[55]。それを受けるかたちで、平成一七年三月一八日に内閣提出法案として提出された会社法案では、学界でも比較的賛成する意見が強かった提訴株主の原告適格制限[56]、すなわち、提訴株主が会社・株主全体の利益に基づいて訴訟追行しうるかという点を審査する「代表適切性」要件の追加が盛り込まれた（国会提出時会社法案（間法八一号）八四七条一項一号、二号。なお持分会社につき同様の趣旨の規制が六〇二条一号二号に存在）。国会提出時会社法案八四七条一項一号、二号に該当する場合は、株主は役員等の責任追及訴訟を提起できないとされた。一号は、「責任追及等の訴えが当該株主若しくは第三者の不正な利益を図り又は当該株式会社に損害を加えることを目的とする場合」とされ、二号は、「責任追及等の訴えにより当該株式会社の正当な利益が著しく害されること、当該株式会社が過大な費用を負担することとなることその他これに準ずる事態が生ずることが相当の確実さをもって予測される場合」とされた。

これらの立法提案とりわけ、国会提出時会社法案八四七条一項二号は、平成一七年会社法制定で導入された、会社法八四七条四項の書面による会社の不提訴理由の通知の制度と合わさることで、制度設計の変更を意図する内容を持ち得るものであった。会社の不提訴理由の通知の制度は、会社が株主からの提訴請求から六〇日以内に責任追及等の訴えを提起しない場合に、提訴請求株主（原告株主）または提訴の対象となる役員等らからの請求に基づき、責任追及等の訴えを提起しない理由を書面で請求者に提出するという制度である（会社法八四七条四項）。提出時会社法案八四七条一項二号の「当該株式会社の正当な利益」や「その他これに準ずる事態」がどのような内容を指すかは定かではない。しかしたとえば、提訴対象となる役員等を被告とする責任追及訴訟が係属すれば会社の事業運営に支障が出るであるとか、被告となる役員等が、会社に発生したとされる損害額に見合う財産を有しておらず、訴訟追行の費用負担に見合う回復が得られない、といった不提訴理由を述べることが可能となるであろう。被告となる役員等が証拠としてその書面を裁判所に提出すれば、裁判所は、まず、提出時会社法案八四七条一項二号の制限が適用されるか否かを判断せざるを得ない。これにより、当該役員等らの責任の有無が本案で審議されることなく、当該責任追及が「会社の正当な利益」に合致するかという点の審査のみにより、株主による責任追及訴訟の係属の可否が判断されることになりかねない。当該責任追及が「会社の正当な利益」となるかという点については、裁判所としても実際の経営にあたる会社の経営陣の判断を尊重しなければならないと考えられるために、株主代表訴訟制度を間接的に役員等らの責任追及の可否を会社（経営陣等）が判断しうる制度へと変更することが可能となる。

しかし、会社法案を審議する衆議院法務委員会で、自由民主党、民主党、無所属クラブ及び公明党の共同提案の修正に基づき、国会提出時会社法案八四七条一項二号は削除された（持分会社に関する六〇二条二号についても同様に削除）。これは、同二号が株主の取締役に対する責任追及訴訟を提起することを制限しかねず、その制限される範囲が不明確であると同時に拡張的に運用されかねないことが懸念されたからである。この自由民主党らが法案修正を提案する理由は、「事前規制の緩和に伴い取締役の行動の自由度が拡大しているため、その行動を事後の責任追及で制御することが有効かつ重要な方策であり、新たに訴訟要件を法定することにより過度に株主代表訴訟の提起を萎縮させるべきではない」と述べられた[57]。

会社法制変革の歴史において、提出された内閣提出の法律案から条文が削除されるというのは、特異な現象である[58]。これは、次の点に関する考慮に基づく。国会の場で法律案の削除が行われることは、そのような立法をすべきではないとの民意が示されたことになるからである。行政府の一員である法務省は、それを尊重しなければならず、以後の法務省が主導する会社法制改革の検討では（少なくとも当分の間は）その点を扱えなくなってしまいかねない。この点をいやがる立法参画者・法務省が、提出法案からの削除を回避すべく行動するのである[59]。

第一六二回国会衆議院法務委員会（平成一七年五月一七日）の「過度に株主代表訴訟の提起を萎縮させるべきでない」との判断は、今後の会社法改革においても大きな重みを持つことになる[60]。

3　取締役の責任制度の展開―理論的整序から抑止機能に対応した基本設計の志向へ―

取締役の責任に関する会社法制改革の契機は、昭和二五年商法改正による責任原因の明確化が何を意味するのかという点で理解が分かれたことを統一しようとする、理論的整序に向けた動きである。

すでに見たように、昭和二五年改正前商法は、任務懈怠責任、すなわち、債務不履行責任として取締役の責任を規定していた（昭和二五年改正前商法二六六条）。昭和二五年改正商法二六六条一項一号～四号が責任原因を明確化したのは、債務不履行責任であることを維持しつつ「本旨弁済でない」という要件を明らかにし、帰責事由が存在しないとの取締役側の抗弁主張を許さないという性格のもの（無過失責任）なのか、任務懈怠責任とは異なる新たな責任を追加したものなのかが大きく議論された。

違法配当に関する昭和二五年改正商法二六六条一項一号の責任は、資本充実責任を定めるものであり、過失の有無を問わない結果責任であるとの理解が一般的であった[61]。これに対して、違法配当に関する責任も任務懈怠責任であり、過失がない場合には責任を回避しうるとの理解も提示されていた[62]。昭和二五年改正商法二六六条一項二号（平成一七年改正前商法二六六条一項三号）の取締役に対する会社の金銭貸付け（仲間貸し）に関しては、濫用の危険が大きく、取締役が連帯保証人になる覚悟で貸し付けるのであれば、許容するとの理解の下、一種の保証責任であると理解された(63)。

とりわけ議論が鋭く対立したのは、自己取引に関する責任と競業取引に関する責任の理解である。

利益相反取引規制に基づいて利益相反取引を実行したが、それにより会社に責任が発生した場合に、いかなる取締役が責任を負うか。

一般的には、①利益相反取引に関して会社の相手方（または相手方の代理人）となる取締役、②会社を代表して利益相反取引を実行した取締役、③取締役会決議に参加した取締役が、責任主体となると理解された。①〜③の取締役は任務懈怠責任として責任を負うが、帰責事由が存在しないとの抗弁の主張が許されない無過失責任を負うと法律上規定された、と理解された(64)。競業義務違反の責任に関しては、条文の文言が「第二六四条第一項ノ規定ニ違反シテ取引シタル時」（昭和二五年改正商法二六六条一項三号）とされていたことから、法令違反に関する任務懈怠責任を注意的に定めたものに過ぎず、立法論としては、削除すべきとも主張された(65)。

他方、昭和二五年改正商法二五四条ノ二（昭和五六年改正商法二五四条ノ三）が、取締役の義務として「取締役ハ法令及定款ノ定並ニ総会ノ決議ヲ遵守シ会社ノ為忠実ニ其ノ職務ヲ遂行スル義務ヲ負フ」と新たに規定したことに特別の意味を見いだそうとする見解（異質説）は、異なる理解をしていた。異質説は、この規定にある「会社ノ為忠実ニ其ノ職務ヲ遂行スル義務」を、会社の利益を犠牲にして個人的利得を図ることを禁止する義務であると理解した(66)。この義務に違反している取締役は、過失の有無に関係なく、当該利益を会社に吐き出させるという意味での無過失責任があり、競業取引の責任と利益相反取引の責任とがこれにあたると理解された。競業取引に関しては、たしかに条文の文言上「違反シテ取引ヲ為シタルトキ」（昭和二五年改正商法二六六条一項三号）とされているが、それは客観的違法性を示すものにすぎず、競業により利得した取締役に当該利益を会社に吐き出させるという結果責任を規定すると主張された(67)。また、自己取引規制に違反する取締役の責任に関しても、理解が分かれた。平成一七年改正前商法二六六条一項四号は、会社の承認の有無に関係なく会社と取引をなした取締役の利得した利益を会社に吐き出させる責任を規定するものであり、会社を代表して取引を実行した取締役や当該取引が取締役会決議に基づく場合に決議に参加した取締役は、同号ではなく、平成一七年改正前商法二六六条一項五号の任務懈怠責任を負うにすぎないとの理解も有力に主張された(68)。このように、違法配当、仲間貸しとならんで、自己取引および競業取引の責任は、任務懈怠責任とは責任根拠が異なるとの理解も示され、責任主体の範囲に関しても見解が分かれていた。

昭和四九年以来進められた会社法根本改正計画は、このような見解の対立を立法により解消すべく、商法に規定する取締役の会社に対する責任が基本的に任務懈怠責任・債務不履行責任であるとの理解を示した。昭和五三年一二月二五日に出された法務省民事局参事官室意見照会「株式会社の機関に関する改正試案」では、違法配当、競業取引および利益相反取引についても、任務懈怠責任の範疇で対処することが示された(69)。もっとも、仲間貸し責任については、一種の保証責任であり、任務懈怠責任とは異なる範疇の責任とされた。

昭和五六年商法改正は、このような理解を明確にする形で制度設計を一部変更した。第一に、昭和五六年商法改正では、総会屋対策のために株主権行使に関する利益供与に関する規定が設けられた。これに対応するため、株主権行使に関する利益供与を行った取締役が無過失責任として規定されたが、それは、それまで昭和五六年改正前商法二六六条一項三号に存在した競業取引に関する責任原因の規定を削除して、それにより空いたスペースを利用して規定された（昭和五六年改正商法二六六条一項二号）。競業取引に関する責任を任務懈怠責任として平成一七年改正前商法二六六条一項五号で対処するとされた[70]。第二に、判例の流れを受けて、利益相反取引として会社による債務引受けや保証などの間接取引類型が追加された。これにより、間接取引類型の利益相反取引についても、会社（取締役会）の承認が要求された。間接取引類型の利益相反取引につき手続違背があった場合も、平成一七年改正前商法二六六条一項四号は範疇にすることになる。しかし、間接取引類型では、会社と利益相反の対象となる取締役との間に契約関係がないため、同号の責任を弁済責任と解する場合には責任を負う主体がいなくなり、同号は空文化してしまう[71]。同号を任務懈怠責任と解した上で、会社を代表して取引を実行した取締役をその対象と理解しなければならなくなった。

理論的整序という目標に政策的な課題が付け加えたのは、平成一四年商法改正へと向かう、平成下の会社法の全面改正計画である。この時の問題意識は次のようなものである。それまでは、取締役の責任に関して、株主の救済、すなわち、会社への損失補填を重視し、取締役の違法行為が発生した場合には取締役が連帯してその賠償にあたるべきとするような制度設計がなされていた。しかし、すでに述べたように責任追及制度は、会社の適法かつ健全な経営機構を構築させるための手段として理解され、取締役に逸脱行為をさせないという抑止機能が大きく期待された。この責任追及制度改革の流れを受けて、取締役の責任についても制度を改め、個々の取締役の任務の範囲を具体化し、個々の取締役が職務の執行にあたって善管注意義務を尽くしたかを問う制度に改めるべきという問題意識が形成された。悪い結果が生じれば連帯責任を負わされるという当時の制度設計では、善管注意義務の履行を確保する機能を発揮させる余地がないと判断されたのである[72]。

具体的には、取締役の会社に対する責任を任務懈怠責任（債務不履行責任）であると理解する方向性を徹底する改正が志向された。それぞれの取締役の過失（善管注意義務違反）の有無を争点とするために、当該行為が取締役会の決定に基づく場合に決議に賛成した者を行為者とみなす規定の排除も行うとされた。平成一四年商法改正の際には、法制審議会における会社法制改革と議員立法による会社法制改革が並行していた。このため、平成一四年商法改正で新設された委員会等設置会社についてのみこの改革は実行された。全ての会社についてこの改革が実行されたのは、会社法制定による。

会社法は、取締役の会社に対する責任の性質が債務不履行責任・任務懈怠責任であることを明示した。もっとも、①募集設立の際の財産不足額填補責任（会社法一〇三条一項、五二条二項）、②株主に対する利益供与を実行した取締役の責任（会社法一二〇条四項）、③自己のためにした利益相反取引（直接取引）に関する責任（会社法四二八条一項）については、その事実のみで「本旨弁済とならない」ことを明定し、取締役または執行役等は帰責事由がないとの抗弁を主張できないと規定している。会社法が無過失責任とするのは、これら①～③のみである。①は現物出資をした発起人と株式の引受人との間に不平等が生じるおそれがあり、それを防止する観点から責任が強化されたのである。[73] ②は国会審議において提出された修正案で実行された。当初の法律案ではこの②の責任も過失責任とされていたが、この責任が総会屋対策を意図したものであるからその反社会性を考慮して、実行者に限り無過失責任であることが明定された。[74] ③については後に改めて検討する。

行為者推定の規定も、削除され、違法行為が取締役会決議に基づく場合であっても、賛成した各取締役については、決議に賛成したことに過失があったかどうかで個別に責任の有無が利断される。また、役員等の責任が連帯責任を負うとされる場合も、会社に対する損害賠償責任が同時に発生した場合であるとされた（会社法四三〇条）。それぞれの取締役は各自の責任原因行為と相当因果関係のある会社の損害についてのみ責任を負うのであろうから、それぞれの責任が部分連帯となることが原則となる。この制度設計は、同時に発生する取締役の損害賠償責任を共同不法行為の損害賠償責任と同様の処理を行うことを宣言するものといえる。(75)

三　会社法の検討

1　代表訴訟

(一)　基本設計のあり方

立法過程の検討からは、役員等のうち、とりわけ会社の経営陣である取締役に対する責任追及制度の設計は、次のような判断に基づいてなされているといえよう。それは、株主総会が無機能化し、資本多数決を通じた通常の意思決定ルートでは、経営陣に対して会社経営の健全性を確保するための制度整備の実施を働きかけることが難しいという状況の中で、経営陣に直接効果のある形で揺さぶりをかけるというショック療法の役割を株主代表訴訟制度が果たすということである。

ショック療法は、通常の治療が功を奏しない場合に実施される。それでは、通常の治療が「功を奏することが確認された」場合には、ショック療法は続けられるべきか。

すでに確認したように、伝統的な会社観からは、役員等らの責任追及の可否も、資本多数決による決定を反映させるべきと考えるのが親和的である。経営の健全性適法性を担保する社内制度の整備が企業風土や法制度上確立されれば、株主代表訴訟のショック療法としての必要性が減じたとして、伝統的な会社観に親和的な形へと制度設計を改めるという主張も考えられないわけではない。たとえば、神田秀樹は、抽象的なレベルでは、単独株主に責任追及訴訟の提起を許容すると、「本来提訴すべきでない場合」にまで提訴される可能性が生じるとして、「本来提訴すべきでない場合」には株主による提訴を許さないという制度設計をすることが正しいとする。[76]「本来提訴すべきでない場合」とは、①株主（全体）・会社の利益から見て客観的に責任追及訴訟を提起すべきではない場合か、②資本多数決によって経営事項の決定が委任された取締役等が善管注意義務を尽くして提訴すべきでないと判断するような場合である。

たしかに、会社を取り巻く現状をみれば、法制度上も内部統制システムの設置が義務づけられ（たとえば、会社法三四八条三項四号・四項、三六二条四項六号・五項など）、内外の機関投資家の活動が活発化し、株主総会を通じた経営者のモニタリングも機能しうるようになり、伝統的な会社観の枠内でも経営者に対する一定の効果あるモニタリングが可能となったのかもしれない。[77] しかし、「規制緩和」により取締役の裁量で実行される事項が増加した会社法の下では、株主によるモニタリング機能の弱体化に繋がる制度設計の変更はする時期ではない。すでに紹介した会社法制定過程でなされた国会提出時会社法案の修正決議は、そのような判断を示す。さらに、伝統的な会社観に親和的に経営陣等の責任追及制度を設計することが、抽象的なレベルで「正しい」としても、いざそのように制度を設計しようとする場合には、「時間」という解決不可能な問題が存在する。「不提訴」が「客観的」に会社の利益になるか「提訴」の方が会社の利益となるかは、事後的にのみ明らかとなる。このため、この点を「事前に」判断することは常に仮定を含み、困難なものとなるからである。加えて、責任追及対象者と責任追及の是非を判断する取締役等との位置関係は近接しており、構造的に中立性に疑問が生じることも問題をより一層難しくする。責任追及の可否が取締役等に判断される場合には、逆に「提訴すべきである場合」までも提訴されない可能性が高まるからである。このように取締役の責任追及それ自体の制度設計上の問題として、「事前に」責任追及訴訟の是非を判断するような枠組みは、解決困難な課題を含む。

責任追及制度は、会社をどのように捉えるか、また、株主と取締役等との関係をどのように捉えるかということによりその設計パターンを様々に設定でき、いずれが正しいかは一義的に決まるものではない[78]。そもそも、「責任追及の訴訟を提起しない方がよい」という判断は、評価を含み、会社（経営陣等）がそれを判断するとしても、その判断の適否は裁判所で審査されるべき性質のものである[79]。そうであれば、裁判所は、当該責任追及の対象とされる役員等の責任の有無に加え、責任追及の是非を判断しなければならなくなり、その負担は大きなものとなりかねない。むしろ、昭和二五年商法改正の際に、この解決困難な問題の存在に気がついたという先見の明を高く評価すべきである。責任追及に関して提訴段階ではその可否を判断せずに、株主が役員等の責任追及訴訟を提起する機会を実質的に保障する一方で、過酷すぎる効果については責任軽減で対処するという基本設計は、あり方として適切である[80]。

(二) 具体的な検討

基本設計から見て会社法制度がその目的に資するように規定が整備されているか。以下では、代表訴訟への会社の関与のあり方と、過酷すぎる責任追及の効果への対処とに分けて検討することにしよう。

(1) 代表訴訟への会社の関与

代表訴訟への会社の最初の関与は、不提訴理由通知である。立法経緯より明らかなのは、会社からの不提訴理由そのものに確定的な効果を付与するべきではないという制度設計が採用されていることである。不提訴理由の開示に期待される機能は、証拠資料の収集能力の乏しい株主が行う訴訟追行を適正化することと理解されるべきである。株主は会社内部での経営の執行状況に詳しくなく、責任原因となる行為を特定することが困難な状態にある。このため、責任原因の発生時から在籍している取締役をまとめて責任追及の対象者とし、概括的な主張に終始することすらある。現在、事実を明らかにし、争点整理を行うために、裁判所の積極的な訴訟運営がなされ、判断の前提となる事実関係についての説明を求めるなど、原告のみならず被告にも釈明を促しているようである。(81) 会社による不提訴理由の通知の書面は、それを請求した株主または被告取締役から裁判所に証拠として提出される。独立した機関である監査役・監査委員会の内部調査によって判明した事実関係に関する情報を株主が共有し、裁判所に伝えられることは、事実関係の特定、争点整理の迅速化を促し、根拠のある責任追及を選別し、根拠の薄弱な責任追及訴訟等への対処に煩わされることから取締役を解放することになる。もっとも、実務界からは、会社が提出した書面によって原告株主が有利に訴訟を展開することが危惧されている。(82) しかし、むしろ原告株主との情報の非対称性を是正することがこの制度の目的であるし、不提訴理由に現れた会社の対処ぶり（会社法施行規則二一八条一号）は、裁判所の心証形成に影響する。(83) そうであれば、監査役・監査委員会が不適切な責任追及訴訟の係属を抑止しうるかは、その書面の内容次第となる。とりわけ、任務懈怠責任は、任務形態の有無や取締役が賠償すべき損害の範囲の判断においても評価が加わり、微妙な認定判断をしなければならない。不提訴理由通知は、このような認定判断の基礎となるのにふさわしい情報を提供するものとして充実が求められるし、それを手がかりとして原告株主が訴訟追行するべきであろう。監査役・監査委員会が原告株主の訴訟追行に問題があると判断すれば、会社（監査役・監査委員会）が訴訟参加し、原告株主の訴訟追行を牽制することで対処される。

不提訴理由通知を作成する際の難問は、「責任追及対象者に責任又は義務があると判断した場合において、責任追及等の訴えを提起しない場合は、その理由」を示すことである（会社法施行規則二一八条三号）。たとえば、責任追及を行ったとしてもその対象者の資産状況を考えると費用倒れになるという理由も考えられないではない[84]。しかし、監査役・監査委員会が適法性の観点から監査をすべき立場にあることからは[85]、それだけでは不提訴の理由としては不完全である。降格・減俸・解職などが行われかつその対象者から一定の賠償が行われたなど、「取締役の義務違反の責任はすでに果たされた」または「訴訟という手段以外の方法で責任追及を実施している」といった理由付けが必要となろう。この場合、監査役・監査委員会は、取締役の損害賠償責任を具体化し追及したことに関して善管注意義務を尽くしたかが問われよう。

代表訴訟係属中における会社の関与としては、会社の訴訟参加がある。会社法は、株主による責任追及訴訟において補助参加の利益を有するか否かに関わらず会社が被告側へ補助参加しうるとして、会社内部の手続を法定することから一歩踏み出したと解されている[86]。これは、会社が株主による責任追及訴訟の被告取締役側への補助参加の可否を判断した最判平成一三年一月三〇日（民集五五巻一号三〇頁）以降、下級審において広く会社の被告側への補助参加を認める傾向が見られること[87]に対応するものであり、それが訴訟資料の充実化に資すると考えられている。しかし、提訴段階の会社側の対応を踏まえれば、代表訴訟への会社の訴訟参加は、原告株主と監査役・監査委員会の判断の相違が生じた場合に対処するもののはずである。不提訴理由で示された、被告取締役等の責任の有無に関する監査役・監査委員会の判断や、監査役・監査委員会主導による彼（女）らの責任の具体化の内容の正当性を主張することに、会社の代表訴訟への訴訟参加の動機がある。そうであれば会社の訴訟参加はその実質や動機にふさわしい独立当事者参加の形式とすべきであった[88]。会社の被告側への補助参加は、被告取締役の会社に対する責任がないとの裁判所の判断を勝ち取るために会社が被告取締役側を応援するものであり、どうしても会社の中立性に疑問が生じるからである。また訴訟が進行する過程で事実関係が明らかとなり、むしろ原告と共同して責任追及をすべきだという立場に会社の立場が変わることも十分にあり得るからである。[89]

⑵　過酷すぎる責任追及の効果の調整

会社の健全で適法な経営を確保するために、取締役等に対する責任追及の機会は、株主に大きく開かれるべきである。しかし、過酷すぎる責任追及の効果は調整されるべきである。この二点が制度の基本設計となっていることは立法経緯から明らかである。しかし、平成一三年一二月商法改正で導入され会社法で維持されている責任減免制度は、使い勝手がよいものではない。責任追及の効果は依然として過酷すぎるレベルにあり、「一罰百戒」的な印象を社会に与えかねない。[90]

会社法の責任減免制度は、総株主による同意がなければ免除できないことを原則とし（会社法五五条、一二〇条五項、四二四条、四六二条三項、四六四条二項、四六五条二項、四八六条四項、四二四条）、例外的に、「善意でかつ無重過失」である任務懈怠責任については、株主総会の特別決議（会社法四二五条、三〇九条二項八号）または定款授権に基づく取締役会の決議（会社法四二八条）により、損害賠償額の一定額を除いて免除することができる。社外取締役・社外監査役等については、定款授権に基づく責任限定契約により、善意でかつ無重過失である任務懈怠責任については、会社から受け取る職務執行上の対価の二年分に留めることができる（会社法四二七条）。しかしこの場合には、具体的に責任限定が行われた際には、会社としてその損害額を確定し、賠償する責任を負わないとされた額を、直後の株主総会で開示しなければならない（会社法四二七条四項三号）。

この会社法の制度が使い勝手の悪いのは、次の三点である。第一に、責任減免の対象が「善意で無重過失」である任務懈怠責任に限定されている点である。判例法において任務懈怠責任が経営判断原則で判断される現状では、裁判所で責任が肯定される場合のほとんどが重過失によるものであり、実際に機能する場面は少ない。[91]会社法ではすでに述べたように、みなし行為者の規定を一部を除いて排除した。これにより一層機能する場面は少なくなった。第二に、責任の一部減免を実行する場合に、会社として、対象となる取締役に責任があることを認め、責任原因を特定しなければならない点である。責任追及訴訟において、責任が一部減免されたことを反映させるためには、対象となる被告取締役が、会社が認定した責任原因の存在を含めて主張しなければならないが、それは、被告取締役に自白をさせることと同義となり、訴訟運営においてかえって被告取締役に不利となる[92]。第三に、責任を一部免除または限定する際に、対象となる取締役が負うべき損害賠償額を会社として一度確定することが要求されている点である。このため、責任免除額（または責任限定により賠償させられない損害額）は、会社にとっては益金となり法人税の課税対象となり、責任減免が実行された取締役にとっては、責任免除額が給与課税の対象とされかねない[93]。これでは、責任減免の効果が少なくなる。

これに対し、代表訴訟を訴訟上の和解で終了させることは大いに役立つと評価されている[94]。任務懈怠責任に限定されているわけでも、軽過失に限定されているわけでもなく、責任軽減の限度額も定められていないからである。和解案の妥当性を担保するのは、唯一、監査役・監査委員会が和解案に同意することであり、裁判所が審査する体制が制度的に整備されているわけでもない。さらに実際の運用の場面では、裁判所は会社を和解当事者として参加させる方針を持っているようであり[95]、会社法が用意する道具立ては、機能していないようである。この背景には、和解条項の中に、コンプライアンス体制を確立するなど経営事項が含まれ、監査役だけでは対応できないという判断もあるのであろう。

責任免除に関し総株主の同意を必要とする原則の特則としては、責任の一部減免制度と責任追及訴訟における訴訟上の和解の制度は、著しく不均等である[96]。この点は会社法の制定によっても是正されておらず、「責任追及の過酷すぎる効果を調整する」という会社法の機能はまだ発展途上のものであり、今後さらなる制度整備が必要であろう。考えられる制度設計の変更は、二点存在する。

第一は、責任減免制度を機能するものとするために、軽微な任務懈怠責任の額を報酬を基準に二年分（社外監査役・社外取締役等）、四年（代表権のない取締役）、六年（代表権のある取締役）と限定するというものである（もちろん責任追及の機会が現行制度のまま十分に保障されていることが前提である）[97]。しかし、この制度設計を採用することにはためらいもある。なぜなら、会社役員損害賠償責任保険（D&O保険）により少額の保険料を支払えば取締役は責任を全部免除されるのに等しい効果が生じるからである。責任を限定する制度とD&O保険とが合わされば、責任追及制度の抑止機能を弱くしかねない[98]。

D&O保険では、株主代表訴訟が提起され、被告取締役が勝訴した場合（責任が否定された場合）には、争訟費用の支払いが損害とされ、保険金が支払われる。他方、被告取締役が敗訴すれば、認められた損害賠償責任や争訟費用につき保険金が支払われる。しかし、当該損害賠償責任が、取締役の私的利益を得たことか犯罪行為に起因する場合、または、故意の法令違反行為（「認識していたと合理的に判断できる」時を含む）に基づく場合は、保険会社は保険金の支払いに関して免責される[99]。有力な学説は、重過失による注意義務違反行為による損害賠償責任もD&O保険の付保範囲とされるとする[100]。たしかにD&O保険のうち株主代表訴訟担保特約部分の保険料は取締役個人が支払うものとされていることからは、取締役の合理的な期待を踏まえて、付保範囲は決定されるべきであり、重過失の注意義務違反の損害賠償責任もD&O保険の付保範囲とすることは許容されるべきかもしれない。しかし、このような解釈の下では、軽微な注意義務違反の責任については責任限定・責任免除制度が機能し、重過失の注意義務違反の責任についてはD&O保険が機能してしまい、会社法制が責任追及制度に期待する抑止機能がワークする領域を著しく狭くしかねない。(101) D&O保険が会社法制上の考慮をゆがめるべきではないとすれば、D&O保険の性質を争訟費用を付保する性格のものにすべきである。そうすれば、責任追及制度の弱化の懸念を相当程度減らすことができ、取締役の損害賠償責任の額キャップをつけるという道筋での解決の実現可能性を高めるかもしれない。もちろん、取締役等が個人的に利得する場合や、債権者保護の観点または倫理的な観点から責任が強化されている場合にまで、取締役の損害賠償責任の額にキャップをつけるのは不当であり、一律に損害賠償責任の額が限定されるべきではない。

第二は、責任追及の対象とされる取締役の降格・減俸・解職などの処分の実施や、その者の資産状況、会社として再発防止策を構築する気概やそれに対する当該取締役の協力の状況などを考慮しながら、監査役・監査委員会が当該取締役の責任を具体化することを許容することの実現である。責任を具体化する際に関係者で争いがあれば、裁判所に持ち込み決着をつけざるを得ない。しかし関係者間で合意が得られれば、合意に基づく内容で責任を具体化しうる。この関係者とは会社と取締役である。責任の具体化に向けては、監査役・監査委員会の委任を受けた監査委員が会社として交渉を実施する（会社法三八六条、四〇八条一項二号参照。監査機関のない会社では（代表）取締役がせざるを得ないが、取締役会または株主総会がその者を不適任と判断するのであれば交渉者を選任できる（会社法三五三条、三六四条参照））。しかし、責任の具体化につき、会社の最終的な意思決定を行うのは、総株主の同意である。(102) なぜなら、責任免除に対して総株主の同意が要求されている制度下（会社法五五条、一二〇条五項、四二四条、四六二条三項、四六四条二項、四六五条二項、四八六条四項、四二四条）では、そのように解することが整合性を保つことができ、責任の具体化の内容に不満を持つ株主が代表訴訟を提起することを妨げるべきではないからである。会社法制は、責任の免除に関して総株主の同意を要求するが、それがいかなる形でなされるべきかまでを要求していない。[103] 代表訴訟提起権の実質的保障と連動して総株主の同意が要求されていることからは、損害賠償責任の内容の具体化案（和解案）を知らせたけれども、代表訴訟を提起しない（訴訟に参加しない）株主を黙示に同意したとみなしてもよく、全ての株主が提訴しなければ、総株主の同意があったものとみなしてよかろう。

以上の考え方をもとに監査機関のある会社の制度設計を考えれば、次のようになろう。[104] 第一に(A)会社がイニシアティブを取り、取締役の責任を具体化する場合である。監査役・監査委員会の監査により取締役に責任があるかが疑われる場合、監査役・監査委員会が主導して対象となる取締役の責任の具体化とその追及がなされる。(A-1)責任追及の手段として訴訟が利用されない場合には、そのままでは責任の具体化は確定しない。しかし、責任の具体化の内容を株主へ通知または公告し（監査報告に記載することも検討されるべきである）、一定の熟慮期間（たとえば六〇日）を保障し、その間に株主からの責任追及訴訟の提起がなされなければ、責任の具体化が確定したとしてよい。(A-2)責任追及の手段として訴訟が利用されている場合には、提訴段階で訴訟提起の事実が株主へ通知または公告される（会社法八四九条四、五項）。その訴訟の中で和解が成立し、それに判決と同様の効果を施したいと考えるのであれば、和解の内容を株主へ通知または公告し、一定の熟慮期間（たとえば三〇日）内に、株主からの訴訟参加がなければ、判決と同様の効果（民事訴訟法二六七条、会社法八五三条参照）を認めてよい。第二に、(B)株主がイニシアティブを取る場合である。(B-1)株主がまず会社に対して提訴請求を行う（会社法八四七条一項）。この提訴請求により、監査役・監査委員会は、対象となる取締役の責任の有無を調査し、責任があると考える場合には、その内容の具体化を進める。(B-2-1)熟慮期間（六〇日）内に会社が、責任の有無または責任の内容の具体化を実行した場合には、それを提訴請求株主に通知する（提訴の有無にかかわらず実施）。提訴請求株主がその内容に納得すれば、イニシアティブは、会社（監査役・監査委員会）に移動し（A）の方法で処理されることになる。（B-2-2）熟慮期間内に監査役・監査委員会から対応が示されないか、熟慮期間の経過を待っていては損害が拡大すると提訴請求株主が判断する場合には、提訴請求株主は対象となる取締役に対し責任追及訴訟を提起する（会社法八四七条三項、五項）。（B-3）訴訟提起後、原告株主は会社（監査役・監査委員会）に対し訴訟告知を行う（会社法八四九条三項）。それを受けて、会社は訴訟が提起された旨の株主への通知または公告を行う（会社法八四九条四、五項）。その通知または公告に会社としての対象たる取締役の責任の有無や責任があると考える場合にはその具体化の方針を付記する（不提訴理由の開示）。（B-4）監査役・監査委員会は、対象となる取締役の責任の有無やその具体化の方針を主張するために、必要があれば、会社を代表して訴訟参加（独立当事者参加）を行う。監査役・監査委員会が善管注意義務を負って職務を遂行するのであれば、多くの場合で訴訟参加せざるを得なくなるかもしれない。画一的な処理が必要であれば、会社の独立当事者参加を立法により強制してもよい。（B-5）当事者間で和解が成立した場合には、それに判決と同様の効果を施したいと考えるのであれば、和解の内容を株主へ通知または公告を要求し、一定の熟慮期間（たとえば三〇日）の間に、株主からの訴訟参加がなければ、判決と同様の効果を認めてよい（民事訴訟法二六七条、会社法八五三条参照）。この道筋での解決を実現するのであれば、株主の「提訴請求」というよりは株主の「是正・監査請求」の方が用語としては望ましく、会社による「不提訴理由の通知」は会社の「是正・監査請求に対する対応策の通知・開示」の方がその実質を表す。

実務界からは、対象取締役の責任の有無、責任がある場合のその具体化案を会社（監査役・監査委員会）が判断するのであれば、その判断に確定的な効力を付与することたとえば（B-2-2）において、不提訴理由の通知に代表訴訟却下または棄却の効果を付与すること）が求められる。[105] しかし、個々の会社（監査役・監査委員会）の判断が、多くの者の納得を得られ、裁判所も説得できるような内容であれば、自ずとその判断が尊重される。一律にその判断に効果を付与する必要もなかろう。この道筋での解決を実現させる際に問われるのは、監査役・監査委員会の気概とインテグリティーである。なぜなら、この制度設計の適正さを担保するのは、彼（女）らだからである。

2　取締役の責任の性質

会社法にいたる立法の方向性は、すでに見たように(a)理論的な整序を志向する動きと、(b)政策判断が存在する。(a)の理論的整序の志向は、取締役の責任の性質を債務不履行責任・任務懈怠責任であると理解を統一しようとするものである。(b)の政策判断は、責任追及制度が抑止機能を重視し、経営の健全性と適法性を確保するための手段としての役割が強調されたことを踏まえれば、各役員等が善管注意義務を尽くして任務を遂行したかという点で責任の有無が判断されるという状況を確保しようとするものである。この政策判断は適切であると考える。各役員等が善管注意義務を尽くして職務を遂行することをエンフォースできるからである。

しかし、できあがった会社法の規定のうち、特に、利益相反取引に関する責任については条文から制度設計がすぐには理解できない。

完成した会社法において利益相反取引に関する責任は次のように規定される。①利益相反取引に関しては、会社の承認（取締役会設置会社では取締役会の承認（会社法三六五条一項）、それ以外の会社では株主総会の承認（会社法三五六条一項、三〇九条一項））が要求される。②利益相反取引の責任は任務懈怠責任（会社法四二三条一項）である。しかし、③会社の承認の有無にかかわらず、当該取引を会社が行うことを決定した取締役・執行役と、当該取引につき会社の相手方（代理人）となるか、それにより利益を受ける取締役は、会社に損害が発生したことをもって、取締役が任務を怠ったものと推定される（会社法四二三条三項一号二号）。このうち、④直接取引（会社法三五六条一項二号）が取締役のために実行された場合は、当該取締役は、「責めに帰することができない事由によるものであること」をもってでも責任を免れることはできない（会社法四二八条一項）。⑤その他の取締役については、会社の承認が取締役会決議に基づく場合には、③と同様に任務懈怠が推定される（会社法四二三条三項三号）。しかし、会社の承認がない場合には、監視義務違反の責任として原則に戻り、会社法四二三条一項が適用されるのみとなる。

以下ではこの制度の難しさを二点指摘しよう。

㈠「任務を怠ったこと」と「責めに帰することができない事由」との関係

従来会社法制に関しては、取締役の会社に対する債務は、善管注意義務を尽くして職務を執行することであるため、任務を怠ったという債務不履行の事実と、それが「責めに帰することができない事由」によるものではない（過失が当該取締役に存在する）こととが、通常同一の内容を指し、「任務を怠ったこと」が証明されれば、取締役には「責めに帰することができない事由」によると証明する余地がないと考えられていた。[106] このような理解が会社法の下でも維持されると考えれば、直接取引の会社の相手方（代理人）である取締役は、任務懈怠があるとみなされるという意味で、当然に責任を負う（無過失責任）となる。会社が当該取引をすることを決定した取締役や当該取引に関する取締役会の承認決議に賛成した取締役は、任務懈怠がないこと（会社の損害発生に関し自身の過失がないこと）を立証できれば（任務懈怠の推定を破ることができれば）、責任を免れることになる（以下Ａ説とする）。[107]

しかしこれに対して、会社法案を作成した担当者は、「任務を怠ったこと」と「責めに帰することができない事由」によるものではないこととを会社法はあえて意図的に使い分けて両者は異なる内容を含むとし、自己のための直接取引の場面でも、「任務を怠ったこと」の推定を破ることができれば、直接取引で会社の相手方（代理人）となる取締役も責任を免れることができると解説している[108]。このような方向性を徹底させ、任務懈怠を「利益相反取引締結時において、当該自己取引が公正に行われていないこと」とし、帰責事由を「利益相反取引が公正に実行されるために善管注意義務を尽くすこと」とし、両者の概念を使い分け、利益相反取引が公正に実行された場合には、利益相反取引の会社の相手方となる取締役も責任を免れうるとすることが提案されている（以下B説とする）[109]。

B説は、利益相反取引締結時において公正であった取引が時間の経過による状況の変化により結果として会社に損害が発生したような場合にまで、自己取引に関して会社の相手方となる取締役が当然に責任を負うとの結論は妥当ではないとの理解に基づく。たとえば、会社が転売目的で、取締役から商品を購入したところ、契約締結時から履行期までの間に市価が下落し、当初の想定よりも低い価格でしか転売できなかった場合などがそれにあたる。A説のような理解の下では、この場合にも利益相反取引の相手方である取締役は責任を免れる余地がなくなり、その点が不合理であるとする[110]。

たしかに、取締役が善管注意義務を尽くして職務を遂行させることが取締役の責任制度の目的であるとすれば、自らの意向や行動が関与しないところで発生した損害を取締役に賠償させることは不公平である。取締役との取引が、取引締結時点において公正で会社に利益をもたらすと見込まれるものまで、取締役が責任発生を恐れて実施しないとすれば、その点も問題かもしれない。B説が挙げるような事例においては、会社の取引相手となる取締役が責任を免れるようにするという方向性は正しいものであろう。

しかしこのB説の挙げるような事例において、利益相反取引の相手方である取締役はそもそも任務懈怠責任の対象者たり得るか。制度設計上、会社の取引相手である取締役は、利害関係者として当該決定に関与しえない（会社法三六九条二項参照）。このため彼（女）には当該取引が公正であるか否かまでを担保する職務は本来ないはずだからである。取締役の行為が善管注意義務を尽くして職務を遂行することを確保するために、取締役の責任の制度を機能させるのであれば、問題とされるべきは、取引の公正さを担保する職務を有する者、すなわち、この取引の実行を会社として決定した取締役であり、その者が善管注意義務を尽くして判断を行ったかという点である。当該利益相反取引の実施が会社の損害発生の根拠とはなるであろうが、会社（取締役会等）の承認を得て当該利益相反取引の会社の相手方となる行為それ自体は、会社に対する義務違反とはならない（なるのであれば、そもそも実行できない）。[111]任務を果たす機会がないところには任務懈怠責任は発生しないからである。

このような疑問が正しければ、当該利益相反取引の会社の相手方となる取締役が会社に対し何らかの責任を負う根拠は、職務の遂行に関して注意義務を尽くすことを怠ったこととは異なるものに求められるべきではなかろうか。

㈡　利益相反取引について会社法が要求する制度を遵守することの効果

会社法四二三条三項の条文の文言によれば、利益相反取引が会社により承認されたか否かによっては、①会社の相手方（その代理人）となるか利益相反取引により利益を受ける取締役、および、②会社として当該取引を実行することを決定した取締役の責任には差が設けられていない。しかし、会社法所定の手続を遵守した取締役の方が有利に扱われるのが当然である。よって、取締役会の承認を受けた場合と受けなかった場合とでは「任務を怠ったこと」の内容が異なり、取締役会の承認を受けた場合の方が取締役は責任を回避しやすいという状況を作るべきであると主張された[112]。この見解は、取締役会の承認を得ていない場合には、取締役会の承認を得ていないことが義務違反となり、任務懈怠の推定を超えて任務懈怠の要件を充足すると理解する。帰責事由は、手続の不遵守（法令違反）につき過失がなかったことのみで判断されるべきであり、取引内容・条件の公正さについて過失がなかったとか注意を尽くしたという主張立証を許さない。これに対して、取締役会の承認を得た場合には、義務違反は、当該利益相反取引の公正さに関して注意を尽くしていない点であり、任務懈怠が推定されているために、取締役側がこの点を「取引内容・条件が公正なものとなるよう注意を尽くした」と主張・立証することで責任を免れることができる。もっとも、「自己のための」直接取引において会社の相手方（代理人）となる取締役は、任務懈怠の推定を覆す反証を提出できるが、帰責事由がないことをもって責任を回避できない。このため、何が「任務懈怠」であり、何が「帰責事由」であるかは、今後大いに検討されなければならないとする。この見解は、会社法上の手続は、法律上のものであり会社の経営者にとって知らないことは重過失となるであろうから、取締役会の承認を得ない場合には、取締役側は責任を回避することができないとする。

なるほど、「手続を遵守した方が遵守しない場合よりも有利に扱われるべきである」という判断は通常の衡平の観点からも正しい。しかしこの見解の提示した試みは、会社法三五六条一項二号の直接取引類型においては機能するが、三号の間接取引についてはうまく機能しないのではないか。間接取引が、債務保証、債務引受などを典型とし、それらだけに対象を限定すれば問題はない[113]。しかし会社法三五六条一項三号は、債務保証を例として挙げ、「その他取締役以外の者との間において株式会社と当該取締役との利益が相反する取引」という広がりのある概念によりその対象を確定する。このため、会社法三五六条一項二号の対象となり取締役会の承認を必要とするか否かは、実質的に会社と取締役との間で利益相反関係が存在するかという観点すなわち当該取引が公正であるかという点で判断せざるを得ない。そうであれば、原告側か被告となる取締役側のいずれかが、「実施時において当該利益相反取引が公正であるか否か」を主張立証する必要性は否めず、この論点を排除するというかたちでは義務違反の存在を確定できないからである。

㈢　難しさの原因――制度設計のあり方をめぐって――

以上のように、利益相反取引に関する責任については制度設計上混乱が生じていると判断しうる。妥当な結論に向かって制度解釈を行うのに困難が伴うとすれば、それは制度設計上の問題が原因と考えられるからである。すでに会社法制改革の経緯から明らかとしたように取締役の責任に関しては、(a)取締役の責任の根拠を任務懈怠責任（債務不履行責任）に統一するということと、(b)取締役に善管注意義務を尽くして任務を遂行するようエンフォースすることとが、制度設計の方向性とされている。(b)は政策判断であるから、問題があるとすれば、(a)の点である。(a)は、昭和二五年改正前商法と昭和二五年改正商法とを連続的に捉える方向性であった。しかしすでに紹介したように、昭和二五年改正前商法に対しては新たな責任を明示したものと捉える理解があった。会社法制定前の主張であるが、このような理解を徹底するかたちで取締役の責任を二元型として制度を組み立てることが有力に主張されていた[114]。そもそも委任関係においては、「委任の本旨」（債務）として「受任者は委任者の利益を犠牲にして個人的利益を図らないこと」（忠実義務）があることを根拠に、受任者が委任者の利益を犠牲にして図った個人的利得に関しては、その吐き出し請求は不完全履行に対する履行請求であって、債務不履行に基づく損害賠償請求とは責任の発生根拠が異なるとする[115]。これによれば、取締役の責任について債務不履行責任の追及で対処するカテゴリー（任務懈怠責任）と、履行請求で対処するカテゴリーとの二元型となる。

二元型の責任体系の下では、利益相反取引に関しては次のような対処がなされることになろう。二元型の責任体系のもとでは、①会社が当該取引をすることを決定した取締役・執行役、および、②利益相反取引の実行を取締役会で承認した取締役と、③当該利益相反取引により利得した取締役とでは、責任の性質が異なる。

まず、①会社が当該取引をすることを決定した取締役・執行役、②利益相反取引の実行を取締役会で承認した取締役には、当該利益相反取引の実施に際して、会社法所定の手続を踏み、その取引内容・条件の公正さを確保する職務があり、その職務の執行にあたって注意義務を尽くさなければならない。よって、直接取引である利益相反取引や、結果として会社に損害が生じ反対に取締役に利得が生じた取引（間接の利益相反取引であることが疑われる取引）が会社の承認を得て実行されていない場合には、会社に損害が生じ、会社法所定の手続を経ていないことで、任務懈怠の推定を超えて、彼（女）らに義務違反が存在することが認定される。しかしこれに対しては、取締役側で帰責性がないことを主張・立証すれば責任を免れることができる（直接取引については、当該取引が類型的（客観的抽象的）に会社に格別の不利益を生じさせないもの（取締役の会社に対する負担付でない贈与など）であることが主張できればよく、間接取引では取引締結時において取引内容・条件が公正であり、会社の不利益にならないと判断できたことを主張できればよい）。他方、会社の承認がある場合にも、①②の取締役は、任務懈怠責任を負うことになる。このときは、手続を遵守しているので、当該利益相反取引が締結された時点で、取引内容・条件の公正さを確保するために注意義務を尽くしたかどうかが問題となる。このときの主張・立証責任を責任追及者側（会社・株主）に負わせるか、取締役側に負わせるかは、判断が難しい問題である。会社法所定の手続を遵守したことで有利に扱われるべきであれば、通常の任務懈怠責任と同様にこれらは、責任追及者側に立証の負担が求められるべきである。(116) 他方、取締役によって会社ないし株主の利益を犠牲にして自己または第三者の利益を優先させるおそれがある場合には、そのような利害対立がなく一般的な注意義務の問題となる場合よりも厳格な責任判断枠組みが採られるべきとするのであれば[117]、この場合の立証の負担は取締役側に求められることになる。

つぎに、③当該利益相反取引により利得した取締役についてはどうか。(a)利益相反取引において会社法所定の手続を経ていない場合には双方代理・自己取引ないし法令違反により無効となる。もっとも取引安全の保護の観点から当該無効は悪意・重過失者との関係においてしか主張できない相対無効であると考えるのが一般的である[118]。自己取引が無効となれば原状回復の義務が③の取締役に発生する[119]。間接取引類型では取締役は契約当事者でないため、会社の相手方となる契約当事者は、会社法所定の手続を経たか否かに関する情報を正確に得る立場になく、善意・軽過失者として保護されることになり、会社からの契約相手に対する無効主張は多くの場合で封鎖される[120]。しかし、③の取締役が得た利得に関しては、会社は不当利得の返還請求が可能となる（民法七〇三条）。(b)会社法所定の手続を得た場合には、③の取締役に対しては、当人が得た利益の吐き出し・返還を請求しうる（履行請求のため帰責事由の有無を問わない）。もっとも、何が「利益」であるかの判断にあたっては、当該取引が不当な内容の取引であって③の取締役が得た利益が会社に帰属すべきであることを請求者が主張立証しなければならない。

以上のように、二元的な責任制度の理解に基づいた方が、承認ある自己取引の相手方となる取締役が責任を負うべき場合の範囲やその根拠も、会社法所定の手続を経ようとするインセンティブも明確になる。取締役の責任制度が取締役が善管注意義務を尽くした職務の遂行をするようエンフォースすることを目的とするのであれば、制度設計上は、任務を遂行するにあたり取締役が注意義務を尽くすことを確保することと、取締役が会社や株主の利益を犠牲にして個人的な利得を図ることを抑止することとが肝要であるが、両者は問題発生状況を異にする。無理に両者を同一の規制で対処しようとするよりも、両者を分ける二元型の責任体系を採用した方がきめ細かな対処が可能となろう。[121] 両者を同一の規制にしようとしたことによる不整合は、たとえば次の点にも現れる。文言上は、取締役が自己のために（自己の計算において）実行した間接取引（会社法三五六条一項三号）には、自己のためにした自己取引のような対処はなされず、責任一部減免・責任限定契約の対象とすることが可能とされてしまっている（会社法四二八条）。これは「間接取引類型を含めると切り分けが困難」になることが理由と考えられる。[122] しかし、間接取引類型でも取締役が個人的な利得をすることが許されないのは当然であり、解釈論としても、取締役が自己のためにした間接取引も自己のためにした自己取引と同様の規制に服するべきである。[123]

法制度改革は積み重ねで行われるものであり、一定の方向性で議論が進めば、方向転換を図ることは難しい。しかし、規制を精緻化する中でその方向性での制度設計を維持することが難しくなったのであれば、方向性の転換を含めた見直しをすべきであったし、今後の会社法制改革の中でも方向転換は可能かもしれない。[124]

最後に、二元的な責任制度を採用する場合の具体的な立法提案をすることで、この検討を締めくくろう（通常の取引よりも利益相反取引にあっては取締役はその実施を慎重に判断すべきという価値判断を採用した場合を想定する）。

第一に、会社法四二三条三項は、二号および三号の取締役の責任の特則とする（一号を削除）。第二に、会社法四二八条一項を「第三五六条一項二号又は三号（第四一九条第二項において準用する場合を含む。以下では利益相反取引とする。）の取引（自己のためにした取引に限る）をした取締役又は執行役は、四二三条の規定にかかわらず、自身が利益相反取引によって得た正当でない利益を会社に返還する義務を負う。」とする。第三に、会社法四二八条二項はそのまま維持する。[125]

四　むすびに代えて

以上の検討から、取締役の責任追及制度は経営の健全性と適法性を確保するための手段として認識され、その抑止機能を強調することが会社法制上の基本設計とされたことがわかる。責任追及制度につき抑止機能が強調された結果、取締役の責任制度も、個々の取締役が善管注意義務を尽くした任務遂行することをエンフォースするものへと制度設計の変更がなされたこともわかった。本稿は、会社法制がこの基本設計を実現するためにさらなる発展や責任体系の変更が必要であると指摘した。

取締役の責任・責任追及制度の制度設計において抑止機能が重視されるのは、制度設計のモデルを大規模な上場企業を想定して議論しているからである。しかし、実際に提起される株主代表訴訟の多くは株式の流動性が乏しい非上場の閉鎖的な会社で提起され、その紛争の実質は、大株主である経営者と少数株主である原告株主との利害対立の解決を求めるものである[126]。こういった場合には、経営陣の経営の健全性や適法性を確保することよりも、株主の救済（会社への損失補填が必ずしも少数株主の救済となるとは限らない）が問題となり、取締役の責任が債権者保護のための実質的な引き当てとして機能する（損失補填機能が重視される）。しかし、閉鎖的な会社における株主の救済の問題の多くは判例に対処を委ねたままである。他方、会社法制改革によりできあがった制度は全ての会社に適用される。このため、会社法で完成する制度設計の変更が、閉鎖的な会社の株主の救済のあり方や取締役の責任の損失補填機能に影響を与えないか注視すべきである。また、会社法規制の柔構造化は、大株主が少数株主に対して抑圧的な行動を取りうるという状況を上場企業にもたらしかねない[127]。株主間対立の規律を判例に委ねたままでよいか、立法（会社法制・証券市場法制）または上場規制により制度を明示した方がよいかは、今後制度設計を考える上で重要な問題となろう。

（1）江頭憲治郎「『現代化』の基本方針」ジュリスト一二六七号（二〇〇四年）一〇頁。
（2）中東正文「GHQ相手の健闘の成果」浜田道代編『日本会社立法の歴史的展開』（北澤正啓先生古稀祝賀）（商事法務研究会、一九九九年）二二四頁。
（3）この間のGHQ側と日本側の法律案作成担当者の交渉経緯は、徳田和幸「株主代表訴訟と会社の訴訟参加」法曹時報四八巻八号（一九九六年）三頁以下、山田泰弘『株主代表訴訟の法理――生成と展開――』（信山社、二〇〇〇年）三三～三六頁を参照。
（4）会社の機関の制度設計という観点からは別の説明がなされることがある。上柳克郎ほか編『新版注釈会社法(6)』〔近藤光男〕二五九頁（一九八七年）二五九～三〇〇頁は、昭和二五年商法改正により取締役会制度が導入され株主総会の権限が縮小されることになったことを受け、取締役会の権限濫用や逸脱行為を防止するために責任制度の厳格化がなされたとする。
（5）昭和二五年改正商法は、「其ノ行為ヲ為シタル」取締役が連帯して損害賠償責任を負うとし（昭和二五年改正商法二六六条一項本文）、取締役会に上程した事項に関しては、取締役会決議で賛成をした取締役を行為者とみなし（同条二項）、異議を留めない取締役は賛成した者と推定するとした（同条三項）。本来であれば、取締役の監視義務違反という不作為は、監視義務違反の対象となる取締役の違法行為それ自体とは行為が別であり、両者が連帯して損害賠償責任を負担することはない。しかし、取締役会上程事由としないことで連帯の規定を潜脱することを防止するために、監視義務違反の取締役も、監視対象とする行為を実行した取締役と連帯して、損害賠償責任を負担すると解された（大阪谷公雄「取締役の責任」田中耕太郎編『株式会社法講座第三巻』（有斐閣、一九五六年）一一三四頁。この解釈論の下では、いったん取締役の違法行為が発生すれば（露見すれば）、取締役全員が連帯して損害賠償責任を負担することになる。これは、「株主の救済」を重視する傾向の現れといえる。
（6）江頭憲治郎「鈴木竹雄博士の会社法理論」ジュリスト一一〇二号（一九九六年）四九頁は、昭和年間の会社法制改革を一貫してリードしてきた鈴木竹雄の会社観をこのように分析する。
（7）当時は、むしろ昭和二五年商法改正の前後で大きな制度変更がないものとしようとの意識も強かった。このような雰囲気をよく表すものとして、我妻栄ほか「戦後における立法および法律学の変遷（特集　創刊三十周年記念号）続・日本の法学」法律時報三〇巻一二号（一九五八年）一三八九頁〔松田二郎発言〕。
（8）石井照久『会社法上巻（商法Ⅱ）〔第二版〕』三五七頁（勁草書房、一九七二年）。取締役等の責任追及の意思決定も資本多数

決で行われるべきであるとなれば、株主による取締役等の責任追及訴訟の提起は、資本多数決の修正のコンテクストで議論されるべき問題となるからである。このような発想から同様の立法提案を行うものとして、柳明昌「取締役の責任緩和の可能性とその限界――株主代表訴訟の会社法上の定位の試み――」私法六二号（二〇〇〇年）二六六頁。

（9）田中英夫＝竹内昭夫『法の実現における私人の役割』（東京大学出版会、一九八七年［初出一九七一・七二年］）四五頁。

（10）昭和五〇年六月一二日に法務省民事局参事官室が行った意見照会「会社法改正に関する問題点」（元木伸＝稲葉威雄＝濱崎恭生『商法改正に関する各界意見の分析――株式制度・会社の計算・公開の試案を中心に――』別冊商事法務五一号（一九八一年）三三一頁）では、「第三　取締役及び取締役会制度の改善策」の五点目として、「取締役の会社及び第三者に対する責任について、現行法上改めるべき点はないか」と問いかけられ、六点目として「取締役と会社との取引、会社との競業行為その他取締役と会社との利害が対立する場合に関する規制は、現行法で足りるか。」と問われた。

（11）このほか昭和五三年一二月二五日に法務省民事局参事官室より出された意見照会「株式会社の機関に関する改正試案」は、訴訟による責任追及と並列することを前提としていたが、取締役の責任の査定制度の導入も提案した（法務省民事局参事官室「株式会社の機関に関する改正試案」六　取締役の責任　4査定の申し立て（元木伸＝稲葉威雄＝濱崎恭生・前掲注（10）三三八頁）。

この提案は、計算書類の確定を会計監査人設置会社につき株主総会の決議の対象から外すことが提案されたこと（法務省民事局参事官室「株式会社の機関に関する改正試案」第一株主総会　一株主総会の権限1計算書類及び利益の処分b会計監査人による監査を受ける会社イ（元木＝稲葉＝濱崎・前掲注（10）三三一頁））に呼応するものと考えられる。この当時、計算書類の確定に関する株主総会決議には、取締役の責任解除の効果があると定められていた（昭和五六年改正前商法二八四条）。このため、計算書類の確定を株主総会決議の対象から外すのであれば、取締役の責任の有無を早期に確定する制度が別個に必要となると理解されたようである（倉沢廉一郎「取締役の責任解除規定廃止とその効果」商事法務九一九号四九一頁（一九八一年）を参照）。

（12）法務省民事局参事官室『大小会社区分立法等の問題点各界意見分析』（商事法務研究会、一九八五年）資料編五頁。

（13）法務省民事局参事官室編・前掲注（12）四五～四六頁。

（14）稲葉威雄＝大谷禎男『商法有限会社法解説試案の解説』別冊商事法務八九号（一九八六年）一三〇頁。

（15）稲葉威雄＝大谷禎男「商法有限会社法改正試案の解説」同・前掲注（14）四七頁。

（16）田中英夫＝竹内昭夫・前掲注（9）四七～五一頁、竹内昭夫「株主の代表訴訟」『法学協会雑誌一〇〇周年記念論文集第三巻』（有斐閣、一九八三年）二〇八～二〇九頁。

（17）法務省民事局参事官室編・前掲注（12）資料編五頁。

（18）稲葉威雄＝大谷禎男「商法有限会社法改正試案の解説」同・前掲注（14）四三頁。

(19) 稲葉威雄＝大谷禎男・前掲注(14)一二九頁。
(20) 稲葉威雄＝大谷禎男「商法有限会社法改正試案の解説」同・前掲注(14)四四頁。
(21) この点は、山田泰弘「ステイク・ホルダーと会社法――『無色透明の会社法』理論とその神話化――」久保大作＝久保田安彦＝小柿徳武＝中東正文＝松井智予＝松井秀征＝山田泰弘『会社法の選択――新しい会社法を求めて――』（商事法務研究会、二〇〇七年刊行予定）を参照。
(22) 日米構造問題協議が開催された背景やその意義については、道垣内正人「日米構造問題協議の法的位置づけ」商事法務一二五八号（一九九一年）二五頁などを参照。
(23) 小山敬次郎「代表訴訟制度の改正と濫用防止」同『回顧経団連　戦後経済を支えた人々』（商事法務研究会、一九九六［初出一九九四］年）一五六頁。
(24) 日興證券株主代表訴訟事件（東京地判平成四年八月一一日判例時報一四六〇号一四一頁、東京高判平成五年三月三〇日高等裁判所民事判例集四六巻一号二〇頁、最判平成六年三月一〇日資料版商事法務一二一号一四九頁）。
(25) 岩原紳作ほか「株主代表訴訟制度の改善と今後の問題点」商事法務一三二九号（一九九三年）一二～一三頁［久保利英明発言］、一四～一五頁［高橋宏志発言］。
(26) 稲葉威雄ほか「会社法全面改正作業の軌跡と課題」判例タイムズ八三九号（一九九五年）二五頁［江頭憲治郎発言］。
(27) 稲葉ほか・前掲注(26)二五頁［江頭憲治郎発言］［稲葉威雄発言］。
(28) もちろん、機能論的分析だけでは、とりわけ株主代表訴訟制度が経営者に対する「脅し」の効果を持っているために、経済界の納得を得ることはむずかしい。竹内昭夫は、株主代表訴訟提起権が、団体の構成員が団体のために団体に対しその健全な運営を求める原理的な権利であることを強調する（竹内昭夫・前掲注(16)一〇八頁）。
(29) 居林次雄ほか「企業の社会的責任と法的責任」ジュリスト五七八号（一九七五年）八七頁［竹内昭夫発言］。
(30) 株式持合による株式会社法制の機能不全を深刻な問題であると捉え、管理主義的な手法による会社法制の抜本的な刷新が提唱されもした（たとえば、西山忠範『現代企業の支配構造――株式会社制度の崩壊――』（有斐閣、一九七五年））。
(31) 上村達男「株主代表訴訟の今日的意義と課題」法律のひろば一九九四年八月号五～六頁。
(32) 竹内昭夫「株主代表訴訟制度の活用と濫用防止」商事法務一三二九号（一九九三年）三四頁。
(33) この例としては、たとえば、株主オンブズマンが主導して提起された日本航空株主代表訴訟が挙げられよう。この事件は、障害者雇用促進法が義務として課す障害者の法定雇用率を達成せずに、不達成企業に課せられる障害者雇用納付金を支払い続けている日本航空の経営姿勢を問題とした。原告側の意図は、障害者雇用促進法が示す「社会的弱者との共生」という観点が日本の企業社会にないことを問題とするものであった（「日本航空株主代表訴訟訴状」資料版商事法務一九〇号二三五頁）。この代表訴訟は日本航空が当事者として参加する訴訟上の和解で終了した（平成一三年五月一七日東京地方裁判所（資料版商事法務二〇七号五六頁）。和解条項は期限を決めて、障害者雇用促進法に定められた法定雇用率を達成するとの努力目標を日本航空に掲げさせ、障害者の就労支援体制を推進させるという内容であり、法定雇用率達成に至るまでの間、その年度の雇用率達成状況を日本航空のホームページで一般に公開させるものであった。

(34) 読売新聞一九九七年五月二四日朝刊三面「株主代表訴訟に悲鳴　取締役受難の時代　経済界、高まる見直し論」。

(35) 江頭憲治郎ほか「連載・会社法セミナー【第一四回】企業統治編①」ジュリスト一二七七号（二〇〇四年）九一頁［西川元啓発言］。

(36) 日本経済新聞一九九七年一二月一二日夕刊五面「企業監査の機能強化提言、経団連特別委座長片田哲也氏（フォーカス）」では、当時の豊田章一郎経団連会長が、片田哲也コマツ製作所会長にコーポレート・ガバナンス特別委員会委員長を委嘱する際のやりとりが紹介されている。「『トップに怖いものがないのが日本企業の欠点だ。このことを考えてほしい』……片田氏は『不祥事が続く中で、格好だけの議論なら引き受けられない』と固辞した。しかし、豊田会長に『きちんとした議論を期待してのこと』と押し切られ、特別委座長を引き受けることになった」。

経済団体連合会に設けられた「コーポレート・ガバナンス特別委員会」は、経済団体連合会の副会長を務める小松製作所会長の片田哲也を座長に、当時の会長である豊田章一郎（トヨタ自動車会長）や次期会長となる今井敬（新日本製鐵社長）などから構成され、経済団体連合会においても企業統治・株主代表訴訟制度改革が重要な課題と認識されていたことがわかる（江頭憲治郎ほか「連載・改正会社法セミナー【第一四回】企業統治編」ジュリスト一二二七号（二〇〇四年）九〇頁［西川元啓発言］）。

(37) 中村芳夫「代表訴訟改正も監査役機能強化も企業システム国際化の一環である」金融財政事情一九九七年八月一八日号二六頁。

(38) 商事法務編集部「コーポレート・ガバナンスをめぐる最近の検討状況」商事法務一四六八号（一九九七年）二七頁。

(39) 保岡興治「日本経済国際化のため政策判断で経営者の萎縮を取り除く」金融財政事情一九九七年八月一八日号一四頁。

(40) 太田誠一「監査役は原則として社外監査役でなければならない」金融財政事情一九九七年八月一八日号一八〜一九頁は、平成九年商法改正でストックオプションを一般的に導入する際に「日本の企業体質を変えるための取り組みは、この法律が可決された後即座に開始する」と野党側と約束した点を果たすことが自由民主党側のこの改正への動機である、と述べる。

(41) 経団連側の要望として、株主代表訴訟提起権の少数株主権化が検討された（片田哲也「経団連コーポレート・ガバナンス特別委員会の活動と緊急提言」商事法務一四七〇号（一九九七年）一四頁）。

(42) 保岡・前掲注 (39) 一五頁。
(43) たとえば、自由民主党政務調査会法務部会商法に関する小委員会「コーポレート・ガバナンスに関する商法等改正試案骨子」・前掲注 (38) 二九頁以下では、株主代表訴訟の原告適格を、訴訟原因となった被告取締役の行為の実施時に株主であるものに限るという、①「同時所有要件」の導入や、②応訴する取締役等の費用の立て替えを認めるべきと提案された。しかし、①はかえって訴訟の場面で混乱を生じさせるのみと理解され、②は委任関係に関する規定の解釈で対応すべきと議論され、具体的な立法提案の場面では、削除された。
(44) 大田誠一＝保岡興治＝谷口隆義監修「企業統治関係商法改正法Q&A」商事法務一六二三号（二〇〇二年）七頁。
(45) 自由民主党政務調査会法務部会商法に関する小委員会「コーポレート・ガバナンスに関する商法等改正試案骨子」原則4（商事法務編集部・前掲注 (38) 二九頁）、経済団体連合会コーポレート・ガバナンス特別委員会「コーポレート・ガバナンスのあり方に関する緊急提言」二株主代表訴訟の見直し(2)（商事法務編集部・前掲注 (38) 三二頁）。
(46) 経済団体連合会「コーポレート・ガバナンスのあり方に関する緊急提言」一監査役（会）機能の強化を中心にした監査体制の強化・前掲注 (38) 三〇頁。
(47) 太田・前掲注 (40) 一九～二〇頁。
(48) 江頭憲治郎ほか「連載・改正会社法セミナー【第一四回】企業統治編①」ジュリスト一二七七号（二〇〇四年）八九頁〔浜田道代発言〕。
(49) 自由民主党政務調査会法務部会商法に関する小委員会「企業統治に関する商法等の改正案要綱」2具体的な改正事項第5取締役等の損害賠償責任の軽減　商事法務一五二四号（一九九九年）三八頁。
(50) 岩原紳作「株主代表訴訟」ジュリスト一二〇六号（二〇〇一年）一二四頁。
(51) 岩原・前掲注 (50) 一二四頁。
(52) 岩原・前掲注 (50) 一二九頁。日本経済新聞二〇〇〇年九月二八日朝刊二面「株主代表訴訟、自民『賠償額に上限』提案、与党チーム初会合――公明には慎重論も」。
(53) 商事法務編集部「企業統治関係商法改正法案の修正・国会審議状況――取締役の賠償責任限度の引上げ等――」商事法務一六一四号（二〇〇一年）四頁。
(54) 平成五年商法改正直後にこのような方向性を述べるものとして、たとえば、河本一郎ほか「日本の会社のコーポレート・ガバナンス―現状と将来」ジュリスト一〇五〇号（一九九四年）三〇頁〔近藤光男発言〕。
(55) 日本経済団体連合会の主張と法制審議会会社法（現代化関係）部会での議論状況については、西川元啓「株主代表訴訟制度のさらなる見直し」商事法務一六九七号（二〇〇四年）三二頁）を参照。

(56) 訴訟委員会の判断に基づき、裁判所が裁量棄却するという制度設計を採用することには困難があるとして、一定の場合に原告適格の制限する制度設計を採用する方が問題が少ないとする見解として、弥永真生「株主代表訴訟と裁量棄却」小塚荘一郎＝高橋美加編『商事法への提言』（落合誠一先生還暦記念）（商事法務研究会、二〇〇四年）三五五頁。

(57) 第一六二回国会法務委員会（平成一七年五月一七日）議事録第一八号。

(58) 岩原紳作「新会社法の意義と問題点（日本私法学会シンポジウム資料）Ⅰ総論」商事法務一七七五号（二〇〇六年）九頁。

(59) たとえば、昭和四九年商法改正は、日本税理士会連合会の強い反対行動により相当な難産であった。改正実現のため、国会審議中に当時の小林武治法務大臣から、監査役制度改革等の改正を改正法案より削除する提案がなされた。これでは、この点の改正は永久に日の目を見なくなるとして、法務省民事局や法制審議会商法部会部会長の鈴木竹雄が強く抗議し、この提案は阻止された（前田庸ほか「商法改正審議における鈴木先生像」商事法務一四二二号（一九九六年）三二頁〔加藤一昶発言〕）。

(60) たとえば、平成一七年度一一月の「規制改革要望週通受付期間・もみじ」において、日本自動車工業会は、提出時会社法案八四七条一項二号の復活や、株主代表訴訟提起権の少数株主権化を要望した。これに対して法務省は、会社法制定時の国会審議で国会の意思が示された以上、政府としては、今後相当期間にわたり、その復活を求めるがごとき見直しを検討することはあり得ない、と対応している（内閣府規制改革・民間開放推進室・内閣府市場化テスト推進室「全国規模の規制改革及び市場化テストを含む民間開放要望に対する各省庁からの再回答について」（平成一八年一月一七日）法務省分《http://www.kantei.go.jp/jp/singi/kiseikaikaku/osirase/060117/houmu.xls》）。

(61) 神戸地裁姫路支部決昭和四一年四月一一日下民一七巻三＝四号二二二頁、東京地決昭和五二年七月一日判例時報八五四号四三頁。

(62) 近藤・前掲注（4）二六四頁など。

(63) 鈴木竹雄＝石井照久『改正株式会社法解説』（日本評論社、一九五〇年）一七二頁、鈴木竹雄＝竹内昭夫『会社法〔第三版〕』（有斐閣、一九九四年）二九七頁など。

(64) 議論状況については、西原寛一ほか編『注釈会社法⑷』〔本間輝雄〕（有斐閣、一九六八年）を参照。

(65) 近藤・前掲注（4）二七一〜二七四頁を参照。最判平成一二年一〇月二〇日民集五四巻八号二六一九頁も参照。

(66) たとえば、田中誠二「新改正会社法についての一般的問題」一橋論叢二四巻（一九五〇年）四号一頁、星川長七『取締役忠実義務論』（成文堂、一九七二年）、赤堀光子「取締役の忠実義務（四・完）」法学協会雑誌八五巻（一九六八年）四号五三二頁など。代表的な概説書でこの立場を取るものとして、たとえば、北沢正啓『会社法〔第六版〕』（青林書院、二〇〇一年）四一二頁。

現時点は、最判昭和四五年六月二四日民集二四巻六号六二五頁が、平成一七年改正前商法二五四条ノ三（会社法三五五条）と平成一七年改正前商法二五四条三項（会社法三三〇条）・民法六四四条に定める善管忠実義務とが同一内容の義務を規定すると理解してからは、両者は同一であり、平成一七年改正前商法二五四条ノ三（会社法三五五条）は、委任関係に伴う善管注意義務を取締役につき強行法規とする意義を有するものと理解されている（森本滋「取締役の善管注意義務と忠実義務」民商法雑誌八一巻（一九八〇年）四号四四七頁）。しかし、二元的な理解は、類型論として問題を整理するのに有益であると考えられている。（江頭憲治郎『株式会社法』（有斐閣、二〇〇六年）三九二頁。中には、義務違反を認定する要件や効果につき、両者を切り分けようとする見解も有力に主張される（上柳克郎ほか編『新版注釈会社法⑹』［浜田道代］（有斐閣、一九八七年）三一頁など）。

(67) 服部栄三「取締役の責任に関する二・三の疑問」商事法務研究七八号（一九五七年）三頁。もっとも同説は任務懈怠責任と解している。しかし、異質説に立つ理解は、本文のように無過失責任と理解する（北沢・前掲注（66）四一二頁など）。

(68) 北沢・前掲注（64）四三五頁。もっとも同見解は、二六六条一項四号の責任を会社の承認がある利益相反取引に関するものに限定して適用するものであり、会社の承認がない利益相反取引に関しては、平成一七年改正前商法二六六条一項五号の責任で対処すべきとする。この見解によれば、承認のない利益相反取引の相手方（代理人）となるかそれにより利益を受ける取締役は、平成一七年改正前商法二六六条一項五号の責任を負うことになる。しかし、この見解は、平成一七年改正前商法二六六条一項五号を任務懈怠責任とともに利益の吐き出しを命じる無過失責任をも規定するものと理解し、取締役会の承認を得ていない利益相反取引の相手方（代理人）となるか利益を受ける取締役の責任は、その無過失責任であるとするので（前掲書四三六頁）、本文の見解となる。

(69) 元木＝稲葉＝濱崎・前掲注（10）三三三頁。

(70) 北沢正啓「会社法根本改正の計画とその一部実現」浜田道代編・前掲注（2）四五一頁。

(71) 平成一七年改正前商法二六六条一項四号を利益の吐き出しのための無過失責任と考える北沢正啓・前掲注（66）四三五頁は、間接取引類型において利得した取締役も、平成一七年改正前商法二六六条一項四号の責任の主体となるとする。しかしこれに対しては、条文上「取引ヲ為シタル」となっている以上、実質的に利益を受けた者の責任と読むことは難しいとされた（鴻常夫ほか『取締役及び取締役会監査役及び会計監査人（改正会社法セミナー3）』二六六頁（有斐閣、一九八四年）［竹内昭夫発言］。

(72) このような問題意識を鮮明に表すものとして、稲葉威雄「取締役の責任の新しいかたち――特に代表訴訟について――」商事法務一六九〇号一三頁（二〇〇四年）。江頭・前掲注（66）四二一頁注1も参照。

(73) 相澤哲編『一問一答新・会社法』（商事法務研究会、二〇〇五年）四一頁。

(74) なお、平成一四年商法改正の際は、株主権行使に関する利益供与の責任は、その責任原因行為の反社会性を考慮して無過失責任とされていた（始関正光「平成14年改正商法の解説(7)」商事法務一六四三号（二〇〇二年）一八頁）。

(75) 会社法制定前にそのような方向性を支持するものとして、稲葉・前掲注（72）一七頁、山田泰弘「株主代表訴訟の重複係属の可否と株主の訴訟参加」高崎経済大学論集四三巻三号（二〇〇〇年）四三頁注38など。連帯する取締役間の求償関係や責任の一部減免のほかの者への影響については、遠藤直哉『取締役分割責任論』（信山社、二〇〇二年）が具体的に議論している。

(76) 神田秀樹『会社法入門』（岩波新書、二〇〇六年）九二頁。

(77) 神作裕之ほか「新会社法下における株主総会の招集・運営（下）」商事法務一七八〇号（二〇〇六年）四頁の議論、神作裕之「会社法施行下の株主総会――『二〇〇六年版株主総会白書』を読んで――」商事法務一七八七号（二〇〇六年）六頁を参照。商事法務研究会編『株主総会白書二〇〇六年度』（二〇〇六年）九頁も参照。

(78) 山田・前掲注（3）一七三～二二七頁は、責任追及制度のモデルを設定し、検討を加えた。

(79) 神田・前掲注（76）九二頁など。

(80) 役員の責任追及制度に関するこのような日本の位置づけは国際的な潮流とは異なる独自なものである点には注意が必要である。たとえば、ＯＥＣＤ（Organization for Economic Co-operation and Development）は、株主代表訴訟をはじめとする取締役の損害賠償責任（対会社、対株主）は、少数株主の救済手段と位置づけられ、必ずしも、上場企業の取締役が健全かつ適法な会社経営をするようにエンフォースするための制度とは位置づけられていない（OECD, Principles of Corporate Governance 41-42 (2004)）。少数株主にとって株主代表訴訟は、自身の利害を守るための最後の砦である一方で、賠償を直接株主自身に求められず、弁護士報酬をねらった濫用的な運用がなされかねない。このため、日本以外の会社法制においては、株主代表訴訟（Derivative Claims）が提起された段階で、裁判所によりその適正さが判断されるわけである。これにより、世界的には株主代表訴訟が提起されることは稀となり、株主代表訴訟にコーポレート・ガバナンスにおける役割をあまり期待できないと考えられている（OECD, Experiences from the Regional Corporate Governance Rondtable 23 (2003)）。

しかし、本文で述べたように、日本の会社法制は、国際的潮流とは異なる位置づけを株主代表訴訟制度に与え、それを所与の前提として会社法制が組まれている。同じ制度でも期待されている役割が異なるのであれば、その役割を考慮した設計が必要である。それを無視して、国際的潮流にあわせた運用や制度変更を行うことは、システム障害を発生させ、かえって会社法制全体の利害調整機能・会社経営の健全性確保機能の弱体化をもたらしかねない。

(81) 池田光宏ほか「訴訟類型に着目した訴訟運営――会社関係訴訟――」判例タイムズ一一〇七号（二〇〇三年）二三～二八頁を参照。

(82) 高橋均「株主代表訴訟における不提訴理由書制度をめぐる今後の課題」商事法務一七五六号（二〇〇六年）三七頁。

(83) 江頭・前掲注(66)四四六頁。
(84) 不提訴判断の中身として、当該取締役に対する責任追及訴訟の提起が「会社の最善の利益に合致するか」という視点からの判断が避けられないとする立場からは、このような判断が許容されるであろう。このような立場に立つ見解として、大杉謙一「監査役制度改造論」商事法務一七九六号(二〇〇七年)四頁がある。この見解は、「会社の最善の利益に合致するか」という点の判断を監査役が行うのであれば、取締役兼任監査役の解禁、さらに一歩進めて兼任の強制を実施すべきと主張している。
(85) 監査役の提訴請求に関する判断は、当該責任追及の対象となる取締役の義務違反の有無と損害が観念しうるかという点から判断されるもので、その裁量の範囲は狭いとするものとして、近藤光男「代表訴訟と監査役の機能」江頭憲治郎先生還暦記念[黒沼悦郎＝藤田友敬編]『企業法の理論(上巻)』(商事法務研究会、二〇〇七年)六一八〜六一九頁。
(86) 相澤哲＝葉玉匡美＝湯川毅「外国会社・雑則」相澤哲編『立法担当者による新・会社法解説』別冊商事法務二九五号(二〇〇六年)二一九頁。
(87) 最決平成一三年一月三〇日の補助参加の利益の判断としての特殊性と先例としての意義については、江頭憲治郎ほか「連載・改正会社法セミナー【第一八回】企業統治編⑤」ジュリスト一二八六号(二〇〇五年)一〇〇〜一〇六頁での議論を参照。最決平成一三年一月三〇日以降の下級審において、会社の被告側への補助参加が争点とされず、実施されたと思われる事件として、那覇地判平成一三年二月二七日金融・商事判例一一二六号三一頁、名古屋地判平成一三年一〇月二五日判例時報一七八四号一四五頁、東京高判平成一五年七月二四日判例時報一八五八号一五四頁、東京地判平成一五年五月一二日金融・商事判例一一七二号三九頁、平成一五年九月一二日Lex/DB【文献番号】28091650、大阪地判平成一五年一〇月一五日金融・商事判例一一七八号一九頁、大阪高判平成一六年四月二七日Lex/DB【文献番号】28092880、京都地判平成一六年一二月二七日Lex/DB【文献番号】28100297、東京地判平成一七年三月三日判例時報一九三四号一二一頁、東京地判平成一七年五月一二日金融法務事情一七五七号四六頁、高知地判平成一七年六月一〇日資料版商事法務二六〇号一九四頁、東京地判平成一八年四月一三日資料版商事法務二六六号三〇八頁。他方争点として議論されたものとして、宮崎地決平成一三年五月一八日金融・商事判例一一二六号三〇頁、福岡高裁宮崎支部決平成一三年七月二五日金融・商事判例一一二六号二五頁、東京地決平成一四年六月二一日判例時報一七九〇号(いずれも補助参加を認容)一五六頁。
(88) 稲葉・前掲注(72)一八頁。筆者の主張につき山田泰弘「判批(最決平成一三年一月三〇日)」法学教室二五一号(二〇〇一年)一二二頁も参照。
(89) たとえば、会社(信用組合)の被告側への補助参加を肯定し、この問題に関する議論の端緒となった東京商銀株主代表訴訟事件では、東京商銀が破綻し金融整理管財人が業務を執行したこともあって、後に東京商銀は原告側に共同訴訟参加へと参加形態を変更し、最終的に被告理事との間で和解が成立した（事件経緯については、資料版商事法務二四五号一一〇頁などを参照）。

(90) たとえば、二〇〇七年一月一八日に大阪高等裁判所は、ミスタードーナツが無認可添加物を含む肉まんを販売し続けたことの責任を問う株主代表訴訟において、ミスタードーナツの運営会社であるダスキンの担当取締役二名に対し、第一審の認容額の半額である五三億円の会社への賠償を命じた（日本経済新聞二〇〇七年一月一九日付朝刊一六面、商事法務編集部「ニュース・株主代表訴訟の動向　大阪高裁、ダスキンの株主代表訴訟で元専務ら二名に損害賠償を命じる判決」商事法務一七九一号（二〇〇七年）六〇頁、資料版商事法務二七五号一九八頁）。日本経済新聞二〇〇七年一月一九日付朝刊一六面は、「半額でも個人での支払いは不可能な賠償額に変わりはない」として、上村達男早稲田大学教授の「責任があいまいになる恐れがあり、抑止力のある金額の算定を工夫する必要がある」という言葉で記事を締めくくっている。

(91) 黒沼悦郎「取締役の責任規制」森本滋編『比較会社法研究——二一世紀の会社法制を模索して——』（商事法務研究会、二〇〇三年）二六一頁など。

(92) 三木義一＝山下眞弘編『税法と会社法の連携〔増補改訂版〕』（税務経理協会、二〇〇四年）二三〇頁［山田泰弘担当部分］。

(93) 三木義一＝山下眞弘編・前掲注（92）二四五～二五四頁［上西左大信担当部分］、田中亘「取締役の責任軽減・代表訴訟」ジュリスト一二二〇号（二〇〇二年）三五頁。

(94) 河本一郎「大和銀行株主代表訴訟の和解を語る」取締役の法務九四号（二〇〇二年）一二頁。

(95) 池田光宏ほか・前掲注（81）二八頁。近時の事例としては、日本経済新聞社株主代表訴訟事件において、東京地方裁判所より和解勧試があり、会社に対しても和解への参加要請がなされている（日本経済新聞二〇〇四年一二月一〇日朝刊三八面）。

(96) 田中・前掲注（92）三六頁などは、なぜこれほど和解が簡単にできるのか、と疑問を述べる。

(97) 浜田道代「企業統治と監査役制度・代表訴訟・役員の責任軽減」商事法務一五二八号（一九九九年）一〇頁は、軽微な任務懈怠が発生した場合には、即座に委任関係が解除されるであろうから遡及的に解除と同じ効果の発生を求めることに合理性があると指摘し、この点に根拠を求める。

(98) 江頭・前掲注（72）四二〇頁。

(99) ここでは、日本の内国企業向けに販売される平成五（一九九三）年に認可された役員損害賠償責任保険和文約款を下に考察している。損害保険各社は、同一内容の約款を利用している（州崎博史「会社役員賠償責任保険と取締役の法令違反」龍田節先生還暦記念［森本滋ほか編］『企業の健全性確保と取締役の責任』（有斐閣、一九九七年）三七五頁注（二））。本文で問題とするのは、役員損害賠償責任保険普通保険約款五条（1）～（3）の免責条項である。

D&O保険は、主として、「会社役員賠償責任保険普通約款」による基本契約部分と「株主代表訴訟担保特約条項」の特約部分とから構成される。基本契約部分は、役員が業務遂行上第三者に対して責任を負う場合の損害賠償責任と争訟費用、株主代表訴訟に被告役員側が勝訴した場合の争訟費用とを付保し、その保険料は会社が負担するとされる。株主代表訴訟特約部分は、株主代表訴訟に被告役員側が敗訴した場合における損害賠償責任や争訟費用を付保し、その特約部分の保険料は役員個人が負担するとされる。もし、会社が特約部分についても保険料を払う場合には受益を受ける範囲につき給与所得として所得税が各取締役に課せられる（税法の取り扱いについては、国税庁長官通達「会社役員賠償責任保険の保険料の税務上の取り扱いについて」平成六年一月二〇日課法八－二〈http://www.nta.go.jp/shiraberu/zeiho-kaishaku/tsutatsu/kobetsu/shotoku/gensen/040120/01.htm〉を参照）。D&O保険の概要については、山下友信編『逐条D&O保険約款』（商事法務研究会、二〇〇五年）を参照。

(100)　D&O保険普通保険約款五条三号は「法令に違反することを被保険者が認識しながら（認識していたと判断できる合理的な理由がある場合を含みます。）行った行為に起因する損害賠償請求」を免責とする。山下編・前掲注（99）九〇頁［州崎博史担当部分］は、この文言からは善管注意義務・忠実義務を規定する会社法三三〇条・民法六四四条、会社法三五五条に違反する行為も免責の対象となるが、重過失による経営判断ミスは免責範囲に該当せず、保険保護が受けられるとする。州崎博史は、D&O保険が、取締役が法令違反によって会社に損害を生じさせた場合にその責任を肩代わりすることを本来的な任務としていることから、この免責は、例外的に填補が公序良俗に反する場合に限定すべきことを、このような約款解釈の論拠として挙げている（同・前掲注（99）三八八～三九〇頁）。

(101)　もちろんD&O保険の商品設計においても、役員損害賠償責任保険の再保険市場がきわめて限られていること（淡路伸広「株主代表訴訟と役員賠償責任保険の仕組み」小林秀之＝近藤光男編『新版・株主代表訴訟大系』（弘文堂、二〇〇二年）四二一頁）と、取締役の責任追及制度の抑止効果を過度に弱めるべきではないという要請（山下友信「会社役員賠償責任保険と会社法」ジュリスト一〇三一号（一九九三年）五一頁など）とを考慮して、保険会社が填補する額に限度が設けられ、その上、取締役に一定の自己負担が求められ（D&O保険普通約款二〇条）、事故（役員の義務違反行為の発生）を抑止する効果が担保されているといわれる（山下編・前掲注（99）一四四頁［山本哲生担当部分］）。しかし、取締役の自己負担額が、会社法制の取り扱いに比して少なくなることも考えられなくはなく、会社法制が責任減免を認めていない範囲で保険金が支払われれば、会社法制がねらう政策の効果を弱めることになる。

なお、責任追及の過酷さを緩和するという意味では、本文で述べる取締役の損害賠償の額をそもそも限定するというアプローチと、取締役の損害賠償責任を保険でカバーするというアプローチとは、共通の目的を有する。二つのアプローチの本質的な差異は、会社の損害回復が実行されるか否かという点に表れる。前者の取締役の損害賠償の額を限定するというアプローチでは、損害回復は十分に行われない。そうでありながら、前者のアプローチを採用すべきとするのは、責任追及訴訟の制度設計が大規模上場会社を念頭に置いて行われていることを考慮した結果である。大規模上場会社の事業規模が大きく、取締役の個人資産での賠償が不十分である一方で、当該会社の事業が継続する限り、債権者にはその影響がなく、株主への影響も、損害賠償額にキャップを設け、取締役に対する責任追及の過度な効果の調整ということによる利益で補完される可能性が高いからである。他方、中小規模会社にとっては、経営者の個人資産が事業遂行の担保的役割を果たしていることは否めず、前提を異にする。たとえば、中小企業を考慮すれば、取締役の責任限定・責任免除の効果を相対的なものとして、債権者が会社法四二九条一項の役員等の第三者責任を追及する場合に会社による会社に対する損害賠償責任の減免の効果を受けないと解釈すべきであろう。この点のさらなる検討は今後の課題としたい。

(102) 浜田道代「役員の義務と責任・責任軽減・代表訴訟・和解」商事法務一六七一号（二〇〇三年）四一頁。
(103) 近藤・前掲注（4）二九二頁。
(104) ここでの提案は、浜田・前掲注(102)三八～三九頁が提案する、交渉促進・同意擬制型の責任追及モデルと、稲葉・前掲注(72)一七～一八頁の提案する「一般監査請求」制度にヒントを得た。
(105) 高橋・前掲注（82）三九頁。
(106) 大塚龍二「株主権の強化・株主代表訴訟」落合誠一ほか編『現代企業立法の軌跡と展望』（鴻常夫先生古稀記念）（商事法務研究会、一九九五年）六三頁など。
(107) 江頭・前掲注（66）四二七頁、弥永真生『リーガルマインド会社法（第一〇版）』（有斐閣、二〇〇六年）二一五頁。
(108) 相澤哲＝石井裕介「株主総会以外の機関」相澤編・前掲注（86）一一七頁。
(109) 田中亘「利益相反取引と取締役の責任（上）（下）——任務懈怠と帰責事由の解釈をめぐって——」商事法務一七六三号四頁、一七六四号四頁（二〇〇六年）。
(110) なお、当該利益相反取引の公正さは、会社において損害が発生したか、その額がいくらかという、損害発生の要件との関連でも判断されうる。A説の論者は、このため、B説が指摘するような価格変動リスクの問題は、損害発生の要件の中で判断されればよく、B説のような対処は必要がないとする（吉原和志「会社法の下での取締役の対会社責任」黒沼悦郎＝藤田友敬編『会社法の理論（上）』（江頭憲治郎先生還暦記念）（商事法務研究会、二〇〇七年）五四七頁。
(111) 「当該取引が公正に行われること」が「会社と無関係の第三者と取引がなされるような独立当事者間取引」との比較で判断されるならば、会社の相手方（その代理人）となる取締役が契約条件等をめぐって正当な範囲で自身（または自身が代理する者）が有利となるように交渉することは許容されるべきと考えられるからである。たしかに、会社の相手方（その代理人）となる取締役の影響力の大きさを考えれば、「正当な範囲」か否かの線引きは難しい。しかし、そうであればこそ、会社の相手方（その代理人）である取締役との交渉に向かう取締役等（会社として当該取引を実行することを決定する取締役・執行役等）は、「独立当事者間取引」の場合と同様に（もしくはそれ以上に）真摯に会社のために交渉に向かわなければならない。

(112) 吉原・前掲注（110）五四一～五四三頁、吉原和志「利益相反取引に基づく取締役の責任――取締役会の承認を受けた場合と受けない場合――」法学六七巻六号（二〇〇三年）九四頁。

(113) 間接取引類型が、利益相反取引規制の対象とされることが明示された昭和五六年商法改正当時より、規制の対象となる間接取引は、事前規制が企業の経営を混乱させる危険性を有するから、例示列挙されているものに限定し、適用範囲をなるべく狭く解するべきとも考えられていた。このような解釈を採用すべきとする傾向をよく伝えるものとして、上柳克郎ほか「取締役の自己取引規制（上）（下）」商事法務一一二四号四六頁、一一二六号（一九八七年）一〇頁。吉原・前掲注（110）五四三頁は、このような理解に基づき、間接取引類型の利益相反取引に該当するか否かは、実質的な公正さで判断されない形式的な基準で判断されるものと理解している。

実質的な公正さを判断基準とするか、形式的な基準で判断するかは、取引の安全（会社と取引をなした第三者、または転得者の保護）を重視するか、会社の損害発生の危険性から実質を重視するかの問題であるが（江頭・前掲注（72）四〇〇頁注2）、取引の安全は、当該取引の効力の問題として判断されるため、形式的基準によらざるをえないが、取締役の責任に関しては、それとは別個に、実質的な公正さの基準で判断することも可能ではなかろうか。

(114) 浜田・前掲注（102）三九頁。このような理解の背景には、property rule と liability rule とが存在する中で、忠実義務というルールは property rule として理解しうるということ（藤田友敬「忠実義務の機能」法学協会雑誌一一七巻（二〇〇〇年）二号二八三、二九六頁）がある。

(115) 浜田道代「サービス提供取引の法体系に関する一試論」浜田道代ほか編『現代企業取引法』（田邊光政先生還暦記念）（税務経理協会、一九九八年）二八頁。

(116) 浜田・前掲注（102）四〇頁。

(117) 吉原・前掲注（112）一一六頁。

(118) 最判昭和四三年一二月二五日民集二二巻一三号三五一一頁、最判昭和四六年一〇月一三日民集二五巻七号九〇〇頁。

(119) この責任を代表訴訟で追及しうるかは、議論を呼ぶことになる。株主による取締役の責任追及訴訟ができる範囲については、取締役の会社に対する債務一切について可能とする説（鈴木竹雄＝竹内昭夫『会社法〔第三版〕』三〇〇頁（有斐閣、一九九一年）など）と、会社法に規定された責任と限定する説（北澤・前掲注（64）四四八頁、江頭・前掲注（66）四四二頁など）とが存在する。二元型の責任体系を採用しかつ後者の説に従った場合には、会社法の規定として、会社の承認のない場合の本文③

の取締役の責任についても会社法上規定しなければならない（北澤・前掲注（64）四三五頁参照）。
(120) もっとも、たとえば第三者が当該会社と結合企業関係にあるような場合であれば、不正な利益の吐き出しを徹底させるという観点からは、当該第三者の主観的態様を問題とせずに、第三者に利益の吐き出しを求めうるという制度設計も考えられるかもしれない（江頭憲治郎『結合企業法の立法と解釈』（有斐閣、一九九五年）一〇〇頁）。
(121) 近時、異質説および二元論のヒントとなったアメリカ法において、忠実義務と注意義務という取締役の義務の二元的な把握に、新たに誠実行動義務（duty of act in good faith）という概念が加わった。当初、この誠実行動義務は、役員の注意義務を定款において免除することを許容するデラウエア会社法において（Del. Gen. Corp. Law § 102(b)(7)）、従来注意義務違反類型に該当するものであっても責任免除を認めさせないために設けられた第三の義務類型と考える向きもあった（See, In re the Walt Disney Corporation Derivative Litigation, 825 A.2d 275 (Del. Ch. 2003)）。しかし、現時点では、注意義務違反類型において経営判断原則の運用に際して、trial に進むか否かを決定するための判断基準と理解され、内容的には忠実義務と共通のものを含む。誠実行動義務は、忠実義務・注意義務という二元的な縦糸を横断する横糸の役割を果たすといえよう（See, Stone v. Ritter, 911 A.2d 362 (Del. Sup. 2006)）。現時点のような誠実行動義務に関する理解の下では、二元的な取締役の義務の把握は基本的に維持されていると考えられる。たしかに、取締役の義務を忠実義務と注意義務とに分け、二元的に把握することは、アメリカ法特有の裁判制度や企業風土を基礎とし、必ずしも日本法の理解としてそうすべきというわけではないが、本文で述べるように機能論的に優れているならば、それを採用することも検討されてしかるべきである。
(122) 弥永・前掲注（107）二一五頁。
(123) 江頭・前掲注（66）四二七頁注7。
(124) 仲間貸しの責任についても任務懈怠責任であるとして平成一四年商法改正段階で委員会等設置会社については削除され、その方向性が会社法でも維持された。しかし、仲間貸しは、濫用の危険性が高く、取引の公正さが問題となるというよりは、仲間貸しの実行を決定する取締役がその対象者が完済できると信じて実行している。そうであれば、一種の保証責任として規定すること（平成一七年改正前商法二六六条三項の復活）の方がふさわしい（弥永・前掲注（107）二一五頁。浜田・前掲注（102）三九頁も参照）。
(125) 利益相反取引の責任を過失責任として理解するに当たり、責任免除規定の緩和の特則が排除されている。しかし、利益相反取引が実質的に不公正か否かの判断が難しいことを考慮すれば、責任免除規定の緩和が必要になるかもしれない（浜田・前掲注（102）四〇頁を参照）。
(126) 閉鎖会社における取締役に対する責任追及訴訟が問題状況が異なると指摘するものとして、たとえば、江頭・前掲注（66）

四二一頁など。

(127) 上場企業の会社支配権の移転に伴う支配株主と少数株主の利害対立を契機として株主代表訴訟が提起されたものとして、カネボウ株式会社における株主代表訴訟の提起が挙げられる（「ニュース・株主代表訴訟の動向」商事法務一七八八号（二〇〇七年）一四四頁）。

会社法制においては、株式買取請求権の制度がこのような利害調整を担い、その制度の存在が多数株主の決定を規律するとも考えられている（藤田友敬「組織再編」商事法務一七五五号（二〇〇六年）五六～五七頁）。もちろん株式買取請求権の濫用の危険がないわけではないが、このような役割を果たさせるのであれば、株式買取請求権の機動性を確保し実効性を上げるべきであろう（中東正文「企業買収・組織再編と親会社・関係会社の法的責任」法律時報七九巻五号（二〇〇七年）三二頁を参照）。

利害対立が支配株主と少数株主の間で発生しているため、むしろ、両者を直接対決させるような少数株主の救済スキームが必要となるかもしれない。

［付記］
本稿は、平成一八年度科学研究費補助金（若手研究(B)）研究課題「会社規模ごとの経営者責任追及制度の役割と態様」（研究代表：山田泰弘）の研究成果の一部である。

新株発行

戸川成弘

浅木愼一・小林量
中東正文・今井克典 編
浜田道代先生還暦記念
『検証会社法』
2007年11月 信山社8

一　はじめに
二　商法旧規定における新株発行規整の変遷
三　会社法における新株発行規整
四　新株発行規整の論点
五　わが国の新株発行規整の変遷と分析
六　新株発行規整の方向性について――特に公開会社の規整について――
七　おわりに

一　はじめに

わが国の新株発行規整は、過去変遷を重ねてきた。通常の新株発行の目的が株式会社の資金調達にある以上、わが国の経済活動の規模が拡大を続けるにつれ、発行手続の機動性が次第に強く要請されることになったのは、必然であった。

ただ、当然ながら、新株発行には、資金調達の側面だけではなく、株式会社組織の拡大、それも会社の運営に関わる構成員（株主）の増加をもたらすという側面がある。構成員である株主の増加は、既存の株主の持株比率に影響を与え、その利益を害することもある。

わが国の新株発行規整は、この資金調達の機動性と既存の株主の利益をどのように調整するかという困難な課題に対処するために、修正が加えられてきた。その到達点が、会社法における現在の新株発行規整である。

本稿では、過去、いかなる理由で、新株発行規整が修正を加えられてきたか、そして修正された新株発行規整が、資金調達の機動性と既存の株主の利益をどのような形で調整してきたかを分析する。そして、その到達点である会社法の新株発行規整が、その調整規整として妥当なものであるか否かについて検討を加える。

二　商法旧規定における新株発行規整の変遷

まず、わが国の商法旧規定における新株発行規整の変遷を概観しておくことにする。

昭和二五年商法改正前において、資本の増加は定款変更事項として株主総会の特別決議が必要であった（昭和二五年改正前商一六六条一項三号、三四二条、三四三条、三四八条）。しかし、同年の改正により授権資本制度が採用され、定款所定の会社の発行予定株式総数（商一六六条一項三号〔会社法施行前の商法旧規定の最終規定。「……年改正（前）商」ではなく、単に「商」と表記した場合は、すべて、会社法施行前の商法旧規定の最終規定を指す〕）の範囲内において、原則として取締役会が必要に応じて適宜新株発行を決定できることになった（商二八〇条ノ二）。ただ、昭和二五年改正法は、新株引受権に関する事項（株主の新株引受権の有無またはその制限に関する事項等）を定款に記載しなければならないと定めていた（昭和三〇年改正前商一六六条一項五号、三四七条二項）。

この改正法立案の際、法制審議会においては、株主の新株引受権をめぐって見解の対立があった[1]。まず、既存株主保護の見地から、法律上株主に新株引受権があるものとし、定款でそれを奪うことができるようにすべきであるという見解があった。それに対し、授権資本制のもとにおける新株発行の機動性を減殺しないためにも、定款をもって特に新株引受権を与えていない限り、株主には法律上は新株引受権がないものとすべきであるという見解があった。昭和二五年改正法は、対立する両者の見解のいわば妥協調和として、法律上は株主に新株引受権があるともないとも明定せず、これを定款による会社自治に委ねるとともに、事の重要性に鑑み、これを原始定款における絶対的記載事項とした[2]。

その後この規整のもとにおいて、新株引受権に関する事項の定款への記載方法をめぐり争いが生じた[3]。そして、当時最も流布していた定款の規定を無効とする下級審判決[4]が出された。その定款の内容は「当会社の株主は、株式総数一千六百万株のうち、未発行株式について新株引受権を有する。但し、取締役会の決議により新株の一部を公募し、又は、役員従業員旧役員及び旧従業員に新株引受権を与えることができる」というものであった。この定款の内容について、裁判所は、但書の新株引受権の数量の最大限度が明示されていないから商法三四七条二項の要件を満たさず適法ではないと判断した(5)。この判決は、経済界に衝撃を与えた。

この判決以前にすでに改正のための議論はすすめられていた。そして、新株引受権に関する事項を定款の絶対的記載事項のうちから削除することについては、経済界・学界等においてほぼ異論はなかった。しかし、新株引受権の有無のいずれを原則とし、例外をどのような要件で認めるかに関して、意見は多様に分かれ、鋭く対立した(6)。

そして、昭和三〇年改正商法は、新株引受権に関する事項を定款に記載しなければならないという規整を止めた。その結果、株主は原則として新株引受権を有しないこととなり、定款に別段の定めがなければ、新株引受権を与えるべき者については原則として取締役会が決定することになった（昭和四一年改正前商二八〇条ノ二第一項五号）。ただし、昭和三〇年改正法は、株主以外の者に対して新株引受権を与える場合には、与えることを得べき引受権の目的たる株式の額面・無額面の別、種類、数および最低発行価額について株主総会の特別決議が必要であると定めていた（昭和四一年改正前商二八〇条ノ二第二項）。

この規整は、原則として株主の新株引受権を認めないこととして、基本的に、授権資本制度の趣旨を生かす新株発行の機動性を重視した。そして、会社が株主に新株引受権を与えること自体は株主にとって基本的に不利益になるものではないので、原則として取締役会の決定でそれを行うことができるものとした。しかし、株主以外の者に新株引受権を与えることまで取締役会の権限とはされなかった。それを取締役会の権限とすることの危険性が認識されたからである(7)。すなわち、取締役会がその権限を濫用し、新株発行本来の目的たる資金調達の目的から逸脱し、たとえば、自己の勢力下にある者に新株引受権を与えて会社の支配権を掌握しようとするようなことが行われるおそれがあると認識されたからである。[8] ただ、窮乏の際金融機関の救済を受ける等株主以外の者に新株引受権を与えることが資金調達上必要な場合も考えられる。そこで、具体的場合に、株主以外の者に新株引受権を与えることが妥当であるか否かを株主自身判断しうるよう、株主総会の特別決議による承認を要求した。[9]

その後この規整のもとで、いわゆる買取引受、すなわち証券会社が公募新株を一括引き受けたうえ、これをその新株の払込期日までに引受価額と同一価額で一般第三者に売り出し、売残りの株式が生ずれば証券会社がこれを背負い込む、という実務の法的性質が問題となった。経済界は、買取引受を公募発行の一形態と理解し証券会社に新株引受権を与えるものではないと考えていたため、買取引受について株主総会の特別決議が行われることはなかった。しかし、買取引受は証券会社に新株引受権を与えるものであるから株主総会の特別決議が必要であると判断した下級審判決が登場し[10]、それに追随する判決が現れたため[11]、経済界は衝撃を受けた。そして、買取引受の場合には株主総会の特別決議を不要とする旨の商法改正の要望が経済界から出された。[12] そこで、商法二八〇条ノ二第二項の改正が検討された。

立法論としては、商法二八〇条ノ二第二項を「株主以外の者に対し有利な価額で新株を発行する場合」に株主総会の特別決議を要する旨の規定に改めるという考え方[13]と、第三者に新株引受権を付与する場合には株主総会の特別決議を要するとしている原則については残したまま、買取引受のうち弊害の伴うことのないものだけについて総会の特別決議を要しないとすべきであるという考え方[14]が存在した。そして、改正にあたっては両者の考え方が激しく対立したようであるが[15]、結局前者の考え方に基づき昭和四一年に商法二八〇条ノ二第二項の改正がなされ、株主以外の者に対し特に有利な発行価額で新株を発行するには、その者に対して発行することを得べき株式の額面・無額面の別、種類、数および最低発行価額について、株主総会の特別決議を要することとされた（平成一三年改正前商二八〇条ノ二第二項）。なお、平成一三年の商法改正で額面株式の制度が廃止されたことに伴い、この場合の株主総会の特別決議事項から、株式の額面・無額面の別が削除された（商法二八〇条ノ二第二項）。

このほか、昭和四一年改正では、新株発行の際の公示の制度が整備された。昭和四一年改正前は、新株発行に際し、株主に対してその新株発行の内容に関する事項を公示する制度が法定されていなかった。したがって、株主が知らない間に取締役が不公正な新株発行を行うことが可能であって、株主に新株発行差止請求権が認められていても（商法二八〇条ノ一〇）、それを行使する機会が奪われるおそれがあった[16]。たとえば、買占めに対抗するために、五か月の間に五回の新株発行が内密裡に行われた結果、買占め側の持株比率が七〇％強から約三七％に引き下げられたとされる事件が存在した[17]。そこで、株主の新株発行差止請求の制度を有効に機能させるために、新株発行の際に一定の新株発行事項を公示する制度（商二八〇条ノ三ノ二）が新設された[18]。

ところで、このような原則として株主に新株引受権が与えられていない規整のもとにおいて、会社が株主割当以外の方法で新株を発行すると既存の株主の持株比率は低下する。株式の流通市場のある会社であれば、株主は会社の行う新株の発行に対応して市場において株式を取得することにより、持株比率を維持することが可能である。しかし、定款に株式譲渡制限の定めのある会社においては、そのような方法により持株比率を維持することはきわめて困難である。この点について、社員以外への持分の譲渡が法律上制限されていた有限会社においては、社員は原則として新出資引受権を有するものと定められていた（有五一条本文〔廃止前の有限会社法の最終規定〕）。

そこで、平成二年改正商法は、定款に株式譲渡制限の定めのある会社（以下「譲渡制限会社」とする）においては、株主は原則として新株引受権を有するものとした（商二八〇条ノ五ノ二第一項本文）。そして、この規整のもとにおいても株主割当以外の方法による新株発行の要請に対応できるようにするために、平成二年改正法は株主以外の者に対して発行することを得べき株式の額面・無額面の別、種類および数について株主総会の特別決議があれば、株主以外の者に対して新株を発行することもできるものとした（平成一三年改正前商二八〇条ノ五ノ二第一項但書）[19]。なお、平成一三年の商法改正で額面株式の制度が廃止されたことに伴い、この場合の株主総会の特別決議事項から、株式の額面・無額面の別が削除された（商二八〇条ノ五ノ二第一項但書）。

商法のもとで、このような譲渡制限会社においては、株式の譲渡に取締役会の承認が必要であった（商二〇四条一項但書）。この定款による株式譲渡制限の制度の趣旨は、会社にとって好ましくない者が株主となり会社の経営に参入することを防止することができるようにしたものであると解されている[20]。一方、株主以外の者に対する新株発行は、会社にとって好ましくない者が株主となる可能性がある点で、株式の譲渡と同じ効果を有する[21]。しかし、平成一三年改正前商法のもとでは、譲渡制限会社における株主以外の者に対する新株発行の場合に、新株の割当先に関する事項について取締役会の承認は要求されていなかった。

そこで、平成一三年改正商法は、譲渡制限会社において株主割当以外の方法で新株を発行する場合の取締役会の決議事項に、新株の割当てを受ける者ならびにこれに対して割り当てる株式の種類および数を加えた（商二八〇条ノ二第一項九号）[22]。

（1）吉田昂「『商法の一部を改正する法律案要綱仮案』について」ジュリ七八号（一九五五年）八頁。
（2）鈴木竹雄＝石井照久『改正株式会社法解説』（日本評論社、一九五〇年）二五―二六頁、吉田・前掲注（1）八頁。
（3）この事情につき、浜田道代「新株引受権騒動への緊急対策――昭和三〇年の改正――」『日本会社立法の歴史的展開』（北澤正啓先生古稀記念論文集）（商事法務研究会、平成一一年）二九四―二九六頁参照。また、この規整につき、松本烝治『商法解釈

の諸問題』（有斐閣、一九五五年）二五九頁以下参照。
(4) 東京地判昭和三〇年二月二八日下民六巻二号三六一頁。
(5) 前掲注（4）。
(6) 浜田・前掲注（3）二九五―二九六頁。また、吉田・前掲注（1）九頁参照。
(7) 吉田・前掲注（1）九頁。
(8) 吉田・前掲注（1）九―一〇頁。
(9) 吉田・前掲注（1）一〇頁。
(10) 横浜地判昭和三七年一二月一七日下民一三巻一二号二四七三頁。
(11) 東京高判昭和三九年五月六日高民一七巻三号二〇一頁、大阪高判昭和三九年六月一一日高民一七巻四号二四八頁。なお、この二つの高裁判決の上告審判決である、最判昭和四〇年一〇月八日判時四二五号四一頁および最判昭和四〇年一〇月八日民集一九巻七号一七四五頁参照。
(12) この状況につき、拙稿「昭和四一年商法改正（二・完）――戦後高度経済成長期・開放経済体制への移行期における会社法改正――」富大経済論集四二巻三号（一九九七年）九六―九七頁参照。
(13) 鈴木竹雄「買取引受と商法第二八〇条の二第二項」商事二六八号（昭和三八年）五頁。同旨、大隅健一郎「東京地裁の判決と買取引受」商事二七一号（一九六三年）四頁。
(14) 田中誠二「新株発行の場合の買取引受に関する立法論について」青山学院創立九〇周年記念法学論文集八七頁以下（一九六四年）、日本私法学会シンポジウム「商法改正の問題点」私法二六号（一九六四年）一六七頁［西原寛一発言］等。
(15) 矢沢惇＝鴻常夫『会社法の展開と課題』三九―四〇頁（日本評論社、一九六六年）。
(16) 味村治『改正株式会社法』一八〇頁（商事法務研究会、一九六七年）。もっとも、上場会社が公募を行う場合には、新株発行にかかる取締役会決議の公告が慣例的に行われていたとされる。森本滋『新版注釈会社法(7)』（有斐閣、一九八七年）一三六頁。
(17) 釧路地判昭和三八年二月二六日商事二七三号一〇頁。
(18) 味村・前掲注（16）一八〇頁参照。なお、同時に新設された商法二八〇条ノ三ノ三の規定について、味村・前掲注（16）一八三―一八四頁、商事法務研究会編『昭和四一年改正会社法実務の研究』一七―一八頁［鈴木竹雄］参照。
(19) 以上の平成二年改正の理由については、大谷禎男「商法等の一部を改正する法律の解説〔7〕」商事一二二八号二一―二二頁（一九九〇年）、北沢正啓『改正会社法の解説』（有斐閣、一九九〇年）一〇六―一〇七頁等参照。
(20) 味村・前掲注（16）二二頁、上柳克郎『新版注釈会社法(3)』（有斐閣、一九八六年）五八頁等。また、最判昭和四八年六月一五日民集二七巻六号七〇〇頁。

(21) 前田庸「商法等の一部を改正する法律案要綱の解説〔上〕」商事一六〇六号（二〇〇一年）六頁。

(22) 新株発行規整の面で、この点以外で、平成一三年に改正された点については、拙稿「新株発行規制等」法教二五八号一六―一七頁（二〇〇二年）参照。

三　会社法における新株発行規整

会社法は、新株発行の手続規整について、公開会社（会社二条五号）と公開会社でない会社（定款上、すべての株式（種類株式発行会社では、全部の種類の株式）について、譲渡制限が付されている会社。以下「非公開会社」とする）に分けて規定している。

会社法においても、「新株発行」という概念は維持されている（会社八三四条二号かっこ書・八四〇条一項参照）。しかし、既存株主に与える影響という点で、新株発行と自己株式の処分は、基本的に異なるところがない。商法旧規定でも、自己株式の処分に新株発行の規整の多くを準用していた（商二一一条三項本文）。そして、会社法は、通常の新株発行と自己株式の処分を「募集株式の発行等」という概念にまとめて、両者を一元的な規整のもとに置いている。

会社法において、「募集株式」とは、発行する株式または処分する自己株式を引き受ける者の募集に応じて、これらの株式の引受けの申込みをした者に対して割り当てる株式をいう（会社一九九条一項柱書）。

以下では、新株発行を念頭に置いて、会社法における「募集株式の発行等」の手続規整を概観する。

1　公開会社の場合

株式会社が募集株式の発行等を行うためには、つぎの「募集事項」を決定しなければならない。

①募集株式の数（種類株式発行会社の場合は募集株式の種類および数）（会社一九九条一項一号）

②募集株式の払込金額（募集株式一株と引換えに払い込む金銭または給付する金銭以外の財産の額）またはその算定方法（会社一九九条一項二号）

③金銭以外の財産を出資の目的とするときは、その旨ならびに当該財産の内容および価額（会社一九九条一項三号）

④募集株式と引換えにする金銭の払込みまたは前号の財産の給付の期日またはその期間（会社一九九条一項四号）

⑤株式を発行するときは、増加する資本金および資本準備金に関する事項（会社一九九条一項五号）

公開会社においては、取締役会の決議で、以上の募集事項を決定する（会社一九九条二項・二〇一条一項）。そのときは、払込期日または払込期間初日の二週間前までに、募集事項を公示（公告または株主に対する通知）しなければならない（会社二〇一条三項・四項）。既存株主に、募集株式の発行等の差止め（会社二一〇条）の機会を与えるためである。(23) ただし、金融商品取引法四条一項または二項の届出をしている場合その他の株主の保護に欠けるおそれがないものとして法務省令（会社法施行規則四〇条）で定める場合は、公示の必要がない（会社二〇一条五項）。金融商品取引法の規定に基づき、募集事項が周知されるからである。(24)

株主割当の方法で募集株式の発行等を行う場合には、前述①〜⑤の募集事項に加えて、株主に対し、申込みをすることにより募集株式の割当てを受ける権利を与える旨、および募集株式の引受けの申込みの期日についても、取締役会の決議で定める（会社二〇一条一項・三項三号）。そのときは、会社は、募集株式の引受けの申込期日の二週間前までに、募集株式の割当てを受ける権利を与えられる株主に対して、募集事項、当該株主が割当てを受ける募集株式の数および募集株式の引受けの申込期日を通知しなければならない（会社二〇二条四項）。

公開会社においても、株主以外の者に対して、募集株式を「特に有利な払込金額」で発行（以下「有利発行」とする）するためには、株主総会の特別決議が必要である（会社一九九条二項・三項・二〇一条一項・三〇九条二項五号）。株価の下落等により、既存株主の経済的利益を害する恐れがあるからである。その場合、募集株式の数の上限と払込金額の下限を株主総会の特別決議で定めたうえで、募集事項の決定を取締役会に委任することもできる（会社二〇〇条一項・三〇九条二項五号）。株主総会で、取締役は、有利発行をする理由を説明しなければならない（会社一九九条三項・二〇〇条二項）。

2　非公開会社の場合

非公開会社において募集株式の発行等を行うためには、原則として株主総会の特別決議で、前述1①〜⑤の募集事項を決定しなければならない（会社一九九条二項・三〇九条二項五号）。その場合、募集株式の数の上限と払込金額の下限を株主総会の特別決議で定めたうえで、募集事項の決定を取締役（取締役会設置会社では取締役会）に委任することができる（会社二〇〇条一項・三〇九条二項五号）。有利発行を行うときは、取締役は、株主総会で有利発行をする理由を説明しなければならない（会社一九九条三項・二〇〇条二項）[25]。

株主割当ての方法で募集株式の発行等を行う場合、前述①〜⑤の募集事項に加えて、株主に対し、申込みをすることにより募集株式の割当てを受ける権利を与える旨、および募集株式の引受けの申込みの期日についても、原則として株主総会の特別決議で定める（会社二〇二条一項・三項四号・三〇九条二項五号）。その場合、定款の定めにより、募集事項等の決定権限を取締役（取締役会設置会社では取締役会）に付与することができる（会社二〇二条三項一号二号）。株主割当ての方法による場合、会社は、募集株式の引受けの申込期日の二週間前までに、募集株式の割当てを受ける権利を与えられる株主に対して、募集事項、当該株主が割当てを受ける募集株式の数および募集株式の引受けの申込期日を通知しなければならない（会社二〇二条四項）。

（23） 神田秀樹『会社法〔第九版〕』（弘文堂、二〇〇七年）一二六頁。
（24） 前掲注（23）。
（25） なお、譲渡制限株式である新株を割当てる場合の前述平成一三年商法改正の規整内容は、基本的に会社法二〇四条二項で踏襲されている。

四　新株発行規整の論点

通常の新株発行の主たる目的は、いうまでもなく株式会社の資金調達である。新株発行による資金調達は、銀行借入れのような間接金融による資金調達に比べて、調達コストが安いうえ、巨額の資金を調達できるというメリットがある。そもそも、新株発行による資金調達が可能であるという点は、株式会社制度の重要なメリットである。

しかし、新株発行は、既存株主の利益に影響を及ぼす。すなわち、株主割当以外の方法で新株が発行されると、既存株主の持株比率が低下する（既存株主の支配的利益への影響）。また、株主割当以外の方法で、株式の時価よりも低い価額で新株が発行されると、既存株主の保有株式の価格が低下するおそれがある（既存株主の経済的利益への影響)。

一方で、資金調達の手段であるという性格から、新株発行には、機動性が要求される側面がある。株主の上記利益を保護するという観点からの法規整が、新株発行の機動性を害することになると、それは資金調達の機動性を害する結果となって、かえって株主の利益を害することにもなりかねない。

そこで、この両者の要請(資金調達の機動性と既存株主の利益の保護)をいかに調整するかが、会社法における新株発行規整の課題とされてきた。その調整は、相当の難問であり、それゆえ、二でみたように、新株発行規整は変遷を重ねてきた。その変遷の到達点が、三でみた現行会社法の規整であるといえる。しかし、会社法の現規整が、必ずしもわが国の新株発行規整の最終到達点であるわけではない。

以下では、二でみた過去の新株発行規整が、どのようにこの問題の調整をはかってきたかを分析しつつ、わが国における今後の規整の方向性を探ることにする。

五　わが国の新株発行規整の変遷と分析

前述したように、新株発行は、既存株主の利益(支配的利益と経済的利益)に影響を及ぼす。もし、この利益をすべての株式会社において完璧に保護しなければならないとすれば、新株発行規整の選択肢は一つである。新株発行の際、既存株主に新株引受権を絶対的に保障することである。

しかし、既存株主に対する新株引受権の絶対的保障は、出資者の範囲を既存株主のみに限定することになり、新株発行による資金調達額を相当制約することになる。そこで、わが国においても、既存株主の新株引受権を絶対的に保障した規整は、過去一度も存在していない。資本額が定款記載事項であって、資本の増加に株主総会の特別決議が要求された昭和二五年改正前商法のもとでも、株主の新株引受権の有無は明定されず、新株引受権を与えるべき者とその権利の内容につき、定款に定めのないときは資本増加に関する株主総会の特別決議で定めることとされていた（昭和二五年改正前商三四八条四号）。また、譲渡制限会社（会社法では、非公開会社）において、既存株主に対する法定の新株引受権を認めた平成二年改正商法においても、前述のように株主総会の特別決議で新株引受権を排除できる規整となっていた（平成一三年改正前商二八〇条ノ五ノ二第一項但書）。

新株発行による資金調達額を大きく制約することは、株式会社利用のメリットをも大きく減殺することになるので、既存株主に対する新株引受権の絶対的保障は、現実的ではないといえよう。

そうであるとするならば、既存株主の利益をどの程度まで、いかなる形で保護するのかが、問題となる。前述のように、会社法は、公開会社と非公開会社に分けて、新株発行の手続規整を規定している。それはもちろん、両者では株主の個性と資金調達の機動性に関して、性格が異なるからである。その性格の違いは、相当前から認識はされていたが、意外にも、両者を分けて規整を設けるようになったのは、平成二年の商法改正以降である。したがって、その立法自体は、わが国の商法の歴史全体から見れば、比較的新しい。

以下では、過去の新株発行規整が、この問題に対して、どのような対応を示してきたかについて、分析する。

1 昭和二五年商法改正前の規整

昭和二五年改正前商法は、定款による株式譲渡の制限を認めていた（明治三二年商法一四九条本文、昭和一三年改正商二〇四条一項）。しかし、新株発行規整については、公開会社と非公開会社を区分せず、規定を設けていた。前述のように、この時期、株主の新株引受権が明定されていたわけではないが、新株発行の内容は、株主総会の特別決議で決定することになっていた。この規整は、新株発行が既存株主の利益（支配的利益・経済的利益）を害するおそれがある場合に、既存株主自身がそれを行うべきか否かを決定することとする規整であるといえる。(26)そのような形で、既存株主の利益の保護をはかる規整であるといえる。しかし、この時期は授権資本制度がとられていないので、資金調達の機動性に欠ける規整であった。(27)

2　昭和二五年改正法と昭和三〇年改正法の規整

昭和二五年改正は、定款による株式譲渡の制限を禁止し、株式の自由譲渡性を強行法によって保障した（昭和四一年改正前商二〇四条一項）。株式の大衆化に伴い株主の地位の強化の一環として株主による投下資本の回収の可能性を確保するためであった。この厳格な株式譲渡自由の保障の規整は、中小規模の株式会社が多いわが国の実態とは合わず、結局昭和四一年の商法改正で、定款による株式譲渡制限の制度が復活することになる。(28)この昭和二五年改正法施行から昭和四一年改正法施行に至るまでの期間、わが国の商法は、株式会社について、すべて公開会社を前提とした規整をしていたことになる。

この期間の新株発行規整は、前述のように、時期によって、昭和二五年改正による規整と昭和三〇年改正による規整の二つに分かれている。

昭和二五年改正は、定款の記載事項から資本額を削除したうえ（商一六六条一項）、授権資本制度を採用し、授権株式数（商一六六条一項三号）の範囲内で、取締役会に新株発行の権限を与えた（商二八〇条ノ二）。授権株式数の範囲内で、新株発行の機動性を重視したことになる。この趣旨は、公開会社を前提とした規整に符合する。が、その場合の既存株主の利益の保護について、昭和二五年改正法は、新株引受権に関する事項（株主の新株引受権の有無またはその制限に関する事項等）を定款に記載しなければならないと定めていた（昭和三〇年改正前商一六六条一項五号、三四七条二項）ので、新株引受権に関する事項の定款への記載方法をめぐり争いが生じたのは前述のとおりである。

その結果、昭和三〇年改正法の規整が誕生した。この改正では、前述のように新株引受権に関する事項を定款に記載しなければならないという規整を止めた。その結果、株主は原則として新株引受権を有しないこととなり、定款に別段の定めがなければ、新株引受権を与えるべき者については原則として取締役会が決定することになった（昭和四一年改正前商二八〇条ノ二第一項五号）。ただし、昭和三〇年改正法は、株主以外の者に対して新株引受権を与える場合には、与えることを得べき引受権の目的たる株式の額面・無額面の別、種類、数および最低発行価額について株主総会の特別決議が必要であると定めていた（昭和四一年改正前商二八〇条ノ二第二項）。この規整は、資金調達の機動性を重視しつつ（その点で、昭和二五年改正前の規整とは異なる）、新株発行が既存株主の利益（支配的利益・経済的利益）を害するおそれがある場合には、既存株主自身がそれを行うべきか否かを決定することとする（資金調達の機動性の要請を劣後させる）規整であるといえる。そのような形で、既存株主の利益の保護をはかる規整である。[29]この規整の特徴は、公開会社においても、第三者割当の方法で新株発行が行われる場合に、株主総会の特別決議を要求するという形で、既存株主の支配的利益を保護している点にある。この点は、昭和四一年改正以降現行会社法に至るまでの規整には見られない特徴である。既存株主の新株引受権を法定していないので、公募による新株発行の場合には、資金調達の機動性の方を優先して、株主総会の特別決議を要求しないという点においても特徴的である。

しかし、この規整も、前述のように、公募の場合に利用される買取引受が、証券会社に新株引受権を与えるものであるから株主総会の特別決議が必要であると判断した下級審判決が登場し、[30]それに追随する判決が現れた[31]ことをきっかけに、修正されることとなった。

3　昭和四一年改正法の規整

昭和四一年商法改正においては、定款による株式譲渡制限の制度が復活した（商二〇四条一項但書）。その際、昭和二五年改正前の規整とは異なり、株主による投下資本の回収を保障するための規定も整備された（商二〇四条ノ二―二〇四条ノ五）。この改正法の施行により、昭和二五年改正商法施行以降、株式譲渡の自由を絶対的に保障してきた規整は、終焉した。と同時に、商法上、再び公開会社と非公開会社（譲渡制限会社）の存在が認められることとなった。

しかし、昭和四一年改正で修正された新株発行規整は、両者を区分しない一元的な取り扱いをした。前述のように、この改正は、昭和三〇年改正の規整のもとにおいて、買取引受に株主総会の特別決議が必要であるとした一連の下級審判決の判断に、経済界が衝撃を受けたことを契機として、行われたものである。そして、昭和四一年改正は、経済界が当初要望した「買取引受について特別決議を不要とする規整」（公募による新株発行の機動性を確保する規整）よりも、さらに資金調達の機動性を重視する（その結果、既存株主の支配的利益の保護を後退させる）規整となった。すなわち、この改正による規整は、公募による新株発行の場合のみならず、第三者割当の方法による新株発行の場合にも、株主総会の特別決議を不要とした。後者についても、資金調達の機動性の要請を既存株主の支配的利益の保護よりも優先させたわけである。ただし、株主割当以外の方法で特に有利な発行価額によって新株を発行するには、株主総会の特別決議を要することとして（平成一三年改正前商二八〇条ノ二第二項）、既存株主の経済的利益を保護する規整とした。

この昭和四一年改正法の規整の枠組みは、その後のわが国の公開会社の新株発行規整の枠組みとなった。会社法も、公開会社について、この枠組みを踏襲している。

昭和三〇年改正法の規整も、その趣旨からいえば、公募による新株発行に株主総会の特別決議を要求することはしていない。上場会社が公募を行う際に利用される買取引受という方法が、第三者に対して新株引受権を与えることになるなどということは、想定していなかった。その意味で、昭和三〇年改正法も、公募による新株発行の場合には、資金調達の機動性を既存株主の支配的利益の保護よりも優先させる規整となっていた。したがって、昭和三〇年改正と昭和四一年改正の違いは、第三者割当の場合にまで、資金調達の機動性を優先しているか否かにある。昭和四一年改正は、その場合にまで、資金調達の機動性の重視を推し進めた。

繰り返し述べたように、新株発行規整は、資金調達の機動性と既存株主の利益の保護をどのように調整するかによって決まる。既存株主の利益には、支配的利益と経済的利益とがある。

昭和三〇年改正よりも、さらに既存株主の支配的利益の保護を後退させる昭和四一年改正の規整において、前述のように学者の間で激しい議論の対立があったのは、当然のことであった。昭和四一年改正におけるいくつかの改正点の中で、法制審議会商法部会においては、この新株発行規整に関する意見の対立が、最も激烈な対立点の一つだったといってよい(32)。

昭和四一年改正は、第三者割当の場合に、既存株主の支配的利益の保護を後退させることとした一方で、新株発行の公示の制度（商二八〇条ノ三ノ二）を新設した。この制度により、株主の新株発行差止請求（商二八〇条ノ一〇）の制度が有効に機能するようにしたわけである。結果的に、この制度の新設は、既存株主の支配的利益の保護の後退に伴う弊害をその制度が機能する範囲内で緩和することとなった。

4　平成二年改正法の規整

昭和四一年改正の新株発行規整は、資金調達の機動性の重視を最も推し進めた規整であり、公開会社については、現会社法もその枠組みを踏襲している。しかし、昭和四一年改正の規整は、公開会社と非公開会社を区分せず、同じ規整のもとに置いたため、非公開会社においてはひずみが生じた。

非公開会社においては、一般的に株主の個性が重視される。そして、持株比率は各株主にとって重大な関心事である。そのような非公開会社において、株主割当以外の方法で新株発行が行われると、持株比率が低下した既存株主は、新株発行前の持株比率を維持することが困難な場合が多い。市場性が乏しいからである。

また、非公開会社においては、経営権をめぐって取締役である株主同士が対立した場合、一方の側が取締役会の決議を経ないで新株を発行し、支配権を強化または奪取するという著しく不公正な方法による新株発行が行われやすい。昭和四一年改正により、新株発行の公示の制度が新設されたが、公告による公示も可能であるため（商二八〇条ノ三ノ二）、非公開会社では、対立している株主には気づかれずに新株発行を行うことも困難ではなかった。

しかも、最高裁は、代表取締役が新株発行を行えば、取締役会の決議を経なくても、またそれが著しく不公正な方法によるものであっても、当該新株発行は有効であると判断してきた[33]。

さらに、非公開会社においては、公開会社と比較すると、新株発行による資金調達の機動性の要請は、それほど強いものではない。

以上の理由により、平成二年改正法は、公開会社と非公開会社（譲渡制限会社）を区分して、異なる新株発行規整のもとに置くこととした。

平成二年改正法は、公開会社の規整については、昭和四一年改正の規整の枠組みを踏襲した。そして、非公開会社（譲渡制限会社）について規整を変更し、株主は原則として新株引受権を有するものとした（商二八〇条ノ五ノ二第一項本文）。そして、この規整のもとにおいても株主割当以外の方法による新株発行の要請に対応できるようにするために、株主以外の者に対して発行することを得べき株式の額面・無額面の別、種類および数について株主総会の特別決議があれば、株主以外の者に対して新株を発行することもできるものとした（平成一三年改正前商二八〇条ノ五ノ二第一項但書）。

この平成二年改正法のもとにおいても、株主割当以外の方法で特に有利な発行価額によって新株を発行するには、株主総会の特別決議を要するという点（商二八〇条ノ二第二項）は、公開会社と非公開会社に共通の規整であった。

結局、平成二年改正の規整の特徴は、非公開会社（譲渡制限会社）について、既存株主の利益（支配的利益・経済的利益）の保護を資金調達の機動性よりも重視したところにある。また、非公開会社（譲渡制限会社）のみであるが、わが国の新株発行規整において、初めて新株引受権を法定したことも、特筆すべき点であろう。

なお、平成一三年改正について前述した内容は、平成二年改正法の非公開会社に関する規整において欠落していた部分を埋めるものである。その意味で、前述した平成一三年改正の内容は、平成二年改正の手直し的性格を有する内容であるということができよう。

5　会社法の規整

会社法は、通常の新株発行と自己株式の処分を「募集株式の発行等」という概念にまとめて、両者を一元的な規整のもとに置いている。その点は別として、公開会社の新株発行規整の枠組みについては、基本的に会社法制定前の商法旧規定の規整を踏襲している。細かな相違としては、会社法二〇一条五項のように証券規制と連動した規定が設けられている点等があげられる。

しかし、非公開会社の規整については、会社法制定前の商法旧規定とは形式的な違いがある。

商法旧規定が、非公開会社について、株主の新株引受権を法定していたのに対して、会社法は、それを法定していない。もっとも、商法旧規定のもとにおいても、株主総会の特別決議により、株主の新株引受権を排除することが可能であった（商二八〇条ノ五ノ二第一項但書）。会社法では、非公開会社の新株発行には、原則として株主総会の特別決議が必要とされる（会社一九九条二項・三〇九条二項五号。株主割当の方法による場合の例外について、会社二〇二条三項一号二号参照）ので、商法旧規定の規整と比べて、既存株主の保護が弱くなっているわけではない。[34]

それどころか、会社法では、つぎの二点において、非公開会社の既存株主の保護が強化されていると評価されている。[35]

①商法旧規定のもとにおいては、株主の法定の新株引受権を排除するに際して、総会で決議すべき事項の中に新株の発行価額が含まれていない（商二八〇条ノ五ノ二第一項但書）。しかし、前述のように有利発行に関する規整は、別途存在しており（公開会社と非公開会社に共通の規整）、株主割当以外の方法で特に有利な発行価額によって新株を発行するには、その点について株主総会の特別決議が必要とされていた（商二八〇条ノ二第二項）。

有利発行にあたるか否かは、市場のある株式であれば、原則として市場価格を基準として判断することができる。しかし、株式の市場のない非公開会社では、有利発行の判断が困難である。そこで、会社法では、有利発行であるか否かを問わず、株主割当以外の方法による新株発行を総会の特別決議事項とする（会社一九九条二項・三〇九条二項五号）。その総会で決議すべき事項の中には、募集株式の払込金額またはその算定方法が含まれる（会社一九九条一項二号）。そして、株主割当以外の方法による新株発行を総会の特別決議で取締役（取締役会設置会社では取締役会）に授権する場合でも、その総会で募集株式の払込金額の下限を定めなければならない（会社二〇〇条一項・三〇九条二項五号）とする。このように、株主割当以外の方法による新株発行の手続と有利発行の手続を一本化している(36)。

②商法旧規定のもとにおいて、非公開会社（譲渡制限会社）が株主割当の方法で新株を発行する場合、その発行事項は取締役会の決議で決定されるため、引受けに応じることのできない株主が不利益を受ける可能性があった。それに対し、会社法は、株主割当の方法による新株発行の場合でも、株主総会の特別決議が必要であることを原則とする（会社二〇二条一項・二〇二条三項四号・三〇九条二項五号）一方で、取締役（取締役会設置会社では取締役会）への決定権限の付与について、定款の定めを要求している（会社二〇二条三項一号二号）(37)。

このように会社法の非公開会社に関する新株発行規整は、平成二年改正同様（またはそれ以上に）、既存株主の利益（支配的利益・経済的利益）の保護を資金調達の機動性よりも重視した規整であると言える。

(26) 神田・前掲注(23)一二二頁参照。
(27) ただし、昭和二三年商法改正以前の株式分割払込制度には、資金調達の機動性に資する面があった。池野千白「戦後会社法への第一歩――昭和二三年の改正――」『日本会社立法の歴史的展開』（北澤正啓先生古稀記念）（商事法務研究会、一九九九年）二一三頁、中東正文「ＧＨＱ相手の健闘の成果――昭和二五年・二六年の改正――」『日本会社立法の歴史的展開』（北澤古稀）（商事法務研究会、一九九九年）二二八頁等参照。
(28) 昭和二五年改正から昭和四一年改正に至るまでの経過について、拙稿「昭和四一年商法改正（一）――戦後高度経済成長期・開放経済体制への移行期における会社法改正――」富大経済論集四二巻二号（一九九六年）一三六―一四六頁参照。

(29) 神田・前掲注(23)一二二頁参照。
(30) 横浜地判昭和三七年一二月一七日下民一三巻一二号二四七三頁。
(31) 東京高判昭和三九年五月六日高民一七巻三号二〇一頁、大阪高判昭和三九年六月一一日高民一七巻四号二四八頁。なお、最高裁は、買取引受の法的性質について、判断していない。最判昭和四〇年一〇月八日判時四二五号四一頁および最判昭和四〇年一〇月八日民集一九巻七号一七四五頁参照。
(32) 矢沢＝鴻・前掲注(15)三九—四〇頁、拙稿・前掲注(12)九七—九八頁。
(33) 最判昭和三六年三月三一日民集一五巻三号六四五頁、最判平成六年七月一四日判時一五一二号一七八頁等。なお、最高裁は、新株発行に関する事項の公示を欠くことは、新株発行差止請求をしたとしても差止めの事由がないためにこれが許容されないと認められる場合でない限り、新株発行の無効原因となると判断している。最判平成九年一月二八日民集五一巻一号七一頁、最判平成一〇年七月一七日判時一六五三号一四三頁。
(34) 浜田道代編『キーワードで読む会社法〔第二版〕』(有斐閣、二〇〇六年)一四九—一五〇頁〔久保田安彦〕(以下、久保田・前掲注(34)で引用)。また、神田・前掲注(23)一二七頁参照。
(35) 久保田・前掲注(34)一五〇頁。
(36) 久保田・前掲注(34)一五〇頁、証券取引法研究会編『新会社法の検討——ファイナンス関係の改正——』別冊商事法務二九八号、八二頁〔前田雅弘〕(商事法務研究会、二〇〇六年)(以下、前田・前掲注(36)で引用)。
(37) 久保田・前掲注(34)一五〇頁、前田・前掲注(36)八一—八二頁。

六　新株発行規整の方向性について——特に公開会社の規整について——

五では、資金調達の機動性と既存株主の利益の保護をいかに調整するかという論点を踏まえて、わが国の過去の新株発行規整の変遷を分析してきた。

そのうち、平成二年商法改正以降採用されている非公開会社に関する新株発行規整の枠組みは、その手続の細かい技術的な部分の当否はともかく、基本的には非公開会社におけるわが国の状況を踏まえた妥当なものであると言えよう。すでに述べてきたように、株主の個性が重視されかつ株式の市場性が乏しい非公開会社においては、既存株主の利益（支配的利益・経済的利益）の保護を資金調達の機動性（こちらは公開会社に比べて、その要請は強くない）よりも重視する必要性が強いと言える。

それでは、公開会社に関する新株発行規整の枠組みは適切であろうか。

前述したように、会社法の公開会社に関する新株発行規整の枠組みは、基本的に昭和四一年改正の規整の枠組みを踏襲している。

昭和四一年改正は、株式会社の新株発行規整について、資金調達の機動性をより重視して、既存株主の支配的利益の保護を後退させた重要な改正である。その前の昭和三〇年改正は、公募の方法による新株発行については、資金調達の機動性を優先していたが、昭和四一年改正はそれを第三者割当の方法による新株発行について拡大した。

前述のように、昭和四一年改正のきっかけとなったのは、買取引受は証券会社に新株引受権を与えるものであるから株主総会の特別決議が必要であると判断した一連の下級審判決[38]であった。それまで、昭和三〇年改正法の下において、買取引受を行う場合に、株主総会の特別決議が必要であるか否か（すなわち、昭和四一年改正前商法二八〇条ノ二第二項の規定が、買取引受に適用されるか否か）に関して、学説の多くは、否定説をとっていた。この否定説には、買取引受が第三者に新株引受権を付与するものではないことを理由とするもの[39]（以下、否定説①とする）と、買取引受は第三者に新株引受権を付与するものであるが、（昭和四一年改正前）商法二八〇条ノ二第二項は、第三者に対する新株の有利発行により害されるおそれのある株主の利益を保護するために株主総会の特別決議を要求するという趣旨の規定であると考えられるので、買取引受についても、新株が公正な価額で発行される以上、この規定の適用はないとするもの[40]（以下否定説②とする）とがあった。

もし、昭和四一年改正のきっかけとなった一連の下級審判決が、この学説の多数説（特に否定説①）と同じ判断をしていれば、おそらく昭和四一年の商法改正で新株発行規整の改正は行われていなかったであろう。さらに、昭和三〇年改正の趣旨に鑑みると、昭和四一年改正には、一つの疑問がある。

それは、昭和四一年改正が、否定説②の考え方を基本にして、行われたことである。

前述したように、新株発行の機動性を重視して新株発行規整を設計した昭和三〇年改正が、株主以外の者に新株引受権を与えることまで取締役会の権限としなかったのは、それを取締役会の権限とすることの危険性が認識されていたからである[41]。すなわち、取締役会がその権限を濫用し、新株発行本来の目的たる資金調達の目的から逸脱し、たとえば、自己の勢力下にある者に新株引受権を与えて会社の支配権を掌握しようとするようなことが行われるおそれがあると認識されていたからである[42]。したがって、昭和三〇年改正商法（昭和四一年改正前商法）二八〇条ノ二第二項は、否定説②が考えるような株主の経済的利益を保護するだけの趣旨の規定ではなく、株主の支配的利益の保護もはかる趣旨の規定であった。特に昭和三〇年改正当時、第三者割当の方法による新株発行の権限まで取締役会に付与すると、経営陣が資金調達目的よりも会社の支配権を掌握する目的で新株発行を行うおそれがあること（いわゆる「著しく不公正な方法による新株発行」が行われるおそれがあること）が強く認識されていた点は、注目すべきである。

買取引受に株主総会の特別決議が必要であると裁判所が判断した横浜地裁昭和三七年一二月一七日判決[43]は、経済界に衝撃を与えた。そこで、この判決直後の昭和三八年一月、経済団体連合会は、商法改正意見として、つぎのような趣旨の要望を行った。

買取引受は実質的には、公正な価額をもって新株式の引受人を募る間接公募の一形態に過ぎず、証券会社が優先的に新株を引き受ける権利を有するものではない。したがって、この際条文上の疑義を解消するため商法二八〇条ノ二第二項にいう株主総会の特別決議は、買取引受の場合には不要である旨を商法上、明文をもって規定されたい(44)。

この要望は、従来の経済界の考え方を示した、素直な要望である。経済界としては、従来どおり買取引受による公募を取締役会の決議だけで行うことができれば問題がないので、条文上の疑義の解消を望んだわけである。この要望には、第三者割当の場合にまで、取締役会の決議だけでできるようにしてほしいという趣旨は、表れていない。

ところが、同じ昭和三八年一月に、東京商工会議所から、つぎのような趣旨の要望が提出されている。

時価を基準とする公正な価額をもって新株を発行する場合には、株主総会の特別決議を必要とする理由はなく、もしその割当が不公正ならば、商法二八〇条ノ一〇の規定による救済をもって足りるので、商法二八〇条ノ二第二項は、株主以外の者に有利な価額をもって新株を発行する場合の規定に改め、不当な解釈がなされる余地を一掃することが必要である(45)。

この要望の趣旨は、まさに昭和四一年改正で実現した新株発行規整を期待したものである。考え方としては、上記否定説②の考え方に拠っている。ただし、当時の東京商工会議所の商事法規委員会委員長は、否定説②の考え方に基づき昭和四一年改正を推し進めた鈴木竹雄博士であったので、この要望には、鈴木博士の考え方が反映されていたものと思われる。

そして、その後、立法論としては、否定説②の考え方に基づき、商法二八〇条ノ二第二項を「株主以外の者に対し有利な価額で新株を発行する場合」に株主総会の特別決議を要する旨の規定に改めるという考え方が有力となり、結局、その方向で昭和四一年改正として結実した。[46]

以上の経緯を見てくると、一連の下級審判決により昭和三〇年改正の新株発行規整の規定の解釈に疑義が生じ、その疑義を解消するための議論の過程で、その疑義を解消するに留まらず、昭和三〇年改正の趣旨を変更するところまで、一足飛びに立法論が進められてしまったことがわかる。すなわち、昭和三〇年改正が、「著しく不公正な方法による新株発行」がなされるおそれを認識して、それを防止するために設けていた規制を昭和四一年改正は廃止した。すなわち、昭和四一年改正は、第三者割当増資についても、公正な価額で発行する限り、取締役会の決議のみで行うことができるようにして、昭和三〇年改正の規整よりも、「著しく不公正な方法による新株発行」がなされる余地を拡大させたのである。

昭和三〇年改正から昭和四一年改正に至るまでの経緯について、浜田道代教授は、つぎのように述べている。「昭和三〇年改正時点での立法者の政策判断は、資本市場・発行市場の発展を支えた一方、株式発行の公正さの確保にも役立った。昭和三〇年改正法が施行された期間(一九五六年から一九六五年)における上場会社の第三者割当増資の構成比は、その前後に比較して低い。昭和三〇年改正は、ややもすれば不公正になりがちな第三者割当増資の抑制に貢献したのである。……。

昭和三〇年改正は、学界のみならず、会社実務や行政官庁や裁判所を巻き込んで、激しくかつ切実な議論を経て練り上げられたものであっただけに、成果は顕著であり、理念も現実も押さえた良い立法であったと評価することができる。そのような新株発行規制が昭和四一年(一九六六年)改正により、些細なきっかけによって崩されてしまったことは、いかんとも嘆かわしいことのように思われる。[47]」

このように、著しく不公正な方法による新株発行の抑制に寄与しうる昭和三〇年改正の規整が、一連の下級審判決の判断をきっかけに、「崩されてしまった」と評価することが可能である。

もちろん、前述のように、当時の学界全体が、昭和四一年改正で実現した新株発行規整に賛成であったわけではない。第三者に新株引受権を付与する場合には株主総会の特別決議を要するとしている昭和三〇年改正の原則については残したまま、買取引受のうち弊害の伴うことのないものだけについて総会の特別決議を要しないとすべきである、という考え方も有力に主張されていた。[48]

この考え方をとった田中誠二博士は、根本的立法論としては、株主は法律上当然に新株引受権を有することとし、そして、会社の利益のために第三者に新株引受権を与えることを要するときには、株主総会の特別決議を経ることを要するとすべきであるが、このような根本的改正は、現実点では著しく困難であり、その実現には長い時間を要するので、応急的立法論として、このような考え方が妥当であると主張した。[49]田中博士は、現在のわが国の企業にとって、貿易の自由化に伴う国際競争の激化に備えるためおよび外国からの融資を受けるために、自己資本の充実が急務であると考えられており、そのため買取引受の方法が新株発行の方法の重要なものと考えられており、そのため買取引受の方法が新株発行の方法の重要なものと考えられてきている実情を考慮せざるをえないので、当面このような応急的立法を考慮する必要があると述べた。[50]

法制審議会商法部会において、学界におけるこの両者の立法論の対立がみられ、激しい議論が行われたようであるのは、前述のとおりである。[51]ここまでみてきた経緯に鑑みれば、学界において立法論が対立し、激しい議論が行われたのは、当然の帰結であった。

結果的に、昭和四一年改正は、資金調達の機動性をさらに進めた改正となったので、経済界にとっては、あえて田中博士のような規整を主張する必要はなかったものと思われる。経済界にとっては、一連の下級審判決をきっかけに解釈上の疑義となった点が解消されただけでなく、昭和三〇年改正法の規整よりも第三者割当増資の場合に、さらに機動的な資金調達が可能となったことは好都合であったであろう。

しかし、この改正により生じた弊害は、前述のように第三者割当増資により、「著しく不公正な方法による新株発行」が行われやすくなったことである。特に非公開会社においては、その弊害が顕著であると認識されたので、それが平成二年の改正につながった。非公開会社においては、公開会社と比較して資金調達の機動性の要請がそれほど強くないということもその改正の根拠となった。

しかし、公開会社においては資金調達の機動性が重要であるとして、昭和四一年改正以降、維持されている新株発行規整は、果たして妥当であろうか。

昭和四一年改正法施行後、現在に至るまで、公開会社においては、証券市場等で大量の株式を買い集めた者が出現した際に、会社の取締役会が第三者割当増資を行い、大量の株式を買い集めた者の持株比率を下げるという行為が少なからず行われてきた。そして、そのような行為の一部は、「著しく不公正な方法による新株発行」とされ、差止めの仮処分の対象とされてきた[52]。そのような行為は、昭和三〇年改正法の規整のもとでは、行うことが不可能な行為であった（株式を大量取得している株主が反対すれば、株主総会の特別決議は成立しない）。

最高裁判所は、明白な不公正発行であっても、新株発行の効力が生じた後は、取引の安全を重視して、その新株発行は無効とはならないという立場をとっている[53]。学説は一般にこの立場に批判的であるが[54]、最高裁がこの立場を堅持する以上、株式を大量に取得した株主が、不公正発行に対して自己の支配的利益を守る手段としては、事実上、短期間（募集事項の公示から二週間。会社二〇一条三項）に行使しなければならない差止めの仮処分申請しかない。[55]

このような状況のもと、学界においても、公開会社について、昭和四一年改正の規整に対する問題意識は強く、不公正発行を抑制する立法論が議論されてきた。[56]

資金調達の機動性をはかりながら、不公正発行を抑制する立法としては、昭和三〇年改正の規整以外に、公募・第三者割当を問わず、大量の新株発行を行う場合に、株主総会の特別決議を必要とするという立法が考えられる。[57] より具体的には、発行済株式総数の一定割合以上の新株発行を行う場合に、株主総会の特別決議を必要とする立法ということになる。

この考え方が具体的な提案となったのが、平成一三年四月に公表された「商法等の一部を改正する法律案要綱中間試案」（法制審議会会社法部会[58]）である。

この試案は、その第一（授権株式数に係る制限の緩和及び新株発行規制の見直し）の二（新株発行規制の見直し）の2で、「株主以外の者に対して、発行済株式の総数の一定の比率（例えば、五分の一）を超える新株を発行するときは、発行することができる株式の額面無額面の別、種類及び数について、第三百四十三条に定める決議がなければならないものとする。」としていた。[59]

この内容については、つぎのような解説がある。

「試案二の2は、すべての株式会社について、発行済株式総数の一定比率を超える新株を発行するときは、株主総会の特別決議による授権がなければならないとするものである。一定比率については、具体的な数値を定めることとなるが、五分の一を一つの例として掲げ、実務における新株の発行状況、諸外国の制度等を踏まえて引き続き検討することとしている。

現行法においては、授権株式数の範囲内であれば取締役会の決議によって自由に新株を発行することができるとされていることから、既存株主の持株比率の大幅な低下をもたらす大量の新株発行も取締役会限りで行い得ることとなるが、これは、株主の保護の観点から問題があるとの指摘がされているところであった。試案は、その指摘に対応するものである。(60)」

この試案については、大学、経済団体、弁護士会、裁判所等約三〇〇の団体に意見照会がなされた。その結果、上記試案第一の二の2の内容については、この解説に示されている趣旨をふまえて賛成する意見もあったが、多数の団体は反対意見を述べた(61)。

反対意見の理由で最も多かったのが、資金調達の機動性を害するというものであった。経済団体にその理由を述べるものが多かった。その中の代表的な意見として、経済団体連合会の意見がある。経団連は、つぎのように述べて、上記試案第一の二の2に強く反対した。

「一定比率を超える新株を発行するときに株主総会の特別決議を要求することは、企業の資金調達、再建支援、事業再編の機動性を著しく損ない、経営の選択肢を狭めるものである。また、少数派株主に資金調達の拒否権という後ろ向きの手段を与えることとなり、企業経営に多大の悪影響を与える。(62)」

昭和四一年改正後の資金調達の機動性を最高に配慮した新株発行規整のもとで経営を行ってきた大企業の経営者達の反対は、当然と言えば当然であった。しかも、試案のような内容の改正が行われると、株式を大量に買い集められた際に、取締役会だけで行うことができる第三者割当による新株発行数が制限される。

このように、経済団体を中心とする強い反対もあり、上記試案第一の二の2の内容は、立法化に至らなかった。会社法においても、この内容は、織り込まれていない。

第三者割当による新株発行に比べて、公募による新株発行の場合には、不公正発行が行われる可能性は小さい。特定の株主に割当てるわけではないから、経営陣と敵対する株主の持株割合が一時的に下がるにしても、当該株主は市場に流れた新株をさらに買い集めることができるので、買収防衛策としては効果が薄いからである。しかも、公募は純粋に資金調達目的の場合がほとんどであるので、資金調達の機動性を重視すべき増資形態でもある。その観点でいえば、上記試案第一の二の2の規整は、純粋な資金調達目的の公募による資金調達の機動性を一部損なう難点がある。不公正発行に利用されるおそれが少ない増資形態については、資金調達の機動性の方をより重視すべきであろう。

したがって、不公正発行が行われることを防止し、かつ資金調達の機動性をはかる立法としては、やはり昭和三〇年改正法のタイプの規整がより妥当ではないかと考える。

前述のように、上記試案第一の二の2の規整に反対する経団連の考え方として、「資金調達の機動性」以外に、「再建支援の機動性」、「事業再編の機動性」という理由が挙げられている。しかし、まず「事業再編」行為はそもそも原則として株主総会で決定すべき行為である。それと異なり、確かに、「再建支援」は緊急を要する場合がある。しかし、その再建プランが合理的なものであれば、当該会社の株式は市場でより高い評価を受けることになり（再建プラン発表で、株価が高騰することは多い）、株主総会決議を行うために一定程度時間がかかることになっても、そのことだけで、再建が不可能になる事態は考えにくい。また、前述したように、昭和三〇年改正法は、「再建支援」のための第三者割当増資をも想定して設計された規整である。

(38) 横浜地判昭和三七年一二月一七日下民一三巻一二号二四七三頁、東京高判昭和三九年五月六日高民一七巻三号二〇一頁、大阪高判昭和三九年六月一一日高民一七巻四号二四八頁等。
(39) 大隅・前掲注(13)三—四頁、石井照久『新版商法I(二)』(勁草書房、一九六六年)五三八頁以下、吉田昂「買取引受契約と新株引受権」商事二一八号(昭和三六年)二—三頁、同「買取引受と商法改正法案」法時三八巻(一九六六年)七号七三頁、星川長七「第三者に対する新株引受権の付与」ひろば一六巻(一九六三年)六号二〇頁等。
(40) 鈴木・前掲注(13)三—四頁。類似の見解として、服部栄三「買取引受と新株発行の効力」判評五六号(判時三二八号)三—四頁(一九六三年)。また、松井秀征「新株有利発行規制に関する一考察」『商事法への提言』(落合誠一先生還暦記念論文集)(商事法務研究会、二〇〇四年)三八三—三八五頁参照。
(41) 吉田・前掲注(1)九頁。
(42) 吉田・前掲注(1)九—一〇頁。
(43) 下民一三巻一二号二四七三頁。
(44) 商事二六九号二一—二二頁(一九六三年)。なお、同じ月に、日本証券業協会連合会が同趣旨の要望を行っている。商事二六八号一六頁(昭和三八年)。
(45) 商事二六八号一六—一七頁(一九六三年)。
(46) 鈴木・前掲注(13)五頁。なお、大隅健一郎博士は、否定説①の考え方をとっていたが、立法論としては、この考え方を支持した。大隅・前掲注(13)四頁。
(47) 浜田・前掲注(3)二九九頁。
(48) 田中・前掲注(14)八七頁以下、日本私法学会シンポジウム・前掲注(14)一六七頁〔西原寛一発言〕等。
(49) 田中・前掲注(14)七二、八六、九三頁。
(50) 田中・前掲注(14)八六—八七頁。なお、日本私法学会シンポジウム・前掲注(14)一七一頁〔田中誠二発言〕参照。
(51) 矢沢・鴻・前掲注(15)三九—四〇頁。
(52) 東京地決平成元年七月二五日判時一三一七号二八頁等。なお、新株発行ではなく新株予約権の発行が行われた事例であるが、最近の有名な事件として、東京高決平成一七年三月二三日判時一八九九号五六頁。
(53) 最判平成六年七月一四日判時一五一二号一七八頁、最判平成六年七月一八日裁判集民一七二号九六七頁。
(54) 洲崎博史「不公正な新株発行とその規制(二・完)」民商九四巻(一九八六年)六号七四〇頁、吉本健一「新株発行による既存株主の法益侵害とその救済」阪法一四九・一五〇号(一九八八年)一九三—一九四頁、森本・前掲注(16)一四六頁、北沢正

啓『会社法〔第六版〕』（青林書院、二〇〇一年）五四四―五四六頁、前田雅弘「判批」平成六年度重判解（平成七年）一〇一頁等。
(55) 不公正発行の場合、損害額の立証が困難なので、実行した取締役等に対する損害賠償請求も困難である。洲崎・前掲注（54）七三九―七四〇頁、前田・前掲注（54）一〇一頁等。
(56) 洲崎・前掲注（54）七三二頁等。
(57) 洲崎・前掲注（54）七三二頁。
(58) 商事一五九三号二八頁（二〇〇一年）。
(59) 同前。
(60) 法務省民事局参事官室「商法等の一部を改正する法律案要綱中間試案の解説」商事一五九三号（平成一三年）六頁。
(61) 原田晃治ほか『会社法制の大幅な見直しに関する各界意見の分析――会社法の抜本改正に係る「中間試案」に対する意見』別冊商事法務二四四号（商事法務研究会、二〇〇一年）二九頁以下。
(62) 原田ほか・前掲注（61）三四九頁。

七　おわりに

以上、ここまで述べてきた理由により、公開会社の新株発行規整については、昭和三〇年改正法のタイプの規整に変更すべきであると考える。

公募の際に行われる買取引受については、昭和四一年改正前に、学者の多くは「第三者に新株引受権を与えることにならない」という否定説の立場をとっていた。しかし、その点が再度問題とされる可能性があるので、昭和四一年改正にいたる議論で、田中誠二博士が主張した「公正な価額による買取引受については、株主総会の特別決議を不要とする」趣旨の規定を設けることが妥当であろう。具体的にどのような規定にするかについては、昭和四一年改正にいたる議論の過程で相当煮詰めた検討が行われているので、それを参考にすることができるであろう。

なお、公開会社の新株発行手続をそのような規整に変更するに際しては、新株予約権の発行手続についても、平仄を合わせる必要があろう。

〔付記〕

本稿脱稿後、吉本健一『新株発行のメカニズムと法規制』（中央経済社、二〇〇七年）に接した。

種類株式・新株予約権に関する会社法制の史的展開

家田　崇

淺木愼一・小林　量
中東正文・今井克典　編
浜田道代先生還暦記念
『検証会社法』
２００７年11月　信山社

一　はじめに
二　種類株式制度の変遷
三　新株予約権制度の変遷
四　検証・種類株式および新株予約権制度の変遷
五　おわりに

一　はじめに

会社法は、株式会社が特定の事項について内容の異なる株式（種類株式）を発行すること、および新株予約権を発行することを認めている。種類株式および新株予約権を活用することによって、株式会社は多様な資金調達手段を利用できるとともに、多様な会社支配構造を構築できる。

本稿は、種類株式制度および新株予約権制度に関連するわが国の会社法制の歴史的展開を検証する。[1] まず、種類株式制度および新株予約権制度のそれぞれについて、立法の経緯をたどり制度の変遷を確認する。[2] その後、会社法における種類株式および新株予約権の制度を検証する。その際の視点は、会社によるオプションの発行を会社法制はどのように取扱ってきたのかという点、および、会社の支配構造はどのように多様化してきたのかという点に置く。

本稿での考察対象は、会社法における公開会社（会社法二条五号）に限定している。公開会社でない会社については、株主の権利（会社法一〇五条一項各号）につき定款の規定に基づいて株主ごとに異なる定めを行うことが認められている（会社法一〇九条二項）からである。会社法制定以前についても、株式の譲渡に取締役会の承認を要する会社（会社法制定前の商法二〇四条の二第一項）は検討の対象外とした。

（1）　本稿の執筆に際し、淺木慎一編『会社法旧法令集』（信山社、二〇〇六年）を活用した。同書には、明治三二年から平成一六年までの会社法について全条文の変遷が、条文ごとにまとめられている。

（2）本稿において、新株予約権制度にする規定の歴史的な変遷についての記述は、家田崇「新株予約権制度にみる会社法制の記号化」ビジネス法務二〇〇七年三月号（二〇〇七年）七四頁、新株予約権をめぐる法制度と会計制度の関連についての記述は、家田崇「新株予約権付社債に関する会社法制と会計基準」甲南会計研究第一号（二〇〇七年）七九頁に基づく。

二　種類株式制度の変遷

1　優先株式の規定が設けられるまで（明治二三年の旧商法および明治三二年改正）

明治二三年の旧商法は、利息又は利益の分配、および残余財産の分配について、株主を平等に取扱うと規定するにとどまり、優先株式に関する規定は設けなかった（明治二三年二二一条、二四九条一項）[3]。旧商法のもとで、優先株式を発行することについては、これを認める見解と違法とする見解に分かれていた。起草者のロエスエルは、規定はなくとも優先株式の発行は適法であるとの見解を示していた。また、原始定款は株主平等原則を破ることを理由として、原始定款の規定をもって優先株式の発行を認める見解も提唱されていた。これに対して、優先株式の発行は違法とする立場も提唱されていた。優先株式の発行が法的には可能なのかがはっきりしない状況の中で、明治二五年には鶴岡米穀取引所が、明治三〇年には函館船渠が優先株式を発行したことが記録されている[4]。

明治三二年の商法改正において、優先株式の明文規定が設けられた。明治三二年の商法改正に関する商法修正案参考書は、旧商法の下で優先株式を発行することは違法とする立場に基づき作成されている[5]。商法の規定では、増資の際に限定して、優先株式を発行することを認めるにとどまり（明治三二年改正直後の商法二一一条）、設立時に優先株式を発行することや、劣後株を発行することは認められなかった。

商法が、優先株式の発行を限定的に認める立場をとるなか、昭和四年の地方鉄道法改正では、鉄道会社が劣後株式を発行することを認めている。その目的は鉄道会社が路線を延長する際に、新規路線の沿線住民に劣後株を発行することによって、既存株主による資本増加の反対を防止しつつ必要な資金と調達することにあった(6)。劣後株式は、既存株主と新たな株主との間の利害を調整しつつ、会社が資金を調達する手段として用いられていたことになる。既存株主の利益を保護しつつ、新規の資金調達を図るに方策として、劣後株を発行することが有用であったことが、示されているとも考えられる。

2 多様な種類株式制度の創設（昭和一三年改正）

昭和一三年の商法改正は、種類株式制度の規制を大幅に緩和した。主な改正点は、以下の三つである。

第一に、利益や利息の配当、又は残余財産の分配について内容の異なる種類株式を発行できると規定した（昭和一三年改正直後の商法二二二条）。この改正によって株式会社は、設立時・増資時を問わずに、優先株式および劣後株式を発行できるようになった。

第二に、数種の株式の発行にあたり、その一種を議決権なき株式にできると規定した（昭和一三年改正直後の商法二四二条）。これによって、無議決権株式制度が導入された。無議決権株式を導入した立法趣旨としては、会社の経営に参加する必要の感じない中小株主の要望にこたえることが挙げられている(7)。改正前は、無議決権株式の発行を認めていなかったことから、優先株式についても議決権付株式として発行しなければならなかった。株式の内容が異なっていたとしても、一律に一株に一議決権が付与されるならば、種類の異なる株主の間で利害が対立しうる。種類株主間の利害対立を調整するために、一部の株式を無議決権株式とする必要があったとも考えられる。なお、無議決権株式の株金総額は資本の四分の一を越えることができないとも規定されていた（昭和一三年改正直後の商法二四二条二項）。発行限度を制限しながら無議決権株式の発行を認める規制の枠ぐみが導入されたことになる。

これら二つの改正によって、自益権と共益権の根幹をなす権利については、株式の内容を限度として平等に取扱われることになった。このうち、自益権については、利益配当請求権および残余財産請求権の双方につき、優先株式および劣後株式を発行できると規定されたことによって、株式の種類を限度とした平等取扱原則が、ほぼ完全に確立したといえよう。一方、共益権については、完全無議決権株式を発行することのみが可能とされたことから、多様化は限定的であったといえる。

第三の改正点として、転換株式の制度を導入した。この時点では資本増加の場合に限って転換株式を認めている（昭和一三年改正直後の商法三五九条）[8]。転換株式を発行することによって、株式会社は優先株で一時的な資金を調達し、その後普通株式に転換することが可能となった。なお、この改正では、転換社債の制度も導入されていることから（昭和一三年改正直後の商法三六四条一項）、異った種類株式の間の転換、および社債と株式の間の転換を可能とする制度が同時に導入されたことになる。

第二次世界大戦前には、少なくとも一六〇以上の優先株式の発行例があったとされている[9]。そのほとんどは、業績不振な会社が、普通株式による資金調達に代わる手段として優先株式を発行した事例であった[10]。戦前の優先株式はあらかじめ定められた一定の優先配当額が支払われるほか、残余利益の分配にも参加できる参加型として設計されていた。これら優先株式のほとんどは、議決権付株式として発行されていた[11]。優先株式は、資金調達が困難な会社が窮余の資金調達方法として利用したことをかんがみると、普通株式を上回る有利な条件で付さなければ優先株式を発行できなかった、とも推測できよう。となると、普通株式が受ける配当額以上の優先配当が受け取れることはもとより、議決権を付与しなければならなかったと考えられよう。

3 償還株式制度の創設および無議決権株式に関する規制強化（昭和二五年改正）

(一) 無議決権株式に関する規制強化

昭和二五年の商法改正は、利益配当に関する優先株式についてのみ無議決権株式として発行できる規定した（昭和二五年改正商法二四二条一項本文）。昭和一三年の商法改正では、普通株式や劣後株式であっても、無議決権株式として発行できるとする立場をとっていた。この立場には、無議決権株式は会社経営に参与しない代わりに投資の確実性を求める制度とすべきとの考え方から、疑念が提起されており、昭和二五年の商法改正では、優先配当受給権と議決権の制限を関連づける立場で法制度が構築されている。[12]

この改正によって財産的利益の根幹をなす利益配当請求権について、優先的取扱いを受ける代わりに議決権を失うという枠ぐみが導入された。無議決権株式が優先的配当を受けられないときは、議決権が復活すると規定することによって（昭和二五年改正商法二四二条一項）、優先配当を受けることとの引き替えに議決権を失うとする立場が徹底されていた。

優先株式は必ず無議決権としなければならないと規定されているわけではなく、優先株式を議決権付株式として発行することも可能であった。そこで、優先株式に議決権を付して発行した場合には、普通株式との間で、議決権の価値が異なるのではないかという問題が提起されていた。この問題は、平成二年の商法改正の前後に、いわゆる「株価近時の要請」を要するべきかというかたちで問われることになる。[13]

なお、無議決権株式の発行総数を、発行済株式総数の四分の一以内までとする規制は、昭和二五年改正以降も、維持されている（昭和二五年改正商法二四二条二項）。

㈡　償還株式制度の創設

昭和二五年の商法改正では、授権資本制度を導入するなど、会社の資金調達に関する規制を大幅に緩和している。会社資金調達の便宜化の一環として、償還株式の制度が導入された[14]。償還株式の制度は、株式の消却に関する事項を株式の内容として定款に定められると規定することによって導入されている（昭和二五年改正直後の商法二二二条一項）。償還株式は、一時的な資金の調達手段として利用されることが意図されていた。従来の転換株式では、転換権を行使しても優先権が普通株式として残存するのに対して、償還株式を用いた場合には、株式が残存しない。そこで、会社の状況が望ましくない状況で、優先株式を償還株式として発行し、会社の状況が好転したときはその株式を償還して将来の優先配当負担を免れる方法も可能となった[15]。

償還株式についてもその内容を、定款に規定されなければならない（昭和二五年改正直後の商法二二二条二項）。償還方法定款には償還方法、時期、および価額などの基本的事項を規定しなければならないと考えられていた。償還方法については、単に定款に定めなければならないとしか規定されていなかったことから、具体的な方法は、解釈に委ねられた。ここでは、償還の選択権を、会社が有する方法（随意償還）、株主が有する方法（義務償還）が考えられた。このうち随意償還はさらに、会社が株主の意思にかかわらず株式を償還する方法（強制償還型）と、会社が株主から契約によって買受ける方法（任意償還型）に分化していた。

償還の原資は、配当可能利益に限定されていた（昭和二五年改正直後の商法二二二条一項）。商法では、償還の減資を厳格に限定することによって、会社財産を維持する立場をとっていたといえよう。このような厳格な立場は、償還株式を発行することを妨げた[16]。期限付きの満額一括償還方式や、定額償還方式は、十分に利益留保がある会社でなければ発行できなかったからである。業績の悪い会社が優先株式を償還株式として発行し、一時的な資金調達を行うことは事実上、不可能であったとも考えられる。

㈢ 戦後における優先株式の発行

⑴ 優先株式の類型と利用状況

戦後においては、さまざま形態の優先株式が種類株式として発行されている(17)。

優先株式は、所定の優先配当金の支払いを受けた後に、残余利益の配当にも参加できるか（参加型）、参加できないか（非参加型）、によって分類されていた。

参加型の優先株式を発行している会社の定款では、まず、優先株に一定額を配当し、続いて普通株に一定額を配当し、剰余の利益があれば優先株と普通株に平等に配当すると定めている(18)。優先配当額について、実際に配当が見込まれる額よりも低めに設定することによって、普通株式と近似した優先株式を設計できる。このようなタイプの優先株式は、無議決権株式を発行するための手段として利用されてきた(19)。

昭和二五年の商法改正以降、比較的早い時期に、数例の無議決普通株式型の優先株式が発行されている(20)。会社法制が優先株式に限定して無議決権株式を認めているが故に、無議決権株式を発行したい会社は、形式的に優先株式を発行した状況が見られる(21)。無議決権株式に対する規制強化が、会社による資金調達手段を制約していたとも考えられるが、優先株式を柔軟に設計することによって制約を回避しようとする実務側の対応もみてとることができよう。

⑵ 社債型優先株式

昭和五〇年代には、資金調達を目的として、いわゆる社債型、とりわけ転換社債型の優先株式が発行された。

社債型の優先株式は、非参加型の優先株式として設計されることから、優先株主の受ける配当金を当初定められた配当優先配当額に限定される。優先配当金に不払いが生じたときには、その累積未払配当金は翌期以降に当期優先配当金に優先して支払うと規定しておき（累積型）、優先配当率を社債利子と同程度に定めると、優先株式における配当は社債における利子と近似する。このような累積型の優先株式を無議決権株式として発行し、さらに残余財産の分配については、優先株の発行価額に累積配当金を加えた額につき優先的に分配を受けるとし、残部については分配を受けないと規定することによって、社債に類似した株式が設計できる（社債型優先株式）。この社債型の優先株式に普通株式への転換権を付与した場合には、転換社債に類似した優先株式となる（転換社債型優先株式）[22]。

社債型優先株式と社債の共通点は、残余財産の分配額が確定されていることである。相違点は、残余財産の分配について、社債が優先株式よりも優先することである。会社支配への関与については、社債型優先株式を無議決権として発行することで、優先株式と社債は近似するが、優先配当が受けられない場合には、商法の規定に基づき議決権が復活する点で相違する。累積型の優先配当権であったとしても、優先配当が支払われなかった場合に翌期以降に支払いを延期でき、直ちに債務不履行の問題は生じない点は、社債の利息請求権と本質的に異なっている。

昭和五一年の九月に、わが国ではじめて、本格的な社債型優先株式の発行がなされている[23]。ここでは、転換型の無議決権付株式として優先株式が発行されている[24]。優先配当額は、定款に具体的な金額が明示され、非参加型で累積的であるとされた。残余財産優先分配額は発行価額と累積配当金の合計とされ、他の残余財産は受けない非参加型であることが定款に規定されていた。

㈣　償還株式の利用状況

償還株式の制度が創設されることによって、存続期間を限定して優先株式を発行することが可能となった。従来の無議決権普通型の優先株式は、無期限で発行されることが通例と考えられるが、会社の都合によって任意の時点で優先株式を消滅させる方策として、任意償還株式として発行させることが考えられていた。(25) 例えば、社債型の優先株式を発行するに際して、償還株式を利用することが考えられた。高率配当の優先株式がいつまでも存続することは財務政策上好ましくないからである。社債型優先株式を一般的に用いているアメリカでは、優先株式は株式発行後の市場の状況に応じて、より有利な優先株式や普通株式あるいは社債に乗り換えるために、優先株式は期限付償還株式として発行されるのが通例であったとされている。(26) ところが、わが国の法制では、償還原資は利益に限られていたことから、期限付の満期一括償還方式や定額償還方式を採用することは一般的に困難であった。そこで実務では、社債型優先株式については無期限でこれを発行し、会社は利益の状況に応じて優先株式を市場より随時買い入れこれを消却するという任意償還方式が考えられた。(27) 結局のところ、昭和二五年の商法改正において、償還株式が発行可能となったとはいえ、そこで準備された制度では償還方法に制約がなされていたことから、具体的な償還方法を工夫することによって活用が図られたといえるのかもしれない。会社法制においては、償還減資を利益配当に限定する一方で、具体的な償還方法ついて規制を設けず、もっぱら発行会社の定款の規定に任せたことから、具体的な償還方法は、実務において開発されたといえよう。

㈤　社債型優先株式の活用に対する要望

昭和五〇年代にはいると、転換社債型優先株式を会社の資金調達の手段として、活用できないかという要望が強まり、優先株式をめぐる法制の課題が指摘されてきた。まず、東京証券取引所の政策委員会では、昭和五〇年三月より証券発行の多様化について検討が進めており、昭和五一年二月一七日には答申「証券発行の多様化」を公表している。ここでは政策目標を、転換社債の健全な発展、優先株式の普及、新株引受権付社債の導入、の三点に絞り込み、このなかで社債型優先株式の利用の拡大があげられていた。[28]

これとほぼ時期を同じくして、「株主構成の変化と資本市場のあり方」に関する証券取引審議会特別委員会は、昭和五〇年から、個人株主の増大の促進および法人株主の増加の阻止を実現させるための政策検討を始めた。[29]このなかで、個人株主増大の積極的対策として、株式投資の魅力を増大させることがとりあげられた。その中心は利益配当政策ないし増資政策であったが、それと並んで、会社の資金調達手段の多様化を促進することが検討されている。[30]この審議の最終段階において、東京証券取引所の正式な意見を強化して取り入れるべきかが問題となった。意見に提示された政策目標のうち、優先株式については、現行法上においても対応可能ではあるが、その活用を図るには、法律的に不明確な点を明確にしなければならないことが確認されている。[31]

昭和五一年には、資金調達を目的として転換社債型株式が発行されている。この発行に触発をうけて、[32]学者・実務によって、社債型を中心に優先株式制度の法的問題点が包括的に検討されている。[33]昭和五一年の発行を含めて昭和五〇年代には、三例ほど転換社債型優先株式が発行されてはいるが、全般的には優先株式は活用されているとはいえない状況であったと評価されている。[34]

4 優先株式発行の活用に向けての規定改正（平成二年改正）

㈠ 平成二年改正の背景

平成二年の商法改正では大小会社の区別にかかる商法規定を抜本的に改正している。[35]この改正は、昭和四九年の商法改正に始まった会社法根本改正の一環と位置づけられている。[36]昭和五二年九月以降に、法制審議会商法部会は、次の会社法改正の最大の問題として、最低資本金制度および大小会社区分立法をあげ、これに合併に関する技術的な問題点の検討を加えている。これに基づいて、昭和五九年五月九日に、法務省民事局参事官室は「大小（公開・非公開）会社区分立法及び合併に関する法的問題点」[37]を公表している。これに対して提出された各界の意見を参照にしながら商法部会が、審議を進めていく過程において[38]、種類株式制度に関する法規制の整備も実務界からの要望として検討課題に挙げられている。法制審議会商法部会は昭和六一年五月一五日には、法務省民事局参事官室によって「商法・有限会社法改正試案」を公表している。試案には、優先株等の発行手続きの機動化（試案三九）が含まれている。ここでは、企業の資金調達に関する提案のひとつとして、「数種の株式の内容は大枠のみを定款（又は株主総会の特別決議）で定め、取締役会決議で随時（決議から一定期間内）発行することができものとする等の発行手続の機動化のための改善策……等については、なお検討する」旨を述べており、実務界が強く要望していた優先株発行の機動化に対して立法で応じる方向性を示している[39]。

㈡　優先配当金に関する定款記載事項

平成二年の商法改正では、定款に記載すべき優先株式の内容のうち、優先配当金については上限のみを記載すればよいと規定した（平成二年改正直後の商法二二二条第二項但書）。

改正前の規定では、優先配当金に関する事項は、優先株式の内容として定款に記載しなければならないと解されてきたことから、実務においても、優先株式一株当たりの優先配当金額を具体的に記載していた[40]。この場合には、定款で定めた後の金利や株価水準の変動によって記載された優先配当金が不適当なものになることを回避するために、会社は定款変更後できるだけ早いタイミングで優先株式を発行することを余儀なくされていた。また、優先株式に関する定款変更のために臨時株主総会を開くことは、あまり現実的でなかったことから、優先株式を発行する時期は、定時株主総会後の比較的早い時期に限られていた。このように優先株式の発行について機動性が確保されていなかったことから、市場の状況を見ながら適当なタイミングを捉えて有利な資金調達を行うというような弾力的な対応が取りにくいという問題が指摘されていた(41)。

また、定款に優先配当の金額を具体的に記載した場合には、優先株式につき新株引受権を付与するときや、優先株式の分割、併合を行うときに、定款変更によらない限り、優先配当金を変更できないと解される可能性があった。ここで、優先配当金を変更しないと、増資や分割により、優先株式数が増加することに伴い、優先配当が増加することによって普通株主に不利益を及ぼす可能性があった。株式併合の場合には、株式数の減少により優先株主が不利益を受ける可能性があった。これらの問題を回避するために、不利益を受ける株主による種類株主総会が必要ではないかと考えられていたが、実務上、種類株主総会を開催することは忌避される傾向にあり、わが国では普通株式に近い性格を持つ無議決権参加型優先株式を発行する際の問題点となると考えられていた(42)。

平成二年の商法改正(43)で、優先配当に関しては上限を定款で定めればよいとされたことによって、具体的な配当金は、発行時の市場の状況等に応じて、取締役会の発行決議で弾力的に決定できるようになった。これによって、優先株式の機動的な発行が確保されるとともに、優先株式発行後においても定款変更手続きによらず具体的な優先配当金の変更ができるようになった(44)。

㈢　転換株式に関する改正

平成二年の商法改正では、優先株式に普通株式への転換権を付与した転換優先株式の発行について、機動性を確保することをねらいとして(45)、転換株式に関する規定を改正している。

改正された商法の規定では、転換株式を発行するには、定款に転換によって発行すべき株式の内容を定めることを要し、転換の条件または転換を請求できる期間については、会社設立時には発起人全員の同意で定め、会社の成立後には定款に株主総会が決める旨の定めがあるときを除き、取締役会が決めるものとした（平成二年改正直後の商法二二二条の二第二項）。

従来の規定では、会社が転換株式を発行する場合には、定款で、転換権、転換によって発行すべき株式の内容、および転換を請求できる期間を定めなければならないと規定されていた（平成二年改正前の商法二二二条の二第一項前段）。転換株式についてもその内容の大枠だけを定め、細目についてはできる限り取締役会の自由裁量に委ねるようにしてほしいとする経済界の要望にこたえるかたちで法規定が改正されている[46]。

㈣ 無議決権株式に関する発行限度の拡大

平成二年の商法改正では、議決権のない株式の発行限度について、発行済み株式の総数の四分の一以内とする従来の基準から、三分の一以内へと緩和した（平成二年改正直後の商法二四二条三項）。その背景には、昭和六〇年頃より、経済界において、無議決権株式の発行限度の撤廃を求めるなどの規制緩和が提唱されていたことがある。これは、いわゆるベンチャーなど、新規事業に対する資金供給整備を臨む産業界からの要望、銀行を中心とした金融界からの要望を背景として、両者を統合した経済団体からの要望というかたちで提言されてきた[47]。

通産省の産業構造審議会・産業資金部会・産業金融評議会では、昭和六三年六月に「新しい産業金融の方向について――産業経済のニューフロンティアの開拓のために――」をまとめ、いわゆるベンチャー・キャピタル、あるいは新規事業分門に対するエクイティによる資金供給の整備を図るべきとの観点から、リスク・ファイナンスの多様化を主張している[48]。ここでは、新規事業への資金調達をエクイティファイナンスで行う場合に、株式がもっぱら議決権のある普通株式である現状においては、事業関係者以外の第三者の株式引受に対しては、新会社の経営権の確保に関して親会社や事業者の懸念が強いという問題があることを指摘している。そこで、無議決権株式型の優先株式を活用することによって、新会社の経営権に関する懸念を払拭し、新規事業への円滑な資金調達を可能とする必要があるとしている。その際の課題として、無議決権株式発行手続きの煩雑さの解消、優先配当が支払われない場合の議決権の即時復活に伴う問題点の解決、および無議決権株式の発行株式数制限の見直しが提言されている(49)。

昭和六三年一二月二〇日、金融制度調査委員会・金融第二委員会は、作業部会第二回報告として「我が国金融機関による優先株の発行について」をまとめている。具体的には、いわゆるＢＩＳ基準によって、国際的に自己資本比率規制の強化が図られていたなか、優先株式をいかに活用するかが検討されている。ここでは、わが国において優先株の発行がきわめて限定的となっているのは、他の資金調達手段に比し発行コストが高いことに加えて、法制度上優先株の発行に関する制約が多いことによるのではないかと指摘されている(50)。

これらの要望を背景として、経済団体連合会では、昭和六三年一一月のあたりから、議決権のない株式という観点から種類株式の規定の再整備を検討しており(51)、これに応えて、平成二年の商法改正では、無議決権株式の発行限度の枠を拡張するとともに、優先配当を受けない場合の議決権の復活時期について規定を整備している。

第一に、無議決権株式の発行限度枠については、発行済株式の四分の一から、発行済み株式総数の三分の一まで拡大した（平成二年改正直後の商法二四二条三項）。

第二に、議決権のない株式の株主が優先的配当を受けない場合の議決権の復活について、改正法では、優先的配当を受ける旨の議案が定時総会に提出されないときは、その総会から、その議案が定時総会で否決されたときはその総会の終結の時から、優先的配当を受ける旨の決議がある時まで、議決権を有するものとする（平成二年改正直後の商法二四二条一項）と規定した。なお、累積的優先株については、優先的配当を受けない旨の決議があった定時総会の次の定時総会に優先的配当を受ける旨の議案が提出されないときはその総会から、その議案がその定時総会で否決されたときはその定時総会の終結の時から議決権を有する旨を定款で定めることができると規定している（平成二年改正直後の商法二四二条二項）。

(五) 格別の定めができる場合の拡充

平成二年の商法改正では、種類株式を発行したときに、定款に定めがなくても格別の定めができる場合として、新たに株式の分割および転換社債または新株引受権付社債の発行を追加した（平成二年改正直後の商法二二二条三項）[52]。

複数の種類の株式を発行していた株式会社が、発行済株式総数の増加または減少を生ずる手続きをとる場合に、株式の数を基準として形式的な平等を貫こうとすると、実質的な公平に反する可能性があった[53]。平成二年改正前の商法では、新株の引受、株式の併合、もしくは消却、または合併による株式の割当においては、定款の定めがない場合でも、株式の種類ごとに格別の定めができると規定されていた。平成二年の商法改正では、さらに、株式の分割および転換社債または新株引受権付社債の引受を追加している[54]。

5 組織再編に関する商法改正に伴う規定の整備（平成一一年改正・一二年改正）

平成一一年の商法改正では、既存の株式会社を完全子会社化する手続きとして、株式交換および株式移転の制度（平成一一年改正直後の商法三五二条乃至三七二条）が新設された。また、平成一二年の商法改正においては、会社が事業に関して有する権利義務の全部または一部を他の会社に承継させる手続きとして、会社分割の制度（平成一二年改正直後の商法三七三条乃至三七四条の三一）が新設されている。これらの制度が創設されたことに伴い、種類株式に関する規定も整備されている。具体的には、商法二二二条三項に定める「格別の定めができる」場合について、平成一一年改正では、株式交換および株式移転が追加され（平成一一年改正直後の商法二二二条三項）、平成一二年改正では、会社の分割が追加されている（平成一二年改正直後の商法二二二条三項）。

6　株式の買受けに関する種類株式の創設（平成一三年六月改正）

平成一三年にも、種類株式に関する商法の改正が行われている。まず、平成一三年六月の商法改正（法律第七九号）、株式の買受けに関して種類の異なる株式ができると規定された（平成一三年六月改正直後の商法二二二条一項）。平成一三年六月の商法改正によって、金庫株の解禁など自己株式の取得・保有に関する規制が大幅に緩和されている。これに伴って、株式の買受けが株式の種類として付け加えられた。この改正によって、償還株式は、株式の買受けまたは利益による強制消却が予定されている株式と位置づけられた。

7　種類株式制度の大幅な規制緩和（平成一三年一一月改正）

㈠　議決権制限株式制度の創設

平成一三年一一月の商法改正（平成一三年法律第一二八号）では、種類株式に関する規定が大幅に変更されている。[55]まず、種類株式の内容として議決権を行使できる事項を加えた（平成一三年一一月改正直後の商法二二二条一項）。これによって、議決権制限株式の制度が導入された。改正前の商法の立場では、無議決権株式は、種類株式としてではなく、利益配当優先株式の特性としてのみ認められると考えられていた。[56]これは、昭和二五年の商法改正に際して導入された立場である。この立場に基づき、優先株式についてのみ無議決権株式が認められ（平成一三年一一月改正前の商法二四二条一項）、優先配当を受けない決議がなされた場合には、議決権が復活すること（同項但書）が規定されていた。このように、改正前の立場では、優先的な利益配当と議決権との関連を強調するものであったが、形式的にごくわずかの優先配当をすることによって、無議決権株式が発行できること、などからその妥当性には疑問が提示されていた[57]。

これに加えて、完全無議決権株式のみを認めるとする改正前の立場に対しても、一部の事項についてのみ議決権の行使を制限する株式に対して実務の需要があると指摘されていた[58]。

改正法では、立場を改め、種類株式の内容として議決権を行使できる事項を加えることで、種類株式としての議決権制限株式を認めている。これによって、利益配当に関する優先株式についてのみ無議決権株式を認めるという立場が改められるとともに、完全無議決権株式以外の議決権制限株式の発行が認められることになった。なお、議決権制限株式における議決権の復活については、規定が削除されたことから、議決権制限株式の内容の一部として定款で規定されることになった[59]。

㈡　利益配当に関する種類株式の定款記載事項の整理

平成一三年一一月の商法改正では、利益の配当に関して内容の異なる種類の株式を発行する場合について、配当すべき額は、具体的な配当額まで定款で定める必要はなく、上限額その他の算定の基準の要項を定めれば足りるとし、具体的な配当額については、当該株式を発行する際の株主総会または取締役会決議をもって定めればよいと規定している（平成一三年一一月改正直後の商法二二二条三項）。この改正は、利益配当に関する種類株式の発行においてよりいっそうの機動性を確保するとともに、規制緩和を推進したものと位置づけられる。

平成二年の商法改正では、利益配当優先株式の内容のうち、優先的に配当すべき額については、定款において上限を定めれば足り（平成一三年一一月改正前の商法二二二条二項但書）、具体的な配当額については当該優先株式を発行する際の新株発行の決議（平成一三年改正前の商法二八〇条の二第一項）において定めることができると規定されていた。この規定については、①優先的内容を有する株式を二種類以上発行する場合に、この規定がどのように適用されるのかが必ずしも明確でなく、また、②配当すべき額について上限を定めることを以て足りるとされていたことから、定款において上限額や確定額を定めずに「配当額算出のための算式」を定めたり、「配当可能利益に占める割合の上限率」を定めたりすることができるのかが明らかでないという問題点が指摘されていた。(60)

このような問題点が指摘されたことをかんがみると、平成二年改正の商法改正の効果は、優先株式の発行が、定款変更決議の直後に限定されていたという弊害を緩和したこと、および定款に記載されている配当の上限額の範囲内において、条件の等しい種類株式を複数回に分けて発行すること（シリーズ発行）を可能とした程度にとどまっていたと評価できよう。併せて、改正前の商法は、定款において配当の上限額をどのように定めるべきかを、具体的に規定していなかったことに対しては、一株ごとの上限額が確定額で定められていたとしても、極端に多額の上限が規定されていた場合などには、株主総会の利益処分権限を著しく拘束し、既存の株主の権利を著しく害するのではないかという疑義が指摘されていた。(61)

平成一三年一一月の改正によって、定款であらかじめ規定すべき事項として、「算定の基準の要綱」が追加されたことによって、(62)定款で定められた内容と数の枠のなかで数回に分けて、具体的な配当額の異なる種類株式を発行しうることが確認されたことになる。(63)

平成一三年一一月の商法改正において利益配当に関する種類株式の規定が改められたきっかけの一つとして、会社が営む特定の事業の業績のみに価値が連動するように設計された株式（いわゆるトラッキング・ストック）の導入に対する経済界の要望があった。トラッキング・ストックを発行する際に問題となりうる点を解消することを意図して、改正法は規定されている[64]。

トラッキング・ストックの発行については、対象子会社または事業部門の業績が悪ければ利益配当がされない場合もあり得ることから、優先株式といえるのかという問題が提起されていた。改正の規定において、種類株式の定款で定めるべき内容に関する規定から優先配当という文言（平成一三年一一月改正直前の商法二二二条二項）を削除したことから、従来の優先株式は、利益配当に関して内容の異なる種類株式の一形態として位置づけられた。これによって、トラッキング・ストックが、優先的に利益配当を常に受けるとは限らないとしても、種類株式として発行できることになった。

さらに、トラッキング・ストックを発行する際に、定款に記載すべき内容を具体的にどのように記載するべきかという問題について、改正法では、配当の算定の基準の要綱が記載されればよいとしている。これによって、トラッキング・ストックのように配当額が確定額として定まらなくても、一定の算式によって配当額が決定される種類株式の発行も可能となったと考えられている[65]。

㈢　種類株主の拒否権

平成一三年一一月の商法改正では、拒否権付株式が導入されている。具体的には、数種の株式を発行するときは、定款をもって、法令または定款で株主総会や取締役会の決議を要するとされている事項の全部または一部について、その決議のほか、ある種類の株主の総会の決議を要するものとする旨を定めることができると規定した（平成一三年一一月改正直後の商法二二二条七項）。会社は定款の定めに基づいて、特定の種類株式の株主に、一定の事項について拒否権を与えることができるようになった。このように拒否権は、種類株主を保護するための規定として位置づけられている。

㈣　株式の転換に関する規定の再構成

平成一三年一一月の商法改正では、新株予約権の制度が導入されたことにともない、転換株式を、転換予約権付株式として再構成した。まず、株式の転換とは、株主からの請求に基づくことを明確化している（平成一三年一一月改正直後の商法二二二条の二第二項・第三項）。

また、株主名簿閉鎖期間中には株式の転換請求はできないとされていた規定（平成一三年改正前の商法二二二条の五第三項）を削除し、転換社債と同様に、名簿閉鎖期間中に転換の請求があったときは、議決権については、名簿閉鎖期間満了の時に転換があったと見なすことにした（平成一三年一一月改正直後の商法二二二条の六第二項）。転換株式の利益または利息の配当については、取締役会の決議で、転換の請求をした時の属する営業年度またはその前の営業年度の終わりに転換があったと見なすことができるとした（平成一三年一一月改正直後の商法二二二条の六）。従来の規定では、同様の取扱いをするには定款に規定に基づかなければならなかったが、新株予約権付社債の規定にならって、定款の定めによらなくても取締役会決議でも可能としている。

㈤　強制転換条項付株式の導入

平成一三年一一月の商法改正では、強制転換条項付株式の制度が創設されている。強制転換条項付株式の特徴は、会社が強制的に株式を転換できることにある。このように会社が一斉に転換権を持つ株式について、実務界の要望に応えるとともに、定款で定める事項および転換の手続等を明確に規定した(66)。

商法改正前においても、一定の期間の経過または一定の事由の発生により株主の請求によることなく強制的にある種類の株式から他の種類の株式に転換する条項（一斉転換条項）が付されることがあり、このような一斉転換条項は商法の解釈として有効であると認識されていた。平成一三年一一月の改正によって強制転換条項付株式の制度が創設されたことは、解釈上の取り扱いが法律上の制度にまで高められたと説明されている[67]。

改正法では、数種の株式を発行する場合において、定款に定める事由が発生したときには、ある種類の株式を他の種類の株式に転換することを、定款で定めることができる（平成一三年一一月改正直後の商法二二二条の八）と規定した。

強制転換条項付株式における転換の条件は、定款に規定しなければならない。定款に規定される条件については、確定性、客観性、明確性が認められる限りは適法と考えられるが、これらを厳格に要求すると商品設計の幅が狭くなることが指摘されている[68]。具体的には、優先株式発行後、一定期間が経過した後に取締役会において一斉転換を行う日という転換条件の定め方は許されないとの見解が登記実務においては示されていた[69]。その一方で、「最初の発行の日から三年を経過した日であり、会社の取締役会が定める日」を一斉転換日とすることは[70]、三年を経過させていることを強制転換事由とみることができることから、強制転換事由の決定を取締役会に完全に一任したこととは異なると考えられている。

8　選任権付株式制度の導入（平成一四年改正）

平成一四年の商法改正では、譲渡制限会社に限定して、定款の定めにより種類株式の総会における取締役および監査役の選任について、内容の異なる株式を発行することが認められている（平成一四年改正直後の商法二二二条第一項六号）。これによって、種類株式として、選任権付株式制度が導入されているが、この種類株式が発行できるのは譲渡制限株式会社に限定されている。

9　会社法における種類株式制度

会社法では、株式会社が種類株式を発行することを認めている（一〇八条）。会社が種類株式を発行するには、種類株式の内容（会社法一〇八条二項各号）、および発行可能株式総数を定款で定めなければならない（一〇八条二項柱書）。

種類株式には、①剰余金の配当[71]（一〇八条一項一号）、②残余財産の分配（同項二号）、③株主総会において議決権を行使することができる事項（議決権制限株式・同項三号）、④譲渡による当該株式の取得について当該株式会社の承認を要すること（譲渡制限種類株式・同項四号）、⑤取得請求権に関する種類株式（同項五号）、⑥取得条項に関する種類株式（同項六号）、⑦全株式取得条項付種類株式（同項七号）、⑧拒否権付種類株式（同項八号）、および⑨取締役または監査役の選解任権付種類株式（同項九号）の九項目となっている。このうち、選解任権付株式については、公開会社でない会社のみが発行することができる[72]。株式会社は、必要に応じてそれぞれの種類株式を組み合わせて発行することができ、各種類については異なった内容で種類株式を発行できることから、会社が発行できる株式の種類は、理論的には無限となる[73]。

種類株式は、その性質から、以下の四つに分類できる。

第一の類型は、会社から財産的利益を受ける権利に関する種類株式である。ここには、剰余金の配当についての種類株式（一〇八条一項一号）、および残余財産の分配についての種類株式（同項二号）が含まれる。

第二の類型は、会社支配権に関する種類株式である。この類型には、議決権制限株式、拒否権付株式、および選解任権付株式が属する。

議決権制限株式は、昭和一三年の商法改正で創設された無議決権付株式に由来する。この時点では、無議決権株式は株主総会のすべての事項について議決権を有しない完全無議決権付株式と規定されていたが、平成一三年一一月の商法改正は、これを議決権制限株式として再構成するとともに（平成一三年一一月改正直後の商法二二二条一項五号)、拒否権付株式を導入している(平成一三年一一月改正直後の商法二二二条七項)。平成一三年の商法改正では種類株式の利益を保護する手段として拒否権が与えていたが、これに対して、会社法では、拒否権を付与することを種類株式の内容として規定できるとし、株式会社は特定のものに拒否権を与えることを目的として、種類株式を発行できると規定している。

平成一四年の商法改正では選解任権付株式の制度を設けている。選解任付株式については、導入された当初から、株式に譲渡制限が付されていた会社のみが発行できると規定されており、会社法でもこの立場を継承し、公開会社でない会社のみが選解任権付株式を発行できるとしている(一〇八条一項柱書)。

第三の類型は、株式の譲渡制限に関する種類株式(同項四号)である。株式会社は発行する株式の種類ごとに譲渡制限を付すか否かを選択できる。これまでの商法の規定では、すべての株式に譲渡制限を付すか、付さないかの選択しかできなかったが、会社法では一部の種類株式にのみ譲渡制限を付すことができることとなった。

第四の類型は、株式の存続期間に関する種類株式である。この類型には、取得請求権株式、取得条項付株式、および全株取得条項付種類株式が含まれる。これらは、従来、償還株式として規定されていた。会社法では、会社によって当該株式の取得が予定されている株式として規定した。ここで、株主の側が会社に対して株式の取得を請求できるタイプの株式を取得請求権付株式として規定し、会社が株主から株式を取得できるタイプの株式を取得条項付株式として規定している。

(3) 明治二三年の旧商法二二一条は、「利息又ハ配当金ノ分配ハ各株ニ付テ払込金額ニ応ジ総株主ノ間ニ平等ニ之ヲ為ス」と規定し、同二四九条一項では「残余ノ財産ヲ各株主ニ其所有株数ニ応ジ金銭ヲ以テ平等ニ分配ス」と規定している。上柳克郎ほか

編『新版注釈会社法』〔菅原菊志〕三二一頁（有斐閣、一九八八年）。
(4) 木下公明『優先株式――その理論と実務――』（商事法務研究会、一九九一年）四一頁。
(5) 菅原・前掲注（3）三二一頁。
(6) 北沢正啓『会社法（新版）』（青林書院・一九八七年）一六二頁。
(7) 加藤貴仁「株主間の議決権配分――一株一議決権原則の機能と限界――(一)」法学協会雑誌一二三巻一号一二一頁（二〇〇六年）一三八頁、一七七頁注（88）で掲げられている文献参照。
(8) 北沢・前掲注（6）一六八頁。
(9) 木下・前掲注（4）四一頁。
(10) 木下・前掲注（4）四一頁。
(11) 木下・前掲注（4）七頁。
(12) 加藤・前掲注（7）一四一頁。
(13) 例えば、優先株式を議決権付株式として普通株式の一〇倍の価格でする場合には、一株一議決権原則に抵触するのではないかという疑問が提示されていた。株価近時の要請に関する議論については、加藤・前掲注（7）一四二―一四四頁参照。
(14) 北沢・前掲注（6）一六四頁。
(15) 北沢・前掲注（6）一六四頁。
(16) 稲葉威雄「優先株に関する諸問題」神崎克郎ほか『優先株制度』（有斐閣、一九九二年）一二七頁、一二九頁。
(17) 優先株式の類型については、神崎克郎ほか「優先株発行の機動性確保と商法改正」『優先株制度――企業金融と商法改正3――』頁（有斐閣、一九九二年）、四―五頁〔洲崎発言〕、木下・前掲注（4）六―九頁、一四五―一四六頁、一八八頁、二二一―二二二頁参照。
(18) 木下・前掲注（4）一四五頁。
(19) 木下・前掲注（4）一四三―一八四頁では、このタイプの優先株式を無議決権普通株式型優先株式と位置づけて、利用実態について詳細に分析している。
(20) 昭和二六年の日東商船、同三三年の鹿島建設、および同三四年の富士観光が無議決権普通株型の優先株式を発行している、木下・前掲注（4）七頁。
(21) このことを以て直ちに、利益配当優先株式に限定して無議決権株式を認めるとする規制が妥当であったか否かは判断できない。規制によって、普通株式や劣後株式を無議決権付株式として発行することから生じる弊害は、除去されていたからである。

ただし、議決権に関する価格評価が完全に機能していれば、そもそも、いかなる株式であったとしても無議決権付株式としてもかまわないとする結論が導かれうるとも考えられよう。突き詰めれば、無議決権付株式の規制については、数量を中心に規制すればよいのかという問題に還元できるのかもしれない。

(22) 転換型優先株式は、わが国において証券市場を通じて広く一般に資本調達と行う目的として発行された優先株式の代表例として位置づけられている。神埼ほか・前掲注(17)七頁［木下発言］。

(23) 昭和五一年九月の日立造船の第一回（昭和五一年）、および昭和五七年の日立造船の二回（昭和五七年）、および日本冶金工業による発行（昭和五九年）が挙げられるが、これらはいずれも転換社債型の優先株式として発行された。神埼ほか・前掲注(16)七頁［木下発言］、二三頁［森本発言］。

(24) 日立造船による第一回の優先株式発行については、神崎ほか・前掲注(17)二三頁［洲崎発言］。

(25) 木下・前掲注(4)一六〇頁。

(26) 木下・前掲注(4)一九六頁。

(27) 木下・前掲注(4)一九六―一九七頁。

(28) 矢沢惇ほか「優先株をめぐる法律問題〔Ⅰ〕〔Ⅱ〕〔Ⅲ〕〔Ⅳ〕〔Ⅴ〕」商事法務七四八号四八頁、七四九号二六頁、七五〇号一八頁、七五二号一二四頁、七五三号一七頁（一九七六年）、七四八号四八―四九頁［野尻発言］、神崎ほか・前掲注(17)七頁［森本発言参照］。

(29) 矢沢ほか・前掲注(28)七四八号四九頁［矢沢発言・加藤発言］。

(30) 矢沢ほか・前掲注(28)七四八号四九頁［矢沢発言］。

(31) 矢沢ほか・前掲注(28)七四八号四九―五〇頁［矢沢発言］。

(32) 神崎ほか・前掲注(17)二三頁［森本発言］

(33) 矢沢ほか・前掲注(28)七四八号四五二―四六四頁

(34) 神崎ほか・前掲注(17)一一―一四頁［木下発言］では、昭和五〇年代において優先株式が活用されなかった理由を実務家の観点から分析しており、安定配当政策や、社債市場の整備の遅れが、理由としてあげられている。

(35) 平成二年の商法改正については、木下公明「改正商法下における優先株の発行」神崎克郎ほか『優先株制度――企業金融と商法改正3――』（有斐閣、一九九二年）一四一頁、一五八―一七三頁、北沢正啓『大小会社区分立法の計画とその一部実現等『日本会社立法の歴史的展開』（北澤正啓先生古希記念）（商事法務研究会、一九九九年）四七八頁、四九五―四九七頁。

(36) 北沢・前掲注(35)四七八頁。

(37) 別冊商事法務七七号に資料二として所収されている。

(38) 平成二年の商法改正に至る審議過程については、北沢・前掲注(35)四七八―四七九頁参照。
(39) 神崎ほか・前掲注(17)、二頁[森本発言]。
(40) 木下公明「改正商法下における優先株の発行」神崎克郎ほか『優先株制度――企業金融と商法改正3――』一四一頁(有斐閣、一九九二年)、一五九頁。
(41) 木下・前掲注(40)一五九頁。
(42) 木下・前掲注(40)一五九頁。
(43) 種類株式に関する平成二年改正については、木下・前掲注(40)一五八―一六六頁参照。
(44) 木下・前掲注(40)一六〇頁。
(45) 木下・前掲注(40)一六九頁。
(46) 北沢・前掲注(35)四九六頁。
(47) 昭和六〇年代における無議決権株式への要望については、稲葉威雄ほか「優先株制度の立法論的検討」神崎克郎ほか『優先株制度――企業金融と商法改正3――』(有斐閣、一九九二年)六七頁、六九頁[稲見発言]、七一―七五頁[木下発言]。
(48) 稲葉ほか・前掲注(47)七一―七二頁[木下発言]。
(49) 稲葉ほか・前掲注(47)七二―七三頁[木下発言]。
(50) 稲葉ほか・前掲注(47)七三頁[木下発言]。
(51) 稲葉ほか・前掲注(47)六九頁[稲見発言]。なお、この検討をふまえて経済団体連合の理財局が、平成元年三月二九日に作成した「優先株式の規定整備をめぐる関係機関の対応」については、神崎克郎ほか『優先株制度――企業金融と商法改正3――』(有斐閣、一九九二年)一二六―一二七頁に所収されている。
(52) 格別の定めに関する平成二年改正については、木下・前掲注(40)一六六―一六七頁参照。
(53) 木下・前掲注(40)一六七頁。
(54) 株式配当や資本準備金の資本組み入れによる無償交付については、平成二年の商法改正において株式分割の一種として位置づけられたことから、これらも格別の場合に事実上追加されたことになる。木下・前掲注(40)一六七頁。
(55) 平成一三年一一月の商法改正については、神田秀樹=武井一浩『新しい株式制度』(有斐閣、二〇〇二年)一四九―一九二頁[武井一浩=中山龍太郎]参照。
(56) 神田=武井・前掲注(55)一五一頁[武井=中山]。
(57) 神田=武井・前掲注(55)一五二頁[武井=中山]。

(58) 前田庸「商法との一部を改正する法律案要綱の解説―株式制度の見直し・会社関係書類の電子化等(上)(下)」商事法務一六〇六号・一六〇七号、一六〇六号七頁。
(59) 前田・前掲注(58)一六〇六号八頁。
(60) 原田晃治ほか「改正商法の解説――株式制度の改善・会社関係書類の電子化等――」登記研究六五〇号三三頁(二〇〇二年)、四二頁。
(61) 河本一郎ほか「改正商法に基づく優先株式発行の検討(上)(中)(下)」商事法務一二二四号、一二二六号、一二二七号、一二二六号一三頁［神田発言］。
(62) 江頭憲治郎「平成一三年通常国会・臨時国会による商法改正について」商事法務一六一七号(二〇〇二年)、八〇頁。
(63) 山田泰弘「種類株式」法学教室二五八号一〇頁(二〇〇二年)、一一頁。
(64) トラッキング・ストック発行に伴う問題点については、神田＝武井・前掲注(55)一七一―一七四頁［武井＝中山］。
(65) 神田＝武井・前掲注(55)一七二頁［武井＝中山］
(66) 原田ほか・前掲注(60)四四頁。なお、会社が転換権を有する株式については、平成一三年一一月の改正以前から実務において規定されておりによって、明文化されたことが指摘されている。江頭ほか「新株予約権・種類株式をめぐる実務対応」商事法務一六二八号六頁、一六二九号四頁(二〇〇二年)、一六二九号一九頁［武井発言］。
(67) 前田・前掲注(58)一六〇六号一一頁。
(68) 神田＝武井・前掲注(55)一八八頁［武井＝中山］。
(69) 法務省民四第九〇三号民事局第四課長回答、神田＝武井・前掲注(55)一八九頁［武井＝中山］参照。
(70) わが国におけるトラッキング・ストックの発行実務において、このような一斉転換条項が規定された。江頭ほか・前掲注(58)一六二九号一九頁［千葉発言］。
(71) 旧商法では利益又は利息の配当(旧二二二条一項一号)と規定されていたが、会社法において利益配当および利息の配当は、ともに剰余金の分配の概念に統合されたことに伴い変更された。
(72) 本稿の対象は公開会社に限定することから選解任付株式は考察の対象としない。
(73) 各種類で内容が異なる株式を発行できることから、株式会社が発行できる種類株式の数は無限となる。

三　新株予約権制度の変遷

できるといえよう。

1　転換社債および転換株式制度の創設（昭和一三年改正）

わが国の会社法制では、昭和一三年の商法改正によって、転換社債制度および転換株式制度が創出されている。これら両制度では、転換権の行使に伴い会社が株式を発行する。新株予約権の萌芽はここに見て取ることができるといえよう。

もっとも、昭和一三年の改正時点では、転換権をコール・オプションとして把握することはなく、将来の株式発行として把握していた。この立場は、転換社債に顕著にあらわれている。転換社債においては、社債を株式に転換できる旨が規定されている（昭和一三年改正直後の商法三六四条一項）。ここで、転換社債における転換権の行使に伴う株式発行を、条件付の資本増加として認識している。この認識に基づき、転換社債の発行時にあらかじめ資本増加決議を行い、後日転換権の行使された部分について資本が増加するという制度を設計している。(74) したがって、転換社債を発行するには、社債発行決議において転換権を付与することと、条件付資本増加を決議し、かつ転換権の内容を確定することを要していた（昭和一三年改正直後の三六四条）。

転換社債の発行には、株主総会の特別決議が必要とされていた。当時の商法では資本の増加に株主総会の特別決議を要請しており、また社債発行についても株主総会の特別決議が必要とされていた。社債の発行と将来の増資の両面から転換社債を発行に特別決議が必要されていたことになる。(75)

2 転換社債の発行規制の緩和（昭和四九年改正）

昭和四九年の商法改正によって、転換社債の発行権限が取締役会に与えられた。これは、一連の商法改正によって、社債の発行権限と第三者に対する新株の発行権限が、双方とも取締役会に与えられたことに伴う。まず、社債の発行権限は、昭和二五年の商法改正によって、取締役会に与えられた（昭和二五年改正直後の商法二九六条）。その一方、この改正では、第三者に対して新株を発行することについては、取締役会の専権事項とされなかったことから、転換社債の発行については、定款の規定か株主総会の特別決議事項によるとされていた（昭和四九年改正前の商法三四一条の二）[76]。その後、第三者に対する新株の発行については、昭和三〇年の商法改正によって、いったん株主総会の特別決議事項とされた後に（昭和三〇年改正直後の商法二八〇条の二第二項）、昭和四一年の商法改正で、有利発行でない限りは、取締役会の決議事項とされた（昭和四一年改正直後の商法二八〇条の二第二項）。

昭和四九年の商法改正において、転換社債は取締役会の決議によって発行できると規定された（昭和四九年改正直後の商法三四一条の二第二項）。なお、ここでは、転換社債の発行を取締役会の専権事項とはされず、定款をもって株主総会へ留保しうるとも規定されている（同項）[77]。第三者に対して特に有利な転換の条件を付した転換社債を発行するには株主総会の特別決議が必要であると規定している（昭和四九年改正直後の商法三四一条の二第三項）。第三者に対する新株の有利発行については、株主総会の特別決議が必要とされていたことに併せての規定である。

3 新株引受権付社債制度の創設（昭和五六年改正）

(一) 新株引受権付社債制度

昭和五六年改正によって商法に、第二編第四章第五節に「第四款新株引受権付社債」が設けられ、三四一条の八から三四一条の一一までの規定が新設された。

新株引受権付社債の創設は、商法改正に向けての審議において比較的遅い段階で検討の対象になった。このため、商法部会の最終的な意見としての法律案要綱案においてはじめて取り上げられている。(78)

新株引受権付社債制度は、証券界を中心として、経済界の要望を背景として創設された制度である。新株引受権付社債に対しては、長期の外貨建債権を有する企業が、為替変動リスク回避のために外貨建新株引受権付社債を発行することを要望していたことがある。(79) ここでは新株引受権付社債によって為替リスクのヘッジが期待できるとともに、利息の負担が少なく資金が調達できるという利点が着目されていた。

商法の改正審議の過程では、新株引受権付社債について、具体的な制度案が作成されるかが危ぶまれていた。商法部会の審議においては、関係各方面において、商法部会での審議の対象となりうる程度の案を作成して提出したならば、制度の新設を検討することが決定された。これに応じて、証券業協会では、証券経済研究所内に設けられた商法改正研究会と連絡を取りつつ、「新株引受権付社債制度案」をまとめこれを商法部会に提出した。(80) この案は、転換社債ときわめて類似した制度として新株引受権付社債を創設することを提唱しており、現実の法制に矛盾なく融け込めるように配慮がなされている。(81)

昭和五六年の商法改正では、新株引受権付社債の制度を創設している。この目的は、実務界の要望に応じて、新株引受権を一種の甘味剤とすることで低い金利で社債を発行できる制度を創設することにあり、株式買取権ないしは新株引受権を社債とは独立して与えるオプション制度を導入するものではないと説明されている[82]。新株引受権付社債の発行は、定款で株主総会の決議によるべき旨の定めがない限り取締役会の決議で行うことができる（昭和五六年改正直後の商法三四一条の八）。発行決議においては、新株引受権付社債に関する一定の事項を定めなければならないが、その事項の大部分は転換社債の場合と大差がない[83]。

転換社債と新株引受権付社債との相違は、権利を行使することによって社債権者たる地位を失うか否かである。新株引受権付社債では、新株引受権を行使したとしても、社債権者たる地位を失わないことが原則とされていた。新株引受権を行使する際に、権利者の請求により新株引受権付社債の償還に代えて、権利行使の際の払込があったものとするタイプ（代用払込型）の発行も認められていた（昭和五六年改正直後の商法三四一条の八第二項六号）。代用払込型の特徴は、新株引受権社債の保有者が、代用払込みをするか否かを選択できることにある。

昭和五六年の商法改正では、分離型および非分離型の新株引受権付社債の発行を認めている。分離型の新株予約権の発行が認められたことによって、法制上は、新株引受権が単独で流通することが可能となった。分離型の新株引受権付社債を発行するには、「新株引受権のみが譲渡できること」を発行決議において定める必要がある（昭和五六年改正直後の商法三四一条の八第二項五号）。分離型の新株引受権付社債を発行するには、原則として株主総会の特別決議を要すると規定された（昭和五六年改正直後の商法三四一条の八第四項）。まだ行使されない新株引受権が行使された場合に発行されるべき株式の発行価額が、残存社債の金額を超えない場合に限って、その社債の償還または償却ができるとする社債ならば、総会の特別決議は要しないとされている（昭和五六年改正直後の商法三四一条の八第四項）。このような新株引受権付社債は、分離型で発行したとしても実質的には非分離型と同じように取扱うことができるからである[84]。実務の取扱いにおいて、分離型の新株引受権付社債については、投機性が強いという理由から、昭和六〇年までは、日本証券業協会の自主規制等により実際には発行されなかった。また、海外で発行された新株引受権付社債の新株引受権証券についても、昭和六一年に解禁されるまでは国内の還流が禁止されていた(85)。

㈡　新株引受権付社債の利用状況と会計基準の変更

新株引受権付社債は、経済界からの要望をうけて導入された経緯があったが、適債基準や債務制限条項に関するルールが転換社債より厳しく普通社債と同列であったことから、国内での発行は転換社債に比べて低調であったとされている(86)。いわゆるバブル期には、新株引受権付社債の市場規模も一時的に拡大したものの、その後、新株引受権付社債が資金調達目的で発行されることはほとんどなくなった(87)。その理由として、平成六年に新株引受権付社債に関する会計処理の基準が変更されたことがある(88)。

平成六年に日本公認会計士協会より公表された「新株引受権付社債の発行体における会計処理及び表示」によって、新株引受権付社債の会計処理については、分離型・非分離型を問わず新株引受権と社債の対価を区分して会計処理を行う区分法が採用されることになった。

従来、転換社債および新株引受権付社債の社債部分については、転換権や新株引受権の部分だけ割引発行する際には、一括法によって会計処理がなされていた。この場合には、転換権や新株引受権の対価も社債の発行価額に含めて会計処理できることから、割引分を「社債発行差金」として償却し、費用として処理しなくてもよいとされていた。転換社債や新株引受権付社債では転換権や新株引受権部分の対価が費用として処理されないことから、普通社債を発行した場合に比較して利益がかさ上げされる帰結を招いていた。

一括法をもちいて社債部分と新株引受権部分の対価を峻別しない取扱いは、新株引受権付社債の利用状況とは、かけ離れたものとなっていた。とりわけ、分離型の新株引受権付社債においては、一九八九年からは社債と新株引受権証券を分離して募集する分離募集も行われたこととの関係が問題になった[89]。募集段階では、社債と新株引受権を区分しながら、会計処理では、両者を一括して把握することは、一貫性を欠く取扱いといえよう。そこで、平成六年に新株引受権付社債の会計処理は、区分法に移行したと考えられる[90]。

新たな会計基準によって、新株引受権付社債の会計処理が区分法に移行した[91]。これに伴い、新株引受権付社債の会計上のメリットは消滅し、発行数が激減している[92]。区分法によって会計処理をすると、新株引受権の対価部分については、社債の発行利率の調整部分と把握され、社債発行差金として計上し、償還期限までに償却すべきものと扱われることになる[93]。これに伴い、新株引受権付社債の発行によって計上される費用を増加させるからである[94]。

4　ストック・オプション制度の導入（平成九年改正）

平成九年の商法改正は、取締役または使用人に対するインセンティブ報酬としてストック・オプション報酬の制度を導入した[95]。この改正は、初めての議員立法の方法が用いられた商法改正としても知られている。商法ではストック・オプション報酬として、自己株式方式および新株引受権方式を規定しているが、この両方式を併用することはできないとされていた（平成九年改正直後の商法二一〇条の二第五項・二八〇条の一九第五項）。

わが国の実務においては、平成七年に分離型新株引受権付社債を用いたストック・オプション報酬の手法が開発されており、疑似ストック・オプションとよばれていた。平成六年の会計基準の変更に伴い、会計上の利点が消滅し、新株引受権付社債の資金調達手段としての利用が大幅に減少した直後に、新たな利用方法として、擬似ストック・オプションが開発されたことになる。擬似ストック・オプションでは、まず会社が分離型の新株引受権社債を発行し、そのうち新株引受権を買戻し、それを自社の役職員や子会社・関連会社の役職員にインセンティブ報酬の目的で付与していた。

平成九年の商法改正によって、新株引受権方式のストック・オプション制度が創設されたことから、報酬目的に限定されながらも、コール・オプションを単独で発行することが法制度上可能となった。新株引受権方式のストック・オプションには、おおくの制約がもうけられている。会社が新株引受権というかたちでコール・オプションを発行することについては、慎重な立場がとられていたことのあらわれとも考えられる。新株引受権方式のストック・オプションについては、①定款に定めのある場合でかつ正当な事由がある場合に利用できるとされ、②新株予約権を付与できるのは取締役又は使用人に限定されていた（平成九年改正直後の商法二八〇条の一九第一項）。また、実際にストック・オプションを付与するには、新株引受権を付与する取締役または使用人の氏名、その者に与える新株引受権の目的たる株式の種類・数・発行価額、行使期間・条件などにつき、③株主総会の特別決議が必要とされていた（同条二項）。この株主総会の決議は④決議後一年内に発行する新株予約権について有効となる（同条六項）。新株引受権の目的である株式の総数は、⑤ストック・オプションとして発行され権利が行使されていない株式の数とあわせて、発行済み株式総数一〇分の一以内でなければならず（同条第三項）、⑥新株引受権の行使期間は一〇年以内とされ（同条第四項）、さらに、⑥新株引受権は譲渡することができないと規定されていた（平成九年改正直後の商法二八〇条の二〇）。[96]

平成九年の商法改正によってストック・オプション制度が整備されたにもかかわらず、新株引受権付社債は擬似ストック・オプションとして発行され続けていた。その理由として、分離型の新株引受権付社債の方法によれば、取締役会決議でストック・オプションを発行できることに加えて、対象株式数や付与対象者などについても制限がなかったからことあげられる。

5 新株予約権制度の創設（平成一三年一一月の商法改正）

(一) 新株予約権制度

平成一三年一一月の商法改正において、新株予約権の制度が導入された。新株予約権とは、「之を有する者（以下、新株予約権者と称す）が会社に対し之を行使したるときに会社が新株予約権者に対し、新株を発行し又は之に代えて会社の有する自己株式を移転する義務を負うもの」と定義された（平成一三年改正直後の商法二八〇条の一九第一項）。この規定によって、新株予約権は株式会社が当該会社の株式を原証券として発行するコール・オプションとして定義されたことになる。新株予約権では、新株予約権者が、コール・オプションの買いポジションに立ち、会社が売りポジションに立つ。新株予約権の払込金額は、オプション手数料に相当することになり、買いポジションに立つ新株予約権者から、売りポジションに立つ発行会社へ支払われる。

従来、会社が自社の株式を原証券としてコール・オプションを発行するには、転換社債や新株引受権付社債の形態で社債と組み合わせて発行する場合や、ストック・オプションとして発行する場合に限定されていた。平成一三年改正では、コール・オプションの単独発行を認めたことにとどまらず、新株予約権が単独発行されることを原則として法規定を再構成している。立場が改められた理由は、オプション評価モデルの進歩によって、新株予約権の金銭的な価値を算出できるようになったことにある。

転換社債および新株引受権付社債については、株価を下回る価格で転換権または新株引受権を行使することによって、有利発行の問題が生じるのではないかという疑問があった。この疑問に対する説明として、例えば転換社債については、社債発行時に潜在的な新株発行があったとの考えに基づき、転換価格が転換社債発行時点の株価を下回っていなければ、有利発行ではないと説明されてきた（行使価格基準説）。行使価格基準説は、転換社債または新株予約権付社債について、社債発行時に株式の発行があったとする考え方に基づいているといえる。この考え方は、昭和一三年の商法改正において、転換社債が導入された当時より、法的に転換社債は、社債の発行と将来の増資を同時に行うことと把握してきたことに由来すると考えられる。

行使価格基準説に対しては、既存の株主が保護されないという弊害が指摘された。転換権または新株引受権の財産的価値を、オプション評価モデルによって算定すると、行使価格を発行当時の株価に設定したとしても、オプションとしては有償の金銭的価値となるからである。コール・オプションの利点は、株価が行使価格を下回る場合には権利を放棄できる一方で、株価が行使価格を上回る場合には確実に利益を得られることにある。このことから、株価をオプション発行時の市場価格に設定したとしても、コール・オプションの財産権的価値は無償とはならない。これまでのように社債発行時点の株価を基準にして有利発行を峻別したとしても、既存株主が十分に保護されないことになる。転換権や新株引受権など、会社が発行するコール・オプションについては、その財産的価値を厳密に評価し、その評価額を基準として有利発行か否かを判断しなければならないとする考え方が提唱された（オプション価格基準説[97]）。

従来の会社法制は、転換社債及び新株引受権付社債については、会社がコール・オプションを発行しているのではないとする立場をとっていた。このように転換社債及び新株引受権付社債には、オプションの性質が含まれていないと考えることが、既存の株主の保護に支障をきたすことになった。転換社債または新株引受権付社債において、転換権または新株引受権の行使価格が、発行時の株価よりも低く設定されていることが問題ではなく、転換権または新株引受権をコール・オプションとしての評価額を下回る対価で発行することに問題があることになる。平成一三年一一月の商法改正の際には、オプション価格基準説に基づいて法規制を再構築しており、その際には、新株予約権として会社がコール・オプションを発行することを全面的に認めるとともに、転換社債における転換権、新株引受権付社債における新株引受権、および新株引受権型ストック・オプションを新株予約権として統合した。

新株予約権については、コール・オプションとしての価値を下回る価格での発行は、有利発行と認識する。新株予約権を第三者に有利発行することは、株主総会の特別決議を必要とし（平成一三年改正後の二八〇条の二一第一項）、それ以外の新株予約権の発行については、取締役会決議で可能と規定されている（二八〇条の二〇第二項）。

(二) ストック・オプション制度の変更点

新株予約権の制度が導入されたことによって、ストック・オプション報酬は新株予約権の有利発行の一形態として位置づけられた。これに伴い、取締役または使用人に対する新株引受権の付与に関する条文（改正前商法二八〇条の一九以下）は削除されるとともに、自己株式型のストック・オプション制度は廃止されている。

この改正では、新株引受権方式のストック・オプションに付されていた多くの制約が撤廃されている。まず、①定款の記載と②正当な理由については、双方とも不要となった。正当な理由（改正前二八〇条の一九第一項）に関連して、新株引受権の権利行使価格については付与時点の株価より高くなければならないとする解釈論も展開していたが、改正後はそのような制約はなくなった。

改正前は、ストック・オプションの付与対象者は取締役または使用人に限定されていたが、改正によって、付与対象者は限定されなくなった。これによって、インセンティブ報酬の対象は、子会社や関連会社の取締役や従業員、社外の研究者や、弁護士、会計士、コンサルタントなど、会社の経営・事業上必要な知識や技能を提供するものにも拡大した。数量規制および権利行使期間に関する制限も撤廃されている。また、ストック・オプションとして発行する新株引受権には譲渡制限を付さなければならないとする制限（改正前二八〇条の一九第四項）もなくなるなど、会社法制においては、ストック・オプションとして発行する新株予約権の規制は大幅に緩和されている。(98)

改正前の規定では、新株引受権方式のストック・オプションについては、株主総会の特別決議が必要とされていた。平成一三年改正以降も、ストック・オプションとしての新株予約権を発行することは有利発行とされたことから、株主総会の特別決議は必要とされた。なお、平成一三年六月の商法改正によって、自己株式方式のストック・オプション報酬の制度は廃止されている。平成一三年の一連の商法改正によって、ストック・オプション報酬は新株予約権の有利発行として統合され、株主総会の特別決議によらなければならなくなったことから、規制が強化されたことになる。

㈢　新株予約権付社債制度の導入

平成一三年一一月の商法改正によって新株予約権の制度が導入されたことに伴い、転換社債および新株引受権付社債の制度は、新株予約権付社債として再構成された。この改正の意図は、法律概念を整理することにあり、(99)従来の転換社債および新株引受権付社債の商品性に関しては、実質的な変更はないと説明されている。

改正後の規定では、従来の転換社債および新株引受権社債を、社債と新株予約権の組み合わせとして把握し、新株予約権のオプションとしての価値が対価とされている場合には、有利発行とは認識しないという考え方が導入された。

法制度上、新株予約権付社債は、社債部分と新株予約権部分を分離して譲渡できないと規定されたことから（平成一三年改正直後の商法三四一条の二第四項本文）、従来の転換社債（転換型新株予約権付社債）および非分離型の新株予約権社債が新株予約権付社債に含まれることになった。一方、非分離型の新株予約権付社債については、社債と新株予約権を同時に発行することと認識された。改正前の立場では、オプションの行使によって社債権者の地位を失うのかを基準として、社債権者の地位を失うものを転換社債、失わないものを新株引受権付社債に峻別していた[100]。これに対して、改正後の立場では、社債と新株予約権が一体で譲渡されるか否かによって新株予約権付社債か否かが峻別されることになった。

株式の譲渡制限が付されていない会社において、新株予約権付社債の発行権限は、原則として取締役会にある[101]（平成一三年改正直後の商法三四一条の三第一項）。新株予約権付社債を発行する際には、社債の発行価額と新株予約権の発行価額の双方を明確に認識するかたちでの決議が必要となる（平成一三年改正直後の商法三四一条の三第一項一号・二号）。ここで、第三者に対して有利な条件で新株予約権を付して新株予約権付社債を発行するには株主総会の特別決議が必要となる（平成一三年改正直後の商法二八〇条の二一第一項）。

新株予約権付社債の制度が導入されたことをきっかけとして、従来の新株引受権付社債については、オプションの行使によって発行される株式の発行価額の合計額を、社債の金額以下とする制限（昭和五六年改正直後の商法三四一条三項・四項）は撤廃されている。この規定については、コール・オプションが無償で社債権者に付与されることを防止する目的のものと説明されてきたが、理論的根拠を持たないことが指摘されていた[102]。また、新株引受権付社債について、オプションの行使によって発行される株式の発行価額が社債金額を超える場合には、株主総会の特別決議を必要としていた規定（昭和五六年改正直後の商法三四一条の八第四項）も撤廃されている。

転換社債型の新株予約権付社債について、新株予約権の行使価格は社債の発行価額としなければならないとする規制は維持された（平成一三年改正後の商法三四一条の三第二項）。転換社債型新株予約権付社債の発行価額は社債の償還額と一致させなければならなかった[103]。これは、新株予約権の行使により発行される株式の発行価額が新株予約権付社債の発行価額と等しくならなければならないという立場（いわゆる原資発行価額主義）に基づくものである[104]。その結果、新株予約権の対価を無償として、転換型新株予約権付社債を発行した場合に、区分法を用いて会計処理をすると転換社債の商品性が変更されかねないとする問題点が指摘されている[105]。これまでの転換社債型新株予約権付社債では、①原資発行価格、②社債部分の償還価額、および③新株予約権の行使価額、が同一となる関係が成り立っていた。ここで、区分法を導入し、①を社債の発行価額と転換権の対価を区分すると、これらの金額が異なりかねないからである[106]。

これに加えて、転換社債型新株予約権付社債の会計処理に区分法を用いた場合には、新株予約権が区分経理されることに伴って社債発行差金が計上され転換社債型新株予約権付社債の原資発行価額と帳簿価額が乖離することも指摘されていた[107]。さらに、ここで、社債発行差金を計上することは、一括法を用いたことと比較すると、見かけ上の利益が減少することにつながりかねないことから、区分法は用いられていなかった。

この時点において、転換社債型新株引受権付社債に区分法を正面から適用することについては、法制度、会計処理、および実務取扱いのそれぞれの点においても問題点が指摘されていたことがみてとれる。このうち、法制度上の問題点と、会計処理場の問題点は、転換社債において転換権の行使価額を社債の発行価額と一致させなければならないという原資発行価額主義に基づいている。平成一三年の商法改正以降、商法三四一条の三第二項によって原資発行価額主義がとられていることについては、会社法および会計の立場から修正が求められている[108]。

㈣ 新株予約権の単独発行

平成一三年一一月の改正は、新株予約権を単独で発行することを認めたことから、多様な活用方法が検討された[109]。社債との組み合わせや、報酬以外の活用方法として、例えば、融資を受ける際に貸主に発行することによって、資金調達の便宜を図ること[110]、将来の資本提携の準備としての発行、および一定持株比率を確保することが重要な資本参加において、希釈化防止のために利用すること、などが挙げられている。このうち、新株予約権の単独発行として着目されたのが、敵対的企業買収への防衛策としての利用、いわゆる日本版ポイズン・ピルとしての発行であるといえよう。

6 会社法における新株予約権制度

㈠ 新株予約権制度の概要

会社法における新株予約権の制度では、平成一三年一一月の商法改正によって導入された枠組みを基本的に継承している。

会社法の定義では、新株予約権を「株式会社に対して行使することにより当該株式会社の交付を受けることができる権利をいう」と規定している（二条二一号）。この規定によって、新株予約権は会社が当該会社の株式を原証券として発行するコール・オプションと位置づけられている。

会社法が従来の立場を継承している点として、公開会社においては、第三者への有利発行でない限り、取締役会決議で新株予約権が発行できる点（会社法二四〇条一項）も指摘できよう。

新株予約権の内容として定めなければならない事項は会社法二三六条一項各号に掲げられている。主な事項として、新株予約権の目的である株式の数（同項一号）、権利行使価額（同項二号・三号）、行使期間（同項四号）などがある。

新株予約権を発行するには、その都度、新株予約権の募集事項を定めなければならない（二三八条一項柱書）。募集事項には、募集新株予約権の内容及び数（同項一号）、金銭の払込に関する事柄（同項二号・三号）、割当日（同項四号）、新株予約権と引換えにする金銭の払込期日、がある。さらに、新株予約権付社債（会社法二条二二号）として発行する場合には、募集社債に関する事項（六七六条各号）を定めなければならない（二三八条一項六号）。

新株予約権の募集事項の決定は、株主総会の特別決議で決定しなければならないが（二三八条二項・三〇九条二項六号）、公開会社においては、第三者に対する新株予約権の有利発行（二三八条三項）に該当しない限りは、取締役会決議で決定できる（二四〇条一項）。このことから、公開会社における新株予約権の発行権限は、第三者に対する有利発行でない限り、取締役会に与えられていることになる。

(二) 新株予約権付社債としての発行

会社法は新株予約権を「会社に対して行使することにより当該株式会社の株式を受けることができる権利をいう」（会社法二条二一号）と定義し、新株予約権付社債については、単に「新株予約権を付した社債」と（同条二二号）定義した。新株予約権付社債に関する規定についても、会社法は、平成一三年の商法改正の立場を承継している。具体的には、新株予約権付社債については新株予約権の部分だけを原則として譲渡できない点（会社法二五四条二項）、および転換社債型新株予約権付社債においては、新株予約権の行使によって社債が消滅する点、などがあげられる。

一方で、会社法の制定に際して、転換社債型新株予約権社債の行使価額は社債償還額と一致しなければならないとする規定は廃止されている。これによって、会社法制が原価発行主義を採るという立場は改められている。新株予約権付社債の会計処理に影響する規制として、会社計算規則六条二項二号がある。ここでは、払込みを受けた金額が債務額と異なる社債については、その時の時価又は適正な価格を付すことができるとしている。

企業会計基準委員会は平成一八年八月一一日に企業会計基準第一〇号「金融商品に関する会計基準」を公表している。ここでは、会社計算規則六条二項二号を受けて、社債を社債金額より低い価額又は高い価額で発行した場合については、償却原価法で算定された価額をもって貸借対照表価額とするとされている（二六項、社債への適用については九〇項参照）。これが転換社債型新株予約権付社債にも適用されるのであれば、区分法を適用したとしても、社債発行差金を計上することはなくなる。なお、同日に企業会計基準委員会は実務対応報告第一九号「繰延資産の会計処理に関する当面の取扱い」を公表し、ここでは、社債発行差金は繰延資産として取り扱われないことが示されている。

なお、金融商品に関する会計基準では、新株予約権付社債の会計処理について、転換社債型新株予約権付社債には、一括法と区分法のいずれかが選択できるとし（三六項）、それ以外の新株予約権付社債については、区分法が適用されるとしている（三八項）。これは従来の立場を踏襲するものである。

㈢　ストック・オプション報酬としての新株予約権の発行

会社法では、ストック・オプションとして新株予約権を発行する際には、新株予約権の発行規制に加えて、役員等への報酬等のうち額が確定しているものでかつ金銭でない報酬等の支払いとしての規制を受ける（会社法三六一条一項一号・三号）。報酬規制を全面的に適用している点が、会社法の大きな特徴といえよう。このように立場が変更された背景には、会計基準の変更がある。企業会計委員会は企業会計基準第八号「ストック・オプション等に関する会計基準」の基準四一六によると、会社は当該新株予約権の付与日現在における公正な評価額を、対象勤務期間の費用として計上しなければならないとしている。この会計処理によると、取締役に職務執行の対価として、公正な評価額での新株予約権を付与する場合については、いったん同人に対して評価額に相当する現金を報酬として支払い、その現金を払い込ませて当該新株予約権の割当をしたことと等しくなる。(11) この考え方では、オプションとしての公正な価格に相当する報酬として新株予約権を把握し、特に有利な発行と認識しない。会社法が制定される以前は、株式会社には労務出資を認めないことを論拠に、ストック・オプション報酬としての新株予約権の対価は無償とされ、常に有利発行と認識していた。会社法では、会計基準の変更をうけて立場を改めている。

ストック・オプション報酬として新株予約権を発行することは、有利発行ではないことから、公開会社では、オプションとしての公正な評価額を上回らない限りは、取締役会の決議で新株予約権の内容・数などを決定できる(会社法二四〇条一項)。一方、すべての株式に譲渡制限が付されている会社(公開会社でない会社)では、株主総会の特別決議が必要となる(会社法二三八条二項・三〇九条二項六号)。

社債との組合せた新株予約権の発行については、平成一三年一一月の商法改正で導入された立場を基本的に継承している。

(74) 淺木愼一「大正バブルの崩壊と経済的矛盾の露呈」『日本会社立法の歴史的展開』(北澤正啓先生古稀記念論文集)(商事法務研究会、一九九九年)一五二頁、一七三頁。

(75) 転換社債の発行には、まず社債発行決議において転換権の付与と条件付資本増加とを決議し、かつ転換権の内容を確定することを要し(三六四条)、上の決議事項は、定款、社債申込証、社債券等に記載し、かつ社債の登記中に掲げることを要してい

た（三六六条）。淺木・前掲注（74）一七三頁。
(76) 上田純子「日本的機関構成への決断」『日本会社立法の歴史的展開』（北澤正啓先生古希記念論文集）（商事法務研究会、一九九九年）三六九頁、四〇八頁。
(77) 上田・前掲注（76）四〇八頁。
(78) 元木伸「商法等の一部を改正する法律の概要（中・三）」商事法務九一一号（一九八一年）八頁、一七頁。
(79) 岩村充＝鈴木淳人『企業金融の理論と法』（東洋経済新聞社、二〇〇一年）一八一―一八二頁。
(80) 元木・前掲注（78）一七頁。
(81) 当初、経済実務界は、株式買取権付社債制度の創設を要望していたが、商法部会における審議で自己株式の取得制限の緩和しないことがあきらかにされていたため、証券業協会は自己株式の取得を前提とする株式買取権付社債制度の創設は困難であるとの見通しをつけ、新株引受権付社債制度の創設を目標として提案を作成している、元木・前掲注（78）一七頁。
(82) 元木・前掲注（78）一八頁。
(83) 元木・前掲注（78）一八頁。
(84) 元木・前掲注（78）一九頁。
(85) 岩村＝鈴木・前掲注（79）一八二―一八三頁。
(86) 岩村＝鈴木・前掲注（79）一八二―一八三頁。
(87) 岩村＝鈴木・前掲注（79）一八三頁。
(88) 新株引受権付社債に関する平成六年の会計基準については、家田（二〇〇七年）・前掲注（2）八一―八二頁参照。
(89) 野口晃弘『条件付新株発行の会計』（白桃書房、二〇〇四年）七四頁。
(90) 家田（二〇〇七年）・前掲注（2）八一頁。
(91) なお、平成一一年に企業会計審議会は「金融商品に係る会計基準」を公表し、転換社債についても発行会社は区分処理を行うことができるとする立場を示した。この基準では、転換社債について、区分法を用いることも可能としているものの、一括法を用いた会計処理についても許容している。
(92) 新株引受権付社債の会計処理の経緯については、岩村＝鈴木・前掲注（79）一八三頁。
(93) 二〇〇二年の企業会計基準委員会・実務報告第一号「新株予約権及び新株予約権付社債に関する会計処理」では、このような会計処理を行うことが記されている、江頭憲治郎『株式会社・有限会社法〔第二版〕』（有斐閣、二〇〇二年）六〇七頁。
(94) 野口・前掲注（89）七五頁。

(95) 平成九年改正については、北沢正啓「合併法制の整備、ストック・オプションの導入等、および罰則の強化」北澤先生古希記念『日本会社立法の歴史的展開』(商事法務研究会、一九九九年) 五三七頁。
(96) 北沢・前掲注 (95) 五五四―五五五頁。
(97) 江頭憲治郎「ストック・オプションのコスト」『商事法の展望』(竹内昭夫先生追悼) (商事法務研究会、一九九八年) 一六一頁、一七四―一七七頁。
(98) 税制上の優遇措置を受けるためには、様々な要件を付さなければならなかった。例えば、新株予約権の行使期間は付与決議の日後二年を経過した日から当該付与決議の日後一〇年以内とされており、一株あたりの権利行使価額は、付与契約締結時の一株あたりの価格以上に設定されていること、新株予約権の譲渡が禁止されていることなどがあった。新株予約権をストック・オプションとして付与した場合の税制上の優遇措置については、神田＝武井・前掲注 (55) 二四九―二五二頁 [武井一浩] 参照。
(99) 原田ほか・前掲注 (60) 六〇頁。
(100) 代用払込型の新株引受権付社債 (昭和五六年商法改正直後の三四一条の八第二項六号) では、社債権者たる地位を失うか否かは新株引受権付社債の保有者が決定できる。
(101) 株式に譲渡制限が付されている会社では、新株引受権付社債を発行するには、株主総会の特別決議が必要となる (平成一三年改正直後の商法三四一条の三第一項・第二項)。
(102) 江頭憲治郎『株式会社法』(有斐閣、二〇〇六年) 六九七頁。
(103) 藤田友敬「オプションの発行と会社法―新株予約権制度の創設とその問題点―」別冊商事法務二五六号 (二〇〇二年) 八七頁、九五頁。
(104) 野口・前掲注 (89) 八五頁。
(105) 藤田・前掲注 (103) 九五―九六頁。
(106) 藤田・前掲注 (103) 九五頁では、①を一〇〇として、社債の対価を八〇、転換権の対価を二〇とすると、①は一〇〇であるにもかかわらず、③は八〇となるという弊害を指摘している。
(107) 野口・前掲注 (89) 八四頁。
(108) 藤田・前掲注 (103) 九六頁、野口・前掲注 (89) 八五頁。
(109) 新株予約権の活用方法については、神田＝武井・前掲注 (55) [武井一浩] 二〇一―二〇二頁。
(110) 原田ほか・前掲注 (60) 四七頁。
(111) 会社法におけるストック・オプション報酬の会計処理については、江頭・前掲注 (102) 四一〇頁。

四　検証・種類株式および新株予約権制度の変遷

1　前　説

種類株式および新株予約権制度の制度は、多様な資金調達を実現する手段として提示されてきた結果、株式会社が多様な会社支配構造を構築できるようになった。種類株式および新株予約権制度に関する規制緩和は、産業界・実務界の要望を背景として推進されてきており、法制度を構築する際には、会社の資金調達における機動性の確保と、既存株主の保護との調整がなされてきた。

ここでは、視点を、オプション理論の導入による会社法制の記号化、および会社支配権の多様化において、わが国の法制の推移をまとめ検証する。

2　会社によるオプション発行形態の多様化

㈠　会社によるオプションの発行

会社法では、自社の株式を原証券として、コール・オプションおよび、プット・オプションの双方を発行することができる。まず、これらオプションの性格を確認する。

コール・オプションでは、権利保有者が権利を行使することによって、相手方から原証券を購入することができる。コール・オプションでは、権利保有者が買いポジションに立ち、他方が売りポジジョンに立つ。オプション手数料は、買いポジションに立つ権利保有者から、売りポジションに立つものへ支払われる。

プット・オプションでは、権利保有者が権利を行使することによって相手方に原証券を売りつけることができる。プット・オプションでは、権利保有者が売りポジションに立ち、相手方が買いポジションに立つ。オプション手数料は、売りポジションに立つものから買いポジションに立つものへ支払われる。

会社法制を鑑みると、会社が売りポジションに立つコール・オプションに関連する法制度は、昭和一三年に転換社債および転換株式として導入され、昭和五六年の改正によって新株引受権付社債制度が加えられたことを経て、平成一三年一一月の改正によって新株予約権として再設計した後に会社法の規定にいたっている。

会社が買いポジションに立つコール・オプションに関連する制度は、昭和二五年の商法改正の際に、償還株式の一形態の随意償還株式として解釈で認められている。この随意償還株式が、会社法の制定において取得条項付株式（一〇七条一項三号）および取得条項付種類株式（一〇八条一項六号）、全株式取得条項付種類株式（一〇八条一項七号）の法規定として制定されている。

会社が買いポジションに立つプット・オプションについては、昭和二五年に償還株式の一類型として、解釈によって導入された義務的償還株式として導入され、会社法の制定に際して、取得請求権付株式および取得請求権付種類株式（一〇八条一項五号）として付された法規定として制定されている。

これら諸制度に加えて、昭和二三年の商法改正以前に存在していた株式分割払込制度についてもオプション発行の性格を持つことが指摘できよう。株式分割払込制度のもとでは、会社設立時に、株式引受人は株金の四分の一を下らない金額を第一回の払込として拠出すればよく（昭和二三年改正直前の商法一七一条二項）、第二回以降の払込については、取締役が追加払込の時期と金額を決定し、株主から資金を徴収することができた(112)。この制度のもとでは、会社が売りポジションに立つプット・オプションの一種が、株式に内包されていると考えられる。株式を引き受けることによって、株主は追加払込における株金払込義務も引き受けるからである。

㈡ 会社法制の変遷

(1) 分割払込制度・転換社債および転換株式の創設・全額払込制度への移行・授権資本制度の導入

明治三二年に制定された商法では、資本の総額を定款記載事項とし、増資に株主総会の特別決議を求める一方で、分割払込制度を採用していた。分割払込制度においては、第一回の払込額が株金額の四分の一を下らない額であればよいとされたことは、一面では公衆を魅惑し株式を引き受けさせて会社の設立を容易にさせたが、会社成立後に会社が資金を必要とする場合には、残余の未払込株金を徴収することも可能とした(113)。一方で、増資につき株主総会の特別決議を必要とするという厳格な手続きを要求しながら、他方で、株式分割払込制度によって株主への「徴収権」を会社に与えることによって(114)、資金調達の機動性を確保していたといえよう。

昭和一三年改正によって、転換社債および転換株式の制度が創設されたことに、新株予約権の萌芽を見ることができよう。もっとも、この時点では、オプションの発行という観点からではなく、将来の株式発行という概念を用いて、転換権を把握していた。例えば、転換社債については、会社法制は社債の発行と将来の株式発行を同時に行うと捉えて法制度を構築されている。したがって、転換社債の発行時点に、社債の発行手続きと株式の発行手続きの双方が必要とされていた。

昭和二三年の商法改正において株式分割払込制度が廃止され全額払込制度へ移行した(115)。株式分割払込制度については、昭和初期からその弊害が指摘されていたからである(116)。そもそも、株式分割払込制度については、会社支配者に与えられていた徴収権が、株主のリスクを増加させ株式の投資対象としての魅力を減殺しかねない(117)。株式分割払込制度によると、理論上は会社の資金調達が困難なときに、未払込株金の徴収により容易に資金調達が可能であるはずだが、実際には、会社の経営が困難なときの株金払込請求は容易には実現しなかった(118)。本来であれば、未払込株金には、会社債権者に対する担保的効力が期待されているが、会社が倒産した場合には、そのような担保的効力は発揮されなかったことになる。[119] さらに、株式分割払込制度をいちじるしく悪用する株式会社さえ存在していた。[120] このような会社は、設立に際して経済知識の乏しく、当該会社の株式がきわめて有利だと説いて第一回払込みをさせ株式を引受けさせ、設立後は事業上の経営を行わないで、第二回目以後の株金払込を請求していた。いわば、株金払込請求を目的とする株式会社が存在していたことになる。このように分割払込制度が悪用された理由には、株式を引き受けた者が、第一回払込みを除く未払込株金額を債務として負担したことを知らなかったことがあった。[121]

昭和二三年改正前の法制では、増資に株主総会の特別決議という厳格な手続きを要することによって、既存株主の保護を図り、分割払込制度によって資金調達の機動性を確保していた。ここで分割払込制度のみを放棄することは、会社の資金調達の機動性を放棄することを意味する。これによって、会社の資金調達の機動性は大きく損なわれた。そこで、昭和二五年の商法改正では資金調達の機動性を確保する手段として、授権資本制度を導入している。[122] 授権資本制度は、新株発行権限を取締役会に委ね、資金調達における機動性を確保しつつ、個々の出資者の合意を求めるルールであることから、追加出資者に不利な決定がなされるおそれがない点で、分割払込制と異なる。[123] なお、昭和二五年の商法改正では、社債の発行権限を取締役会に与えたにもかかわらず、転換社債の発行については、従来通り株主総会の特別決議を必要とする立場を維持している。これは、将来の株式発行権限を取締役会に与えないという立場に由来するとも考えられる。

㈢　償還株式の導入によるオプション発行形態の多様化

昭和二五年の商法改正では、償還株式制度が導入されている。償還株式は、株式の消却につき内容の異なる株式として規定された（昭和二五年改正直後の商法二一二条一項）。法制においては、単に株式の消却に関する種類株式として規定されたことから、具体的な償還方法として、償還の決定権を会社が有する方法（随意償還）と、株主が有する方法（義務償還）が解釈として考えられた。これら両者は、法制度上はいずれも償還株式に該当するが、オプション発行という観点からは、性質を全く異にする。随意償還株式は、会社が株主から株式を買取るオプションを有していることから、会社が買いポジションに立つコール・オプションと株式との組合せとなる。これに対して、義務償還株式は、株主が会社に株式を売りつけることができるオプションを有していることから、株主が売りポジションに立つプット・オプションと株式との組合せとなる。法制度における具体的な規定ではなく、運用における解釈において、会社によるオプションの発行を用いた資金調達手段が多様化されたことになる。なお、償還株式も種類株式の一形態であるので、既存の会社が償還株式を発行するには、定款変更が必要とされていた。

㈣　終戦直後の会社法制におけるオプションの発行

昭和二三年および二五年の商法改正までに示された法制度を、オプションの発行という観点から整理してみよう。まず、昭和二三年改正の分割払込制度の廃止によって、株式から会社が売りポジションに立つプット・オプションの要素が除去された。これによって、わが国の会社法制においても徴収権が克服され、投資者の自由な投資判断に基づかない資金調達ができなくなったと評価されている(124)。

昭和二五年改正では、授権資本制度を導入したにもかかわらず、転換社債の発行権限は取締役会には与えられなかった。将来の株式発行については、株主総会の特別決議を必要とする立場は維持されたことによって、結果的には、会社が売りポジションに立つコール・オプションの発行権限については取締役会には委ねない立場が示されたともいえよう。

その一方で、昭和二五年の商法改正によって償還株式が導入されたことから、会社が買いポジションに立つコール・オプションおよび、会社が買いポジションに立つプット・オプションが導入されたことになる。これは償還株式の運用における解釈によって導入された。制度を鑑みると、昭和一三年の商法改正で導入された転換株式にも、会社が買いポジションに立つコール・オプションと、会社が売りポジションに立つコール・オプションの要素が含まれているともいえる。昭和二五年の商法改正以前は、会社が買いポジションに立つコール・オプションと、会社が売りポジションに立つコール・オプションの両者に株式を組み合わせて発行する形態（転換株式）のみが認められていたことになる。これに対して昭和二五年以降は、会社が買いポジションに立つコール・オプションと株式との組合せ（随意償還株式）、および会社が売りポジションに立つプット・オプションと株式との組合せ（義務償還株式）が可能となったことになる。

㈤　社債と組み合わせたオプションの発行に関する規制緩和

(1)　転換社債の発行権限の緩和

昭和二五年の商法改正によって授権資本制度が導入されたにもかかわらず、転換社債の発行権限は取締役会に委ねられなかった。会社法制は、将来の株式発行権限を全面的には取締役会に委ねられなかったともいえるだろう。授権資本制度のもとでは、追加出資者に有利に新株を発行することによって既存株主が害されるおそれが残されており、このおそれを抑制しうる公正かつ機動的な法的ルールが、戦後半世紀の間わが国の会社法制においても模索されてきた。[125]具体的には、第三者に新株を発行する場合のルールを如何に構築するかが模索されてきた。この模索は昭和四一年の商法改正において、第三者に対する有利発行については株主総会の特別決議を必要とし、それ以外の新株発行については授権資本の枠内であれば取締役会に権限を与えるという法制度が提示されることによって収束する。これを受けて昭和四九年の商法改正では、転換社債の発行権限を株主総会の特別決議としていた立場が改められた。ここでは、第三者に有利な転換条件を付さない限りは、転換社債を、取締役会決議で発行できると規定された（昭和四九年改正直後の商法）。

昭和四九年の商法改正によって、転換社債の発行は、取締役会の決議によって発行可能となったが、これとは別に社債の発行限度規制が存在していた。社債の発行限度規制は、明治三二年の商法から存在しており、社債の発行総額は株金額以下でなければならないと規定されていた（明治三二年商法二〇〇条および昭和一三年改正直後の商法二九七条一項参照）。その後、昭和一三年の商法改正において社債の発行総額は、資本総額以下と規定されている（昭和一三年改正直後の商法二九七条一項）、昭和二五年改正直後の商法二九七条一項）。昭和二五年改正では、資本金と資本準備金の合計額以下と規定されている（昭和二五年改正直後の商法二九七条一項）。社債の発行限度規制の意義は、社債権者を保護するために、会社に現存する資力以上に巨額の固定的債務を負担することを抑制する趣旨と考えられていたが[126]、この規制が取締役会の権限の範囲を画していることを評価する見解も存在した[127]。なお、昭和五二年の社債発行限度暫定措置法では、転換社債の発行についても、担保付社債および外国で募集する社債と同様に、二九七条で規定する社債発行限度額の二倍の範囲内までは発行できると規定されている[128]。

⑵　新株引受権付社債の導入

昭和五六年の商法改正において新株引受権付社債が導入された。新株引受権付社債は、新株引受権を行使しても社債権者たる地位を失わない点で、転換社債と異なる。新株引受権付社債の制度の創設を要望した経済実務界は、既存の法制度との整合性を保つために転換社債制度とできるかぎり類似させた制度の導入を提言し、これが法制度として取り込まれた経緯があった[129]。

新株引受権付社債制度が創設された時点では、コール・オプション制度を導入したのではないことが強調されている[130]。これは、以下の二つの規定に顕著に表れている[131]。

第一に、新株引受権付社債に付される新株引受権によって発行される新株の発行価額の総額は、新株引受権付社債の金額を超えることができないと規定している（昭和五六年改正直後の商法三四一条の八第三項）。この規定によって、少額の社債に多額の新株予約権を付して発行し、実質的には、コール・オプションを発行することと同一の結果となることが防止されている[132]。

第二に、分離型の新株引受権付社債を発行するには、原則として株主総会の特別決議が必要となると規定している（昭和五六年改正直後の商法三四一条の八第四項本文）。一見すると、厳格な規制ともみえるが、同項但書では未行使の新株引受権に関する株式の発行総額が現在する新株引受権社債の総額を超えない限りにおいて、その社債の償還または償却をすることができるとするならば、総会の特別決議を要しないと規定している。このような場合には、非分離型の新株引受権社債と同一の扱いが可能となることから、株主総会による特別決議を要しないこととしている[133]。

㈥ オプション発行概念の導入による規定の整備

平成九年の商法改正において、新株引受権型のストック・オプション制度が創設されたことで、わが国の会社法制においても、会社がコール・オプションを発行することが限定的に認められた。この時点では、報酬目的として、正当な事由がある限りにおいてコール・オプションの発行を認めるにとどまっていた。

平成一三年一一月の商法改正で新株予約権制度が創設されたことによって、わが国の会社法制でも、会社がコール・オプションを発行することが全面的に認められた。オプションに関するファイナンス理論の発展により、転換権および新株引受権の価値が、コール・オプションの価値として把握できるようになったことにともない、転換権および新株引受権を将来の株式発行と認識することの弊害が明らかになったからである。この弊害が端的に表れるのは、社債発行時における株式の価格が転換権または新株引受権の行使価格とされているときである。転換社債の発行時点で、将来の株式発行をあらかじめ決議すると考えるならば、転換権の行使価格が社債発行時の株価を下回らない限りは有利発行とはならない。この考え方によると、転換権の対価を無償として転換社債を発行しても有利発行の問題は発生しないと考えられる。これに対して、転換権をコール・オプションと把握した場合には、転換権の行使価格として転換社債発行時の株価を設定したとしても、有償の価値を持つ。このような転換社債を、転換権の対価を受け取ることなく発行すると、既存株主をはじめ、既存の会社関係者から転換社債を引き受けた者への富が移転することになる。

平成一三年の商法改正によって新株予約権の制度が導入された際に、オプション価格基準説の立場から規制が再構築された。新株予約権のコール・オプションとしての価値を基準として有利発行か否かを判断する規定はこの現れといえよう。

㈦　会社法におけるオプションの発行

⑴　会社によるコール・オプションの発行

会社が発行できるコール・オプションの第一の類型には、新株予約権がある。新株予約権においては、会社が売りポジションに立つ。オプション手数料は新株予約権の発行時における払込金額（会社法二三八条一項三号）として、権利保有者から会社に対して支払われる。新株予約権は法制度上において単独発行が原則とされるが、新株予約権付社債として社債と組み合わされて発行することも予定されている。

会社が発行できるコール・オプションの第二の類型として取得条項付株式がある。取得条項付株式には、全株式に取得条項が付されている場合（会社法一〇七条）、取得条項付株式においては、会社が買いポジションに立つ。会社が買いポジションに立つコール・オプションを含む法制度は取得条項付株式に限られていることから、株式と組み合わせた発行のみが法制度上は認められていることになる。オプション手数料は、買いポジションに立つ会社から、売りポジションに立つ取得条項付株式の株主に支払われるべきであるが、取得条項付株式の場合には、募集株式を発行する際に、オプション手数料に相当する金額を考慮しつつ、発行価額が決定されるとも考えられる。なお、既存の株式を取得条項付株式とする場合には、対象となる株主全員の同意が必要となる（会社法一一〇条・一一一条一項）。

会社が発行できるコール・オプションの第三の類型として、取得条項付新株予約権における取得条項がある。取得条項付新株予約権では、一定の事由が生じたことを条件として、会社が新株予約権を取得することができる。取得条項付新株予約権は、一見すると、コール・オプションである新株予約権に、これを再度買取るコール・オプション（取得条項）を付して発行するかのようにもみえる。しかし取得条項付新株予約権については、理論的には、コール・オプションの売りポジションと買いポジションを同時に発行することとも把握できる。[134] 取得条項を用いることによって、取得条項付新株予約権の保有者が受け取るペイ・オフを一定の金額に固定化できるからである。

⑵　会社によるプット・オプションの発行

会社が発行できるプット・オプションには、取得請求権付株式がある。取得請求権付株式では、会社がプット・オプションの買いポジションに立つ。会社が発行できるプット・オプションは、会社法においては取得請求権付株式に限定されており、株式との発行で、会社が買いポジションに立つ類型に限定されていることになる。プット・オプションの手数料は、売りポジションに立つ取得請求権付株式の株主から、買いポジションに立つ会社へと支払われるべきであるが、取得請求権付株式においては、募集株式の発行価額にオプション手数料が含まれていると考えられる。したがって、取得条項付株式の価値は、同条件の株式に取得請求権を付さず発行したときに価額と比較すると、オプション手数料に相当する金額だけ高価になる。

㈧　会社法の規定へ収斂する過程

わが国の会社法制では、どのような形態でオプションの発行が認められてきたか、会社法制の歴史を紐解いていきながら確認する。まず、明治二三年の旧商法以来、会社法制では、分割払込制度をとっており、株式そのものに会社が売りポジションに立つプット・オプションの要素が内包されていた。

昭和一三年の商法改正において、転換社債および転換株式が創設されたことによって、社債または株式と組み合わせて、会社が売りポジションにコール・オプションの発行が認められたことになる。

昭和二三年の商法改正では、分割払込制度が廃止されている。これによって株式から、会社が売りポジションに立つプット・オプションの要素が除去された。

昭和二五年の商法改正において償還株式の制度が創設されたことによって、会社が買いポジションに立つプット・オプション（義務償還株式）と、会社が買いポジションに立つプットオプション（随意償還株式）が組合せられた株式の発行が可能となった。償還株式において、どのようなオプションが事実上発行可能なのかは、法規定ではなく解釈によって認められたことになる。

その後、昭和四九年の商法改正では、転換社債の発行権限が取締役会に与えられ、昭和五六年の商法改正では、新株引受権付社債の制度が導入されている。これらによって、会社が売りポジションに立つコール・オプションの発行規制が実際には緩和されたともいえよう。ただし、この時点では、コール・オプションの発行は認めないとの立場がとられていた。

平成九年の商法改正において新株引受権型ストック・オプションが創設されたことを経て、平成一三年一一月の商法改正において新株予約権制度が創設されたことによって、わが国の会社法制においても、会社が売りポジションに立つコール・オプションの発行が全面的に認められた。なお、新株予約権についても取得条項を付して発行することが認められたことから、解釈上は、会社が買いポジションに立つコール・オプションの発行形態が多様化したことになる。

さらに、会社法の制定では、会社が売りポジションに買いポジションに立つプット・オプションが取得請求権付株式として、会社が買いポジションに立つコール・オプションが取得条項付株式として制度化された。従来、償還株式における償還方法に関する解釈として認められていたこれらオプションの発行が、法規定として整備されたことになる。

会社法の規定を概観すると、会社が売りポジションに立つコール・オプションの発行、会社が買いに立つコール・オプションの発行、および会社が買いポジションに立つプット・オプションの発行が、法制度上可能となっている。このうち、会社が売りポジションに立つコール・オプションは、新株予約権として発行可能となるが、他は取得条項付株式、取得請求権付株式のように株式と組合せるか、あるいは、取得条項付新株予約権における取得条項（会社が買いポジションに立つコール・オプション）のように新株予約権と組合せなければならず、単独での発行は認められない。

会社が売りポジションに立つプット・オプションについては、昭和二三年の商法改正以前の会社法制では、分割払込制度のもとの株式に含まれていた。分割払込制度の廃止によって、株式からは、会社が売りポジションに立つプット・オプションの要素は除去された。一方、転換株式には、会社が買いポジションに立つコール・オプションと会社が売りポジションに立つプット・オプションの双方の要素を併せ持っているとも考えられる。転換株式は会社法においても取得条項付株式のなかの、対価を他の種類の株式として発行した場合の規定（会社法一〇八条二項六号ロ）に継承されている。

3　会社支配構造の多様化

(一)　総　説

種類株式のうち、議決権制限株式、拒否権付株式を活用することによって、株式会社は多様な会社支配構造を形成することができる。また、新株予約権の行使によって会社支配権が変動する可能性を利用して、会社支配権に介入することも可能となる。ここでは、会社法制において、会社支配に関連する制度がどのように変遷してきたのかを検証する。検証あたっては、自益権の多様化についても必要に応じて検討する。[135] わが国では、会社支配構造について、一議決権の価値をめぐる議論がなされてきたからである。具体的には、普通株式と優先株式との間に「株価近似の要請」を要求すべきかが議論されてきた。[136] そこで、一議決権あたりの価値に関連する法制度の変遷も検証する。

(二)　自益権の多様化と無議決権株式の導入

明治二三年の旧商法では、優先株式の規定はなく、利益配当について株主を平等に取扱うと規定されていた

（明治二三年旧商法二二一条・二四九条一項）。その後、明治三二年の商法改正に際して、増資時における優先株式の発行が認められてはいるが（明治三二年改正直後の商法二一一条）、この時点では、自益権の多様化は限定的にとどまる。

昭和一三年の商法改正において、利益や利息の配当、および残余財産の分配に関する種類株式の発行が全面的に認められ（昭和一三年改正直後の商法二二二条）同時に、無議決権株式が導入された（昭和一三年改正直後の商法二四二条）。これによって、わが国の株式会社における支配構造が多様化した。

昭和一三年の商法改正では、二つの方向性から会社支配構造が多様化されている。第一に、自益権に関する種類株式が全面的に認められたことから、一議決権の価値が多様化したと理解できる。端的にいうならば、優先株式、とりわけ利益配当優先株式が議決権付株式として発行された場合には、一議決権あたりの価格が普通株式より高額となることから、議決権の価値においては他の株式に劣後する（議決権劣後株）。反対に、劣後株式は、一議決権あたりの価格が、他の株式より低額となることから、議決権の価値においては他の株式より優先する（議決権優先株式）という把握方法である。

第二に、無議決権株式制度の導入により、株式の議決権が制限できることになった。この時点では、優先配当権と無議決権が関連づけられていなかったので、普通株式であっても、劣後株式であっても無議決権株式とすることができた。なお、議決権の制限として認められる形態としては、完全無議決権株式のみが認められていたことになる。

㈢　優先配当受給権と無議決権株式との関連づけ

昭和二五年の商法改正において、無議決権株式は利益配当優先株式でなければならないとする規制が設けられた。この規制によって、優先配当権を得る代償として議決権を失うという枠組みが法制に取り込まれた。優先配当を受給できない場合には、議決権が復活すると規定されたことによって、優先配当受給権と無議決権株式との関連はより一層強く関連づけられたことになる。

優先配当権と議決権の制限とを関連づける立場は、昭和二五年の商法改正以降、平成一三年の商法改正まで維持されることになる。この間は、会社支配権に関する種類株式をめぐる議論は、無議決権株式の発行の枠組み拡大に関して展開している。その結果として平成二年の商法改正では、無議決権付株式の発行は発行済み株式総数の四分の一から三分の一に拡大されている。

㈣ 会社支配構造の多様化・相対化

⑴ 議決権の多様化・相対化

平成一三年一一月の商法改正において、種類株式の制度の大幅な改正が行われ、これによって株式の会社支配権能が相対化された。具体的には、議決権制限株式および拒否権付株式の制度が導入されている。

議決権制限株式は、株主総会において議決権を行使できる事項に関する種類株式として規定されている（平成一三年改正直後の商法二二二条第一項）。これによって、議決権についても、株式の種類ごとに異なる取り扱いができることになり、株式会社における議決権も相対化した。完全無議決権のみに限定して議決権の制限を認めていた立場は改められたことになる。

拒否権付株式については、株主総会または取締役会の決議事項につき、種類株主総会の決議も要する旨を定款で定めることができるを規定している（平成一三年改正直後の商法二二二条七項）。これによって、特定の種類株主に拒否権が与えることが可能となった。このことは、拒否権が与えられていない株主は、当該事項について議決権を有さないことをも意味する。

⑵　無議決権性と利益優先配当権との切断

会社へ支配権の対応形態が、種類株式ごとに完全に相対化したことにあわせて、優先配当権を有する株式について議決権の制限を認めていた立場は改められた。平成二年ころには、わが国では、一議決権の価値はできるだけ近似するが望ましいという観点から、優先株式の問題が論じられている[137]。この議論は、一株一議決権原則をできる限り厳格に維持する立場に基づく。ここで、優先株式に限って無議決権を認めるとすると、一株一議決権原則からは乖離する[138]。利益優先株式は普通株式と比較して、株式の価格が高額となることから、議決権を有する普通株式のほうが、議決権を有しない優先株式より安価に取得できるからである[139]。同様に、株主総会における意思決定においても、普通株主の情報収集のインセンティブが低下することが指摘されている[140]。普通株主が議決権を行使する際に、企業が置かれている経営環境などを十分に調査し、適切な意思決定を行ったとしても、無議決権株式に優先的に配当がされるとすると、普通株主は情報収集による会社の価値増加分をすべて回収できないからである。その一方で、企業の意思決定の多くが取締役会や経営者によって行われている場合には、優先配当性は経営者のインセンティブを引き出す上で有効な手段となる[141]。ベンチャー・ビジネスの経営者や同族経営者のように資金調達は必要とするが、会社経営権は他人に譲りたくない経営者にとって、無議決権株式は有効な資金調達の手段となり、また、株主よりも経営者のほうが会社の経営に関してより正確な情報を持っている場合には、株主の議決権行使による経営への不必要な介入を防ぐためにも、一株一議決権原則から乖離することが望ましいからである[142]。

このように利益配当優先株式に限って無議決権株式を認めるという立場には、経営者へのインセンティブを引き出し、新規事業の資金調達手段を提供するという利点はあるが、同時に、弊害もあることから、法規定で強制することは妥当ではないと考えられよう。新株発行における有利発行規制を鑑みると、株主総会の特別決議を経れば既存株主より有利な条件で新株主が議決権を獲得できることが明文で認められているなど、株主総会の多数決で株主間の不平等取扱いが会社法制上認められており、さらには、新規に優先株式を発行する場合については、議決権取得において不利に取扱われることに、新株主は同意していることから、一議決権の価値が近似することを要請するかたちで、一株一議決権原則を厳格に維持することには疑問が提示されている。(143)

⑶　新株予約権の導入による会社支配構造の多様化

平成一三年一一月の商法改正で新株予約権制度が設けられた。ここでは、会社が新株予約権としてコール・オプションを単独発行することが全面的に認められている。新株予約権の行使によって、将来の持ち株比率が希釈化する可能性を利用して、会社支配権への介入することが問題となっている。新株予約権も、会社支配構造の多様化の要素となっているといえよう。

㈤　会社法にいたるまでの規定の推移

会社法の規定では、平成一三年一一月および平成一四年の商法改正によって導入された立場がそのまま継承されている。この規定にいたるまでの法規定の推移を概観する。

まず、昭和一三年の商法改正までの段階では、増資時に限り優先株式の発行を認めるにとどまり、議決権の制限は認めていなかったことから、会社支配構造は限定的で単純であった。昭和一三年の商法改正によって、優先株式・劣後株式が全面的に導入され、また無議決権株式も導入されたことから、会社支配構造の多様化が一気に進んだ状況となった。ここでは、発行限度をもうけて無議決権株式を導入するという立場が会社法制に導入されている。

この状況に揺り戻しをかけたのが、昭和二五年の商法改正である。この改正によって、利益配当優先株式に限り無議決権株式を認めるという規制が導入された。以後、平成一三年一一月の商法改正にいたるまでは、無議決権株式の発行限度の拡大というかたちで、規制の緩和が進められていくことになる。

平成一三年一一月の商法改正によって、会社支配構造は完全に多様化・相対化している。まず、議決権については、議決権の制限および種類株式への拒否権の付与が認められており、相対化がなされている。これに伴い、利益優先株式に限定して無議決権株式を認めるという規定も廃止されている。さらに、新株予約権が制度化されたことに伴い、あらたな会社支配への介入手段が提示されている。これは具体的には新株予約権を用いた敵対的企業買収への防衛策として、司法をはじめとして幅広く問題を提起することになった(144)。

(112) 浜田道代「企業金融と多数決の限界」商事法務一三九八号（一九九五）三〇頁、三二頁。
(113) 松田二郎『株式会社の法理』（岩波書店、一九六二年）一〇七―一〇八頁。
(114) 浜田・前掲注（112）三二頁では、分割払込制度は徴収権の亡霊と位置づけている。
(115) 昭和二三年の商法改正における株式分割払込制度の廃止については、池野千白「先後会社法への第一歩――昭和二三年の改正―」『日本会社立法の歴史的展開』（北澤正啓先生古稀記念）（商事法務研究会、一九九九年）二〇六頁、二一二―二一四頁。
(116) 松田二郎「株式全額払（←旧字体）込論―商法改正の問題点として」法曹会雑誌一一巻一号四三頁（一九三三年）。
(117) 浜田・前掲注（112）三〇頁、三二頁では、
(118) 池野・前掲注（115）二一三頁。
(119) 松田・前掲注（113）一〇八頁。
(120) 分割払込制度の悪用については、松田・前掲注（113）一〇八頁。
(121) 松田・前掲注（113）一〇八頁。

(122) 昭和二五年の商法改正の概要については、中東正文「GHQ相手の検討の成果――昭和二五年・二六年の改正――」『日本会社立法の歴史的展開』（北澤正啓先生古稀記念）（商事法務研究会、一九九九年）二一八頁。
(123) 浜田・前掲注(112)三三頁、ここでは、個々の出資者の合意を必要とする点において、授権資本制度は分割払込制度より優れていると指摘している。
(124) 浜田・前掲注(112)三一頁、三三頁。
(125) 浜田・前掲注(112)三三頁。
(126) 上柳克郎ほか編『新版注釈会社法⑽』（有斐閣、一九八八年）二一八頁、二二三頁［岩原伸作］。
(127) 倉沢康一郎「社債発行枠拡大の問題点」企業法研究二五二輯二一
(128) 社債発行限度暫定措置法が制定される経緯については、岩原・前掲注(126)二一八―二二三頁。
(129) 元木・前掲注(78)一七頁参照。
(130) 元木・前掲注(78)一八頁。
(131) 昭和五六年に導入された新株引受権付社債の制度については、元木・前掲注(78)一八―一九頁参照。
(132) 元木・前掲注(78)一八頁。
(133) 元木・前掲注(78)一九頁。
(134) 家田崇「取締役会決議に基づく新株予約権の発行を用いた敵対的企業買収の防御――日本版ポイズン・ピルの問題点を中心に」判タ一一一七号七九頁（二〇〇三年）、八二頁。
(135) このほかに、会社支配構造に関連する法制度としては、昭和二五年の商法改正以前には、定款で一一株以上の株主の議決権が制限できると規定されていたことがあげられる。この制度については、加藤・前掲注(7)一三一―一三六頁。
(136) 一株一議決権原則と優先株式との関係に関する議論については、加藤・前掲注(7)一四二―一四四頁。
(137) 稲葉・前掲注(16)参照。
(138) 畠中薫里「企業の資金調達と議決権および利益の分配」三輪芳朗ほか編『会社法の経済学』（一九九八年）二七九頁、二九九頁。
(139) 畠中・前掲注(137)二九九頁。
(140) 畠中・前掲注(137)二九九頁。
(141) 畠中・前掲注(137)二九九―三〇〇頁。
(142) 畠中・前掲注(137)二九八頁。

(143) 加藤・前掲注(7)一四三―一四四頁。
(144) 敵対的企業買収への防御策として新株予約権を発行することについては、膨大な議論があり、その詳細を転換することは、本稿の範囲を遙かに超えている。

五 おわりに

本稿では、種類株式及び新株予約権に関連する法規定の変遷をたどり検証した。検証の視点は、株式会社によるオプションの発行形態の多様化および会社支配構造の多様化においた。

まず、会社によるオプション発行形態の多様化について、会社法では、従来の法制度を、オプション発行概念を用いて記号化し、法制度化している。オプション発行の概念を用いて、法制度を記号化している理由には、オプション評価モデルを用いて、オプションそのものの金銭的な価値を把握できることがあると考えられよう。法制度が転換権および新株引受権から、新株予約権へと推移していく過程は、コール・オプションの金銭的価値が把握できるという考え方が、会社法制に浸透していく過程と位置づけられるだろう。新株予約権のコール・オプションとしての価値が把握可能であることを前提として、株主以外の第三者にとって金銭的に有利な条件で新株予約権を発行する際には、株主総会の特別決議を必要とする規制が導入されたと考えられる。会社によるオプションの発行規制は、新株予約権を中心に展開してきた。これに対して、他のオプション発行については、昭和二五年の商法改正の際に償還株式として導入され、償還方法に関する解釈として展開されてきた理論が、会社法の制定を機に、取得請求権株式および取得条項付株式として制度化されている。これらの種類株式には、会社が売りポジションに立つプット・オプションの要素や、会社が買いポジションに立つコール・オプションの要素が含まれている。新株予約権以外の法制度については、オプションの発行という観点から十分に検討されてこなかった経緯があると指摘できよう。オプションの発行という観点から会社法制をより精緻化する必要があると考える。

第二に、会社支配構造の多様化については、会社法における種類株式において、会社支配権への対応形態は完全に相対化されている。会社は種類株式を駆使することによって、多様な支配構造を築くことができる。例えば、特定の種類株式を拒否権付株式として発行することにより、拒否権の対象とされている事項についての他種類の株式を実質的に無議決権化することさえも可能となる。このように会社支配への対応が多様化すると、会社支配権そのものがどのように価値を有するのかを測定することは困難になるといわざるを得ない。種類株式の発行は、定款の規定に基づき可能となっていることから、種類株式の発行に関する定款変更決議の持つ意味を再検討しなければならないと考える。

最後に、今後の会社法制における課題を指摘する。二〇〇七年には、取得条項付新株予約権を用いた敵対的企業買収防衛策が問題とされている(145)。取得条項付新株予約権には、会社が売りポジションにたつコール・オプションの要素と会社が買いポジションに立つコール・オプションの要素が含まれていることから、オプションの発行として検討されるべき課題を内包しているといえよう。さらに、新株予約権によって会社支配への介入手段が多様化することに伴い、どのような会社支配構造が許容されるのか、限界を模索する必要がある。種類株式を用いた支配構造の多様化はいうまでもなく、会社支配権に介入する手段として新株予約権を用いることの是非も検討されなければならないと考える。

(145) 最決平成一九年八月七日、商事一八〇九号（二〇〇七年）一六頁、原審として東京高決平成一九年七月九日、商事一八〇六号（二〇〇七年）四〇頁、原々審として、東京地決平成一九年六月二八日、商事一八〇五号（二〇〇七年）四三頁。ここで用いられた買収防衛策については、田中亘「ブルドックソース事件の法的検討（上）（下）」商事一八〇九号四頁、一八一〇号一五頁（二〇〇七年）において詳細に検討されている。このような買収防衛策については稿を改めて論じたい。

［付記］
本稿は科学研究費補助金（基盤B一八三三〇〇一六：企業リストラクチャリングの代替的手法）の助成を受けている。本稿執筆に際しては、法の経済分析ワークショップで二〇〇六年夏合宿および東京商事法研究会平成一八年一二月会において研究報告を行う機会を得ており、参加された諸先生より有意義な示唆をいただいている。

社債権者の異議申述権の個別行使

——会社法七四〇条一項の合理性の検討——

森　まどか

浅木愼一・小林量
中東正文・今井克典　編
浜田道代先生還暦記念
『検証会社法』
2007年11月　信山社10

一　はじめに

本稿は、組織再編等における債権者保護手続での異議申述権の行使について、社債権者の個別行使を禁止する会社法のルールの合理性を検討する。旧商法・会社法のいずれも、社債権者が債権者保護手続における異議申述権を行使するためには、社債権者集会決議を経なければならず、各社債権者の単独での異議申述を許さない（会社法七四〇条一項、旧商法三七六条三項等）。会社法は旧商法よりさらに一歩進めて、社債管理者が社債権者のために異議申述できると定めた（会社法七四〇条二項本文）。これに伴い、社債管理者は債権者保護手続における個別催告受領権も賦与された（同条三項）。一方、社債管理委託契約で別段の定めをすることにより、社債管理者の異議申述権を排除することも可能である（同条二項ただし書き）。

社債権者の個別権利行使の当否自体については、リーディング・ケースとされる大審院判決昭和三年一一月二八日以降、会社法七〇五条一項（旧商法三〇九条一項）の行為についての個別行使は学説上もほぼ異論なく認められている。これらの個別権利行使との関連でしばしば言及されるのが、本稿が問題とする社債権者による異議申述権の規定である。すなわち、会社法七四〇条一項（旧商法三七六条三項等）が、社債権者が異議を申述するにつき社債権者集会の決議によるべきことを定めていることの反対解釈として、上述の権利行使について個別行使が認められるというものである。(1) しかし、そもそもなぜ異議申述の場合には社債権者が個別行使できないと規定されているのか、およびその合理性については議論が尽くされたとは言い難い。会社法が旧商法と異なり、社債管理者に異議申述権および個別催告受領権を与えたこと、および定款で定めれば個別催告を不要とできる場合もあること（会社法七七九条三項、七八九条三項、七九九条三項、八一〇条三項）との関連からも、個別権利行使を禁じる会社法七四〇条一項の意義について改めて検討し直す必要があると考える。

本稿は、こうした問題意識の下、社債権者による異議申述権の個別行使禁止により会社法下で生じうる問題点を明らかにし、異議申述権の個別行使禁止の合理性を検討する。検討の順序は、以下の通りである。まず、二において、組織再編等における債権者保護手続ならびに社債権者による異議申述権行使に関する会社法のルールを概観し、生じうる問題点を指摘する。その上で、三において、異議申述権の個別行使が認められないことの合理性を検討する。具体的には、会社法七〇五条一項や七〇六条一項各号の行為についての個別行使の当否に関する従来の議論により、会社法七四〇条一項の規定の説明を試みる（三1）。次に、異議申述権の社債権者による個別行使禁止の合理性を検討する（三2）。さらに、一定の場合には、各社債権者による個別的な異議申述を認める余地があることを提案するとともに、今後の課題も提示して結びに代える（四）。

（1）神作裕之「社債管理会社の法的地位」落合誠一ほか編『現代企業立法の軌跡と展望』（鴻常夫先生古稀記念）（商事法務研究会、一九九五年）一八二頁、二〇二頁。

二　債権者保護手続における社債権者の異議申述権

1　概要

資本金の額の減少、組織変更、合併、分割、株式交換（「組織再編等」）に際して、会社法は債権者に異議申述権を与える（会社法四四九条、六二七条、六三五条、六七〇条、七八九条、七九九条、八一〇条）。すなわち、会社は、所定の事項を官報に公告し、かつ、知れている債権者には個別催告をしなければならない（会社法四四九条二項、六二七条二項、六三五条二項、六七〇条二項、七八九条二項、七九九条二項、八一〇条二項）。ただし、会社が公告を、官報のほか定款に定めた日刊新聞紙または電子公告でするときには、個別催告を要しない（会社法四四九条三項、六二七条三項、六三五条三項、六七〇条三項、七八九条三項、七九九条三項、八一〇条三項）。会社債権者が一定の期間内に異議を述べなかったときは、その債権者は当該組織再編等を承認したものとみなされる（会社法四四九条四項、六二七条四項、六三五条四項、六七〇条四項、七八九条四項、七九九条四項、八一〇条四項）。しかし、異議を述べたときには、会社は当該組織再編等を行ってもその債権者を害するおそれがないときを除き、弁済をするか、相当の担保を提供するか、またはその債権者に弁済を受けさせることを目的として信託会社等に相当の財産を信託することを要する（会社法四四九条五項、六二七条五項、六三五条五項、六七〇条五項、七八九条五項、七九九条五項、八四〇条五項）。

社債権者は、会社債権者であるから、上記の債権者保護手続の適用を受ける（会社法七四〇条）。旧商法下では、記名社債の社債権者は「知れている債権者」として個別催告を受けたが、無記名社債の社債権者・振替社債の社債権者（「無記名社債権者等」）は会社が把握できないためその対象とならず、公告のみを受けていた。会社法は、社債管理者を設置している場合には、「知れている債権者」にその社債管理者も含め（会社法七四〇条三項）、無記名社債権者等についても、社債管理者が設置されている場合には、社債管理者が個別催告を受領することとなった。[(2)(3)]

社債権者が異議を述べるには、社債権者集会の決議によらなければならない（会社法七四〇条一項）として、各社債権者による個別権利行使を禁止している点は旧商法と変わらない。社債権者集会決議により社債権者が異議を述べる場合、裁判所は利害関係人の申立てにより、異議を述べる期間を伸長することができる（会社法七四〇条一項柱書）。しかし、コストの観点から社債権者集会の開催自体が稀であり、さらに裁判所による決定手続を経なければならないとすると、さらに社債権者集会が開催される可能性が低くなることが予想され、社債権者が異議を述べることができなくなってしまうことが指摘されていた[4]。そこで会社法は、社債管理者が社債権者集会決議を経ずに異議を述べることができることとした（会社法七四〇条二項本文）[5]。一方、社債管理委託契約によって、社債管理者が異議を申述するには社債権者集会決議を要する、との定めをすることもできる（同項ただし書き）。実際には、ほとんどの社債管理委託契約にこのような定めが置かれ、社債権者が異議を申述するには社債権者集会を経なければならないとの結果が予想されている[6]。

2 問題点

会社分割との関係において、上記の会社法のルールは社債権者保護に資する、との解説がある。すなわち、社債管理者が設置されている場合には、無記名社債権者等の社債管理者が個別催告を受領することになったことで（会社法七四〇条三項）、吸収分割会社がもし社債管理者に催告しなかったとすれば、会社法七五九条二項が適用され、吸収分割会社は、無記名社債権者等に対しても連帯責任を負うことになる、と[7]。

しかしながら、上述のように、社債管理委託契約により社債管理者の異議申述権を排除できる以上、社債管理者に個別催告受領権を賦与したことは、かえって社債権者保護から後退したものと評価せざるを得ない[8]。すなわち、社債管理者が個別催告受領権を有しなかった旧商法下では、無記名社債権者等は、会社が把握できなかったために催告することができなかった債権者として、この連帯責任の対象とされていた[9]。よって、社債権者集会が事実上成立せず社債権者が異議申述できなかった場合でも、吸収分割会社の連帯責任により保護される可能性があった。会社法が個別催告受領権を社債管理者に賦与したことで、社債管理者に個別催告をしなかった場合に連帯責任が生ずるから無記名社債権者等の保護に資するという説明は妥当でなく、むしろ、社債管理者に個別催告さえすれば、吸収分割会社が無記名社債権者等に対して連帯責任を負う可能性がなくなる、という効果にこそ注意すべきではないか。

上述の通り、社債管理者の異議申述権は、ほとんどの場合、社債管理委託契約により排除されるであろうことが指摘されている。その理由は、異議を申述すべきかどうかの判断に際しての社債管理者の善管注意義務違反による責任発生（会社法七一〇条一項）回避のためといわれる。[10] その場合、異議申述権のない社債管理者は、個別催告受領後、社債権者集会を開催すべきか否かについて、自らが異議申述権を行使するか否か判断するのと同様、善管注意義務をもって判断すべきことになろう。善管注意義務違反による責任回避のために、常に異議を申述するという防御的行動を社債管理者がとるとの論理はここでも当てはまるはずであるから、社債管理者は常に社債権者集会を開催するインセンティブをもつことになるのではないか。[11] しかしながら、異議申述が可決されなければ、異議申述を望む社債権者は申述の機会を閉ざされ、当該組織再編等を承認したものとみなされる。この場合に、社債管理者に対して善管注意義務違反に基づく責任を問う余地は小さいといえ、また個別催告を社債管理者が受領している以上、吸収分割における連帯責任による保護の余地もない。このように、とりわけ吸収分割においては、会社法が社債管理者に個別催告受領権を与えた一方で、社債管理者の異議申述権の約定による排除を認めたことは、無記名社債権者等保護のためではなく、むしろ吸収分割会社の無記名社債権者等に対する連帯責任を確実に回避できる方策を与えたものと評価せざるを得ないのである。

さらに、平成一六年商法改正以降、上述の公告を、官報公告に加え、定款所定の会社の公告方法の規定による定款の定めに従い、日刊新聞紙に掲載する方法または電子公告によりするときは、吸収分割会社は社債管理者に個別催告することすら要しなくなった（会社法七八九条三項）。このような場合には会社法七五九条二項は適用されず、吸収分割会社が社債管理者に個別催告する必要はないから、吸収分割会社が無記名社債権者等に対して連帯責任を負うことはない。公告方法の簡素化が実現した商法改正時、社債管理者に異議申述権を与えることで、無記名社債権者等の保護を図るべきことが提言された[12]。これに応える形で会社法は社債管理者に異議申述権を与えたが、すでに見た通りほとんどの場合、これが約定で排除されると予想されている。

ここで疑問になるのは、債権者保護手続における異議申述権の行使を、各社債権者が個別に権利行使できない理由およびその合理性である。特に、社債管理者に異議申述権がない場合にまで、各社債権者の個別権利行使を禁止すべきとする合理性はあるのだろうか。

(2) したがって、社債管理者が設置された記名社債については、記名社債権者と社債管理者の双方に個別催告しなければならないと解される。
(3) 社債管理者の異議申述権の有無によってその個別催告受領権の有無も異なると主張するように見受けられるものとして、相澤哲ほか編著『論点解説　新・会社法』（商事法務研究会、二〇〇六年）六八九頁。「社債管理者も異議を述べることができる場合においては、債権者保護手続における個別催告は、個別の社債権者に加えて、社債管理者に対しても行う必要がある」とする。この点につき後掲注（8）参照。
(4) 法務省民事局参事官室「会社法制の現代化に関する要綱試案補足説明」商事一六七八号（二〇〇三年）一二五頁。
(5) 社債権者集会の決議要件も緩和された。会社法七二四条一項。
(6) 「(4)全国銀行協会の意見」相澤哲ほか編『会社法制の現代化に関する要綱試案に対する各界意見の分析』別冊商事法務二七三号六三六頁、六四五―六四六頁、野村修也「新会社法における社債制度」ジュリ一二九五号（二〇〇五年）一一九頁、一二六頁。
(7) 相澤哲＝葉玉匡美「社債」相澤哲編著『立案担当者による新・会社法の解説』別冊商事法務二九五号（二〇〇六年）一七八頁。
(8) 上述したように、個別催告受領権の有無が、異議申述権の有無と連動すると解することができるのならば（相澤ほか・前掲注（3）六八九頁参照）、この指摘は該当しないことになる。社債管理者に異議申述権がない場合に社債管理者に個別催告受領権がないとすれば、後述するように、会社分割時に、会社が把握できなかったために個別催告されなかった無記名社債権者等に対する連帯責任が生じる可能性があるからである。しかしながら、七四〇条三項の文言からは、そのように解することには無理がある。
(9) 江頭憲治郎『株式会社・有限会社法〔第四版〕』（有斐閣、二〇〇五年）七七三頁。
(10)「会社分割等に関しては、社債権者にとっての利益・不利益が明確である事例は少なく、判断に迷う事例が多いことは容易に想像されるところであり、社債管理会社としては、……社債権者に対する善管注意義務違反となることを回避する観点から、常に異議を申述する防衛的行動に出ざるを得ないこととなり、かえって発行会社の企業再編を妨げることになるおそれがある」との意見があった。「(4)全国銀行協会の意見」・前掲注（6）六四五頁。
(11) 山下友信「『会社法制の現代化に関する要綱試案』における社債関係事項の概要」金融法務研究会『社債管理会社の法的問題』（金融法務研究会報告書(9)）（二〇〇四年）一頁、七―八頁。
(12) 江頭憲治郎「株券不発行制度・電子公告制度の導入に関する要綱の解説(下)」商事法務一六七六号（二〇〇三年）一二頁。

三　検　討

本章は、社債管理者の異議申述権を約定で排除することができるという現行のルールを所与として、各社債権者による個別権利行使の意義について検討する。検討の順序としては、まず社債権者の個別権利行使をめぐる従来の理論から、異議申述権の個別行使禁止の説明を試みる。次に、個別行使を認めた場合に生じうる弊害と、個別行使を認めない場合に生じうる弊害とを分析し、これらの弊害が個別行使禁止の合理的根拠となりうるかどうかを検討する。

1 旧商法・会社法下での個別権利行使をめぐる理論

会社法は、社債権者による異議申述権の行使について、①社債管理委託契約で排除されていない限り、社債管理者によるか、②社債権者集会決議によるか、の二通りの方法を定めている（会社法七四〇条一項二項）。いずれの方法も、異議申述権の行使について集団的に処理すべきとし、各社債権者による個別行使を許さない。社債権者に個別の異議申述を認めると、会社は当該組織再編等の措置をとっても債権者を害するおそれがないか、または弁済等の措置をとることが必要か否かを判断し、それに応じて個々の異議申述者に対応しなければならないが、これは煩瑣に耐えないとも考えられ、結果として債権者保護手続を伴う組織再編等の手続の進行を阻害することになるため、と一般に説明されている。[13]

旧商法下でも、異議申述についての個別権利行使禁止について同様の規定があり（旧商法三七六条三項、四一六条二項）、これについて疑問が呈されることはなかった。むしろ、その反対解釈として、それ以外の場合には個別権利行使が許されることがあると解されてきた。[14] 社債権者による個別権利行使についてのリーディング・ケースである大審院昭和三年一一月二八日第三民事部判決[15]は、最終償還期日後になっても支払がないため、担保付社債権者が発行会社に直接償還を請求した事案につき、次の理由に基き社債権者による個別権利行使は適法であると判断した。すなわち、社債権自体は原則として民商法の規定の適用を受けるべきものであり、担信法が規定する担保についての事項を除いては、債権者としてその権利を行使するについては制限を受けない、と。判旨の説くこの一般論は、無担保社債にも該当する点について学説はおおむね一致している。[16] したがって、会社法七〇五条一項（旧商法三〇九条一項）の行為について、社債権者が個別に権利行使することは許されると一般に解されている。[17][18]

一方、会社法七〇六条一項一号二号（旧商法三〇九条ノ二第一項一号二号）の行為についての個別権利行使については、以下のように見解が分かれる。

㈠　平成五年改正商法立法担当官の見解

平成五年商法改正の立法担当官は、社債管理〔者〕への授権との関連において、次の理由に基づき、会社法七〇六条一項各号の行為についての個別権利行使を認めない。まず、同条各号が対象とする権限は、「社債権を処分する権限」であるから、これを社債管理〔者〕が行使するためには、本来であれば社債権者の個別的な授権を必要とする。しかしながら、多数存在する社債権者から個別の権限の授与を受けることを求めるのは現実的ではないため、社債権者集会による集団的な意思の確認で十分である、との前提に立つ。[19]その上で、一号の行為がなされるのは、発行会社が債務不履行の状態になった場合であるが、そのような場合に各社債権者が発行会社に対し個別に権利行使をするのは「事実上きわめて困難であるし、他方、債務者である発行会社にとっても各社債権者の個別の権利の行使に対応するのは煩雑であ」り、「このような場合には、社債管理〔者〕による社債権の集団的行使を認め、社債権者の個別の権利の行使を許さないこととすべきである」という。[20]よって、社債管理〔者〕に一号の行為をなす権限を授権する社債権者集会決議には、①社債権の処分を伴うこと、および②社債権者の個別の権利行使を許さないことについて、社債権者の意思を反映させる意味があることになる。[21][22]

二号の行為をなす権限について、立法担当官は個別権利行使が禁じられると明確には述べていないが、二号の行為をなす権限が、発行会社がやはり債務不履行の状態に行使されることを前提としていることから、[23]社債権者集会決議には、個別行使を禁ずることにつき社債権者の意思を反映させる趣旨も含まれると同様に解していることが推測できる。[24]

㈡　松下淳一教授の見解

この見解に対して、松下淳一教授は、「自らのコストで権利行使しようとしている債権者に、団体的な権利行使による全体としてのコスト節約を理由として権利行使の制限を課すことは困難」であるとして、旧商法三〇九条ノ二第一項各号の行為（倒産手続に属する行為は除く）についても個別権利行使を認めるべきと主張する。[25] もっとも、松下教授は、倒産手続に属する行為については、裁判所が社債権者集会の決議に対する認可という形で後見的に介入することで、少数社債権者も含めて社債権者全体に実体的な不利益がないことを裁判所が判断していること、および個々の社債権者には、認可の裁判を即時抗告により争う機会が保障されていること（会社法八七二条四号、八七三条）を理由に個別権利行使を認める必要がないと主張している。[26] この主張は、社債権者集会決議により社債管理者に白紙委任することを認めない趣旨であろう。[27] 白紙委任の場合には、裁判所による実体的判断を期待できないからである。

ところで、会社法七〇六条一項ただし書きにより、募集事項決定の際に、倒産手続に属する行為を含む二号の行為について社債管理者に授権できることになったことと、旧商法下における松下教授の主張との関係は必ずしも明らかでない。社債権者集会決議により個別行使一般を禁止することは許されないが、発行会社と社債権者との間の約定による場合は、「不起訴・不執行の特約の一部」として許容されるとするからである。[28] 募集事項で、社債管理者に上記の権限を賦与することとする場合（会社法六七六条八号）、社債の引受けの申し込みをしようとする者には当該事項が通知され（会社法六七七条一項二号）、募集に応じることになるから、当該募集事項は、発行会社と社債権者間の約定の内容をなすともいえるが、社債管理者に上記の権限を賦与するだけでなく、個別権利行使を明示に禁止していない限り、裁判所による認可という担保がない以上、訴訟行為に属する手続と同様、倒産手続に属する行為についても、この見解によれば個別行使は許されるべきことになろう。[29]

㈢ 小 括

以上から、わが国における社債権者による個別権利行使をめぐる議論は次の二つに分類される。

第一は、会社法七〇六条一項各号の行為は、「社債権の処分」にあたるから、本来個別の社債権者により行使されるべきものであるが、とりわけ、発行会社が債務不履行の状態にある場合には、会社側の事務コストを考慮して個別行使を禁止するというものである。「社債権の処分」にあたらない会社法七〇五条一項の行為について個別権利行使が許されるのは、社債管理者は社債権者の法定代理人として社債権者の権利を行使しているのであり、本人である社債権者もまた自らの権利を行使することができるとしている。[30] 個別権利行使による発行会社側の事務コスト負担は、会社法七〇五条一項の行為についても同様のはずであるが、この見解は、発行会社が債務不履行の状態にある場合の事務コストを特に重視し、会社法七〇五条一項の行為は債務不履行の状態では行使されないことを前提としているようにも読める。

第二は、会社法七〇五条一項および七〇六条一項各号の行為をなす権利は債権者固有のものであるから、発行会社側のコスト節約を理由にその個別行使を禁じることはできないが、社債権者全体の利益に適う決定が多数決によって導かれることが裁判所の認可などにより担保されるときには、個別の権利行使を認める必要がない、とするものである。この見解によれば、社債管理者に会社法七〇六条一項二号の行為についての権限を、募集事項決定時に社債管理者に授権した場合は（会社法七〇六条一項ただし書き、六七六条八号）、上述の理由から、個別権利行使が許されるべきことになろう。

次に、上記二つの見解に依拠して、会社法下での債権者保護手続における異議申述権の個別行使の禁止について検討する。まず、上述の大審院判決にしたがえば、異議申述権は債権者固有の権利であるから、理論的には原則として個別権利行使が認められるべきことを前提とすべきである。次に、上記二つの見解それぞれに依拠して、異議申述権の個別行使の禁止を説明しようとすれば、以下のようである。

すなわち、第一の見解によれば、社債権者の異議申述権の行使時に、発行会社が債務不履行の状態にあるか否かによって個別権利行使の可否が変わりうる。つまり、異議申述権を行使する際、発行会社が債務不履行状態にあれば個別権利行使は許されず、そうでない場合には、個別権利行使が認められる可能性がある。しかしながら、組織再編自体と債務不履行とは必ずしもリンクするものではないし、会社法七四〇条一項の法文上、発行会社の債務不履行に関する条件は付されていないことからも、社債権者の異議申述権の個別行使禁止が発行会社の債務不履行の有無に左右されるとは考えにくい。そうすると、第一の見解によって、異議申述権の個別行使禁止を、他の権利に関する個別行使禁止と整合的に説明することができない。

第二の見解によれば、異議申述権の行使を社債権者集会で決議した場合、裁判所の認可によって当該決定が社債権者全体の利益に適うものであることが担保されると考えれば、個別の権利行使を認める必要がないという点は整合性がある。一方、社債管理者が社債権者集会決議によらずに異議申述権を有している場合（会社法七四〇条二項本文）には、この見解によればそのような担保はないとされるはずであり[31]、社債権者による個別行使が（社債管理者による実際の行使の有無とは無関係に）認められるべきことになるのかどうかが疑問として残る。

さらに、第二の見解に依拠した場合、異議申述権の行使が社債権者集会で否決された場合をどのように考えるべきかという問題もある。会社法七〇六条一項各号の行為をなす権限について、社債管理者に授権する社債権者集会決議が否決された場合は、社債権者は個別権利行使が認められそうであるが、異議申述権は、明文の規定により社債権者による個別の権利行使が許されていない。異議申述権を行使する決議が否決されたり、そもそも社債権者集会が開催されなかったりした場合(32)について、裁判所は認可を与えない(33)。言い換えると、このような場合には、「異議申述権を行使しないこと」が社債権者全体の利益に適うかどうかを、裁判所は判断しない。よって、会社法のルールは、「異議申述権を行使しないこと」が、社債権者全体の利益に適うかどうかにつき裁判所が担保することなく、異議申述権の行使を欲する少数社債権者にその権利行使を許さないことになる。したがって、第二の見解によっても、異議申述権については個別の権利行使が認められない会社法のルールを説明することができないのである(34)。

以上のように、第一、第二の見解のいずれによっても、異議申述権を社債権者集会決議または社債管理者による行使のみを許し、個別行使を一切認めないという会社法のルールは整合的に説明することができない。もっとも、社債権者による個別権利行使の意義についてはまだ議論が浅く、上記二つの見解ですべてを説明できるわけでもない。しかし少なくとも、会社法七〇五条一項および七〇六条一項各号の行為に関する社債権者の個別権利行使のルールと、異議申述権の個別行使に関するルールとには、整合性があるとはいえない。

そこで以下では、個別行使の意義をさらに検討するため、個別行使を認める場合の弊害と、個別行使を認めず多数決による弊害とを分析することで、異議申述権に関する会社法のルールの合理性・不合理性を検討する。

2　社債権者による個別権利行使の合理性

社債権者に個別権利行使を認める局面としては、①元本・利息や財務制限条項等の契約内容改訂と、②権利実現の局面とがありうる。[35] ①については、契約内容改訂に同意した社債権者のみが当該改訂に拘束されるという意味での個別行使であり、②については、たとえば社債権者が個別に発行会社に対して直接償還請求したり、債務不履行時に救済手段を発動したりすることを指す。本稿が問題とする組織再編時における異議申述権は、②に属するといえるため、①については検討しない。[36] 以下では②の局面について、㈠個別権利行使を認めることによる弊害、㈡個別行使を認めず多数決による場合の弊害を分析し、異議申述権の行使についての個別行使の合理性について検討を加える。[37]

㈠　個別権利行使を認めることによる弊害

社債権者に権利実現の局面で個別権利行使を認めることで生ずる第一の弊害として、社債権者間での利害対立(conflicts of interest) 問題がある。社債権者間での利害対立は、少数社債権者が、社債権者全体の利益に反するような利害を有しているときに生じる。たとえば、①一部の社債権者が、同時に株主でもある場合あるいは別の種類の社債権者でもあり、当該行為が、それら別の証券の価値に影響を与える場合、②一部の社債権者が発行会社と取引関係にある場合、③社債の価値を最大化する行動について社債権者全体が有しているのと別の意見を有している場合等である。[38] このような場合、個別権利行使を認めることにより、大多数の社債権者が社債権者全体の利益にならないと考えるような権利実現を、単独あるいは少数の社債権者が行う可能性が生じる。[39] すなわち、多数の意見が社債権者全体の利益に一致することを前提とする限り、多数決によれば社債権者全体の利益になるような権利実現がなされたはずなのに、個別行使を認めたことにより、社債権者全体の利益に反する少数者による権利実現が行われる可能性が生じる。

第二の弊害として、個別権利行使を認めると、正当な理由のない権利行使により発行会社がワース・オフされることによるコストの発生がある。この弊害は、多数の社債所持人にのみ権利行使を認めることで抑制されうるとされる(40)。もっとも、多数決によった場合であっても、多数者が社債権者全体の利益に反する利害関係にある場合にはこの弊害が生じる可能性は否定できない(41)。

㈡　多数決による弊害

権利実現の局面で多数決によってのみそれを認めることによる第一の弊害は、集合行為（collective action）の問題である(42)。すなわち、多数決によって権利実現を決定するために必要な割合の社債所有者の集団を形成しなければならず、これが情報を収集し分析するためのコストを増大する。また、社債権者同士が協力するためのコストも生じる。これらのコストが便益を上回る場合、その行為をなす決定が行われない可能性がある（合理的無関心）。また、たとえ便益がコストを上回る場合でも、個々の社債権者は他の社債権者の判断にただ乗りするインセンティブを持つ。十分な数の社債権者が同様のインセンティブを持てば、社債権者全体の利益になる行為であってもそのような行為をなす決定はなされなくなる(43)。会社法改正の議論の過程で指摘された社債権者集会開催および決議成立の困難さは、この問題が顕在化したものといえる。

第二の弊害は、インセンティブ問題である。これは、会社が一部の社債権者に対してのみ支払をしないなど、一部の者の権利を害するような行為をしたときに生じる。その場合、自己の権利が害されていない社債権者は、仲間の社債権者の権利についての救済手段を追行するインセンティブに欠けるため、個別行使が禁じられ多数決によってのみ許される場合には、それがなされないことになる(44)。

第三の弊害は、社債権者間での利害対立問題である。多数決による場合、多数の社債所持人が、社債権者全体の利益に反するような決定をする可能性がある。社債権者は社債購入時に享受する権利についてのコントロールについては評価していたはずであり、このような状況においては、少数派から多数派へ利益移転が生ずる。[45] これは、多数の社債所持人が、同時に発行会社の株主であったり、取引先であったりするような場合に生じる。[46]

(三) 小　括

社債権者に個別行使を認めた場合、個別行使を認めず多数決による場合、いずれにおいても上記のような弊害が生じうる。これらの弊害は、社債管理者による一元的な処理によって緩和されうるが、[47] その場合、社債管理者と社債権者との間の利益相反の問題や社債管理者のインセンティブ欠如という別の問題も生じる。[48][49] 会社法は、社債管理者に異議申述権ならびに個別催告受領権を賦与したが、社債管理委託契約で異議申述権を排除することを認める。すでに指摘されているように、実際にはほとんどの社債管理者が異議申述権を排除することが予想されるが、これは社債管理者のインセンティブ欠如の一つの現れであるといえる。[50] よって、組織再編時における異議申述権については、現行法下では社債管理者による一元的処理は機能しないと考えられる。[51]

そこで以下では、異議申述について個別行使を認める場合と、多数決による場合とにおいて、会社法下でそれぞれ生じうる具体的な弊害について検討する。すでに見たとおり、個別の異議申述を認めると、発行会社としては個々の異議申述に応じなければならず煩瑣に耐えないことが従来からいわれてきた。発行会社は、同一回の社債全体が当該組織再編等により不利益を受けるかどうかを判断することになる。当該組織再編等により発行会社の資力が不十分になった場合には、社債全体が不利益を受けるはずだからである。よって、個別の異議申述を認めても発行会社は、最初の一回の異議申述に応じて社債全体について判断し必要な措置をとればよく、[52] 以降の異議申述に個別に応じる必要は実質的にはない。たしかに「害するおそれ」がないと判断し、何の措置もとらないと判断した場合においても、発行会社側の立証の手間は否めない。[53] 異議申述権の個別行使を認めれば、多数決による場合に比べて、この立証が要求される蓋然性は高くなるからである。しかし、上述の通り、異議申述の効果は同一回の社債全体に及ぶはずであるから、個別に対応しその都度立証する必要はなく、社債全体について「害するおそれ」がないことを一度立証すれば実質的に足りる。この一度の立証に要するコストは、社債権者以外の債権者による異議申述の場合にも同様のはずであり、このコスト発生のみを理由に社債権者の個別行使を禁ずることはできないと考えられる。もちろん個々の異議申述者に対してこの立証の内容を通知するコストは生じるが、公告等により対応の手間を省略できる手段を法が用意すれば技術的に解決できるのではないか。さらに、正当な理由のない異議申述権が個別に行使されたとしても、会社側が「害するおそれ」がないと判断すれば、それを阻むことができるのであるから、個別行使を認めた場合の第二の弊害（正当な理由のない権利行使によるコスト）は問題にならないと考えられる。

個別行使を認めた場合の第一の弊害（利害対立問題）については、一般に個別の権利行使が、同一回の社債全体にその効果が及ぶ場合にのみ生じるといわれる[54]。異議申述について考えると、発行会社としては当該社債権者全体について害するおそれがないと判断すれば、所定の債権者保護手続をとる必要がない（会社法七八九条五項）。このように異議申述権については、会社法上、発行会社側の判断という緩衝材ともいえる手続が存在するため、申述の効果は社債全体に及ぶけれども、利害対立の問題は生じないと考えられる。むしろ、以下で述べるように、個別行使を認めずに多数決による場合に利害対立問題が生じうる。

次に、個別行使を認めず多数決による場合を検討する。わが国では社債権者集会を開催し、その決議によるべき場合、その決議は裁判所による認可がなければ効力が発生しない（会社法七三四条一項）。したがって、個別行使を認めないで多数決による場合の第三の弊害（少数社債権者から多数社債権者への利益移転）は、社債権者集会決議に関する裁判所の認可によりその発生が抑制されうる。[55] 少数社債権者から多数社債権者への利益移転を生ずるような行為をなす決議が、「社債権者の一般の利益に反するとき」に該当するとして、裁判所が認可しないことで対処されうるからである[56]（会社法七三三条四号）。しかしながら、前記三1(三)で述べたように、社債権者集会決議が否決され、異議申述がなされないこととなった場合には、この裁判所による担保は働かず、少数社債権者から多数者債権者への利益移転は抑止できない。多数決による場合の第一の弊害（集合行為の問題）とあいまって、第三の弊害は問題になるといえよう。一方、一部の社債権者の利益のみが害された場合の、その他の社債権者の異議申述の申立のインセンティブ（第二の弊害）は、異議申述との関係では問題にならないであろう。たとえば、吸収分割において、同一回の社債は一括して承継されるはずであり、当該組織再編等により一部の社債権者の利益だけが害される可能性はないといえるからである。

このように、異議申述権について、会社法下では、個別行使を認めた場合よりもむしろ、多数決による場合に上記の弊害が生じうる点に照らすと、債権者としての固有の権利である異議申述権について、その個別行使を一切禁止することは、必ずしも合理的に説明することができない。さらに、個別行使を認めないことで、とりわけ吸収分割に関する会社法の異議申述権に関する枠組みは、次に述べるように、社債権者に関する限りで債権者保護手続を機能不全に陥らせる可能性を内在する。

前述のように、会社法下では、社債管理委託契約で社債管理者の異議申述権が排除されている場合でも、社債管理者に個別催告さえしておけば、吸収分割会社が無記名社債権者等に対する連帯責任を回避すること可能となると考えられる。まず、社債管理者の個別催告受領権と、約定による社債管理者の異議申述の排除を組み合わせることにより、会社分割をスムーズに進めたいという発行会社（吸収分割会社）と、善管注意義務違反による責任を回避したいという社債管理者との利害が一致する。また、前述のように、個別催告すら不要とされる場合には、吸収分割会社の無記名社債権者等に対する連帯責任は生じない。これらの状況下で社債権者が異議を申述するためには、社債権者集会決議が必要であることになる。

たしかに、会社法七二四条一項により、会社法七四〇条一項の決議については定足数が排除され、社債権者が一人でも出席していれば社債権者集会が流会に終わることはなくなり、また決議の成立も容易になった[57]。これは多数決による第一の弊害（集合行為の問題）を緩和する方策であるといえる。しかしながら、このように集会決議を成立しやすくすることにより、多数決による場合の社債権者間での利害対立の問題（第二の弊害）が激化する可能性がある。多数者の意図すなわち社債権者全体の利益、であることを前提にすれば、多数決による決定には個別行使の利害対立を抑制する効果があった。しかし、出席した社債権者の議決権の過半数で可決できるとすれば、必ずしも社債権者全体の利益に適う決定であるとはいえない。裁判所の認可によりこの問題が解決されるとしても、前述のように、たとえば意図的に否決された場合等には裁判所による担保が働かない点は、会社法下での決議要件の場合も同様である[58]。したがって、とりわけ吸収分割の局面において、社債権者間での上述の利害対立により、異議申述を望む個別の社債権者による申述の途を閉ざし、このことにより、連帯責任による保護の余地も否定することには疑問が残る。

ここで、吸収分割について社債管理者が約定により異議申述権を有していないときには、社債権者による個別の異議申述を許すという選択を立法により認める余地はないだろうか。当然のことながら、個別の異議申述を許すと、一度措置をとればよいとしても、「害するおそれ」がないことの立証を従来に比べてしなくてはならない蓋然性が高まり、発行会社側のコスト増大が予想される。他方、社債管理者に異議申述権を与える場合であっても、社債管理者の善管注意義務違反の可能性から社債管理手数料上昇によるコストも増大しうる。これらを比較検討し、発行会社がいずれかを選択すべきものとすればよいのではないだろうか[59]。また、社債管理者が善管注意義務違反による責任を回避するために、やみくもに異議申述をすることにより発行会社の組織再編を妨げるとの指摘があるが、すでに述べた通り社債権者集会決議を要求した場合でも社債管理者は常に社債権者集会を開催するインセンティブを持つ点では同様であろう。社債権者集会開催のための期間が伸長され、組織再編等の時期が先延ばしになること、および集会開催にかかるコストを考えると、同様に組織再編の妨げにならないとはいえない。このことによるコストも含め、発行会社は、社債管理者による異議申述と、個別の異議申述の処理とを比較し、コストが低いと判断する方法を任意に選択すればよいのではなかろうか。会社法がこの選択をも封じる合理的根拠は、以上の検討からは見出すことができない。

(13) 前田重行「債権者保護手続における社債管理会社の権限」金融法務研究会『社債管理会社の法的問題』（金融法務研究会報告書⑼）（二〇〇四年）一九頁、二七頁。
(14) 神作・前掲注（1）二〇二頁。
(15) 民集七巻一〇〇八頁。
(16) 神作・前掲注（1）二〇二頁、松下淳一「社債管理会社の地位・権限と民事手続法との関係について」学習院大学法学会雑誌三一巻一号（一九九五年）五一頁。もっとも、社債管理会社が総社債権者のために社債の支払請求の訴えを提起しているときに、さらに社債権者が社債の支払請求の訴えを提起することは訴えの利益を欠くから許されないとするものとして、松田二郎＝鈴木忠一『条解・株式会社法㊦』（弘文堂、一九五二年）四九九頁、吉戒修一『平成五年・六年改正商法』（商事法務研究会、一九九六年）二八四頁。
(17) 社債権者集会の決議で別段の決議をすれば、各社債権者の単独の権利行使は制約されると説くものとして、鴻常夫『社債法』（有斐閣、一九九〇年）二三一頁。

(18) 吉戒・前掲注（16）二八四頁は、「社債管理会社は社債権者の法定代理人として社債権者の権利を行使するものであるから、本人である社債権者もまた自ら自己の権利を行使することができる」とする。上柳ほか編『新版注釈会社法第二補巻〔平成五年改正〕』（有斐閣、一九九六年）一九二頁〔江頭憲治郎〕は、「平成五年改正前、〔旧商法三〇九条〕に基づく社債管理会社の権限との関係で、個々の社債権者の単独の権利行使はある程度制限すべきであるとの立法論があった」が見送られたとする。

(19) 吉戒・前掲注（16）二八五頁。

(20) 吉戒・前掲注（16）二八六頁。

(21) 吉戒・前掲注（16）二八六頁。

(22) なお、一号の規定があるからといって、各社債権者が発行会社と自己の社債権につき個別に支払猶予等をなすことが妨げられるものではないと解されることにつき、上柳ほか・前掲注（18）一九四頁。各社債権者が「当該社債の全部について」支払猶予等（旧商法三〇九条ノ二第一項一号では「総社債につきなす」支払猶予等）をなすことはできないから、この規定が社債権者による個別の支払猶予等を禁ずるものとはいえないからである。この文言は、社債管理者が一部の社債についてのみ支払猶予等をなすことができないという意味にすぎない。

(23) 吉戒修一「平成五年商法改正法の解説〔9〕」商事法務一三三三号（一九九三年）二一頁。

(24) 上柳ほか・前掲注（18）一九七頁。

(25) 松下・前掲注（16）五五頁。

(26) 松下・前掲注（16）五五頁。

(27) 松下・前掲注（16）五三―五四頁参照。

(28) 松下・前掲注（16）五四頁。

(29) 松下・前掲注（16）五三―五四頁。

(30) 吉戒・前掲注（16）二八四頁。

(31) 社債管理者の異議申述権は法定の権利であるが（会社法七四〇条一項本文）、社債管理委託契約で別段の定めをすることができる（会社法七四〇条二項ただし書き）。社債管理委託契約でした別段の定めは、「法に規定する社債管理者の権限以外の権限を定める場合」（会社法施行規則一六二条四号）に該当すると解され、したがって、募集事項として決定されるべき事項となる（会社法六七六条一二号）。この場合においても、当該募集事項の内容として社債管理者の個別行使が明示に禁止されていない限り、異議申述権の個別行使の禁止を、松下教授の見解により説明することはできないと考えられる。

(32) 社債管理者が当初から社債権者集会を開催しなかった場合には、異議申述権を行使できなかったことにより当該組織再編等により社債権者が損害を受ければ、社債管理者は善管注意義務違反に基づき社債権者に損害賠償責任を負う余地はある（会社法七〇四条二項、七一〇条一項）。

(33) 裁判所の認可が決議の効力発生要件であることに照らすと、否決された場合にはその効力を発生させる必要がないため認可はなされないと考えるのが自然であろう。

(34) 松下・前掲（16）五四頁。ここでは個別の権利行使を禁じる社債権者集会決議の効力についての議論があてはまるであろう。すなわち、「そのような決議が有効であるとすれば、社債権者は、自身による権利の強制的な実現は阻まれる一方で、社債管理［者］による集中的な権利行使が効を奏するか否かは不明という危険に曝されることになる。このような危険を、多数決により、自身による権利行使を欲する少数派の社債権者に強制できるかは疑問」であり、「また最終的な実体的な利益の帰趨が不明である以上、裁判所としても、認可手続の際に、少数派の社債権者も十分に保護されるかどうかは判断しようがないのではないか」と主張し、そのような「決議の拘束力は否定せざるをえない」とする。

(35) 以下の検討は、Marcel Kahan, *"Rethinking Corporate Bonds: The Trade-off Between Individual and Collective Rights"*, 77 N.Y.U.L.Rev.1040（2002）によるところが大きい。

(36) 契約内容の改訂の局面で個別行使を認めた場合、集合行為（collective action）、利害対立（conflicts of interest）、ホールドアウト（holdout）の問題が生じるとされる（Kahan, *supra* note 35 at 1053-56.）。ホールドアウト問題は、集合行為の問題とよく似ているが、社債の管理に伴う便益がそのコストを上回る場合に生じる点が異なる。すなわち、たとえそのような場合であっても、個々の社債権者のとる戦略的行動により、社債権者全体としては望ましくない結果をもたらす可能性がある（藤田友敬「社債権者集会と多数決による社債の内容の変更」落合誠一ほか編『現代企業立法の軌跡と展望』（鴻常夫先生古稀記念）二一七頁、二二一頁（商事法務研究会、一九九五年）。たとえば、発行会社のリストラに際し、社債元本額の削減が提案されている場合、個々の社債権者としては自らは承諾せず他の社債権者の譲歩にただ乗りすることがもっとも合理的であり、かつ自分が承諾しないことで、全体のリストラクチャリングの成否が決まらないことを予測して「ホールドアウト（リストラへの協力を拒否）」する誘惑にかられる。十分な数の社債権者が同様に考えれば、結局社債権者全体としては、倒産した場合よりも利益になる措置がとられない可能性が生じる。ホールドアウト問題は、多数の社債権者による同意で同意しない社債権者を拘束することで封じられる。わが国では、元本・利息の削減や支払猶予については七〇六条一項一号、財務制限条項の削除・緩和については「社債権者の利害に関する事項」として七一六条が適用され、社債権者集会決議が必要であるからこの問題は生じない。

他方、契約内容改訂の局面で個別行使を認めずに多数決を認めた場合に生じうる弊害として、同意強制問題（coercion problem）がある（Kahan, *supra* note 35 at 1058-59.）。これは、契約内容の改訂に同意した社債権者にのみ会社が一定の支払をするよう申し出る場合に生じる。この「同意支払（consent payment）」によって、社債権者は自分たちの利益にならない契約内容を承認するよう「強制」されうる。たとえ全社債権者がそのような改訂を望まなくても、自分の同意なしに改訂が承認されると、不利益な改訂に拘束され、かつ同意支払を受けられないという点で、その社債権者はワース・オフされる。したがって、他の十分な社債権者が同意すれば同意は有益であり、改訂の成立に自分の同意はまったく影響がないことがわかる場合のみ同意は不利益であると考えて、各社債権者は不利益な改訂の提案に同意するかもしれない。十分な数の社債権者が同様に考えて同意すれば、改訂は成立する。こうした強制は、同意しない所持人がその改訂条件に拘束されないときには不可能となる。

(37) 本節の検討が依拠する Kahan, *supra* note 35 がその分析の前提とする米国における社債権者の個別行使と多数決による集団的処理との振り分けは、おおよそ以下の通りである。

第一に、期限の到来した元本および利息の支払を受領する権利、および以下に述べるノーアクション・クローズ（no-action clause）の適用対象外の契約外の権利は、個別行使が認められる。しかし、この提訴権以外に、期限の利益喪失およびそれ以外の元本および利息を回収し、あるいは信託証書中の条項の履行を求める救済手段（Revised Model Simplified Indenture, 55 Bus. Law. 1115, Section 6.03, at 1137.）に関しては明示の追行権を各社債権者に与えないのが典型である（Kahan, *supra* note 35 at 1050）。このように、元本および利息の支払についてのみ、社債権者に個別行使を認める理由は、少数社債権者の保護であったとされる。すなわち、個々の社債権者は、会社の将来の見通しについて貧弱な情報しか入手できないであろうことに加え、株主等の内部者が自らの利益のために社債を支配しその価値を毀損する可能性を危惧したからであるといわれる（Howard J. Kashner, "*Majority Clauses and Non-Bankruptcy Corporate Reorganizations-Contractual and Statutory Alternatives*", 44 Bus. Law. 123（1988）; Mark J. Roe, "*The Voting Prohibition in Bond Workouts*", 97 Yale L. J. 232 at 252（1987）.）。

第二に、上記以外の重要な財務制限条項（転換権、減債基金、保証等に関わるもの）、およびノーアクション・クローズの適用対象となる権利は、「デフォルト事象（Event of Default）」発生時の救済手段追行の局面においては、個別行使は認められず、信託証書の受託者、または二五％以上の社債所持人により行使される。

まず、米国信託証書法の下では、元本の支払に関するデフォルトはただちに「デフォルト事象（Event of Default）」となり、利息の支払に関するデフォルトはそれが通常三〇日継続すれば「デフォルト事象」となる（Revised Model Simplified Indenture, Section 6.01 (1) (2), at 1135-36.）他方、支払に関するデフォルト以外の条項違反は、信託証書の受託者（indenture trustee）または発行済み社債の二五％以上の所持人が会社に「デフォルト通知（Notice of Default）」をし、会社が一定の期間内（通常は六〇日以内）にそれを補正しない場合にのみ、「デフォルト事象」となる（Revised Model Simplified Indenture, Section 6.01 (3), at 1136）。

「デフォルト事象（Event of Default）」発生時、二五％以上の社債所持人は期限の利益喪失（acceleration）権を有するが（Revised Model Simplified Indenture, Section 6.02, at 1136.）、各社債権者は個別に行使することができない。期限の利益喪失以外の救済手段について、二五％以上の社債所持人は、ノーアクション・クローズを遵守した後にのみ、それを追行することができる（Revised Model Simplified Indenture, Section 6.06. at 1137-1138.）。

ノーアクション・クローズは、所持人が信託証書の受託者にデフォルト事象の継続を通知し、二五％以上の社債所持人が受託者に救済手段を追行するよう要求し、かつ、受託者がその要求を受けてから一五日または三〇日以内にその要求に応じない場合で、多数所持人が信託証書の受託者に、当該要求と相容れない指示をしていない場合にのみ、二五％以上の社債所持人が救済手段を追行できる、と定める（なお、ノーアクション・クローズの適用範囲は非常に広範であり、詐欺的譲渡法上の請求権などの契約外の請求権や第三者に対する請求権にまで及ぶことにつき、Kahan, *supra* note 35 at 1050-1051）。ただし、多数の社債所持人は、その取消しが判決や命令と矛盾せず、かつ期限の利益喪失のみによって期限が到来した元本および利息の不払い以外の、すべての既存のデフォルト事象が治癒または放棄された場合には、二五％以上の社債所持人による上記の期限の利益喪失を取消すことができる（Revised Model Simplified Indenture, Section 6.02, at 1136-37）。

(38) この利害対立問題は、多数の社債権者が、同時に株主であったり取引先であったりして、社債権者全体の利益に相反する利益を有している場合には、多数決による意思決定時にも生じうる。Kahan, *supra* note 35 n.75。

(39) Kahan, *supra* note 35 at 1054 (citing *Feldbaum v. McCrory Corp.*, No. 11,866, 1992 Del. Ch. LEXIS 113, at 20).

(40) 米国では、高額の弁護士報酬を目当てにした発行会社に対する「泡沫訴訟（frivolous suit）」が原告側の弁護士により誘導され、発行会社はこれにより困窮するのみ（worse off）という結果になると指摘されているが、ノーアクション・クローズがこの問題に対処すると指摘されている。Kahan, *supra* note 35 at 1056, 1057; *Feldbaum v. McCrory Corp.*, *supra* note 39, at 20; *Williams v. Nat'l Hous. Exch., Inc.*, No. 95 Civ. 1594, 1996 U.S. Dist. LEXIS 397 at 2 (S.D.N.Y. Jan 16, 1996)。

(41) 米国では元本及び利息の支払を求める発行会社への訴訟提起を除いて、期限の利益喪失・その他の救済手段追行について個別権利行使を認めていない点で、個別行使を認めた場合の弊害をクリアしている。さらに個別行使だけでなく、二五％の社債所持人の権利行使により生じうる問題についても、ノーアクション・クローズが対処するよう設計されている。

(42) Kahan, *supra* note 35 at 1057-58.

(43) 藤田・前掲注（36）二二七頁。

(44) 個別行使を認めずに多数決による集団的処理を行う場合には、米国では期限の利益喪失およびその他の救済手段の追行については、ノーアクション・クローズにより、個別行使が一切認められていないため、このインセンティブ問題が生じうる

(Kahan, *supra* note 35 at 1058.)。

(45) 藤田・前掲注（36）二三一頁。

(46) 藤田・前掲注（36）二三一頁。Kahan, *supra* note 35 at 1059 は、この問題を「支配喪失（loss-of-control）」問題として、個別行使を認める場合に生じる利害対立問題の裏面（flipside）であるとして区別している。

(47) Kahan, *supra* note 35 at 1059.

(48) Kahan, *supra* note 35 at 1060.

(49) 信託証書の受託者（indenture trustee）よりも広範な権限を有するスーパー・トラスティ（super trustee）の創設を提案し、そのインセンティブ問題を解決するために、経営判断原則類似の責任基準の導入や、当該社債の市場価値に連動する報酬を賦与するべきと主張するものとして、Yakov Amihud, Kenneth Garbade, and Marcel Kahan, "*A New Governance Structure for Corporate Bonds*", 51 Stan. L. Rev. 447, at 478, 480 (1999); 森まどか［論文紹介］［二〇〇〇－二］アメリカ法二一四頁参照。

(50) 社債管理者が異議の申述をしないことで社債権者が害された場合でも、異議の申述をしなかったことが故意または重過失によるものでない場合には、免責を認める免責規定の立法化を示唆するものとして、前田・前掲注（13）二九頁。

(51) 社債管理委託契約により、債権者保護手続における異議申述権を排除しているか否かが社債の市場価格に織り込まれているのであれば、この問題は生じない（藤田友敬「社債の管理と法」公社債引受協会編『公社債市場の新展開』（東洋経済新報社、一九九六年）三四〇頁）。従来、配当制限条項などの財務上の特約であればまだしも、社債管理者の権限・義務については、市場による評価が働きにくいのではないかと主張されることが多かった（藤田・三四一頁）。異議申述権以外にも、会社法七〇六条一項二号の行為にかかる権限を、募集事項において社債管理者に賦与することが認められており（会社法七〇六条一項ただし書き、六七六条八号）、社債管理者の権限が多様化することに照らすと、市場による評価が今後働く可能性はあるかもしれない。

(52) したがって、異議を申述した者に対してのみ、その社債に対して弁済等の措置をとるわけではない（このような措置は、会社法八六五条に基づき取消しの対象になりうるであろう。）

(53) 前田・前掲注（13）二七頁は、「社債権者に個別の異議申述を行うことを認めると、会社は当該企業再編等の措置をとっても債権者を害するおそれがないか、または弁済等の措置をとることが必要か否かを判断し、それに応じて個々の異議申述者に対応しなければならず、多数の社債権者が異議申述をした場合には、その対応はかなり面倒であろう。」と述べる。

(54) 契約改訂の局面について、その改訂対象が「分離可能（severable）」かどうかで、個別行使を認めるべきかを判断することを示唆するものとして、Kahan, *supra* note 35 at 1054-55.「分離可能」かどうかは、会社が、改訂に応じた社債権者と、そうでない社債権者とを区別して扱うことができるかどうかで判断され、「分離可能」なものについては個別行使を認めても利害対立問題および集合行為の問題が生じないという。たとえば、配当制限条項の削除は、それに応じなかった社債権者が存在する限り、会社は配当制限条項を遵守すべきこととなり、削除に応じた社債権者と区別して扱うことができないという意味で「分離可能」ではない。この場合には、利害対立問題および集合行為の問題が生じるため、個別行使を認めるべきではないという。他方、転換権についての内容改訂であれば、両者を区別して扱うことができるため、個別権利行使を認めても利害対立の問題および集合行為の問題が生じないという。

(55) 松下・前掲注(16)五五頁。

(56) 藤田・前掲注(36)二二二頁。

(57) 出席した議決権者の議決権の総額の二分の一を超える議決権を有する者の同意により可決することができる(会社法七二四条一項)。

(58) また、このように社債権者集会決議を成立しやすくすることと、社債権者による個別行使を認めることとの間に、果たしてどれほどの差異があるのかについても疑問が生じる。

(59) 社債管理者が異議申述権を有する場合には、善管注意義務違反による責任を追及できる余地があるので、個別の権利行使を認める必要はないと考える。

四　結びに代えて

本稿は、組織再編等での債権者保護手続における異議申述権について、社債管理者の異議申述権が約定により排除されうるという会社法の枠組みを所与として、社債権者による個別権利行使の可能性を検討した。社債権者による異議申述権の個別行使禁止の意義については、旧商法・会社法が明文の規定で定めていることからも、十分に議論されてきたとはいえない。従来、多数にのぼる社債権者に個別に異議申述権の行使を許した場合の発行会社による対応の煩瑣ゆえに、組織再編自体が阻害されるおそれがあるとの理由が主張されてきた。しかしながら、かりに個別権利行使を認めても、「害するおそれ」のないことを発行会社が立証しなければならない蓋然性は従来より高まるであろうが、個別に応じることによるコストの増大は技術的に解決できるといえ、上記の理由は債権者固有の権利である異議申述権の個別行使を禁止する理由としては十分なものとはいえない。かえって、多数決による意思決定を認めた場合の弊害が生じる可能性がある。特に、債権者保護手続の個別催告受領権を会社法が社債管理者にも賦与したことと、および定款で定めれば個別催告を不要とすることができるようになったことで、会社分割時の無記名社債権者等の保護が、旧商法下でのそれより後退したことに照らすと、会社分割時における異議申述権について、個別権利行使を認める余地があるのではないかとの結論に至った。(60)

本稿の議論の対象は、債権者保護手続における社債権者の異議申述権のみにとどまるが、救済手段追行等の権利実現一般、および契約内容改訂について個別行使をどこまで認めるべきかどうかについてはさらに検討されねばならない。これらについては、今後の課題としたい。

(60) 会社分割以外の組織再編等における異議申述権についても、従来の議論がその個別行使禁止の合理性を説明できない点は同様であるが、同様に個別行使を認めるべきか、認める場合のその限界については今後の検討課題としたい。

証券振替決済システムにおける権利の帰属と移転の理論

――アメリカ統一商法典第八編の再検討を通して――

コーエンズ久美子

淺木愼一・小林　量
中東正文・今井克典　編
浜田道代先生還暦記念
『検証会社法』
２００７年11月　信山社11

一　はじめに

証券市場の国際的競争が高まる中、安全で効率的な証券の決済制度構築のための立法が近時急速に進められてきた。そして、「社債、株式等の振替に関する法律（以下、「振替法」とする）」の成立により、全ての有価証券を対象とした統一的な証券決済法制が完成し、現在、二〇〇九年のシステム稼動を目指して準備が進められているところである。

振替法に基づく証券決済制度は、証券をペーパーレス化し、口座簿への記帳により権利の帰属・移転といった法的効果を生じさせる口座振替システムである。振替法一二八条一項は、「株券を発行する旨の定款の定めがない会社の株式で振替機関が取り扱うものについての権利の帰属は、この章の規定による振替口座簿の記載又は記録により定まるものとする」と規定する。立法担当者により、加入者である投資者は自己が口座を開設する振替機関等の振替口座簿に記録された額の権利（発行会社に対する権利）を直接保有するという基本構造がとられていると説明されている。(1)

また同法一四三条は、「加入者は、その口座における記載又は記録がされた振替株式についての権利を適法に有するものと推定する」と規定する。この「権利推定」については、株券が発行されている場合に、株券の占有者が適法な所持人と推定される（会社法一三一条）のと同趣旨であり、振替株式の譲渡・質入れは振替口座簿の振替によってのみ行われるので、振替口座簿に記録された者は権利者である蓋然性が高いことに鑑み、法律上の権利推定をすることとしたものであるとされている。(2)

現在稼動している証券の保管振替システムの基盤をなしている「株券等の保管及び振替に関する法律（以下、「保振法」とする）」は、口座記録の存在を株券の占有とみなし（保振法二七条一項）、口座記録の振替に株券の交付と同一の効力を与える（同法二七条二項）ことにより、有価証券法理を存続させた。[3] これに対しては、株券の存在を擬制することは迂遠であり、直接口座の記帳に権利移転の効果を与え、これに有価証券法理と同様の法律効果を付与するという方法が採られるべきではないかという指摘がなされた。[4] これを受けて振替法は、株券など証券の存在の擬制をやめ、口座記録と権利の帰属を直接結びつける方法を採った。

以上を踏まえ、証券決済の法律構成は、「顧客が所有している物権の同一性を保ったままの譲渡」という構成が採用されたと言われている。[5] したがって、口座管理機関である証券会社等が破綻しても、物権としての顧客の権利そのものは直ちに損なわれず、取戻権の主張ができるし、また、強制執行に対しては第三者異議を提起できる。これは、特定のモノに対し所有者としての物権的請求権を有するとされるためである。[6]

こうした法律構成の背景には、有体物としての証券は存在しないが、口座記録がそれに代わっており、それゆえ口座保有者が証券を所持しているのと同様の法律効果が、同様の法律構成から導かれるという発想があるように思われる。確かに、先に挙げた口座管理機関破綻時の投資者の権利などは、口座振替システムにおける証券決済においても継承される必要がある。ただ、口座記録と権利の帰属を結びつけることは、ペーパーレス化の私法理論として評価されるべきであるにしても、[7] 有体物としての証券の占有を口座振替システムの口座記録の存在に置き換えることが適当であるかについては、より実質的な検討を要すると考える。それは、単に有体物やその占有といった概念を口座記録へと拡張できるかということではなく、有体物である証券に適用される物権法理、有価証券法理によってもたらされていた様々な局面における法律効果が、口座振替システムの中で実際に生じるのかについて、多面的に検討することが必要なのではないかと考えるからである。有体物として存在しなくとも、同一の局面で同様の法律効果を承認しうる現象が生じているのであれば、「口座記録」あるいは「口座記録としての権利」を証券の定義の中に含め、従来通り物権法理・有価証券法理を適用することに問題はない。しかし、これまで議論されてきた物権法理・有価証券法理の必要性は、先に見たように証券会社破綻時の顧客の権利や善意取得といった限られた局面でのみ主張されてきたきらいがあり、これらの法理が実際にはより広い波及効果を持っていることを看過しているのではないかと思われるのである。

さらに、すでに指摘されているところであるが、証券決済システムと資金決済システムは共通の技術的仕組みを有している(8)。それにもかかわらず、資金決済は、銀行に対する債権の得喪として証券決済とは全く異なる取扱いがなされている。同一の権利移転の仕組みを利用していながら、証券のみが特定性を維持しているとすることは、整合的に説明されうるのだろうか(9)。

またそもそも原点に立ち返り考えてみると、物権法理・有価証券法理によってもたらされていた法律効果は、必ずしもそれらのみによってもたらされるものでもない。要は、異なる法律構成に基づくものであれ、新しい制度の中で、必要とされる同様の法律効果が生じていればよいのである。

本稿は、口座振替システムにおける権利の帰属および移転についての基礎的理論について再考することを目的とする。まず、振替法の規定の解釈として挙げられていた「直接保有」、「権利の同一性を保持した移転」の意義について、口座振替システムの実体に照らしながら再検討する。その上で、口座振替システムに従来の物権法理・有価証券法理を適用することへの疑問を出発点として全面的な改訂が進められたアメリカ統一商法典第八編の再検討を通し、口座振替システムの法律構成について、共通の技術的仕組みを有する資金決済システムも視野に入れた理論の探求を試みたい。

(1) 高橋康文編『逐条解説　社債等振替法』(金融財政事情研究会、二〇〇三年) 二二頁。
(2) 始関正光「株券不発行制度・電子公告制度の導入」別冊商事法務編集部編『株券不発行制度・電子公告制度』別冊商事法務二八六号 (商事法務研究会、二〇〇五年) 八三頁。
(3) 神田秀樹「ペーパーレス化と有価証券法理の将来」『現代企業と有価証券の法理』(河本一郎先生古稀祝賀) (有斐閣、一九九四年) 一六一頁。
(4) 神田・前掲注 (3) 一六二頁。
(5) 岩原紳作『電子決済と法』(有斐閣、二〇〇三年) 七九頁。
(6) 岩原・前掲注 (5) 七九頁。
(7) 森下哲朗「第六章　電子社会と金融」中里実・石黒一憲編著『電子社会と法システム』(新世社、二〇〇二年) 二二七頁。
(8) 本多正樹「金融資産の移転に関する法制――カネとモノの横断的考察――」民商法雑誌一二三巻六号 (二〇〇一年) 八一五頁。
(9) 拙稿「口座振替決済システムにおける証券の特定性――アメリカ法の追及の法理を手がかりとして――」名古屋大学法政論集二〇三号 (二〇〇四年) 四頁以下。

二　振替法と物権法理・有価証券法理

1　「直接方式」と「直接保有」――振替法一二八条の解釈――

有体物である証券を「直接保有」するということは、当該証券が保有者である投資者に帰属するとともに、投資者自身による証券発行者に対する権利行使が想定されている。有価証券法理は、有体物である証券を通して、証券発行者と投資者の直接的な権利・義務関係を規律する。ところが、口座振替システムにおいては、口座管理機関が投資者の証券を管理するのであり、構造的に、証券発行者と投資者の直接的関係は存在し得ないのである。それでは、振替法一二八条の説明として挙げられた「直接保有」とは、実質的に何を意味するのか。

立法担当者によると、振替口座簿に記録される有価証券上の権利は、加入者に直接帰属するということについては、投資者が発行会社に対する権利を直接保有するという基本構造を採ることにより、株主代表訴訟等、株主が会社に対して直接権利行使を行う制度との調整を図ったものと説明されている[10]。これはすなわち、かつて保振法に基づく振替決済制度を構築する際に株主の権利行使の方法、方式として議論された「直接方式」、「間接方式」のうちの「直接方式」を採用したものと言える[11]。同法制定以前に行われていた株券振替決済の方式は、「期末返還方式」と呼ばれ、期中は証券会社が株券を預かり、取引の決済に株券の受渡しを省けるが、決算期には保管機関から一斉に株券を証券会社に返還し、証券会社は顧客の指示に従って株主名簿を顧客名義に書き換えるというものであった[12]。そこで、期末になっても継続して株券の保管をしたまま振替決済を行う手段として、株主名簿上の名義を保管機関または証券会社名義に書き換えることが考案されたのである。これにより期末に一斉に大量の株券を引き出して名義書換をする手間、費用、危険を回避することができるようになったが、他方で個々の株主の権利行使を確保するという要請を満たす必要があり、二つの方法が考えられた。第一は、株主名簿上の株主が実質上の株主の指示に従って議決権を行使し、またこれらの者が会社から配当金を受領して実質上の株主に分配する方式である[13]。これは、実質上の株主が株主名簿上の株主を通じて間接的に権利を行使する方法で「間接方式」と呼ばれる。第二の方法は、保管振替機関が実質上の株主の住所、氏名、持株数を記載したリストを作成してこれを発行会社に交付し、それに基づいて実質上の株主が会社に対し直接権利を行使する「直接方式」である[14]。

わが国においては、発行会社が投資者と直接コミュニケーションを取ることが望まれ、また従来から配当金は銀行を通して発行会社から投資者に支払われていたという実務慣行があったため、「直接方式」が選択された[15]。このように「直接方式」というのは、投資者の権利行使の方法の一形態であり、保管機関が実質上の株主の名簿を作成し、発行会社に交付し、それに基づき投資者が発行会社に対して直接権利行使するというものである。会社法上の株主名簿の株主が保管機関あるいは証券会社名義になっている保管振替制度においては、株主の発行会社に対する直接の権利行使を法的に理論づけることは不可能であるために、保振法はそれを手続的な仕組みとして設計し、立法的に解決したと言えよう。

先に述べたように、口座振替システムにおいて、特定の投資者の口座は、特定の口座管理機関によってのみ管理されており、発行会社を含む第三者に対して公示されるものではない。発行会社は実質株主を認知することはできないから、投資者は、口座管理機関が管理する口座簿上の記録に基づき発行会社に対し直接的な権利行使ができるわけではない。とすれば、振替法一二八条の権利帰属の意義については、有価証券法理に基づく解釈は採れないということになろう。同条は、立法担当者の説明からも明らかなように、投資者が、口座振替システムの中で直接発行会社に対して権利行使することを端的に認めるものであり、立法的な措置と位置づけられるのではないか。実際、そのために、同法一五一条が振替機関に実質株主を発行会社に通知する義務を課しており、投資者の発行者に対する直接的な権利行使の手続が整備されている。

結局、振替法一二八条の権利帰属の規定により、立法担当者の意図した法律効果が権利行使の側面に限られるのであれば、権利が帰属するということの包括的かつ実質的意義についてはさらに検討する必要があろう。

2　口座記録の増減と同一性を維持した移転

それでは、権利の移転については物権法理に基づき捉えられるか。「顧客が所有している物権の同一性を保ったままの譲渡」[16]という物権法理に基づく法律構成は、確かに口座管理機関である証券会社等が破綻した際に、顧客の証券が口座管理機関の責任財産を構成しないという重要な法律効果を導く。しかし、それ以上の法律効果をももたらすことにはならないか。

たとえば、ＡからＢに証券が譲渡されたとすると、ＡとＢが同一の口座管理機関に口座を有している場合であれ、異なる口座管理機関に口座を有している場合であれ、いずれの場合もＡの口座記録の減額とＢの口座記録の増額が行われる。[17]Ａの権利は同一性を保持してＢに移転、すなわちＢに帰属が変わると考えられているのであるから、[18]もともとＡに帰属していた権利を物権の対象として特定しているということになろう。この例示のようにＡとＢという二当事者間で証券の取引があった場合は、特定の権利がＡからＢに移転したと観念することができると言える。ただそれは、口座記録自体の特定、すなわち口座記録の外観上認識しうる指標に基づき特定しているのではなく、口座記録の増減に対応する「取引」によって特定していると考えられよう。

しかしそうした一つの取引ではなく、多数の取引とともに連続して行われる口座記録の増減という現象の中で、本来の意味における同一性、いわゆる物権の基礎として特定されたモノが同一性を維持して移転するという法律構成を貫徹できるかは疑問である。権利の同一性が保持されるというのは、権利の移転経路が特定できるということであり、すなわち権利が特定され、当該権利と特定の権利者が結びつく状態と言えよう。[19]たとえば、一つの口座において複数の取引が行われ、口座記録の増減が複数回なされても、残高がどの口座から移転してきたか、つまり誰から譲り受けたものであるかを特定できるはずである。

このことは、口座管理機関破綻時に大きな意味を持つ。つまり、特定された証券が同一性を保持したまま移転するという法律構成の下では、口座管理機関破綻時において、顧客はそれぞれ自己に帰属する証券を特定し、それに基づき取戻権を主張することになるからである[20]。

ところが、振替法は、過大記録や誤記録等が発生している場合に当該記録を保有する投資者を特定するということはしない。そのような特定をすることになると、口座記録自体に外観上識別しうる指標がないため、膨大な取引と口座記録の増減を照合するという煩雑な手続を要することになる。それも、取引と口座記録の増減を対応させ、口座記録を特定すること自体がある種の擬制であるため、客観的に正当であるか判断が困難である。結局、特定の口座記録と特定の権利者を結びつける決定的な手段が存在しないため、状況に応じたアドホックな対応になるやもしれず、投資者間で公平な結果とならない場合が多いのではないか[21]。口座記録および権利者の特定は、全く不可能とは言えないにしろ必要とされていないのは、口座振替システムにおいて管理されている証券、権利が均一的なものであり、損失についてはそれぞれの持分に応じ按分比例により負担[22]することが適切でありかつ妥当であると認識されているからであろう。

このように所有権の対象として口座振替システムにおける口座記録を特定することは、厳密な意味においては不可能である。結局、「物権の同一性を保ったままの譲渡」という解釈を採ることの意義は、投資者の権利はあくまでも「物権的」なものであり、口座管理機関破綻時においても口座管理機関の責任財産を構成しないことを明確にすることなのではないか。

これまでの検討から、以下のことが言えよう。一方において、従来から物権法理・有価証券法理によって確立されている投資者の権利で、口座振替システムにおいても継承されるべきものがある。他方、口座振替システムの法律構成は、その仕組みの構造から一定程度の枠組みが決定される。そこで物権法理・有価証券法理をそのまま口座振替システムに適用しようとすると、その枠組みからはみ出す法律効果が生じる。そのようにはみ出す部分のみ、口座振替システムの特徴として別個の理論を立ててしまうと、全体として接ぎ木をしたような態様となり、釈然としない。

このことは、アメリカ統一商法典（以下、「ＵＣＣ」とする）第八編の一九七七年改訂起草報告者であったアロンステインによって次のように表現された。「近時の証券取引の変容は、丸い穴に多数の切り子面のある釘を入れ込もうとするようなものと言えよう。丸い穴とは、すなわち、伝統的な流通証券の概念であり、証券は交付によって譲渡されるというものである。そして、その釘というのは急速に進展しつつある証券の発行および保有の実務であり、証券所有者の権利が銀行等の口座管理機関の口座への記帳のみによって表されるというものである」と[23]。

こうした状況を踏まえて、ＵＣＣ第八編が一九九四年、全面的に改訂され、投資者が口座管理機関を通して証券を保有するいわゆる間接保有の規定としてパート５が新設された。その際、基本的指針として掲げられたのは、投資者が口座管理機関を通して証券を保有するとは何を意味するのか、ということを機能的に明らかにすることであった[24]。投資者にとっては証券が自己に帰属し、自らの意思で証券を譲渡し、かつ権利行使ができればよいのであり、口座管理機関を通して証券を保有するといういわゆる間接保有の枠組みの中で、法が実質的に、具体的にどのようなことを担保すればそのような投資者の権利が実現されていると言えるのか、という発想である。

これまでにも一九九四年改訂ＵＣＣ第八編については多くの紹介がなされてきているが[25]、概ね、わが国の振替法とは対極の法律構成を基礎とするものとして扱われてきたように思われる。それは、細かい部分を捨象していえば、投資者の権利を物権的に捉える構成と口座管理機関に対する債権として捉える構成といった比較を基礎として展開されて来たと言えよう。しかし、一九九四年改訂の根底にある発想は、新しい現象の本質を明らかにした上で、それに整合的な法律構成を構築しようとするものである。実際、物権法理・有価証券法理によっては口座振替システムについて体系的な説明ができないことに照らすと、その法律構成は物権的構成と債権的構成の二者択一といった単純なものでもないと思われるのである。そこで、もう一度、口座振替システムの仕組みの特徴を整理した上で、UCC第八編の口座管理機関を通して証券を保有する投資者に関する規定を再検討し、そこから振替法の解釈のあり方について考えてみることにしたい。

(10) 高橋・前掲注（1）二一頁。
(11) 実際、立法担当者の説明が記載されている文献には、「直接方式」というタイトルが付されている。高橋・前掲注（1）二一頁。
(12) 竹内昭夫「株券の保管振替制度と株主の権利行使」ジュリスト八二〇号（一九八四年）七頁、上柳克郎ほか『新版注釈会社法⑷』二七三頁以下参照［河本一郎執筆］（有斐閣、一九九三年）。
(13) 竹内・前掲注（12）七頁、河本・前掲注（12）二七五頁。
(14) 竹内、前掲注（12）七頁、河本・前掲注（12）二七五頁。
(15) 竹内・前掲注（12）八頁、河本・前掲注（12）二七五頁。
(16) 岩原・前掲注（5）七九頁。
(17) 本多・前掲注（8）八二三頁。
(18) 本多・前掲注（8）八二三頁。
(19) 拙稿・前掲注（9）二五頁。
(20) 実際、問屋としての証券会社に対する取戻権の有無について争われた最高裁昭和四三年七月一一日判決（民集二二巻七号一四六二頁）においても、どの株券がどの顧客のものであるかを具体的に特定していた。所有権に基づく取戻権を主張する前提として、目的物が特定されるという前提条件はクリアされていた。
(21) *See*, James Steven Rogers, *Negotiability, Property, and Identity*, 12 Cardozo L. Rev. 471, 493-494 (1990); Charles W Mooney, Jr,

Beyond Negotiability: A New Model for Transfer and Pledge of Interests in Securities Controlled by Intermediaries, 12 Cardozo L. Rev. 305, 350-351（1990）. 拙稿・前掲注（9）一九頁以下（二〇〇四年）参照。

（22）振替法一四五条以下の超過記録がある場合の規定参照。

（23）Matin J Aronstein, *The New/Old of Securities Transfer: Calling a "Spade" a "Heart, Diamond, Club or the Like"*, 12 Cardozo L. Rev. 429, 429（1990）.

（24）James Steven Rogers, *Policy Perspective on Revised U.C.C. Article 8*, 43 Ucla L. Rev. 1431, 1450（1996）.

（25）木南敦「証券決済制度における物権法的構成と債権法的構成——統一商法典第八編による扱いについて——」『現代における物権法と債権法の交錯』（林良平先生献呈論文集）（有斐閣、一九九八年）一一九頁、森下哲朗「国際的証券振替決済の法的課題（一）」上智法学論集四四巻一号一頁（二〇〇〇年）、本多・前掲注（8）八三八頁以下、橡川泰史「有価証券の無券化について」神奈川法学三五巻三号二一二頁以下（二〇〇二年）、岩原・前掲注（5）七九頁以下、嶋拓哉「国債振替決済をめぐる実体法上の考察〔Ⅲ〕・〔Ⅳ・完〕」商事法務一六九四号・一六九五号（二〇〇四年）、森田宏樹「有価証券のペーパーレス化の基礎理論」金融研究二五巻法律特集号（日本銀行金融研究所、二〇〇六年）四八頁以下。

三　「口座管理機関を通して証券を保有する」投資者の権利

1　口座振替システムの仕組みの特徴

ここでもう一度、口座振替システムの構造的特徴を整理すると、以下のことを指摘できる。第一に投資者である口座保有者が口座管理機関に証券等の金融資産を預け、その管理を委託する関係がある。[26]特定の投資者の口座は特定の口座管理機関のみによって管理されているから、投資者は当該口座管理機関とのみ直接的な関係を有する。したがって、投資者が金融資産の移転、権利行使といった金融資産に関連した法律行為を行う場合、必然的に口座管理機関の仲介が必要となる。「管理」という中には、このような口座管理機関の行為が含まれており、投資者が口座管理機関にそのような行為を「指示する」、あるいは「請求する」ことになる。

第二に、口座振替システムにおいて、口座管理機関は預かった金融資産を口座記録の減額・増額記帳による残高管理をする。[27]口座記録は、複数の減額・増額記録がなされると、いずれの部分が減額され、いずれの部分が残高として残っているのか判別できないという意味において、特定性がない。すなわち、口座記録で管理される金融資産は、代替性があるということになる。また権利の移転は、口座記録の減額・増額を口座管理機関に指示することによりなされ、かつシステム上、口座記録の二重譲渡のようなことはできない仕組みになっている。[28]このように、権利移転を表す仕組みと言っても、現象としては口座記録の増減であるため、特定の金融資産が転々と移転していくという状況を表すというよりは口座記録が減額、増額され、結果として口座記録によって示されている分量の金融資産が、口座保有者である投資者に帰属するということが表されると表現する方が正確であろう。それも伝統的な物権の目的物に要求される要件に従うのであれば、特定性がないということから所有権を有するという意味における帰属とは言えないことになろう。

従来、証券取引に適用されてきた有価証券法理に基づく法律構成の枠組みは、証券を所持する投資者に証券上の権利が帰属すること、証券の物理的な移転によって証券が表章する権利を移転させ、証券の提示によって投資者が直接証券の発行者に対して権利行使するというものである。口座振替システムにおいては、口座記録を証券である、あるいは従来証券が表章している権利であると位置づけるにしても、そのことのみによっては口座管理機関以外の第三者に対し投資者に権利が帰属すると主張することも、また投資者自ら権利の移転および行使をすることもできない。いずれの場面にも、口座管理機関の介在が必須である。「口座管理機関と投資者の関係」の中で、投資者に証券が「帰属」する状況を作り出すこと、つまり投資者の権利を実現させる法律構成が必要とされているのである。そのために、一つにはできる限り従来通り投資者自身による証券の所持、移転、権利行使に近い状況を作るため、口座管理機関に手続的な義務規定を課す方法がある。たとえば、保振法が採った直接方式に関連する規定がこれにあたる。また、投資者が自己に帰属する証券に関し、口座管理機関を通して移転したり権利行使することを法的に承認し、正面から投資者の口座管理機関に対する「請求権」として再構成することも考えられよう。振替法の法律構成とは対照的に位置づけられてきている一九九四年改訂UCC第八編は、そのような意味において、要は後者を選択したものとして捉え直すことができるのではないかと思われるのである。以下、節を改めて一九九四年改訂UCC第八編の口座振替システムに対するアプローチを見ていくことにする。

2　口座記録の意義——金融資産とセキュリティエンタイトルメント——

まず、一九九四年改訂UCC第八編は、「投資者が口座管理機関を通して証券を保有する」という枠組みの中で、投資者に当該証券が帰属するということの実質的、具体的意義を以下のように捉える。(29)

(ア)　口座保有者の証券等の金融資産に関する権利は、当該口座を管理する口座管理機関に対してのみ請求することができる。

(イ)　各口座保有者は、口座管理機関が口座保有者全体のために保有する代替性のある金融資産に対して共有持分を有する。

(ウ)　口座保有者の代替性のある金融資産に対する共有持分権は、口座管理機関の一般債権者の権利に優先する。

(エ)　口座管理機関は、口座保有者全体が保有する金融資産に相当する資産を上位金融機関を通して保有する義務を負う。

こうした枠組みを基礎に、UCC第八編は、投資者の権利を従来のような特定の証券に対する権利、あるいは、発行者に対する直接の権利としてではなく、「口座管理機関に対する権利と当該口座管理機関が所有する金融資産に対する権利のパッケージ」として構成したのである。[30]

まず、投資者の口座管理機関に対する請求権について、UCC第八編は口座管理機関が負う義務として以下のように規定している。[31]

⑴ 口座管理機関は、金融資産の発行者によって行われる支払または分配を得るために行動し、かつ受け取った支払と分配を投資者に回さなければならない（八―五〇五条）。

⑵ 口座管理機関は、投資者によって指示された場合、金融資産に関して権利を行使しなければならない（八―五〇六条）。

⑶ 口座管理機関は、投資者が金融資産を譲渡するという指示に従わなければならない（八―五〇七条）。

他方、金融資産に関しては以下のように規定する。

⑷ 口座管理機関は、投資者の権利の合計に相当する金融資産を速やかに取得し、かつ維持する義務を負う（八―五〇四条）。

⑸ 口座管理機関によって保有されている金融資産のうち、投資者の権利を全て満たすために必要な金融資産は、口座管理機関が投資者のために保有するものとされ、口座管理機関の財産でなく、したがって八―五一一条によって異なる定めのない限り口座管理機関の債権者の請求対象ともならない（八―五〇三条⒜項）。

⑹ 投資者は、口座管理機関が投資者のために保有する金融資産に対し比例的な物権的権利を有する（八―五〇三条⒝項）。

ＵＣＣ第八編は、このような投資者の有する権利を「セキュリティエンタイトルメント」と称している。八―五〇一条によれば、口座管理機関が、(a)ある金融資産がある者の証券口座に貸方記帳されたことを記帳によって示すか、(b)ある者からある金融資産を受取りまたはある者のためにある金融資産を取得し、いずれの場合にもその者の証券口座の貸方に入れるためその金融資産を受領するか、(c)その他の法、規則、ルールのもとである金融資産をある者の証券口座の貸方に記帳する義務を負うと、その者はセキュリティエンタイトルメントを得る[32]。口座管理機関は通常、ある者のため金融資産を保有すればその者の証券口座にその金融資産が貸方に記帳されたことを記帳によって示すから、(a)が基本ということになる[33]。

口座振替システムにおいて管理されているのは証券等の金融資産であり、口座記録の存在によりそれが投資者に帰属するものの、投資者の証券譲渡や証券上の権利行使については、上記(1)から(3)が示すように口座管理機関に対する請求権として構成されている。口座記録によって表されている証券の帰属から生じる証券上の権利は、口座振替システムの中では口座管理機関を通してのみ移転させたり、行使することが可能であるという実体を法的に承認したものといえる。

ここで着目したいのは、そのような投資者の口座管理機関に対する権利が口座記録である金融資産の内容と捉えた上で、それが投資者に帰属するという法律構成を採るものではないということである。口座記録は、単に、金融資産が投資者に「帰属」することを表すだけであり、実際にそのような金融資産の帰属により投資者がいかなる権利を有するかについては、別途具体的に規定しているのである。金融資産の内容が債権であり、それが口座保有者に帰属するから口座保有者が債権者であるとか、あるいは株券等のモノであり、それが口座保有者に帰属するから口座保有者が株券の所持人、あるいは所有権者であると捉える発想ではないのである。

これまでわが国においては口座振替システムに関する法律構成を考える際、口座記録が投資者の権利内容を表し、それが口座に存在することをもって投資者に当該権利が帰属するという構成を前提としてきたため、口座記録が何を表しているかということに焦点を当てた議論がなされてきた[34]。典型的には、預金口座の口座記録は「預金債権」であり、口座記録の存在がその帰属を表すという意味において、預金者は預金債権を有する。また、保振法や振替法においては、口座記録が従来の有体物である証券に対して投資者が有していた物権を表しており、それが投資者に帰属するとされる。

これに対しUCC第八編は、口座振替システムにおいて口座記録は、証券等の金融資産として何らかの価値を表章するものであるが、従来の法律構成との連続性を遮断し、端的にその存在によって口座保有者への「帰属」を表す以上の意味を持たないと捉えている。そうすると、帰属の実質的意義もまた別途規定する必要がある。口座管理機関が投資者のために保有する金融資産をめぐり、口座管理機関と投資者がどのような法律関係にあるかという問題である。

投資者が自己の証券に対し物権的権利を有するということを口座管理機関との関係において実現するには、口座管理機関はそれを自己のために消費・処分することができず、投資者のものとして保管するという混蔵寄託や信託といった法律関係が想定される。UCC第八編は、この法律関係につき一般的に性質決定するのではなく、投資者の権利、口座管理機関の義務として具体的に規定する方式を採っている。すなわち、階層型間接保有形態において口座管理機関の保有する証券は、上位振替機関等が管理する口座の金融資産として当該上位振替機関等が保有していることから、上記⑷は、口座管理機関にこれを自己のために処分することなく、投資者のものとして保有することを義務づけている。さらに、口座管理機関は同種の証券を投資者のためだけでなく、自己の固有財産として保有することもあることを考慮しつつ、投資者が投資者自身の証券に対し物権的権利を有することの実質的意義は、口座管理機関破綻時においても当該証券が口座管理機関の責任財産を構成しないことであるということを(5)が明らかにしている。管理されている証券が代替性のある金融資産であることに照らし、投資者の権利が口座管理機関の一般債権者に優先すると規定することにより、口座管理機関の固有財産にはならないという効果を生じさせているのである。そして(6)が、口座管理機関は代替性のある投資者の証券をまとめて保有していることから、個々の投資者は、それに対して自己の持分に比例した物権的権利を有すると規定している。

このようなUCC第八編の整理によれば、金融資産の具体的な中身はともかく代替性のある財産であれば、口座振替システムにおける金融資産の保有に関して統一的な法律構成が可能ということになろう。実際、わが国においては全く異なる法律構成で捉えられている資金決済システムについても、アメリカ法においては、同様の理論構成の延長線上で分析がなされているのである[35]。

まず、UCC八—五〇四条において、口座管理機関は、投資者の権利の合計に相当する金融資産を速やかに取得し、かつ維持する義務を負うが、銀行は預金者の預け入れた資金相当額に対し一定の割合のみを保有する。預金の一定割合の保有は、預金者に対し安全、確実に資金を返還するべく、支払準備の確保という公的規制によるものであるから[36]、銀行は預金者の預け入れた資金を自ら運用でき、単に預金者の請求に対し返還義務を負うにすぎないのである。

さらに八—五〇三条(a)項により、口座管理機関によって保有されている金融資産のうち、投資者の権利を全て満たすために必要な金融資産は、口座管理機関が投資者のために保有するものとされ、したがって口座管理機関の債権者の請求対象ともならないとされているのに対し、銀行は先に見たように、預金者のために特定の資金を保有しているわけではない。預金者は銀行に対する一般債権者として扱われ、銀行破綻の際に銀行固有の資産から按分の配当を受けるにとどまり、優先的に預金債権を回収できるわけではないのである。ただ、銀行の公共性に鑑み、預金保険制度に基づき一定額までの預金については保険により払戻を保証している。

このように口座振替システムにおける金融資産の保有に関する法律構成を統一的な枠組みで捉えると、証券決済システムと資金決済システムの相違は、概ね、口座管理機関が口座保有者から預った金融資産に対する口座保有者の返還請求権の性質に集約される。[37] すなわち、口座保有者が有する口座管理機関に預けた金融資産に対する返還請求権が、口座管理機関の一般債権者の請求権よりも優先するか、あるいは同等であるかということである。

先に述べたように、代替性のある金融資産に対する優先的返還請求権は、口座管理機関破綻時における特定の証券に対する物権的返還請求権と実質的に同様の効果をもたらす。つまり優先権の有無によって、口座保有者の請求権は「物権的」にも「債権的」にもなるのである。そうすると、わが国において「物権」、「債権」とそれぞれ全く異なる取扱いがなされて来た証券と預金についても、口座振替システムの法律構成を考える際に、優先権の有無を口座保有者の権利の中身として整理すれば、証券決済システムと資金決済システムを統一的に捉えることが可能なのではないだろうか。次節において、この点につき、さらに金融資産の移転の側面から検討することにする。

(26) 本多・前掲注（8）八二九頁。
(27) 本多・前掲注（8）八三〇頁。

(28) 本多・前掲注（8）八三〇頁。
(29) Joseph H Sommer, *International Securities Holding and Transfer Law*, 18 Arizona Journal of International and Comparative Law, 685, 694-697 (2000).
(30) Rogers, *supra* note(24), at 1451-1452. 森下・前掲注（25）三〇頁以下参照。
(31) 以下の条文の訳については、木南・前掲注（25）一三〇頁以下に倣った。ただし、便宜上、「金融機関」を「口座管理機関」とし、「エンタイトルメントホルダー」、「セキュリティエンタイトルメント」といった用語を使用していない。
(32) 木南・前掲注（25）一二九頁。
(33) 木南・前掲注（25）一二九頁。
(34) 金融法委員会「証券の振替決済にかかる法制に関する中間論点整理」（二〇〇〇年）参照。
(35) Sommer, *supra* note(29), at 695-697.
(36) 渋谷光子「第一章　預金の意義・機能・種類・特色・規制」鈴木禄弥・竹内昭夫編『金融取引法体系　第二巻　預金取引』（有斐閣、一九八三年）二六頁。わが国においては、「準備預金制度に関する法律」により総預金額の一定割合が、日本銀行に準備預金として預託されるべき義務が金融機関に課されている。
(37) *See*, Mooney, *supra* note(21), at 403-405; Jeanne L. Schroeder, *Is Article 8 Finally Ready This Time? The Radical Reform of Secured Lending on Wall Street*, 1994 Colum. Bus. L. Rev. 291, 372-375 (1994); Kenneth C. Kettering, *Repledge Deconstructed*, 61 U. Pitt. L. Rev. 45, 128 (1998); Sommer, *supra* note(29), at 695-697.

四　金融資産の移転の法則

1　金融資産の移転と取得者の保護

それでは次に、口座記録の増減によって表される金融資産の移転について、ＵＣＣ第八編の捉え方、またその根底にある考え方を見てみよう。

実際には、UCC第八編の条文には金融資産の移転につき直接規定するものはないが、八―五〇二条のオフィシャルコメントが、以下のように言及している。口座振替システムにおいては、ネットベースで取引が決済されるため、特定の証券の移転経路を追及することは一般的には不可能である。(38) たとえば、Sが自己が口座を有するエイブル証券会社に対し甲会社の株式一、〇〇〇株を売却するように指示し、他方でBが自己が口座を有するベーカー証券会社に甲会社の株式一、〇〇〇株の買い注文を出したとし、それぞれ実行されたとする。このような状況であっても、甲会社の株式の取引全てがネットベースで決済されるため、もともとSが有していた甲会社株式一、〇〇〇株がBに移転したとは言えない、とする。(39)

こうした捉え方の淵源は、一九九四年改訂UCC第八編の起草報告者であったロジャーズの指摘に見いだすことができる。ロジャーズは、現代的な証券決済において、「ジョーンズのIBM株式一〇〇株をスミスが購入した」という日常的取引をどのように表現できるかを問題とする。決済が終了すると、実体としては、ジョーンズの口座、スミスの口座のIBM株式一〇〇株がそれぞれ減額、増額されるにすぎない。従来、この取引は、IBM株式一〇〇株がジョーンズの口座からスミスの口座に「移転」したと表現されてきたが、いわゆる有体物の移転のように「同じモノ」が移転するのと同様に評価することは不適切であると指摘する。(40) たとえば株券が発行されている場合の株式譲渡ですら、株券を発行会社に提示し株主名簿書換をしてもらい、株券上の氏名変更のために新しい株券が発行されることに照らせば、スミスが現在有しているIBM株式一〇〇株は、かつてジョーンズが有していたものであると言うことは正確ではない。ジョーンズとスミスの取引は、単に取引前にはジョーンズが一〇〇株の保有者であったのを取引後にスミスが一〇〇株の保有者となったことの原因であるにすぎないのである。スミスもまた、「ジョーンズが持っていた一〇〇株」を取得する意図であるわけではなく、単に「一〇〇株」、すなわち「発行会社に対する一〇〇株」を譲り受ける意図である。そうすると、同じ一〇〇株が「移転」したと表現する必要は全くなく、「ジョーンズとスミスの取引は、ジョーンズの発行会社に対する権利の消滅とスミスの発行会社に対する新たな権利の成立の有効な原因である」とするのが正しいのである、と言う。(41) ジョーンズとスミスの権利は経済的には同一であるが、「同じモノ」ではないということになる。したがって、株式、金銭は転々と流通するモノであるから、前者のそのモノに対する権利主張から善意取得者を保護する必要があるとすること自体が問題であり、そもそも株式、金銭は転々と流通するモノではないと捉えるべきである、とする。(42)

以上の議論を前提とすると、証券取得者の保護は、従来の善意取得とは異なる理論によることになる。特定のモノに対する物権的権利は、本来、無権利者による譲渡や譲渡行為に瑕疵がある場合にはもとの権利者から移転しない。もとの権利者は、そのモノの移転経路を追跡し、占有者に対し自己の権利を主張し、返還請求をすることができる。しかし、証券の場合は常にこれを認めると取引の安全が著しく害されるため、権利者らしい外観、処分権を有するかのような外観を呈した譲渡人から証券を取得した場合に、実際は当該譲渡人が無権利者であるか、譲渡行為に瑕疵がある場合であっても、真実を知らずに譲り受けた者はそのモノに対する権利を取得するとしたのが善意取得である。(43) 従来は、証券をモノとして捉えたがために、善意取得という制度が必要であった。しかし、先の議論によれば、証券はその帰属により取得者の発行者に対する権利を成立させると考えるべきものであるから、善意取得という制度は無用ということになる。そして今やモノとしての証券はモノとは捉えられない口座記録に置き換えられたのであるから、端的に、その増額により権利が成立したと捉えるべきであるということになる。

このことをロジャーズは、次のような事例によって説明する。(44) たとえば、エーブルが投資者の受託者として甲会社株式一〇、〇〇〇株を保有していたとする。エーブルが受託者としての義務に違反し、当該株式を売却した場合、もし、ベーカーが証券会社を通して甲会社株式一〇、〇〇〇株を保有していたとすると、投資者はベーカーに対し、甲会社株式一〇、〇〇〇株は自己のものであると主張できるか。ベーカーの甲会社株式一〇、〇〇〇株に対する権利は、投資者の甲会社株式一〇、〇〇〇株の顛末とは関係なく、ベーカーに帰属する。それは、端的に、エーブルが以前投資者のために保有していた株式と現在ベーカーが保有している株式が、「同じモノではない」からである。(45) ベーカーの甲会社株式一〇、〇〇〇株に対する権利は、その帰属によって成立したのであり、エーブルの投資者の甲株式一〇、〇〇〇株が同一性を保持しつつ移転したものとは言えないのである。

しかし、たとえばエーブルがベーカーの証券会社に対し甲会社株式一〇、〇〇〇株を売却したということが取引記録から明らかになり、投資者がベーカーに対して返還請求をすることが可能と思われる場面がある。(46) アメリカ法は、事案によりエクイティ上の追及によりこれを認める。エーブルが投資者のために保有していた株式とベーカーが証券会社を通して保有している株式とは別個のモノであるから、モノ自体の返還請求は不可能となるが、エクイティは物体的な同一性を問題とすることなく、投資者の株式が「特定性」を有していると評価される場合に、一定の要件のもとに投資者の返還請求を容認するのである。(47) そのような場合に、いかなる態様で株式を取得した者を保護するかにつき、手当てをする規定を設けることが必要であると主張された。(48)

UCC第八編は、八―五〇一条に基づき、基本的には口座管理機関がある金融資産がある者の証券口座に貸方記帳されたことを記帳によって示すことにより、その者はセキュリティエンタイトルメントを得るとする。その上で、八―五〇二条が「ある者が対価を与え、ある相容れない権利の主張を知らず、八―五〇一条に基づいてセキュリティエンタイトルメントを得るならば、この者に対し、金融資産に対する相容れない権利の主張に基づく訴訟はどのように構成されようとも提起することができない」[49]と規定する。すなわち、基本的に口座に貸方記帳がなされれば、その金融資産の取得に関し相容れない、両立し得ない権利が存在していても当該口座の金融資産の移転は完了し、取得者はとりあえずは権利を取得するという[50]理論構成の下で証券の取得者は保護される。しかし、口座保有者が対価を支払っていない、あるいは相容れない、両立し得ない権利の存在を知っていたのであれば、その主張を対抗されることになるのである。[51]

たとえば、八―五〇二条のオフィシャルコメントは、次の事例を挙げている。[52]盗人が投資者より証券を盗取し、それを自己の口座管理機関に提示し、口座に貸方記帳をしてもらったとする。当該貸方記録に基づくセキュリティエンタイトルメントは証券の代替財産として追及され、投資者は擬制信託の法理に基づき盗人に対し自己の権利を主張することができる。盗人は、当然のことながら投資者が有する相容れない権利の存在を知っているから、投資者は自己の権利を主張し、八―五〇二条に基づき証券を取り戻すことができるのである。

また、盗人が盗取した証券を自己の債権者に譲渡担保として提供し、当該債権者の口座に貸方記帳されたのであれば、当該債権者はセキュリティエンタイトルメントを取得する。[53]債権者は自己の債権の担保として受領していることから、対価関係はある。この場合、もし債権者が投資者の権利を知らなかったのであれば、当該セキュリティエンタイトルメントは、横領された証券の代替財産として追及されても、投資者の擬制信託に基づく権利主張は八―五〇二条により排除される。

2　わが国における振込の法律構成との類似性

こうしたＵＣＣ第八編における金融資産の移転の法律構成は、わが国における資金の移転（振込）の法律構成と同じ発想に基づいていると指摘できよう。振込は、同一性・特定性のある預金というモノの譲渡ではなく、振込依頼人、受取人のそれぞれの銀行に対する債権の消滅・創設と捉えられている。[54] つまり、債務者の預金債権が消滅し（減額記帳）、債権者の預金債権が成立する（増額記帳）というプロセスを通じて資金が移転する。債務者が有していた預金債権と、債権者が取得する預金債権は、法的にはあくまでも別個の債権がそれぞれ消滅し、成立するにすぎないが、両債権は数額が等しく、価値的な意味では同一性を認めることができるので、これをもって預金債権が移転したと表現することができると言われている。[55]

このように振込は同一性を保持しない資金の移転であるから、受取人は口座の増額記録により銀行に対する預金債権を取得することになる。有体物である金銭の移転における「占有＝所有権」理論と同じ帰結が、同一性を保持しない移転であることから導かれ、先のＵＣＣ第八編同様、善意取得を考える必要はないということになる。[56] 預金債権の成立が、原因関係から遮断されているという構成であるから、取得者に対する保護はより厚いと言えよう。[57]

反面、このような移転法則は、利益衡量上首肯しがたい結論を導く一つの例として、誤振込の事案を挙げることができよう。最高裁平成八年四月二六日判決[58]は、以下のような事案であった。Ｘが誤って振込先を指定したために、原因関係が存在しないＡが有するＢ銀行の口座に資金が振り込まれた。ＹがＡのＢ銀行口座の預金債権を債務名義に基づき差し押さえたため、Ｘが誤振込の額に対し第三者異議の申立をした。最高裁は、「振込依頼人から受取人の銀行の普通預金口座に振込があったときは、振込依頼人と受取人との間に振込の原因となる法律関係が存在するか否かにかかわらず、受取人と銀行との間に振込金額相当の普通預金契約が成立し、受取人が銀行に対して右金額相当の普通預金債権を取得するものと解するのが相当である。…また、振込依頼人と受取人との間に振込みの原因となる法律関係が存在しないにかかわらず、振込みによって受取人が振込金額相当の預金債権を取得したときは、振込依頼人は受取人に対し、右同額の不当利得返還請求権を有することがあるにとどまり、右預金債権の譲渡を妨げる権利を取得するわけではないから、受取人と債権者がした右預金債権に対する強制執行の不許を求めることはできないというべきである」との理由により、誤振込の依頼人が有するのは不当利得返還請求権であり、他の一般債権者と同等の位置に立つという判断を下した。

それ以前の下級審判決および多数学説は、振込依頼人の過誤に比して不相当な犠牲を強いることになるという利益衡量に基づき、振込依頼人に何らかの救済を与えるべきであるとして受取人と被仕向銀行の預金契約の解釈から預金債権不成立という構成を採っていた。(59) ただ、全国銀行内国為替制度には為替取引に関する銀行間の権利・義務や取扱い手続を定めた取扱規則が適用されることから、被仕向銀行は、仕向銀行からの為替通知受領の義務を負い、同通知によって指定された受取人の預金口座に振込金を入金する義務を負う。(60) 被仕向銀行の入金記帳が、全国銀行内国為替制度における義務としてなされたとしても、預金不成立となれば、入金記帳した金額について預金として扱えるかどうかが確定しない状態となり、預金決済システムの安定性を損なうことになる。(61) そこで最高裁判決の結論の妥当性はともかく、預金債権の不成立という論理は、振込決済制度を揺るがすほどの波及効を持ち、目的に対して適合的な手段ではないとして、振込依頼人の受取人に対する権利を不当利得返還請求権としたうえで、その優先権を認める理論構成を指向する見解がある。(62)

このような優先権という発想は、預金移転の原因関係が不存在であり受取人は当該預金額分については権利を有しないため、移転手続の「巻き戻し」を預金の成立を前提としつつ、不当利得返還請求権として認めるものと理解できよう。「巻き戻し」というのは、正に元通りの状態に戻すわけであるから、増額された口座記録を減額することになるが、破産のように一般債権者の請求権と競合する場合であっても、実質的に「巻き戻し」の状態にするために当該減額手続が優先されるということを意味する。この捉え方は、ＵＣＣ第八編における金融資産の移転の完了と口座保有者の権利取得についての理論構成と共通するものと捉えられよう。

ところで、先に指摘したように、これまでわが国においては口座振替システムに関し、口座記録が投資者の権利内容を表し、それが口座に存在することにより投資者に当該権利が帰属するという構成を前提としてきたため、資金移転システムについて口座記録は「預金債権」を表すとされてきている。振込は「預金債権」の移転であるが、それは債権の消滅と成立と捉えられており、特定の債権がその同一性を保持したままで権利の帰属のみを変更するという指名債権譲渡の方法によるものではない[63]という実体を直視すれば、特定の被請求者である銀行に対する権利を表章する「債権」とするのは、厳密に言えば正確な表現とは言えない。二つの口座における口座記録の減額と増額によって権利移転が実現するということから考えると、口座記録は代替性のある資産を表しているのであり、端的に、「金銭」あるいは「金銭的価値」とする方が自然に思われる。口座記録はそのような金銭、あるいは金銭的価値が口座保有者に帰属することを表すと整理し直すことができるのではないか[64]。その上で、預金者である口座保有者がどのような権利を有しているかといえば、それは口座管理機関である銀行と口座保有者である預金者の関係、すなわち預金口座契約において確定される。その預金口座契約の中に預金払戻請求権が含まれており、これは預金者の銀行に対する債権的な請求権である。

このような資金決済システムの枠組みの整理は、先のアメリカ法の分析にもあったように、証券振替決済システムにおいて口座記録は証券等の金融資産を表し、口座保有者の金融資産に対する権利は口座管理機関との関係に置き換えられるという発想と軌を一にする。証券決済システムと資金決済システムにおける権利移転の仕組みが、技術的には共通であるということにも即している[65]と考える。このように資金決済システムにおいて、口座保有者である預金者と口座管理機関である銀行との関係から管理されている資金に対する権利が「債権」であることを導くとすると、口座記録の減額・増額による権利移転の法則については、相当部分について証券決済システムを含めた口座振替システムとして統一的な構成が可能なのではないかと思われる。以下では、これを前提に、振替法が定める「善意取得」の規定をどのように解釈するべきか、再考してみよう。

(38) UCC § 8-502, Official Comment 2.
(39) UCC § 8-502, Official Comment 2. 便宜上、"XYZ common Stock"を「甲会社株式」とした。
(40) Rogers, *supra* note (21), at 505-506.
(41) Rogers, *supra* note (21), at 506.
(42) Rogers, *supra* note (21), at 507.
(43) 周知の通り、わが国において善意取得制度は、譲渡人が無権利者の場合にのみ適用されるのか、あるいは譲渡行為に瑕疵がある場合にも適用されるのかについて議論のあるところであるが、本稿では立ち入らない。
(44) James Steven Rogers, *An Essay on Horseless Carriages and Paperless Negotiable Instruments: Some Lessons from the Article 8 Revision*, 31 Idaho L. Rev. 689, 696 (1995).
(45) Rogers, *supra* note (44), at 696.
(46) Rogers, *supra* note (44), at 696.
(47) アメリカ法の追及の法理について、松岡久和「アメリカ法における追及の法理と特定性——違法な金銭混和事例を中心に——」『現代における物権法と債権法の交錯』(林良平先生献呈論文集)(有斐閣、一九九八年)参照。
(48) Rogers, *supra* note (44), at 696.
(49) 木南・前掲注 (25) 一二三頁。
(50) UCC § 8-502, Official Comment 1.
(51) UCC § 8-502, Official Comment 1.
(52) UCC § 8-502, Official Comment 3.
(53) *See*, UCC § 8-502, Official Comment 3.

(54) 岩原・前掲注(5)七八頁。
(55) 森田宏樹「電子マネーの法的構成(5)」NBL六二六号(一九九七年)四九頁。
(56) 本多・前掲注(8)八二六頁。
(57) 森田・前掲注(25)五〇頁。
(58) 最判平成八年四月二六日民集五〇巻五号一二六七頁。
(59) 名古屋高判昭和五一年一月二八日金法七九五号四四頁、鹿児島地判平成元年一一月二七日金法一二五五号三二頁、東京地判平成二年一〇月二五日判時一三八八号八〇頁。森田宏樹「振込取引の法的構造――『誤振込』事例の再検討――」中田裕康ほか編『金融取引と民法法理』(有斐閣、二〇〇〇年)一二五頁以下参照。
(60) 松本貞夫「第三章 振込」鈴木禄弥・竹内昭夫編『金融取引法体系第三巻為替・付随業務』(有斐閣、一九八三年)七一頁。
(61) 伊藤壽英「振込依頼人と受取人との間に振込みの原因となる法律関係が存在しない場合における振込みに係る普通預金契約の成否」金融・商事判例一〇〇一号四八頁(一九九六年)。
(62) 松岡・前掲注(47)三五九頁。
(63) 森田・前掲注(55)四九頁。
(64) 森下・前掲注(7)二一〇頁以下参照。
(65) 本多・前掲注(8)八一五頁。

五 投資者の金融資産に対する「物権的」権利

これまでのUCC第八編およびその改訂過程の議論から、アメリカ法では口座振替システムにおける金融資産の取得者保護については、従来の善意取得ではなく、口座記録の増額に基づく権利の成立に基礎を置くことが明らかになった。この発想は、わが国における振込の法律構成と同一であり、ひいては口座振替システムにおける統一的な権利移転の理論構成として注目に値する。しかし問題は、先に見た誤振込の事案を含め、いかなる場合に移転した金融資産の「巻き戻し」が認められるかという範囲の画定と、その理論的根拠であろう。

UCC八―五〇二条のオフィシャルコメントにおいては、そのような「巻き戻し」といういわゆる「物権的」な効果を容認する法理として擬制信託が挙げられていた。擬制信託とは、当事者の意思と無関係に、一定の財産の権利者をその権利を他人に引き渡すべき義務を負う受託者だと法律上擬制することにより認められる信託関係であると言われている。(66)「ある財産が、コモン・ロー上の権原の保持者が、その利益を良心において保留してはならない事情の下で取得された場合には、エクイティは彼を受託者へと転換する」(67)として、当該財産の返還請求者に「物権的」な救済を与えるものである。

擬制信託は、わが国では受容されていない。しかしこれまでも、擬制信託が、財産の返還請求者の保護を当該財産の移転の有無によって図るものとは異なり、権利は移転したことを認めつつ取得者を受託者だと観念し、財産の正当な帰属権者に対する返還義務を課すという問題解決の方法であるとして、肯定的に捉えられて来ている。(68)

そこでまず、口座振替システムの枠組みの中で、口座記録としての証券の「帰属」が何を意味するかを考えつつ、実質的に「巻き戻し」が容認されるのはいかなる状況であるか、そしてその理論的根拠は何に求められるかについて検討してみることとする。それを踏まえつつ、擬制信託を含め信託法理による理論展開の方向性を考えてみたい。

1　金融資産の移転と原因関係

正常な取引の例として先に挙げられた「ジョーンズとスミスの取引は、ジョーンズの発行会社に対する権利の消滅とスミスの発行会社に対する新たな権利の成立の有効な原因である」ということの具体的な中身を見てみよう。この場合、まずジョーンズとスミスの株式の売買取引が成立する。その取引の結果として株式の移転が必要となるが、口座振替システムにおいてはジョーンズの口座記録の減額とスミスの口座記録の増額によって、これが実現されることになる。金融資産の移転としての口座記録の増減は、口座管理機関によるメッセージの送信・受信に基づいて行われる(69)。このようなメッセージは、厳重なセキュリティの下で管理されており、伝達経路上の変造の可能性は非常に小さい。権限を有する主体による適正なメッセージの送受信のみによって、権利の移転が生じるというのが、口座振替システムであると言われている(70)。したがって、投資者の指示が口座管理機関により正確に受領されれば、口座管理機関が誠実に適正な処理を行うかぎり、口座記録としての金融資産の移転は完璧に生じる。特定の口座に増額記録を行う旨のメッセージを受領した口座管理機関は、その意味において、自己が受領したメッセージを信頼してその処理を行うことができるのである。

このように口座振替システムにおける金融資産の移転は、メッセージの送受信を行う二当事者間の関係およびその連鎖によって実現し、かつメッセージの伝達経路においてトラブルが生じる可能性は極めて低いことから、UCC八—五〇二条のいう「相容れない権利の主張」はそのような当事者関係にとっては第三者である者からの主張ということになる(71)。つまり、口座振替システム上は適切なメッセージの処理がなされているが、そのメッセージが生じた原因関係において何らかの瑕疵がある場合、あるいは原因関係とメッセージの間に何らかの齟齬がある場合が考えられよう。それも金融資産移転の「巻き戻し」ということから、「そもそも金融資産の移転がなかった」と評価できる状況であるということになろう。さらにその意味において、それらの瑕疵、齟齬の判断は、口座振替システムにおいてメッセージが発信された時点を基準とすることになる。

たとえば誤振込の事案のように、AがBの口座への証券の振替を依頼するつもりで誤ってB'の口座に振替を依頼した場合にはどうなるか。(72) B'の口座に増額記録がなされて時点で、B'の権利が成立する。しかし、この場合、AB間で売買取引等の原因関係が存在し、本来であればB口座増額メッセージが発せられるべきであったのに、実際にはB'口座増額のメッセージが発せられたのであり、原因関係とメッセージに齟齬がある。AとB'の間では、B'口座に増額するという原因関係が存在しないのであるから、そもそも金融資産の移転はなかったものと取り扱うべき状況である。したがって、B'の増額記録は「巻き戻し」されるべきものとして、AはB'あるいはB'の口座管理機関に対し、当該金融資産の「物権的」な返還請求権を有することになると考えられよう。

2 「帰属」と「巻き戻し」の理論——試論——

それでは、わが国において「巻き戻し」を可能にする理論的根拠は、何に求めることができるのだろうか。以下においては、「巻き戻し」が実質的には「物権的」返還請求権であり、有体的な対象を欠く場合は原則として物権的保護を認めないとする日本法において、その理論的根拠を示すことが非常に困難であるということを自覚しつつ、今後の課題を提示するという意味において、理論展開の方向性を示したいと思う。(73)

たとえば、先の「巻き戻し」の例のように、AB間で何の契約もなされていないのにAの証券が誤ってBの下へ移転した場合、当該証券はAに帰属したままである、あるいは少なくともBには帰属しないということがAB間では自明である。また金銭についても、たとえばAが、自己の金銭を銀行に預け入れするようBに委頼し、Bが依頼に従い預入を行った場合、銀行との関係で預金者はだれかという問題はさておき、当該金銭が、AB間ではAのものであることは当然である。(74) ここに言う「帰属」とは、対象財産がモノであることの帰結ではなく、金銭のように所有権を観念することができない財産も対象とすることから、BがAに該当財産を返還する義務を負うという当事者の「関係」から導かれると考えられる。

また、このような財産が帰属するということの実質的な意義は、財産の返還請求権の性質にあると言えよう。もしAB間においてAに帰属する財産が、あたかもBに帰属しているかのような状況が存在している場合には、実質的な帰属者であるAは当該財産の返還請求権を有する。この返還請求権は、モノに対する所有権に基づくものではなく財産がAに帰属するということを基礎としたAB間の「関係」に基づくものであり、本来の状態に戻すという意味において「物権的」と捉えられよう。Aに財産が帰属する状態に実質的に戻すための返還請求権であるから、財産がモノであればそのモノをAに帰属させ、また代替性のある財産であれば元に戻すということから、実質的には、Bの財産全体から対象財産相当分を優先してAに移転させるという取扱いが必要となる。

さらに、AB間においてAに帰属すると確定された財産については、本来、第三者との関係においても当該財産はAに帰属するものとして取り扱われるべきであろう。したがって、第三者がそのような特定のAB間の関係、および実質的に財産がAに帰属するということを知っているのであれば、やはりAは当該財産が自己に帰属することを当該第三者に対しても主張できると解するべきであろう。しかしながら、AB間の関係について善意または無重過失により知らない第三者は保護される必要がある。

このように従来の所有権概念に基礎を置かずに、それでもなお財産の実質的な帰属者に「物権的」な救済を与えることが、わが国においていかなる法理により可能となるかが問題となる。アメリカ法においては、「擬制信託」がそれを根拠づける法理として挙げられていた。先に指摘したように、わが国において擬制信託を直接的に適用することは受容されていない。しかし、信託自体については信託法の改正も踏まえ、議論が深化している状況にある。

信託に基づく法律効果の中で、信託財産に関する所有権に基づかない物権的な効果をどのように説明するかということは、今も議論の続いている重要な問題の一つである。この問題のアプローチの仕方として、筆者は、信託財産の「帰属」という概念に着目すべきであると考えている。(75) つまり、信託においては、財産の管理・処分が受託者に委託され、財産に対する物権的権利が受託者に移転することになる。そうでありながら、受益者は信託の利益を享受することが約束され、究極的に、信託財産は受益者に「帰属」することになる。ここで言う「帰属」は、受託者と受益者の信託という「関係」を基礎とすると捉えられる。

「帰属」という効果は、受益者（委託者）が、もともと有していた完全な所有権等の財産権の対象である財産の管理・処分を受託者に委ねるとともに、そこから得られる利益を享受するという信託関係から生じる。信託関係であると認定されれば、つまり、信託が成立していると評価されれば、信託財産が受益者に「帰属」するという効果が生じるのである。もともと特定の財産に対して権利を有していた者が、何らかの事由により少なくとも所有権概念の枠組みにおいて権利を有しないという状況におかれた場合であっても、その事由が信託であると評価されれば、もとの権利者に当該財産が「帰属」するものとして取り扱う。この場合、財産が自己に帰属するという主張は、所有権を主張するのとは異なり、信託という「関係」を基礎としているのである。

こうした「帰属」という効果が、特定の当事者間の「関係」から導かれるとすると、その「関係」はわが国で想定されている信託に限定されるものでもないであろう。そのような「関係」の画定には、さらに詳細な検討が必要であるが、これまで挙げられた誤振込や騙取のように原因関係不存在の場合もこれに入るとして問題ないであろう。実質的に「そもそも金融資産の移転がなかった」と評価される場合と大枠で画定できる。そうするとアメリカ法の「擬制信託」からも、各事案における当事者間の「関係」という視点から捉え直すことにより、「帰属」をもたらす「関係」の画定にとって重要な示唆を得ることができるのではないかと思われる。

なお、当事者間の「関係」を基礎として財産の「帰属」を主張し、そしてそれを踏まえた財産の返還請求をするのであれば、当該財産は特定される必要がある。口座振替システムの実体に照らし、個別の増額記録は記帳されることにより特定性を喪失し、その時点における口座の残高の一部に組み込まれ、これに「融合」すると指摘されている。(76) 確かに、物体的な個性、外観的な指標を特定性の要件とすると、口座記録は特定性を喪失していると言えよう。しかし、このような要件は、いわゆる所有権を認めるための特定性にとって必要なのであり、本稿が検討してきた「帰属」は所有権に基づくものではない。特定の当事者間の「関係」に基礎を置くわけであるから、そのための「特定性」は当該当事者間の「関係」、取引そのものの特定性により「帰属」の対象財産を特定できると考えられよう。(77)

これまでの検討を踏まえると、口座振替システムにおける善意取得とはすなわち、口座の記録によって口座保有者である投資者に証券が帰属するということを原則とし、例外的に証券が自己に帰属しない事由につき悪意・重過失である場合に、その取引の巻き戻しをする規定であると解することができる。振替法一四四条は、振替株式の善意取得に関し、「振替の申請によりその口座において特定の銘柄の振替株式についての増加の記載又は記録を受けた加入者は、当該銘柄の振替株式についての当該増加の記載又は記録に係る権利を取得する。ただし、当該加入者に悪意又は重大な過失があるときは、この限りではない」と規定しており、このような解釈をすることに問題はないと考える。

3　口座管理機関の権利・義務

以上のように、金融資産の「帰属」を捉えるにしても、口座振替システムの円滑な運営のためには、金融資産をめぐる口座管理機関の権利・義務を明確にしておく必要がある。口座管理機関は、減額・増額のメッセージに従って口座を管理する義務を負う。本来、口座振替システムにおいて口座管理機関が送受信するメッセージは、先に見た実質的な金融資産の「帰属」を口座記録によって正確に表すはずである。したがって、メッセージの送受信の結果として存在する口座記録の表す金融資産が、当該口座保有者に帰属するというのが原則であり、口座管理機関は、口座記録通りに金融資産が口座保有者に「帰属」するものと取り扱うことができる。

しかし、口座振替システムにおいて送受信されるメッセージ自体が実質的な金融資産の「帰属」を忠実に反映している内容でなければ、真の「帰属」を表すものとはならない。そのような場合、口座管理機関には、真の「帰属」の基礎となる「関係」を調査する義務はないが、口座管理機関自身が主張の正否を判断せずに真の「帰属者」を保護する手続を整備する必要があろう。ＵＣＣ八―五〇二条のように、裁判所への提訴を含め、金融資産移転の原因関係とは無関係の口座管理機関の保護を図りつつ、簡易で利便性の高い手続の整備が望まれるところである。

(66) 谷口知平『不当利得の研究』（有斐閣、一九六五年）四五一頁。
(67) Cardozo 判事の言として紹介されている。Austin Wakeman Scott, William Franklin Fratcher, The Law of Trusts (vol 5), 303-304 (4th ed. 1989).
(68) 谷口・前掲注（66）四六五頁。
(69) Sommer, *supra* note (29), at 697.
(70) Sommer, *supra* note (29), at 698.
(71) *See*, Sommer, supra note (29), at 704.
(72) 保振法における取扱いについては、有価証券法理をもとに考えることになる。B'は証券の占有者とみなされる（同法二七条）としても、AB'間で証券売買取引が存在しない以上、B'が証券の所有権（したがって証券上の権利）を取得することはないことになる。そうすると、AはB'に対して返還を請求でき、この請求権は「物権的効力」があるとする。本多・前掲注（8）八二七頁。

(73) 本稿が提示する「巻き戻し」の理論は、金融法学会第二二回大会における岩原・森下報告から多大な示唆を得ている。岩原紳作・森下哲朗「預金の帰属をめぐる諸問題」金融法務事情一七四六号（二〇〇五年）二四頁以下、および金融法研究第二二号（二〇〇六年）四一頁以下参照。

(74) 中舎寛樹「預金者の認定と銀行の免責」名古屋大学法政論集九七号（一九八三年）九九頁参照。

(75) 拙稿「信託法理と証券会社が預かる顧客資産の『帰属』」山形大学紀要（社会科学）第三七巻二号（二〇〇七年）六七頁以下。

(76) 森田・前掲注（59）一八三頁。

(77) 筆者は、かつて「誤振込等により預金口座に入金された額が直ちに一個の残高債権の一部に組み込まれ、これに『融合』すると捉える必然性はなく、取引の特定性により受取人の口座残高において誤振込金額は特定できるものとしてよい」と言及したことがあるが、そこでは「物権的な権利」を所有権の延長線上で捉えていた（拙稿・前掲注（9）二五頁以下）。それを改め、ここで「帰属」のための特定性の意義を主張したい。

六　結びに代えて

口座振替システムにおいて管理される証券の帰属、移転の理論を、システムの構造の特徴に着目しつつ、ＵＣＣ第八編の再検討を通して模索した。そのような口座振替システムの仕組みを体系的、整合的に説明する理論は、いわゆる物権法理、有価証券法理に基づくものではなく、わが国における資金決済システムに関する考え方を基礎に構築できるのではないかと結論づけた。その中で、「帰属」という概念を用いることにより、実質的な利害調整のあり方を見いだすことができるのではないかという方向を示した。とすれば、議論の高まっている預金の帰属等、資金決済システムに関する問題についても同様の方向で、新しい理論的展開が期待できるのではないかとも考える。

本稿で提示した「帰属」とは、当事者間の「関係」に基礎を置きつつ、実質的に「物権的」な法律効果をもたらす関係を画定する概念と位置づけられる。わが国の私法体系の中で異質の存在とされてきた信託に、整合的な位置づけを与えようとする試みから抽出された概念であるが、本稿は、理論展開の方向性を示した端緒にすぎず、今後、その範囲の画定等については、擬制信託を含めさらなる検討が不可避である。また、本稿においては口座振替システムに限定した考察を行ったが、「帰属」の問題はこれにとどまらない広がりがあるものとも考える。今後引き続きの検討課題としたい。

剰余金の配当規制

小林　量

浅木愼一・小林量
中東正文・今井克典 編
浜田道代先生還暦記念
『検証会社法』
２００７年11月 信山社12

一　はじめに

会社法では、株式会社について（以下、単に会社と称する）、従来の利益配当に代えて、剰余金の配当という新しい概念が採用され、これと自己株式の取得について、いずれも会社から株主への資産の流失ということで、横断的な財源規制をかけている。また、これに関する規制は基本的には従来と同様の枠組みではあるが、会社法において変更が加えられた点も存する。そこで本稿では、まず従来会社からの資産流失に際しての債権者保護において中心的な役割を果たしていた資本制度の会社法での変容について一瞥した後、会社法上の剰余金の配当に関する規制を若干の検討を加えつつ概観することとする。

二　資本の機能の変容

昭和二五年改正前は、資本は、資本充実の原則を通じて、設立時および増資時の財産確保機能を有するとともに、バッファーとしての資産保持機能配当阻止数としての機能を担っていた。そして、このような資本の機能を堅持するため、資本充実の原則の他、資本確定の原則および資本不変の原則が採られていた。もっとも、資本は会社設立後、バッファーとしての機能は有するものの、会社の状態が悪くなるのは止められない。この意味で、設立後の資本の意義は、株主への過大な配当により会社財産が食い潰され、会社債権者が害されることを阻止するものであり、資本は株主と会社債権者の利害調整装置である。なお、当初資本には、警告機能というものが与えられていた（昭和一三年改正前商法一七四条[1]）が、昭和一三年の改正により同機能は有しなくなった。また、当時株式は額面株式のみで、株式は資本の構成要素であったため、資本は、株主の自己の持分比率の算定の基礎数の機能も有していた。

このように、日本法上の資本は当初は複数の機能を担っていたが、その後の平成四年までの一連の改正は、資本と株式の関係の切断等により、資本を債権者保護機能のみを有する制度として純化し、また、それに伴い、最低資本金制度の導入等により、その機能の強化を図ってきた過程であるといえる(2)。他の機能が別に必然的に資本が負うべき機能ではなかった以上、この過程はある意味では当然ともいえるが、資本が債権者護機能しか有しないとなると、資本がこの機能を果たすのに最適な制度であるかどうかが問題となる。すなわち、資本がバッファーとしての機能により債権者保護機能を有するにしても、この資本額は、過去の新株発行の積み重ねという偶然により決まる歴史的なものであって、会社の支払い能力や収益性を示すものではない。実際、貸借対照表上は資産があっても流動性を欠くため期限の到来した債務が支払えず倒産するという黒字倒産とか、配当をした翌期に倒産するといったこともある。いわゆるシステムの誤作動である。このため、資本の債権者保護機能の実効性が問題となる。また、配当阻止数の機能により会社に資産が留保されるが、不必要な資産の抱え込みは経済的に見て非効率であるから、資本制度が効率的な資産流失規制であるかも問題となる。

アメリカにおいては、資本が実効的な債権者保護制度ではないとして、資本制度が廃止され(3)、既に四半世紀を経ている。このような動きを受け、日本でも実効的な債権者保護の観点から新しい配当基準の採用が提唱される(4)とともに、効率性の観点からの見直しも主張されていた(5)。また、いったん導入された最低資本金制度も、その後のバブル崩壊後の不況のもと、新たな事業の創出という観点から、起業を促進する必要があるところ、最低資本金は新たな起業の障害となっているとの批判がなされ、平成一四年に特別法により、一定の会社(いわゆる確認株式・確認有限会社)について、設立の日から五年間は最低資本金制度の規制を免除するという特例措置が認められていた（旧新事業創出一〇条、旧中小企業新事業活動促進法三条の二）。

このような動きを受けて、会社法の制定に際して、資本制度の見直しが問題とされたわけであるが、その際、日本の資本制度は前述のように警告機能を有しないことから、会社財産の維持という観点からの資本の機能は剰余金の分配規制以外の場面で機能することはほとんどないので、資本は単なる一計数と位置付け、資本の機能は剰余金の分配規制での債権者と株主の間の利害調整のためのものと解し、その結果、設立時の最低資本金については、同制度が債権者の保護に役立つところは少なく、創業の足枷になる、債権者の保護については、法人格の濫用、取締役の対第三者責任等の他の規制の運用により対処しうるとの理由から、これをとらず、また、計数としての下限も法定しないこととされた。

一方、資本は剰余金の配当規制での株主と債権者の利害調整装置として維持することとされたことから、資本の配当阻止数としての機能は、基本的に変更はなく、剰余金の分配に際して、分配後、資本に相当する財産の維持が要請されている。ただ、この機能との関係で、配当後に最低限の責任財産は保持することが債権者保護のために必要であるとの観点から、会社の純資産額が三〇〇万円を下回る場合には、配当できないものとしている（会社四五八条、計算規則一八六条六号）。もっとも、会社法においては、設立に際しての発起人の責任の緩和、設立時に発行される株式の引受担保責任・払込担保責任が廃止される等されており、立法者によると会社法上資本は単に配当に際しての債権者との利害調整装置であり、前述の昭和一三年改正前一七四条の規定がなく、資産維持機能はないから、会社法における資本の債権者保護機能は限定的で、従来の資本の三原則およびそれに属するとされた規制は会社法のもとではないか、別の趣旨の規制として整理されるとする[6]。しかし、この点はここでは詳論は避けるが、会社法上も、弱まったとはいえ、なおあるといえると思われる[7]。

（1） 会社がその資本の半額以上を失ったときは、取締役は遅滞なく株主総会を招集してこれを報告することを要し、また、会社財産をもってその債務を完済すること能わざるにいたるときは、取締役は直ちに破産の請求をなすべき旨、規定していた。
（2） この点については、拙稿「新会社法による資本の変容」企業会計五七巻（二〇〇三年）九号一八頁以下参照。
（3） カリフォルニア州では一九七五年に資本制度を廃止した上で、配当や自己株式の取得等も含めた株主への分配という概念を採用し、この分配は、留保利益からのみなすことができるが、留保利益がない場合でも、資産負債比率テスト、流動性比率テストを満たす場合には分配をなしうるとする。ただし、いずれの場合も支払不能テストを満たす必要がある（Cal. Corp. Code § 500, 501）。一九八〇年に改正された模範事業会社法も資本概念を放棄し、同様の分配概念を採用した上で、その分配規制として、分配後の会社の資産総額が負債の総額および清算時に株主に支払われるべき金額の合計額を下回ってはならないという新たな貸借対照表基準と支払不能テストを採用している。Revised Modell Business Corporation Act § 6. 40.
（4） 吉原和志「会社の責任財産の維持と債権者の利益保護（二）」法協一〇二巻五号（一九八五年）九四一頁。
（5） 拙稿「コーポレート・ファイナンス法制度の柔構造化」森本滋編『比較会社法研究』（商事法務研究会、二〇〇三年）二九五頁以下。
（6） 郡谷大輔＝岩崎友彦「会社法における債権者保護（上）（下）」商事法務一七四六号頁以下、一七四七号（二〇〇五年）二二頁以下。
（7） 拙稿「資本（金）の意義」企業会計五八巻九号（二〇〇六年）二六頁以下参照。

三　剰余金の配当の概念および決定機関

配当について、アメリカ法では、前述のように[8]会社財産の株主への流失を分配という概念でくくり、統一的な財源規制を課している。会社法も、同様に、自己株式の取得も含めた会社財産の株主への流失について横断的な財源規制を設けることとし、それにともない、自己株式取得以外の、利益配当、資本金・準備金の減少に伴う株主への払戻を「剰余金の配当」という概念でくくることとされた。ただし、この剰余金の配当財源は後述の分配可能額であり、会社法上規定される剰余金が直ちに財源となるわけではない。

剰余金の配当の決定機関は、従来と同様株主総会である（会四五四条一項）。ただ、従来と異なり配当を決定する総会は定時株主総会に限らず、期中にいつでも何回でもなしうるものとされている。もっとも、資本金・準備金の減少に伴う株主への払戻も剰余金の配当に含まれることとなり、従来から資本金・準備金の減少とそれにともなう払戻は期中でも可能であったから、ある意味でいえば、この変更は当然の帰結でもある(9)。

なお、このように原則は株主総会であるが、平成一七年改正前商法特例法における委員会等設置会社においては、一定の要件を満たす場合に、取締役会による利益の配当が可能とされていた（平成一七年改正前商法特例法二一条の三一）。しかし、この点については、委員会等設置会社に限る必然性はないとの指摘がなされたことから、会社法は会計監査人設置会社であって、定款で取締役会によりなしうる旨の定めを置き、一定の要件を満たす場合については、取締役会決議により剰余金の配当をなしうることとしている（会四五九条一項四項）。もっとも、この規定は取締役会もなしうるという意味であり、株主総会の権限がなくなるわけではない。取締役会のみが決しうるとするためには、さらに定款においてその旨を定めることが必要である（会四六〇条一項）。なお、この会社法四五九条に基づく規定を置かない会社でも、従来どおり定款で定めることにより、一事業年度において一回限り、取締役会の決議により配当すること（いわゆる中間配当）も可能である（会四五四条五項、平成一七年改正前商法二九三条ノ五）。

また、従来配当は金銭配当に限られていたが、会社法は現物配当を許容した（会四五四条四項）。ただし、現物配当による場合については、換金方法の難易度が株主により異なる等の問題があるため、株主保護の観点から、株主に金銭分配請求権を与えない場合には、株主総会の特別決議を要する（会三〇九条二項一〇号）ものとし、前述の定款で取締役会決議によりなしうる旨の規定がある場合でも、現物配当の場合には、取締役会決議ではこれをなしえないものとされている（会条四五九条一項四号但書き）[10]。

（8）　前掲注（3）参照。
（9）　もっとも、従来は資本・準備金の減少額全額を株主への払戻に用いることも可能であったが、会社法のもとでは分配可能額の範囲内においてのみ可能であるから、この点で従来の資本金・準備金の減少にともなう払戻と異なる。
（10）　この現物配当が可能となったことから、会社の人的分割については、物的分割＋新設会社・承継会社の株式の剰余金の配当あるいは全部取得条項付種類株式の取得の対価としての交付と構成されている（会社七五八条八号、七六〇条七号、七六三条一二号、七六五条一項八号）

四　配当財源

剰余金の配当の財源は分配可能額（会四六一条二項）である。そして、分配可能額は、会社法上の剰余金の額に一定の金額を加減したものとなっている。それでは剰余金とはなにかであるが、これは四四六条が定めており、同規定は複雑なものとなっているが、同条一号は空振りの規定となっており、会社計算規則一七七条、一七八条と併せて読むと、要するに剰余金とは、その他の利益剰余金とその他の資本剰余金の合計額に最終事業年度末日後の資本・法定準備金の取崩額、自己株式の処分差額を加算し、自己株式の消却額、配当額、資本組入金額等を控除した額であり、分配可能額はこれに臨時決算による損益を反映させ、自己株式の帳簿価額、処分した自己株式の対価の額を控除したものである。自己株式の帳簿価格、対価を控除するのは、前者は保有する自己株式の資産性は否定されことによるものであり、後者は、自己株式の処分による増減は、決算手続きを経ていないものは認識しないという考え方によるもので、従来と同様の考え方に基づくものである[11]。したがって、要するにその他資本剰余金とその他利益剰余金の合計額に資本等の期中の取崩額を加え、これから自己株式の帳簿価額と既に使用した分を減額しているわけで、実質は従来と同様であるが、このように改正されたのは、財源である分配可能額の算定方法については実質的には従来と変更はないが、従来の規定は分かりにくくなっているため、基本的には分かりやすさという観点からの改正であると説明されている[12]。

これは、以下のような事情による。平成一三年改正前の商法での計算書類における資本の部は、商法において純資産額から資本・法定準備金の額を控除したものが配当可能利益とされていた（平成一七年改正前商法二九〇条一項）ことから、配当可能利益の算出を目的とし、資本の部は資本金、法定準備金、剰余金に区分されることとなっていた（旧計算書類規則三四条一項）。しかし、同年の改正により、減資に際しての減資差益、資本準備金の減少に際して払い戻さなかった額はその他資本剰余金に組み入れられ、これらも配当原資として使用することが可能となった。そして、同年の改正を受けて、資本の部（現「純資産の部」）は、資本金、資本剰余金、利益剰余金に区分することとされ、配当原資となる部分であるその他資本剰余金とその他利益剰余金は分けて計上され、また、保有する自己株式はその資産性が否定されるため配当可能利益はその分減少するが、貸借対照表上の表記方法としては資本の部（現「純資産の部」）からの控除形式が採られていた（旧商法施行規則八八条、九一条一項五号。現計算規則一〇八条一項一号、二項参照）。この結果、資本の部の配当可能利益の算出という従来の機能は既にこの時点において失われていた[13]。今回のこの改正は、配当財源は、従来の配当可能利益に資本金等の期中の取崩額等を加えたものであること数式で示した（もっとも、自己株式については、従来取得予定総額が中間配当可能利益から控除されていた（平成一七年改正前商法二九三条ノ五第三項第三号）が、会社法では、実際に取得に使用した分だけ控除することとし、控除されるのは配当時の自己株式の帳簿価額である。）、したがって、結論的には従来通りの規制が維持されており、資本は依然として配当阻止数としての機能を有している。[14]

したがって、結果的には分かりやすくなったといえるが、前述のように、剰余金の算出規定である四四六条一号は空振りの規定となっている。今回の会社法は現代化を目的としたものであるが、現代化の基本方針として「わかりやすい会社法」が挙げられていたのであり、[15] この配当可能額の算出の規定の改正も前述のように同様の理由が挙げられているわけであるが、この部分については条文的にわかりやすくなったとはいえないものになっている。

いずれにしろ、このようにして配当財源は算出されるが、会社の純資産額が三〇〇万円を下回る場合には、剰余金の配当・自己株式の取得はできないものとされている（会四五八条、計算規則一八六条六号）。これは最低資本金制度が廃止されたが、前述のように、この点においては、最低資本金制度を実質維持しているわけである。もっとも、この規制は会社法で新たに設けられた制度ではなく、最低資本金の特例が認められていた確認株式会社・確認有限会社において採用されていたもの（旧新事業創出一〇条の一二第四項、旧中小企業新事業活動促進法三条の一三第四項）と同様の規制を採用したものである。[16]

以上が分配可能額の概要であるが、その算出に際して、さらに控除される金額で従来と扱いが異なるものがあるので、この点について二点触れておきたい。

① のれん等調整額の控除

従来いわゆる架空資産である繰延資産について、その配当可能利益算出の関係で一定額が控除額とされていたが、今後、企業結合に関する会計基準の適用に伴い、計上されるのれんの額が多額になるとの考え方から、[17] のれんも控除項目として計算されることとなった。すなわち、「企業結合に係る会計基準（平成一五年一〇月三一日）」（その適用指針として、「企業会計基準適用指針第一〇号『企業結合会計基準及び事業分離等会計基準に関する適用指針（平成一七年一二月二七日、平成一八年一二月二二日改正）』」）は、企業結合に際して、企業のいずれの株主も他の企業を支配したと見られない場合には持分プーリング法の適用を認める（同基準三3）が、それ以外の場合には一方の企業が他の企業を取得したと見られ、パーチェス法が適用されることとなっている（同基準三2）。パーチェス法によると取得した企業の資産・負債を公正価値で評価し、取得側が取得対価として交付した現金、株式等の公正価値との差額を「のれん」として認識することになる（同基準二8）。この会計基準が平成一八年四月一日から始まる事業年度から適用されており、この会計処理により、今後多額ののれんの計上が見込まれることとなったわけである。

具体的には、のれんの二分の一の金額と繰延資産の合計額を「のれん等調整額」とし、これをその額の大きさに応じて一定の額を分配可能額から控除している（計算規則一八六条一号）[18]。

なお、繰延資産については、従来計上しうる繰延資産を規定するとともに、その内開業費と研究費・開発費について、法定準備金を超える部分を配当可能利益の算定に際して控除するとの立場をとっていた（平成一七年改正前商法二九〇条一項四号、旧商法施行規則一二四条一号）。これに対して、会社法では、計上しうる繰延資産については規定されず、会計原則に委ねられ（計算規則一〇六条三項五号、会四三一条、計算規則三条）、すべての繰延資産がのれん等調整額に算入されて控除の対象とされている[19]。ただ、繰延資産については、従来前述のように法定準備金の範囲内でのみ配当可能利益算出の関係で資産性が認められていたのが、会社法のもとではのれんがなく、繰延資産しかない場合でも、資本金まで食い込んでまでその資産性が認められることとなっている（計算規則一八六条一号)。そして、控除額が、最大で繰延資産額とその他資本剰余金の合計額とされている(同一号)。したがって、会社法においては、すべての繰延資産額を控除し、さらにのれんについても拘束されることとなったわけであるが、しかし、その反面、いわゆる架空資産である繰延資産について配当との関係で資産性が肯定される範囲が拡大されるという結果になっている。この点が妥当かは問題があろう[(20)]。

② 連結配当規制適用会社

会社法は、会計監査人設置会社は、連結計算書類を作成することができるとするとともに(会四四四条一項)、大会社であり、金融商品取引法上有価証券報告書の提出が義務づけられる会社については、その作成を義務づけている(会四四四条三項)ところ、これら連結計算書類を作成している会社で会社計算規則一八六条四号の適用を受けることを当該計算書類の作成に際して定めた会社(連結配当規制適用会社。計算規則二条三項七二号)については、分配可能額の算出に際して、単体ベースの剰余金よりも連結ベースの剰余金が少ない場合には、その差額を減ずるとしている(計算規則一八六条四号[(21)])。連結ベースの剰余金の方が単体のものより少ないということは、連結対象会社において損失が生じているということを意味するが、元来子会社等の持分法の適用対象も含めた連結対象会社に生じた損失は、親会社の保有する対象会社株式の評価価値の減少により親会社の個別貸借対照表等に反映されるはずであるが、子会社・関連会社株式は、企業会計原則上強制低価法の対象となる、その価値が著しく減少した場合以外は取得原価が付され(金融商品に係る会計基準三・二3、6)、強制低価法の対象となるまでの子会社・関連会社に生じた損失は、親会社の貸借対照表に影響しないことになる。このため、連結貸借対照表を配当規制にかからしめるべきであるとの主張が従来からなされていた[(22)]。そこで今回このような規制が取り入れられたわけである。したがって、この規制は、分配可能額の算定に際して、子会社・関連会社の株式を時価評価したのと同様の結果をもたらすことになる。その点で、この規制は、アメリカ型の資産比率テスト、あるいは支払不能テストを用いるときでも問題となりうるもので、この規制はいずれの配当規制を採用するにしても意味があるものであろう(23)。

なお、連結配当規制適用会社となるかどうかは企業の任意であり、しかも各事業年度毎に定めることができるが、連結配当規制適用会社となった場合、連結配当規制適用会社の子会社については、親会社株式取得の禁止が解かれている（会一三五条二項五号、施行規則二三条三号）。また、簿価債務超過子会社との合併、子会社からの債務超過部分の分割承継、債務超過子会社を完全子会社とするための株式交換に際しても、説明義務が免除されている（施行規則一九五条三項から五項）他、簡易合併、簡易の分割承継も可能となる（会七九六条三項、施行規則一九五条三項から五項）とされている。これは利益誘導のようにも解されるが、しかし、このような誘導策の内容自体の妥当性、また、それを法務省令で行うという方法自体の妥当性も問題であるが、そもそも連結配当規制適用会社になるかどうかは前述のように事業年度毎に決定しうるものであるから、これらが有効な誘導策となりうるか自体も疑問がある。

(11) 分配可能額の算出規制の詳細については、江頭憲治郎・株式会社法（有斐閣、二〇〇六年）六〇二頁以下、相澤哲＝郡谷大輔「新会社法関係法令の解説（9）、（10）『分配可能額［上］、［下］』」商事法務一七六七号三四頁以下、同一七六八号一七頁以下参照。

もっとも、算定に際して、なぜこのように二段構えにする必要があったのか自体問題であるが、この点、立法担当者からは、剰余金の概念は会社法上の概念というよりは、一定の会計基準等に従って行われる会計処理の結果、決定される金額であり、このように、剰余金という概念と分配可能利益という概念を区別して設けた理由として、剰余金の額の変動に伴う分配可能額の変動に係る規定と分配可能額固有の変動自由に係る規定と分けたためと説かれている。相澤＝郡谷・前掲商事法務一七六七号三四頁。

(12) 法務省民事局参事官室『会社法制の現代化に関する要綱試案補足説明』第四部五1(3)

(13) 拙稿「変貌する『資本の部』とその考え方・商法の債権者保護機能との関係」企業会計五四巻七号三二頁)

(14) 神田秀樹『会社法〔第九版〕』(弘文堂、二〇〇七年)二四八頁、郡谷＝岩崎・前掲注(6)商事法務一七四七号二二頁。

(15) 江頭憲治郎「『現代化』の基本方針」ジュリスト一二六七号(二〇〇四年)六頁。

(16) 江頭憲治郎「『会社法制の現代化に関する要綱案』の解説〔Ⅵ〕」商事法務一七二六号二三頁

(17) 平成一七年一一月二九日法務省民事局参事官室・株式会社の計算に関する法務省令案の概要第2・3(2)

(18) 二分の一が対象とされたのは、のれんの中には、将来の収益によって回収可能なものも含まれている可能性も否定できないとの理由が挙げられている。相澤＝郡谷・前掲注(11)商事法務一七六七号三七頁。もっとも、この二分の一という数字に理論的根拠があるわけでないことは、担当者も自認している。相澤＝郡谷・同頁。

(19) これを受けて、「繰延資産の会計処理に関する当面の取扱い」が、平成一八年八月一一日に企業会計基準委員会(ASBJ)から公表されたが、そこでは、資産として計上しうる繰延資産は、従来商法上認められていたものから、建設利息と社債発行差金を除いたものとされている。前者は制度の廃止によるものであり、後者は上記基準と同日に公表された企業会計基準第一〇号「金融商品に関する会計基準」(これは平成一一年一月二二日に企業会計審議会から出された「金融商品に係る会計基準」を改正するものである。)により、社債債務の貸借対照表計上額については、償却原価法によることとし、社債発行差金は計上せず直接控除する方式が採用されているためである。この取扱については、高津知之「『繰延資産の会計処理に関する当面の取扱い』の概要」商事法務一七七九号(二〇〇六年)八一頁以下参照。

(20) 会社法において繰延資産として計上しうるものを規定しなかった理由として、一定の費用につき資産計上を認めることによって、株主が配当を受けやすくなるようにするという政策的な目的には合理性がないことから、会社法では、分配可能額の算定上は、これを原則として資産扱いしないこととした(相澤＝郡谷・前掲注(11)三七頁)といわれる。しかし、前述のように、会社法のもとでも一定の繰延資産は資産として計上され、しかも、のれんがなく、繰延資産しかない場合、その額が準備金の額を超える場合でも、資本と準備金の合計額の範囲内では資産性が肯定されている。その理由として、資本等金額がバッファーとしてカバーしているとの理由が挙げられている(同三九頁)が、それはそれで理由となりうるものではあるが、結果的には、従来よりも配当がしやすくなる場合が生ずることになろう。

(21) 控除される額の算定に際して、計算の対象となる各項目の有する意義については、弥永真生『コンメンタール会社計算規則・改正商法施行規則』（商事法務研究会、二〇〇六年）八一八頁以下参照。

(22) 矢沢惇「会社の計算公開に関する改正問題」商事法務八二五号（一九七九年）一六頁は、連結決算上連結利益がないときに、親会社自体に利益があって配当すれば、場合によって解釈で平成一七年改正前商法二八一条ノ三第八号の「著しく不当な配当」にあたることがありうるとしていた。また、岸田雅雄『結合企業会計の法的規制』（有斐閣、一九八四年）一三七頁も、商法上配当の最高限度の基準として、連結財務諸表制度を取り入れることは、その範囲を明確にするものとして、十分意義があるとしていた。

(23) アメリカ法においても、例えば前述のカリフォルニア州は連結財務諸表をもって、配当算定の基準として用いている。Cal. Corp. Code § 114, 500, 501. 但し、アメリカにおいて問題とされたのは、主として、親会社に配当可能利益がなく、連結ベースではあるときに親会社が配当しうるかである。この点については、岸田・前掲注(22)八九頁以下参照。

五 違法配当の扱い

(1) 民事上の責任

(ア) 業務執行者等の責任

違法な分配がなされた場合の取締役等の責任は、旧法においては、委員会等設置会社では過失責任であった（平成一七年改正前商法特例法二一条の一八第一項）が監査役設置会社では無過失責任と解されていた（平成一七年改正前商法二六六条一項一号）ところ、会社法上は過失責任に統一されている（会四六二条一項六号、二項）。責任を負う者は①当該業務を行った業務執行者［業務執行取締役・執行役］（会四六二条一項、一二条一五号括弧書）の他、当該配当に職務上関与したものとして、②当該配当の金銭の交付にかかる職務を行った取締役・執行役、③当該配当が株主総会決議に基づく場合に株主総会において議案を説明した取締役、④当該配当が取締役会決議に基づく場合に、剰余金の配当に賛成した取締役、⑤分配可能額の計算に関する報告を監査役または会計監査人が請求したときは当該請求に応じて報告をした取締役・執行役（施行規則一一六条一五号、計算規則一八七条八号）である。加えて、議案の提案関係者として、⑥剰余金の配当事項の決定に係る株主総会決議があった場合に株主総会に当該議案を提案した取締役、⑦剰余金の配当事項の決定に係る取締役会決議があった場合に取締役に議案を提案した取締役が責任を負う（会四六二条一項六号）。旧法では、議案を提案した取締役・執行役、配当を行った執行役が責任主体となり、取締役会において賛成した取締役は行為者とみなされていた（平成一七年改正前商法二六六条一項一号、二項、二九三条ノ五第七項、商法特例法二一条の一八）ことから、旧二六六条二項に相当する規定は会社法上ないが、実質従来のものを維持しつつ新たに③⑤が責任主体として加えられている。

違法分配がなされた場合に負う損害賠償額は交付された金銭等の帳簿価格に相当する金額である（会四六二条一項）。従来配当額全額について弁済責任が課されており（平成一七年改正前商法二六六条一項）、金銭配当の場合については、従来と同様である。違法配当の場合の責任について責任制限規定の適用がないのも従来と同様であるが、従来は総株主の同意があれば全額免除可能であったが、会社法では、分配可能額を超えてした分については総株主の同意があっても免除できないものとしている（会四六二条三項）[24]。

(イ)　株主の責任

会社法上、違法配当の場合について、受け取った株主に受け取った配当額分の返還義務を課し、前述の会社に対しての責任を履行した業務執行者は善意の株主に対しては求償できないものとしている（会四六二条一項、四六三条一項）。旧法では、違法配当を受け取った株主の返還義務について規定はなかったが、違法配当は無効であることから、不当利得の返還義務として負うことになると解されており、その上で同様に取締役等の株主への求償の制限が定められていた（平成一七年改正前商法二六七条、商法特例法二一条の一九）。

なお、この違法配当の効力の点について、会社法のもとでは、財源規制に違反した配当については、有効との立場に立っていると立法担当者から説明がなされ、その理由として、これを無効とすると、例えば自己株式の会社への返還は民法上の不当利得返還請求権の問題となり、株主と会社の間の二つの不当利得返還請求権が同時履行の関係に立つと解されることとなり（民五三三条類推）、株主が交付した株式の会社からの返還またはこれに相当する金銭の返還があるまでは、自らが交付を受けた金銭等の返還をしないという主張を許すことになってしまうという点を挙げ、そして、会社法が有効としての立場を採っていることは、条文上も、会社法四六三条一項において「効力を生じた日における」という表現が用いられていることからも明らかであるといわれる[25]。

しかし、この点については、学説から反対があり、①自己株式については、取得が無効でないとすると、譲渡人がいったんは履行を強制できるのかという問題があるし、法形式的にも、法令に違反した株主総会決議・取締役会決議は無効であるのに、その決議に基づく会社の内部行為がなぜ有効なのかという疑問があるとし、四六二条一項は、取得が無効であることを前提とした規定であり、それが金銭を支払う義務であって、交付された現物の返還義務でない点のみが特則であると解すべきであるとの主張[26]、あるいは②自己株式と返還義務の同時履行の抗弁は、自己株式の取得を無効と解したときにも発生する問題であるし、四六二条一項の弁済義務は例えば分配可能額が六〇円で一〇〇円配当された場合でも一〇〇円全額の弁済責任であり、その意味では、最低限の会社債権者保護の達成（四〇円の返還）を超える回復を求めているわけで、そうであればこれが現物配当であったような場合（例えば当該株主あたりの分配可能額は六〇円、現物の簿価は一〇〇円、時価は一四〇円とする）、弁済責任を負う額は一〇〇円であるが、違法配当の効力を無効であると解して、会社による当該現物の返還を求めて差し支えなく（四六二条一項にいう帳簿価格とは交付時の簿価であると解するにしても、なおその後値上がりした場合に会社に当該現物の返還を求めることを認めても差し仕えない）、有効説で絶対に困るという不都合はないが、無効説の方が優れているように思われるとも主張されている。(27)

法令に違反する決議は無効であるという原則からすると、会社法四六一条は、不当利得返還請求に際して、個々の株主の事情に起因する返還すべき範囲について生ずる問題を解決したものである点に意義があると解するべきではないかと思われる。(28)

なお、旧法においては、会社の債権者は、株主に対して違法な配当額の会社への返還を請求しえた（平成一七年改正前商法二九〇条二項）が、その手続きははっきりしていなかった。会社法は従来と立場を変え、会社債権者は違法な配当額を自己に引き渡すよう請求しうるとした（会四六三条二項）。これは従来会社に引き渡すことを請求するということであれば、株主代表訴訟に類似する第三者の訴訟担当になるにもかかわらず、株主代表訴訟のような手続規定が一切存在しなかったという問題があったためといわれる。(29)

(2) 刑事上の責任

違法配当の場合の刑事責任として、取締役等が、法令または定款の規定に違反して剰余金の配当をした場合、五年以下の懲役もしくは五〇〇万円以下の罰金に処され、あるいは併科される（会九六三条五項二号）。(30)

(24) 神田・前掲注（14）二六二頁は、この部分を免除しうる点について、説明できなくはないが立法論として再検討を要するとする。

(25) 相澤哲＝岩崎友彦「新会社法の解説（10）・株式会社の計算等」商事法務一七四六号三九頁。
(26) 江頭・前掲注（11）二四四頁。
(27) 神田・前掲注（14）二六〇頁。
(28) これらの主張に対して、有効説の立場から無効説を批判するものとして、葉玉匡美「財源規制違反行為の効力」商事法務一七七二号三三頁以下がある。ただ、論者は、金銭配当と現物配当の場合について、主として不当利得返還請求権と財源規制違反責任を併存させることから生ずる問題点を挙げているが、本文で述べたように、会社法の規定は不当利得返還に際しての返還額を明らかにしたという点に意義を見出すべきであろう。また、自己株式の取得について、会社が第三者に譲渡した場合の処理が無効説の問題点として挙げるが、無効説に立った上でそのような場合は取得は有効と扱いうる（有効であれば株主の不当利得返還請求権は生じない）のであり（拙稿「自己株式の取得と取締役の責任」企業の健全性確保と取締役の責任［龍田先生還暦記念］（有斐閣、一九九七年）二四三頁以下）、処理は可能と思われる。本文中でもの述べたように、やはり法令に違反する総会決議は無効という原則にたった上で個別の処理をすればよいことで、ここでのみ基本原則を動かす必要があるとは思われない。
(29) これは、民法の債権者代位権の特則として規定が整備されたとされる。相澤＝岩崎・前掲注（25）四一頁。この点、江頭憲治郎「新会社法制定の意義」ジュリスト一二九五号七頁は、違法な剰余金の配当等への救済といった団体的法律関係の処理として債権者代位的な処理がふさわしいかという疑問があると同時に、他方、もし手続き規定を設けるとすれば、どのようなケースを想定してどのような規定を設けるべきかは、相当な難問であり、これで致し方ないとする。
(30) この点、旧法においては、懲役または罰金のいずれかであったが（旧四八九条三号、旧商特二九条の三第二号）、会社法では併科が認められている。

六　期末に欠損が生じた場合の責任

剰余金の配当をした日の属する事業年度（その事業年度の直前の事業年度が最終事業年度（会二条二四号）でないときは、その事業年度の直前の事業年度）末にかかる計算書類において四六一条二項一号の金額を同項三号、四号および六号の合計額が上回るとき（したがって分配可能額がマイナスになった場合、すなわち、欠損が生じた場合である

(計算規則一七九条参照)。なお、この算定に際して、四六一条二項二号、五号が挙げられていないのは、事業年度末の時点であるから、時点として臨時計算書類は作成されていることがありえないからである。[31]) 当該配当を行った業務執行者、すなわち、前述五での①から⑤までの者(会四六五条一項、四六二条一項、二条一五括弧書、計算規則一八七条八号)は、会社に対して連帯して、当該欠損額と当該配当により株主に対して交付した金銭等の帳簿価額の総額とのいずれか少ない額を支払う義務を負う(会四六五条一項一〇号)。ただし、業務執行者が無過失であったことを立証すれば免責される(会四六五条一項但書)。

従来は、決算期に欠損が生ずる場合には中間配当を禁止する旨の規定を置く(平成一七年改正前商法二九三条ノ五第四項)とともに、実際に欠損が生じた場合の取締役の責任に関する規定(平成一七年改正前商法二九三条ノ五第五項)を置いていたが、会社法も、このような場合の責任に関する規定を置いている。

なお、従来は、責任発生の有無の判定の基準時は事業年度末日であったが、会社法では、期中の分配可能額の増減は随時反映させることとされた関係上、前期の計算書類の承認時から当期の計算書類の承認時までになされた行為となっている。[32] なお、責任主体は、旧法上配当を行った者・取締役会に議案を提案した執行役で、取締役会で賛成した者は行為者とみなされていた(平成一七年改正前商法二九三条ノ五第七項、商法特例法二一条の一八第三、四号)ので、③⑤が新たに加えられ、取締役会に議案を提案した執行役が除かれた以外は、従来と同様である。

なお、以上の責任は、定時株主総会決議(取締役会決議による場合には取締役会決議)に基づく場合、資本金・法定準備金の減少に伴い剰余金の配当をする場合で、配当額が資本金・法定準備金の減少額を超えない場合で、減少額の全部または一部を準備金・資本金とする定めがない場合(四六五条一項一〇号イロハ)には負わないものとされている。これは要するに、従来と同様の扱いである。

なお、この取締役会決議による場合について四三九条前段の場合とされているが、要するにこれは従来の期末の配当を除外するものであるから、定時株主総会の代わりに取締役会が配当を決定する場合で、したがって、会社法四五九条によりなされる場合であるが、その取締役会は、定時株主総会にかわって計算書類を確定してそこで配当を決定することになるから、このような書きぶりになったのであろう。(33)

(31) 相澤＝岩崎・前掲注(25)四一頁。
(32) 相澤＝岩崎・前掲注(25)四一頁。
(33) 平成一七年改正前の商法特例法上の委員会等設置会社については、商法特例法の二一条の三一で取締役会による配当が認められていたが、同条は計算書類確定に関する条文であるところ、従来は利益処分案も計算書類の一つであったから同一の条文で計算書類の確定と配当について取締役会によりなしうる旨定めることができたが、会社法のもとでは、剰余金の処分案は計算書類に含まれず、かつ四五九条の要件を満たせば期中でも取締役会決議に基づき配当が可能となったため、このような複雑な規定の仕方となったのであろう。

七　おわりに

以上、会社法上の剰余金の配当規制を概観してきたが、前述のように、会社法も資本を配当阻止数とした配当規制をとっているが、立法関係者からは、会社法上の従来の資本の三原則およびそれに属するとされた規制は会社法のもとではないか、別の趣旨の規制として整理されるとする。しかし、配当阻止数として適切かどうかについて前述のように従来から議論があったわけであるから、このような資本制度を残す必要があったのかということ自体問題となりうる。

この点、立法関係者は、そもそも払戻規制を設ける理由として、何もなければ債権者は自己の債権を管理のため、株主への払戻し行為を監視・制限できる契約を締結しなければならず、逆に会社は十分の供与を得られず事業の遂行に支障を来すか、信用の供与を受けるために多大なコストがかかり、債権者・会社の双方にとって支払うべきコストが上昇するため、コスト軽減のため、強行法的に払戻規制を設ける意義があるとする。そして、具体的な払戻規制についてもコストの問題を考える必要があるとしながら、結局、資本制度を維持した理由については、これを維持する積極的な意義を見出すというよりは、これに代わる有効な方法を現時点では構築しがたいからとしている。(34) ただ、同時に、最低資本金制度との関係で、企業が倒産するかどうかは、当該企業の行う事業のリスクの大小やキャッシュフローの状態により決まることは現実の倒産状況を見れば明らかであるとしており、(35) そうであれば、そのような観点からの規制を考えるべきであり、他に代わる制度がないからというのは、立法の怠慢という感は拭えないであろう。

なお、立法関係者は、前述のように、払戻規制についてはもコストの軽減という観点から考えるべきとしている。確かに会社債権者にとっては個別的な契約の交渉・締結を省くという点でコストの軽減とはなるが、(36) 諸外国では、多くの債権者は自衛できるのであり、資本制度は非効率な規制であり、資本制度が意味を持つとすれば、最低資本金制度と結合することにより、自衛できない非任意の債権者を保護するところにあるといわれている。(37) しかし、今回、設立に際しての最低資本金制度は廃止され、剰余金の配当に際して維持すべき純資産額も少額であり、債権者保護の実効性は疑わしい。その意味で非効率であると指摘されている資本制度を維持する理由は乏しく、事前規制から事後規制に転換した今回の会社法の中で、積極的な理由もなく配当規制として資本制度を残す必要があったのかは問題であろう。(38) 資本制度を維持すべきかどうかは、廃止する場合の配当基準はどうあるべきかは、今後もなお検討すべき残された課題である。

(34) 郡谷＝岩崎・前掲注（6）商事法務一七四七号二二頁。

(35) 郡谷＝岩崎・前掲注（6）商事法務一七四六号四九頁

(36) J. Armour, Share Capital and Creditor Protection : Efficient Rules for a Modern Company Law, The Modern Law Review 63, 355 (2000).

(37) J. Armour op. cit. p 355, W. Schön, "Wer schutz den Kapitalschutz", Zeitscrift für das gesamte Handelsrechts und Wirtschatsrecht. 166, 2002, S. 3. もっとも、Armourは、不法行為者の保護については、責任保険という安価な方法がある等の理由から資本制度は非任意の債権者の保護にとっても十分でなく、結局資本制度が多数の債権者の需要を捉えるものか疑わしく、どのような規制が適切かは市場の選択に委ねるべきであるとする。Enriques=J. R. Macey,Creditors Versus Capital Formation, 86 Cornell L. Rev. 1165, 2002. も、資本制度は非任意の債権者の保護にもならず、資本は非効率な規制方法であるとする。

なお、前述のように、立法者は、昭和一三年改正前一七四条のような規定がないことから、現行資本制度の債権者保護機能は限定的とするが、このような制度は債権者保護にはならないとの批判もある。Enriques=J. R. Macey, at 1199.

(38) この場合、自衛できない債権者の保護として、諸外国において普及している民間の信用機関や、取引信用保険制度の利用等が必要となるが、近時わが国においても倒産リスクを測定する企業が現れ、また、売掛債権保全のための取引信用保険が各種商品として販売されるなど、その素地は固まりつつあるといえよう。

淺木愼一・小林 量
中東正文・今井克典 編
浜田道代先生還暦記念
『検証会社法』
2007年11月 信山社 13

債権者保護

弥永真生

一 問題の所在

平成一七年改正前商法の下では、株式会社における債権者の保護は、主として、資本制度と企業内容の開示ならびに資本または準備金の減少もしくは会社の合併または分割の際の会社債権者保護手続きによって図られるものと考えられていた。

しかし、会社法においては、最低資本金制度が廃止され、また、いわゆる資本充実の原則は絶対的なものではなくなり、資本確定の原則のなごりもなくなったと考えられる[1]。

会社法の立案担当者は、会社法の下では、「債権者保護は、開示の充実による債権者の自己防衛に期待せざるを得ない。したがって、このような観点からの開示規制の充実を図」り、「株主に対する払戻しによっては債権者を害することがないようにするという、……会社財産の払戻規制について、……債権者との関係の規制であることを明確にした形で整理する」こととしたと説明している[2]。もっとも、「事業損失等によって生ずる通常の債権者の債権回収の危険性については……倒産法制や取締役等の第三者責任等に委ねているところである」と述べている[3]。

そこで、本稿では、会社法の下で、債権者保護[4]を実現するためにどのような解釈が可能なのかを論じることとする。なお、紙幅の都合上、原則として、株主は会社債権者に対して責任を負わないものとされている株式会社[5]の債権者の保護に限定して論ずることとする。

なお、会社債権者の保護を考えるにあたって、債権を取得するか否かを選択できる任意債権者の保護と事実行為（たとえば、自動車事故や公害など）による不法行為債権者を典型とする非任意債権者の保護とに分けて考察する必要があると考えられる。これは、任意債権者は――少なくとも、理念的には――会社やその経営者あるいは株主との間で交渉が可能であるのに対し、非任意債権者にはそのような機会がないからである。

（1）弥永真生「会社法と資本制度」商事法務一七七五号（二〇〇六年）四八頁以下参照。
（2）郡谷大輔＝岩崎友彦「会社法における債権者保護」『立案担当者による新・会社法の解説』別冊商事法務二九五号（二〇〇六年）二七四頁。
（3）郡谷＝岩崎・前掲注（2）二七四頁。
（4）債権者保護の必要性については、たとえば、Armour, J., Share capital and creditor protection: Efficient rules for a modern company law, The Modern Law Review, vol. 63 (2000), 355ff.; Hertig,G. and H.Kanda, Creditor protection, in: Kraakman *et al.* (eds.), The Anatomy of Corporate Law (Oxford University Press, 2004), 97ff. など参照。
（5）郡谷＝岩崎・前掲注（2）二七五頁は、会社法において合名会社・合資会社に規制が存しないのは、「自己責任の問題であるという割り切りをしているからである」と述べるが、非任意的債権者については自己責任を求めることはできないのであるから、説得力を欠く説明なのではないかと思われる。

二　現行法の下での債権者保護のための制度など

(1)　債権者が債権者となるにあたって不当に害されないための制度

十分な能力と交渉力を有する任意債権者を想定すれば、そのような債権者は、会社の財政状態や経営成績及び将来の業績の見通しなどを踏まえて、会社に対する与信の条件を決定すると考えられる。したがって、そのような債権者が合理的な意思決定をすることができるようにするための制度としては、計算関係書類の作成・備置等

及びそれらの監査が典型的なものと考えられる。(6)

また、債務の履行ができないことを予見しつつ、会社の取締役・執行役が会社を代表して第三者と契約を締結し、債務を負担した場合については、民法の一般原則によって、契約締結上の過失あるいは一般不法行為（民法七〇九条）に基づいて、取締役・執行役に対して、会社債権者は損害賠償を請求することができるのではないかとも考えられる。

(2) 不運による会社の事業損失などによる会社財産の減少からの保護

会社の取締役・執行役あるいは株主に機会主義的な行動がなく、また、落ち度がないと考えられる場合であっても、会社の事業が十分な利益をあげることができず、会社の財産が減少することは十分に想定できる。このような観点から、従来は資本制度が会社債権者保護のための中核的な制度として位置づけられてきたと考えられる。

そして、講学上は、過少資本の場合に法人格否認の法理の適用可能性があると指摘されてきている。(7)

また、計算関係書類の作成・備置等及びそれらの監査は、十分な情報を会社債権者に提供して、会社債権者が適切な措置を講ずることができるようにするという意義を有するものと考えられる。

(3) 経営者の不適切な行為による会社財産の減少からの保護

経営者の不適切な行為により会社財産が減少した場合の保護としては、会社法四二九条（平成一七年改正前商法二六六条ノ三）に基づく第三者に対する会社役員の損害賠償責任がまず考えられる。

また、経営者の不適切な行為あるいは株主の不適切な行為により、株主に対する払戻し以外の形で会社財産が減少するような場合については詐害行為取消権（民法四二四条）を会社債権者は行使することが考えられる。(8)

(4)　株主に対する払戻しによる会社財産の減少からの保護

会社法は、剰余金の配当及び一定の自己株式の有償取得について、分配可能額の範囲内で行うことを要求することによって、株主に対する払戻しによる会社財産の減少から会社債権者を保護しようとしている。なお、株主への払戻し以外の株主の不適切な行為によって会社財産が減少する場合については、一定の条件の下で、法人格否認の法理の適用可能性がないわけではない。

(5)　組織再編行為の際の債権者保護[9]

会社法は、合併、一定の会社分割・株式交換及び株式移転の場合に、会社債権者に異議を述べる権利を認め、異議を述べた債権者に対して、会社は、その組織再編行為がその債権者を害するおそれがない場合を除き、その債権者に対して弁済、担保の提供またはその債権者に弁済を受けさせることを目的とした信託の設定をしなければならないものとしている（会社法七八九条・七九九条・八一〇条）。そして、このような債権者保護手続きが履践されなかった場合には、会社債権者は、その組織再編行為（株式移転の場合を除く）の無効の訴えを提起することができるし（会社法八二八条二項五号から一一号）、会社分割の場合に個別催告を受けることができる債権者が個別催告を受けなかったときには分割会社に対しても吸収分割承継会社または新設分割設立会社に対しても履行の請求をすることができるものとされている（会社法七五九条二項三項・七六四条二項三項）。

(6)　計算関係書類の作成・備置等及びそれらの監査

株式会社は計算書類及びその附属明細書を作成し（会社法四三五条）、それを本店に、その写しを支店に一定期間備え置いて、会社債権者の閲覧等に供しなければならないものとされている（会社法四四二条）。また、臨時計算書類を作成した場合にも本店及び支店に備え置いて、閲覧等に供しなければならない。そして、計算書類及びその附属明細書や臨時計算書類（連結計算書類を作成した場合には連結計算書類も）は、監査役設置会社（監査の範囲を会計事項に限定する定めのある会社を含む）においては監査役の監査を、委員会設置会社においては監査委員会の監査を、会計監査人設置会社においては会計監査人の監査を、それぞれ受けなければならないものとされている（会社法四三六条・四四一条二項・四四四条四項）。

そして、計算書類及びその附属明細書あるいは臨時報告書の虚偽記載に係る取締役・執行役・会計参与の対第三者責任、監査報告の虚偽記載に係る監査役または監査委員の対第三者責任及び会計監査報告の虚偽記載に係る会計監査人の対第三者責任は挙証責任の転換された過失責任とされている（会社法四二九条二項）。

さらに、有価証券報告書提出会社を除き、株式会社には貸借対照表（大会社にあってはさらに損益計算書[10]）の公告あるいは電磁的方法による公開が義務付けられている（会社法四四〇条）。

このような制度は、会社債権者に重要な情報を提供するものではあるが、一事業年度に一回しか開示がされないため、適時性が必ずしも確保されていないことなどから、会社債権者の自己責任をつねに正当化することができる根拠としては弱いのではないかと思われる。もっとも、このような開示により、取締役・執行役に適切な行動をとるというインセンティブを与える効果や、危機時において、不適切な会社財産の流出が生じたことを認知するための端緒を与えるという効果は期待できると考えられる。

(7) 資本制度

平成二年商法改正・有限会社法改正により導入された最低資本金制度は会社法には取り入れられなかった。これは、一方で、「新規創業の促進、雇用の受け皿という観点から、相当額の資金を用意できない者に対して会社の設立を困難とする制度は廃止」することが望ましい[11]、他方では、資本制度あるいは最低資本金制度の実効性が乏しいという認識に基づくものであると考えられる。

たとえば、従業員を雇用するためのコストを考えれば、一人雇っただけでも一年間で一〇〇〇万円程度の支出が必要になりうるのであるから、三〇〇万円または一〇〇〇万円というバッファーが債権者保護にとってわずかでも意味をもつような株式会社は、かなり小規模でリスクの低い事業を行っているものに限られるのではないかと思われる。ところが、小規模な会社については、経営者の個人保証が通例となっているとすれば、一定の交渉力を有する契約債権者にとっては、最低資本金制度があるかどうかは意味をもたないから、結局、最低資本金制度は、起業を困難にするというデメリットをもつにすぎないと評価されるのもいたし方がない。

また、小規模でリスクの低い事業を行っている株式会社を想定しても、株主に対する会社財産の交付（剰余金の配当や自己株式の有償取得）以外の原因で会社の純資産が減少した場合に資本金額に相当する会社財産を回復することを要求することとしない限り、最低資本金制度は会社設立時において一定のバッファーを確保させるものに止まり、成立後のバッファーを維持することには必ずしもつながらないという点で、債権者保護の機能を十分に果たせるようなものではないと考えられる。

⑻　法人格否認の法理と内部債権の劣後化[12]

①　法人格否認の法理

株主に対する債権者の請求を認める法律構成の一つとして、法人格否認の法理がある。事業リスクに応じた資本の額をあらかじめ法律で一律に定めることは困難である以上、事前規制としての最低資本金制度によって会社にその事業リスクに見合った適切なバッファーを保有させることを要求することは現実的ではなく、むしろ、事後規制としての法人格否認の法理によって、個別的・具体的に会社債権者の保護を図るということが望ましいという考え方もありうる。もっとも、わが国では、過少資本を理由に法人格否認の法理の適用を認めた裁判例は存在しないようである。これは、おそらく、過少資本に基づく法人格否認の法理の適用にあたっては恣意性を排除することができず、また、当事者にとって、どのような場合に法人格が否認されるのかが明確ではなく、予見可能性が十分にないため、裁判所としては、法人格否認の法理の適用を躊躇せざるを得ないからなのではないかと推測される。

② 内部債権の劣後化

倒産手続きにおいては、株主の会社に対する債権（典型的には貸付債権）を株主以外の債権者のそれに劣後させるという取扱いがされることが少なくなく、下級審裁判例もそのような取扱いを適当なものであると判断している。[13]もっとも、この取扱いは、債権者の事後的な救済としては、株主が会社に対して有している債権の額が多い場合にのみ意義を有するうえ、会社に資産がほとんど存在しないような場合には、事後的な債権者保護には寄与しない。

(6) もっとも、非任意債権者は、会社の財政状態や経営成績をふまえて債権を取得するわけでもなく、また、会社またはその取締役・執行役もしくは株主と債権の取得にあたって条件を交渉できるわけでもないから、計算関係書類の作成・備置等及びそれらの監査が定められていることの意義は非任意債権者保護の観点からは若干異なることになる。

(7) 江頭憲治郎「法人格の否認」『新版注釈会社法(1)』（有斐閣、一九八五年）八五頁。

(8) 会社の破産などの場合には、否認権（破産法一六〇条、会社更生法八六条、民事再生法一二七条など）の行使が考えられる。

(9) 組織再編行為の際の債権者保護について、包括的な検討を加えたものとして、松井智予「会社法による債権者保護の構造——企業組織再編取引を題材として（一）～（五）——」法学協会雑誌一二一巻（二〇〇四年）三号三四六頁以下、七号八八七頁以下、一一号一七四七頁以下、一二二巻（二〇〇五年）一号一頁以下、四号四四二頁以下参照。

(10) 電子公告以外の方法による公告の場合には要旨の公告で足りるものとされている。
(11) 法務省民事局参事官室『会社法制の現代化に関する要綱試案補足説明』(二〇〇三年一〇月) 九頁。
(12) 過少資本による株主の責任については、後藤元「株主有限責任制度の弊害と過少資本による株主の責任(一)」法学協会雑誌一二四巻二号 (二〇〇七年) 二九三頁以下参照。
(13) 東京高決昭和四〇・二・一一下民集一六巻二号二四〇頁、広島地福山支判平成一〇・三・六判時一六六〇号一一二頁。倒産手続開始前の株主による貸付金返還請求を権利濫用としたものとして、東京高判平成一二・三・二九判時一七〇五号六二頁。また、松下淳一「結合企業の倒産法的規律(3)」法学協会雑誌一一〇巻 (一九九三年) 三号二九五頁、三三〇頁。

三　取締役・執行役の民事責任

平成一七年改正前商法の下と同様、会社法の下でも、取締役・執行役の責任は、債権者の事後的救済の中心的な役割を果たすものと考えられる。

(1)　会社法四二三条の責任

会社法四二三条一項は、「取締役、会計参与、監査役、執行役又は会計監査人……は、その任務を怠ったときは、株式会社に対し、これによって生じた損害を賠償する責任を負う」と定めており、取締役や執行役に任務懈怠があり、それにより会社に損害が生じた場合であって、会社が無資力のときには、会社の取締役・執行役に対する損害賠償請求権について債権者代位権 (民法四二三条) を行使することが考えられる。

もっとも、取締役や執行役に任務懈怠があったかどうかを判断するにあたっては、いわゆる (日本版) 経営判断の原則[14]による限界があると考えられ、そのため、取締役・執行役の任務懈怠が認められにくくなる可能性は否定できない。

⑵ 会社法四二九条の責任

会社法四二九条一項は、「役員等がその職務を行うについて悪意又は重大な過失があったときは、当該役員等は、これによって第三者に生じた損害を賠償する責任を負う」と定めており、ここでいう「第三者」に会社債権者が含まれることには争いはない。

ところが、いわゆる経営判断の原則が、会社法四二九条の責任にも適用されるのかという問題がある。たしかに、会社法四二九条［平成一七年改正前商法二六六条ノ三第一項］は、「役員等がその職務を行うについて悪意又は重大な過失があったとき」の損害賠償責任を定めるものであり、「その職務」は会社との関係においての職務であるから、経営判断の原則の適用があると解する余地がないといいきることはできず、下級審裁判例の中には、抽象論としてではあるが、取締役の対第三者責任について、取締役の経営判断を尊重する旨の判示をしているものも少なからず存在する。(15) そして、間接損害との関係では、会社法四二九条一項が「役員等がその職務を行うについて悪意又は重大な過失があったとき」（傍点—筆者）と規定している以上、会社に対する任務が問題となるから、経営判断の原則の適用があると解するのが論理的であろう。(16)

他方、たとえば、支払見込みがないような状態で手形を振り出した場合のように会社債権者が直接損害を被る場合（直接損害）には、会社（取締役・執行役）が会社の財産状態を相手方に対して開示すべき義務を負うのか、負うとすればどの程度なのかが問題となり、直接損害については、経営判断の原則の適用はないと考えるべきであろう。たとえば、会社の実態を明らかにすると、会社の評判が悪化する、取引条件が悪化するというような理由で開示をしなかったということは、責任を負わない理由とはならないと考えられる。

たとえば、福岡高判平成一一・五・一四判タ一〇二六号二五四頁は、「本件のように代金支払の見込みがないのに商品を仕入れる行為は第三者に対する直接の加害行為であるところ、破綻の危機に瀕している企業が状況打破のために冒険的、投機的な経営をすることも株主との関係ではときに正当化されることがあるとしても、第三者である取引先との関係では、単に危険な取引を強いるだけで、これを合理化する根拠はないのであって、取締役の注意義務を軽減すべき理由にはならない。」と判示している。[17]

そもそも、かりに、会社との関係で取締役が責任を負うか否かについていわゆる経営判断の原則が妥当するとしても、それは、第三者に対して取締役や執行役が損害賠償責任を負うか否かを判断する規準とならない。なぜなら、経営判断の原則の「根底には、株主は、その多数による決議によって、経営の専門家である取締役を選任し、会社の経営について託したのであるから、取締役の経営判断については、たとえそれが誤りで会社に損害をもたらすものであっても、……株主はその判断に異議をとなえるべきではなく、株主はその結果について甘んじて受けるべきであるという考え方がある[18]」からである。すなわち、経営判断の原則を正当化する根拠は株主が取締役に対して判断を委託しているという点に求められるのであるから、そのような経営判断を委任していない、あるいはそのような経営判断によって類型的に利益を受ける者とは位置づけられていない第三者との関係では、経営判断の原則の妥当性は説明しにくい。

なお、債務超過時点を境界として、取締役・執行役の行為規範は株主利益最大化から債権者利益最大化に切り替わる、取締役・執行役は債権者に対して信認義務を負うという考え方がアングロ・サクソン系の国々では主張され[19]、わが国でもそのような見解が有力に主張されている。[20]もっとも、このような見解に対しては、債権者ごとにリスク配分のあり方は異なる（リスクを織り込み済みで債権者となった者に棚からぼた餅的利益を与えることになる[21]）、債務超過状態に陥る前であっても債権者の犠牲において株主の利益を図るような意思決定がなされうる、というような批判が加えられている[22]。

以上に加えて、取締役・執行役は、会社の事業にふさわしいバッファーを確保する義務を善良な管理者として負っているのではないかとも考えられる。すなわち、リスクに見合ったバッファーを確保せずに、事業を行うことは、会社債権者（とりわけ、不法行為債権者）に損害を及ぼす可能性が高いことが予見可能だからである。

そして、資本制度による縛りが緩くなったこと、とりわけ、最低資本金制度が廃止されたことをうけて、取締役や執行役には、自己の判断によって、会社の事業にふさわしいリスク対応資本・バッファー（銀行法上の自己資本比率規制上の自己資本などに相当するもの）を確保して事業を行うことが求められるという考え方の妥当性が高まるかもしれない。すなわち、会社法四六一条の分配可能額の範囲内で剰余金の配当等を行っても、その配当等によって会社債権者に対する弁済に支障をきたしたり、会社の存続に悪影響を与える場合には、善管注意義務違反を理由とする損害賠償責任を会社または第三者に対して負う可能性が高まるという見方も可能かもしれない。これまで、最低資本金の額、あるいは資本金及び準備金の額に相当する財産を確保しておけば、十分なバッファーを確保しているという事実上の推定が働く、少なくとも、責任を追及する側で、それ以上のバッファーを確保しないことは取締役等の善管注意義務に違反すると主張しなければならないという意味において、暗黙のうちに、最低資本金の額、あるいは資本金及び準備金の額が一種のセーフ・ハーバーとして働いていたとも考えられるが、今後は、そのようなセーフ・ハーバーはなくなったと評価できるのかもしれない。

⑶　一般不法行為責任（民法七〇九条）

一般論としては、一般不法行為の要件をみたせば、会社債権者は会社の取締役・執行役に対して損害賠償請求をすることができることに異論はほとんどない。[23] ただ、どのような場合に、会社債権者が「自己に対する加害につき故意または過失のあることを主張し立証」したと評価されるのかが不明確であるため、現実には、一般不法行為に基づく損害賠償請求は少なく、その結果、一般不法行為に基づく損害賠償請求が認容された公表裁判例も多くはない（もっとも、一般不法行為の成立を否定した公表裁判例も多くはない）。ただ、最判昭和四七・九・二一判時六八四号八八頁は、会社に支払う資力がないものである事情を知りながら、従業員をして商品を買い受けさせた事案につき、不法行為の成立を認めた原審判決を正当であるとしたものであり、会社に支払のための資力がないことを知りながらそれを黙秘して取引をなした場合には不法行為の成立が認められるのではないかと推測される。[24] 他方、弁済期において支払いができないであろうことを取引時に予見できたにもかかわらず、予見せずに取引をなした場合についての最高裁判所の裁判例は存在しないが、会社債権者に対する加害につき過失があるとされる場合がありうることは否定できないと考えられる。[25]

なお、取引債権者についてのみ妥当するが、契約締結上の過失[26]に基づく損害賠償責任を取締役・執行役に負わせるというアプローチも考えうる。すなわち、契約の準備交渉過程において、契約当事者の一方の責めに帰すべき行為によって、相手方に損害が発生した場合には、信義誠実の原則に基づき、契約責任と同様の法的保護を認めるというものである。会社債権者保護の文脈においては、会社（取締役・執行役）は、契約締結過程において、一定の範囲で、相手方に対して、信義則上[27]、適切な情報を提供する義務を負うものと考える余地がある。たしかに、取引社会においては、自分の利益は自分で守るという自己責任の原則が妥当し、会社債権者は、不利益を被らないように、情報を自ら収集すべきであるとも考えられるが、会社法上は、一事業年度に一回、計算書類及びその附属明細書を作成すること及びそれらを備え置いて会社債権者等の閲覧等に供することのみが要求されており、開示されている情報は、必ずしも、適時性を有するものではない。このような実態に鑑みれば、計算書類等（及び連結計算書類）を入手し、分析することのみによっては、会社債権者は自衛できないと考えられる。そうであれば、開示の対象とされている計算書類等を通じて提供されている情報と会社の実態とが異なる状況が認められる場合には、会社（取締役・執行役）に情報提供義務が認められることがありえ、それを懈怠して、取引に誘い込んだ場合には、取締役・執行役が会社債権者に対して損害賠償責任を負うと解する余地があるのではないかとも思われる。

(4)　代理監督者の責任（民法七一五条二項）

取締役・執行役が第三者に対して、損害賠償責任を負う法律上の根拠として、民法七一五条二項も考えられる。すなわち、民法七一五条一項は、「ある事業のために他人を使用する者は、被用者がその事業の執行について第三者に加えた損害を賠償する責任を負う。ただし、使用者が被用者の選任及びその事業の監督について相当の注意をしたとき、又は相当の注意をしても損害が生ずべきであったときは、この限りでない。」と定めるが、同条二項は、「使用者に代わって事業を監督する者も、前項の責任を負う。」と規定しており、被用者が会社の事業の執行について第三者に損害を加えた場合には、取締役・執行役が代理監督者にあたるのであれば、第三者に対して損害賠償責任を負う可能性がある。この構成によると、会社に十分な責任財産が確保されていない、とりわけ、いわゆる過少資本のケースにおいて、資力を有する取締役・執行役に対する損害賠償請求が可能になり、不法行為債権者の保護を実効的に図ることができる場合が広がりうる。そして、下級審裁判例にも、会社代表者の代理監督者としての責任を認めているものが少なくない(28)。

なお、法人の代表者が、民法七一五条二項に基づく損害賠償責任を負うのは、その代表者が現実に事業を監督する地位にあった場合に限るというのが、判例[29]及び民法における通説的見解[30]の採る立場であるが[31]、社内的には、代表者が行為者を直接的に監督する立場に必ずしもなかったのではないかと考えられる事案について、民法七一五条二項に基づく代表取締役の損害賠償責任を認めた裁判例も散見される[32]。

ところで、民法七一五条二項に基づく責任と会社法四二九条に基づく責任とは、請求権競合の関係に立つと考えられているが[33]、両者の関係については、監視・監督義務違反類型について、会社法四二九条（平成一七年改正前商法二六六条ノ三）は民法七一五条の基礎にある思想の妥当範囲を拡張する機能を有する[34]、会社法四二九条は必ずしも不法行為の要件をみたさない場合でも監視義務違反の責任を問われる点で民法七一五条より適用範囲が広い[35]、使用人の詐欺的取引や事実行為における第三者に対する加害行為については第一次的に民法七一五条二項の適用を考えるべきである[36]、というような指摘がなされている。

⑹　分配可能額を超えた剰余金の配当等

会社法四六二条は、株式会社が株主に対して交付する金銭等（当該株式会社の株式を除く）の帳簿価額の総額がその効力を生ずる日における分配可能額を超えるような剰余金の配当及び自己株式の有償取得（一部を除く）を行った場合には、業務執行者などは、その職務を行うについて注意を怠らなかったことを証明したときを除き、株式会社に対し、連帯して、その金銭等の交付を受けた者が交付を受けた金銭等の帳簿価額に相当する金銭を支払う義務を負うものと定めている。

(14)　たとえば、東京地判平成五・九・一六判時一四六九号二五頁は、「裁判所としては、実際に行われた取締役の経営判断そのものを対象として、その前提となった事実の認識について不注意な誤りがなかったかどうか、また、その事実に基づく意思決定の過程が通常の企業人として著しく不合理なものでなかったかどうかという観点から審査を行うべきであり、その結果、前提となった事実認識に不注意な誤りがあり、又は意思決定の過程が著しく不合理であったと認められる場合には、取締役の経営判断は許容される裁量の範囲を逸脱したものとなり、取締役の善管注意義務又は忠実義務に違反するものとなると解するのが相当である。」と判示した。また、神崎克郎「経営判断の原則」森本滋＝川濱昇＝前田雅弘編『企業の健全性確保と取締役の責任』（有斐閣、一九九七年）一九三頁以下参照。

(15) 東京地判昭和五三・三・二判時九〇九号九五頁、大阪地判昭和五五・一一・一八判タ四三七号一五八頁など

(16) 近藤光男「商法二六六条ノ三第一項に基づく取締役の責任と経営判断の原則」民商法雑誌八八巻五号五八六頁（一九八三年）

(17) もっとも、下級審裁判例には、直接損害のケースについても、経営判断の原則を適用したと考えられるものが存在する。たとえば、前掲東京地判昭和五三・三・二、東京地判昭和五五・九・三〇判時一〇〇五号一六一頁、大阪高判昭和六一・一一・二五判時一二二九号一四四頁など。

(18) 近藤・前掲注（16）五八一―五八二頁参照

(19) オーストラリア及びニュージーランドの裁判所がこのような考え方を採用していることについて、Farrar, J. H., and B. M.Hannigan, Farrar's Company Law, 4th ed.（Butterworths, 1998）, 383. また、たとえば、アメリカ法について、Lin, L., Shift of fiduciary duty upon corporate insolvency: Proper scope of director's duty to creditors, 46 Vanderbilt Law Review 1485（1993）、イギリス法について、Sappideen, R., Fiduciary obligation to corporate creditors [1991] Journal of Business Law 365; Keay,A., The duty of directors to take account of creditors' interests: Has it any role to play? [2002] Journal of Business Law 370 参照。邦語文献としては、前嶋京子「米国における取締役の会社債権者に対する責任」阪大法学一一五号（一九八四年）九一頁など参照。

(20) 黒沼悦郎「取締役の債権者に対する責任」法曹時報五二巻（二〇〇〇年）一〇号二〇九一頁以下。

(21) 斎藤真紀「子会社の管理と親会社の責任（5・完）」法学論叢一五〇巻（二〇〇二年）五号一二頁。

(22) 藤田友敬「株主の有限責任と債権者保護⑵」法学教室二六三号（二〇〇二年）一二二頁以下。

(23) 最判昭和四四・一一・二六民集二三巻一一号二一五〇頁は、「取締役がその職務を行なうにつき故意または過失により直接第三者に損害を加えた場合に、一般不法行為の規定によって、その損害を賠償する義務を負うことを妨げるものではない」としている。

(24) 吉原和志「会社の責任財産の維持と債権者の利益保護（三・完）」法学協会雑誌一〇二巻（一九八五年）五号一四九九頁参照。

(25) 東京地判昭和三八・九・一三下民集一四巻九号一七七〇頁。吉原・前掲注（24）一五一四頁は、わが国では破産申立義務が法定されていないことを根拠として、経営危機にある会社の事業を継続する事態が債権者に対して違法であるとはいえないか

ら、取引を回避する義務は存在しないと主張する（藤田・前掲注（22）一三四頁注22はこれをおおむね支持する）。しかし、破産申立義務が法定されていないことは単に破産申立てをしなかったことだけでは故意・過失が認められないというに過ぎず（破産申立てをすることによって、現在の債権者が平等に弁済を受けられるようにすることは義務付けられていないというだけのことである）、新たに取引をすることについてお墨付きを与えるものではないと思われる。少なくとも、会社の実態を明らかにせずに取引をすることまでを正当化する根拠とはならないと考えられる（吉原・前掲注（24）一五一五頁も同旨）。

(26) 北川善太郎『契約責任の研究』（有斐閣、一九六三年）一九四頁以下、三三九頁以下、本田純一「『契約締結上の過失』理論について」『現代契約法大系 第一巻』（有斐閣、一九八三年）一九三頁、潮見佳男「契約締結上の過失」『新版注釈民法⒀』（有斐閣、一九九六年）八四頁以下など参照。

(27) 我妻栄『債権各論 上巻』（岩波書店、一九五四年）四一頁以下参照。

(28) 後掲注（32）に掲げた裁判例のほか、近時のものとして、横浜地判平成四・一・二二交民二五巻一号五〇頁、東京地判平成八・三・二六交民二九巻二号四八四頁、名古屋地判平成九・五・三〇交民三〇巻三号八〇一頁など。

(29) 最判昭和三五・四・一四民集一四巻五号八六三頁、最判昭和四二・五・三〇民集二一巻四号九六一頁など。

(30) 加藤一郎『不法行為』（有斐閣、一九五七年）一八八頁、谷口知平〈判批〉民商法雑誌五七巻（一九六八年）六号一〇六頁など。また、原田卓「いわゆる下位監督者の代理監督者責任」東京三弁護士会交通事故処理委員会（編）『交通事故訴訟の理論と展望』（ぎょうせい、一九九三年）一五二―一五三頁も参照。

(31) もっとも、経営による実質的な利益の帰属をメルクマールとして代理監督者の責任を認めるというアプローチも有力である。神田孝夫「民法七一五条二項の代理監督者責任について」商学討究（小樽商大）二七巻三＝四号（一九七七年）一〇頁、原田・前掲注（30）一五六頁以下。なお、四宮和夫『不法行為 中・下巻』（青林書院、一九八七年）七〇七頁注（1）は、法人格否認の法理によって代表者を「使用者」（民法七一五条一項）に擬する余地を認めている。

(32) 東京地判昭和三二・一一・八下民集八巻一一号二〇四〇頁、大阪高判昭和五五・一〇・三〇判時九九六号八二頁、東京地判昭和六二・八・一七判時一二七六号一三〇頁、東京高判平成五・一・二五交民二六巻一号七頁、大阪地判平成一〇・七・二九判時一六八九号一〇二頁、名古屋地判平成一四・五・一四（未公刊。LEX DB28072359）など。他方、福岡地判昭和四五・五・二六判タ二五二号二六三頁は、タクシー・ドライバーが事故を起こした事案につき、「民法第七一五条第二項の代理監督者というためには単に代表取締役の地位にあるというだけでは十分でなく現実に被用者の選任監督を担当している者であることを要すると解すべき」であるとして、タクシー会社の代表取締役は代理監督者責任を負わないものと判示した。また、静岡地浜松地判平成一六・四・一五（未公刊。LEX DB 28092684）なども同旨。

(33) 前掲注(32)に掲げた裁判例はいずれも請求権競合を前提としている。わずかに、田上富信「代理監督者の責任」『現代民事法学の理論 上巻』(信山社、二〇〇一年)三五二—三五三頁が、「悪意又ハ重大ナル過失」という帰責事由が無意味化・空洞化されることは適当ではないとして、(平成一七年改正前)商法二六六条ノ三が適用される事案においては、民法七一五条二項の適用は排除されるべきであると主張する。
(34) 上柳克郎『会社法・手形法論集』(有斐閣、一九八〇年)一二二頁参照。
(35) 龍田節「注釈二六六条ノ三」『新版注釈会社法(6)』(有斐閣、一九八七年)三一七頁参照。
(36) 河和哲雄＝河野玄逸『取締役・監査役の第三者責任』(商事法務研究会、一九八八年)三一三—三一四頁参照。

四 詐害行為取消権・否認権など

会社が行う取引行為や無償行為が詐害行為取消権の対象となることに異論はなかったと解されるが、とりわけ、いわゆる組織法上の行為が詐害行為取消権の対象となるかどうかについては、従来、ほとんど議論されてこなかったのではないかと思われる。

(1) 剰余金の配当など

平成一七年改正前商法の下でも配当可能額を超えて利益配当や金銭の分配(中間配当)が行われた場合には、詐害行為取消権の対象となりうると解釈する余地があり、平成一七年改正前商法二九〇条二項は、会社に対する返還を要求できるにすぎないとする点で特則を定めていたと考えることもできた。

他方、会社法四六三条二項は、株式会社が株主に対して交付する金銭等(当該株式会社の株式を除く)の帳簿価額の総額がその効力を生ずる日における分配可能額を超えるような剰余金の配当及び自己株式の有償取得(一部を除く）を行った場合には、株式会社の債権者は、会社法四六二条一項の規定により義務を負う株主に対し、その交付を受けた金銭等の帳簿価額（当該額が当該債権者の株式会社に対して有する債権額を超える場合にあっては、当該債権額）に相当する金銭を支払わせることができると定めている。

① 会社債権者は自己への支払いを求めることができるという解釈(37)

「当該額が当該債権者の株式会社に対して有する債権額を超える場合にあっては、当該債権額」に限定して権利を行使することができるというかっこ書きが追加されたことを手がかりに、(38)四六三条二項を債権者代位権的な規定であるととらえれば、(39)会社債権者は自己へ「支払わせることができる」と解することができそうである。たしかに、平成一七年改正前商法二九〇条二項には、株主代表訴訟のような手続規定が設けられておらず、会社債権者が株主に対して会社への返還を求める手続きが明確ではないという問題があったが、手続規定の設計はまた一つの難問だからである。(40)そして、会社への返還請求しか認められないとすると、会社が受け取らない場合には、会社債権者としてはなすすべがないという問題もある。(41)

② 会社への支払いを求めることができるにすぎないという解釈

他方、平成一七年改正前商法二九〇条二項の解釈と同様、会社債権者は会社に対する支払いを請求できるにすぎないという解釈の余地も十分にありうる。第一に、民法四二三条一項と異なり、「自己の債権を保全するため」(42)という要件が課されていないし、民法四二三条二項と異なり、「債権者は、その債権の期限が到来しない間は、裁判上の代位によらなければ」「権利を行使することができない」という制約も課されていない。ところが、民法より緩和した要件の下で、会社債権者に権利行使を認める説得的な根拠はみあたらないという評価も可能かもしれない。(43)第二に、「返還セシムルコトヲ得」という表現に代えて「支払わせることができる」という表現が用いられているのは、現物配当が認められることを背景とした表現の変更であって、四六二条一項柱書が「支払う義務を負う」という表現を用いていることに対応したものにすぎないと解することもできる。第三に、四六三条二項は、「前条第一項に規定する場合には」と定めているが、「四六一『条第一項の規定に違反して株式会社が同項各号に掲げる行為をした場合』には」と解釈するほか、「『当該行為により金銭等の交付を受けた者……』が『当該株式会社に対し、連帯して、当該金銭等の交付を受けた者が交付を受けた金銭等の帳簿価額に相当する金銭を支払う義務を負う』場合には」と解釈する余地もあると思われる。

また、かっこ書による制約があることの一事をもって、会社債権者が自己に対する支払を求めることができると解する根拠とはならないとも考えられる[44]。

③　会社債権者は自己への支払いを求めることができるという解釈によった場合の問題点への対応

①の見解によると、民法四二三条と比較すると、上述のように、少ない制約の下で、株主に会社債権者は自己に対して「支払わせることができる」ことになる。

そこで、民法四二三条に基づく債権者代位権の行使の場合[45]と異なり、債権者が株主に対して支払請求をした後であっても、株主が支払うまでは、会社は、株主に対して支払請求することができると解するべきであろう。

なお、債権の期限が到来しなくとも、裁判上の代位によらずに、債権者は支払請求することができるが、自己の債権の期限が到来しない限り、株主から受領した金銭の会社に対する引渡し義務と自己の債権とを相殺することはできないし、会社について破産などの手続開始決定があった場合には、相殺制限（破産法七二条、民事再生法九三条の二、会社更生法四九条の二）に服することは当然である。また、債権者が譲渡人に対して支払を求めて提起した訴訟が、たとえば、破産手続開始当時係属するときは、その訴訟手続は中断し、破産管財人が受継するというように、破産法四五条を類推適用して、考えることができるかもしれないし、債務者の行為性を緩やかに解してよければ、[46]否認（破産法一六二条）の対象となる場合があるかもしれない。

④　剰余金の配当等の規制の不完全性

とりわけ、いわゆる閉鎖会社においては、株主に対して、取締役報酬などの形で会社財産が与えられることが少なくなく、「剰余金の配当」の概念を狭く解すると、会社法四六一条の規定の実効性は高くない。[47]また、取締役報酬などの形をとると会社法一二〇条による株主の権利行使に関する利益供与にあたるとされる場合が狭くなる可能性がある。たしかに、詐害行為取消権による救済の余地はあるが、詐害行為取消権の対象とされるための主観的要件がネックとなりうる。そこで、立法論としては、法務省民事局参事官室『商法・有限会社法改正試案』（一九八六年五月一五日）三の一六のように「会社がその債務を弁済することができなくなったときは、会社の債権者は、株主が過去一定期間（たとえば二年）内に会社から受けた財産上の利益（適法な配当を除く）については、これを返還させることができる。[48]」というような規定を置くことが適当である場合が少なくないのではないかと思われる。

⑵　合併・会社分割・株式交換・株式移転

平成一七年改正前商法の下で、合併、会社分割、株式交換または株式移転が詐害行為取消権の対象となるかどうかが議論されてこなかったのは、合併及び会社分割については債権者保護手続きが用意され、株式交換及び株式移転によっては債権者を害することが通常考えにくいという前提があったからであると考えられる。[49]

しかし、組織再編行為に際しての債権者保護手続きとして個別催告が要求されない場合があるなど、組織再編行為に際しての債権者保護手続きによっては当事会社の債権者が十分に保護されないという事態も想定されるようになっており、詐害行為取消権によって会社債権者を保護する余地があるのではないかという指摘もなされている。[50]

第一に、組織再編行為について債権者保護手続きが定められているとしても、詐害行為取消権の対象とならないとする旨の会社法の定めがない以上、組織再編行為も詐害行為取消権の対象となると解するのが自然であろう。なぜなら、債権者保護手続きと詐害行為の取消しとはその要件・効果が全く異なるし、特別法・一般法の関係に立つともいえないからである。そして、会社法五一条のような民法の規定の適用がないとする規定も設けられていないからである。

第二に、組織法上の行為も否認権の対象となると解するのが通説的な見解であるといわれており、[51]このことからは、組織再編行為も詐害行為取消権の対象となると解することが首尾一貫する。詐害行為取消権と否認権とは類似した法律効果を有し、かつ、その行使の要件に共通している部分があることに注目するならば、否認権の対象となるにもかかわらず、詐害行為取消権の対象とならないと解する合理的理由はないからである。

第三に、実質的に考えても、会社法は「一般法理の適用に訴えざるを得ない程度にまで債権者保護手続を緩和した」[52]と評価する余地があるからである。

なお、会社法の立案担当者は、債権者保護手続きの対象となっている債権者については、債権者保護手続きの履践によって債権者の承認が擬制される結果、詐害行為取消権は排除されるという見解を示している。[53]しかし、債権者保護手続きの履践によって承諾が擬制されることによっては、あくまで、組織再編行為の無効を主張できないという効果（会社法七八九条四項・七九九条四項・八一〇条四項・八二八条二項五号から一一号）が生ずるにすぎないと解することが穏当であろう。[54]なぜならば、個別催告を必ずしも要求せず、しかも、債権者の意思決定に必要な情報を債権者に対して会社が「直接開示」することを要求していない会社法の下では、債権者が異議を述べなかったことから生ずる効果は限定的に解することが衡平だからである。同様に、個別に承諾を与えた債権者が詐害行為取消権を行使するのであれば格別、単に異議を述べなかった債権者が詐害行為取消権を行使することが禁反言の原則や信義誠実の原則に反するとはいえないし、権利濫用ともいえないであろう。そして、何よりも、詐害行為取消権は行為の詐害性を要件としている以上、組織再編行為の無効の訴えにおける無効原因としての手続き違背とはレベルが異なり、組織再編行為無効の訴えの原告適格が認められないとしても、そのことは、詐害性のある組織再編行為を取り消すことができないという結論に直ちには結びつかないと考えるべきであろう。

(37) 江頭憲治郎「新会社法制定の意義」ジュリスト一二九五号（二〇〇五年）四頁など通説的見解である。

(38) 債権者代位権に関しては、債権者が債務者に対する金銭債権に基づいて債務者の第三債務者に対する金銭債権を代位行使する場合においては、債権者は自己の債権額の範囲内においてのみ債務者の債権を行使しうると解されている（最判昭和四四・六・二四民集二三巻七号一〇七九頁）。

(39) 債権者代位権の行使において、債権者が直接自己に給付するよう請求することができるとするのが判例（大判昭和一〇・三・一二民集一四巻四八二頁）・通説（我妻栄『新訂債権総論』（岩波書店、一九六四年）一六八頁、柚木馨（高木多喜男補訂）『判例債権総論〔補訂版〕』（有斐閣、一九七一年）一七九頁など）である。なお、平成一七年改正前商法二九〇条二項は債権者代位権的権利を定めたものであると解する見解として、佐伯直秀「商法二九〇条二項の法的性質について」鹿児島大学法学論集七巻二号（一九七二年）一頁があり、『新版注釈会社法（9）』（有斐閣、一九八八年）一七頁〔龍田節〕は、（平成一七年改正前）商法二九〇条二項は「系譜的には債権者代位権（民四二三）に由来するが、実定法上の制度としてはそれと別個独立のものであり、要件も異なる」と指摘していた。

(40) 江頭・前掲注（37）七頁

(41) もっとも、この問題は、株主代表訴訟の場合にも同様に存在する（江頭憲治郎ほか「改正会社法セミナー〔第一七回〕」ジュリスト一二八三号（二〇〇五年）一六三頁〔岩原、江頭、浜田、始関発言〕参照）。

(42) 民法の解釈上、金銭債権については、無資力要件が課されているが（大判明治三九・一一・二一民録一二輯一五三七頁、最判昭和四〇・一〇・一二民集一九巻七号一七七七頁、最判昭和四九・一一・二九民集二八巻八号一六七〇頁など）、立法関与者は会社法四六三条二項との関係では無資力は要件ではないと解している（相澤哲＝岩崎友彦「株式会社の計算等」商事法務一七四六号（二〇〇五年）四一頁。ただし、江頭憲治郎『株式会社法』（有斐閣、二〇〇六年）六〇六頁注（9）は反対。

(43) なお、佐伯・前掲注（39）は、個々の債権者に会社の「無資力」の立証を求めることは、一般債権者の場合と異なり、不可能に近い難事を強いることになると指摘するが、弁済期到来前に裁判外で代位できるとすることの合理性を支える論拠は示されておらず、また、事実上優先弁済を受けることになることの妥当性についても検討されていない。

(44) もっとも、会社財産の確保という観点から、会社へ支払うことを求める権利のみを会社債権者に認めるのであれば、その会社債権者の債権額に限定して請求を認める説得的な根拠はない。

(45) 判例（大判昭和一四・五・一六民集一八巻五五七頁、最判昭和四八・四・二四民集二七巻三号五九六頁）・通説（我妻・前掲注（39）一七〇頁、柚木＝高木・前掲注（39）一八一頁、星野英一『民法概論Ⅲ』（良書普及会、一九七八年）一〇二頁、林良平＝石田喜久夫＝高木多喜男『債権総論〔改訂版〕』（青林書院、一九八二年）一五五頁など）は、債権者が代位権を行使した場合に、債権者が債務者に代位権の行使に着手したことを通知するか、債権者が代位権の行使に着手したことを債務者が了知したときから、債務者はその権利を処分することができなくなると解している。手続的保障なしに債務者から権利の管理処分権能を奪う、このような解釈は、「自己の債権を保全するため」という要件、金銭債権については無資力要件、および、債権の期限到来前には裁判上の代位によるべきこととされていることによって正当化できる余地があるものであり（淡路剛久「債権保全のための第三者に対する効力（対外的効力）――債権の効力⒃⒄――」（一九九六年）法学教室一八九号八〇頁、一九一号五五頁参照）、そのような条件の具備が要件とされない四六三条二項の場合には、債務者である会社の権利行使が優先するものと解すべきであろう。なお、債権者代位権との関連でも、裁判所が介入しない私人の通知や了知に一種の私的差押え効果を認めることは不当であり、代位権が行使されても、債務者は権利を行使することができるとする見解が有力である（三ケ月章『民事訴訟法研究　第六巻』（有斐閣、一九七二年）一八頁以下、同『民事訴訟法研究第七巻』（有斐閣、一九七八年）一三〇頁以下、前田達明『口述債権総論〔第三版〕』（成文堂、一九九三年）二五八頁、平井宜雄『債権総論〔第二版〕』（弘文堂、一九九四年）二七二頁など）。

(46) 伊藤眞『破産法〔第四版補訂版〕』（有斐閣、二〇〇六年）三七七頁参照。

(47) 郡谷＝岩崎・前掲注（2）二九六頁参照。

(48) 役員等としての事務処理または従業員としての労務提供その他株主のした給付に対する反対給付として相当なものについては返還の対象とはならないとしても、相当性の立証責任を株主に負わせることに重要な意義が認められよう。

(49) 藤田友敬「組織再編」商事法務一七七五号(二〇〇六年)六〇頁。
(50) 北村雅史「会社法における会社分割と債権者保護の問題点」MARR一三九号(二〇〇六年)一二頁、相澤哲ほか編著『論点解説 新・会社法――千問の道標』(商事法務、二〇〇六年)六七四頁、七二三頁。藤田・前掲注(49)六〇頁、六五頁注(55)(56)も参照。
(51) 三ケ月章ほか『条解会社更生法』(弘文堂、一九七三年)二四頁は、「合併等の会社法上の行為も否認の余地はある」とする。谷口安平『倒産処理法』(筑摩書房、一九七六年)二五六頁、『注解破産法〔第三版〕』(青林書院、一九九八年)四五四頁〔宗田親彦〕なども同旨。また、松田二郎『会社更生法』(有斐閣、一九六〇年)七〇頁も参照。
(52) 藤田・前掲注(49)六五頁注(55)
(53) 相澤ほか・前掲注(50)七二三頁
(54) 藤田・前掲注(49)六〇頁。また、藤田論文では、実質的に債権者保護手続きに参加することが期待できる状況か否かも考慮し、みなし承諾が生ずる範囲を限定するという解釈によって、詐害行為取消権を行使できる場合を確保する余地もあると指摘されている。

五　立法論としての取締役・執行役の破産申立義務

一般社団法人及び一般財団法人に関する法律及び公益社団法人及び公益財団法人の認定等に関する法律の施行に伴う関係法律の整備等に関する法律(平成一八年六月二日法律第五〇号)による改正前民法七〇条二項は、民法上の法人(公益法人)の理事に破産申立義務を課し、この規定は中間法人にも準用されていたが(改正前中間法人法九一条・一二〇条)[55]、会社法上の会社の取締役・執行役の破産申立義務は明文では規定されていない。

取締役の破産申立義務が昭和一三年改正で削除された理由としては、①債務超過の有無の判定は必ずしも容易でないこと②破産宣告の申請を自ら進んでなすことを強要することは人情に反する嫌いがあること、及び、

③その違反に対する罰則の適用が実行された例は稀有絶無といってよいことなどがあげられていた[57]。

そして、一般社団法人及び一般財団法人に関する法律の立案過程において、一般社団法人及び一般財団法人の理事に破産申立義務を課さないものとする理由として、事務局は、「商法でも削除されておりますし、七〇条二項自体は維持する必要のない規定だろうと思っております」、「実際問題、まずもって使われたことがなく、違反して処罰されたこともない規定ではないかと思います[58]」とし、「商法や中間法人等にはもちろんございませんので、事務局第一次案としては、非営利法人……にももちろん入れておりません」と発言している[59]。また、平成一六年破産法では、限定承認の場合の相続人の破産申立義務を定める規定を設けないこととされたことも[60]、改正前民法七〇条二項に相当する規定を設けなかった理由の一つであると推測される。

しかしながら、これらの根拠は、必ずしも説得力を有するものではなく、昭和一三年商法改正について、烏賀陽博士は[61]、①債務超過の判定は年度末貸借対照表または中間貸借対照表上明白である、②破産宣告の申請の要求に関する「人情論に至つては問題とするの価値はない」、③取締役の任務懈怠の現状を是認して本条を削除しようとするようなことは「本末転倒の論理と評するの外はない」と批判を加えていた[62]。また、なぜ「商法で削除したかと申しますと、一つは計算規定との関係がありまして、計算上は債務超過になっていても、いわゆる取得原価主義の会計の下では、それでも会社の運営自体が成り立っていく場合が多いものですから、……債務超過だということだけで、破産原因ありとされ、破産申立義務を課すのは行き過ぎではないかということが一つにはあった」という見方も示されている[63]。

そして、非営利法人ワーキンググループでは、「理事は一番よく法人の財務を知っている。大抵破産の申立てと……いうのはぐずぐず遅れて被害を大きくするものですから、破綻状態になった法人の理事は、なるべく早く破産を申立てて、債権者の被害を最小に食いとめる義務があるというのが七〇条二項の思想ですね。ヨーロッパでは割とそういう規定を置いている。」、「むしろ最近では、特定の業種については早めの申立義務を課す方向です。保険業法なんかはそういう規定を入れていまして、特に会計が現在のようにだんだん時価会計になってきて、会計上の数字と企業の実態が近づいてくると、むしろ早めに破綻に瀕した会社には申立義務を課した方がいいという議論もあるわけで、特に公益法人みたいなところについては、安全を図ってそういう申立義務を課すということは考えられる一つの行き方だとは思います。」という指摘もあった。(64)

公益法人の理事についても破産申立義務を課さないのだから、ましてや株式会社の取締役あるいは執行役に破産申立義務を課すべきではないという考え方もあろうが、そもそも、昭和一三年商法改正の立法論としての適切さは自明のものではないと思われるし、前掲福岡高判平成一一・五・一四は「第三者との関係においては、経営が逼迫している状況下では、その損害を回避するため、事業の縮小・停止、場合によっては破産申立をすべきではないかを慎重に検討する必要があるというべきである。」と判示している。

たしかに、罰則との関係では、破産申立義務を定めても、その実効性は乏しいかもしれないが、破産申立義務に違反した場合には、無過失の立証責任を取締役等に負わせることによって、会社債権者保護の実効性は高まる可能性がある。また、現代においては、会計上、時価評価も一部導入されており、債務超過状態の判断を取締役等に対して求めても、必ずしも酷ではないといえるかもしれない。(65)

(55) もっとも、一般社団法人及び一般財団法人に関する法律は、一般社団法人及び一般財団法人の理事に破産申立義務を課していない。公益法人制度改革に関する有識者会議第六回非営利法人ワーキング・グループ（二〇〇四年三月二日）では、「理事のような立場の者の職務上の破産申立て義務について、たしか倒産法制の議論をしたときにも、そういうものを横並びに一般的に存続させるかどうか議論があったと思いますので、あちらとの調整も御配慮いただければよいなと思います」という指摘がなされていたのをうけて、結果的には、本文中で紹介する議論を経て、清算法人の清算人にのみ破産申立義務を課すこととなった。

(56) 松本烝治『日本会社法論』（巖松堂書店、一九二九年）二九一頁。

(57) 松本烝治「商法改正要綱解説（三）」法学協会雑誌四九巻一一号二〇四一頁（一九三一年）。また、司法省民事局（編）『商法中改正法律案理由書（総則会社）』（清水書店、一九三八年）一四三頁、奥野健一＝佐々木良一ほか『株式会社法釈義』（巖松堂書店、一九三九年）一七八頁も参照。

(58) 機能していないことを理由に規定を設けないという発想は、会社法の立案にあたっての法務省の担当者の発想と相通ずるものがある。

(59) 公益法人制度改革に関する有識者会議第一三回非営利法人ワーキング・グループ（二〇〇四年九月三日）議事録（http://www.gyoukaku.go.jp/jimukyoku/koueki-bappon/yushiki/wgdai13/13gijiroku.html）参照。なお、中間法人等にはないというのは事務局の誤解であったのではないかと思われる（改正前中間法人法九一条・一二〇条）。

(60) もっとも、小川秀樹『一問一答　新しい破産法』（商事法務研究会、二〇〇四年）三一〇頁は、相続財産事件は一般的には資産・負債の規模が大きいとはいえず、複雑な権利関係も存在しない場合が多いこと、限定承認等の民法上の簡易な清算方法により処理することが可能であることを理由としてあげており、このような破産法の立場を理由として、会社について取締役・執行役の破産申立義務を課さないことの合理性を説明することは難しいと考えられる。

(61) 鳥賀陽然良「商法改正案を評す（一四）」（一九三七年）法学論叢三六巻三号五一三頁。

(62) 吉原・前掲注（24）一四七九―一四八一頁も参照。

(63) 公益法人制度改革に関する有識者会議第一三回非営利法人ワーキング・グループ議事録参照。

(64) 公益法人制度改革に関する有識者会議第一三回非営利法人ワーキング・グループ議事録参照。

(65) 公益法人制度改革に関する有識者会議第一三回非営利法人ワーキング・グループ議事録参照。

企業内容の公示・開示

黒沼悦郎

浅木愼一・小林量
中東正文・今井克典 編
浜田道代先生還暦記念
『検証会社法』
2007年11月 信山社14

一　総　論

1　本稿の対象

(一)　公示と開示

公示と開示の機能の分担をどう設計するかは、法律学の重要な課題である。商法では、一定の重要事実を利害関係人に周知させるための特別の手続を定めており、これを公示主義と呼んでいるが、その目的は、利害関係人に情報入手の便宜を図ることにより取引の安全を確保させることにある。[1]このような公示主義の目的から、商法が公示を求める情報は、伝統的には取引の効力に影響を与えるような重要な情報が中心であった。[2]

これに対し証券取引法では、企業に一定の情報を強制的に公表させており、これを開示（ディスクロージャー）と呼んでいるが、開示の目的は企業と投資家との間の情報ギャップを埋めること（地位の平準化機能）にある。[3]もっとも公示と開示は厳密に区分されるものではなく、株主や債権者に向けられた商法上の公示制度には、株式会社（以下、会社という）と株主・債権者との情報ギャップを埋めるためのものもある。そして、情報ギャップを埋めることの目的は、証券取引法では、市場における価格形成を適正にすることが主たるものであるが、それに尽きるわけではない。情報開示の機能としては、利害関係人に権利行使の機会を与え権利を実質化する機能、企業行動の透明性を高め不正行為を抑止する機能などが指摘されている。[4]権利の実質化機能、不正行為の抑止機能は、商法上の公示制度にも認められる。最近では、法律によって一定のルールを強制することに代えて、企業組織や企業行動に関する望ましいルールを提示し、ルールに従っているかどうかを開示させることにより当該ルールの採用を促すこと（開示による誘導）も行われており、後述のように、会社法でも開示による誘導を狙った規定が散見される。

このように公示と開示は重なり合う部分があることから、本稿では両者を特に区別せず、それぞれの制度の機能に着目して検討を加えることにしたい。

㈡　証券取引法と会社法の関係

証券取引法では、投資者が有価証券の価値を判断するために重要である発行者に関する情報の開示を「企業内容の開示」と呼んできた。もとより、有価証券の価値を判断するには発行者に関する情報以外の情報も必要になるから、証券取引法上の開示制度は発行者に関する情報に限られているわけではないし、金融商品取引法では、商品の仕組みやリスクに関する情報の開示の充実が図られている。

他方、商法・会社法による公示・開示にも、会社に関する情報が多く含まれているが、それらは投資判断資料の提供を目的とするものではない。しかし、両者は重なり合う面があるため、会社法では、証券取引法（金融商品取引法）の開示制度と会社法の公示・開示制度の調整規定を設けた。企業内容の開示に関するものとしては、以下のものがある。

第一に、平成一四年改正商法は、商法特例法上の大会社に連結計算書類の作成を義務づけることとしたが、当分の間、証券取引法により有価証券報告書の提出を義務づけられている会社に義務づけの範囲を限定した（商特平成一四年改正附則九条）。証券取引法上、連結財務諸表の作成を義務づけられている会社であれば、連結計算書類作成の追加的コストが低いことを考慮したものである。会社法では、このような規律を維持したうえで（会四四四条三項）、会計監査人設置会社であれば連結計算書類を作成することができるとしている（同条一項）。

第二に、会社は、臨時決算日を定めて臨時計算書類（臨時貸借対照表および臨時損益計算書）を作成することができる（会四四一条一項）。他方、金融商品取引法は、取引所が上場会社に求めていた四半期報告を義務化し、上場会社等は三か月ごとに四半期報告書を提出しなければならないとした（金商二四条の四の七）。臨時計算書類に基づく剰余金の分配を行おうとする上場会社は、実際には、四半期報告に含まれる四半期の決算書類を利用することになると予想される。

第三に、会社法は、商法と同様に、あらゆる種類の株式会社に決算公告を義務づけているが（会四四〇条一項）、証券取引法により有価証券報告書を提出している会社は決算公告をする必要がないとされた（同条四項）。有価証券報告書には貸借対照表・損益計算書を含む財務諸表が記載されており、EDINETへのアクセスが容易であることを考慮したものである。

2 公示・開示の方法

(一) 前説

商法・会社法における公示・開示の方法としては、①商業登記、②公告、③会社の本店・支店における公開、④株主等に対する直接の提供が挙げられ、特殊なものとして⑤計算書類の電磁的公開制度がある。これらの方法のうち、企業情報の提供手段として重要な③④については三以下で詳しく取り上げることとし、ここでは、①②⑤についての近年の動向および会社法における取り扱いについて略述する。

(二) 商業登記

商業登記は、会社等の商人に関する重要情報を公的な第三者機関において公開し、誰でも情報へアクセスできるようにする制度であり、取引の安全と商人自身の信用の保持に役立つことを目的とする。近年、磁気ディスクをもって商業登記簿を作成する商業登記のコンピュータ化が進められており、それに伴い、登記申請のオンライン化、インターネットを通じた登記情報の取得も可能になってきている(5)。

会社法では、機関設計の選択肢が大幅に増加したため、各会社が選択した機関設計を登記により開示させることにした。すなわち、①取締役会設置会社である旨、②会計参与設置会社である旨、会計参与の氏名・名称・書類の備置場所、③監査役設置会社である旨、④監査役会設置会社である旨、⑤会計監査人設置会社である旨、会計監査人の氏名・名称、一時会計監査人の氏名・名称、⑥特別取締役の定めがある旨、特別取締役の氏名、⑦委員会設置会社である旨、各委員会の委員・社外取締役・執行役の氏名、代表執行役の氏名・住所などが登記の対象となる（会九一一条三項）。

これらは、企業内容の開示に該当するといってよい。取引の安全の確保のため⑥が登記事項となっており、社外取締役については、その存在が法律上の要件とされている制度を採用する場合にのみ登記事項とされている。これに対し③に関して、監査の範囲を会計に関するものに限定する旨の定めは、監査役の監査権限についての内部的制限にすぎないことから(6)、登記事項とはされなかった。

㈢　公　告

公告は、不特定多数の者に対して情報を直接伝達するための方法である。登記事項は会社の現在の状況を伝達するために継続的に公開されるのに対し、公告事項は、主として利害関係人による権利行使を促すために（権利の実質化機能）、一定の時間を限って公開される。しかし、従来は、公告の手段が官報または日刊新聞紙に限定されてきたため、利害関係人に情報を行き渡らせることが困難であり、この点が権利の実質化にとって障害になっていた。

平成一六年改正商法は、公告の方法として、インターネットのホームページに公告すべき情報を掲載するという電子公告を加えた(7)。これにより、周知性が高く、かつ低廉な公告方法が実現した。会社が電子公告を採用するには、定款にその旨を定めるとともに（旧商一六六条一項九号、会九三九条一項三号）、その旨および電子公告を実施するホームページのアドレスを登記しなければならない（旧商一八八条二項一号、会九一一条三項二九号）。また、電子公告が適法に行われたという客観的証拠を残すために、調査機関による調査の制度が設けられた（旧商四五七～四七五条、会九四一～九五九条）。

公告制度について、会社法は大きな変更を加えていない。会社法では、株式会社の公告方法を定款の必要的記載事項から任意的記載事項に変更し、定款に記載がない場合には官報公告によるものとした（会九三九条）。

㈣　計算書類の電磁的公開

商法上の公告事項のうち決算公告は、利害関係人の権利行使を促すためというよりは、会社と利害関係人の間の情報ギャップを埋めるための企業内容の開示である。しかし、商法特例法上の大会社以外の株式会社は、貸借対照表の要旨を公告すれば足りるため（旧商二八三条三項）、情報量が乏しいうえ、大部分の中小会社において公告義務が履行されていない点に問題があった。

そこで平成一三年改正商法は、インターネットのホームページ上に貸借対照表（商法特例法上の大会社は貸借対照表および損益計算書）の情報を掲載することにより公告に代えることができる電磁的公開制度を導入した（旧商二八三条七項、旧商特一六条五項）。これにより、利害関係人は会社の貸借対照表の全文に容易にアクセスすることができる。計算書類の電磁的公開を行うには取締役会の決議があれば足りるが、ホームページへの掲載は五年間行うことが必要になる。

平成一六年改正商法よる電子公告制度を採用する会社では、貸借対照表の全文を電子公告しなければならないが（旧商二八三条四項）、電子公告を採用しない会社では、電磁的公開の方法を選択することもできる。開示される内容および期間に相違はないが、計算書類と他の公告事項の性質の差を考慮したものである。

計算書類の電磁的公開制度について、会社法は大きな変更を加えていないが（会四四〇条四項）、有価証券報告書提出会社は計算書類の公告義務を免除されるので（同条四項、前述1(二)）、公告の実務は大きく変わると思われる。

3　会社法による企業内容の開示

会社における定款、株主名簿、計算書類等の各種書類の備置きや、株主総会参考書類等の株主への送付は、会社法による企業内容の開示の重要部分を占めている。これらの開示項目は、もともと商法の各規定の委任を受けて法務省令（商法施行規則）が定めており、会社法でも同じ規制体系（会社法施行規則）が採用された。そこで開示項目については、法制審議会会社法（現代化関係）部会による審議を経ておらず、法務省令案の公表によって初めて内容が明らかになったものである。

会社法では、定款自治を拡大し、事前規制その他の会社の行為規制を緩和する措置を講じ、制度の利用・運用を会社その他の利害関係者の自主的判断に委ねるという基本的な考え方の下で、その規制体系が構築されている。(8) そこで、法務省令においては、情報開示によって当事者が判断するに当り必要な情報を入手できることが、会社法の規制体系を支える基礎的な前提の一つであるとの考え方に立ち、(9) 各種の規定の見直しが行われた。

会社法制定に伴う開示項目の見直しは、開示情報の充実と簡素化の両方向で行われた。

開示情報の充実は、株主資本等変動計算書の創設、社外役員に関する開示、組織再編行為に際しての備置資料等について行われている。開示の簡素化は、ストック・オプションの個別開示、使用人兼務取締役等の使用人部分の報酬開示、自己株式に関する開示、監査人の重点監査項目等について行われている。

開示の簡素化を行った理由として、立法担当者の解説は[10]、①情報価値が必ずしも高くない情報が、他の情報よりも分量的に大量に開示されるという状態は、開示のあり方として望ましくないこと、および②情報提供について実務的に著しい困難が伴う事態は、開示情報を全体として充実させようとする場合には避けるべきであることを挙げる[11]。

たしかに、情報の量が多すぎると有益な情報がそうでない情報に埋もれたり、情報処理の過程が複雑になったりして、関係者が情報を吟味して適切に行動することができなくなることがあるから[12]、適正な行動を確保するためには開示情報にメリハリをつけることが必要である。これに対し②は、(a)情報提供の負担が重過ぎると会社は情報を開示しなくなるという意味なのか、(b)負担が重過ぎると株主の利益に反するという意味なのか、はっきりしない。仮に(a)であるとすると、**四**で述べるＷＥＢ開示により情報提供の負担は緩和されるのではないだろうか。(b)であるとすると―そのことは、情報提供の負担ではなく情報作成の負担が重いことを意味する―、どこまで詳細な情報の作成を要求するかについて法令で一律に定めるのではなく、株主の自治に委ねるという選択肢もあり得たように思われる。

以下では、主として公開会社を念頭に置き、株主総会参考書類および事業報告については、変更点の多かった開示項目に焦点を当てて検討を行い（二、三）、計算書類については、大きな変更が加えられた開示方法に焦点を当てて検討を行うことにする（**五**）。

(1) 大隅健一郎『商法総則〔新版〕』(有斐閣、一九七八年) 五九頁、浜田道代「企業と公示制度」竹内昭夫＝龍田節編『現代企業法講座第一巻 企業法総論』(東京大学出版会、一九八四年) 一三九頁。
(2) 浜田・前掲注 (1) 一四〇頁。
(3) 龍田節「開示制度の目的と機能」法学論叢一〇一巻四・五・六号 (一九八二年) 一二〇頁。
(4) 龍田・前掲注 (2) 一二三―一二九頁、浜田・前掲注 (1) 一四〇頁。
(5) コンピュータ化・オンライン化の現状については、小川秀樹「商業登記制度の現状と課題」商事法務一七八八号 (二〇〇七年) 三五頁以下を参照。
(6) 相澤哲＝葉玉匡美＝湯川毅「雑則〔下〕」商事法務一七五五号 (二〇〇六年) 一二頁。
(7) 電子公告制度の概要については、始関正光「電子公告制度・株券等不発行制度の導入〔I〕」商事法務一七〇五号 (二〇〇四年) 二九頁以下を参照。
(8) 相澤哲＝郡谷大輔「会社法施行規則の総論等」商事法務一七五九号 (二〇〇六年) 七頁。
(9) 同前。
(10) 法務省令は法律ではないので正確には「立法担当者」ではないが、本稿では「立法担当者」の語を法務省令の制定担当者の意味で用いることにする。
(11) 相澤＝郡谷・前掲注 (8) 七頁。
(12) 米国における理論的な分析として、Troy A. Paredes, Blinded by the Light: Information Overload and its Consequences for Securities Regulation, 81 Wash. U. L. Q. 417 (2003) を参照。

二　株主総会参考書類による開示

1　取締役・監査役の選任

取締役・監査役の選任は株主総会の典型的な決議事項であるから、これらの者の選任議案に関する株主総会参考書類の記載事項は、主として、株主による議決権の行使の参考にするために開示されるものであるが〈権利の実質化機能）、それは同時に当該会社の将来に関する情報を株主に対して開示するものといえる。

取締役の選任議案を会社が提出する場合には、①候補者の氏名、生年月日、略歴、②就任の承諾を得ていないときはその旨を参考書類に記載しなければならない（会則七四条一項）。公開会社では、③候補者の有する当該会社の株式数、④他の会社の代表者であるときはその事実、⑤会社との間の特別の利害関係、⑥現に当該会社の取締役であるときはその地位及び担当がこれに加わり、さらに、他の会社の公開子会社であるときは、⑦候補者が、現にグループ企業（親会社、兄弟会社）の業務執行者であるか、過去五年間にそうであったときは、その地位及び担当を記載しなければならない（会則七四条二項三項）。

公開会社の取締役候補者の開示項目が拡充されたのは、公開会社では、会社の運営における取締役の果たすべき役割が大きいからである[13]。⑦を開示させるのは、⑤の特別の利害関係がある場合の一例であるとともに、兼職状況の開示としての意味があると考えられる。

監査役の選任議案を会社が提出する場合には、(a)候補者の氏名、生年月日、略歴、(b)会社との間の特別の利害関係、(c)就任の承諾を得ていないときはその旨、(d)議案が監査役の請求によるときはその旨、(e)議案に対する監査役の意見があるときはその概要を記載する（会則七六条一項）。公開会社の場合には、さらに取締役の選任議案に関する上記③〜⑦に相当する事項が加わる（同条二項三項）。

ところで、事業報告では、監査役が財務・会計に関する相当程度の知見を有している場合にはその事実を開示することが求められているのに（会則一二一条八号、後述三4㈠）、監査役選任議案の参考書類では同様の開示が求められていない。しかし、財務・会計に対する知見の程度は、監査役を選任する上で重要な判断資料となると考えられるから、参考書類にも同様の開示を求めるべきであった。もっとも、監査役の再任の際に事業報告における開示事項も株主の投票判断の資料とされることは、もちろんである。

2　社外取締役・社外監査役の選任

会社法では、社外取締役・監査役に特別の法的効果が結び付けられていることから、施行規則は社外取締役等の選任に当たって開示すべき情報を拡充した。候補者が社外取締役等の候補者であるとき、公開会社は次の事項を含む開示を総会参考書類にしなければならない（会則七四条四項、七六条四項）。すなわち、①社外取締役等として選任する理由、②当該会社又は他の会社における不正行為に対する対応、③会社の経営に関与したことがなくても社外取締役等としての職務を適切に遂行できると判断した理由、④当該会社又は特定関係事業者との関係等、⑤社外取締役等に就任してからの年数、⑥責任限定契約（締結予定のものを含む）の概要である。

①が社外取締役・監査役についてのみ求められる理由は、社外取締役・監査役が一定の法律効果を得るための要件とされる場合があるためであろう。②は、候補者が社外役員としての職責を果たしうるか株主が判断する資料を提供するためである。ところが、社外役員以外の取締役・監査役の候補者については、このような情報の開示は要求されていない。取締役には業務執行者としての職責と他の業務執行者の業務執行を監督する職責とがあり、監査役には取締役の職務執行を監査する職責がある。いずれの面についても、候補者が職責を果たしうるか株主は判断資料を欲しているのであり、②は社外以外の取締役・監査役（社内取締役・監査役）の候補者についても開示を求めるべきであった。

なお、②のうち、他社における対応状況は、会社が知っているときのみ開示を求められる。会社が把握することが困難であるとのパブリック・コメントを受けて、法務省令案から修正が行われた。[14] ただし、「知っているとき」とは、開示事項とされていることを前提とした調査が行われるべきことを踏まえて判断すべきことであるとされる。[15]

③は、会社の業務執行の実務について、社外役員にある程度の知見がなければ、真に期待されている機能の発揮が期待しがたいからであると説明されている。[16]そうだとすれば、③は開示を求めることにより、社外役員候補者に会社実務の知見を要求するものであり、ここでは、「開示による誘導」が手法として用いられているといえる。たしかに、会社実務の知見は業務執行の監督・監査を行う上で重要な資質である。しかし、会社実務の知見は、社外役員と結びつけられている法的効果（特別取締役制度の採用、委員会設置会社、責任免除額の相違、責任限定契約、監査役会設置会社、責任限定契約）とは直接の関係がない。社内取締役・監査役が業務執行の監督・監査を行うには会社実務の知見が求められるはずであるし、社内取締役が会社の業務を執行する場合には、会社実務の知見がますます求められる。したがって、③の開示も全候補者について求めるべきであった。

④の特定関係事業者は、当該会社の親会社、親会社の子会社・関連会社、主要取引先をいう（会則二条三項一八号）。なにが主要取引先に当たるかは解釈問題である。④の開示は、社外取締役・監査役の独立性を判断する資料となる。取引先が相互に社外役員を派遣しあって社外役員の員数合わせをする慣行は、④の開示により抑制されることとなろう。独立性の判断資料としては、④のほかに、当該会社・特定関係事業者から多額の金銭その他の財産上の利益（役員等としての報酬を除く）を受ける予定があり、又は過去二年間に受けたか否か、当該会社・特定関係事業者の業務執行者との親族関係、過去五年間に特定関係事業者の業務執行者となったか否か、過去二年間の組織再編行為前に相手方会社の業務執行者であったか否かが開示項目とされている（会則七四条六号、七六条六号）。

⑤は、長年に亘り特定の会社の社外取締役・監査役として勤務していると、経営者から独立して職務を執行す

ることが困難になることから、独立性の判断資料とするために開示を求めることにしたものであろう。⑥は、社外取締役・監査役は会社と責任限定契約を締結することができることから、特別に開示が求められる。責任限定契約の締結は取締役・監査役と会社との間の利益相反取引であるが、⑥の開示は独立性の判断資料というよりも、社外役員としての職責を果たしうるか否か（選任の適否自体）の判断資料というべきであろう。[17]

なお、会社が公開会社でない場合には、社外取締役候補者については②〜④を記載する必要がなく（会則七四条四項柱書）、社外監査役候補者については②〜⑤を記載する必要がない（会則七六条四項柱書）。このような区分は、公開会社では会社の運営における取締役等の会社役員の果たすべき役割が大きいことを考慮したとされる。[18]

しかし、非公開会社でも、取締役会を設置すれば株主総会の権限が限定されるのであるから（会二九五条二項）、会社運営における取締役の役割は大きくなる。また、非公開会社も監査役会を設置することができ、一般に、監査役会による監査体制は監査役によるよりも強力であると考えられているから、監査役会設置会社における社外監査役に期待される役割は、公開会社と非公開会社とで変わりがない。公開・非公開による開示項目の相違は、社外役員の職責の相違よりも株主構成の相違（株式の譲渡性の相違）に求めるしかないと思われる。

3　会計監査人・会計参与の選任

会社が会計監査人の選任議案を株主総会に提出する場合には、①公認会計士・監査法人の氏名・名称等、②就任の承諾を得ていないときはその旨、③議案が監査役の請求によるときはその旨、④議案に対する会計監査人の意見があるときはその概要、⑤候補者の現在、及び過去二年間の業務停止処分の状況、⑥当該会社（公開会社に限る）の親会社、親会社の子会社・関連会社から多額の金銭その他の財産上の利益（会計監査人としての報酬・監査証明業務の対価を除く）を受ける予定があり又は過去二年間に受けていたときは、その内容を開示しなければならない（会則七七条）。商法・商法施行規則と比較すると、⑤⑥が追加されている。

⑤の開示は、候補者が業務停止期間中であっても、会計監査人就任の欠格事由とはならない場合がありうるが（会三三三条三項一号参照）、そのような候補者の会計監査人としての適性を株主に判断させるためのものである。過去二年間の業務停止処分に係る事項については、参考書類に記載することが適切であると会社が判断した事項のみを記載すればよい（会則七七条七号）。上記のように業務に直接の支障が生じるわけではないので、候補者のプライバシーに配慮したものと思われる。

⑥の開示は、会計監査人の独立性の判断に資するためである。公認会計士法の平成一五年改正により、公認会計士・監査法人は、大会社等に対して監査証明業務と非監査証明業務を同時に提供することが許されなくなったが（会計士二四条の二、三四条の一一の二）、会計監査人設置会社には「大会社等」（会計士二四条の二）に当たらない会社もあるため、⑥の開示が必要となる。

会計監査人は会社との間で責任限定契約を締結することができるが（会四二七条）、社外取締役・監査役の場合と異なり、「責任限定契約（締結予定のものを含む）の概要」の開示は求められていない。他方、事業報告には会計監査人の責任限定契約の概要が記載される（会則一二六条七号）。この不均衡はいかなる理由に基づくものか。会計監査人の責任限定契約は独立性の判断資料にならないからであろうか。しかし、2で述べたように、責任限定契約は、その者が職責を果たしうるか否かの判断資料になるはずであり、参考書類への記載を求めるべきであった。

会計参与の選任議案については、(a)公認会計士・税理士・監査法人の氏名・名称等、(b)就任の承諾を得ていないときはその旨、(c)議案に対する会計参与の意見があるときはその概要、(d)過去二年間に業務停止処分を受けている場合は、当該処分に係る事項のうち会社が適切と判断した事項を参考書類に記載する（会則七五条）。業務の停止処分を受け停止期間を経過しない者は会計参与になることができないので（会三三三条三項二号）、現在の処分状況の開示は求められない。

会計参与は、取締役・執行役と共同して計算書類等を作成し、計算書類の外部公開の任にあたる会社の機関である（会三七四条一項、三七八条）。会計監査人設置会社以外の会社において会計参与を置くか否かは、計算書類の信頼性・公開性の確保の点において株主の利害に重大に係わる。会計参与選任議案の参考書類には、候補者の独立性の判断資料を中心により詳細な項目の開示を求めてよかったのではないかと考える。なお、会計参与の責任限定契約の概要が参考書類で開示されない点については、会計監査人について述べたところが当てはまる。

4 株主提案

議案が株主の提出に係る場合の参考書類の記載事項については、大きな変更はない。商法では株主提案の提案理由に四〇〇字の字数制限が設けられていたが（旧商則一七条一項一号）、会社法施行規則では字数制限を撤廃し、提案理由及び通知事項が参考書類に全部を記載することが適当でない程度の多数の文字、記号その他のものをもって構成されている場合（会社がその全部を記載することが適切であるものとして定めた分量を超える場合を含む）には、当該事項の概要を記載すれば足りることとした（会則九三条一項柱書）。会社によって株主数等の事情が異なるため、一律に画一的な形式基準を設けることは適切でないからと説明されている。[19]

もっとも、改正前から、四〇〇字以内の提案理由を会社側が要約して記載することは可能であった。ただ、四〇〇字以内で提案理由を提出すれば要約されずに記載されるとの期待が株主側に生じ、会社もその期待を尊重してきたものと思われる。会社法施行規則の下でも、「全部を記載することが適当でない程度の多数」がどれ位なのか判断することが難しいとすれば、全部を記載できる分量を会社が定め、当該分量を超過する提案理由を要約する実務が行われるのではないかと思われる。そうだとすると、どの位の分量を記載すれば要約されずに参考書類に掲載されるのかを株主が知ることのできるよう、会社が定めた分量を株主に公示・通知する必要が生じるが、当該定めを株主宛に公示・通知する方法を施行規則は定めていない。この点で、施行規則は、改正前に比べて提案株主にとっての予測可能性を減じてしまったことになる。

(13) 相澤哲＝郡谷大輔「事業報告〔上〕」商事法務一七六二号（二〇〇六年）七頁。
(14) 法務省「『会社法施行規則案』等に関する意見募集結果」第3・1(3)。
(15) 相澤＝郡谷・前掲注（13）一三頁。
(16) 同前。
(17) 相澤＝郡谷・前掲注（13）一三頁は、独立性の判断資料とみている。
(18) 相澤＝郡谷・前掲注（13）七頁。
(19) 法務省・前掲注（14）第3・3(4)。

三 事業報告による開示

1 総論

(一) 事業報告の性格づけ

会社法では、事業報告は会計に関する部分が存在しないものとして整理が行われた[20]。そこで、商法施行規則により営業報告書に記載すべきものとされていた（旧商則一〇三条一一号）、いわゆる「後発事象」のうち、計算関係に関連する事実を計算書類の注記（計則一四二条）に移した。もっとも、計算関係以外の重要な後発事象が生じた場合には、会社の現況に関する事項（会則一二〇条一項九号）として開示が求められる。

事業報告については、監査役による監査は行われるが（会則一二九条一項三号）、会計監査人による監査の対象とはならない（会三九六条一項）。従来から、営業報告書中の会計に関する部分に限って会計監査人による監査の対象とされていたので（旧商特一三条二項）、その扱いに変更はない。

㈡　記載事項の区分け

商法施行規則では、小会社および有限会社には、一〇三条一～三項の個別的な記載は要求されず、会社の状況に関する重要な事項を営業報告書に記載すれば足りるとされていた（旧商則一〇三条四項）。会社法施行規則では、資本金の額を基準として会社を区分することにさほどの合理性がないことにかんがみ、[21] 非公開会社については、内部統制システムの整備についての決定・決議があればその内容も記載するほかは、当該会社の状況に関する重要な事項のみを記載すれば足りるとする（会則一一八条）。事業報告書の作成・開示は債権者への情報提供というよりも、株主に対する情報提供であることに着目したのであろう。

施行規則の制定を受けて、全国株懇連合会では事業報告モデルを策定・公表している。[22]

以下では、公開会社に適用される具体的記載事項について述べる。

2　**内部統制システムの整備の状況**

ここでは、内部統制システムの構築義務の内容には立ち入らず、その開示についてのみ述べる。商法施行規則では、業務の適性を確保するための体制の整備が義務づけられている委員会等設置会社についてのみ、当該事項が営業報告書の記載事項とされていた（旧商則一〇四条一号）。会社法施行規則では、体制の整備が義務づけられているかどうかにかかわらず、これを定めた会社であれば、決定または決議の内容の概要を事業報告の内容とならなければならないとされた。いわゆる内部統制システムの開示である。事業報告に該当項目の開示がない会社は、内部統制システムについて決定・決議を行っていないことが分かるので、この開示は、内部統制システムの構築義務のない会社にその構築を促す効果があるかも知れない。

内部統制の目的には、一般に、①財務報告の信頼性の確保、②業務の効率性の確保、③法令遵守（コンプライアンス）があるといわれているが、会社法上の内部統制は、主として②および③を目的とするものである。

他方、金融商品取引法は、上場会社に対し、財務計算に関する書類その他の情報の適正性を確保するために必要な体制について評価した報告書（内部統制報告書）の提出を義務づけるとともに（金商二四条の四の四）、代表者による確認制度（金商二四条の四の二）を強制することにした。これらは、主として上記①を目的とするものであり、平成二〇年四月以降に開始する事業年度から適用される予定である。

事業報告における内部統制システムの開示については、何をどこまで記載すればよいかが実務上は問題であろう。(23)

3　株式会社の現況

株式会社の現況に関する開示事項については商法施行規則から大きな変更はないが、主要な借入先の持株数の記載（旧商則一〇三条一項八号）が開示事項から削除された。情報の重要度が低いと判断されたのであろう。しかし、主要な借入先がどの程度の持株を有しているかは、取引先、とくに金融機関による経営コントロールの有り様を株主が知るうえで重要な情報ではないだろうか。会社法では、上位七名の大株主の持株数に代えて（旧商則一〇三条一項七号）、自己株式を除く発行済株式総数の一〇分の一以上を有する株主の持株数を開示させるよう改められた（会則一二二条）。金融機関は、事業会社の議決権の五％超を保有することを原則として禁止されているので（独占禁止法一一条）、個々の金融機関は、たとえ上位七名の大株主に含まれていても、会社法上、事業報告の大株主として現われないことになる。金融機関が事業会社に対して協調して株主権を行使するときはその影響は多大であるので、主要な借入先の持株数を開示の対象から除外した判断には疑問が残る。

商法から変更のあった他の点として、会社法施行規則一二〇条一項五号では、企業結合や事業の譲渡・譲受けに関する開示項目が具体的に列挙されている。

4 会社役員に関する開示

(一) 役員の辞任・監査役の知見等

事業報告における会社役員に関する開示事項は、大幅に拡充された（会則一二一条）。会社法施行規則では、四三九条の定款の定めや四五九条・四六〇条の定款の定めによって、計算書類の承認や剰余金の配当が定時総会の決議事項でなくなり、定時総会の主たる役割が会社役員の選任になることが予想されることから(24)、事業報告において現職の会社役員に関する詳しい情報の開示を求めることにしたのである。ここに会社役員とは、取締役、会計参与、監査役、執行役をいう（会則二条三項四号）。

事業年度中に株主総会または種類株主総会の決議以外の方法で解任され、または辞任した会社役員があるときは、その氏名等を開示する（会則一二一条六号）。商法施行規則では、辞任した監査役の意見があるときのみ、株主総会参考書類上で開示が求められていたが、会社法施行規則では、解任され又は辞任したすべての役員に開示の対象を拡げ、かつ、議決権行使の参考となる事項としてではなく、端的に会社役員に関する事項として整理された。任期中の役員辞任の状況は、まさに会社の事業経過を示すものであるから、この整理は妥当である。

施行規則一二一条八号は、監査役又は監査委員が財務・会計に関する相当程度の知見を有している者であるときは、その事実を開示すべきものとしている。財務・会計に関する知見の開示は、株式会社の計算書類をめぐる不正行為に対する対処の方法として求めることにしたと説明されている[25]。同時に、この開示は、監査役等が必ず財務及び会計に関する知見を有しなければならないこととするものではなく、たとえば会計監査人設置会社の場合には、会計監査人と監査役の役割分担を踏まえて適切に対応することで足りるとされている[26]。

このような立法担当者の説明からすると、相当程度の知見を有することは法的には要求されないが、適切に対応することを求められていることになる。そうだとすると、これは、知見の有無を開示させることにより、相当程度の知見を備えるよう会社・役員を誘導する「開示による誘導」を目指すものといえよう。米国のサーベンス＝オックスリー法は、SEC登録会社に対し、監査委員に財務の専門家（financial expert）が一名以上含まれているか否か、もし財務専門家が一名もいない場合にはその理由の開示を求めており（四〇七条、Regulation S-K, Item 309）、監査役・監査委員の知見の開示はサーベンス＝オックスリー法を参考にしたのではないかと思われる。監査役・監査委員がその職責を果たすためには財務・会計に関する知見が不可欠であるから、監査役等の資質を向上させ株主利益を増進させるために「開示による誘導」を目指すという政策は高く評価できる。

ただし、いくつかの課題を指摘することができる。第一は、「相当程度の知見」について具体的な定義を置く方が、「開示による誘導」の効果があがるのではないかということである。米国では上記の「財務の専門家」についてSEC規則で詳細な定義規定を設けている（Regulation S-K, Item 401 (h)(2), (3)）。

第二は、「開示による誘導」の適用範囲は公開会社で良いかという点である。この点については、一方で、適用範囲を上場会社又は金融商品取引法適用会社に限定し、より高いレベルまで監査役等の資質を向上させるよう誘導する必要がないかが問題となろう[27]。そのような政策は、金融商品取引法や取引所の上場規則によって達成することも可能であるが、会社法施行規則によっても可能である。たしかに会社法は、全部の種類の株式について譲渡制限を設けている会社以外の会社を「公開会社」と定義し（二条五号）、公開会社と非公開会社とで規制を区分している。しかし、施行規則が規制内容を区分する際に常に公開会社と非公開会社の区分にのみ従わなければならない理由はなく、たとえば公開会社を上場会社と非上場の公開会社に区分して規制を及ぼすことも可能なのである。他方で、監査役・監査委員が果たすべき役割は公開会社と非公開会社とで基本的に変わらないはずであるから、非公開会社にも何らかの開示を求めることが考えられる。このように、「開示による誘導」の効果を高めるためには、会社の性質に応じた木目細やかな開示規定を設けることが望まれる。

㈡　報酬の開示

一般に、会社役員の報酬の開示はコーポレート・ガバナンスの向上に有効だと考えられているが、そのメカニズムはその国の会社法制や企業文化に依存する側面がある。日本において役員（取締役・監査役）の報酬を開示させる趣旨としては、①株主が取締役の業績を評価するために報酬に関する情報を必要としていること、②監査役について、その機能を発揮するのに十分な報酬が支払われているか株主がチェックできるようにすること、さらには、③開示を通じてそれぞれの会社が効率的な報酬制度を確立すること挙げることができる[28]。

商法施行規則では、いわゆる責任限定に関する措置を講じている場合には、報酬その他の職務遂行の対価の額を取締役・監査役・執行役の別ごとに営業報告書に記載し（商則一〇三条一項一〇号、一〇四条三号）、そうでない場合には、同様の事項を附属明細書に記載する（商則一〇七条一項一〇号）としていた。営業報告書に記載させる趣旨は、株主に責任限定の限度額を直接開示させることにあると考えられるが[29]、それ以前からあった附属明細書における開示と規定ぶりが同じであったことから、取締役らに支払った額の総額を開示すればよいと解され、規制の趣旨は貫徹されていなかった。会社法では、責任限定に関する措置の有無にかかわらず、取締役、会計参与、監査役、執行役ごとの報酬等の総額を事業報告に記載することとされた(30)(会則一二一条四号)。したがって、施行規則では、責任限定の限度額を株主に開示するという趣旨は失われている。(31)

取締役が使用人を兼務する場合、商法では、取締役報酬と使用人給与を合算して開示することが義務づけられていた（商則一〇三条一項一〇号、一〇四条三号、一〇七条一項一〇号）。これに対し施行規則では、「使用人を兼ねる場合の使用人としての報酬その他の職務遂行の対価を含む」との語を削除し（会則一二一条四号）、開示される取締役の報酬等は使用人給与を含まないものとした。このような改正の趣旨は、報酬等の開示の目的は、株主総会の決議対象とされていた報酬等が実際にどのように給付されたかを正しく開示することにあり、使用人給与との合算は報酬等そのものが明らかにならなくなる点で適切でないからであると説明されている。(32)そして、使用人給与部分については、それが重要なものである場合には、「会社役員に関する重要な事項」として別途開示すべきである（会則一二一条九号）という。

この点を検討すると、株主総会の承認を受けたからその支給状況を明らかにすべきであるというのは、あまりにも形式的な理由である。取締役の報酬開示に責任限度額を知らせる機能が失われていることは措くとしても、株主が取締役の業績を評価するためには使用人給与に関する情報も必要であると考えられる。使用人兼務取締役の取締役としての職務と使用人としての職務は、実際上は区別なく行われることが多いからである。もっとも、役員に関する重要な事項として別途開示されれば、情報の質は高まる。立法担当者の解説では、取締役の報酬等として開示された内容だけでは当該会社の取締役に対する職務遂行の対価として交付されている財産上の利益の額が適切に判断できないような場合には、使用人給与部分について別途開示すべきであるという[33]。使用人給与の方が取締役の報酬等と同額またはそれ以上である場合に常に別途開示が行われるのであれば、問題は少ないだろう。また、取締役の業績評価の観点からは、取締役としての報酬の場合以上に、総額の開示ではなく個別の開示が望まれる。使用人兼務取締役の使用人としての地位・職責はさまざまだからである。

委員会設置会社の報酬委員会は、取締役・執行役が受ける個人別の報酬の内容の決定に関する方針を定めなければならず（商特二一条の一一第一項）、その方針を営業報告書に記載しなければならない（商則一〇四条二号）とされていた。会社法施行規則では、すべての公開会社について、各会社役員にかかる報酬等の決定方針が定められている場合における当該方針の決定方法とその方針の内容の概要を開示項目に加えた（会則一二一条五号）。会社役員は、取締役・執行役のほかに監査役・会計参与を含み、「方針の決定方法」の開示はどの組織・機関が決定したかの開示を含む。立法担当者の解説では、「個々の役員報酬額が開示されることが果たして情報提供の方法として適切かどうかという議論を踏まえ」改正を行ったとしているので[34]、いわば個別開示の代替策として決定方針の概要を開示させることにしたのであろう。

会社に社外役員がいる場合には、(a)社外役員の報酬等の総額、(b)社外役員が会社の親会社・兄妹会社から受けている報酬その他の財産上の利益の総額を、別途開示することが求められた（会則一二四条七号）。この開示の趣旨は明らかでない。社外役員の報酬開示の目的は、上記①よりも②に重点があると考えられるから、(a)は、報酬が低すぎないか株主がチェックできるようにするためとも考えられる。その際、(b)により開示される額が参考になるであろう。社外取締役・社外監査役の実効性と独立性を両立するために報酬開示がどうあるべきかは、難しい問題である。報酬開示は、社外役員が職務を行うのに十分な報酬が与えられるよう促すことができるが、報酬が高すぎると社外役員は職を失うまいとして独立性を失うおそれがある。独立性を確保できる報酬のレベルは、ある会社の社外役員としての報酬が当該社外役員の得ている収入の総額に占める割合から決定されると考えられるから、適切なレベルの報酬を確保するための開示は、究極的には社外役員のプライバシーに踏み込まざるを得ない。

㈢　社外役員の開示

会社法施行規則は事業報告における社外役員の開示を大幅に拡充した。その趣旨は、次のように説明されている。会社法においては、社外取締役・社外監査役について特別の評価が与えられているにもかかわらず、社外取締役等の定義は形式的なものであり、業務執行者から独立した立場で監督に当たるという機能を果たしうる知識、能力、経験等を有するかどうか自体は要件とされていない。他方、独立性の要件につき厳格さを求めたとしても、それがただちに、就任した者が社外取締役等に期待されている機能を果たすという結果をもたらすものではない上、独立性の要件は個別具体的に判断すべきものであり、客観的な基準を設定することが困難である。そこで、独立性に関する判断材料とともに、社外役員が期待されている機能を現に果たしているか（果たしうるか）という評価をするに資する情報をも株主に提供させることとした。(35)

すなわち、開示を義務づけることにより社外役員に本来期待されている機能をより明確に引き出そうとする「開示による誘導」が目指されているのである。さらに、ここから、立法担当者のいくつかの考えを見て取ることができる。第一に、社外取締役に独立性の要件を課すことは、今回の会社法改正では検討されなかったわけであるが、そのことを理由に「独立性の要件」の代替物として「社外取締役の開示」を求めるのではなく、独立性は個別の企業ごとに判断すべきとの考え方から開示を求めていること、第二に、独立性に関する情報とともに、社外取締役がその機能を果たしうるかを評価するための情報が重要であり、後者の情報開示は社外取締役の資格要件が形式的に定められていることから必要になることである。[36]しかし、第二点について社内役員にも同様の議論が成り立つことは、二2に述べたとおりである。

社外役員に関する開示項目は、①他の会社の業務執行取締役等の兼任の状況、②他の会社の社外役員の兼任の状況、③当該会社又は特定関係事業者との関係等、④社外役員の活動状況、⑤責任限定契約の概要、⑥社外役員の報酬等の総額、⑦社外役員が会社の親会社・兄妹会社から受けている報酬その他の財産上の利益の総額、⑧①～⑦に対して当該社外役員の意見があるときは、その内容である（会則一二四条）。

社内役員の場合（会則一二一条三号、七号）と比較して、①では兼任先の会社と当該会社との関係も開示項目とされていることから、①の開示は、③と同様に独立性の判断に資する情報提供を目的とするものといえる。[37]②は、独立性というよりも、社外役員としての専門性の判断に資する情報である。数社の社外役員を兼任することにより、社外役員として職務を遂行する能力はむしろ向上すると考えられるからである。[38]

④では、(イ)取締役会[39]への出席状況、(ロ)取締役会における発言の状況、(ハ)当該社外役員の意見により会社の事業方針その他の事項に係る決定が変更されたときはその旨、(ニ)会社において法令・定款違反その他不当・不正な業務執行が行われた事実があるときは、社外役員が当該事実の発生の予防のために行った行為及び当該事実の発生後の対応として行った行為の概要が、開示対象となる（会則一二四条四号）。④の開示を求めることにより、形式的に要件に該当するだけの社外取締役等を選任し、その選任の事実を開示することによって一定の評価を受けようとする会社と、真に社外役員が機能している株式会社との差別化が図られるという。[40]他方、パブリック・コメントにおいては、(イ)(ロ)の開示について強い反対意見があったという。[41]社外役員についてのみ詳細な開示を求める

と、社外役員の登用が阻害される懸念があるのであろう。

しかし、社外役員は主として取締役会・監査役会への出席とその場における発言を通じて活動することが期待されているのであるから、(イ)(ロ)は社外役員の活動状況の報告にふさわしい内容である。それに対し、(ハ)(ニ)は会社の業務執行の決定または業務執行の監督・監査にあたる役員のすべてに当てはまる活動状況であり、社外役員についてのみ(ハ)(ニ)を開示させる必要性は疑わしい。さらに、社内役員についてであれ、社外役員についてであれ、(ハ)の情報を開示すると変更前の決定をした役員の責任問題を生ぜしめるため、(ハ)の開示は役員が適切な意見を述べるのを抑制させるおそれがある。つまり、(ハ)の開示を求めることにより、社外役員が減少する心配をする必要はないが、会社の効率的な業務執行の決定を阻害するおそれがあるのである[42]。また、(ニ)は法令・定款違反行為の予防・事後措置だけでなく、不当な業務執行の予防・事後措置の開示をも求めているところ、後者は役員全員が協力して体制を整えるべき事項である。そのような状況で個々の役員の行為を開示させることは、いわゆるスタンドプレーを招き、効率的な予防措置・事後措置を妨げるおそれがある[43]。以上のように、(ハ)(ニ)の開示に社外役員の活動状況の報告としての意義があることは否定できないものの、開示により社外役員の適切な業務執行を妨げるおそれがあると考えられる。

⑤〜⑦については、二2で論じた。⑤については、責任限定契約によって当該社外役員の職務の適正性が損なわれないようにするための措置を講じている場合には、その内容も開示の対象となる。株主総会参考書類では、責任限定契約に関してこのような開示が求められていないことからすると、「措置」の内容を知ることは社外取締役選任議案の判断には必要ないが、措置を講じることは「会社の事業」に含まれ、株主に報告されるべきであると捉えられているのであろう。立法担当者の解説は、「責任限定契約を締結することがただちに株式会社との馴

合い等の状況を生じさせるわけではないものの」と述べるのみで、開示を強制する趣旨を明らかにしていない。[44]
この開示項目は、職務の適正性（効率性および適法性）が損なわれないようにするための措置を講じるよう開示により誘導することを狙ったものであろうか。しかし、そのような措置は俄かには想像できない。[45] もし、措置を講じることが困難であれば、どの会社も開示をすることができないため、開示による誘導は結局、効果のないものになってしまう。あるいは、この開示項目は社外取締役と責任限定契約を締結しないよう開示により誘導することを狙ったのかも知れない。[46] しかし、平成一三年改正商法が責任限定契約の締結を許容したのは有能な社外取締役を登用できるようにするためであったはずである。[47] もし、施行規則が責任限定契約の抑制を狙ったものだとすれば、それは法の趣旨に反する。このように考えると、「職務の適正性が損なわれないようにするための措置」の開示は、その目的・効果ともに疑わしい。
⑧は、事業報告の記載主体が会社であることから、記載対象となっている社外役員の意見を別に記載して株主の判断に資するためである。

5　株式・新株予約権に関する事項

商法上の営業報告書における株式に関する開示事項のうち、株式の状況・自己株式に関する事項は、株主資本等変動計算書に関する注記（計則一三六条一号・二号）に移された。開示を要する大株主の基準は上位七名から発行済株式総数の一〇％以上に変更されている（会則一二二条）。大株主に対する出資の状況は、開示事項から除外された。簡素化のためであろうが、株式の持ち合い状況が分かりにくくなった。[48]
商法施行規則では、営業年度中の新株予約権の有利発行について、割当を受けた者の氏名・名称を含む個別情報の開示を求めていた[49]（旧商則一〇三条二項二号）。これに対し会社法施行規則では、報酬としてのストック・オプションの付与が有利発行に当たらない場合もありうるので、有利発行という限定を外したが、他方で、報酬のうちストック・オプションだけを個別開示させることには合理性がないことから、[50] 取締役・執行役、社外取締役、それ以外の役員の分類ごとに、事業年度末に保有している新株予約権等[51]に関する情報を開示させることにした（会則一二三条一号[52]）。

しかし、営業報告書において有利発行された新株予約権について情報開示を求めていた趣旨は、新株予約権の行使により将来株式価値の希釈化が生じうること、およびその程度を株主に知らせることにあったのであり、有利発行でなければ開示の必要性は乏しいといえる。また、有利発行の相手方の氏名等を開示させていたのは、相手方が会社の外部の者であれ会社役員であれ、有利発行に事業上の効果が見込まれるので株主にその程度を判断させるためであったと考えられる。そうだとすると、個別開示はやはり必要であり、施行規則が新株予約権は職務執行の対価の開示であると割り切って個別開示を廃止したことには疑問が残る。なお、発行済みの新株予約権に関する事項は、株主資本等変動計算書に関する注記（計則一三六条五号）に移された。

6　会計監査人・会計参与設置会社の特則

会社法では、会計監査人に関する開示の充実が図られた。その趣旨は、会計監査人は、一度選任された後は、原則として再任されたものとみなされるため（会三三八条二項）、選任議案が株主総会に提出される機会がまれであり、株主に対し会計監査人に関する情報が開示される機会がほとんどないことに求められている[53]。具体的には、会計監査人の選任議案に係る株主総会参考書類の記載事項（二3参照）のほか、①会計監査人の報酬等、②解任・不再任の決定の方針、③責任限定契約の概要、④子会社と会計監査人の監査契約の有無、⑤辞任した会計監査人の意見等、⑥取締役会の剰余金配当等の権限行使の方針を事業報告の内容としなければならない（会則一二六条)。

これらのうち①では、連結計算書類の作成が義務づけられる会社ではグループ会社全体から当該会計監査人に提供される財産上の利益の合計額も開示される。グループ会社全体との契約関係を示す④とともに、当該会社に対する会計監査人の利害の大きさを示すものだからである。②は、原則再任される会計監査人について株主による監督を及ぼすための工夫である。③が、株主総会参考書類に記載されないことは、二3で述べた。⑤は株主総会参考書類の記載事項と重なるが、当該総会が開催される事業年度の報告事項となる(事後開示)。⑥は会計監査人に関する事項ではなく、会計監査人設置会社で剰余金の配当等の決定を取締役会に授権する旨の定款規定がある会社が記載をする。

また、会計参与設置会社では、責任限定契約の概要を開示することが求められる(会則一二五条)。

7 会社の支配に関する基本方針

施行規則一二七条は、会社が当該会社の財務および事業の方針の決定を支配する者のあり方に関する基本方針を定めている場合には、一定の事項を事業報告の内容としなければならないとする。

開示される事項は、①基本方針の内容、②取組みの具体的内容、③取組みの評価に係る事項に分けられる。①には、いわゆる買収防衛策や、安定株主対策のような株主の分布に関する方針のほか、株式を上場していることの意義、中長期的な視点をも踏まえた会社の経営方針(企業価値の維持・増大やこれに対する市場の評価に対する取組み等)が含まれる。[54] ②はさらに、(イ)会社の財産の有効な活用、適切な企業集団の形成その他の基本方針の実現に資する特別の取組み、(ロ)基本方針に照らして不適切な者によって支配されることを防止するための取組みに分かれる。③は、②の具体的な取り組みが、(イ)①の基本方針に沿うか、(ロ)株主の共同の利益を損なうものでないか、㈧会社役員の地位の維持を目的とするものでないかにつき、取締役または取締役会の判断およびその理由を開示させるものである。

立法担当者の解説によると、具体的な買収防衛策を導入するに当たり、その前提として基本方針を定めることが必ずしも義務づけられるものではない。そこで、基本方針を定めずに特定の内容を有する新株予約権や種類株式等を発行することも不可能ではなく、そのような場合には、基本方針を定めていない以上、施行規則一二七条の規定に基づく開示を行う必要もないという[55]。本条の構造および文言もこのような解釈と整合的である。しかし、いわゆる平時導入型の買収防衛策を開示させることが本条の趣旨であるならば、基本方針を定めたかどうかにかかわらず、株主の判断に資するため、防衛策の具体的内容を事業報告書で開示させるべきではないだろうか。たしかに、買収防衛策として新株予約権や種類株式を発行すればその時点で一定の開示が行われる。しかし、いわゆる事前警告型の買収防衛策はその導入時に法律行為を伴わないから、会社法上、株主に対する開示が行われないのである。また、上記②の取組みに該当すれば、③により取締役の判断および理由が示されることになるが、基本方針が定められていなければ③の規制も発動されない。ただし、③の情報が有用かどうかについては、後述のように疑問がある。

会社法施行規則一二七条の文言は、①の基本方針を定めた以上、②㈠㈡の具体的な取組みがとられていない場合であっても、具体的取組みの内容を事業報告の内容としなければならないように読める。これは、定めていないものを開示せよというに等しいものであって、明らかにおかしい。

③は「開示による誘導」を目指すものと思われるが、その実効性は疑わしい。まず、③の開示を求めることにより、具体的取組みを基本方針に沿うものにし、株主共同の利益を損なわず、会社役員の地位の維持を目的とす

るものでないものとするためには、具体的取組みがこれらの要件を満たしていないのに満たしていると記載する行為を実効的に抑止できなくてはならない。しかし、多くの場合、そのような記載は取締役が判断を誤った結果に過ぎず、事業報告の虚偽記載の責任（会四二九条二項、九七六条）を問うことは難しいと考えられるのである。したがって、支配に関する基本方針を定めたすべての会社において、要件を満たしているとの記載がもっともらしい理由の記載とともに行われ、③の開示を求めることの趣旨は達成されないのである。

なお、理由の記載については、「当該理由が社外取締役の存否に関する事項のみである場合における当該事項を除く」との文言が一二七条三号に挿入されている。社外取締役を登用していることを、具体的取組みが会社役員の地位の維持を目的とするものでないという判断の理由に掲げることはできないとの趣旨のようである。[56] 判断と理由は必ず記載しなければならないから、それ以外の理由を探せということなのであろう。紋切り型の理由が許されるのであれば多くの会社がそちらへ流れる恐れがあるし、法務省が紋切り型の理由を認めない態度に出れば、[57] 会社は支配に関する基本方針を定めない方向へ誘導される。株主の判断に資するために理由の記載を充実させるのは意味のあることであるが、理由を記載させることにより判断の内容を充実させるのは難しいことである。

(20) 相澤＝郡谷・前掲注（13）四頁。
(21) 同前。
(22) 全国株懇連合会「事業報告モデルおよび招集通知モデル、株主総会参考モデル、決議通知モデルの制定について〔上〕〔中〕〔下〕」商事法務一七七七号五〇頁、一七七八号四九頁、一七七九号（二〇〇六年）九一頁。
(23) この点で、前掲注（22）の事業報告モデルは格別の記載例を示していない。

(24) 相澤＝郡谷・前掲注（13）七頁。
(25) 同前。
(26) 同前。
(27) より高いレベルへ誘導する方法としては、本文に述べた「相当程度の知見」の定義規定を設けることのほか、監査役等がそのレベルに達していない場合に「理由」を開示させることが考えられる。
(28) このほか、報酬が不当に高くなるのを開示によって抑制することも考えられるが、そのような効果が期待できるほど役員報酬の高い会社は、日本ではまれであろう。
(29) 江原健志＝太田洋「平成一三年改正商法に伴う政令・法務省令の制定〔下〕」商事法務一六二九号（二〇〇二年）一四頁。
(30) 報酬等には、会社役員に与えられているストック・オプションの価値のうち、当該事業年度の報酬分に相当するものが含まれる（相澤＝郡谷・前掲注（13）九頁）。
(31) 会社役員の一部について役員ごとの報酬等の額を開示する場合（個別開示の場合）には、その他の会社役員の報酬等の総額をも開示する（会則一二一条四号）。
(32) 相澤＝郡谷・前掲注（13）八頁。
(33) 同前。
(34) 同前。ここの議論とは、文脈から、国会審議における議論を指すようである。
(35) 相澤＝郡谷・前掲注（13）九―一〇頁。
(36) 社外役員に関する開示項目の増加が社外取締役の導入を阻害するという批判に対しては、単に法的要件に該当するだけの者を選任するという意味での社外役員導入の流れが阻害されることとなっても、会社法の趣旨に反するものではないと反論されている（相澤＝郡谷・前掲注（13）一〇頁）。
(37) たとえば、親会社やグループ企業の役員・従業員を兼任している場合には、独立性が疑われる。
(38) 米国では、かつて、数社の社外取締役を兼任することにより独立性と専門性を両立させることのできる独立取締役（independent director）制度が、学説により提唱されていた（Gilson & Kraakman, "Reinventing the Outside Director : An Agenda for Institutional Investors," 43 Stan. L. Rev. 863（1991）.）。
(39) 社外監査役や監査委員である社外取締役については、取締役会のほか、監査役会・監査委員会への出席状況等の開示も必要になる（会則一二四条四号）。この点は、施行規則制定後の改正で定められた。
(40) 相澤＝郡谷・前掲注（13）一一頁。

(41) 相澤＝郡谷・前掲注(13)一二頁(注4)。
(42) 立法担当者の解説は、業務執行が適切に行われていれば、通常、このような開示が行われることはないとし、(イ)の開示は、事業方針等に問題があったが未だ不正行為等が行われていない場合に適用されるとする(相澤＝郡谷・前掲注(13)一二頁)。しかし、施行規則一二四条四号ハの文言はそのような限定をしていないので、問題のない事業方針等が変更される場合も含まれると解される。
(43) ただし、監査役または監査委員会を構成する取締役が法令・定款違反の予防・事後措置を講じる場合については、本文に述べた心配は大きくないだろう。
(44) 相澤＝郡谷・前掲注(13)一二頁。
(45) 全国株懇の事業報告モデルもこの開示項目の記載例を定めていない(全国株懇連合会・前掲注(22)五三頁)。
(46) 本文で引用した解説は、その文言とは反対に、責任限定契約を締結すると株式会社との馴合い等の状況を生じさせると読めるニュアンスを含んでいる。
(47) 太田誠一＝保岡興治＝谷口隆義監修「企業統治関連商法改正Q&A」商事法務一六二三号(二〇〇二年)七頁。
(48) この規定が、大株主との間における株式持合いの状況を開示させるものであることにつき、江原＝太田・前掲注(29)二四頁を参照。
(49) これは、平成一三年改正前商法が新株予約権の有利発行の決議の際に付与対象者の個別開示を求めていたところ、平成一三年改正により決議事項の簡素化と引き換えに営業報告書における個別開示を求めることにしたものである(江原＝太田・前掲注(29)二四頁)。
(50) 相澤哲＝郡谷大輔「事業報告〔下〕」商事法務一七六三号(二〇〇六年)一四頁。
(51) 新株予約権等には、新株予約権のほか、当該法人等に対して行使することにより当該法人等の株式その他の持分の交付をうけることができる権利が含まれる(会則二条三項一四号)。ただし、職務執行の対価として会社が交付したものに限られる。
(52) 事業年度中に使用人、子会社の役員・使用人に交付した新株予約権等があるときは、別途開示される(会則一二三条二号)。
(53) 相澤＝郡谷・前掲注(50)一五頁。
(54) 相澤＝郡谷・前掲注(50)一六頁。
(55) 相澤＝郡谷・前掲注(50)一六頁。
(56) 相澤＝郡谷・前掲注(50)一七頁。
(57) 理由の記載を欠くことを根拠に、会社法九七六条の過料を科すことが考えられる。

四　WEB開示制度

1　基本的な考え方

二、三で概観したように、株主総会参考書類や事業報告で開示される情報の総量は飛躍的に増大することになった。法務省令案のパブリック・コメントにおいて経済界その他実務関係者から、開示情報の増加による費用・手続その他の負担増を懸念する意見が多く寄せられた。特に、株主等に対して、書面等により多くの開示情報を直接交付すべきこととすると、印刷代・郵送代などの費用負担が著しく増加することになるのではないかとの懸念が示されたという(58)。そこで、一定の開示事項についてはインターネットのウェブサイトに情報を掲載すれば株主に提供したとみなすWEB開示制度が、急遽導入された(59)。

WEB開示制度の趣旨については、実務の負担を減らすことのほか、もし株主等に直接開示する情報の量を減らさないと、実務において開示情報の内容をその量に合わせて簡略化するという、開示の充実という趣旨に反する結果を引き起こすおそれがあると説明されている(60)。そのような説明の前提として、実務においては現に、合理的な費用内で提供することが可能な書面の量から逆算して開示事項の内容を決定することが日常的に行われている旨が指摘されている(61)。

2　制度の概要

WEB開示制度は、株主総会参考書類、事業報告、個別注記表および連結計算書類など、株主総会の招集通知とともに株主に提供すべき資料に表示すべき事項の一部について、インターネットのホームページに掲載し、そのアドレス等を株主に通知すれば、当該事項にかかる情報を株主に提供したとみなすことにより、書面の作成・提供を省略することを認めるものである（会則九四条、一三三条三項四項、計則一六一条四項五項、一六二条四項五項）。

WEB開示を導入するには、まずその旨の定款の定めがなければならない（会則九四条一項但書等）。電子公告制度の採用の場合との平仄をとったものである(62)。

WEB開示の対象としうる事項は、書類ごとに異なる。株主総会参考書類では、「議案、施行規則一三三条三項一号に掲げる事項（株主総会参考書類に記載することとしている場合）、ホームページのアドレス等、監査役・監査委員会がWEB開示の対象とすることにつき異議を述べた事項」を除く事項が、WEB開示の対象となる（会則九四条一項）。事業報告については、「会社の現況、会社役員、株式、新株予約権等に関する一定の事項、監査役・監査委員が異議を述べた事項」を除く事項が、WEB開示の対象となる（会則一三三条三項）。個別注記表および連結計算書類については、その全部についてWEB開示を利用できる（計則一六一条四項、一六二条四項）。

WEB開示の期間は、招集通知を発出した時から、株主総会開催後三か月を経過するときまでである。事業報告や計算書類については、その一部がWEB開示の対象となりうるが、情報の一覧性を確保するためにWEB開示の対象となっていない情報もあわせてウェブ上で開示することができる(63)。

3 問題点

WEB開示の対象となりうる事項は、どのような基準で選ばれているのであろうか。情報の重要性の低い事項がWEB開示の対象とされたとも考えられるが、1に述べたWEB開示の趣旨からは、情報の重要性による区分が直ちに導かれるものではない。株主総会参考書類では、株主が議案を判断するために提供される情報の全てが原則としてＷＥＢ開示の対象となるのに対し、事業報告では、ＷＥＢ開示の対象となる事項の範囲が、株主総会参考書類よりも若干狭い。今回の改正で新たに加わった事項のうち、内部統制システムの整備の状況、社外役員の開示、会計監査人の開示、会社の支配に関する基本方針の開示は、ＷＥＢ開示の対象とすることができ、会社役員の報酬、監査役・監査委員の知見はＷＥＢ開示の対象とすることができない。株主総会参考書類の開示事項は、重要性に優劣を付け難かったため、一律にＷＥＢ開示の対象としたのかも知れない。しかし、株主の権利行使との結びつきは事業報告よりも株主総会参考書類の方が強いのであり、後者の開示をすべてＷＥＢ開示に委ねた判断には疑問も残る。

上述のように、ＷＥＢ開示の導入が法制審議会で審議の対象となっておらず、パブリック・コメント手続もとられていないことについては、手続的に批判の余地がある。ただ、会社法は、株主総会参考書類を「法務省令で定めるところにより、……交付しなければならない」とし（会三〇一条一項）、計算書類および事業報告を「法務省令で定めるところにより、……提供しなければならない」としているので（会四三七条）、交付の方法や提供の方法[64]を法務省令で定めることは会社法が予定しているところであると一応いえる。[65]

株主総会において書面投票または電子投票を認めている会社は、電磁的方法により招集通知を受けることを承諾している株主に対して、株主総会参考書類を電磁的方法により提供することができる（会三〇一条二項、三〇二条二項）。株主宛のウェブサイトへの情報の掲示は電磁的方法による提供の有力な手段である。したがって、招集通知の電子化が進めば株主総会関連書類の印刷・郵送費用の削減を期待できた。しかし、招集通知の電子化はほとんど進んでいない。その理由としては、①株主側がメールアドレスを会社に通知したくない、②電磁的方法による招集通知を認めた会社では、正当な理由がなければ、株主による電磁的方法による権利行使を拒むことができなくなるため（会三一〇条四項、三一二条二項）、会社側が招集通知の電子化をためらう、③後述のように、招集通知の電子化により会社が受ける恩恵が少ない等が考えられる。いずれにせよ、平成一三年改正で導入された招集通知の電子化がなかなか進まなかったことが、ＷＥＢ開示を導入する背景にあったことは疑いがない。

招集通知の電子化が進んでいたとしても、電磁的方法による情報提供の恩恵は株主総会参考書類にしか及んでおらず、電磁的方法による計算書類や事業報告の提供は許容されていなかった。また、招集通知の電子化を承諾した株主との関係でも、株主が希望すれば書面による株主総会参考書類を交付しなければならなかった。このように株主に開示する情報が増え直接開示の費用が増加することへの対応として、招集通知の電子化に期待できない状況にあったため、これとは別の制度として構想されたのがＷＥＢ開示制度である。

招集通知の電子化は、これに承諾を与えた株主に対してのみ適用される（会三〇一条二項）。コンピュータやインターネットに精通していない株主（デジタル・デバイド＝情報弱者）の利益を損なわないようにするためである。これに対しＷＥＢ開示の利用は、対象となる株主の個別の承諾を要件としておらず、インターネットの利用環境のない株主に対する関係でも情報が提供されたものとみなされてしまう。ＷＥＢ開示が株主の個別の承諾を要件としていない点は、情報弱者の保護に欠けるとの批判が当てはまるだろう。

ＷＥＢ開示が株主の個別の承諾なしに許容される理由を、立法担当者は説明していない。そこで、その理由を想像してみると、まず、電子公告を導入するには定款変更で足りるのでＷＥＢ開示導入の要件も同じにしたことを挙げ得る。しかし、公告は不特定多数の利害関係人を対象としているのに対し、ＷＥＢ開示は株主という特定多数を相手方としており同列には論じ得ない上、株主を相手方とする招集通知の電子化との間の不整合は残る。招集通知との比較については、招集通知は権利行使の機会を保証する機能を有しているから電子化には個別の承諾が必要であるが、株主総会参考書類や事業報告等は権利行使の機会を保証するものではなく、権利行使の内容を実質化するもの（権利行使の内容を適切なものにする）に過ぎないとの反論も考えられる。しかし、権利行使の内容が実質化されなければ機会の保証は画餅に過ぎず、コーポレート・ガバナンスが機能不全に陥るのであるから、この区別は理由にならない。つぎに、招集通知の電子化が図られた平成一三年頃と現在では、公共図書館でインターネット利用が進むなどネットワーク端末へのアクセスが改善されてきており、もはや情報弱者の存在を考慮する必要がないと判断されたのかも知れない。しかし、公共のネットワーク端末の利用時間は一般に限られているし、修理などで自宅の端末が一時的に使用できない場合もありうる。[66]情報弱者の存在を無視できるほどインターネットへのアクセスは容易になっているとはいえないであろう。もちろん、法務省令の改正で会社が開示すべき事項が増えたことは、弱者を切り捨ててよい理由にはならない。ＷＥＢ開示により省略できる情報は、法務省令の改正で増加した開示事項に限られないからである。

以上のように考えると、株主の個別の承諾なしにＷＥＢ開示を許容する政策を正当化することは難しい。もちろん、株主の個別の承諾を要件とすると電子化への移行が進まず、資料の印刷・郵送費用の増大を招くので、個別の承諾を要件としないＷＥＢ開示制度を導入することとした立法態度は理解できる。しかし、そうであるのなら、①電磁的方法による招集通知に承諾を与えた株主に対し、電磁的方法で提供できる開示事項を計算書類・事業報告にまで拡大し、かつ承諾株主による書面交付請求を認めない、②電子投票を選択した株主は、以後、ＷＥＢ開示に同意したものとみなす等の立法上の手当てをする方が妥当だったと思われる。[67]

（58） 相澤＝郡谷・前掲注（8）八頁。

(59) WEB開示制度は当初の法務省令案になかっただけでなく、法務省令案のパブリック・コメントに対する「考え方」を公表した段階でも、その導入が明らかにされていなかった。
(60) 相澤＝郡谷・前掲注（8）八頁。
(61) 相澤＝郡谷・前掲注（8）八頁（注3）。
(62) 相澤＝郡谷・前掲注（8）九頁。
(63) 同前。
(64)「交付の方法」の定めには、「交付とみなされる場合」の定めが含まれると解してよいだろう。もっとも、会社法三〇一条は、書面の交付（一項）と電磁的方法による提供（二項）を分けて規定しているので、書面の交付を伴わない情報の提供について三〇一条一項は法務省令への授権を行っていないとの見方も可能である。この見方に対しては、そもそも株主総会参考書類の内容自体法務省令で定めることができるのであるから（会三〇一条一項は内容の授権と提供方法の授権の両方を含む）、WEB開示制度により一部の情報が省略された株主総会参考書類が株主に交付されている以上、会社法三〇一条一項の要請は満たされていると反論することは可能であろうか。
(65) 会社法四三七条の「提供」は書面の交付に限られないから、計算書類や事業報告については、前掲注（64）に掲げた問題は生じない。
(66) 職場での端末の私的利用は、むしろ厳しく制限される傾向にある。
(67) 今回は、法務省令制定の過程で提供情報の量が増加したため、法務省令で対応することとし、かつ株主の個別の承諾を要しない方式を採用したのであるが、本文に述べた承諾のあり方についての会社法の考え方と大きく異なる考え方を採用する以上、これらは、本来会社法を改正して行うべき作業であったと考える。

五　計算書類の開示(68)

1　会計参与による備置き・開示

会社法は、中小企業の計算の適性を図ることを主たる目的として会計参与制度を創設した。会計参与は、取締役・執行役と共同して計算書類等を作成し、計算書類の外部公開の任にあたる会社の機関である（会三七四条一項、三七八条）。会計参与を設置するメリットとしては、①計算書類等の正確性が高まること、②債権者が計算書類等を閲覧しやすくなることのほか、①②を通じて、③金融機関が中小企業の多様な資金需要にこたえることが可能になること[69]、④中小企業の経営者が、債権者に対して個人保証をする必要がなくなり、有限責任制を真実享受できるようになることが[70]、期待されている。

会計参与は、各事業年度に係る計算書類、附属明細書、会計参与報告を定時株主総会の日の一週間（取締役会設置会社では二週間）前の日から五年間（会三七八条一項一号）、臨時計算書類および臨時計算書類に係る会計参与報告については臨時計算書類を作成した日から五年間（同項二号）、供え置かなければならず、会社の株主・債権者からの閲覧・謄本交付請求に応じなければならない（会三七八条二項）。

会計参与の設置いかんにかかわらず、会社は計算書類等の備置義務を負い、これを株主・債権者の閲覧に供しなければならない（会四四二条）。計算書類等の開示の趣旨は、株主については、所有と経営の分離が制度的に図られていることから株主の利益を保護することにあり、債権者については、閲覧を求める株主の間接有限責任制度の代償として債権者の利益を保護することにある[71]。ところが、中小企業においては、株主・債権者が会社に名前を知られることを恐れるため、開示が十分に機能していなかった。そこで、会計参与の元で開示に供することにより、株主・債権者が会社に名前を知られずに会社の計算書類等を閲覧できるようにしたのである。

もっとも、会計参与が閲覧請求をした株主・債権者の名を会社に通知しないよう確保するための法的手当てはなされていない。上記の抵抗を除去し、開示の効果を上げるための工夫が必要ではなかっただろうか。また、会計参与による計算書類等の開示は特定の者に向けられた開示であるが、中小企業による計算書類の公告（会四四〇条一項）が進んでいない現状、これに代わる公示機能も期待される。少なくとも公告義務の対象となる計算書類については、閲覧権者を株主・債権者に限定する必要はなかったように思われる。

会計参与は、その善管注意義務の内容として、閲覧請求権者が会社の株主または債権者であることを確認する義務があると解されているようである(72)。会計参与が株主および債権者以外の者の閲覧・交付請求に応じると、会社から守秘義務違反を問われるリスクがあるとの指摘もある(73)。しかし、備置義務の対象書類は、営業秘密に関わる事項が記載されているわけではないので(74)、会計参与が守秘義務違反を問われるとは考えられないし、会計参与制度創設の趣旨からは、特定の者に対する開示というよりも「公示」に近づけた運用が求められよう。

2　会計参与報告

会計参与が取締役等と共同して計算書類等または臨時計算書類を作成する場合、会計参与報告を作成しなければならない（会三七四条一項後段）。会計参与報告は、株主総会の招集通知には添付されないので（会四三七条）、株主が計算書類の承認を行う際の判断資料という位置づけを与えられていない。会計参与報告は、会計参与の元で株主・債権者の閲覧に供される（会三七八条一項二項）ことから、株主・債権者に対する情報提供を目的とすると考えられている(75)。

会計参与報告の記載内容は、①会計参与が職務を行うにつき会社と合意した事項のうち主なもの(76)、②計算関係書類のうち(77)、取締役・執行役と会計参与が共同して作成したものの種類、③計算関係書類作成のための基本となる一定の事項、④計算関係書類の作成に用いた資料の種類、作成の過程・方法、⑤計算関係書類の作成のために行った報告聴取・調査の結果、⑥計算関係書類の作成に際して取締役・執行役と協議した主な事項等である（会則一〇二条）。

これらの事項のうち、①は会計参与の職務遂行の前提を、②は会計参与報告の対象を明らかにするものといえる。③は、重要な会計方針に係る事項に関する注記（計則一三二条一項）に相当する事項であるが、包括的に「計算書類の作成は、中小企業の会計に関する指針に従った」等の記載でも良いとされている。(78) ④のうち、計算関係書類の作成の過程・方法とは、会計参与が取締役等から資料の提出を受けた時期、計算関係書類等の原案の作成者および作成時期、取締役と会計参与の協議が整い計算関係書類等を共同で作成した時期等を意味する。(79) 資料が著しく遅滞して作成されたとき、または資料に重要な虚偽記載があったときはその事情、必要な資料が作成・保存されていなかったときはその事情をも、会計参与報告に記載しなければならない。

以上のうち、④〜⑥が重要であろう。これらに、計算関係書類の作成の過程を明らかにするという会計参与報告の趣旨が表れている。④について充実した開示を求めたのは、会社法四三二条一項の会計帳簿の適時性に照らしてとくに重要だからであると説明されている。(80) すなわち、会計帳簿は記載すべき事象が発生した場合に適時に記帳すべきものであるが、実際には、税務申告時にまとめて記帳するなど適時性を欠いた記帳が行われているともいわれており、適時性を欠いた記帳は、人為的に数字を調整するなどの不正が行われる温床ともなりかねないことから、(81) 会計帳簿作成の適時性が明文で定められた。したがって、会計参与報告では、適時に計算関係書類を作成することを確保するために④の開示が求められたと考えられる。もっとも、④は、会計参与設置会社以外においても、株主・債権者が計算書類の信頼性を判断する上で重要な資料である。そうだとすれば、会計参与設置会社以外に対しても④の開示を求めるべきであったとも考えられる。

これに対して⑤⑥は、会計参与設置会社にのみ当てはまる開示事項であり、その開示を通じて計算書類の信頼性を高める機能を有するとともに、会計参与の活動報告としての意味もある。

(68) ここでは、計算書類の内容については立ち入らず、その開示についてのみ触れる。
(69) 鳥飼重和「会計参与制度の創設」中央経済社編『企業会計特別保存版 新「会社法」詳解』(中央経済社、二〇〇五年) 一四五頁、江頭憲治郎「『会社法制の現代化に関する要綱案』の解説〔I〕」商事法務一七二一号 (二〇〇五年) 七頁。
(70) 浜田道代「会計参与、監査役、監査役会、会計監査人」ジュリスト一二九五号 (二〇〇五年) 八三頁。
(71) 上柳ほか編『新版注釈会社法(8)』(有斐閣、一九八七年) 六六頁〔倉沢康一郎〕。
(72) 相澤哲＝葉玉匡美＝郡谷大輔『論点解説 新・会社法』(商事法務、二〇〇六年) 三八九頁。
(73) 会計参与の行動指針に関する検討委員会「『会計参与の行動指針』の概要」商事法務一七六七号 (二〇〇六年) 三二頁。
(74) 江頭憲治郎『株式会社法』五五三頁 (注5) は、このような理由から、親会社社員が子会社の計算書類等を閲覧するのに裁判所の許可が必要とされていること (会三七八条三項、四四二条四項) は、立法論として疑問であるとする。
(75) 相澤哲＝石井裕介「株主総会以外の機関」商事法務一七六一号 (二〇〇六年) 一七頁、江頭・前掲注 (74) 五三四頁 (注3)。
(76) 株主・債権者からの閲覧請求がなされた場合の会社との協力体制、責任限定契約の概要等がその例とされている (相澤＝石井・前掲注 (75) 一七頁)。
(77) 計算関係書類とは、株式会社についての、成立の日における貸借対照表、各事業年度に係る計算書類およびその附属明細書、臨時計算書類、および連結計算書類をいう (会則二条三項一一号)。
(78) 相澤＝石井・前掲注 (75) 一八頁。
(79) 同前。
(80) 同前。
(81) 相澤哲＝岩崎友彦「株式会社の計算等」商事法務一七四六号 (二〇〇五年) 二七頁。

組織再編

——対価の柔軟化を中心として——

中東正文

浅木愼一・小林量
中東正文・今井克典　編
浜田道代先生還暦記念
『検証会社法』
2007年11月　信山社15

一　序　論
二　組織再編法制の歴史的背景
三　合併等対価の柔軟化
四　債務超過会社の組織再編
五　結　語

一　序　論

会社法制の現代化の一つの目玉は、組織再編法制の整備であった。実質的意義の会社法が商法典に組み込まれていた時代から、組織再編法制の歴史は、規制緩和の象徴的な事項であったといえよう。例えば、平成一一年商法改正による株式交換・株式移転制度の創設にしても、法の定めがなくては、多数決によって株主の全員を拘束することは認められない。会社法が組織再編行為を可能とするという意味において、授権法として働く場面である。他方で、既に認められた組織再編行為について、一段と機動的に行うことができるように、手続面での柔軟化も進められており、例えば、簡易組織再編制度の創設と要件緩和など、株主総会決議が必要となる場面が次第に限定されるなどした。

組織再編法制の改正の過程で浮き彫りになったのは、会社法の脱神話化である。会社法は関係者の利益調整を図るという無色透明な存在であるという神話が、従前は、無意識であったとしても、一般的に共有されてきた。会社法の脱神話化は、組織再編法制の分野で最も顕著に見られ、立法に関係する者（アクター）の要望が顕在した典型的な分野であるといえよう(1)。

経済界に代表される様々なアクターからの要望が法改正に率直に実現していった。また、経済産業省が主導する産業再生法が産業政策を先取りし、それを後に、会社法が一般法に受け入れていったという経緯が何度もみられる。さらには、国外からの要望ないし圧力を受けて、国際的な文脈で組織法制が議論されることが多くなり、これが官庁の垣根をも融けさせて、組織再編法制の規制緩和を加速させた。

一連の会社法の改正を後押ししたのは、平成不況と呼ばれるバブル崩壊後の経済情勢であろう。会社法制は、会社の経済活動を直接的に促進するものではないが、会社が効率的かつ健全に運営される土台を提供する役割を果たすことはできる。機動的な組織再編は、より劇的な形で、会社の運営の基礎を変更するものである。

もっとも、企業組織再編法制が、会社法が中立的で透明な利害調整機能を果たすという神話を完全に崩し去るものであるかどうかは、最終的な判断を行うには尚早である。本稿では、まず、会社法の組織再編法制の脱神話化を推進した社会的背景や力学を概観する(二)。その上で、平成一七年会社法によって、崩れかかったようにみえる神話のうち、組織再編の対価の柔軟化に密接に関係する事項について、中立的な利益調整機能を維持するという観点を踏まえ検討を行う(三ないし四)。最後に、組織再編法制の今後について、私なりの展望を示したい(五)。

(1) 中東正文「要望の顕現――組織再編――」商事法務研究会編『会社法の選択――新しい社会の会社法を求めて――』(商事法務、二〇〇七年刊行予定)。本書は、約三年に及ぶ共同研究の成果であるが、その基本的な着想と姿勢については、同書の松井智予「序論」を参照されたい。

二　組織再編法制の歴史的背景

1　改革の力学の概要

組織再編法制に関する規制緩和を支えた社会的な背景は何であったのか。具体的には、どのような形で改革の力学が働いたのであろうか。

平成時代の商法改正において、組織再編法制の柔軟化が重視されたのは、経済的な停滞から抜け出そうとする各種の方策のうちに、会社法制の見直しが含まれていたことが大きい(2)。法務省と経済産業省との連携について、どれだけ密に計画されたものか、どれだけ明示的なものであったのかはともかく、これを無視することはできない。経済政策の発露としての経産立法が規制緩和を先取りし、主務官庁の認定等が安全弁となることが期待されつつ、新しい法制を一般化するという手法が繰り返し採られてきた。組織再編法制との関係では、経済産業省が所管する産業活力再生特別措置法の制定とその後の改正が重要である(3)。

会社法の夜明けの前後には、規制緩和を推進することにおいて、「民」の要望と「官」の積極的な姿勢が顕著になった。「官」は、米国を主とする外国からの働きかけもあり、官庁を跨いで、組織再編法制に関する規制緩和を行っていった。ここでは、国と国との境、主務官庁の間の境、民と官との境が、一気に低くなっていくという現象を見出すことができる(4)。また、これらの境が融けることに伴い、法の再構築が行われた(5)。

ともあれ、平成に入って、バブル崩壊がわが国の経済を襲った。国家の政策としても、金融機関の不良債権問題の処理など、経済の復興が喫緊の課題となった。このような時代の要請は、様々なアクターの行動に反映され、会社法制も頻繁に改正されるようになったのである。

2　経済界からの要望

経済界からの要望は、主として経団連を通じて、直接的または間接的に会社法制の現代化に反映された(6)。

(一)　株式交換・株式移転制度の導入

例えば、平成一一年商法改正に向けて、経団連は、平成九年独占禁止法改正による純粋持株会社の設立等の解禁を受け、持株会社組織の形成に意欲であった。ところが、当時の商法等では対応が十分ではないと認識された。経団連経済法規委員会会社法部会は、同年九月一七日に、持株会社設立に係わる関連法制の整備を求める意見書を取りまとめ、「株式交換方式による持株会社設立を商法で認めること、特に、大蔵省が銀行持株会社設立のために検討している『三角合併方式』について、広く一般的な制度とすること」などの提言がなされた[7]。

法制審議会商法部会でも、親子会社関係創設のための新しい手続について検討を行い、平成一〇年七月八日には、「親子会社法制等に関する問題点[8]」が、法務省民事局参事官室から公表され、各界に意見照会がなされた。これに先行する形で、通産省産業政策局産業組織課においては商法研究会が開催されており、同年二月には、この研究会の報告書において株式交換制度の創設等の提言がなされていた[9]。経団連からも、さらに利便性が高い形で制度を設計させるべく、同年九月一日、「『親子会社法制等に関する問題点』に対するコメント」が表明された[10]。

会社法の伝統的な理念に対する挑戦的な力学は、平成一一年五月一八日に経団連が取りまとめた「わが国産業の競争力強化に向けた第一次提言[11]」においても、よく示されている。企業組織再編法制について、同提言は、「世界的な大競争時代において、わが国企業が、経済・社会環境の変化に迅速、適切に対応して経営の再構築を進めていくためには、会社分割、分社化、株式交換・株式移転、合併等を通じたグループ化・共同化や、その再編、あるいは、新たな事業形態の活用が必要であり、そのために、企業法制、税制の一体的かつ迅速な整備が必要である」としている。

官と民との協調の様子、官と官との垣根が低くなる様子について、その顕著な枠組みが、平成一一年三月二九日から平成一二年五月二二日まで、九回にわたって開催された「産業競争力会議」である。小渕恵三内閣総理大臣の平成一一年三月一九日付決裁「産業競争力会議の開催について[12]」で、開催が決定されたものであり、小渕内閣の間は定期的に開催された。会議は、内閣総理大臣が主宰し、議事進行は通商産業大臣が行った。今までの会社立法とは異なり、民間の要望が率直に具体化され、この呼びかけについて、通商産業省ひいては経済産業省が立法作業に直接的または間接的に関与していくことになる。

㈡　会社分割制度の導入

会社分割法制の整備にあたっては、法制審議会が当初は、平成一三年の通常国会への法案提出を目指していたところ、産業競争力会議などにおける経済界の強い要望によって、平成一二年の通常国会への提出が目指されることになった(13)。

持株会社形態に事業会社が移行するための事業再構築においては、二つの段階を考えることができる。一つは、複数の会社が個々の事業内容を変更することなく、会社間の関係を再構築するものであり、株式交換と株式移転が効率的な手法である。もう一つは、会社の中の事業内容をも整理しつつ、持株会社を形成するものであり、効果的な解決策が会社分割制度の導入であった。

株式交換・株式移転制度の創設は、平成一一年の商法改正によって、実現された。また、会社分割は次の課題として残されたままであったが、分社化を事業（営業）譲渡という従来の手法で行う際の簡便化は、同じ会期の国会において、通産省が所管する産業活力再生特別措置法（産業再生法）が制定され、一層の規制緩和のための道筋がつけられた（産業再生法八条）。果たして、平成一二年商法改正においては、会社分割制度が創設されることになった。

㈢　会社法制の現代化

平成一二年商法改正が行われた後も、経団連は、積極的に商法改正について提言を行った。

例えば、平成一二年一〇月一七日には、「商法改正への提言[14]」が策定された。内容は多岐にわたるが、組織再編法制に関しては、「事業・組織の再編に資する法整備」が「基本目標」の一つとして掲げられた。具体的には、「早期に成立を求める事項」として、検査役制度の見直し（Ⅳ⑶）が、また、「確実に実現すべき具体的事項」として、株式の強制買取制度とキャッシュアウト・マージャーの導入が要望されている（Ⅴ⑷）[15]。

また、平成一五年一〇月二一日には、会社法制の現代化に関する要綱試案が公表される前の時機を見計らってか、「会社法改正への提言――企業の国際競争力の確保、企業・株主等の選択の尊重――[16]」が公表された。「企業再編の選択肢の弾力化と機動化」に関しては、「競争力あるグループ編成を実現するためには、経済環境の変化に対応して機動的な組織再編を可能にすることが必要となる。求められる組織再編の内容に応じて、多様な選択肢を設けるべきである」として、①合併等の対価の柔軟化（2.⑴）、②簡易組織再編要件の緩和・略式組織再編の許容（2.⑵）、③検査役調査制度の見直し（2.⑶）、④子会社による親会社株式取得（2.⑷）が提言されている。

その後、平成一五年一〇月二二日に、法制審議会会社法（現代化関係）部会では、「会社法制の現代化に関する要綱試案」が策定され、同月二九日には、法務省民事局参事官室から意見照会に付された[17]。

これに対して、経団連は、意見照会期間の最終日である同年一二月一四日に、「『会社法制の現代化に関する要綱試案』についての意見」を取りまとめている[18]。組織再編関係（第四部の第七）では、①対価の柔軟化（第七の1）、②簡易組織再編行為（第七の2）、③略式組織再編行為（第七の3）、④効力発生（第七の4）、⑤人的分割における財源規制（第七の5）について、意見が示された。試案には経団連の要望が十分に取り込まれていたから、機動的な組織再編に資する項目について、賛成である旨が確認的に述べられた。なお、組織再編行為以外の新株発行等について規制を設けることなど、会社の行動を制限することになる項目については、反対である旨が示された。

この要綱試案に対する意見において、計算関係（第四部の第五）のところでは、「合併差損」等が生ずる場合の取扱い（第五の3⑷）に関して、「存続会社等において、組織再編行為に際して差損が生ずる場合の規定を置いているが、これが実質的債務超過会社等を消滅会社（被吸収分割会社、完全子会社）とする組織再編を認めたものか確認したい。仮に試案がこれを認めないという趣旨であれば、それを認めるべきである」と述べている点が注目される。

経団連は、平成の時代に入ってから、積極的に組織再編法制に関する提言をするようになり、しかも要望を着実に実現するようになった。

3　外国からの要望

㈠　融けつつある国境

組織再編法制の変遷の過程では、国と国との間の境が融けていく様子を見て取ることができる[19]。

とりわけ、合併等の対価の柔軟化については、米国を中心とする外国からの要望が、経団連を始めとする国内の経済界からの要望と合致しており、法改正の大きな推進力になったであろう。組織再編法制を柔軟化することについて、国内外からの要望が同じ方向を目指したことで、組織再編法制を動かす力学の点で、国と国との境が融けていった。同時に、対価の柔軟化によって、国際的な三角合併などが可能となり、組織再編の当事会社の点でも、国と国との境が低くなっていった。

もっとも、会社法案が国会で審議される頃から、次第に、国境が融けていくことへの反動が表に現れ出した。このような反発は、主として経団連から対外的に示され、大きな問題になっていった。対価の柔軟化を推進していたはずの経団連が、一転、警戒心を示すに至ったことは、不思議なことでもある。組織再編法制の規制緩和について、十分な理論的な考察と効果の検証を経ていなかったことの表れと評価するべきかもしれない。

㈡　在日米国商工会議所

米国からは、日本において、アウト・イン型のM&Aが相対的に少ないことから、組織再編法制を改善する要求が出されてきた。例えば、在日米国商工会議所商法タクス・フォースは、平成一三年に、「日本におけるクロス・ボーダー株式交換によるM&Aに関する意見書」を広く配布した[20]。

この意見書においては、①海外（米英独仏加）では、日本企業が非課税株式交換M&A取引を行う機会が数多くあるのに対して、②日本では、国内の企業同士に限って、非課税の株式交換取引が認められており、③日本においても、外国企業が非課税株式交換取引を行うための選択肢が用意されるべきであると主張された。

和文タイトルでは、「株式交換」という用語が使われていたためか、平成一一年商法改正で導入された株式交換規定を、外国会社との間でも用いることができるようにという要望であると[21]、当初は誤解されたようでもある。その後の議論で、米国商工会議所の真意が、英文タイトルで示されたように「株式対株式」の取引を、つまりは外国会社が当該株式を対価とした組織再編を、非課税取引（適格組織再編成）として可能とすることにあることが認識された。そこで目指されたのが、合併対価を柔軟化して、外国会社との三角合併の許容することであった。

在日米国商工会議所の問題提起は、法務省に対してのみならず、経済政策の問題として経済産業省、課税政策の問題として財務省、外交政策の問題として外務省に対しても、対応を要望するものとなっている。実際にも、わが国においては、産業競争力会議での経験を生かしつつ、省と省の間の垣根を低くし、省の間の連携と協調を促す契機となった。

㈢　日米投資イニシアティブ

日米投資イニシアティブは、平成一三年六月三〇日の日米首脳会談において発表された「成長のための日米経済パートナーシップ」の一部として、日米両国の投資環境の改善のための対話を行う枠組みとして設置された。日米両国への投資促進について議論することが目的とされるが、実際には、日本から米国への投資は既に多く行われていたので、対日投資を促進することに焦点が当てられていた。(22) 日米投資イニシアティブは、平成一三年一〇月七日の上級会合から、現時点では、直近の平成一九年四月一三日のワーキング・グループ会合まで、継続的に活動している。(23)

平成一三年一〇月七日に開催された日米投資イニシアティブ上級会合において、米国政府からは、国際的株式対株式交換を含めて幅広いM&A手法を認めることが必要であると主張された。日本政府は、商法の全面的な見直し作業とも関連し、引き続き検討すると答えた。(24) この政府間の協議を民間レベルで具体化したものが、同年の一二月に公表された前述の在日米国商工会議所の意見書である。

平成一四年二月一三日には、法務大臣から法制審議会に対して、会社法制の現代化に関する諮問がなされた。法制審議会では、同日、この諮問が会社法（現代化関係）部会に付託され、同部会において検討が進められていくことになった。検討の対象には、国際的M&Aに直接または間接に関わる事項が含まれている。

国際的M&Aに関する複数の省庁の協調の様子は、平成一五年三月二七日に決定された対日投資会議専門部会報告「日本を世界の企業にとって魅力のある国に」において、象徴的に示されている。「国境を越えた合併・買収（M&A）が容易に行えるように、国内制度を改善する」こととして、①法務省では、「会社法制の現代化の作業において、外国会社を含む親会社株式や現金を対価として合併、吸収分割又は株式交換を可能とする『合併等対価の柔軟化』についての恒久的な措置化の実現について、検討を行う」こと、②経済産業省では、「今通常国会で審議中の産業活力再生特別措置法改正法案の着実な実施により、『合併等対価の柔軟化』が利用できるようにする」こと、③財務省では、「『合併等対価の柔軟化』にかかる税制措置については、課税の適正・公平及び租税回避防止の観点も含め、今後、慎重に検討する」こととされていた。

経済産業省の成果は、早くも平成一五年のうちに、産業再生法改正で結実した。三角合併を行い、消滅会社の株主に対して、存続会社の外国親会社の株式を交付すれば、アウト・イン型の株式対株式の取引が可能となる。財務省とも折衝がなされ、平成一六年一一月には、平成一七年度税制改正（租税特別措置）要望事項として、産業再生法に基づく三角合併等についての課税繰延べ措置が出されていた。しかし、この租税特別措置は、実現に至っておらず、在日米国商工会議所からも強く批判された[25]。

平成一七年に制定された会社法では、産業再生法の合併対価の柔軟化に関する特別措置が、一般的な形で取り入れられた。平成一八年六月に策定された日米投資イニシアティブ「二〇〇六年日米投資イニシアティブ報告書……成長のための日米経済パートナーシップ」においては、会社法の施行が最近のトピックとして取り上げられた。米国側関心事項としても、「国境を越えたM&A」が最初の項目として掲げられており、米国政府は、①三角合併を行う際、対価が外国会社の株式である場合と、日本会社の株式である場合の取扱いの間に実質的な差異がないことが重要である、②三角合併に関する税の取扱いが重要になる、③買収防衛策の目的は、企業価値を高めることにあり、経営陣の保身を目的とするものであってはならない[26]、などと要望した。

4　関係省庁の連携と協調

バブル期からの回復の過程で、経済構造改革が必要とされ、平成一一年には、小渕総理大臣のもとに、政・官・

民が連携する形で、経済競争力会議が置かれて、組織再編法制を中心とする制度改革が議論された。平成一三年からは、日米投資イニシアティブの場においても、わが国の組織再編法制と税制について、議論がなされてきている。これらの議論を経て、関係省庁間の連携と協調は、どのような形で表に現れてきたのであろうか。

会社法の現代化に至るまでにも、M&Aを機動的かつ柔軟に行うことができるように、商法は数度の改正を受けた。その出発点となるべき事柄は、平成九年の独占禁止法改正であろう。純粋持株会社の設立等が解禁された。会社法制の問題として浮上したのは、企業結合により持株会社組織を形成するために、どのような方法によるかである。この点を、喫緊の課題として受け止めたのは、銀行を中心とする金融機関であった。大蔵省は、同年のうちに、銀行持株会社創設特例法を制定させた。日本型の三角合併の導入である。法務省も、平成一一年に、株式交換・株式移転制度を導入する商法改正を実現した。これに呼応して、大蔵省も、租税特別措置法を改正して、株式交換・株式移転に関する課税を手当てした。

M&A法制の整備については、通商産業省・経済産業省の動きが注目される。産業政策全般の見地から、商法改正に向けて大きな推進力になったのが、通産省の商法研究会であった。さらに、最も目に見える形での通商産業省の動きは、商法の特別法の制定であり、平成一一年には、産業活力再生特別措置法が制定された。この時点から、産業再生法で考案された商法の特例の内容は、次々と、法務省所管の商法に取り入れられていくことになった。

会社法の制定は、組織再編法制に関しては、経産立法の一般法化の総仕上げでもある。財務省も、組織再編成税制の改革を完了しつつあり、規制緩和や経済活性化といった意味で、官庁の壁を超えた仕上げがなされた。組織再編の対価の柔軟化に加え、組織再編の手続の簡素化なども、会社法で実現された。重要な実質改正を伴う会社法は、平成一八年五月一日に施行されたが、組織再編の対価の柔軟化についてのみは、他の本体部分から、一年遅れて施行された。

対価の柔軟化に関する規定の施行が遅らせられたのは、国際的な三角合併の導入に関して、外資による敵対的買収が懸念されてのことである。

5 証券規制との交錯

経済界は、対価の柔軟化に積極的であったはずであるのに、一転して、消極的な姿勢を示すに至った。例えば、経団連は平成一一年五月一八日に、現金による締め出し合併の導入などを提言しており、「買収後、少数株主が残存することにより経営戦略・財務戦略に支障をきたすことが、特に海外からのM&Aの障害になっている」と、外資によるM&Aを歓迎する様子ですらあった[27]。ところが、とりわけフィナンシャル・バイヤーによる敵対的買収の脅威を目の当たりにして、経済界の姿勢は急転回する。

会社支配市場に関する法規制の全体からみれば、対価の柔軟化は、一定の条件のもとで、敵対的な買収を促進する効果がある。典型的には、強圧的な二段階公開買付であり、第一段階の公開買付の折に、第二段階で少数株主を締め出すことを想定し、本来なら第一段階の公開買付に応募をするつもりでない株主に、応募を強いることもできる。敵対的買収の攻撃側に新しい武器を付与するなら、防衛側に新しい武器を持たせることも、当初の均衡状態を維持するのなら理由のないことではなく、数々の防衛策が開発されたことにも、相当の合理性があろう。

他方で、会社支配市場については、会社法制のみならず、証券法制の枠組みの設定において重要な役割を果たしている。平成一八年証券取引法改正（金融商品取引法制定）と関係政府令の改正は、会社法制のあるべき姿にも大きな影響を及ぼすべきものである。(28)例えば、米国とは異なり、わが国においては、一定の場合に、公開買付が強制され（金融商品取引法二七条の二第一項）、全部買付義務も課される（金融商品取引法二七条の一三第四項、証券取引法施行令一四条の二の三）。英国の規制に類似するものであるが、このような規制のもとでは、公開買付に強圧的な要素を持たせることは困難になり、これに照応して、対象会社の経営陣による買収防衛も、認められにくくなるべきである。

このように、会社支配市場は、会社法制と証券法制の交錯する場面であり、両法制の役割分担を含む包括的な検証が不可欠となっている。(29)

（2）神田秀樹教授によれば、『企業組織再編』の分野については、商法は未整備で、基本的には、合併以外については、何も手を打っていなかった。その理由は、あまり強いニーズがなかったということではないかと思われる。ところが、一九九〇年代、バブル経済が崩壊し、その後の経済不況のなかで状況が変わってきた」。神田秀樹『会社法入門』（岩波書店、二〇〇六年）二三頁。

（3）神田・前掲注（2）二三―二三頁は、次のように述べている。「この頃（一九九〇年代終わり）から当時の通産省による特別立法の先行というやり方が定着し始めたことも重要である。……商法とは異なるルールでやってみて、うまくいくようだったらそのルールを商法本体のルールとするという……流れができた」。また、「要するに、商法改正のプロセスは依然として大部分は法制審議会経由のルートであるが、議員立法のルートと、経済産業省先導型のルートも新たにできたのである」とする。

（4）以上の諸点については、中東正文「ボーダレス時代のM&A」江頭憲治郎＝増井良啓編『融ける境　越える法　第三巻　市場と組織』（東京大学出版会、二〇〇五年）九九―一〇四頁で論じた。

（5）法の再構築の諸相のうち、会社支配市場に焦点を当てたものとして、中東正文「会社支配市場に関わる法規制の再構築」江頭憲治郎＝碓井光明編『法の再構築　第一巻　国家と社会』（東京大学出版会、二〇〇七年）四一頁。会社支配市場ないし敵対的買収の規律に関する問題を、もっぱら会社法の問題として扱うのは適切でないことにつき、岩原紳作ほか「敵対的TOB時代を迎えた日本の買収法制の現状と課題――金融商品取引法の要点〔座談会〕――」MARR一四七号（二〇〇七年）一九頁〔岩原発言」。拙稿は、会社法制の現代化とそれに対応する証券規制改正を検討し、今般の会社私法市場を巡る司法審査を通して、私人による法の実現の努力がなされてきたところ、それには限界が存在しており、官と民との役割が再分配された形で、証券取引法改正（金融商品取引法制定）が実現したと分析している。

(6) 以下の叙述につき、詳しくは、中東・前掲注（1）参照。

(7) 以上につき、「経団連の最近の動き（一九九七年一〇月）」（経団連ホームページ）を参照。

(8) 法務省民事局参事官室「親子会社法制等に関する問題点」商事法務一四九七号（一九九八年）一八頁。

(9) 通商産業省産業政策局産業組織課編『持株会社をめぐる商法上の諸問題――株式交換制度の創設に向けて――』（別冊商事法務二〇六号）（商事法務、一九九八年）を参照。

(10) 経団連「『親子会社法制等に関する問題点』に対するコメント」（一九九八年九月一日）。

(11) 経団連「わが国産業の競争力強化に向けた第一次提言――供給構造改革・雇用対策・土地流動化対策を中心に――」（一九九九年五月一八日）のうち、「I産業競争力強化に向けた供給構造改革のための措置」。そこでは、会社法制に関して、①会社分割法制の創設、②分社化法制の整備（現物出資等の検査役調査を不要化など）、③株式交換・株式移転制度の早期導入、④キャッシュ・アウト・マージャーの導入などが提言されている。

(12) 内閣総理大臣決裁「産業競争力会議の開催について」（一九九九年三月一九日）。

(13) 経団連経済法規委員会「会社分割法制を導入する『商法等の一部を改正する法律案要綱中間試案』に対するコメントをとりまとめ」経団連くりっぷ一〇八号（一九九九年九月一日）。

(14) 経団連「商法改正への提言」（二〇〇〇年一〇月一七日）。

(15) 経団連の提言では、「完全子会社を設立する上で、全ての株主に対して同一条件で株式買付することを条件として、株式買付に反対する少数株主の有する株式を現金等で強制的に買い取ることを許容する強制株式買取制度を創設することが求められる。また、組織再編を柔軟、円滑に進めるためには、合併等により消滅する法人の株主に対して、当該消滅法人の株式の対価として、合併等により存続する法人または新設される法人の株式に代えて、あるいはそれに加えて合併比率の調整に必要な限度を超えて現金等を交付する形態の合併（キャッシュアウト・マージャー）を許容すべきである」と、主張されている。

(16) 経団連「会社法改正への提言――企業の国際競争力の確保、企業・株主等の選択の尊重――」（二〇〇三年一〇月二一日）。

(17) 法務省民事局参事官室「会社法制の現代化に関する要綱試案」商事法務一六七八号（二〇〇三年）四頁、法務省民事局参事官室「会社法制の現代化に関する要綱試案補足説明」商事法務一六七八号（二〇〇三年）。

(18) 経団連経済法規委員会「『会社法制の現代化に関する要綱試案』についての意見」（二〇〇三年一二月二四日）。

(19) 中東・前掲注（4）九九頁参照。
(20) 在日米国商工会議所商法タクス・フォース「日本におけるクロス・ボーダー株式交換によるM＆Aに関する意見書（Making Cross-Border Stock for Stock M&As Possible in Japan）」（二〇〇一年）。二〇〇二年五月末まで有効な意見書であるとされた。
(21) 外国会社との直接的な組織再編についての可否は、国際会社法における一つの課題として、議論が進められてきている。先駆的な業績として、龍田節「国際化と企業組織法」竹内昭夫＝龍田節編『現代企業法講座第二巻／企業組織』（東京大学出版会、一九八五年）二五九―三一九頁、落合誠一「国際的合併の法的対応」ジュリスト一一七五号（二〇〇〇年）三六頁、江頭憲治郎「商法規定の国際的適用関係」国際私法年報二号（二〇〇〇年）一三六頁がある。その後の議論については、松井秀征「外国会社との合併・株式交換をめぐる法的規律〔Ⅳ〕会社法からの分析」商事法務一六二五号（二〇〇二年）四三頁、藤田友敬「国際会社法の諸問題〔下〕」商事法務一六七四号（二〇〇三年）二〇頁、中東正文「企業組織の国際的再編」商事法務一七〇六号（二〇〇四年）二六頁などを参照。
(22) 例えば、経団連アメリカ委員会企画部会では、平成一六年四月一五日の会合で、経済産業省から、本文のような説明を受けている。経団連国際経済本部「日米両国の投資環境整備に向けて――日米間の『投資イニシアティブ』の現状――」経済くりっぷ四四号。
(23) 活動の様子について詳しくは、経済産業省の「対外経済政策総合サイト」〈http://www.meti.go.jp/policy/trade_policy/n_america/us/html/invest_initiative.html〉を参照。
(24) 日米投資イニシアティブ「二〇〇二年日米投資イニシアティブ報告書――成長のための日米経済パートナーシップ――」（二〇〇二年）。
(25) 在日米国商工会議「小泉首相の施政方針演説における対日投資に対する決意を称賛（ACCJ Applauds Koizumi Foreign Direct Investment Pledge）」（二〇〇三年二月四日付プレス・リリース）。
(26) 日本政府は、経済産業省の企業価値研究会での検討と、経済産業省と法務省が共同で策定した「企業価値・株主共同の利益の確保又は向上のための買収防衛策に関する指針」（平成一七年五月二七日）について説明を行った。
(27) 経団連「わが国産業の競争力強化に向けた第一次提言――供給構造改革・雇用対策・土地流動化対策を中心に――」（一九九九年五月一八日）。
(28) 会社法制と証券法制は、法形式上、別々の体系を有しているものの、両者の連動が図られつつある。株式会社が、本来、多数の分散した投資家から資金を調達するための仕組みであり、資本市場との関わりが避けられないものであるとすれば、少なくとも市場を利用する証券を発行する株式会社については、会社法規制と証券法制は連動しつつ包括的な法規範を提供するものである必要があろう。

(29) 本稿は、敵対的買収のみを対象とするものではなく、本文で示した点は、将来の検討課題としたい。なお、全体像を叙述して、一定の方向性を示したものとして、中東・前掲注(5)。

三 合併等対価の柔軟化

1 序

会社法における組織再編法制の改革の目玉は、合併等の対価の柔軟化であった。少数株主の締め出しの契機を正面から認める立法であったことに注目すると、会社法制の現代化のみに目が奪われてしまいそうである。しかし、会社支配市場の観点からは、強圧的な二段階公開買付を容易にするという点で、証券法制との関係が深い。合併等の対価の柔軟化は、会社法制と証券法制が最も鮮烈に交錯する場面であるといえる。

同時に、合併等対価の柔軟化は、先にも述べたように、元来、経済界からの要望によっても強く推進されてきたものである。この要望については、学界でも相当に検討が行われた上で、実現された。にもかかわらず、経済界からは、外資による敵対的買収の危惧から抵抗感が示されるに至り、学界においても、無条件に少数株主の締め出しを認めることに対する警戒感が示されるようになった。

以下では、会社法制定の前後の議論を簡単に確認したうえで、我々が進むべき道について検討することとしたい。

2　少数株主の締め出し

㈠　議論の概観

対価の柔軟化の議論のなかで、主として念頭に置かれていたのは、現金を利用する場合である。伝統的な見解によれば、合併交付金は、合併比率の調整のためのものと消滅会社の最終事業年度の配当に代わるものに限られ、対価の全部を現金で支払うことは許されなかった。[30] このような見解に対しては、交付金合併は解釈論上も可能であるとの見解が強くなっていた。[31]

会社法制の現代化の目玉として、合併等対価の柔軟化が検討される頃にも、議論は活発に行われていたが、この時点では、合併対価の柔軟化を認めることそのものを完全に否定する論調は強くなかった。現代化要綱試案に対する各界意見をみても、対価の柔軟化そのものについては、賛成意見が多数を占めたとされる。[32] 議論の焦点は、対価の柔軟化を認めることができる範囲や、認めるとした場合の条件などであった。

㈡　ドイツ法からの示唆

会社法制の現代化の直前には、二〇〇一年ドイツ株式法改正を参考にして、対価の柔軟化に伴う少数株主の締め出しの問題に、どう対処するかが主として議論された。

例えば、ドイツの立法者は、完全親子関係による企業運営の効率性を認め、多数株主の持株比率が九五％以上の場合には、定型的に自由な企業運営の利益を優先させるべき事情があると判断しており、比較法的見地からは、残存株主の維持にかかるコストを理由にこれらの株主を締め出す必要が定型的に認められるのは、少なくとも多数株主側が九割以上の株式ないし議決権を保有している場合であるといえ、存続会社の株式以外の対価に反対する株主が一割を超える場合にまで対価の柔軟化を認めることには慎重であるべきとされる。[33] あるいは、総会決議の取消しや合併の差止めによる少数株主の救済は、企業の組織再編を妨げる度合いが大きいので、ドイツの制度のように、締め出しの効力に影響を与えずに対価の公正の確保を目指す規制を導入することを検討すべきであると説かれた[34]。

より具体的な提案をする見解は、「仮にドイツ株式法に倣って締め出し制度の設計を考えるのであれば、①前提となる基準値の基礎は発行済株式総数であること、②基準値は日本における他の会社法の規定と整合性を持って決められるべきこと(現行法を前提とすれば、発行済株式総数の九七%以上とするのが最も整合的であろう)、③対価の適正性を確保するために、検査士による検査及び確定の基礎についての開示の必要があること、④対価の適正性を裁判所が事後的に検証するための手続が用意されることが必要であること、の四点が確認されねばならないと考える。その意味で、現代化要綱試案に示される提案は、これらからはかなり懸け離れたものである」と主張していた[35]。

㈢　英米法からの示唆

少数株主の締め出しに警戒する姿勢は、英米法からアプローチする場合にも、示されていた。例えば、アメリカのデラウェア州最高裁によって示され、後年に破棄された事業目的基準について[36]、わが国でも採用すべきか否かの十分な検討が必要であるとされた[37]。もっとも、このような立場に対しては、無用の混乱をもたらさないかという懸念が示されているし[38]、交付金合併を導入する立法がなされた以上、公正な対価をもって株主の地位を失うことは法が当然に予定しているとして、正当な事業目的は不要と説く見解もある[39]。

また、カナダ法にならって、事前規制を重視し、当事会社が支配・従属関係にある場合には、①質の高い情報開示、②独立した評価人による評価、③少数派の多数の賛成を要件として、交付金合併を許容すべきであるという見解も示されていたが[40]、立法で採用されるところとはならなかった。ただ、会社法制定後において、支配・従属会社間の合併につき、①独立した外部の専門家の評価を求めたかなど、対価の決定の過程に重点を置いて判断するのが実際的であり、これに加えて、②十分な情報開示の下に、③従属会社の少数株主の多数の賛成を得ているか、といった観点も、対価の決定が公正になされたかを審査する上で有益であり、事後の紛争のリスクが軽減されるとの見解が示されている[41]。裁判所に実質判断を求めずに、手続の過程の公正さを審査することを期待するという発想に立つ点で、単純な事前規制とは異なる。

同時に、事前規制によらなくても、制度の濫用から少数株主を保護する法理は別にある（平成一七年改正前商法二四七条一項一号・四一五条）という主張も有力になされていた[42]。先の事業目的基準の再評価に関する見解も、事後規制の具体化の方策の一つと評することができよう。他方で、相当数の困った事例が現れ、後を追いかける法改正が相次ぐことを懸念する見解もある[43]。

㈣　要綱試案から会社法制定まで

以上の諸点に関して、現代化の要綱試案においては、①「『消滅会社等の株主等に対して交付する合併対価等の価額及びその内容を相当とする理由を記載した書面』を開示すべき資料に加えるものとする」（第四部第七1注（1））、②「各種の組織再編行為につき、対価の適正性調査のための制度を設けるかどうかについては、なお検討する」（第四部第七1注（2））とされていた[44]。

各界意見でも、①には異論がないようであり、②については、制度の設置に反対するものが多数を占めたという[45]。もっとも、特別利害関係人の議決権行使による決議取消の訴え（平成一七年改正前商法二四七条一項三号）のみでは不十分であり、合併成立後に無効とするのは困難な場合が多いことに鑑み、②に関して、合併段階で検査役の調査を求め、さらに、①に関して、合併承認のための株主総会決議の要件として正当な理由の開示を求める、あるいは、要綱試案では示されていないが、株主による異議申立期間を手続に組み込むなどの対応が必要であると、強力に主張された(46)。

最終的な立法においては、合併等の対価は柔軟化されたものの（会社法七四九条一項二号三号など）、対価の相当性に関する開示は、会社法では定められず（会社法七八二条一項など参照）、会社法施行規則に委ねられた。同規則では、対価の「相当性に関する事項」を開示すべきとされる（会社法施行規則一八二条一号など）。従前は、株式の割当てに関する事項について「理由」が開示されており（平成一七年改正前商法四〇八条ノ二第一項二号）、しかも、要綱試案でも、要綱案でも（第二部第七1（注））、対価の内容を「相当とする理由」を記載した書面の開示が求められていたにもかかわらず、対価の「相当性に関する事項」と表現が改められた。立案担当者によれば、開示の具体的内容には、対価の内容について株式、金銭等と定めたことを相当とする理由も含まれるとされ(47)、そのように解するべきであるが、規定上は必ずしも明確でない(48)。

㈤　会社支配市場と資本市場

公正さの観点の延長線上の問題として、対価の柔軟化は、敵対的買収による会社支配市場への波及効果が大きい(49)。強圧的な二段階買収を可能とする法的枠組みに移行するからである。敵対的買収において、米国のように、攻撃側と防衛側の双方が多くの武器を持って戦い、行き過ぎは裁判所が審査するという法的環境よりも、英国のように、明確で公正な事前の競技ルールを遵守させ、どちらが多くの株主の支持を得るかを競う法的環境の方が、穏当ではないかという意見も強い(50)。

また、少数株主の締め出しは、多数決によって少数株主の会社への投資を強制的に打ち切らせるものであるから（強制収用）、投資に関する個々人の自由な意思決定を基礎に成り立っている資本市場に与える影響が計り知れない[51]。少数株主の締め出しを認めている法域でも、判例法の蓄積や制定法によって、どのような場合に締め出しが認められるのか、市場参加者に対する行為規範が示され、予測可能性が高められている。わが国では、現在、資本市場にそのような条件は備わっていない。この点の総括が不可欠になってこよう。

㈥　小　括

合併等の対価の柔軟化は、制度設計上も、少数株主の締め出しを正面から認めるものである[52]。一定の場合に少数株主の締め出しが認められるべきことについては、上述のように、おおよそ意見の一致がみられていた。問題は、規制緩和の象徴であるからこそ、事後規制ないし事後救済への移行に際して、必要となる対応が十分になされたかであろう。

この点、会社法の現代化の後においても、株式買取請求権が少数株主の十分な救済策にはなっていないことが強調される[53]。時を同じくして、対価の柔軟化に関する事例ではないが、株式買取請求権について、反対株主が集結し、公正な価格を求めて、会社を訴えるという事件が提起された[54]。この事件は、公正な価格の決定が、裁判所にとっていかに困難であり、したがって、訴訟活動を行う反対株主にとって大きな負担を伴うものかを明確に示している。また、近時は、ＭＢＯも活発になりつつある（他社株府令一三条一項八号参照）。このような現実を目の当たりにして、対価柔軟化に伴う紛争の受け皿として、どのような事後救済手段が活用され得るのか、十分な検証がなされたとは言い難い。

今となっては、弊害が生じるのを避けるために、会社法の利用者と助言者が高い倫理観を持って活用することを期待すると同時に、さらに効果的な解釈論を提示し、より根本的には、立法による手続規制を中心とする事前規制の設定をも再検討するべきである。

この点を端的に示したのが、以下の叙述であり、私も積極的に支持したい。すなわち、「金銭交付合併等による少数株主の排除は、それなりに合理的な実務上のニーズを背景に、その導入が求められてきた。しかし少数株主の利益を害する危険の高さ故に、……慎重な配慮の下に導入が構想されてきた。／しかし現に成立した会社法では、締出合併等に内在する固有の危険に対して、制度的な手当てを施すこともなく、締出合併を組織再編における対価の柔軟化という規制の緩和としてのみ位置付け、その固有の危険を埋没させている。……／少数株主に対する適切な保護手段の確保は、証券市場の信頼性を確保するための不可欠な前提であることを十分に念頭において、今後の組織再編の展開を見守っていく必要があろう。[55]」

3　三角合併

(一)　意　義

合併対価の柔軟化の重要な意味は、本格的な三角合併を可能とすることにもあった。三角合併においては、吸収合併消滅会社の株主に対して、存続会社の親会社の株式が交付される。

三角合併という取引の前後を比較すると、外形上は、完全親子会社関係が創設されるという点で、株式交換が行われるのと何ら異ならない。ただし、以下で検討する諸点について、株式交換には存在しない固有の意義が認められ得る。

(二)　国際的組織再編

法的な違いとして主として注目されてきたのは、国際的株式交換が実質法の問題として許容されないとしても、国際的三角合併ならば、何ら問題なく認められるという点である。

前述の日米投資イニシアティブの「二〇〇六年日米投資イニシアティブ報告書」では、三角合併の際に、交付される対価が内国会社株式と外国会社株式とで、取扱いに実質的な差異がないことと、税制の手当てをすることが、米国側関心事項とされており、この点でも、国際的な文脈で三角合併が活用されることが期待されてきた。三角合併の活用が基軸に検討された前提には、国境を越えた当事会社が直接的に合併または株式交換をすることができないのかが、理論的に明らかではないという理解が存在したのであろう。そこで、疑念の生じにくい三角合併を志向するのが実務の感覚に適すると考えられた(56)。

実際、伝統的な通説は、直接的な国際的合併などは認められないと解してきたが、可能であるとする見解も、有力に説かれるようになっていた(57)。ところが、会社法の制定により、国際的な合併や株式交換を直接行うことは、否定されたと理解するのが、立案担当者の見解である(58)。この実質判断を条文で表現しようとしたのが、「会社」（会社法二条一号）などの定義規定である。しかしながら、直接的な合併や株式交換の可能性を主導してきた論者は、会社法制定後もなお、実質的な判断を抜きにして、規定の文言に拘束されることを嫌っている(59)。正当な主張であると言うべきであり、この方向での更なる検討が期待される。

もっとも、国際的なM&Aのために、三角合併が実務の運用にとって利便性が高いのなら(60)、合併対価を柔軟化して、買収側の外国会社が、日本国内に完全子会社を設立し、その会社に内国対象会社を合併させて、その折に、外国親会社の株式を交付するという段取りを経ることになる。

設計そのものは単純であるが、外国会社の株式が対価として用いられる場合に、内国消滅会社における株主総会決議の要件を、どの程度の重さにするかは、難問である。会社法では、譲渡制限株式等（譲渡制限株式その他これに準ずるものとして法務省令で定めるもの）に外国会社株式が該当すれば、特殊決議が必要となるし（会社法三〇九条三項二号・七八三条三項)、そうでないならば、原則通り、特別決議で足りることになる(会社法三〇九条二項一二号)。この点についての法務省令の姿勢は、対価の柔軟に関する規定の施行が一年先送りされたこともあり、活発な協議がなされたものの、会社法施行規則において、事前開示情報の拡充を明確化が図られたにとどまり、外国会社株式を対価とすることに抑制的な規定は設けられなかった(平成一九年改正会社法施行規則一八二条二項三項など)。

当面の妥協点としてというべきか、組織再編成税制の問題として取り扱われることになり、国内で行われる合併の合併法人がペーパーカンパニーであった場合は、事業関連性等が認められず、非適格となるという形で外資による三角合併に規制が課されることになった[61]。

日米投資イニシアティブでは、内国会社間の合併と内国会社と外国会社の間での合併とで、差異を設けることについて、米国側の抵抗感が示されている。とはいえ、国際的組織再編に関して、従来から議論がされてきたように、流通性ないし換金性の低下の度合いがどれほどかを精査し、譲渡制限株式を交付する場合に決議要件を加重している趣旨に照らして、整合的な規制を行うことが求められるであろう[62]。このように重要な事項が法務省令に委任されていることに、そもそも疑問を感じずにはいられないが、委任されてしまっている以上、適切に法務省令が構築されることが望まれた。

この点、外国会社の株式を対価とする組織再編の株主総会決議について、経団連が、内国証券取引所で上場されていない会社の株式については、特殊決議を要求しようと主張したのに対して、在日米国商工会議所、欧州ビジネス協会などからは、平成一八年一〇月二七日付の「ACCJとEBC、三角合併の要件厳格化を求める経団連の姿勢に懸念を表明」と題するリリースなどを通して、異論が出された[63]。

わが国の経済界では対応が分かれたようでもあるが、経団連は、当面の一応の決着がついた平成一八年一二月一二日に、「M&A法制の一層の整備を求める」という意見書を公表した。三角合併に関しては、「企業価値を毀損したり、技術流出等国益を損なうM&Aに対する全般的な法整備は欧米に比し依然として脆弱であり、株主保護の観点からも不十分な点がある。またわが国ではM&Aに対する理解と経験が欧米諸国に比し、成熟しているとはいえず、これに関する裁判例も充分積みあがってはいない」との認識のもと、「来年〔平成一九年〕五月には一年延期されていた会社法の合併等対価の柔軟化が施行される。合併等対価の柔軟化は、企業再編の円滑化につながるが、特に『三角合併』の場合、消滅会社の株主に交付される親会社の株式には、何ら制限がないため、合併に反対する株主に与えられる買取請求権のみでは、株主が損害をこうむる恐れがある。例えば、言語、準拠する会計制度、情報開示の範囲などがわが国のそれと異なるため、わが国の株主には理解が困難な状況が発生することが懸念される。今後、合併等対価の柔軟化が施行されれば、外国企業が現金を用いることなく日本企業を一〇〇％子会社化する道が開かれ、これを契機として敵対的買収を誘引し、これまで以上にM&Aが活発化し、不測の事態が生じることが予想される。合併等対価の柔軟化については、会社法施行規則附則第九条において、来年五月の施行までに、『必要な見直し等の措置を講ずる』とされている。この機会に、会社法施行規則のみならず、幅広くM&A法制全般を見直し、総合的な法整備を早急に行うべきである」との提言がなされている。

このような経団連の懸念は、相当に的確であると考えられる。むしろ、組織再編法制の規制緩和に性急なあまり、この点の問題を認識するのが遅れたことが問題とされるべきであるのかもしれない。国際会社法という新領域における国際的組織再編に関する研究成果が活かされるべきであり[64]、とすると、多くの論者からは、経団連の実質的な判断が支持を得ることにもなろう。

なお、外資による三角合併の検討を契機として、経団連から、様々な方向性が示されたことは評価に値する。例えば、「合併等対価の柔軟化に対する規律の強化」に関して、「消滅会社が上場会社である場合、現金又は日本上場有価証券（あるいは日本の上場基準を満たす有価証券）以外を対価とする合併の決議要件は、たとえば特殊決議とするなど、厳格化すべきである」とされ、対価の換金性に関する議論が、法的な譲渡制限の有無に依存していた点につき、批判的な検証を求めるものである。また、「ＴＯＢ制度の見直し」として、「ＴＯＢの対価が現金又は日本上場有価証券以外の場合、欧州のように、株主に現金との選択権を与えることを義務付けるべきである」と指摘されている点も、ともすれば、公開買付の対価であれ、組織再編の対価であれ、選択権の付与を敬遠してきたわが国の実務に、新しい視点を提供するものであろう。

㈢　三角合併と株式交換の手続の非対称

買収会社が対象会社を完全子会社にしようとする場合に、三角合併を利用する場合と、株式交換を利用する場合とで、法文上は、必要な手続に違いが生じる。この規制の非対称を狙って、三角合併が利用される可能性もある。

すなわち、三角合併を利用すれば、買収会社（完全親会社となる会社）では、株主総会の決議も原則として不要であるし、したがって、株式買取請求権が反対株主には与えられず、しかも、債権者保護手続も必要ない。買収会社における手続は、三角合併を用いることによって、格段に軽減される。

もっとも、買収会社の株主総会の決議の省略を認めてよいのか、実質論としては疑問が残る。規制の非対称を解消するために、買収会社の株主総会の決議を原則として要求すべきである。(65)「この抜け穴にかんがみても、募集株式の発行等を取締役会決議のみでなしうる基準を、簡易組織再編の二〇％に合わせるといった提案が、今回は見送られたことが惜しまれる」とする見解もある。[66]

上場会社については、東京証券取引所が、上場制度総合整備プログラム特定の者を対象とする大規模な第三者割当増資の実施について、尊重義務として課すべき開示内容や手続を、検討しているところである。[67] 立法論としては、子会社による親会社株式の取得の禁止の適用除外（会社法一三五条二項五号）を受ける場合に、親会社において株主総会決議を原則的に義務づけることも、検討に値しよう。

㈢　許される買収主体の範囲

三角合併と株式交換とでは、買収主体として許される者の範囲が異なる。

株式交換を使って、対象会社の株式の全部を取得することができるのは、株式会社と合同会社に限られる（会社法二条三一号・七六七条）。これに対して、三角合併の形式をとれば、しかも対価が柔軟化された会社法のもとでは、対象会社の株式の全部を取得しようとする買収者は、株式会社でなくてもよい。例えば、自然人であっても、一〇〇％所有の会社を設立し、その会社に対象（株式）会社を合併させ、対価として金銭等を交付すれば、対象会社の株式の全部を取得することができる。もちろん、課税上は不適格になるから、実際に使われるかは定かではないが、このような設計にも道が開かれた。

この点も、企業結合法制に新しく生じた規制の非対称であろう。規制に整合性を持たせるという視点からは、そもそも、株式交換において、取得側を株式会社と合同会社に限定する必要があったのかという疑問が残る。わが国では、英国等とは異なり、公開買付後の強制買取制度が存しないという事情もある。

4　小　括

以上でみたように、合併等対価の柔軟化については、立法的には一定の方向性が示されたが、難問が積み残されているのが現状である。当面は、実務の高度の倫理観に期待をしつつ、将来的には、立法等によって、明確な行為規範が当事会社に示され、安定的な法の実現がなされることが望まれる。

(30) 竹田省「現金の交付を伴ふ会社合併」『商法の論理と解釈』（有斐閣、一九五九年）二六五―二七〇頁、大隅健一郎「会社合併の本質」『会社法の諸問題〔新版〕』（有信堂、一九八三年）三八九頁、龍田節「株主総会における議決権ないし多数決の濫用」『権利の濫用・中』（末川博先生古稀記念）（有斐閣、一九六二年）一三三頁、上柳克郎＝鴻常夫＝竹内昭夫編『新版注釈会社法(13)』（有斐閣、一九九〇年）一六五―一六九頁〔今井宏〕、大隅健一郎＝今井宏『会社法論下Ⅱ』（有斐閣、一九九一年）一一〇―一一四頁、中東正文『企業結合・企業統治・企業金融』（信山社、一九九九年）一五二―一五三頁。

(31) 柴田和史「合併法理の再構成（6・完）」法学協会雑誌一〇七巻一号（一九九〇年）五八―六〇頁、江頭憲治郎『結合企業法の立法と解釈』（有斐閣、一九九五年）二六三頁。

(32) 相澤哲ほか「『会社法制の現代化に関する要綱試案』に対する各界意見の分析〔Ｖ・完〕」商事法務一六九三号（二〇〇四年）四二―四三頁参照。

(33) 斉藤真紀「ドイツにおける少数株主締め出し規整（2・完）」法学論叢一五五巻六号（二〇〇四年）五九―六〇頁。

(34) 伊藤靖史「少数株主の締出しに関する規制のあり方について」同志社法学五六巻四号（二〇〇四年）九三―九四頁。

(35) 福島洋尚「株式会社における少数株主の締め出し制度」柴田和史＝野田博編『会社法の現代的課題』（法政大学出版局、二〇〇四年）二三六―二三七頁。

(36) デラウェア州の最高裁においては、事業目的基準(business purpose test)は、Singer v. Magnavox Co., 380 A.2d 969 (Del. 1977) 事件判決、Tanzer v. International General Industries, Inc., 379 A.2d 1121 (Del. 1977) 事件判決、Roland International Corp. v. Najja., 407 A.2d 1032 (Del. 1979) 事件判決の三部作で完成をみたが、その後の Weinberger v. UOP, Inc., 457 A.2d 701 (Del. 1983) 事件判決で、廃棄された。ニューヨーク州などでは、事業目的基準が、今なお維持されている。

(37) 柴田和史「現金交付合併と正当な営業上の目的の法理に関する一試論」柴田和史＝野田博編『会社法の現代的課題』（法政大学出版局、二〇〇四年）一三―一四頁、柴田和史「追出合併（Cash*Out*Merger）と対価柔軟化」中野通明＝宍戸善一編『M＆Aジョイント・ベンチャー』（日本評論社、二〇〇六年）二一八頁。同様に、解釈で、正当な事業目的を要求し、これを欠いた株主総会決議は、著しく不当で、決議取消事由を有する場合があり得るとするものとして、前田雅弘＝中村直人＝北原直＝野村修也「新会社法と企業社会〔座談会〕」法律時報七八巻（二〇〇六年）五号六頁〔前田発言〕。同じく、少数株主の締め出しについて、事業上の正当な目的を要求する見解として、長島・大野・常松法律事務所『アドバンス新会社法〔第二版〕』（商事法務、二〇〇六年）七七五―七七六頁。

(38) 藤田友敬「企業再編対価の柔軟化・子会社の定義」ジュリスト一二六七号（二〇〇四年）一〇九頁、田中亘「組織再編と対価柔軟化」法学教室三〇四号（二〇〇六年）八一頁。

(39) 石綿学「会社法と組織再編――交付金合併を中心に――」法律時報七八巻（二〇〇六年）五号六四頁。

(40) 中東正文「企業組織再編法制の整備」商事法務一六七一号（二〇〇三年）二一頁。また、会社法制の現代化が検討される前のものであるが、中東・前掲注（30）五四三―五四四頁も参照。

(41) 石綿・前掲注（39）六一―六二頁。この点につき、中東正文「M&A法制の現代的課題〔上〕」商事法務一六五八号（二〇〇三年）一二―一四頁は、立法でしかるべき事前規制を課し、これに従うならば、原則として、合併の効力が覆ることはないという形で、取引の安定化を図ろうと提言していた。なお、田中・前掲注（38）七九―八〇頁は、株式買取請求権が行使された場合の公正価格の決定につき、同様の基準を満たした場合に、支配・従属会社間の合併も、独立当事者間の合併と同様に、合意された条件が公正なものとして尊重されるべきことを示唆する。

(42) 江頭憲治郎『株式会社・有限会社法〔第四版〕』（有斐閣、二〇〇五年）六八八頁注（2）など。

(43) 前田ほか・前掲注（37）七頁［中村直人発言］。とりわけ非公開会社における対価柔軟化の濫用を懸念するものとして、浜田道代「新会社法における組織再編」商事法務一七四四号（二〇〇五年）五二頁。

(44) これら二点を含めて、交付金合併の不利益から少数株主を保護する必要があるのなら、どのような制度の整備が必要かについて論じるものとして、藤田・前掲注（38）一〇八―一〇九頁。

(45) 相澤ほか・前掲注（32）四三頁。

(46) 上村達男「会社の設立・組織再編（『会社法制の現代化に関する要綱試案』の論点(5)）」商事法務一六八七号（二〇〇四年）一三頁。

(47) 相澤哲＝細川充「組織再編行為」商事法務一七六九号（二〇〇六年）一五頁。

(48) この点を批判するものとして、稲葉威雄「法務省令の問題点――組織再編に関連して――」ジュリスト一三一五号（二〇〇六年）二二―二三頁。解釈論として、存続会社等の株式以外の対価が交付される場合には、なぜそれが交付されるのか（不当な少数派の締め出しでない理由）も説明される必要があるとの見解がある（江頭憲治郎『株式会社法』（有斐閣、二〇〇六年）七七〇―七七一頁）。立法の過程に照らしても、実質的にも、このような解釈が採られるべきである。なお、東京証券取引所「合併等の組織再編、公開買付け、MBO等の開示の充実に関する要請」（二〇〇六年一二月一三日）参照。

(49) 浜田・前掲注(43)五二頁、前田ほか・前掲注(37)八頁[中村直人発言]参照。

(50) 浜田・前掲注(43)五二頁。同様の視点を早くから提示していたものとして、川浜昇「株式会社の支配争奪と取締役の行動の規制(2)」民商法雑誌九五巻三号(一九八六年)五六頁。また、中東正文「合併、三角合併、株式交換・株式移転」川村正幸＝布井千博編『新しい会社法制の理論と実務』(経済法令研究会、二〇〇六年)一三三―一三四頁も参照。中東・前掲注(30)は、少数株主の締め出しと会社支配市場の規制のあり方を考察することを、主題の一つにしている。

(51) 中東・前掲注(30)一三六―一三九頁。

(52) 笠原武朗「少数株主の締出し」森淳二朗＝上村達男編『会社法における主要論点の評価』(中央経済社、二〇〇六年)一一四頁。

(53) 笠原・前掲注(52)一一九―一二二頁。株式買取請求権の機能の変容について、藤田友敬「新会社法における株式買取請求権制度」『会社法の理論〔上〕』(江頭憲治郎先生還暦記念)(商事法務、二〇〇七年)二七六頁は、反対株主に反対株主に離脱の権利を与えるための制度という従前の機能よりも、経営者や多数株主の決定に対する監視機能の側面が重視されることになるとする。

(54) 産業再生機構のもとで経営再建中だったカネボウは、投資ファンド三社連合が設立した持ち株会社に買収され、さらに、ファンド連合が設立した別の新会社などに、日用品などの三事業を営業譲渡したところ、反対株主から株式買取請求権が行使された。

(55) 片木晴彦「企業組織再編」森淳二朗＝上村達男編『会社法における主要論点の評価』(中央経済社、二〇〇六年)二五五頁。

(56) 松古樹美「最近の組織再編の潮流にみるM&A関連法制の現状と課題〔上〕」商事法務一六五三号(二〇〇三年)一六―一七頁ほか。

(57) 実質法に関する議論の状況については、中東・前掲注(21)二八―三〇頁、中東・前掲注(4)一一〇―一一二頁を参照。また、前掲注(21)も参照。

(58) 相澤哲編著『一問一答 新・会社法』(商事法務、二〇〇五年)二二三頁。

(59) 落合誠一＝神田秀樹＝近藤光男『会社法Ⅱ――会社〔第七版〕』(有斐閣、二〇〇六年)三三三頁[落合]、江頭・前掲注(48)七五七頁注(3)。

(60) 外国会社が内国会社を買収する際に三角合併を用いると、合併そのものは、内国会社間において行われるので、抵触法上の問題が生じにくい。もっとも、包括承継という説明のみで、在外資産や外国法が関係する権利義務の承継が当然に認められる訳ではないことが指摘されている(長島・大野・常松法律事務所・前掲注(37)六八五―六八六頁)。

（61）「三角合併　合併当事者間の判定に親会社、グループ会社は含まれず――合併法人の一〇〇％親法人の株式交付は適格に」T&Amaster 一九一号（二〇〇六年）八頁。

（62）この点は、国際会社法の研究領域の一つとして、国際的組織再編の実質法上の問題として、議論が重ねられてきている。中東・前掲注（21）二八頁ほか参照。外国証券取引所に上場されている株式であっても、内国証券取引所（金融商品取引所）で上場されていない以上は、譲渡性と換金性は低く、一般的には、総株主の同意が要らないにしても、特殊決議が必要と考えられてきたのであろう。例えば、龍田節『会社法〔第一〇版〕』（有斐閣、二〇〇五年）四七六頁は、特殊決議を当面は要求すべきとしていた。反対に、特殊決議までをも要求すべきではないとする見解として、落合誠一「合併等対価の柔軟化とＭ＆Ａ法制の方向性」企業会計五九巻八号二九頁（二〇〇七年）。

（63）例えば、在日米国商工会議所＝欧州ビジネス協会「ＡＣＣＪとＥＢＣ、三角合併の要件厳格化を求める経団連の姿勢に懸念を表明」（二〇〇六年一〇月二七日）。

（64）中東正文「外国会社による三角合併」金融・商事判例一二五七号（二〇〇七年）一頁。

（65）中東・前掲注（30）二〇九頁、中東・前掲注（50）二三〇頁ほか。なお、中東・前掲注（21）三〇頁参照。

（66）浜田・前掲注（43）五〇頁。実務の感覚としては、あまりに厳しい規制になってしまい、受け入れがたいようである。武井一浩＝中東正文「会社法下のＭ＆Ａを語り尽くす〔2〕〔対談〕」ビジネス法務七巻二号六〇頁〔武井発言〕（二〇〇七年）参照。

（67）東京証券取引所「上場制度総合整備プログラム」（二〇〇六年六月二二日）は、「企業行動と市場規律の調和」のため、「具体案の策定に向け問題点の整理を行う事項」として、「ディスカッション・ペーパーで掲げた企業行動（当初から対応を講じるべき企業行動として掲げるものを除く）」についても、どのような場合に、尊重義務遵守を図るための対応を講じるべきものとして掲げるべきか、具体的な要件、対応方法について整理を行う」、「特定の者を対象に発行するＭＳＣＢの発行や大規模な第三者割当増資の実施等について、開示内容や手続きの面を中心に整理する」としている。東京証券取引所「上場制度の改善に向けたディスカッション・ペーパー」（二〇〇六年三月二二日）は、「株主の権利に影響のある企業行動を決定する場合の透明性の向上」のため、ニューヨーク証券取引所やＮＡＳＤＡＱにならって、「特定の株主（例えば一〇名以下）への一定の議決権割合以上の株式、新株予約権又は新株予約権付社債の発行については、原則として株主総会に付議する旨を定めた規定を上場規則に明記すること」が考えられるとする。上場諸基準の整備にあたっては、平成一八年九月七日に、「上場制度整備懇談会」（座長・神田秀樹東京大学教授）が設置された、平成一九年三月二七日には、中間報告が公表された。

四　債務超過会社の組織再編

1　序

債務超過会社を組織再編の当事会社にすることができるか、あるいは、組織再編の結果、債務超過会社を生み出すことができるか、という点は、古くから争いがあるところでもあり、会社法制の現代化を経てもなお、解釈論に委ねられている。[68]

ここでいう債務超過とは、簿価に基づく貸借対照表の純資産額がマイナスである場合（形式的債務超過）ではなく、資産を評価替えして、のれんを計上してもなお、純資産額がマイナスである場合（実質的債務超過）をいう。会社法の制定によって、合併差損などが生じることは明文で認められた（会社法七九五条二項一号二号）[69]。立法の過程では、先に紹介したように、経団連から、実質的債務超過会社の合併等を認めたものか確認し、認めない趣旨なら、これを認めるべきであると主張された。

従前の議論を踏まえて、会社法のもとでは、債務超過会社の組織再編について、どのように考えるべきか。

2　対価柔軟化と債務超過会社の合併

まず、債務超過会社の合併について考えると、典型的には、債務超過の子会社を親会社が合併する事例が考えられる。

かつては、資本充実の原則が害されることを根拠として、債務超過会社の合併を否定する見解もあった。[70] しかし、会社法制の現代化によって、合併対価が柔軟化され、株式が発行されるとは限らなくなったから、このような論拠は説得力を大きく損なわれた[71]。債務超過の完全子会社を親会社が合併する場合には、対価を交付する必要がないから、特段の問題はないと主張する見解が有力になっており[72]、登記実務でも認められているという流れにも合致する。

資本充実の原則が弱体化ないし消滅したとも説かれてもおり[73]、株式を対価とする場合ですら、債務超過会社を消滅会社とする吸収合併が一律に否定されるものではなくなった[74]。もっとも、株主総会の多数決で合併契約の承認がなされるという現行法の基本的手続構造に反するという理由で、許容されるべきではないとの批判もある[75]。

諸外国の例をみても、合併当事会社が債務超過であることのみをもって、合併が許されないとは考えられていないようである。債権者保護の見地からは、カナダ連邦会社法のように、合併時の各当事会社の財産状態がどうであれ、合併後の会社が会社債権者を満足させだけの資産を有することを確保すれば十分である[76]。

株主の利益を守るという観点からは、合併比率の公正さをどのようにして確保するかが問題となり、債務超過会社が当事会社に含まれている場合も、この問題の一部として整理することができるであろう。

最も直裁な対応は、債務超過会社を消滅会社として合併を行うと、対価を支払う限りは、存続会社の株主にとって、合併比率が公正でないという評価である[77]。とはいえ、独立当事者間取引においては、このような合併が実際に行われるとは想定しがたい[78]。存続会社としては、たとえ消滅会社が単体では債務超過であったとしても、合併による相乗効果（シナジー）を考慮に入れた上で、なお合併が存続会社の利益になると判断しているはずである。この点は、親子会社間合併などでも同様であり、相乗効果が期待できる場合か、そうでなくとも、親会社が実質的には子会社の債務保証をしていると判断される場合には（子会社を救済しなければ、親会社の信用を傷つける）、債務超過会社を吸収合併するという親会社の決定は経済合理性を有する。この意味で、実質的債務超過会社の組織再編を一律に禁止するか否かという従来の議論は、硬直的であったのであろう。[79] 当事会社が債務超過であるか否かに、固有の論点がある訳ではない。[80]

この点、債務超過会社をそのままの状態で評価するのではなくて、合併によって存続会社が受ける利益や免れる損失を考慮して、存続会社にとって負の価値しかないのかを判断基準すべきとの見解もある。[81] これと類似した発想に立ちつつ、組織再編の結果として生じるシナジーを組織再編前の当事会社の企業評価に含めることは、組織再編の条件の決定の仕方一般に影響を及ぼすという難点があるという指摘がある。[82] とはいえ、債務超過会社の合併の可否という問題とシナジーの分配のあり方の問題は、理論的には別次元の議論であると考えることができるから、説明の仕方の違いに過ぎないともいえよう。

債務超過会社の合併が認められるとしても、合併対価を何ら与えないのでなければ、合併比率が著しく不公正にならざるを得ないから、合併契約の承認決議には取消原因（会社法八三一条一項三号）があり、ひいては、合併無効の訴えの対象となるとの見解がある。[83] 合併比率が著しく不公正であることが直ちに合併の無効原因と構成すると解することも考えられるが[84]、争いのある合併が独立当事者間取引と評価できるのならば、合併比率の適正さを司法審査に服させる実質的な意味はない。他方で、独立当事者間取引といえないのであれば、特別利害関係株主が議決権を行使したことによって不当な決議がされた場合にあたる余地があり、株主総会決議取消事由を経由して、合併無効事由となる可能性がある。[85]

合併無効の訴えの対象になるような極端な事例を除けば、債務超過会社の合併に関する問題は、取締役の義務と責任の問題に還元されていくのであろう。[86]

3　債務超過会社の株式交換と会社分割

債務超過会社を株式交換によって完全子会社にできるかについては、会社法制定前から、これは可能であると主張されてきた[87]。完全子会社となる会社の企業価値がマイナスであっても、完全親会社が受け入れる対価は債務超過会社の株式であり、破綻が確定的でない限り、株主有限責任制の下ではプラスの価値を有するのが通常といってよいからである。一種のリアル・オプションであるともいえる[88]。

もっとも、この見解には、平成一七年改正前商法においては、株式交換による親会社の資本の額の増加額の上限が、完全子会社の純資産額を基準として定められているという難点があった（平成一七年改正前商法三五七条[89]）。この点は、会社法制の現代化によって、ほぼ解消されたといってよい（会社計算規則六八条一項一号(1)・六九条一項一号(1)[90]）。現在では、債務超過会社が完全子会社となる株式交換も、それ自体は、適法と考えられている[91]。

会社分割については、議論が深められている訳ではない[92]。ただ、検討と対象となるべき事柄は、単に、当事会社、分割対象財産および分割後の会社の価値の正負ではない点は、先に合併に関して述べたことと同様である。むしろ、現実問題として重要なのは、「債務の履行の見込みに関する事項」（会社法施行規則一八三条六号・二〇五条七号）の解釈であろう。

会社分割を行うためには、依然として、「履行の見込み」があることが、会社法のもとでも要求されていると解した上で、そこでいう「履行の見込み」とは、「分割前の債務の履行の見込みが維持されているか」という観点から判断すべきである。会社分割後において、全ての債権者が満たされる財務状態にならないとしても、どの債権者にも不利益を与えることなく、一部の債権者であれ履行の可能性を高めることができるのであれば、そのような会社分割は認められても、問題を生じさせないし、現実には必要となる場面も少なくないであろう。

その意味で、「履行の見込み」とは、「従前の履行の見込み」であり、それが存在することが必要と解すれば、必要十分であると考えられる。(93) このような限定的な解釈は、平成一七年改正前からも可能であったろうが、この課題に正面から答える機会を与えたという意味で、法務省令の立案担当者の問題提起は大きな意味があったといえる。なお、この点は、分割対象の事業性、債権者保護手続の柔軟化にも関係し、更なる検討が必要である。(94)

4 小括

合併等の対価が柔軟化され、資本充実の原則にゆらぎが生じたため、債務超過会社の組織再編に関する議論も、大きな影響を受けることになった。会社法が中立的な利害調整機能を果たすべきという命題からは、種々の呪縛から解き放たれ、かなり単純な形での整理が容易になったとも考えられる。ただ、これでよいものかを含めて、今後の実務での運用と更なる理論的な検証が待たれる。

(68) 神田秀樹『会社法〔第九版〕』(弘文堂、二〇〇七年)三二〇頁。債務超過会社の組織再編の問題については、平成一六年ないし平成一八年科学研究費補助金(基盤研究(C)(2)(課題番号16530054)、および、財団法人学術振興野村基金から、助成を受けた。

(69) 吸収合併契約等の株主総会による承認にあたって、取締役は、差損が生じることを説明しなければならない。裏を返せば、差損が生じても、合併等は可能であることを示しており、従前の実務を支持する。同様に解釈論に委ねられているとする見解として、藤田友敬「新会社法の意義と問題点――組織再編」商事法務一七七五号(二〇〇六年)六三頁注(34)。

(70) 大隅・前掲注(30)三九八頁、上柳ほか編・前掲注(30)一三三―一三五頁〔今井宏〕。

(71) 柴田・前掲注(31)六八頁。債務超過会社の組織再編を積極的に認める立場から、従来の議論を検証したものとして、河野悟「債務超過会社の組織再編に関する考察(1)(2・完)」民商法雑誌一三三巻二号一六〇頁、同巻三号三六二頁(二〇〇五年)。

(72) 松岡誠之助「赤字会社の合併」竹内昭夫＝松岡誠之介＝前田庸『演習商法』(有斐閣、一九八四年)二〇七頁、上柳ほか編・前掲注(30)一三五頁〔今井宏〕、遠藤美光「財務破綻にある株式会社の吸収合併(2・完)」千葉大学法学論集六巻一号(一九九一年）一二三―一二四頁。

(73) 資本充実の原則は放棄されたとする見解として、神田秀樹『会社法〔第八版〕』（弘文堂、二〇〇六年）二四四頁、弥永真生『リーガルマインド会社法〔第一〇版〕』（有斐閣、二〇〇六年）二二頁、弥永真生「会社法と資本制度」商事法務一七七五号（二〇〇六年）四八頁、五〇―五三頁。資本充実の原則は維持されているとする見解として、小林量「資本（資本金）の意義」企業会計五八巻九号（二〇〇六年）三二頁、前田庸『会社法入門〔第一一版〕』（有斐閣、二〇〇六年）二二頁、江頭・前掲注（48）三四頁。

(74) 相澤哲＝葉玉匡美＝郡谷大輔編著『論点解説　新・会社法　千問の道標』（商事法務、二〇〇六年）六七二―六七三頁。

(75) 今井宏＝菊地伸『会社の合併』（商事法務研究会、二〇〇五年）一五〇頁。稲葉・前掲注（48）二二頁は、資本充実の観点から、実質債務超過会社を合併する場合に、新株を発行することは許されないとする。

(76) 債権者保護に手厚いカナダ連邦会社法では、合併契約の添付書類において、当事会社の取締役または役員は、(a)消滅会社および存続会社が支払不能に陥らないことと、存続会社の資産の時価が負債と表示資本の合計額を下回らないこと、および、(b)合併によって債権者が誰も害されないことと、全ての知れている債権者に対して適切な告知（Canada Business Corporation Act s. 185 (3) で十分条件が示されている）がなされ、根拠に乏しくあるいは濫用に及ぶものではない異議が述べられていないことについて、そのように信ずべき合理的な理由が存すると、会社法長官を納得させなければならない（Canada Business Corporation Act s. 185(2)）。カナダ法の状況については、ビクトリア大学の Mark Gillen 教授、ブリティッシュ・コロンビア大学の Janis Sarra 教授と Ronald Davis 教授に、懇意にお教えいただいた。

(77) 龍田節「合併の公正維持」法学論叢八二巻二＝三＝四号（一九六八年）二八四―二八五頁。龍田教授は、「いわばマイナスの価値しかもたない株式を積極財産と交換する結果になり、合併比率の公正さは完全に無視されるからである」とされる。中東・前掲注（30）一五〇頁も、「マイナスとプラスの間には、公正性の観点からは越え難い壁がある」とする。

(78) 神田秀樹「計算・組織再編・敵対的買収防衛策〔インタビュー〕」企業会計五八巻四号（二〇〇六年）三五頁は、「実質マイナスかどうかは、本当は誰にもわからないこと……。当事者はプラスに見ているのであればいい」とする。

(79) 藤田・前掲注（69）五八頁参照。

(80) 藤田・前掲注（53）三〇〇頁注（66）参照。

(81) 中東・前掲注（41）二五―二六頁、中東・前掲注（50）一二三―一二四頁。

(82) 藤田・前掲注（53）二九九頁注（65）。

(83) 弥永・前掲注（73）四二七―四二八頁。

(84) 東京高裁平成二年一月三一日判決(資料版商事法務七七号一九三頁)は、合併比率が著しく不公正であっても、反対株主は株式買取請求権を行使できるので、合併無効の原因とはならないとする。江頭・前掲注(48)七七五頁も同旨。学説の状況については、遠藤美光「合併比率の不公正と合併無効事由」江頭憲治郎ほか編『会社法判例百選』(有斐閣、二〇〇六年)一九八頁を参照。
(85) 江頭・前掲注(48)七六二頁。
(86) 中東・前掲注(50)二三四頁。
(87) 中東正文「株式交換・株式移転」金融・商事判例一一六〇号二五頁(二〇〇三年)、中東・前掲注(41)二六頁ほか。
(88) 中東正文「M&A法制の現代的課題〔下〕——実務と理論の架橋——」商事法務一六五九号(二〇〇三年)五一頁。
(89) 中東・前掲注(41)二八頁注(46)。
(90) この点について、資本等の増加限度額の改正に伴い、「旧商法では議論があった、債務超過会社を完全子会社とする株式交換も一定の手続を踏むことで可能であることが明確となっている」とされる。武井一浩『会社法を活かす経営』(日本経済新聞社、二〇〇六年)二六六頁。
(91) 弥永・前掲注(73)四二八頁。
(92) この点を論じるものとして、弥永・前掲注(73)四二八頁注(40)。
(93) 例えば、分割によるシナジーを考慮することも必要であろうし、会社分割と合わせて、資本注入が行われる場合など、一連の組織再編を全体として評価することが必要になろう。
(94) 藤田・前掲注(69)五八—五九頁参照。

五 結語

組織再編の規制緩和は、会社法制の現代化で一気に進んだ。経済界の要望が顕在化したという意味で、会社法の利用者の利便性を高めたとも評価できるし、他方で、規制の対象者への規律が緩みすぎなかったかとの懸念が残る。(95)

会社法が利用者にとって便利なものであることは望ましいし、それを、利害関係人に不利益を与えることなく実現することが、立法であれ、解釈であれ、法を創造する立場にある者に期待されている。しかも、立法趣旨の理解においても分かりやすく、規制の内容も分かりやすいことが不可欠である。利用者にとっても便利であるし、利害関係人にとっても自分に与えられている規範を容易に知り得るからである。

会社法の今ある姿に関して、また、会社法のあるべき姿に関して、このような理解が共有されているとはいえないかもしれない。とはいえ、事前規制から事後規制への大きな転換がなされたとすると、その揺り戻しが現れることを、避けることはできないであろう。対価柔軟化を用いた少数株主の締め出しが濫用されないかという懸念は払拭できないし、国際的三角合併に対しては、規制緩和を要望してきた経済界からも警戒感が示されている。また、組織再編の対価柔軟化との関係でも、債務超過会社に関する組織再編に関する議論が動き始めている。

事前規制が大幅に緩められた状態においては、会社法の利用者に対する行為規範が明確に与えられる必要がある。そうでないならば、一方で、制度の濫用が危惧されるし、他方で、不必要に謙抑的な利用しかされないことにもなりかねない。組織再編に関する法規制は、このような過渡期にある。

現状においては、事前の歯止めとしては、実務の高い倫理観を期待しつつ、事後の救済としては、私人による裁判所を通じた法実現を探求することになろうか。事後救済の基準が明確になれば、それが事前の行為規範として働くようにはなる。会社法制の現代化においては、このような経験の積み上げによる法の再構築が望ましいと考えられたのであろうが、わが国の現在の社会基盤に適合した方法であるのか疑問が残る。立法も含めて、事前の行為規範を明確にすることが必要であろう。

(95) 朝日新聞二〇〇六年九月八日朝刊で紹介されている西川元啓新日本製鐵常任顧問と上村達男早稲田大学教授のコメントを参照。また、会社経営の効率性を高め、より多くの新たな富を創出させる上で、わが国のM&A法制が重大な岐路にあることにつき、落合・前掲注(62)三二頁。

会社法・関連立法の成果と国際会社法

上田純子

浅木愼一・小林量
中東正文・今井克典 編
浜田道代先生還暦記念
『検証会社法』
2007年11月 信山社16

一　はじめに
二　抵触法上の問題
三　抵触法と実質法との交錯
四　外国人法上の諸問題
五　欧州連合の状況
六　おわりに

一　はじめに

二〇〇〇年代に突入し、企業環境も激変すれば、法制度の改編の動きもまためまぐるしい。経済（物、サーヴィス、人、資本、あるいは情報）は国境を超え、新たな情報技術等の台頭により企業活動もいっそうボーダレス化の様相を呈している。その流れに抗うことなく、企業の国際的活動に密接に関わりうる会社法や民法の外国法人規定のような内国実質法に関する法整備とともに、準拠法決定に関する法例もまた約一〇〇年ぶりに「法の適用に関する通則法（以下、通則法という）」として生まれ変わった。(2) これらの急変化は既存の法制度に関する十分な検討の機会を与えないほど速いスピードで進展し、その後も短いスパンで改正が繰り返されている。一連の動きによって企業活動の国際的活動環境を保障しうる法制度となったのか――これが本稿の根底にある問題意識である。

外国会社・法人をめぐる議論については、抵触法と実質法からの二元的アプローチが必要となろう。(3) したがって、本稿もこの二つの観点から、それぞれの法律的論点を検討する。すなわち、抵触法上の基本的論点について総論的考察を試みるとともに、外国法人・会社に関する準拠法決定や準拠法適用の範囲、日本法人・会社の在外取引に関する準拠法、あるいは、国際的な結合企業・グループ企業関係にある場合の従属法の適用関係などの問題(5)にも触れる。(6) 実質法上の問題としては、主として民法上の外国法人や会社法上の外国会社に関する規定の解釈や立法論的考察が中心となる。すなわち、二において準拠法決定の基準に関する議論状況を民法・商法の立法草創期の起草者たちの見解にまで遡りつつ整理するとともに、妥当な見解を炙り出す。次に、三および四において、商法における外国会社規定の導入の経緯に遡り商法における外国会社規定の変遷および商法から会社法への擬似外国会社を含む外国会社規定の改正に関する立法過程における議論とその内容とを概観する。**五**では、準拠法適用の範囲について、会社法上の個別規定における強行法規性・任意法規性という類型化による準拠法決定の側面（理論枠組みの基礎づけ）と複数の法人が国際的に関与する場合の抵触法および実質法上の問題という側面（法律関係の個別化と準拠法の適用）[7]とに分けて考察する。最後に、**六**において、域内における営利法人の設立と開業の自由を早くから標榜しており[8]、国際的法調整の「実験データ」を提供してきた欧州連合（以下、ＥＵという）の現状を概観し、これらの論点を比較法的にも検討することとする。

（1）商法中の類似商号に関する規制が外国会社に適用されない旨を定めていた四八〇条は類似商号規制の廃止により、また、外国会社の登記に関する四七九条は会社に関する他の登記事項とともに第七編雑則第四章登記中の九三三条に収められた。二〇〇五（平成一七）年の商法から会社法への改正点については、後述**四**4・5、参照。なお、外国会社に関するこれまでの問題状況については、たとえば、前田庸ほか（座談会）「今後の会社法改正に関する基本的な視点」商事一五四八号（二〇〇〇年）三〇頁（神田発言）、「グローバルなネット取引と商法四七八条（スクランブル）」商事一五六一号（二〇〇〇年）三八頁、原田晃治「新しい会社法制の構築に向けて」商事一五八三号（二〇〇一年）三八頁などを参照。

（2）もっとも、通則法では法例におけると同様に法人の準拠法については何も規定されていない。そもそもこれを抵触法上の問題とみない考え方があるほか、抵触法上の問題として捉えた場合にも、抵触法の適用範囲が明確ではないため条文化になじまないなどの問題があって規定化は見送られたという。ちなみに、抵触法上の問題とみない見解では、法人格付与という外国国家による処分行為の承認の問題として捉える。通説の設立準拠法の説明は、連結点の問題に何ら触れていない点で国際私法における準拠法決定の理論としては成り立たないという批判に基づく見解である。たとえば、道垣内正人『ポイント国際私法 各論』（有斐閣、二〇〇〇年）一八一―一九七頁、同「法人」法教二三三号（二〇〇〇年）一一五頁以下。この点については、後述**二**、参照。神前禎『解説 法の適用に関する通則法 新しい国際私法』（弘文堂、二〇〇六年）一八―二〇頁、小出邦夫『一問一答 新しい国際私法――法の適用に関する通則法の解説――』（商事法務研究会、二〇〇六年）一五八頁、別冊ＮＢＬ編集部編『法の適用に関する通則法関係資料と解説』別冊NBL一一〇号（商事法務研究会、二〇〇六年）一一九―一二三頁、櫻田嘉章ほか（座談会）「法適用通則法の成立をめぐって」ジュリ一三二五号（二〇〇六年）三八頁。さらに、取引実務の観点からも現段階において規定を設ける必要性が高くない、議論が不十分なまま規定を設けると実務に悪影響を与える、および、諸外国の立法も流動的である、などの理由があったとされる。なお、通則法においては、法人格がない社団・財団についても格段の規定を置いていない。諸外国の立法例については、たとえば、欧州に関するものとして、山内惟介「法人の従属法とその適用範囲――欧州諸立法の比較検討とその立法論への示唆――」国際私法年報二号（二〇〇〇年）一一七頁以下。

（3） 石黒一憲『金融取引と国際訴訟』（有斐閣、一九八三年）二五六頁以下、高桑昭「わが国の外国法人制度について」論叢一四〇巻五・六号（一九九七年）一七一―一八頁、西島太一「外国会社と我が国民商法規定――所謂会社従属法の適用範囲及び擬似外国会社の取扱について――」阪法四八巻三号（一九九八年）七七三頁、佐野寛「国際企業活動と法」国際法学会編『国際取引（日本と国際法の一〇〇年 第七巻）』（三省堂、二〇〇一年）一七〇頁以下、山田鐐一『国際私法〔新版〕』（有斐閣、二〇〇三年）二三三頁以下ほか。

（4） 従来は、法人の一般的権利能力の準拠法の呼称として「属人法」という用語が一般に使用されてきた。「従属法」という用語は、江川英文『国際私法』（有斐閣、一九五四年）（'statut' の訳語として使用されている（一六八頁））において初めて使用されたとされる（山田・前掲注（3）二二八頁注（1））。本稿では「従属法」という用語を使用するが、「属人法」という語を使用する文献として、たとえば、喜多川篤典「外国会社」企会一七巻二号（一九六五年）一〇八頁、折茂豊『国際私法（各論）（新版）』（有斐閣、一九七二年）三六頁、河村博文「法人格なき外国会社の当事者能力――主としてパートナーシップを中心に――」北九州大学商経論集八巻三・四号（一九七三年）（以下、河村aとする）八六頁、石黒・前掲注（3）二五六頁、同『国際私法』（新世社、一九九四年）二九九頁、高桑・前掲注（3）二二頁、同「会社法と渉外関係」ジュリ一一五五号（一九九九年）一四五頁、野村美明「外国会社の規律――居留地からグローバル社会へ――」ジュリ一一七五号（二〇〇〇年）二二頁、河村博文『国際会社法論集』（九州大学出版会、二〇〇二年）（以下、河村bとする）六、二五頁、溜池良夫『国際私法講義〔第三版〕』（有斐閣、二〇〇五年）二九四頁ほか。「属人法」という用語は法人を自然人に準じて扱うことの帰結として用いられ、自然人と法人とを別異に扱い意識的に用語も使い分ける場合「従属法」という用語のほうが好まれるようである。

（5） ここでは、便宜的に「法人」の従属法と表現するが、このような表現は厳密には正しくない。ある団体に法人格を認めるか否かは、従属法立法国の対法人政策の問題であり、従属法を適用した結果はじめて明らかになるからである。

（6） 国際的な親子会社における子会社による親会社株式の取得、および国際的な社債の発行と管理に関する会社法上の問題については、江頭憲治郎「商法規定の国際的適用関係」国際私法年報二号（二〇〇〇年）一三六頁が詳細に検討している。江頭・同上一四〇―一四一頁は、これをわが国会社法上の解釈の問題として、規制の趣旨等から妥当な準拠法を解釈により導き出している。このような見解に加え、抵触法ルールの視点から、子会社による親会社株式の取得を親会社株主としての子会社の権利の問題として、親会社の従属法によるべきとする、国際私法学者の見解もある（たとえば、神前禎ほか『国際私法』（有斐閣、二〇〇四年）一二〇頁）。他方、山田・前掲注（3）一二五四頁は、子会社に関する準拠法を原則的な抵触法ルールに則り、子会社の従属法としている。後述するように、法人の対外的取引、とりわけ、契約の成立や効力に関しては、法人の準拠法ではなく、契約の準拠法によると解釈するのが多数説である。社債の発行については、会社外部の者との社債契約の問題として契約当事者が定めた法、当該定めがない場合には当該契約に密接な関係がある地の法が準拠法となる（もっとも、契約当事者間の黙示の定めの解釈により、現実に後者が問題となる余地はほとんどない）（通則法七条、八条）。実務においては、債券発行地法を準拠法とするのが通例のようである（たとえば、江頭・前掲一四三頁）。

(7) たとえば、河村b・前掲注（4）一二一頁は、国際的な企業活動に伴う具体的な法律問題として、国際的親子会社における親会社監査役の業務財産調査権の範囲、子会社による親会社株式取得の可否、在日子会社（または外国子会社）の債権者が子会社の法人格を否認して外国親会社（または在日親会社）の法的責任を追及することの可否、国際的親子会社の移転価格における公正性の判断基準、外国親会社（在日親会社）の指図が在日子会社（外国子会社）の利益に反する場合の在日子会社（外国子会社）の少数株主の保護規範、外国親会社（在日親会社）が定款に定める目的の範囲外の事業を営むために在日子会社（外国子会社）を設立することの可否、および外国親会社（在日親会社）と在日子会社（外国子会社）との事実上の合併の方法を挙げている。なお、このような企業をめぐる渉外的、国際的な法律問題について網羅的に取り上げつつも個々の論点に関して鋭く切り込む先駆的研究として、龍田節「国際化と企業組織法」竹内昭夫＝龍田節編『現代企業法講座 2企業組織』（岩波講座 現代の法7企業と法）（東京大学出版会、一九八五年）二六一頁以下。

(8) 欧州共同体設立条約（The Treaty Establishing the European Communities）（以下、ＥＣ条約という）上の経済的自由のうち、開業の自由（freedom of establishment）は四三条ないし四八条に定められている。

二 抵触法上の問題――設立準拠法主義と本拠地法主義(9)――

本節では、抵触法上の問題として、外国法人の従属法の決定基準と従属法の適用範囲について検討することとする。外国法人の従属法とは、外国で成立した法人の内国における活動を規制する外国人法上の問題の前提となる当該法人の成立や消滅、および内部関係を規律する法のことである。

抵触法上の最大の議論として、外国法人の従属法の決定基準に関する立場の相違がある。

設立準拠法主義とは、法人の準拠法として設立の際準拠した法によって権利能力その他団体に関する法律関係を決するものである。この立場によれば、当事者の意思のみで特定の連結点を介することなく準拠法を指定できる。その意味において、準拠法決定のルールとしては異例とも考えられる。(10) もともと法人の設立が特許主義、すなわち擬制主義に基づいて認められていた時代の産物であり、法人はいずれかの国の法律によって設立されて始めてその法人格を付与されるため、設立を決定した法がその本拠の所在地に関わらずその法人を支配すべきとする。(11) 設立準拠法は容易に認識でき、かつ恒常性を有しており、政策的には、資本輸出国が自国法により設立された法人の自由な活動とそれに対する規制を一貫して保障しうるという利点がある。(12) その反面、設立当事者による恣意的な法選択を伴い、その結果利害関係国の法律の回避が容易になり、一般社会や取引の利益を損なう可能性があると指摘される。(13) 英米のように法人を法的擬制的装置と捉え法人内部の事項について構成員間あるいは構成員・業務執行者間の契約による私的自治を重んじるところでは、設立当事者の意思を準拠法の決定に取り込む設立準拠法主義はよくなじんだ(14)のであろう。

他方、本拠地法説は、法人活動の本拠である住所を基準として準拠法を決定する。その趣旨は、法人の営業上の本拠が所在する地と法人との結びつきを重視し、その地の一般社会の利益を図ることにある。もっとも、本拠地の認定は容易でなく、それが単に定款上のものであればその地と法人との結びつきは必ずしも強くないともいえる。これを事実上の本拠地と捉える場合にも、その地との結びつきは強くなるとしても、現業の中心地や業務統括地などいくつかの可能性が考えられ、準拠法の決定には困難が伴おう。昨今多様化する企業形態のなかで、本拠地の確知はますます困難になることが予想される。実務的にも、本拠地法主義を採る場合には、企業移転が困難となるなどの弊害がある[15]。とはいえ、当事者の恣意的法選択による法律回避を防ぐことから、本拠地法主義には、国家間の競争基盤の整備と平準化の機能があり、後述するEUではとりわけこのような論調により本拠地法主義を擁護しようとする動きがある[16]。

かつて、民商法学者の多くは設立準拠法主義を支持し、国際私法学者の多くは本拠地法主義（住所地法主義）を採っていた時代があったが[17]、今日の通説は、わが国においては、明治期の法典編纂以来設立準拠法主義が採用されていると分野を超えてほぼ一致した理解を示している。その理由は必ずしも説得的に展開されてはいないものの、設立準拠法主義の長所と本拠地法主義の短所とを衡量し、全体としてみると設立準拠法主義のほうが難点が少ないなどと説明されている[18]。もっとも、そうであるならば、わが国における設立準拠法主義の採用は論理の産物などと到底いいうるものではない。

ところで、立法者はこの点についてどのように意図していたのか。

明治期の法典編纂作業においては、民法、商法、および法例がほぼ同じ委員によりこの順序で審議・起草された[19]。当時の立法者は設立準拠法主義の立場に基づいて民法の外国法人に関する規定を起草したが、その背景には、彼らが法人格を属地的なものと考えていたことが大きい[20]。この理解によれば内外法人は設立準拠法によって明確に峻別できる。また、後述する外国法人の認許に関する基礎的理解にも関わってくるが、外国法人はわが国において当然には法人格を認められないゆえ、わが国における認許という国家行為が必要となる。法人格が属地性を有する以上、設立準拠法のみが外国法人・会社に対して唯一適用される規律となる。そこには抵触法・実質法という二元的把握はなく、外国法人・会社をめぐって生じるほとんどすべての問題は設立準拠法（其会社ノ属セシ国ノ法律）によって処理されると考えられていたようである。[21] このことにより、起草当時から法例に外国法人に関する準拠法の規定がなかったことも頷けよう。もっとも、商法の外国会社の規定については、起草委員は必ずしも一枚岩ではなかったようである。岡野敬次郎起草委員は、内国会社・外国会社の区別は、国際私法の原則により決するとしたが、準拠法の決定については、起草委員の間で意見が分かれていた。すなわち、岡野委員は、会社の「住所」により決定する（本拠地法主義）としたが、[22] 穂積陳重、梅（既出）、富井政章の民法起草三委員は、「先ツ何ツレノ国ノ法律ニヨリテ成立セル会社ナルヤヲ定ムルヲ正当トス」、すなわち、設立準拠法主義を前提としていた。[23] したがって、商法上の外国会社の準拠法決定の基準については、設立準拠法主義を原則としつつも（前述の民法起草三委員は、民法、商法および法例のすべての起草作業に関わっている）、内国牽連性の強い場合には本拠地法主義を加味しようとの意図があったと考えられる。[24]

以上のように、外国法人格の承認を外国国家行為の承認にほぼ近いものと捉える立法者の立場からは、外国法人の従属法として設立準拠法を採用することは論理必然であったように思われる。[25] 近年、このような立法者意思に近い、準拠法の決定とその結果として適用される実質法とを一元的に理解しようとする見解が提唱されている。[26] 法人格付与という外国国家の処分行為をわが国で承認することにより、設立準拠法はもはや抵触法上（法選択）の問題ではなく外国法人・会社への適用法として画一的に決まり、また、民法上の外国法人の認許は認許しなければ存在しない当該外国法人の法人格を認めるという行為になる。なるほど、このような見解によれば、民事訴訟法一一八条の外国裁判所の判決の承認と民法三五条の外国法人の認許とが同一直線上で連続的に把握できる。しかし、企業活動の国際化が進むなかで、いわば法人格を属地的に把握する（結果的に、法人格が法人格付与という国家的処分行為によって国境線で断絶することを是とせざるをえない）前提が維持できるか[27]、また、法人格付与に関連する事項（たとえば法人格付与の有無や適法性など）の判断にあたって同様に準拠法の決定が必要となってくるので法人格を付与した準拠法のみが一義的に決まってもあまり意味がない[28]などの問題がないわけではなく、それらに対してどのような解を与えるかがその妥当性の鍵を握ることとなろう。

ところで、本拠地法主義は、設立準拠法主義に本拠地法の要件を加重したものとして、設立準拠法主義と同一平面で捉え直すこともできる[29]。本拠地法主義では、A国法に基づき設立された法人がB国に業務統括地等の本拠地を有するとき、B国法に従って再設立手続きを経ていない限り法人とは認められない。法廷地が本拠地法主義を採用している場合には、当該法廷地でも法人として認められない。設立準拠法所属国に本拠地があることを要求するものであるが、このことは設立準拠法所属国の外国法人に対する立法政策の問題であるともいいうる[30]。この点、設立準拠法主義では、ひとたびA国法によって有効に成立した以上本拠地がA国に存するか否かを問わず法人と扱い、少なくとも会社内部の問題等についてはA国法に従わせればよいとする。すなわち、両者の差は、外国法人を国際私法上の公序にどこまで服させるかにおける相対的な違いを反映したに過ぎないとみることもできよう。

（9）本稿では、「本拠地法主義」という用語を採用するが、「住所説」（「準拠法説」に対する概念として、田中耕太郎『改訂 会社法概論 下巻』（岩波書店、一九五五年）五八九頁）、「住所地法説」（「設立準拠法説」に対する概念として、岡本善八「外国会社に関する諸問題――わが国法上の地位――」同法一五号（一九五二年）（以下、岡本aとする）七〇頁、喜多川篤典「外国会社のはじめにたちかえって」小室直人＝本間輝雄編集代表『企業と法 上』（有斐閣、一九七七年）一九頁、山田・前掲注（3）二二六頁）、「本店所在地法主義」（岡本善八「外国会社に関する立法・判例の変遷（一）」同法一一巻一号（一九五九年）（以下、岡本bとする）二二頁）、「本店所在地主義」（大隅健一郎＝今井宏『最新会社法概説〔第六版〕』（有斐閣、二〇〇四年）四三三頁）、「所在地主義」（河村b・前掲注（4）二〇頁）などの類似の用語・概念も使用されている。

(10) 佐野・前掲注（3）一七〇頁。

(11) たとえば、喜多川・前掲注（4）一一〇頁、櫻田嘉章『国際私法〔第四版〕』（有斐閣、二〇〇五年）一七〇頁、河野俊行「会社の従属法の決定基準――本拠地法主義・設立準拠法主義――」ジュリ一一七五号（二〇〇〇年）二頁。法人格を創造するのは国家であるから、会社の存在・能力とその範囲を決めるものは設立準拠法以外にはありえないとする。この前提に立てば、外国法人の認許は、外国国家の主権の発動を内国において承認する以外の何ものでもない。

(12) たとえば、わが国において立法当初から設立準拠法が採用されていた背景として、わが国の植民地経営にとって好都合であったことも指摘されうる。また、わが国の居留地で活動する外国会社にとっても設立準拠法主義に則り本国法が適用されるほうが便利であった。他方、一八九九（明治三二）年商法以来の擬似外国会社（本稿四5、参照）の制度もまた、居留地で活動する外国会社をわが国においてどのように処遇するか、という問題意識に裏づけられていた。これらの点については、野村・前掲注（4）二二、二五頁、参照。

(13) 河野・前掲注（11）二―三頁；S. Rammeloo, *Corporations in Private International Law: A European Perspective* (Oxford: Oxford University Press, 2001), pp. 17-18.

(14) See S.Lombardo, 'Conflict of Law Rules in Company Law after Überseering: An Economic and Comparative Analysis of the Allocation of Policy Competence in the European Union,' (2003) 4 European Business Organization Law Review (hereinafter EBOR) 312. このような法人内部の私的自治を重んじる内部事項理論（Internal Affairs Doctrine）は、英国でも米国でも判例法上よく発展していた。英国では、株主による派生訴訟を制限するFoss v Harbottle原則（Foss v Harbottle (1843) 2 Hare 461）は、会社内部事項への司法介入の制限を基礎としており、また、米国においても、州の買収防止規制の合憲性が問われた比較的最近の最高裁判決（Edgar v MITE Corp, 457 US 624 (1982)；CTS Corp v Dynamics Corp of America, 481 US 69 (1987)）において、会社内部の自治を重視する設立準拠法主義の考え方が採られた。米国におけるこれらの判例と内部事項理論に関する議論については、R.M.Buxbaum, 'The Threatened Constitutionalization of the Internal Affairs Doctrine in Corporation Law,' (1987) 75 California Law Review 29.

(15) 櫻田・前掲注（11）一七〇頁。

(16) See B.Grossfeld, *Praxis des Internationalen Privat- und Wirtschaftsrechts: Rechtsprobleme Multinationaler Unternehmen* (Rowohlt: Reinbek bei Hamburg, 1975) 46; W.F.Ebke, 'The "Real Seat" Doctrine in the Conflict of Corporate Laws,' (2002) 36 The

International Lawyer 1027. もっとも、域内自由移動を進めるEUの政策の動向と相俟って、このような学説には批判が高まっている (see, e.g., Rammeloo, supra note 13, pp. 13, 15)。

(17) 高桑・前掲注(4)一四六頁。
(18) たとえば、高桑・前掲注(3)二三頁。
(19) 石黒・前掲注(3)二五七頁。民法の起草者、穂積、梅、富井の三委員のうち、富井博士のみ法例の起草作業に関わっていないが、他の二人については、法例の審議・起草に関わっている。穂積、梅の両氏は商法の審議・起草にもかかわり、商法の起草委員であった岡野委員は法例の審議・起草にも関わっている。したがって、民法、商法、および法例の間で外国法人に関する異なるアプローチがとられたとは考えにくい。
(20) 佐野・前掲注(3)一七一―一七二頁。
(21) 石黒・前掲注(3)二六〇頁。
(22)『商法委員会議事要録』四ノ六三、石黒・前掲注(3)二五八頁、川上太郎「外国法人の私法上の地位」私法三号(一九五〇年)一一九頁。
(23)『商法委員会議事要録』四ノ七二、石黒・前掲注(3)二五七頁以下。
(24) 石黒・前掲注(3)二六四頁、河野・前掲注(11)五―六頁。
(25) 石黒・同上二五八頁。
(26) 道垣内・前掲注(2)の二文献、参照。
(27) たとえば、佐野・前掲注(3)一七四頁。
(28) たとえば、野村・前掲注(4)二三頁。
(29) 石黒・前掲注(3)二六三頁。
(30) 西島・前掲注(3)七七四頁。

三　抵触法と実質法との交錯――外国法人・会社の従属法の適用範囲――

上述のように、法人格付与に関する従属法の決定基準について設立準拠法か本拠地法かという議論があるばかりか、ある単位法律関係に対して準拠法を個別に決定しなければならないというさらに複雑な問題が横たわっている。準拠法決定に関する通説的理解に従えば、少なくとも会社の内部組織関係や会社の設立および消滅については設立準拠法が画一的に適用される(31)。とはいえ、とりわけ、企業活動は単に対内関係・対外関係というような単純な切り分けになじまない複雑な法律関係に席巻されていることから、そもそも準拠法決定基準に従うべき問題とそうでない問題との篩い分けが必要と考えられる(32)。たとえば、公法ないし絶対的強行法規については、当該法規の趣旨等を勘案して、準拠法ルールの篩を通さず、直接その適用範囲を検討するとする見解が有力に提唱されている(33)（強行法規の特別連結論）。この前提に立てば、どの規定が公法ないし絶対的強行法規に当たるのかの検討が必要となる。多様な趣旨・内容を具有する会社法の規定にあっては、この検討こそが準拠法決定の考察における最大のヤマとなろう。ひとつの類型化の試みとして、任意規定、罰則以外の強行規定、および、罰則の三つに分けて検討する考え方がある(35)。会社法九六〇条以下の罰則規定は、特別背任など明文の規定がある場合（会社法九七一条一項・二項、参照）を除き、域外適用できないと考えられる（刑法一条、八条、参照）ので、わが国における犯罪にのみ適用される。個別の事例に即した丹念な検討が必要となるが、本稿では、明文規定のある罰則およびその他の強行法規と判断されるものについて、外国会社の行為に対して日本法が直接適用され、また、外国において日本会社が行った取引行為に対して日本法が適用される可能性を指摘するにとどめる(36)。

仮に、第一の篩を通過し、準拠法の決定が求められる場合も、たとえば、法人格の否認を例にとってみると、法人格の有無や消滅に関する事項であるから単純に従属法によればよいというものではなく、法人格否認の法理の機能的側面に着目し、実質的考慮によって準拠法が決定されるべきと説かれる(37)。あるいは、取締役の第三者に対する責任は、会社の機関に関する事項であるから従属法によると単純に割り切れるかというと必ずしもそうではない。たとえば、取締役の行為によって直接損害をこうむった第三者については、不法行為に関する準拠法決定の基準、すなわち、行為地法を適用する（通則法一七条）と解することも可能であろう[38]。株主間契約でさえ、契約の準拠法に全面的に依存するのではなく、当該契約条項の内容に即して準拠法が選択されるべきと考えられる。たとえば、利害関係者間の画一的処理が求められる場合（株主間契約によって株主と経営者との間の権限配分を修正するような場合）には、会社の従属法の適用が考えられてよい[39]。いずれにせよ、規定の趣旨や効果等を総合的に検討する作業が必要であって、決して画一的判断になじむものではないことが理解されよう。

次に、国際的に複数の法人間の関係が存在する場合の問題を取り上げるにあたり、国際的企業結合・統合を例に従属法適用の検討を行う。越境的な合併や株式交換、あるいは分割に関する需要は企業活動のボーダレス化に伴って増していると考えられ、そのことが実務のみならず学界の関心を喚起し議論も活発化している[40]。

国際的企業結合に関する法律問題には、実質法上の問題のみならず抵触法上の問題も関与している。たとえば、準拠法とされた実質法が当該組織再編を認めているかという問題でもあるからである[41]。

最近になってわが国の会社法中に導入された株式交換・移転や会社分割の諸制度はさておき、日本の会社法上合併が認められるかについては、かつては認められないという見解が多数であった[42]。しかしながら、当事会社の従属法が認める要件がすべて満たされれば、越境合併を阻止する特段の理由もなく、また日本の会社法中も内外会社の合併を認める規定もなければそれを禁ずる規定もない。規定の欠缺は、単に外国会社に関する規定が起草された当時、外国会社についてはわが国の会社法の関知するところではなく、設立準拠法によるのが当然と考えられたからであろう。このことは、二で述べた立法者意思から明らかである。したがって、外国会社の従属法がある種類の会社間の越境合併を認めており、かつ、当該従属法によって法律関係が処理されるのであれば、日本の会社法上はとくに問題がないといえる。ただ、複数の当事会社に対してどのように従属法を適用するのかは問題となる。

この点は、配分的に適用すべきと考えるが、実務的には同じような法制度を有する法域に従属法を有する会社同士の合併のような場合でないといずれの従属法に連結させればよいのかの困難な問題が生じうる。[43] たとえば、当事会社の一方の従属法には規定がまったくないような場合（たとえば、米国の州のなかには株式交換や会社分割の制度をもたないものもある）には、実務的に管轄裁判所への送致範囲をどのように捉えるのかなどの困難な問題が生じる。当該組織再編そのものができないと考えるのか、[44] あるいはそのものを認める制度がなくても、利害関係者の保護や権利・義務の承継などに関し同一の目的が達せられる他の個別の制度があればそれを適用することで足りるのか。[45] あるいは、双方の当事会社の従属法に規定はあるが、その内容が齟齬するような場合も問題となろう。当事会社の従属法の要件がすべて満たされるという前提で越境合併を認める以上、各当事会社の従属法すべてを勘案し、規定の趣旨からして妥当な準拠法を導くことが望ましいと考える。

そもそも、配分的適用は、合併や会社分割等の法の効果により包括的に統合あるいは分断する組織法上の行為について各当事会社の従属法を配分的に連結させる考え方であり、むしろ包括的に発生する組織再編の法律効果を個々の要素に分解して、その要素ごとに検討するものである。したがって、合併における消滅会社の株主や当事会社の債権者保護、あるいは債権・物権の移転などについては、当事会社の従属法によって当然に処理されると解するのではなく、個別の考慮に基づいて準拠法が決定されるべきであろう。また、外国会社との結合・統合・分割に際して実質法の制度設計をどのようにすべきかの議論も当然ありうるが、本稿では立ち入らない。[46]

(31) 松本烝治『日本会社法論』(巌松堂、一九三八年)六七三頁、山田・前掲注(3)二三一頁、道垣内正人「企業の国際的活動と法──会社法の国際的事案への適用──」岩村正彦ほか編『企業と法(岩波講座 現代の法7)』(岩波書店、一九九八年)一四五頁、西島・前掲注(3)七八一頁、高桑・前掲注(3)二四頁、櫻田・前掲注(11)一七一─一七二頁など。このような通説的理解に対し、古くは、もっぱら設立準拠法によるとする説(江川・前掲注(4)一六八頁)があったほか、代理のアナロジーにおいて権限の存否・範囲については設立準拠法により、他方効果の帰属については行為地法によるとする説(大杉謙一「会社の代理・代表の実質法・準拠法──「取引安全」のあり方について──」ジュリ一一七五号(二〇〇〇年)四二頁)、会社の内部組織関係に厳密に限定する説(折茂・前掲注(4)五五頁ほか)が提唱されている。なお、道垣内・同上一五五─一五六頁は、第三者の保護が問題となる会社の対外関係の処理にあっても設立準拠法によればよいとする。

(32) 藤田友敬「国際的な結合企業関係」商事一七〇六号(二〇〇四年)三六頁。

(33) 道垣内・前掲注(31)一五三頁、藤田友敬「会社の従属法の適用範囲」ジュリ一一七五号(二〇〇〇年)九頁。このような法規がその趣旨上自国領域外にも適用されると解される場合、域外適用と呼ばれる。

(34) 道垣内・前掲注(31)一五五頁以下は、会社法の規定を私法規定、刑事法以外の公法規定、および刑事法規定に分類して、社債に関する適用法を検討している。

(35) 道垣内・前掲注(31)一五四頁以下。

(36) 個別の適用例の研究については、たとえば、石黒・前掲注(3)二六九頁以下、道垣内・同上一五五頁以下、高桑昭「わが国の商法(会社法)規定の国際的適用に関する若干の問題について」国際九九巻一号(二〇〇〇年)三二頁以下、江頭・前掲注(6)一三七頁以下、藤田友敬「国際会社法の諸問題(上)(下)」商事一六七三号(二〇〇三年)一七頁以下、同一六七四号(二〇〇三年)(以下、藤田(下)とする)二〇頁以下、藤田・前掲注(33)一〇頁以下、などを参照。また前掲注(6)に示した親子会社間の法律関係に関する従属法の議論も参照されたい。

(37) 藤田・前掲注(33)一〇頁、参照。なお、江頭憲治郎『株式会社法』(有斐閣、二〇〇六年)三八─三九頁注(2)は、「個別的利益調整」型と「制度的利益擁護」型に事案を類型化し、法人格否認の法理の準拠法を決定する。

(38) 藤田・前掲注(33)一二─一三頁参照。

(39) この点については、森田果「株主間契約をめぐる抵触法上の問題(二・完)」法学六七巻六号(二〇〇三年)一七七頁以下が詳細に検討している。

(40) この分野は近時非常に発展しており、すぐれた先行研究が集積しつつある。落合誠一「国際的企業グループと債権者保護規制」総合研究開発機構編『経済のグローバル化と法』(三省堂、一九九四年)二七頁、宍戸善一「国際企業提携と紛争」同三五一頁、落合誠一「国際的合併への法的対応」ジュリ一一七五号（二〇〇〇年）三六頁、「外国会社との合併・株式交換をめぐる法的規律（Ⅰ）～（Ⅶ）」商事一六二三号（二〇〇二年）二八頁、同一六二三号（二〇〇二年）三八頁、同一六二四号（二〇〇二年）一〇八頁、同一六二五号（二〇〇二年）四三頁、同一六二六号（二〇〇二年）二一頁、同一六二七号（二〇〇二年）三一頁、同一六二八号（二〇〇二年）一一一頁、ワークショップ「外国会社との合併・株式交換をめぐる法的規律（上）（下）」商事一六三五号（二〇〇二年）（以下、ワークショップ（上）とする）一〇頁、同一六三六号（二〇〇二年）二八頁、落合誠一「国際会社法」商事一七〇六号（二〇〇四年）四頁、武井一浩「国際会社法をめぐる実務上の諸問題」同九頁、早川吉尚「会社法の抵触法的分析」同二一頁、中東正文「企業組織の国際的再編」同二六頁、藤田・前掲注（32）三三頁、「国際会社法」私法六六号（二〇〇五年）四八―九一頁。

（41）中東正文「ボーダレス化時代のM＆A法制」江頭憲治郎＝増井良啓編『融ける法 超える法3 市場と組織』（東京大学出版会、二〇〇五年）一一〇頁。

（42）たとえば、龍田・前掲注（7）三一七頁。

（43）ワークショップ（上）・前掲注（40）一三頁。

（44）高桑・前掲注（36）三六―三七頁。

（45）藤田（下）・前掲注（36）二二頁。

（46）設立準拠法主義によって従属法が決せられる場合、国際的な結合等が効力を有するや否や準拠法が外国法に変わってしまうという問題がある。そのため、内国実質法において外国会社の株主となってしまう者や債権者などの保護を図る必要が生じるであろう。国際的な合併、株式交換および会社分割に関する実質法上の問題の検討については、たとえば、中東・前掲注（41）一一六頁以下、一二二頁以下参照。

四　外国人法上の諸問題

本節では、わが国の外国法人・会社に関する実質法上の規定を取り上げ検討することとする。まず外国法人に関する民法の規定を、続いて外国会社に関する会社法の規定を、近時の改正を踏まえつつ取り上げ、それらに関する法律問題を検討する。

1　外国法人の認許に関する問題

法人が従属法たる外国法上有効に成立したか否かの問題と外国法上有効に成立した法人が内国において法人として活動することを認められるか否かとは別個の問題である。わが国では、従属法により法人格を付与された外国法人の法人格を国内で自動的に承認する政策をとっておらず[47]、内国法人と同一の私権を享有しうる主体を認許するという制度を採用している。

認許とは、通説的理解に従えば、外国法人が内国において法人として活動するためにその法人格（権利義務の主体たること）を承認することである[48]。わが国の民法およびその他の法律に定める要件および手続きに従った団体が内国法人とされる（わが国の会社法に従って設立された団体が内国会社である）以上（民法三三条一項・二項、参照）、外国法に基づいて設立された法人はわが国では当然には法人と認められないことになる。とすれば、認許は、当事者や行政官庁等の特段の行為を必要とせずにこれを内国においても法人と認めるために必要とされる制度である[49]。

認許は、ある国が法人に対する国家的監督をどのように及ぼしうるかの問題であるため、外国人法上の問題と位置づけられる。このことをわが国において一般的に規定するのは民法三五条である。

民法三五条一項は、外国法人は、国、国の行政区画および外国会社を除き、その成立を認許しないとし、例外的に法律または条約の規定により認許された外国法人のわが国における法人格を承認する。二〇〇六（平成一八）年に「一般社団法人及び一般財団法人に関する法律（以下、一般社団・財団法人法という）」ならびに「公益社団法人及び公益財団法人の認定等に関する法律」が成立したことにより、外国法人に関する民法の規定は条文番号も含め変更されたが、[50] 外国法人の認許に関しては、文言的には、「国、国の行政区画及び商事会社」となっていたのを「国、国の行政区画及び外国会社」と改めたのみである。前年に成立した会社法において外国会社の定義が設けられ（会社法二条二号）かつ民事会社と商事会社の区別が廃止されたことを受けたものと思われる。この規定より、外国法に基づいて設立された商行為を営む法人格なき社団などもわが国において当然に認許されることとなる。[51] ところで、従来からこの商事会社の範囲をめぐる解釈上の争いがあり、[52] 民法三五条の認許（外国法人の私権の享有）と商法・会社法上の外国会社に対する国家的監督の問題とは性質を異にすることから監督対象としての外国会社を広く解釈する趣旨で、前者の商事会社の意味に関しては一応法人性は留保したうえで、後者に関して、たとえば、会社法八二三条（旧商法四八五条ノ二）[53] の解釈として、設立準拠法上人格を有するか否かを問わず外国会社に含めるとする見解が通説・判例の立場であった。[54] すなわち、会社法八二三条は民法三五条二項に対応する規定ではあるが、民法より広く外国会社に対し内国民待遇を保障（内外無差別原則を適用）する内容となっている。[55] 二〇〇六（平成一八）年の改正は、単に会社法上の定義規定と摺り合わせただけなのか、あるいは、そこに両者を画一的に扱うことさらの意図があったのかは不明である。いずれにせよ、従来主張されていたいかなる見解をとっても旧規定上の商事会社の範囲よりは広くなる。従来から、比較法に照らしても、わが国の認許の範囲が狭きに失し、今日の国際的な私法交通の実情に適合しないとの批判があったところであり、[56] 認許の範囲が広がること自体は好ましい。もっとも、準拠法上法人格を有する公益法人等がわが国において認許されないことに変わりはなく、いずれの国の公益とも抵触するおそれがないような場合にもこれらの法人の日本国内における権利能力を認めないとするのはやはり問題であろう。[57] なお、認許されない外国法人もわが国における活動は可能であり、ただ、日本法の下では権利能力なき社団・財団の法律関係として処理されることとなる。このことと関連して、わが国においては認許されない法人が設立準拠法所属国および当該外国法人の法人格を認許しうる第三国においてなした行為についてわが国でどのように扱うかという問題もある。通説に従えば、わが国においてもこれを法人の行為として認めるべきとされる[58]。妥当な見解であろう。

民法三五条二項本文は、認許された外国法人について、日本において成立する同種の法人と同一の私権を有するとする。民法典編纂作業において、梅謙次郎博士は、「同一ノ権利シカ有セヌゾト云フ制限的ノ積リデアッタ」と述べており[59]、その趣旨は、原則的な内国民待遇の付与にあったと考えられる。すなわち、認許された外国法人は、たとえ従属法によって内国法人以上の権利を享有できたとしても、内国法人と同等の範囲までそれが縮小されるということである。逆に、内国法人が享有できる権利を外国法人についてその従属法により認められない場合にも認めるという趣旨ではない[60]。いずれにせよ、認許は、前述のように、外国法人がある準拠法に基づいて私権を享有することを前提とした制度であるため、民法の起草委員は、外国法人の「属人法」という概念を当然構築していたと思われる[61]。

2　その他の外国法人に関する規定の整備

二〇〇六（平成一八）年の民法の改正では、外国法人に関する他の規定も整備された。すなわち、従来は民法四五条および四六条として内国法人[62]の登記手続きや登記事項の詳細が定められていたが、法人の登記手続きや登記事項に関する詳細は個別の法律にゆだね、法人および外国法人の一般的な登記義務に関する規定を一か条置き（三六条）、さらに、内国法人の登記事項に関する四六条、登記期間の起算に関する四七条、および外国法人の登記に関する四九条とを併せて三七条とし、外国法人の登記に関する規定に充てている。実質的な変更は、登記事項と変更登記期間である。すなわち、登記事項としては、従来内国法人の登記事項がそのまま外国法人にも準用されていたため、設立許可の年月日、資産総額、および出資方法も登記事項とされていたが、これらが登記事項から省かれるとともに、当該法人の設立準拠法が登記事項として新たに加わった。会社法上、外国会社の設立準拠法は一九五〇（昭和二五）年改正商法以来登記事項とされてきた（会社法では九三三条二項一号として規定されている）。このことは、わが国が外国会社の従属法の決定基準として設立準拠法主義を採用していることの一証左とされてきた。[63]二〇〇六（平成一八）年改正前の民法においても外国法人のなかに営利法人を含むことは明らかであったのであり、ここで新たに民法上の外国法人の登記事項として設立準拠法が加わったことは、会社法上の規定との整合性を追求し、設立準拠法主義の採用を再確認したという意義があろう。

外国法人の変更登記期間については、従前は内国法人に関する規定が準用されていたため、主たる事務所と従たる事務所とで変更登記期間が異なっていたが、外国法人の実情に合わせ事務所所在地において三週間以内とされた。

3　内外法人の区別の基準

会社法により外国会社の定義規定が設けられるまでは外国会社の範囲は解釈にゆだねられてきた。もっとも、内国法人と区別する意味での外国法人の概念については、外国法人の認許の規定と併せ、内国法に基づいて設立された法人をさらに認許するということは無意味であるから外国法人とは外国法に基づいて設立された法人と解釈されてきたように思われる。[64]

この点につき、ここでも立法者意思を探ると、立法者は法人格について属地的な解釈を採っていたため、設立準拠法主義は内外法人を区別する基準としても機能した。[65]現在の通説的理解によれば、外国法人とは内国法、すなわち民法その他の法律の規定の要件を満たし、その手続きに従って設立された法人（民法三三条、参照）以外のもの、すなわち、外国法に準拠して設立された法人ということになる[66]（前述四1、参照）。

4　外国会社に関する規定

一八九〇（明治二三）年商法には外国会社の規定はなかったが、一八九九（明治三二）年商法は外国会社に関する規定として二五五条から二六〇条までの六か条を新たに創設した。その理由は以下のように説明された[67]。

「現行商法（一八九〇（明治二三年）法）ニ於テハ本案第六章外国会社ニ該当スル規定ヲ存セス。然ルニ国際交通ノ日ニ頻繁ナル結果外国会社ニシテ我国ニ於テハ或ハ支店ヲ設ケ商業ヲ営ミ其他ノ行為ヲ為スコトアルヘク或ハ我国ニ於テ本店ヲ設ケ又ハ商業ヲ営ム会社ニシテ外国ニ於テ設立セラルルモノアルヘク或ハ我国ニ於テ外国会社ノ株式ヲ発行シ又其株式若シクハ社債ヲ譲渡スルコトアルヘク或ハ外国会社ノ我国ニ於ル代表者カ公ノ秩序又ハ善良ノ風俗ニ反スル行為ナスコトアルヘシ。此等ノ場合ニ於テ全ク本編ノ規定ニ従フコトヲ要セストセバ啻ニ我国ノ保安秩序ヲ害スルコトアルノミナラス第一章乃至第五章ノ規定ヲ当然適用セラルヘキ内国会社ニ比シテ遥ニ優等ノ地位ヲ与ヘ其間大ニ権衡ヲ失スルヲ免カレス。是レ本案カ外国人ニ対スル民法ノ規定ヲ斟酌シハンガリー、スペイン、イタリア、ルーマニア、ポルトガル其他ノ外国立法例ニ倣ヒ且之ヲ拡張シテ一般ニ会社ニ及ホシ本編第六章トシテ外国会社ニ関スル規定ヲ掲ケタル所以ナリ。」（句点を挿入したほか、国名の音名表記をカタカナ表記とした）

上記から、この六か条に関するもともとの立法目的は、外国会社の内国での活動を認めつつ（内国会社としての再設立手続きなくしてどこまで認められるかの問題はあるとしても）、取引の相手方や投資者の保護を図ることにより、内国の保安秩序と内国会社の競争上の地位を保全することにあったと考えられる。

ところで、一八九九（明治三二）年商法以来一九三八（昭和一三）年の商法改正まで、現行の会社法八一八条の前身である商法二五七条は「外国会社ガ始メテ日本ニ支店ヲ設ケタルトキハ其支店ノ所在地ニ於テ登記ヲ為スマテハ第三者ハ其会社ノ成立ヲ否認スルコトヲ得」と規定しており、この規定が一九三八（昭和一三）年改正によって四八一条となり、一九五〇（昭和二五）年に現在の文言とほぼ同じ内容に改められた。前述の一九五〇（昭和二五）年改正前の文言は、現在の民法三七条五項の文言とほぼ同じである。一九五〇（昭和二五）年における改正の趣旨は、①支店設置がないかぎりいかに大量の取引がなされていても登記義務がないという不均衡を補うこと、[68]②第三者が会社の成立を否認するためには、行為の当時未登記の事実について善意であったことを要するか、あるいは、登記前に取引すれば登記後でも否認できるか、等の解釈上の疑義に対応すること、および、③支店を設けないで取引をなした会社については、その成立を否認できないという不均衡を是正することにあったとされる。[69]現行の会社法は、八一八条一項において、「外国会社は、外国会社の登記をするまでは、日本において取引を継続してすることができない」と定めている（旧商法四八一条とほぼ同旨）。継続取引自体を規律の根拠とするこのような規定は、事務所や営業所、あるいは代表者などの物理的拠点がわが国に存在することを根拠に日本法の規律を及ぼすという考えやそのような考えを具体化する他の法制度のなかにあってはむしろ異例である。[70]外国会社の日本における代表者に、業務に関する一切の裁判上または裁判外の行為をなす権限が与えられている（会社法八一七条二項、参照）ためにこのような規定が置かれていると思われるが、いずれにせよ、会社法の外国会社に関する規定は、日本における継続取引を根拠に外国会社に日本法を及ぼす構成を採っていると考えてよい。いずれが時代の流れに適合するかを考えると、むしろ物理的拠点より取引の実態に着目した規律のほうが時宜に適っていよう。越境企業活動や国際的な経済統合・協力の深化に今後退行する可能性がないことを考えると、現実の企業取引に即して民法の外国法人に関する規定を柔軟化した外国会社に関する会社法の枠組みは評価されてよいのではないかと思われる(71)。

なお、冒頭で一瞥したように、外国会社に関する商法・会社法の規定については、改正の触手にほとんど遭わずに来たが、二〇〇二（平成一四）年に外国会社の日本国内における営業所設置義務が廃止され、この改正に対応して新たな債権者保護規定が設けられた。すなわち、当該外国会社の本国における貸借対照表またはそれに類するものを開示させることとした（旧商法四八三条ノ二）。また、営業所設置義務に代えて日本における代表者を定めその者の登記義務を定めた（旧商法四七九条三項ないし五項）。二〇〇二（平成一四）年改正前は、日本における代表者が複数いる場合そのうちの一名が日本国内に住所を有していれば足りると解されていたが、二〇〇二（平成一四）年改正によって全代表者の退任に際し、内国会社の資本減少や合併の場合における債権者保護手続きが要求されることとなり（旧商法四八三条ノ三）、日本国内に住所を有しない者については代表者と認められないとの解釈が一般的になった（平成一四年一二月二七日民商三二三九号民事局長通達四の一（四）、参照）。

会社法では、複数の者が日本における代表者となっている場合は、二〇〇二（平成一四）年改正前の扱いに復し、少なくとも一名が日本国内に住所を有していれば足りることとしている（会社法八一七条一項後段）。引き続き営業所設置義務は廃止されているので、日本国内に営業所がない外国会社における代表者の実質的権限の範囲が問題となる余地はある。代表者には日本における裁判上および裁判外の一切の行為について包括的代理権・代表権が付与されている（会社法八一七条二項、参照）が、日本国内に営業所がないとすれば代表者が何ら関与しないまま、取引が行われる場面は当然想定される。そのような場合の会社および代表者の責任や日本における代表者が何ら関与しない取引の準拠法や裁判管轄の問題が起こる可能性はある(72)。

5 擬似外国会社

擬似外国会社も外国会社であるには違いなく、外国会社に対する国家的監督に関する規定として括れば前款にみた外国会社に関する規定と別段趣を異にするものではない。とはいえ、擬似外国会社という概念のもとに、わが国における活動を極度に制限される他の外国会社とは異なる性格の会社が会社法上規定されている。したがって、擬似外国会社を他の外国会社に関する款とは別にして、ここに取り上げることとしたい。

擬似外国会社の規定は、日本法の適用を避けるため意図的に外国において会社を設立する一種の脱法行為を防止するための規定であり(73)、一八八二年のイタリア商法二三〇条四項を母法とするとされる(74)。この規定は、一八九九（明治三二）年商法二五八条として創設されて以来、実質的な改正を経ないまま、商法四八二条に継承され、現行の会社法八二一条に至っている。

当初の立法の趣旨は、「外国ニ於テ設立スル会社ニシテ日本ニ本店ヲ設ケ又ハ日本ニ於テ商業ヲ営ムヲ以テ主タル目的トスルモノハ之ヲ内国会社トシテ当然本編第一章乃至第五章ノ規定ヲ適用スヘキカ疑ノ存スル所ナリ。蓋シ此種ノ会社ハ事実上ニ於テハ内国会社ト毫モ異ナル所ナキノミナラス若シ内国ニ於テ設立スル会社ト同一ノ規定ニ従フコトヲ要セストセハ我国法律ノ適用ヲ避クルカ為メ故ニ外国ニ於テ此種ノ会社ヲ設立スル者ヲ生スヘキコト必然ナリ……(75)」、すなわち、設立準拠法を前提とする不当な法律の回避の防止にあった。

二〇〇五（平成一七）年改正前商法においては、商法四八二条（および同条を準用する旧有限会社法七六条）の「同一ノ規定」のなかに設立に関する規定が含まれるのかに関する争いがあった。設立に関する規定も同条の「同一ノ規定」のなかに含まれると解するものは比較的商法学者に多く(76)（判例もこの立場をとっている）、含まれないと解するものには国際私法学者が多かったというが(77)、前者の見解をとれば、擬似外国会社には日本法に従った再設立手続きが必要となり、結局本拠地法主義を採った場合と同様の不都合が生ずるほか、そもそも、設立準拠法主義を採っている会社法体系における同条の位置づけが問題となる可能性もある。[78] 事実、擬似外国会社に関する商法四八二条を、設立準拠法を採用しているとされるわが国の会社法のなかで唯一本拠地法主義に依拠する規定と解し会社法体系と整合しないとする見解もあった。[79] 他方、後者によっても、擬似外国会社の再設立手続きは不要となるため、わが国の会社法の適用を不当に免れつつ事業を継続する擬似外国会社の存在によって、内国市場における内国会社との競争がゆがめられる可能性があるなど、[80] 問題がないわけではない。

擬似外国会社の規定の趣旨は、二〇〇五（平成一七）年改正前の商法にあっても、設立準拠法主義の採用を前提とし、設立準拠法主義の不備を補完することにあると解するものが多かった。[81] すなわち、準拠法を本拠地と無関係に自由に選択できる設立準拠法主義において、いわば脱法行為を防ぐために置かれたものにほかならない。[82] 前述の一八九九（明治三二）年商法起草時の立法趣旨からも妥当な解釈であるといえよう。擬似外国会社の規定が一方的な抵触規定——日本会社の外国における本拠の設置や外国への本拠の移転については何も規定されていない——として置かれていることからも、これを厳格な意味での本拠地法主義の体現と捉えることは困難であろう。[83]

以上の規定をめぐる解釈上の疑義を背景に、規定自体の廃止を求める見解も有力であったが、[84] 会社法においては、擬似外国会社の規定は存置したうえで擬似外国会社であっても通常の外国会社と同様に法人格が認められることとし、日本において継続して取引をなすことができない旨が明文で定められた（会社法八二一条一項、参照）。二〇〇五（平成一七）年改正前商法における「同一ノ規定」の範囲に関する多数説・判例の解釈に従えば、擬似外国会社は外国会社としての法人格が認められず日本法に従った再設立手続きが必要となる。したがって、外国

会社に関する商法の規定の適用を受けられず、登記も認められないという不都合があった。(85)

もっとも、会社法の下では擬似外国会社と認定された場合、当該会社のために取引を行った個人が遡って連帯無限責任を負わされるため、擬似外国会社の外延があいまいであることによる予測不可能性の問題はかえって商法の旧規定以上に深刻となることが懸念されうる。(86) この点は、通常の外国会社が登記をすることによってかかる責任を免れうるとされている（会社法八一八条一項・二項、参照）のと好対照である。

6 小　括

以上から、わが国の外国人法上の問題をまとめると、民法における外国法人の認許の法的性質をどのように捉えるかという問題と会社法上の外国会社の規定の解釈上の問題に大別されよう。外国法人の認許の問題は、認許の要否をもって内外法人の区別が可能であるとみれば内外法人を区別する基盤でもあり、また外国法人の従属法の決定の問題と連続的に把握する立場が有力に主張されていることもあって、その意義と法的性質を事実として進行するボーダレスな企業活動に適合するよう再構成することが求められているといえよう。すなわち、法人格の属地性が前提とされた明治期の近代法草創期の解釈とは異なり、従属法に基づいて法人格を認められた外国法人・会社は他国でも法人であることを前提とすべきである。とはいえ、他国においてはその国の法政策上当該法人の法人としての活動を制約せざるをえない場合がある。ここに認許の意義がある。つまり、認許という行為によって外国法人・会社の法人格が付与されるのではなく、当初から存在している外国法人について、当該国内におけるその法人としての活動を認許した範囲内で認めるということである。会社法上の外国会社は民法三五条一項によって認許される。これによれば、従属法によって必ずしも法人格を付与されない営利団体にあっても、わが国に相当の会社形態があれば認許されることとなる。二〇〇六（平成一八）年改正前の民法三六条一項に認許される主体として列挙された商事会社より範囲は広い。

会社法上の外国会社に関する規定は、「日本における代表者」（八一七条、八二〇条）や「日本において本店（を置き）」（八二一条）などの文言を用いつつも、準拠法決定の主たる連結点を「日本における継続取引」に求めているように読める。むろん、本節4で述べたように、継続取引を行う主体が文言上現れていないのは、日本における代表者の包括的な代理・代表権限が背景にあることを当然の前提としている（八一七条二項、参照）。「本店」「業務統括地」「営業所」あるいは「代表者」などのように、連結点を有体の物理的拠点に求める規律が多いなかで、仮にわが国の会社法の外国会社の規定が「取引」のような行為を連結点に求めているとすれば、より企業活動の国際化に親和する枠組みともいえる。継続取引の文言自体は、本節4で述べたように、一九五〇（昭和二五）年商法改正以来のものであるが、奇しくも二〇〇二（平成一四）年の外国会社に関する改正の日本における営業所設置義務の廃止と平仄が合うこととなった。

商法における擬似外国会社の規定は、その文言が不明確であり、擬似外国会社の法人格がわが国で認められるか否かの解釈上の問題を引き起こしていた。わが国における外国法人・会社の従属法は設立準拠法であると解されてきたため、擬似外国会社の規定はむしろ廃止したほうがすっきりするとさえ考えられる。会社法の意義は、擬似外国会社の規定を存置しかつその法人格を認めたことにある。もっとも、その責任の主体は会社の代表者に特定されるのではなく、会社のために取引した者とされ、責任を負う者の範囲が会社法では広くなっている。したがって、擬似外国会社の外延があいまいであるという旧来の予測不可能性のリスクはそのままに、会社法では擬似外国会社と事後的に判断された場合の責任の範囲に関する予測不可能性のリスクが加わった点は――債権者保護の考慮はともかくとして――新たな問題に数えられよう。

なお、擬似外国会社の規定を存置すること自体は、設立準拠法主義を採用していることに伴う危険回避としての現実的な選択肢である。外国会社の受入国における公序の問題として、当事者自治による準拠法の適用を否定し本拠地法を発動できる余地は残しておくべきであろう。このことは、二で述べた設立準拠法主義と本拠地法主義の相対性の議論に連なる。

(47) 比較法的にみれば、法人の認許は欧州大陸の伝統に根ざす制度であるといえよう。一九世紀の欧州大陸では、主として外国株式会社に対する内国経済の防衛の関心から、株主の有限責任により卓越した競争力を備える外国株式会社の内国への進出にことのほか警戒心を強くしていたとされる。たとえば、当時設立免許主義をとっていたフランス・ベルギー間で外国法人の認許に関する判例が相次ぎ、そこでは、設立免許主義が公序法である以上、外国株式会社の自由な認許は内国の公安を外国法にゆだねることを意味するゆえ、認められない、とされた。この問題は、一八五四年の通商条約により、両国間で株式会社の相互承認が認められることによって決着がついた。もっとも、このような大陸の情勢は、株式会社の設立に関して免許主義を採用していたことに負う部分が大きい。これに対し、英国（イングランド&ウェールズ）では古くから外国において適法に設立された法人は、英国内においても法人として承認され、内国裁判所において法人として訴えを提起し、また訴えられる資格を有するという確立した原則がある。また、米国では、州外法人と外国法人の認許は原則的に同一のルールにより決せられてきた。初期の合衆国最高裁の判例は、州外法人の認許と州内営業活動の可否とを区別せずに論じたが、「第二次抵触法リステイトメント（一九七一年）（*Restatement, Conflict of Laws*, 2d §§302-310（1971））は、この二つを峻別し、前者については「一邦における法人の成立は他の邦においても認められる」とし、後者については「事実と当事者に最も重要な関係を有する州の法律により規律される」とする。詳細については、岡本善八「外国会社の法的規制――法人認許の歴史――」『現代の企業』法学セミナー増刊（通巻一四号）（一九八〇年）一三六頁以下、河村博文「擬似外国会社はいかに規制されるべきか」私法四三号（一九八一年）二八四―二八五頁。

(48) 喜多川・前掲注（4）一〇九頁、林良平＝前田達明編『新版注釈民法（2）』（有斐閣、一九九一年）一九四頁［溜池良夫］およびその引用文献、野村・前掲注（4）二二頁などを参照。

(49) 高桑・前掲注（4）一四六頁。

(50) もともとは民法三六条として規定されていたが、二〇〇六（平成一八）年に成立した「一般社団・一般財団法人法」の施行により三五条に繰り上がると同時に、外国法人の登記に関する二か条が加わった。

(51) 内藤英博＝遠藤聖志「擬似外国会社に関する規制の改正について」International Taxation Vol.25, No.9（二〇〇五年）二七―二八頁。従来も外国会社に関する国家的監督の問題は権利享有の問題とは性質を異にするゆえ、設立準拠法上人格を有するか否かは問わず、ドイツ法上の合名会社や合資会社のような組合についても、外国会社に広く含めるべきであるという見解が有力に主張されていた。大隅健一郎『会社法概説』（有斐閣、一九五一年）二九八頁、岡本a・同上八二頁。

(52) 商行為を業とする社団法人とする見解（田中・前掲注（9）五九一頁、實方正雄『国際私法概論〔再訂版〕』（有斐閣、一九五二年）一五二頁、久保岩太郎『国際私法概論〔改訂第三版〕』（厳松堂、一九五五年）一三四頁、我妻栄＝有泉亨＝清水誠＝田山輝明『我妻・有泉 コンメンタール民法 総則・物権・債権〔補訂版〕』（日本評論社、二〇〇六年）一二六頁など）と商行為を業としない民事会社も含め広く営利を目的とする団体のすべてを含むとする見解とがあった（岡本a・前掲注（9）七七、八二頁、山田・前掲注（3）二四六頁、櫻田・前掲注（11）一七五頁、木棚照一『国際私法概論〔第四版〕』（有斐閣、二〇〇五年）一一六頁など）。

(53) 条文番号の記載にあたっては、便宜的に二〇〇五（平成一七）年改正前商法を旧商法とした。

(54) 岡本a・前掲注（9）八二頁。

(55) 野村・前掲注（4）二四頁、参照。もっとも、このような通説・判例の見解に対して、会社法の外国会社に関する規定は、民法三五条によって認許を受けていることを前提に適用されるとの見解もあったが（たとえば、山田・前掲注（3）二五三頁以下、服部栄三編『基本法コンメンタール〔第六版〕会社法3』（日本評論社、一九九八年）一〇九―一一〇頁〔河村博文〕、河村a・前掲注（4）八八頁以下、参照）、この点については前述のとおり立法によって決着がついたと考えられる（前述**四1**、参照）。

(56) 山田・前掲注（3）二四六頁、前田ほか・前掲注（1）三〇頁〔江頭発言〕。

(57) 櫻田・前掲注（11）一七七頁は、立法論としては、外国法人はすべて原則的に認許されるべきであるとする。

(58) ただし、その当事者能力については設立準拠法によって判断されるべきとする。

(59)『民法整理会議事速記録』一ノ二九（一八九三年）〔梅博士発言〕、梅謙次郎「外国法人ニ就テ」志林四六号（一九〇三年）五五頁、石黒・前掲注（3）二六〇頁、佐野・前掲注（3）一七一頁。なお、外国人の私権（現行民法三条二項に相当）に関する明治民法起草時の梅の考え方を立法史料から探る興味深い研究として、大河純夫「外国人の私権と梅謙次郎（一）（二・完）」立命二五三号（一九九七年）四七四頁、同二五五号（一九九七年）九三三頁。

(60)「認許セラレタル外国法人ニシテ若シ我邦ニ於テ成立セル同種ノ者ノ有スル能ハサル権利ヲ有スルコトヲ得ルモノトスレハ

彼ニ厚クシテ却テ我ニ薄キノ嫌アル」『民法第一議案』七七、溜池・前掲注（48）二〇一頁、高桑・前掲注（3）三三二頁、櫻田・前掲注（11）一七八頁ほか。ただし、この点につき、起草者のひとり梅謙次郎は、外国法人に対し同種の内国法人が享有するのと厳格に同等の権利を与えるべきと考えていた。すなわち、従属法によって享有できる権利でも同種の内国法人が享有できない権利は享有できず、しかし、同種の内国法人が享有できる権利については、たとえ、従属法によって享有できない権利でも外国法人に享有させることができるとしていた（梅謙次郎『訂正増補 民法要義巻之一総則編』（有斐閣、一九一一年）八八頁）。

(61) 石黒・前掲注（3）二六〇頁以下。民法起草者は、認許について、ある国の法人法は本来属地的な法であるため、外国ではその国の特別な承認を待って始めて法律上存在することになると解していたという。この点については、川上太郎「法人の渉外的活動」国民経済雑誌七八巻（一九四六年）一号四四頁。

(62) 二〇〇四（平成一六）年の民法改正により、外国法人の登記に関する四九条本文の文言が「適用する」から「準用する」に改められた。したがって、法人の登記に関する四五条三項、四六条、四七条は、もっぱら内国法人の登記に関する規定と解される。四五条一項および二項は、法人の設立登記に関するから、もとより内国法人に関する規定である。

(63) たとえば、岡本a・前掲注（9）七二頁。設立準拠法主義を採用していないとするならば、このような登記は無用である。

(64) 岡本b・前掲注（9）二三頁、溜池・前掲注（48）一九二頁。

(65) たとえば、佐野・前掲注（3）一七一頁。

(66) たとえば、高桑・前掲注（4）一四五—一四六頁、同・前掲注（3）三一頁。

(67) 『商法修正案理由書』（博文館、一八九八年）三七頁参照。

(68) 岡本善八「外国会社に関する立法・判例の変遷（三・完）」同法一一巻（一九五九年）三号（以下、岡本aとする）三九—四〇頁、上柳克郎ほか編『新版注釈会社法（13）』（有斐閣、一九九〇年）五二五頁（岡本善八）（以下、岡本bとする）。

(69) 鈴木竹雄＝石井照久『改正株式会社法解説』（日本評論社、一九五〇年）三五八—三五九頁、大隅健一郎＝大森忠夫『逐条改正会社法解説〔増補三版〕』（有斐閣、一九五二年）五六七—五六八頁、岡本b・同上五三〇—五三一頁。

(70) 野村・前掲注（4）二五頁。

(71) 野村・同上二八頁、参照。

(72) 日本における営業所設置義務の廃止に伴う実務的問題点については、内間裕「検査役調査・外国会社」ジュリ一二〇六号（二〇〇一年）九六頁以下、西村光治「外国会社の規制緩和」企会五四巻（二〇〇二年）八号六二頁以下、坪川弘「外国会社をめぐる諸問題」民情二一九号（二〇〇四年）六八頁以下。なお、外国会社規定改正問題研究会「「商法等の一部を改正する法律案要綱中間試案」中、外国会社規定の改正についての意見」商事一五九九号（二〇〇一年）三六頁以下参照。

(73) 商法修正案理由書・前掲注(67)二一九—二二〇頁参照。
(74) 現行のイタリア民法二五〇五条に相当する。山田三良「商法第二百五十八条ニ就テ」法協二一巻(一九〇三年)五号六七二頁。
(75) 「商法修正案参考書」法務大臣官房・司法法制調査部監修『日本近代立法資料叢書21』(商事法務研究会、一九八五年)一一〇頁。
(76) 東京地裁大正七年九月一〇日決定評論七号商法篇五七〇頁、大審院大正七年一二月一六日決定民録二四巻二三二六頁、東京地裁昭和二年九月一七日判決新報一四二巻一九頁、東京地裁昭和二九年六月四日判決判時八号二九頁など。なお、外国会社に関する判例研究として、岡本b・前掲注(9)一三頁以下、岡本善八「外国会社に関する立法・判例の変遷(二)」同法一一巻二号(一九五九年)四五頁以下、岡本a・前掲注(68)三七頁以下。
(77) 山田・前掲注(3)二五八頁およびその引用文献を参照。
(78) たとえば、河村b・前掲注(4)二〇頁。
(79) 河村b・同上二〇頁。
(80) 内外会社の競争との関係での外国会社に関する会社法上の規定の検討に関しては、早川吉尚「外国会社」法教二六五号(二〇〇二年)三五頁、同「擬似外国会社」ジュリ一二六七号(二〇〇四年)一一八—一一九頁、神作裕之「会社法総則・擬似外国会社」ジュリ一二九五号(二〇〇五年)一四三頁。
(81) 岡本a・前掲注(9)七二頁、高桑・前掲注(3)二二三頁。
(82) 商法修正案理由書・前掲注(67)二一九—二二〇頁、高桑・同上、山田・前掲注(3)二五七頁。
(83) 西島・前掲注(3)七八〇、七八六頁、参照。
(84) たとえば、喜多川・前掲注(9)五九頁、神前ほか・前掲注(6)一二五頁。二〇〇三(平成一五)年一一月の「会社法制の現代化に関する要綱試案」第五部一においては商法四八二条中の「同一ノ規定」を会社の設立に関する規定を含め会社にかかる商法の規定のすべてを指すことを前提として制度を整理したうえで、擬似外国会社の法人格を否認するとするa案と商法四八二条を削除し、擬似外国会社を通常の外国会社と同等に扱うとするb案とが提示されており、パブリック・コメントの結果においてもb案を支持する意見が大多数を占めた(法制審議会会社法(現代化関係)部会第一八回会議議事録参照)。
(85) 相澤哲=葉玉匡美「外国会社・雑則(上)」商事一七五四号(二〇〇六年)九七頁、相澤哲ほか「外国会社・雑則」相澤哲編著『立法担当者による新・会社法の解説』別冊商事法務二九五号(商事法務研究会、二〇〇六年)二一〇頁。登記をした場合には無効となるほか、不実登記として過料の制裁を受け、しかも公正証書原本等不実記載罪等が成立する可能性があった。

（86）たとえば、三苫裕ほか「組織再編行為(続)、清算、株式会社以外の会社類型、外国会社」商事一七二五号（二〇〇五年）二四頁。

五　欧州連合の状況

本節では、欧州連合（ＥＵ）における会社の相互承認、ＥＵ会社法現代化に関する検討における準拠法決定のルール、会社の越境移転に関する判例・学説および欧州会社（ＳＥ）に関する議論などをみることにより、叙上にて検討してきたわが国における抵触法および実質法上の諸問題を比較法的な視座から咀嚼することとしたい。ＥＵを取り上げるのは、ＥＵが超国家的統合体として早くから基本条約の下に国家の主権的立法措置の調和を試みてきたこと（超国家的統合体とはいえ、立法については加盟国間の国際的関係が並存する）、企業活動を含む域内自由移動は共同体の専権政策事項として[87]共同体の主導の下に強力に推進されてきたこと、ＥＵ域内で自由に活動できる欧州会社・欧州協同会社[88]構想が実現したこと、および、越境企業再編に向けたＥＣ立法[89]が相次いで採択されたことなど、企業組織のうえでも、企業活動のうえでも、加盟国間の抵触法上の問題に関し、一定の解決指針を提示してきたと思われるからである。むろん、そこでは、国際企業活動は加盟国間での越境活動を意味するに過ぎず、したがってＥＵでの議論を引き合いにわが国の議論を構築することが必ずしも妥当でない場合もあるかもしれない。それゆえ、ここでは、ＥＵという特殊事情を差し引いてもなお示唆に富む一般的論点を主として検討の対象とすることにする。

欧州共同体設立条約（The Treaty Establishing the European Communities）（以下、ＥＣ条約という）は、域内にお

ける経済的自由権の保障として「物」[90]、「人」[91]、「サーヴィス」[92]、「資本」[93]に関する域内自由移動と域内における法人の「開業自由」[94]とを明文をもって定めている。物の自由移動に関しては、すでに欧州司法裁判所の判例のおびただしい蓄積があり、また、人やサーヴィスについても物の自由移動に準じた解釈により、域内における経済的自由がほぼ確保できている状況にあるといえるが、域内における資本の自由移動および開業の自由については、他の自由移動に比べるとEU市民の自由移動権の確保が遅れてきたといえる。EC条約の資本や開業に関する自由移動規定の解釈や適用をめぐって不明確な点が多く、そのため、実務は他の加盟国に現地法人の形で子会社等を原始設立することが多く、また、本拠地法主義を採用する加盟国間で会社・法人の相互承認に関する二国間条約が締結されてきたことにより、実際にこれらの規定の解釈が裁判所にまで持ち込まれることはまれであったためと考えられる[95]。法人の他の加盟国への移動には自由移動に対する例外規定を使って「正当な」制約が課される場合も多く、内国民待遇が完全な形で保障されているとはいいがたい。さらに、加盟国国内会社法が、たとえ設立準拠法主義を採っていたとしても外国に移転した法人の移転先での法人格を保障していることは皆無に近い[96]。

とはいえ、資本の自由移動や法人の開業自由の分野における近年の判例法の進展には目を見張るものがある。欧州委員会は、資本の自由移動や法人の開業自由を制約する主権措置を採った可能性がある九つの加盟国に対し義務不履行に基づく訴訟[97]を提起し、これにより他の加盟国で設立された法人に対する加盟国の制限的措置を排除する判例法が徐々に確立されつつある。ここでは最近の注目すべき判例法の進展にも触れつつ、それに関連するEUの法政策を総合的に取り上げることとしたい。これらは、いずれも共同体発足とほぼ同時に着手されその後も同時並行的に進められてきた重要なものばかりであるが、採択の早い順に検討する。すなわち、1において会社の相互承認を、2において会社法現代化と抵触法上の諸問題の検討成果を、3において開業自由に関する判例法の展開を、4において欧州会社・欧州協同会社に関するEC立法を、最後に5において越境企業再編に関するEC立法のそれぞれの進展を取り上げる。

1　会社の相互承認

EC条約二九三条本文は、加盟国に対し、四項目について必要に応じて自国民の利益を保全するべく相互に交渉を開始することを義務づける。この四項目のなかには、EC条約四四条二段の意味における会社または企業の相互承認、他の加盟国に営業本拠を移転した場合の法人格の維持、異なる法律によって規律される会社または企業間の合併の可能性がはいっており、したがって、すべての加盟国に対し他の加盟国で設立された会社ないし企業を自国内でもそのものとして幅広く認めること（たとえば、法廷地である他の加盟国において当事者能力を認められることなど）を要請するのがEC条約の基本精神であるといえよう。

EUの前身であるEECが発足した一九五八年当時、原始加盟国であったベルギー、フランス、ドイツ、イタリア、ルクセンブルグ、およびオランダの六か国はすべて本拠地法主義を採用しており、おそらく、域内での準拠法決定の基準は本拠地法で統一的に運用できる旨の黙示の合意が加盟国間にあったものと推測される。[98]もっとも、オランダはその後一九五九年に設立準拠法主義に転じた。

「会社・法人の相互承認に関する条約」（ブリュッセル条約[99]）は、このような背景のもと、ある加盟国で設立された会社・法人が他の加盟国においてもその法人格を失うことなく活動できるよう、EC条約二九三条（当時は二二〇条）に基づいて一九六八年二月二九日に原始六加盟国間で署名された。[100]この条約は、承認された外国会社・法人について、設立準拠法主義を原則としつつも（設立準拠法によって権利能力が付与されるとしている：六条）、会社・法人の事実上の本拠（業務統括の中心地）が加盟国の領域内に存在せず、加盟国の経済と何ら現実的関係を有しない（have no genuine link with the economy of one of the territories）場合には、加盟国はこの条約を適用しない旨の宣言を行うことができ（三条）、加盟国が自国内に事実上の本拠を有するものに対し任意で自国の強行法規（essential provisions）を適用することを認めている。しかも、当該会社が定款に設立準拠法について何も記載していないか、または、設立国において合理的期間活動したことを証明できない場合には、自国の任意法規（suppletory provisions）をも適用できるとしている（四条）。すなわち、当時加盟国のうちオランダ以外がすべて本拠地法主義を採っていたことを反映して、実際上本拠地法が原則的な準拠法ではないとしても適用される可能性はきわめて高い内容となっている[101]。オランダが批准しなかったため、結局この条約は発効することなく終わったが、少なくとも条約締結後数年間は発効に向けての努力が続けられた。このことは、たとえば、ブリュッセル条約の解釈に関する先決裁定の管轄権を欧州司法裁判所に与えることに関する議定書[102]が一九七一年六月三日に策定され、新規加盟国（具体的にはデンマーク、アイルランドおよび連合王国）はブリュッセル条約および欧州司法裁判所の管轄権に関する議定書を承認し、必要に応じて改正を行うため既存の加盟国との交渉を試みたことにも象徴される。一九七九年になってさえ新規加盟国を含めた加盟国間の交渉は試みられたが、ほとんど何も動かなかった。

本拠地法発動の要件があいまいであり、加盟国間でその解釈が分かれたことがこの条約が死文化した最大の要因であった。たとえば、三条の「加盟国の経済と何ら現実的関係を有しない」や四条の「強行法規」の概念が不明確であり、オランダ以外のすべての条約締約国はこれらの概念を広義に捉え、条約の実効性を著しく低め本拠地法の適用をほぼ無条件・無制限に近い形で認める宣言を共同で採択した。オランダは条約締約時にはすでに設立準拠法主義を採用しており、設立地法を準拠法とする条約の基本原則をゆがめる他の加盟国の解釈に抵抗した[103]。条約の文言解釈をめぐる深い溝が結局ブリュッセル条約を永久に葬り去る原因となったといえる。

2 会社法の現代化と抵触法への言及

欧州委員会は、二〇〇一年九月四日付報道発表において、オランダのエラスムス大学教授 Jaap Winter を座長とする会社法専門家ハイレヴェルグループ（The High Level Group of Company Law Experts）を設置したことを明らかにした。欧州委員会の公開買付（以下、ＴＯＢという）に関する指令案の策定に関して勧告を行うことと今後ＥＵ会社法を現代化するうえでの優先課題を画定することが主たる目的であり同グループの任務でもあった[104]。この二つの観点から、二〇〇二年一月一〇日付でＴＯＢ指令案に関する報告書[105]が、同年一一月四日付で欧州における会社法に関する現代的法枠組みに関する最終報告書[106]が、グループから欧州委員会に提出された。ＴＯＢ指令に関する考察と勧告については、5において本稿の問題意識に合致する範囲で触れる。ここではグループ最終報告書における抵触法上の問題についての検討成果を抽出することとしたい[107]。

グループ報告書は、「第六章　企業の再編と流動性（Chapter VI Corporate Restructuring and Mobility）」において、準拠法決定基準について検討している。そこでは、本拠の移転に伴い法人格をただちに認めないような厳格な本拠地法主義が妥当でないことを共通認識としつつも、準拠法の決定については将来的に明確な基準の確立が必要とするのみで結論を留保している。報告書は、①設立準拠法主義国から設立準拠法主義国への本拠の移転、②本拠地法主義国への本拠の移転、③本拠地法主義国からの本拠の移転、および、④第三国の立場、に場合分けをしつつ勧告している[108]。すなわち、①についてはＥＣ条約の自由移動の原則に最も合致し、とくに問題は生じない。②については、本拠地法が設立準拠法に代わって適用されることとなるが、その際にも、正当な公益要請、比例性、最低限の介入、透明性、および内外無差別の諸原則に従うこととしている。とりわけ、資本、統治、機関構成、および従業員参加のような会社の内部自治事項に関しては、本拠地法の適用は慎重に行い、さらに、清算と再設立は最終手段とすべきとする。さらに、営業本拠地が設立国内にあることを要求する欧州会社法については見直しが必要としている（後述4、参照）。③については、移転前の国の法規の適用は②に示した諸原則に従い、移転に伴って生ずる抵触法上の問題は移転前と移転後の加盟国で双務原則（互譲による調整）に従って解決できるとする。④については、移転により何らかの影響を受ける第三国はかかる会社の準拠法決定基準として原則的に設立準拠法主義を採用すべきとしている。[109]

グループが指標とした右の五つの原則は、次の3で述べる欧州司法裁判所がCentros判決で言及した四つの判断基準とほぼ重なる。域内自由移動の要請から、ＥＵとして極端な本拠地法主義を準拠法決定基準として採用できないことは明白である。したがって、本拠地法主義を採用する加盟国は、準拠法決定に当たって譲歩せざるをえないが、報告書は、その際にも自国法をまったく適用できないとはせず、五つの原則に従うことを条件に自国法の適用を認めている。

3　開業自由に関する近時の判例

ＥＣ条約四三条ないし四八条は、ＥＵ域内における開業の自由（freedom of establishment）を定めている。ＥＣ条約四三条一段によれば、ある加盟国市民（nationals）の他の加盟国領域における開業自由に対する制限は禁止される。かかる禁止は、いかなる加盟国領域におけるいかなる加盟国市民による代理店、支店、または子会社の設置に対する制限に対しても同様に適用される。なお、ＥＣ条約四八条一段によれば、ある加盟国法に従って設立された会社または企業であって登記簿上の本店、業務統括の中心地、または、主たる事業所が共同体内にあるものは、加盟国市民として扱われ、さらに同条二段は開業自由の規定が適用される会社・企業の範囲を画している。すなわち、会社または企業とは、非営利組織を除く、民商法によって組織された会社または企業、および公法・私法によって規律される他の法人を意味する。これら条約規定の解釈をめぐり、近時欧州司法裁判所（以下、単に裁判所というときは欧州司法裁判所のことを指している）は注目すべき複数の判決を出した。ひとつは、Überseering 判決[110]であり、他のひとつは、Inspire Art 判決[111]である[112]。これらは、伝統的に本拠地法主義を厳格に採用してきたドイツと設立準拠法主義を採用しているオランダを法廷地とする事例であり、結論を先取りすれば、裁判所は本拠地法主義を採用する法廷地加盟国においても、いったんある加盟国において適法に設立された会社はその法人格を維持しうるという論旨を導いた。なお、前者は本拠地移転の事例（secondary establishment）であるが、後者は会社の設立当初から営業本拠地の規制を回避する趣旨で他の加盟国においてその手続きを履践した事例（primary establishment）であり、擬似外国会社規制に関する裁判所の見解を示したものといえる[113]。以下、これらの事例の概要を簡潔に紹介し、判決における裁判所の論旨を検討する。なお、これらの判決の先例として、Daily Mail 判決[114]および Centros 判決[115]がある。これらの先例をも必要に応じて引用しつつ、上記二判決の今日的意義に着目したい[116]。

㈠ Überseering 判決（欧州司法裁判所二〇〇二年一一月五日判決）

Überseering BV（以下、U社という）は、一九九〇年一〇月にオランダ法に基づいて設立された有限（閉鎖株式）会社であり、一九九二年一一月二七日付けでドイツの有限会社 Nordic Construction Company Baumanagement 社（以下、N社という）との間でモーテルやガレージなどの改装工事の請負契約を締結したが、塗装工事の瑕疵をめぐってU社がN社をドイツ国内裁判所に提訴する事態となった。一九九四年一二月にU社の株式はすべてジュッセルドルフ在住のドイツ人二名に譲渡され、U社はその後の一九九六年にジュッセルドルフ地方裁判所

(Landgericht) においてN社の債務不履行責任を追及した。

地方裁判所も控訴裁判所 (Oberlandesgericht) もともにU社にはドイツ国内裁判所における当事者能力がないとして、その訴え自体を却下した。その理由は、U社は株式すべてをドイツ人に譲渡した時点で本拠地をオランダからドイツに移転したと考えられるがドイツ国内において再設立手続きを経ていない以上法人とは認められないというものであった。連邦最高裁判所 (Bundesgerichtshof) は、先決裁定手続き (EC条約二三四条、参照) により、ドイツの先例・多数説が採用する本拠地法主義がEC条約四三条ないし四八条の開業自由の規定に適合するかどうかの判断を欧州司法裁判所に求めた (付託内容は、①EC条約の開業自由に関する規定上、営業本拠を設立国から移転した会社は移転先の国の裁判所において原告となりえないと解釈できるか、および、②付託①においてそのように解釈できる場合、EC条約の開業自由に関する規定上、法人格および当事者能力の有無は設立準拠法所属国において決定しなければならないか、の二点)。

欧州司法裁判所は、ドイツ国内での議論にもかかわらず[117]、オランダで適法に設立され、同国内に登記簿上の本店を有するU社はEC条約四三条ないし四八条により、ドイツ国内においても開業自由の利益を享受でき、したがって、ドイツ法に基づく設立手続きを経ずにドイツ国内裁判所においてオランダ会社として法人格を認められ、訴訟手続き上当事者能力を有することを認めた。

本判決は、基本的には Centros 判決に従っているが、Centros 判決で明示されなかった論点にも触れている点で注目される。すなわち、Daily Mail 判決の意義とEC条約二九三条 (会社・企業の相互承認、本拠地移転の際の法人格の留保、および越境企業結合に際し自国民の利益保護のため加盟国間での交渉義務を定めた規定。本節1、参照) および四四条二項g (株主・社員その他の者の利益保護のため加盟国が定める自由移動へのセーフガード措置を域内において必要な範囲で調整することを定めた規定）の解釈である。[118] このことについては、Inspire Art 判決に関する評価と併せて後述する。

(二) Inspire Art 判決（欧州司法裁判所二〇〇三年九月三〇日判決）

Überseering 判決が下ってから一年経たないうちに、ＥＣ条約上の域内開業自由に関する判例が積み上げられることとなった。以下、Inspire Art 事件の概要について述べる。

オランダにおいて一九九七年に制定された表見外国会社法（Wet op de Formeel Buitenlandse Vennootschappen；擬似外国会社法）は、外国法に基づいて設立され法人格を取得した会社で、もっぱらオランダ国内での事業活動を意図し、設立準拠法所属国とは実質ほとんど関係をもたない会社を表見外国会社と定義し、表見外国会社としての登記義務、内国会社と同等の資本金規制や決算報告義務等を課している。さらに、これらの要件に違反した場合には罰則が規定されている。

Inspire Art 社（以下、I社という）は、二〇〇〇年七月二八日にイングランド&ウェールズ法に基づいて設立された私会社であり、ケント州フォークストン（Folkestone）に登記簿上の本店を置いていたが、二〇〇〇年八月以降はもっぱらオランダのアムステルダムの営業所を通じて営業活動を行っていた。アムステルダム商務局は、I社が表見外国会社に当たるとの見解を示し、アムステルダム地方裁判所（Kantongerecht）に対し、I社への登記命令の発令を求めたが、裁判所は結論を留保し、表見外国会社法のＥＣ条約との適合性の判断を先決裁定手続きによって欧州司法裁判所に付託した。

欧州司法裁判所は、I社の設立動機がもっぱらオランダ会社法適用の回避にあることは認めつつも、ＥＣ条約上ある加盟国法に従って適法に設立され域内に本店、営業の中心地、または業務統括地を有する会社は代理店、支店、子会社等を通じて他の加盟国で自由に営業活動を行うことが保障されているとの判断を示した。そのうえで、オランダ会社法の最低資本金規制や取締役の責任制度は、表見外国会社法を通じて外国会社であるI社に対しても強行法的に適用されるため、EC条約上保障された開業自由に対する制約となるとし、このような制約が正当化されるかどうかをさらに個別具体的に検討した。このような判断基準はCentros判決に従うものである。

Centros判決で提示された裁判所の判断基準は、次の四要素から構成される（four-factor-test）。すなわち、問題となっている加盟国の措置（本件ではオランダ会社法上の最低資本金や取締役の責任等の規定）が、①無差別に適用されているか、②公益要請に由来する強行要件（EC条約上規定されている自由移動に対する例外条項）によって正当化されるか（EC条約四六条一段、参照）、③希求される目的の達成に適合するか、および、④その目的の達成に必要な範囲か、である。欧州司法裁判所は、オランダ表見外国会社法上の規定は、公益要請には合致しないとし、また、オランダ行政当局のオランダ表見外国会社法上の措置は債権者保護の要請上正当化されうるとの主張に対しては、債権者保護は最低資本金規制や役員の責任などの実質規制によらずとも情報・財務開示により十分達成されうる（上記④を満たさない）とした[119]。

㈢　両判決の意義

両判決とも、結論においてEC条約上の開業自由の権利を尊重する点で轍を一にしている。先例であるDaily Mail判決やCentros判決の方向性に沿うものである。

Daily Mail事件は、イングランド&ウェールズ法に基づいて設立された会社がイングランド&ウェールズの税制を免れるためにその登記地をオランダに変更しようと企図してイングランド&ウェールズ当局に阻止されたものであり、加盟国間の開業自由や会社の相互承認にかかる事例というよりはむしろ一加盟国の国内法制とEC条約上の開業自由制度との整合性に関する事例と扱われてきた。類似の事例である Inspire Art 事件において、裁判所が Centros 基準に従って、オランダの擬似外国会社規制につきEC条約との整合性について検討したことには、原始設立事例においても Centros 基準が適用されることを確認したという意義があろう。いずれの事例においても、Daily Mail 判決や Centros 判決では明確に触れられていないEC条約上の開業の自由と加盟国間の会社・企業の相互承認に関する規定の解釈が示され、ある加盟国において適法に設立された会社・企業は、管理・統括中心地または主たる営業所をどこに置くかに関係なく設立地を自由に選択できる権利を有するという。原始設立の自由のみならず、いったん設立された会社・企業が登記簿上の本店、管理・統括中心地、あるいは主たる営業所を他の加盟国に自由に移動することもできるという解釈である。

なお、欧州委員会は、一九九七年に会社の登記簿上または事実上の本店の移動に関する第一四指令案を提出し、そこでは準拠法決定の基準にかかわらず、ある加盟国で設立された会社の登記簿上または事実上の本店が他の加盟国に移転する際には移転先の加盟国は清算・解散や再設立手続きなくして当該移転を承認するが、移転後の準拠法は移転先の加盟国法である旨が規定されていた。第一四指令案についてはいまだ採択の兆しがみられないが、欧州レヴェルでの企業組織が次々と可能となっていくなか、固有の指令として採択する現実的意義があるのかも含め、さらなる検討が求められることとなろう[120]。

4　欧州会社・欧州協同会社

二〇〇一年一〇月八日、欧州会社に関する規則および従業員関与（employee involvement）に関する設立前交渉を義務づける指令がEUレヴェルで採択され[121]、これによって、EU・欧州経済地域内で自由に活動できる公開有限責任会社[122]、欧州会社（Societas Europaea；以下、SEという）の設立が可能となった。これらの規則・指令は二〇〇四年一〇月八日に発効し、二〇〇六年以降実務においても徐々に利用されてきているようである。[123]

ＥＵレヴェルでの企業組織の設立はＳＥが初めてではない。一九八五年には欧州経済利益団体（European economic interest grouping；以下、ＥＥＩＧという）の制度が導入された。[124] もっとも、ＥＥＩＧは、構成員個人の営利追求のための企業ネットワークの創設という色合いが濃く、構成員の連帯無限責任や硬直した経営構造、あるいは、税制適用のための透明性の要件があり、一般的な企業形態としてはほとんど魅力がないものであった。[125]

ＳＥ構想はそれより早く、一九七〇年には第一次提案が欧州委員会から出されている。この提案では監査役会への従業員参加が制度化されており、そのため加盟国間の賛同が得られず廃案となった。その後もＳＥに関する議論はＥＣ諸機関から委託を受けた専門家を中心に続けられ、一九八九年に第二次提案が出された。一九九一年に第二次提案の改正提案が行われ、[126] それが二〇〇一年のＳＥ規則の原案となった。[127] 機関構成については一層式と二層式の取締役会構成の選択制とされ、多くの事項が、ＳＥが登記した加盟国の公開会社法にゆだねられている。

ＳＥは、①公開会社同士の合併、②複数の公開会社または非公開会社による持株会社の設立、③複数の公開会社、非公開会社あるいは持分会社等による子会社の設立、④既存の公開会社の組織変更、および⑤既存のＳＥの子会社の設立によって、誕生する。①ないし③の方法によるときは、複数の当事会社等は異なる加盟国で登記された組織である必要がある。

本稿の関心からは、次の点が特筆されるであろう。まず、欧州会社は従属法の異なる会社間での合併を認めていることである。従属法が異なる会社間の結合・統合に関しては、ＥＵ加盟国国内の議論もいまだ十分ではなく、そもそものようなことが抵触法上もまた実質法上も認められるのかさえ、明らかでない状況であった。このことは5の越境的な企業再編に関する固有の論点とも関連するが、SE規則では当事会社の従属法に従ってこれらの結合・統合を許容し、EUとして統一的基準によるべき部分を規定しつつも、意思決定、公表、株主・債権者・社債権者・その他株式以外の証券保有者の保護手続き、および合併の適法性の審査については各当事会社の従属法が配分的に適用される旨が規定されている（一八条、二〇条、二一条、二四条、二五条、三一条、三三条、三六条）。実務的にはSEの利用に消極的な現状があるとしても、理論的には加盟国国内での議論をよそに、EU域内では統合の深化という政治的プロパガンダの実現のため、異なる従属法の適用を受ける企業結合・統合が可能になっている。次に、ハイレヴェルグループ最終報告書に関して2でも触れたが、SE規則では、SEは主たる営業所（head office）の所在国に登記簿上の本店を置かなければならないとしている（七条）。同一国とされているのみであるので、必ずしも両者を同一地に置く必要はないとも解される。しかし、加盟国は自国領域内に主たる営業所を有するSEに対し同一地を本店として登記することを要請できる（七条）とされていることを考慮すると、両者は同一地にあることが要求されているとみてよい。主たる営業所とは、欧州司法裁判所の解釈およびEEIG規則上の定義によれば業務統括の中心地のことである。登記簿上の本店と業務統括中心地とが乖離することとなった場合、かかるSEが登記簿上の本店を有する加盟国は、業務統括中心地を当該加盟国内に移転させるか、業務統括中心地に登記簿上の本店を移転させるなどの措置を採らなければならない。所定の期間内にこれらの措置に従わないSEは強制的に清算させられる（六四条）。

SEは登記簿上の本店を他の加盟国に自由に移動できる（八条）。法人格は維持され、解散・清算手続きや再設立手続きは一切必要ない。もっとも、上述に関連するが、登記簿上の本店を移転した際には、業務統括中心地もまた同一地に移転する必要がある（七条）。したがって、SEについては、登記を加盟国間で自由に移動できるというだけで、本拠地法主義を採用しているのと変わりないこととなる。[128] このかぎりでは、2で触れたハイレヴェルグループの勧告は正鵠を射ている。

二〇〇三年には協同会社形態を維持しつつ地域密着型企業を超えた活動を模索する際の企業選択肢として、EU域内で自由に活動できる協同会社を制度化する趣旨で欧州協同会社（Societas Cooperativa Europaea；SCE）規則が採択された。[129] 上述2で取り上げた会社法現代化に関するハイレヴェルグループが最終報告書を欧州委員会に提出した時点で欧州協同会社規則案はすでに提案されていた。したがって、同報告書は、「第八章 協同会社その他の企業形態（Co-operatives and other forms of enterprises）」において協同会社形態等の多様な企業形態の必要性についても検討しているが、欧州協同会社の実務に対するインパクトを検証してからEUレヴェルでの組合や相互会社などの必要性について検討すれば足りるとしている。[130]

SCEは、既存の加盟国の内国協同会社間の越境合併および既存の加盟国の内国協同会社の組織変更によって設立される。ところで、欧州協同会社は法人格および株式資本を有し（一条、五条）、構成員は定款に別段の定めがある場合を除き有限責任しか負わない（一条）。構成員は個人または組織（法人格の有無を問わない）であって顧客、従業員または供給元が構成員となって相互扶助的に営利・非営利の事業に関与することが意図される（前文九、一〇）。新たな構成員資格の取得には業務執行機関の承認が必要である（一四条一項）。

SCE規則においても、SEの場合と同様に、越境的な合併に関する異なる従属法の適用（二〇条）や登記簿上の本店と業務統括中心地一致の要請（六条）および登記簿上の本店の自由移転に関する規定（七条）がある。登記簿上の本店と業務統括中心地の乖離に関して解散・清算という究極的な制裁が規定されている（七三条三項）こともSEの場合と同様である。

5　越境的な企業再編

近時の国際的な合併・買収（M&A）市場の拡大を受け[131]、国際的なM&A法制への実務的関心も高まっている。2で触れたように、TOB指令の採択は、域内の越境企業結合の促進による経済活性化のためEUにおいては長年の懸案であった。したがって、EUにおいては、必ずしも一九九〇年代以降の国際的M&Aの波に突き動かされて立法が進展したわけではなく、一九八八年末には会社法第一三指令案として欧州委員会からすでに立法提案がなされていた。もっとも、その採択に関しては、他の越境企業事項におけると同様に政治力学に左右されて遅々として進まず、二〇〇四年にようやく実現したばかりである[132]。その過程で、ハイレヴェルグループが大きな役割を果たしたことはいうまでもない。抵触法の見地からは、たとえば標的会社の従属法、あるいは、買収者の属人法や法廷地が本拠地法主義によるときは、標的会社の支配権の移転により、TOB手続きの完了後標的会社の従属法が一転して外国法になってしまう可能性があり、とりわけ標的会社の株主あるいは社債権者や債権者の保護は切実となろう。また、会社法や証券規制、あるいは競争法や税制などの複数の分野にまたがる可能性のなかで複眼的視野からの制度設計が求められる問題でもある。実務においては、当事者が交渉のテーブルにつく余地のある友好的TOBの場合には、準拠法選択は当事者自治にゆだねられるのが一般的である[133]。敵対的TOBを含め一般的な準拠法選択の基準としては、買付対象銘柄が単一地で取得される（買付申込がなされる）場合には買付地法、複数の地にまたがって取得される場合には買付地法に加え、標的会社の従属法もまた考慮される余地がある[134]。いずれにせよ、ここでもTOB手続きの局面ごとに準拠法選択のあり方を考える必要があろう。

二〇〇四年のTOB指令[135]についていえば、その四条が、域内のTOBに関し権限ある監督機関と準拠法規制の基準を定立している。すなわち、国内法によって公認され、欧州委員会に指定機関である旨を通知された機関に対し官民問わずその監督機関としての資格が付与され（TOB指令四条一項）、①標的会社につきその登記国の取引所においてのみ証券の取引がなされている場合には、当該加盟国の監督機関（同二項ⓐ）、②標的会社の登記国と証券取引国とが齟齬する場合には、証券取引国の監督機関（同ⓑ）、および、③②の場合であって証券取引加盟国が複数存在する場合には、最初に取引が開始された加盟国の監督機関（同）がそれぞれTOBに関する監督権限を有し、④③の場合であって同時に複数の加盟国において最初に取引が開始された場合には、標的会社がそれらの加盟国の指定機関のなかから監督機関を選択することができる（同ⓒ）。なお、④の場合には、標的会社は、その決定を当該取引所と監督機関に通知するとともに、当該取引所と監督機関を擁する加盟国はその決定の公表措置を確保しなければならない（同ⓓ）。

TOBに関する準拠法は、原則的には標的会社の設立地法によるが、標的会社の設立準拠法と取引地法とが齟齬する②ないし④の場合には、次のように定められている。すなわち、TOB価格、買付者による買付の公表、買付申込書の内容、および、買付に関する開示については、監督機関所属国のTOB規制が適用される（同ⓔ）。標的会社の従業員への情報開示や、支配権取得に必要な議決権割合、買付開始の際の関係者の種々義務の免除、標的会社の取締役会が対抗措置を採る場合の条件などの会社法関連事項については、標的会社の設立準拠法が適用される（同ⓔ）。

TOB指令は、上述のように加盟国間のTOB規制の近接を目指すものであるから、指令の採択によってTOB制度の枠組みや手続きの重要な局面において加盟国間の齟齬が問題となる余地は少なくなるものと思われる。TOB指令四条に基づいて定まる越境TOBに対する適用法規制は、ある特定の加盟国の監督・法執行権限の発動の根拠として位置づけられるに過ぎない。したがって、この規定の意義は、むしろ、法規制の執行の主体はあくまでも加盟国であり、加盟国の裁量を尊重する旨を改めて確認したことにあると考えられる。

他方、越境合併に関する指令にあっては、前述の欧州会社が公開会社のみとされていたことを受け、その対象をすべての有限責任会社に広げたことにその最大の意義がある。この指令も難産であり、ＥＣ条約二九三条（当時は二二〇条）に基づく条約予備草案として一九六七年に産声を上げ、一九七二年にワーキンググループ第二次草案が閣僚理事会、欧州委員会および加盟国常駐代表に提出されたが、一九八〇年までに挫折した。もっぱら、越境合併によって従業員の経営参加制度が回避されることを危惧したドイツの事情を考慮したためである[136]。加盟国間の任意の交渉とならざるをえない条約の形での模索は困難と判断した欧州委員会は、ＥＵレヴェルでの指令案として一九八五年に越境合併に関する立法提案を再度行った。これらはいずれも公開会社の越境合併を念頭において策定されていたが、指令は非公開会社をも包摂しつつ二〇〇五年一〇月二六日に採択された[137]。

指令は、登記簿上の本店、管理・統括中心地、または主たる営業所のうち二つ以上の連結点が、異なる加盟国法によって規律される有限責任会社間の合併に適用される（一条）。そして、かかる従属法が異なる加盟国有限責任会社間の合併について、合併当事会社従属法が内国会社間の合併について許容する種類会社間の越境合併のみを認め、意思決定、債権者・社債権者・株主・従業員の権利の保護、公表、あるいは、当事会社が独自に合併検査役を選任する場合の選任手続きに関して各従属法が配分的に適用される旨を規定している（四条、五条、六条、八条、九条）。すでに欧州会社や欧州協同会社の設立を通じて越境合併が可能となっていたため、従属法の適用関係について各当事会社の従属法が配分的に適用される部分とＥＵ法として統一的に適用される部分とが欧州会社・欧州協同会社規則との整合性を保ちつつ明確に規定できたものと推測される。また、当事会社の従属法が額面価値（額面価値がない場合はそれに相当する計算上の金額）の一〇％を超えない交付金合併は原則的に認められる（二条二項）が当事会社の少なくとも一方が額面価値（またはそれに相当する額）の一〇％を超える交付金合併を認めている場合にも越境合併は可能である（三条一項）。消滅会社の従属法が交付金合併を認めている場合には消滅会社の株主保護の観点から問題がないわけではない。ＥＵとしては、越境的な交付金合併を認める政策判断を下したものと思われる。

6　小　括

以上の一連のＥＵにおける越境的企業組織および活動の保障の動きを参照することにより、次のような示唆が得られるであろう。

第一は、外国会社に関する準拠法決定基準として設立準拠法主義または修正本拠地法主義によるとしている点である。厳格な本拠地法主義では企業移転が困難となり、本拠地法によるとしても、少なくとも、本拠の移転に伴う解散・清算と再設立手続きは要求せず、会社の内部事項についてのみ本拠地法を及ぼすような枠組みが望ましい。この場合には、従属法としての本拠地法の適用範囲が問題となるがこれについては、前述三の議論を参照されたい。

第二に、越境企業結合・統合にあたっては、各当事会社の従属法が内国会社について許容する組織間の結合・統合のみを認め、またその場合には一定の事項について各当事会社の従属法の配分的適用が認められている点である。越境的合併が抵触法上また実質法上認められるかというスタート地点での議論がわが国でもいまだないわけではなく、(138) また、関連従属法の配分的適用を認めるとしても、どの部分についてどのように認めるか、あるいは、紛争が生じたときの国際裁判管轄をどのように決定するかというような複雑かつ困難な問題がさらに横たわっている。内国法制上越境合併自体を明確に認めていない加盟国が多数存在するなかでのこのような議論の進展およびそれにより採択された統一立法は、たとえば、従属法上の要件を当事会社が満たしている場合には、三角合併や三角交換というような迂遠な方法ではなく越境的な合併や株式交換を可能とし、内部意思の決定、当事会社の利害関係者保護、公表手続きなどについては、当事会社の従属法を配分的に連結させるなどの制度設計の青写真を提示しうるものとして参考に値しよう。

(87) ＥＣ条約上、共同体は、物・人・サーヴィス、および資本の自由移動の規定について措置を採択する権限を明示的に与えられていないが、これらの事項について加盟国の権限は排除されている（ＥＣ条約二八条、三九条、四〇条、四三条、五〇条。ただし、九四条および九五条を除く）。

(88) 欧州協同会社は、英語ではEuropean cooperative society と表記されるが、本文五4に述べたように、法人格と株式資本および構成員の有限責任制の特徴を有するため、本稿では欧州協同会社という訳語を用いた。

(89) 政策や立法の提案・決定は、共同体活動の中核をなしているため、本稿ではＥＵ立法ではなくＥＣ立法と表記している。

(90) ＥＣ条約二三条ないし三一条。

(91) ＥＣ条約三九条ないし四二条。

(92) ＥＣ条約四九条ないし五五条。

(93) ＥＣ条約五六条ないし六〇条。「物」、「人」、「サーヴィス」および「資本」の自由移動の制度をもって、ＥＵにおける四つの経済的自由と称される。See, e.g., D.Swann, *The Economics and the Common Market*, 7th ed.（London: Penguin, 1992）, pp. 11-12; L. Moore, 'Developments in Trade and Trade Policy', in M. Artis and N. Lee（eds.）, *The Economics of the European Union: Policy and Analysis*（Oxford: Oxford University Press, 1994）, pp. 30ff; J. Pinder, *European Community: The Building of a Union*, new ed.（Oxford: Oxford University Press, 1995）, pp. 70ff; P. Craig and G. de Búrca, *EU Law: Text, Cases, and Materials*, 3rd ed.（Oxford: Oxford University Press, 2003）, p. 581.

(94) ＥＣ条約四三条ないし四八条。

(95) See V.Edwards, *EC Company Law*（Oxford: Oxford University Press, 1999）, p. 375.

(96) M.Andenas, 'Free Movement of Companies',（2003）119 The Law Quarterly Review 221-222.

(97) ＥＣ条約二二六条二段に基づき、欧州委員会はＥＵ立法の適正な履行・執行を怠った加盟国に対する義務の履行を裁判所に付託することができる。このような判決例として、Case C-232/99, Commission v Spain, Judgment of 16 May 2002; Case C-483/99, Commission v France, Judgment of 4 June 2002; Case C-367/98, Commission v Portugal, Judgment of 4 June 2002; Case C-463/00, Commission v Spain, Judgment of 13 May 2003; Case C-98/01, Commission v Royaume-Uni, Judgment of 13 May 2003; Case C-174/04, Commission v Italy, Judgment of 2 June 2005; Case C-255/04, Commission v France, Judgment of 15 June 2006; Case C-282/04, Commission v Netherlands, Judgment of 28 September 2006; Case C-283/04, Commission v Netherlands, Judgment of 28 September 2006.

（98）Lombardo, supra note 14, p. 334.

（99）The Convention on the Mutual Recognition of Companies and Legal Persons of 29 February 1968（The Brussels Convention）.

（100）See e.g., A.Santa Maria, *EC Commercial Law*（The Hague: Kluwer Law, 1996）, p. 51. 本条約に関する邦語文献として、岡本善八「EEC「会社相互承認条約」と民法第三六条」同法三三巻三・四号（一九八〇年）一五頁。

（101）このような実質上二つの異なる準拠法決定ルールを盛り込むブリュッセル条約を批判的に評価するものとして、M.G.Clarke, 'The Conflicts of Law Dimension', in *Corporate Law: The European Dimension*（London: Butterworths, 1991）, p. 164.

（102）EC条約上のEC諸機関の権限に基づいて採択される立法であれば、欧州司法裁判所が管轄権をもつことは当然であるが、ブリュッセル条約はEC条約二九三条に基づいてはいても加盟国間の任意の条約という形であるため、欧州司法裁判所が当然には管轄権を有することにならない。そのため、この議定書が策定された。

（103）E.g., Edwards, supra note 95, p. 386.

（104）Annex 1 to the Report of the High Level Group of Company Law Experts on Issues Related to Takeover Bids, Brussels, 10 January 2002.

（105）The Report of the High Level Group of Company Law Experts on Issues Related to Takeover Bids, Brussels, 10 January 2002.

（106）The Report of the High Level Group of Company Law Experts on a Modern Regulatory Framework for Company Law in Europe, Brussels, 4 November 2002.

（107）なお、ハイレヴェルグループ最終報告書の企業統治に関する部分について、正井章筰「EUのコーポレート・ガバナンス」日本EU学会第二六回研究大会全体セッション報告（二〇〇五年一一月一二日、於九州大学箱崎キャンパス）を拝聴した。日本EU学会編『EUとガバナンス』日本EU学会年報二六号（二〇〇六年）四八〇頁（大会記録）参照。

（108）Recommendation VI.2 to VI.5.

（109）See High Level Group, supra note 106, pp. 102-106.

(110) Case C-208/00, Überseering BV v NCC Nordic Construction Baumanagement GmbH［2002］ECR I-9919.

(111) Case C-167/01, Kamer van Koophandel en Fabrieken voor Amsterdam v Inspire Art Ltd（2003）49 NJW 3334.

(112) これらの判例に関する邦語文献として、上田純子「欧州連合における営業の自由と会社の本籍――最近の欧州司法裁判所の判例を手がかりとして――」社会とマネジメント一巻（二〇〇四年）二号一頁以下参照。なお、Überseering 判決に関する研究として、上田廣美「ＥＵ法の最前線 第四二回 他の加盟国に登記を有する会社法人の当事者能力」貿易と関税二〇〇三年九月号（二〇〇三年）七一―七五頁。

(113) See W.F.Ebke, 'The European Conflict-of-Corporate-Laws Revolution: Überseering, Inspire Art and Beyond',（2005）16 European Business Law Review（hereinafter EBLR）9.

(114) Case 81/87, The Queen v HM Treasury and Commissioners of Inland Revenue, ex parte Daily Mail and General Trust Plc［1988］ECR 5483. Daily Mail 事件に関する邦語文献として、鳥山恭一「Daily Mail 事件の欧州裁判所判決――ＥＵの市場統合と国内会社法――」酒巻俊雄＝奥島孝康編集代表『現代英米会社法の諸相』（成文堂、一九九六年）六一頁以下。

(115) Case C-212/97, Centros Ltd v Erhvevs- og Selskabsstyrelsen［1999］ECR I-1459. なお、この二先例についていえば、Daily Mail 判決が擬似外国会社に関するもの（Inspire Art 事件と類似）であり、Centros 判決が営業本拠の移転に関するもの（Überseering 事件と類似）であった。

(116) これらの判決については、本拠地法主義への再考が迫られるドイツを中心にすでに文献が集積している。L.Cerioni, 'The Barriers to the International Mobility of Companies within the European Community: A Re-reading of the Case Law',［1999］Journal of Business Law 59; P.Ulmer, 'Schutzinstrumente gegen die Gefahren aus der Geschäftstätigkeit in ländischer Zweigniederlassungen von Kapitalgesellschaften mit fiktiven Auslandsitz',（1999）54 Juristen-Zeitung 662; P.Behrens, 'Das Internationale Gesellschaftsrecht nach dem Centros-Urteil des EuGH',（1999）19 Praxis des Internationalen Privat- und Verfahrensrechts（hereinafter IPRax）323; P.Kindler, 'Niederlassungsfreiheit für Scheinauslandsgesellschaften? Die 'Centros'-Entscheidung des EuGH und das internationale Privatrecht',（1999）52 Neue Juristische Wochenschrift 1993; E.-M.Kieninger, 'Niederlassungsfreiheit als Rechtswahlfreiheit',（1999）28 Zeitschrift für Unternehmens- und Gesellschaftsrecht 724; O.Sandrock, 'Cetros: ein Etappensieg für die Überlagerungstheorie',（1999）54 Der Betriebs-Berater（hereinafter BB）1337; D.Zimmer, 'Mysterium "Centros," von der schwierigen Suche nach der Bedeutung eines Urteils des Europäischen Gerichtshofes',（2000）164 Zeitschrift für das gesamte Handelsrecht und Wirtschaftsrecht 23; E.Wymeersch, 'Centros: A Landmark decision in European Company Law', in T.Baums, K.J.Hopt and N.Horn（eds.）, *Corporations, Capital Markets and Business in the Law*（London: Kluwer Law, 2000）, p. 629; D.Zimmer,

'Private International Law of Business Organisations', (2000) 1 EBOR 585; J.Wouters, 'Private International Law and Companies' Freedom of Establishment', (2001) 2 EBOR 101; Rammeloo, supra note 13; P.Behrens, 'Centros and the Proper Law of Companies', in G.Ferrarini, K.J.Hopt and E.Wymeersch (eds.), *Capital Market in the Age of Euro: Cross-Border Transactions, Listed Companies and Regulation* (The Hague: Kluwer Law, 2002), p. 53; H.Eidenmüller, 'Wettbewerb der Gesellschaftsrechte in Europa', (2002) 23 Zeitschrift für Wirtschaftsrecht und Insolvenzpraxis 2233; S.Lieble and J.Hoffmann, '"Überseering" und das (vermeintliche) Ende der Sitztheorie', (2002) 48 Recht der Internationalen Wirtschaft 925; M.Schulz and P.Sester, 'Höchstrichterliche Harmonisierung der Kollisionsregeln im europäischen Gesellschaftsrecht: Durchbruch der Gründungstheorie nach "Überseering"', (2002) 13 Europäisches Wirtschafts- und Steuerrecht 545; Andenas, supra note 96, p. 221; P.Behrens, 'Das Internationale Gesellschaftsrecht nach dem Überseering-Urteil des EuGH und den Schlussanträgen zu Inspire Art', (2003) 23 IPRax 193; G.-H.Roth, 'Internationale Gesellschaft nach Überseering,' (2003) 23 IPRax 117; M.Lutter, '"Überseering" und die Folgen', (2003) 58 BB 7; E.Schanze and A. Jüttner, 'Anerkennung und Kontrolle ausländischer Gesellschaften-Rechtslage und Perspektiven nach der Überseering-Entscheidung des EuGH', (2003) 48 Die Aktiengesellschaft (hereinafter AG) 30; S.Lieble and J.Hoffmann, 'Wie inspirirt ist "Inspire Art" ?', (2003) 14 Europäische Zeitschrift für Wirtschaftsrecht 67; W.Bayer, 'Die EuGH-Entscheidung "Inspire Art" und die deutsche GmbH in Wettbewerb der europäischen Rechtsordnungen', (2003) 58 BB 2357; Lombard, supra note 14, p. 301; E.Wymeersch, 'The Transfer of the Company's Seat in European Company Law', (2003) 40 Common Market Law Review (hereinafter CMLR) 661; E.Schanze and A.Jüttner, 'Die Entscheidung für Pluralität: Kollisionsrecht und Gesellschaftsrecht nach der EuGH-Entscheidung "Inspire Art"', (2003) 48 AG 661; A.Looijestijn-Clearie, 'Have the Dikes Collapsed? Inspire Art: A Further Break-through in the Freedom of Establishment of Companies', (2004) 5 EBOR 389; D.Zimmer, 'Case Comment on Inspire Art', (2004) 41 CMLR 1127; H.-J.De Kluiver, 'Inspiring a New European Company Law? — Observations on the ECJ's Decision in Inspire Art from a Dutch Perspective and the Imminent Competition for Corporate Charters between EC Member States', (2004) 1 European Company and Financial Law Review 121; H.Hirte, 'Freedom of Establishment, International Company Law and the Comparison of European Company Law Systems after the ECJ's Decision in Inspire Art Ltd', (2004) 15 EBLR 1189; W.Goette, 'Wo steht der BGH nach "Centros" und "Inspire Art" ?', (2004) 15 Deutsches Steuerrecht 197; P.Behrens, 'Gemeinschaftsrechtliche Grenzen der Anwendung ausländischen Gesellschaftsrechts auf Auslandsgesellschaften nach Inspire Art', (2004) IPRax 20; A.Jüttner, *Gesellschaftsrecht und Niederlassungsfreiheit* (Frankfurt: Verlag Recht und Wirtschaft, 2005) 36ff; J.P.Gernoth, *Pseudo Foreign Companies — Who Art Thou?: Englische Briefkastengesellschafter in Deutschland und ihre Behandlung nach englischem und deutschem Recht* (Baden-Baden: Nomos, 2005), pp. 73ff; K.Van Hulle and H.Gesell (eds.), *European Corporate Law*

(Baden-Baden: Nomos, 2006) など。

(117) ドイツ国内では、そもそも連邦最高裁が欧州司法裁判所へ先決裁定を付託したこと自体への不満があったようである。ドイツでは二〇〇二年七月一日に連邦最高裁において、ドイツ国内に本拠（effektiver Verwaltungssitz）を有するジャージ会社（チャネル諸島のひとつジャージ島で設立された会社）について、ドイツ国内では法人格を認めず権利能力なき社団とした判決（Judgment of 1 July 2002, Bundesgerichtshof, Germany, (2002) 151 BGHZ 204）があったばかりであり、欧州司法裁判所への付託によってこの先例の意義が完全に失われることへの強い抵抗であった。詳細は、Ebke, supra note 113, p. 19.

(118) Lombardo, supra note 14, pp. 304-305.

(119) See Case C-167/01, supra note 111, paras. 135-141.

(120) なお、このような状況にあってなお、第一四指令の採択を推進するものとして、M.Johnson, 'Does Europe still need a Fourteenth Company Law Directive?', (2005) 3 Hertfordshire Law Journal 33-34.

(121) Council Regulation (EC) No.2157/2001 of 8 October 2001 on the Statute for a European Company (SE) [2001] OJ L 294/1; Council Directive 2001/86/EC of 8 October supplementing the Statute for a European Company with regard to the involvement of employees [2001] OJ L 294/22.

(122) SEを公開会社のみとしたことについては、非公開会社法とすべきであったとか、公開会社向けSEと非公開会社向けSEとの二法にすべきであったとの批判が学界からあった（この点については、たとえば、上田廣美「ヨーロッパ会社法の成立とEUにおける従業員参加」日本EU学会編『ユーロの再検討』日本EU学会年報二三号（二〇〇三年）二三七頁）。なお、SE規則六九条は五年後に規則の見直しをすることとしており、このことを展望して本拠地法主義や従業員参加の原則的採用を目指す一部の動きがこのような批判を生んだとの観測もある。

(123) ドイツの損害保険会社アリアンツがSEとして設立された（既存の公開会社からの組織変更）最初の事例であったという（日本経済新聞二〇〇六年二月九日付）。二〇〇七年九月末のデータによると、既設立のSEは、六四社（ドイツ二三社、オランダ八社、オーストリア五社、ベルギー五社、スウェーデン四社、イギリス三社、フランス三社、ルクセンブルグ三社、ノルウェー二社、ハンガリー二社、エストニア一社、キプロス一社、スロヴァキア一社、フィンランド一社、ラトヴィア一社、リヒテンシュタイン一社）を数えるという（http://www.seeurope-network.org/homepages/seeurope/secompanies.html）。

(124) Council Regulation No.2137/85 on the European economic interest grouping (EEIG). EEIGについては、たとえば、正井章筰『EC国際企業法——超国家的企業形態と労働者参加制度——』（中央経済社、一九九四年）九頁以下。

(125) D.van Gerven, 'Provisions of Community Law Applicable to the Societas Europaea', in D.van Gerven and P.Storm, *The Euro-*

pean Company Vol.I（Cambridge: Cambridge University Press, 2006）, pp. 26, 30.

(126) 一九九一年規則案については、正井・前掲注（124）二〇九頁以下、宮川茂夫「EU「ヨーロッパ株式会社（Societas Europaea, SE法）」草案の変遷をめぐって」南山二三巻一・二号（一九九九年）二九三頁以下。

(127) 経緯については、C.T. Da Costa and A. de M.Bilreiro, *The European Company Statute*（The Hague: Kluwer Law, 2003）, pp. 1-7; van Gerven, supra note 125, pp. 26-27.

(128) なお、解散・清算手続きなしに他の加盟国に登記を移転できるという意味において、本拠地法主義を採用する国において設立登記を行うことには、当該国内の厳格な本拠地法主義の適用を免れうる利点があるとする見解がある（W.Haarmann and C.P.Schindler, 'Germany', in van Gerven and Storm, supra note 125, p. 242）が疑問である。

(129) Council Regulation No.1435/2003 of 22 July 2003 on the European cooperative society（SCE）［2003］OJ L 49/35.

(130) High Level Group, supra note 106, p. 124. なお、現状では、欧州組合（European Association; EA）と欧州相互会社（European Mutual Society; ME）に関する規則案が欧州委員会から提出されている。

(131) 昨今M&Aに関する新聞記事には事欠かないが、たとえば、日本経済新聞二〇〇六年一二月二九日付朝刊によれば、日本企業による内外M&Aの事例数・買収金額は二〇〇六年には一九九九年以来の高水準に達し、二七六四件・約五兆円にのぼったとされる。

(132) Directive 2004/25/EC of the European Parliament and of the Council of 21 April 2004 on takeover bids［2004］OJ L 142/12. この間の経緯については、たとえば、早川勝「企業買収に関する会社法の領域における欧州議会と理事会の会社法指令（EU公開買付第一三指令）案について」同法五三巻六号（二〇〇二年）四七頁以下、上田純子「国際的企業結合をめぐる諸問題――企業結合規制に関する比較法的考察を中心として」椙山女学園大学ディスカッションペーパー№9（二〇〇二年）一九頁以下。

(133) See, e.g., A.K.Schnyder, 'Takeovers and Conflicts of Law', in Baums et al., supra note 116, p. 431.

(134) Ibid., pp. 437-438.

(135) 採択されたTOB指令の概要については、たとえば、北村雅史「EUにおける公開買付規制」商事一七三二号（二〇〇五年）四頁以下を参照。

(136) Edwards, supra note 95, p.392.

(137) Directive 2005/56/EC of the European Parliament and of the Council of 26 October 2005 on cross-border mergers of limited liability companies［2005］OJ L 310/1.

(138) たとえば、中東・前掲注（41）一一〇頁およびその引用文献を参照。

六　おわりに

以上、わが国における外国法人・会社に関して抵触法上および実質法上の問題を二元的に把握してきた。また、比較法的視座からEUにおける議論も交えつつ検討してきた。取り上げた論点は多岐にわたるが、徒に屋上屋を架するのみで十分な検討を尽くせないまま終わった感が強い。初めに結論ありきではなく、また、実務の需要によって理論の転換を早急に図るべきでもないが、これらの問題は実務との架橋なしには妥当な解決が図られえないため、ボーダレス化が急ピッチで進む企業実務に適合するような解釈が追求されるべきである。個々の単位法律関係を細かく詰めていくことは、現実に生起しうるあらゆる事例を想定し、事例に即した準拠法の決定と準拠法の解釈を図ることであろう。このようなアプローチは伝統的な法律学の議論の進め方からすればコペルニクス的発想の転回（転換）を求めるものかもしれない。しかし、おそらく、個々の単位法律関係の性格づけと準拠法選択のありよう、あるいは、純粋に実質法上の問題として捉えられる部分の抽出とそれらの問題への実質法上の解釈や立法を通じた対応などについてはとことん詰められていくべきであろう。その意味では、議論は緒についたばかりである。議論の個別化と準拠法決定に関するケース・スタディあるいは国際訴訟実務の集積により、この分野の今後の飛躍的な進展が期待される。学際的研究も緒についたばかりであれば、会社法それ自体もその内容が一新され、解釈問題への対応はまだ始まったばかりである。本稿において検討を尽くせなかった他の多くの論点については、他日を期すこととせざるをえないが、その際にはさらなる学際的研究の進展の成果をフィードバックできることを信じつつ本稿を閉じることとしたい。

浜田道代先生　略歴

一九四七年一一月　父若井利康、母由子の三女として、岐阜県岐阜市で生まれる。
一九六三年　四月　岐阜県立岐阜高校入学
一九六四年　七月　アメリカン・フィールド・サービス留学生として渡米
一九六五年　七月　アメリカ・テキサス州立ハーフォード高校卒業
一九六六年　三月　岐阜県立岐阜高校中退
　　　　　　四月　名古屋大学法学部入学
一九六九年　九月　司法試験合格
一九七〇年　三月　名古屋大学法学部卒業
　　　　　　四月　名古屋大学大学院法学研究科修士課程入学
一九七二年　三月　同右修了
　　　　　　四月　名古屋大学法学部助手
一九七四年　四月　同右　助教授に昇任
一九八三年　七月　名古屋市交通問題調査会委員を委嘱される（～一九八七年六月）
一九八四年一二月　名古屋市婦人問題懇話会委員を委嘱される（～一九八六年一一月）
一九八五年　四月　名古屋大学法学部教授に昇任
　　　　　　九月　アメリカ・ハーバード・ロー・スクールに留学（～一九八六年六月　LL.M.）
一九八六年　五月　名古屋市新基本計画研究委員を委嘱される（～一九八八年九月）
　　　　　　九月　名古屋市基幹公共交通網調査委員会委員を委嘱される（～一九八八年八月）
　　　　　　　　　名古屋港基本構想懇談会専門部会委員を委嘱される（～一九八八年三月）

一九八八年　五月　市制百周年事業企画推進委員会委員を委嘱される（～一九八九年三月）
あいち女性プラン策定企画会議構成員を委嘱される（～一九八九年三月）
愛知県婦人問題懇話会委員を委嘱される（～一九八九年三月）
六月　愛知県地方計画委員会委員を委嘱される（～一九八九年三月）
一九八九年　四月　名古屋市・女性による市制百周年記念事業実行委員長を委嘱される（～一九八九年六月）
一九九〇年　一二月　愛知地方労働基準審議会委員（公益代表）を委嘱される（～一九九九年一一月）
二月　名古屋市特別職報酬等審議会委員を委嘱される（～一九九四年二月）
四月　運輸政策審議会特別委員に任命される（～一九九二年四月）
六月　愛知県特別職報酬等審議会委員を委嘱される（～一九九六年五月）
八月　愛知県個人情報保護懇談会委員に委嘱される（～一九九一年三月）
一〇月　名古屋市ガイドウェイバスシステム志段味線検討委員会委員を委嘱される（～一九九五年三月）
一九九一年　四月　名古屋大学評議員に併任される（～一九九三年三月）
（財）名古屋大学出版会幹事を委嘱される（～二〇〇五年三月）
五月　国土審議会特別委員を委嘱される（～二〇〇〇年七月）
六月　名古屋市交通問題調査会委員を委嘱される（～二〇〇三年三月）
一〇月　金融法学会理事に選任される
一一月　中部新国際空港に関連した地域開発等検討委員会委員を委嘱される（～一九九二年三月）
一九九二年　一月　平成四年度司法試験（第二次試験）考査委員に併任される（～一九九六年一二月）
四月　椙山女学園大学非常勤講師を委嘱される（～一九九四年九月）
七月　名古屋市都市計画審議会委員を委嘱される（～一九九八年七月）
一九九三年　四月　税務大学校名古屋研修所非常勤講師を委嘱される（～一九九六年一月）
一二月　愛知県地方労働委員会委員（公益委員）に任命される（二〇〇五年一月からは愛知県労働委員会）

一九九四年　四月　放送大学客員教授に採用される（〜二〇〇五年一一月）
愛知機会均等調停委員会委員に併任される（〜一九九九年九月）
一二月　民事行政審議会委員に併任される（〜二〇〇一年九月）
一九九五年　五月　法学・政治学視学委員（高等教育局）に任命される（〜一九九五年一一月）
六月　名古屋国税局土地評価審議会委員に併任される（〜二〇〇一年三月）
一九九六年　九月　日本学術振興会　特別研究員等審査会専門委員を委嘱される（〜一九九八年六月）
（財）国際コミュニケーション基金審査委員を委嘱される（〜二〇〇三年五月）
一九九七年　六月　愛知県地方計画委員会委員を委嘱される（〜一九九九年五月）
七月　大学審議会特別委員に任命される（〜一九九八年三月）
一一月　大学審議会特別委員に任命される（〜二〇〇一年一月）
一九九八年　五月　愛知県行政合理化計画策定検討委員会委員を委嘱される（〜一九九九年三月）
六月　国立大学協会　大学教育における《リベラル・アーツ》の役割をめぐる特別委員会委員を委嘱される（〜二〇〇〇年六月）
一〇月　日本私法学会理事に選任される（〜二〇〇〇年一〇月）
一二月　名古屋港審議会委員を委嘱される
一九九九年　一月　日本学術振興会　科学研究費委員会専門委員を委嘱される（〜一九九九年一二月）
四月　大学院部局化に伴い、名古屋大学教授大学院法学研究科に配置換えされる
名古屋大学法学部兼担を命ぜられる
二〇〇〇年　三月　学術審議会専門委員（科学研究費分科会）に任命される（〜二〇〇〇年一二月）
四月　名古屋大学教授法学部に併任される
八月　日本学術振興会　特別研究員等審査会専門委員を委嘱される（〜二〇〇二年七月）
一一月　名古屋高速道路公社　料金問題調査会委員を委嘱される

二〇〇一年　一月　法制審議会臨時委員に併任される（会社法部会における調査審議）（～二〇〇二年二月）
　　　　　　一月　日本学術振興会　科学研究費委員会専門委員を委嘱される（～二〇〇一年一二月）
　　　　　　三月　科学技術・学術審議会専門委員（学術分科会）に任命される（～二〇〇三年一月）
　　　　　　五月　中央教育審議会臨時委員（大学分科会）に任命される（～二〇〇六年一月）
　　　　　　六月　文部科学省視学委員（法学・政治学）を委嘱される（～二〇〇三年三月）
　　　　　　六月　愛知県第三次行革大綱改定懇談会委員を委嘱される（～二〇〇一年一一月）
　　　　　　七月　大学評価・学位授与機構　運営委員を委嘱される（～二〇〇四年三月）
　　　　　一〇月　愛知紛争調整委員会委員に委嘱される（～二〇〇七年九月）
二〇〇二年　一月　日本学術振興会　科学研究費委員会専門委員を委嘱される（～二〇〇三年一二月）
　　　　　　七月　法制審議会臨時委員に併任される（会社法（現代化関係）部会における調査審議）（～二〇〇五年三月）
　　　　　　　　　株式会社名古屋証券取引所アドバイザリーコミッティ委員を委嘱される
二〇〇三年　一月　大学評価・学位授与機構　法科大学院の認証評価に関する検討会議委員を委嘱される（～二〇〇四年三月）
　　　　　　四月　日本学術振興会　二一世紀ＣＯＥプログラム委員会専門委員を委嘱される（～二〇〇四年三月）
　　　　　　五月　大学設置・学校法人審議会（大学設置分科会）専門委員を委嘱される
　　　　　　七月　私立大学研究高度化推進委員会（文部科学省高等教育局）委員に委嘱される（～二〇〇七年三月）
二〇〇四年　四月　科学技術・学術審議会臨時委員（人材委員会）に任命される（～二〇〇五年一月）
　　　　　　　　　独立行政法人大学評価・学位授与機構　運営委員に任命される（～二〇〇八年三月）
　　　　　　五月　中部弁護士会連合会弁護士任官適格者選考協議会委員を委嘱される（～二〇〇六年三月）
　　　　　　　　　独立行政法人大学評価・学位授与機構　法科大学院認証評価委員会委員を委嘱される
　　　　　　六月　アイシン精機株式会社監査役に選任される

九月 中央教育審議会専門委員（初等中等教育分科会）を委嘱される（〜二〇〇六年八月）
一〇月 日本学術振興会 科学研究費委員会専門委員（「学術創成部会」担当）を委嘱される（〜二〇〇七年一〇月）

二〇〇五年
二月 日本学術振興会 二一世紀COEプログラム委員会分野別審査・評価部会専門委員を委嘱される（〜二〇〇五年一二月）
四月 独立行政法人国際協力機構 中華人民共和国経済法・企業備プロジェクトにかかる国内支援委員を委嘱される（〜二〇〇六年三月）
六月 信託法学会理事に選任される
七月 独占禁止法基本問題懇談会（内閣府官房長官私的懇談会）への参加を依頼される（〜二〇〇七年六月）

二〇〇六年
三月 日本学術会議連携会員に任命される
五月 独立行政法人国際協力機構 中国経済法・企業法整備プロジェクトにかかる国内支援委員を委嘱される（〜二〇〇七年三月）

二〇〇七年
二月 法制審議会委員に任命される
五月 独立行政法人国際協力機構 中国経済法・企業法整備プロジェクトにかかる国内支援委員を委嘱される
七月 名古屋市ささしまライブ二四地区開発提案協議審査委員を委嘱される

浜田道代先生　著作目録

一　著書・編書

・一九七一（昭和四六）年

デラウェア一般会社法［北澤正啓＝浜田道代の共訳］（商事法務研究会）

・一九七四（昭和四九）年

アメリカ閉領会社法——その展開と現状および日本法への提言——（著書）（商事法務研究会）

・一九八六（昭和六一）年

現代株式会社法の課題（北澤正啓先生還暦記念論文集）［平出慶道＝今井潔＝浜田道代の共編］（有斐閣）

・一九八八（昭和六三）年

デラウェア会社法［北澤正啓＝浜田道代の共訳］（商事法務研究会）

・一九八九（平成元）年

レクチャー商法入門［北澤正啓＝浜田道代の共著］（有斐閣）

・一九九一（平成三）年

レクチャー商法入門（改訂版）［北澤正啓＝浜田道代の共著］（有斐閣）

現代企業と法（平出慶道先生還暦記念論文集）［青竹正一＝浜田道代＝山本忠弘＝黒沼悦郎の共編］（名古屋大学出版会）

・一九九三（平成五）年

商法の争点Ⅰ・Ⅱ〔第三版〕（法律学の争点シリーズ）［北澤正啓＝浜田道代の共編］（有斐閣）

・一九九四(平成六)年

レクチャー商法入門（第三版）［北澤正啓＝浜田道代の共著］（有斐閣）

新版 デラウェア会社法［北澤正啓＝浜田道代の共訳］（商事法務研究会）

・一九九五(平成七)年

商法――市場経済社会の仕組み――（著書）（（財）放送大学教育振興会）

レクチャー商法入門（第四版）［北澤正啓＝浜田道代の共著］（有斐閣）

・一九九八(平成一〇)年

レクチャー商法入門（第五版）［北澤正啓＝浜田道代の共著］（有斐閣）

現代企業取引法（田邊光政先生還暦記念論文集）［浜田道代＝原秀六＝小林量＝坂上真美＝中東正文の共編］（税務経理協会）

・一九九九(平成一一)年

日本会社立法の歴史的展開（編集）［北澤正啓先生古稀祝賀論文集］（商事法務研究会）

商法（著書）（岩波書店）

・二〇〇一（平成一三）年

新版 商法（著書）（岩波書店）

・二〇〇二(平成一四)年

日中企業法制・金融法制の展開（CALE 叢書第二号）［浜田道代＝虞建新の共編］（名古屋大学法政国際教育協力研究センター・大学院法学研究科発行）

・二〇〇三(平成一五)年

公司治理与資本市場監管――比較与借鑒――［浜田道代＝鑒志攀の共編］（北京大学出版社）

商法 第三版（著書）（岩波書店）

・二〇〇四(平成一六)年
会社統治および資本市場の監督管理——中国・台湾・日本の企業法制の比較——(CALE 叢書第三号)［呉志攀＝浜田道代＝虞建新の共編］(名古屋大学法政国際教育協力研究センター)
・二〇〇五(平成一七)年
キーワードで読む会社法(編集)(有斐閣)
公司治理・国際借鑑与制度設計［浜田道代＝顧功耘の共編］(北京大学出版社)
・二〇〇六(平成一八)年
キーワードで読む会社法(第二版)(編集)(有斐閣)

二 論文

・一九七二(昭和四七)年
株主総会開催を不要とする最近のアメリカの立法(旬刊商事法務六〇五号)
・一九七四(昭和四九)年
閉鎖的会社の法に関する一提言——実務・法解釈・立法について——(一)〜(三完)(旬刊商事法務六六六号〜六六八号)
一人会社と株式会社の適用(法学教室第二期六号)
・一九七五(昭和五〇)年
会社設立行為に関する一考察
竹内昭夫編『現代商法学の課題(下)』(鈴木竹雄先生古稀記念)(有斐閣)
・一九七六(昭和五一)年
最低資本金制度及び大小会社の区分〈特集〉会社法基本改正をめぐる諸問題(法律のひろば二九巻二号)
・一九七七(昭和五二)年
閉鎖的会社における株主総会
北澤正啓編『商法1(判例と学説)』(日本評論社)

・一九七八(昭和五三)年

原因関係の無効・消滅と手形金請求

商法一二条と外観保護規定

北澤正啓編『商法の争点(ジュリスト増刊)』(有斐閣)

・一九七九(昭和五四)年

商業登記制度と外観信頼保護規定(一)~(三完)(民商法雑誌八〇巻六号七号、八一巻一号)

・一九八一(昭和五六)年

手形行為論に関する覚書――手形権利移転行為有因論批判の立場から――(一)(名古屋大学法政論集八八号)

・一九八二(昭和五七)年

手形行為論に関する覚書――手形権利移転行為有因論批判の立場から――(二完)(名古屋大学法政論集九〇号)

アメリカ・委任状規制――取締役会の監視機能を高め株主の会社支配参加を促進するための委任状規則改正について――(証券研究六五巻(各国証券制度の最近の動向の研究))

The Relationship Between the Commercial Registration System and Provisions That Protect Reliance on External Appearances in Japan 4 Journal of Comparative Corporate Law and Securities Regulation 143-53

・一九八三(昭和五八)年

小規模株式会社および有限会社に関する実態・意見調査――中間報告――[北澤正啓=浜田道代の共同研究報告](旬刊商事法務九六二号)

小規模閉鎖会社における経営・株主(社員)構成の実態(旬刊商事法務九七三号)

単位株制度

上柳克郎ほか編『会社法演習1』(有斐閣)

株主の無条件株式買取請求権――閉鎖会社立法への提言――(一)~(三完)

（旬刊商事法務九八二号〜九八四号）

閉鎖会社における投下資本の回収と閉鎖性の維持（小規模・閉鎖会社の立法・日本私法学会シンポジウム資料）
（旬刊商事法務九八三号）

小規模会社に関する立法上の問題点
北澤正啓編『商法の争点　第二版（ジュリスト増刊）』
（有斐閣）

・一九八四（昭和五九）年

会社の構造（第三編）（アメリカ法律協会「会社の運営と構造の原理——リステイトメントおよび勧告（試案一）」の研究）
（証券研究七一巻）

企業と公示制度
竹内昭夫＝龍田節編『現代企業法講座第一巻・企業法総論』
（東京大学出版会）

・一九八六（昭和六一）年

株主提案権の要件（SEC委任状規則の一九八三年改正）
（証券研究七六巻）

委任状と書面投票
龍田節＝神崎克郎編『証券取引法体系（河本一郎先生還暦記念論文集）』
（商事法務研究会）

株式の評価——閉鎖会社の株主が一般的株式買取請求権を行使する場合について——
平出慶道＝今井潔＝浜田道代編『現代株式会社法の課題（北澤正啓先生還暦記念論文集）』
（有斐閣）

株式・持分の買取請求権——会社法改正試案におけるその構想について——
（旬刊商事法務一〇九三号）

株券発行前の株式の譲渡の効力
北澤正啓編『法学ガイド・商法二（会社法）』別冊法学セミナー
（日本評論社）

・一九八八（昭和六三）年

退任登記未了の元取締役と商法二六六条ノ三——最高裁昭和六二年四月一六日第一小法廷判決を中心に——
（金融法務事情一一八一号）

株主総会を活性化する方策はあるか——一九八八年版株主総会白書を読んで——
（旬刊商事法務一一六八号）

・一九八九（平成元）年

第三者割当増資をめぐる諸問題―閉鎖会社における第三者割当増資（日本私法学会商法部会シンポジウム資料）（旬刊商事法務一一九一号）

・一九九〇（平成二）年

第三者割当増資（〈特集〉経済社会の変動と商事法の課題・会社編）（ジュリスト九四八号）

閉鎖会社における株式制度の改正（〈特集〉商法有限会社法の改正）（ジュリスト九六三号）

・一九九一（平成三）年

代位訴訟（The Derivative Action）（アメリカ法律協会「会社運営の原理―分析と勧告（試案四～七）」の研究）（証券研究九四巻）

会社制度と近代的憲法体制の交錯―黎明期のアメリカにおけるその歴史的展開―

青竹正一＝浜田道代＝山本忠弘＝黒沼悦郎編『現代企業と法（平出慶道先生還暦記念論文集）』（名大出版会）

発起設立と募集設立（平成二年商法改正の論点）（法学教室一二三号）

・一九九二（平成四）年

Mergers and Acquisitions: Reporting of Stockholdings—The 5% Rule—Japan Securities Research Institute, CAPITAL MARKETS AND FINANCIAL SERVICES IN JAPAN, 143-152

アメリカにおける会社制度の歴史的展開―独立から合衆国憲法体制の定着まで―（名古屋大学法政論集一四二号）

中小企業と会社法のあり方（〈特集〉新世紀の日本法―GLOBAL時代の針路）（ジュリスト一〇〇〇号）

国際的な株式公開買付けを巡る法的問題（証券の国際取引をめぐる法的問題―域外適用を中心として―）（証券研究一〇二巻）

会社代表と商法一二条・一四条（法学教室一四四号）

・一九九三(平成五)年

独立後から一九世紀初期のアメリカにおける会社制度の様相(一) (名古屋大学法政論集一四七号)

商法一二条と外観信頼保護規定——小規模会社に関する立法上の問題点—— 北澤=浜田編『商法の争点Ⅰ(ジュリスト増刊)』

商業登記制度と商業登記の効力 (民事研修四三四号)

原因関係の無効・消滅と手形金請求 北澤=浜田編『商法の争点Ⅱ(ジュリスト増刊)』

非公開会社の自己株式取得規制の緩和 (ジュリスト一〇二九号)

商業登記制度の役割——その回顧と展望〈特集〉商業登記制度一〇〇周年) (法律のひろば四六巻一〇号)

・一九九四(平成六)年

意思表示の瑕疵と手形行為 (法学教室一六〇号)

会社・近代組織・市場競争 (法社会学(日本法社会編 法秩序の近代と現代) 四六号)

国家・企業・家族——人間組織の構成原理と現代における法の役割について—— 加藤雅信編『現代日本の法と政治』 (三省堂)

・一九九五(平成七)年

会社代表と商法一二条・一四条 竹内昭夫編『特別講義商法Ⅱ』 (有斐閣)

持株会社と株主の地位 資本市場法制研究会報告『持株会社の法的諸問題』 ((財)資本市場研究会)

企業金融と多数決の限界 (日本私法学会商法部会シンポジウム資料・資本市場の展開と会社法) (旬刊商事法務一三九八号)

・一九九六(平成八)年

持株会社規制、大規模会社株式保有総額規制の廃止〈特集〉規制緩和推進と法) (ジュリスト一〇八二号)

持株会社の規制緩和について (税経通信一五一巻六号)

投資顧問業務を巡る最近の判例を中心として (アメリカ)

証券取引法研究会国際部会編『証券取引における自己責

任原則と投資者保護』（（財）日本証券経済研究所）
会社法と持株会社規制（〈特集〉持株会社と独占禁止法）
経済法学会編『持株会社と独占禁止法』（経済法学会年報一七号）
・一九九七（平成九）年
中国における社会主義市場経済と法制度——改革開放の進展と企業・金融法制——
名古屋大学法学部アジア・太平洋地域研究プロジェクト企画委員会編『国際シンポジウム・一九九〇年代における民主化の諸相』（名古屋大学法学部）
企業倫理の確立と監査役・代表訴訟制度——自民党「コーポレート・ガバナンスに関する商法等改正試案骨子」への一意見——（ジュリスト一一二三号）
・一九九八（平成一〇）年
サービス提供取引の法体系に関する一試論
浜田道代＝原秀六＝小林量＝坂上真美＝中東正文編『現代企業取引法（田邊光政先生還暦記念論文集）』
ナスダックの改善（税務経理協会）
証券取引法研究会国際部会編『欧米における証券取引制度の改革』（（財）日本証券経済研究所）
会社の目的と権利能力および代表権の範囲・再考（上）（中）（下）（法曹時報五〇巻九号～一一号）
・一九九九（平成一一）年
『会社』との出会い
新株引受権騒動への緊急対策——昭和三〇年の改正——
浜田道代編『日本会社立法の歴史的展開（北澤正啓先生古稀祝賀論文集）』（商事法務研究会）
企業統治と監査役制度・代表訴訟・役員の責任軽減（〈特集〉自民党の商法等改正案要綱の検討）（旬刊商事法務一五二八号）
近代統治組織における監査（〈特集二〉弁護士と監査）（自由と正義五〇号）
・二〇〇〇（平成一二）年
株主代表訴訟に関する諸問題（証券代行研究第一号）

顧客資産の分別管理
証券取引法研究会編『金融システム改革と証券取引制度』（財）日本証券経済所

・二〇〇二（平成一四）年

日本公司法修改的動向
亜洲公司治理与資本市場監管研討会論文集（北京大学法学院・日本名古屋大学法学研究科）

生活世界の倫理の、市場経済社会における変容について――生命安全保障の法、取引法、組織法（シンポジウム・法と倫理）（法社会学五六号）

集団投資スキーム――資産流動化と投資信託――
証券取引法研究会編『市場改革の進展と証券規制の課題』（財）日本証券経済所

日本公司立法的過去与未来
（公司法律評論（Company Law Review）二〇〇二年巻）

・二〇〇三（平成一五）年

取締役会制度の改革（一）委員会等設置会社（改正商法の法律問題――企業統治）（金融・商事判例増刊号一一六〇号）

役員の義務と責任・責任軽減・代表訴訟・和解（日本私法学会シンポジウム資料検証・会社法改正）（旬刊商事法務一六七一号）

・二〇〇四（平成一六）年

会社法制現代化のあり方〈特集〉会社法制現代化を検証する）（企業会計五六巻二号）

公司法的理由和主要内容
黄来紀＝布井千博＝鞠工峰編『中日公司法比較研究日本修改』（上海社会科学院出版社）

法学とジェンダー
松本伊瑳子・金井篤子編『ジェンダーを科学する』（ナカニシヤ出版）

ヴェトナムにおける証券規制の整備状況と証券市場の活性化策（Nguyen Thi Anh Van＝浜田道代の共著）（国際商事法務三二巻八号（通号五〇六号））

証券化の進展に伴う諸問題（倒産隔離の明確化等）
証券取引法研究会編『近年の証券規制を巡る諸問題』（財）日本証券経済研究所

ゴーイングコンサーンである会社の取引相場のない株式の評価──会社法の視点（税研二〇巻三号（通巻一一八号））

・二〇〇五（平成一七）年

日本和美国的監事制度和外部董事制度

浜田道代＝顧功耘編著『公司治理・国際借鑒与制度設計』（北京大学出版社）

会社立法の歴史的変遷［中央経済社編『新「会社法」詳解』］

会計参与、監査役、監査役会、会計監査人〈特集〉新会社法の制定）（ジュリスト一二九五号）

新会社法における組織再編（新会社法の論理構造）（旬刊商事法務一七四四号）

・二〇〇六（平成一八）年

新会社法の下における基準日の運用問題〔上〕〔下〕──従来の慣行は合理的か──（旬刊商事法務一七七二号～一七七三号）

会社法総則と定義規定

川村正幸＝布井千博編『新しい会社法制の理論と実務』（経済法令研究会（別冊金融・商事判例））

三　その他

・一九七四（昭和四九）年

判例評釈・商法一二条と民法一一二条との関係（最二小判昭和四九年三月二二日）（商法（総則・商行為）判例百選）

・一九七五（昭和五〇）年

学会報告・閉鎖的会社の法に関する一提言（私法三七号）

・一九七六（昭和五一）年

論文紹介── William L.Cary; Federalism and Corporate Law:Reflections Upon Delaware（Yale L, J, 663, 1974）──（アメリカ法　一九七六年（1））

翻訳・鈴木竹雄＝矢沢惇＝鴻常夫監修『アメリカ模範社

債信託証書条項注釈』第一二編・第一三編担当（野村証券）

判例評釈・法人格の否認により第二会社への執行文付与の訴えを認容した事例（大阪高判昭和五〇年三月二八日）（判例評論二〇七号）

・一九七七（昭和五二）年

判例評釈・株式の譲渡制限――取締役会の承認なくしてなされた譲渡制限株式の譲渡担保の効力――（最二小判昭和四八年六月一五日）（商法の判例（第三版））

・一九七九（昭和五四）年

判例評釈・株主全員の合意と商法二六五条（最一小判昭和四九年九月二六日）（会社判例百選（第三版））

・一九八〇（昭和五五）年

判例評釈・商行為である金銭消費貸借に関し利息制限法所定の制限を超えて支払われた利息・損害金についての不当利得返還請求権の消滅時効期間（最一小判昭和五五年一月二四日）（判例時報九七二号（判例評論二六〇号））

・一九八一（昭和五六）年

判例評釈・詐欺による手形行為「見せ手形」の抗弁（最二小判昭和二五年二月一〇日）（手形小切手判例百選（第三版））

事典分担執筆・（財）日本証券経済研究所編『現代証券事典第3章』［1］アメリカの証券規制「4 支配と責任」（日本経済新聞社）

・一九八三（昭和五八）年

判例評釈・株主全員の合意と商法二六五条（最一小判昭和四九年九月二六日）（会社判例百選（第四版））

随想・社長室の神棚（ジュリスト七九六号）

演習・商法（手形・小切手）一二回担当（一九八三年〜一九八四年）（法学教室三七号〜四八号）

・一九八四（昭和五九）年

シンポジウム・小規模・閉鎖会社の立法（報告・討論）

（私法四六号）

シンポジウム・複数監査役による監査の実情と監査役会（月刊監査役一九七号）

・一九八五（昭和六〇）年

判例評釈・商法一二条と民法一一二条との関係（最二小判昭和四九年三月二二日）（商法（総則商行為）判例百選（第三版））

注釈・上柳克郎ほか編『新版注釈会社法（1）』第一四〇条～一四二条（有斐閣）

・一九八六（昭和六一）年

事典分担執筆・鴻常夫＝北澤正啓編『英米商事法事典』（商事法務研究会）

判例評釈・合名会社の解散判決における「已ムコトヲ得ザル事由」（最一小判昭和六一年三月一三日）（法学教室七三号）

学会だより・商法部会（法学教室七五号）

随想・フォーラムエッセイ（金融法務事情一一四一号）

・一九八七（昭和六二）年

注釈・上柳克郎ほか編『新版注釈会社法（6）』第二六九条、二五　四条ノ三、二五八条（有斐閣）

学会だより・商法部会（法学教室八七号）

・一九八八（昭和六三）年

解説・日本熱学事件（法律事件百選（ジュリスト九〇〇号記念特集））

インタビュー・北沢正啓先生に聞く――人生六三年、商法を学んで四〇余年［北澤正啓＝大久保泰甫＝浜田道代］（名古屋大学法政論集一二〇号）

学会だより・商法部会（法学教室九九号）

・一九八九（平成元）年

判例評釈・退任後の取締役の第三者に対する責任（東京高判昭和六三年五月三一日）昭和六三年度重要判例解説（ジュリスト臨時増刊九三五号）

・一九九〇(平成二)年

判例評釈・詐欺による手形行為(見せ手形)の抗弁(最二小判昭和二五年二月一〇日)(手形・小切手判例百選(第四版))

講演録・第三者割当増資をめぐる諸問題(名古屋株式事務研究会・創立四〇周年記念講演録)

・一九九一(平成三)年

会社によって作られたアメリカの基礎(交流二八号)

注釈・上柳克郎ほか編『新版注釈会社法(一四)』二一五条(有斐閣)

座談会・わが国の私募証券規制の課題(月刊資本市場七六号)

デイリー六法(会社法の編集担当)(~二〇〇七年度版)(三省堂)

・一九九二(平成四)年

判例評釈・株主による会計帳簿及び書類の閲覧等の請求に際し閲覧請求書に記載すべき理由の具体性(最一小判平成二年一一月八日)(私法判例リマークス(法律時報別冊)四号一九九二(上)〔平成三年度判例評論〕)

判例評釈・株主全員の合意と商法二六五条(最一小判昭和四九年九月二六日)(会社判例百選(第五版))

事典分担執筆・(財)日本証券経済研究所編『新版現代証券事典』第3章[1]アメリカの証券規制「4、支配と責任」(日本経済新聞社)

注釈・上柳克郎ほか編『新版注釈会社法補巻・平成二年改正』第二〇四条ノ二~五(有斐閣)

・一九九三(平成五)年

条文からスタート・株式の移転の対抗要件(法学教室一四八号)

判例評釈・外国向為替手形取引約定書に基づく信用状付外国向為替手形の買戻請求の可否(東京地裁平成四年四月二二日判決)(金融法務事情一三六四号)

判例評釈・商法一四条の類推適用がある登記簿上の取締役と同法二六六条ノ三の責任(最一小判昭和四七年六月一五日)(商業登記先例判例百選)

・一九九四(平成六)年
判例評釈・代表取締役を兼務する先の債務の保証と商法二六五条(最一小判昭和四五年四月二三日)
椿寿夫ほか編『担保法の判例Ⅱ(ジュリスト増刊)』
判例評釈・商法一二条と民法一一二条との関係(最二小判昭和四九年三月二二日)
(商法(総則商行為)判例百選(第三版))
注釈・証券取引法研究会国際部会訳編『コーポレートガバナンス——アメリカ法律協会「コーポレートガバナンスの原理・分析と勧告」の研究——』第Ⅶ編 救済 第1章 代表訴訟(序、第七・〇一条~七・〇四条)
(日本証券経済研究所)
・一九九六(平成八)年
シンポジウム:資本市場の展開と会社法の変貌
(私法五八号)
・一九九七(平成九)年
判例評釈・詐欺による手形行為「見せ手形」の抗弁(最二小判昭和二五年二月一〇日)
(手形・小切手判例百選(第五版))
注釈・上柳克郎＝鴻常夫編『新版注釈会社法第三補巻(平成六年改正)』第二一〇条ノ三
(有斐閣)
座談会・家近正直＝江頭憲治郎＝浜田道代＝宮島司＝森本滋＝山下友信＝森田章『コーポレート・ガバナンス——監査・監督制度のあり方』
(民商法雑誌一一七巻三号)
・一九九八(平成一〇)年
判例評釈・株主全員の合意と商法二六五条(最一小判昭和四九年九月二六日)
(会社判例百選(第六版))
・一九九九(平成一一)年
名古屋大学における教養教育改革の過去・現在・未来
(現代の高等教育(IDE)四〇七号(教養教育再考))
座談会・浜田道代＝石山卓磨＝国米純忠＝井上輝一＝高橋弘幸『コーポレート・ガバナンスにおける監査役の役割——実態調査を踏まえて(上)(下)』
(月刊監査役四一四号・四一五号)

・二〇〇〇（平成一二）年

法科大学院構想の盲点――「一発勝負」は超えられるか――（〈特集〉司法制度改革の展望）
（ジュリスト一一七〇号）

判例評釈・代理の法構造と商法五〇六条――商行為の委任による代理権は、代理人が本人を殺害した場合にも存続するか（東京高判平成一〇年八月二七日）
（判例時報一七〇三号（判例評論四九五号））

日本の会社
（書斎の窓四九七号）

・二〇〇一（平成一三）年

名古屋大学におけるもう一段の教養教育改革――これまでの成果と今後に求められるもの
（名古屋高等教育研究一号）

パネルディスカッション・浜田道代＝枡田圭児＝鬼武孝夫＝諸石光熙＝多田晶彦他「商法改正の論点――監査制度の方向性」
（月刊監査役四三八号（臨時増刊））

法科大学院の入学者選抜
（法学セミナー四六巻一〇号（通号五六二号））

・二〇〇二（平成一四）年

書評・BOOKSHELF 竹内昭夫著（弥永真生補訂）『株式会社法講義』
（法学教室二五六号）

講演録・商法改正とコーポレート・ガバナンス
（月刊監査役四六二号）

判例評釈・商法一二条と民法一一二条の関係（最二小判昭和四九年三月二二日）
（商法（総則・商行為）判例百選（第四版））

・二〇〇三（平成一五）年

パネルディスカッション・浜田道代＝辻晴雄＝松香茂道＝宮川東一郎「期待される監査機能と監査役像」
（月刊監査役四六七号）

労働法と会社法の狭間で
（労委労協五六四号）

判例評釈・譲渡制限株式に関する先買権者指定請求の撤回の可否（最一小決平成一五年二月二七日）
（判例時報一八三四号（判例評論五三八号））

・二〇〇四（平成一六）年

実態調査報告・検証・会社法改正研究会（代表・浜田道代）「検証・会社法改正」（名古屋大学法政論集二〇〇号）

シンポジウム・検証・会社法改正（私法六六号）

現行監査役制度三〇年の回顧と展望——協会三〇周年に寄せて——（月刊監査役四八八号）

座談会・江頭憲治郎＝森本滋＝手塚一男＝神作裕之＝藤田友敬＝武井一浩＝浜田道代＝西川元啓＝岩原紳作＝始関正光「改正会社法セミナー・企業統治編①〜⑨完」（ジュリスト一二七七号〜一二九四号（〜二〇〇五年））

判例評釈・法人の署名（手形小切手百選（第六版））

・二〇〇五（平成一七）年

会社法制現代化の概要（租税研究六六四号）

シンポジウム・浜田道代＝久保田隆＝川地宏行＝今井克典＝田邊光政＝岩原紳作「金銭債務の決済」（金融法研究二一号）

会社法制の現代化・所感（月刊監査役五〇五号）

コメント・中国会社法改正に寄せて（同志社大学ワールドワイドビジネスレビュー七巻一号）

・二〇〇六（平成一八）年

KEY WORD・黄金株（法学教室三〇六号）

監修・牧口晴一＝齋藤孝一著『イラストでわかる中小企業経営者のための新会社法』（経済法令研究会）

判例評釈・株主全員の合意と利益相反取引（会社法判例百選）

監修・齋藤孝一＝牧口晴一著『逐条解説中小企業・大企業子会社のためのモデル定款』（第一法規）

・二〇〇七（平成一九）年

討論会・黒田光太郎＝速水敏彦＝浜田道代ほか「全学教育FDの軌跡と今後の方向性（〈特集〉名古屋大学におけるFDの現状と課題）」（名古屋高等教育研究七号）

東アジア地域における企業統治体制の改革（月刊監査役五二九号）

検証会社法
──浜田道代先生還暦記念──

2007(平成19)年11月25日　第1版第1刷発行

編　者　淺木愼一　小林　量
中東正文　今井克典
発行者　今　井　　貴
発行所　株式会社 信　山　社
〒113-0033 東京都文京区本郷6-2-9-102
Tel 03-3818-1019 Fax 03-3818-0344
info@shinzansha.co.jp
出版契約 No. 5555-0101　Printed in Japan

印刷・製本／松澤印刷・大三製本　©編集管理 信山社 禁複写
ISBN978-4-7972-5555-3 C3332　分類325.200-a003
5555-0101-012-060-005, p700, P19000

日本民法典資料集成　全一五巻

広中俊雄　編著

第一巻　民法典編纂の新方針

【目　次】

来栖三郎著作集Ⅰ〜Ⅲ

各一二、〇〇〇円(税別)

《解説》　安達三季生・池田恒男・岩城謙二・清水誠・須永醇・瀬川信久・田島裕・利谷信義・唄孝一・久留都茂子・三藤邦彦・山田卓生

信山社